ACCOUNTING ENVIRONMENT
SYSTEM&STRATEGY

회계
환경,
제도 및 전략

손성규 지음

박영사

머리말

    2012년 7월 「금융감독, 제도 및 정책－회계 규제를 중심으로」라는 신간을 간행한 지가 1년 반이 경과되었다. 회계 환경 차원에서도 많은 내용이 변화되었다. 본 저술은 저자가 증권선물위원회에서 활동한 경험과 국가회계기준센터의 자문위원으로 활동한 경험에 기초한 저술이다.

    저자가 증권선물위원회 활동을 수행하면서 학습하였던 내용은 많은 부분이 전술한 저술에 포함되어 있다. 2012년 7월 이후에 증권선물위원회 활동을 하면서 학습한 내용을 본 저술에 기술한다.

    지난 3년간 국가회계기준센터 자문위원회 활동을 수행하면서 이제까지 우리가 익숙한 조직에서의 언어로 사용되었던 회계정보의 사용이 기업에만 한정되는 것이 아니고 정부, 공기업, 지방자치단체 등 무궁무진하다는 것을 경험하게 되었으며 특히나 동일한 이슈가 기업과 정부 회계간에 적용되어도 정부기관의 특성상 달리 회계처리하는 여러 가지 흥미로운 점이 있다는 것을 학습할 수 있는 기회였다.

    민간에서의 회계전문가가 정부회계에서의 전문가는 아니며 정부회계의 특수한 상황에 적용되는 많은 흥미로운 내용들이 존재하며, 일부를 이곳에 기술한다.

    새로운 제도에 대한 언급일 경우에는 추진되다가 시행되지 않는 아이디어

차원에서의 내용도 포함되었는데, 당장 시행은 되지 않더라도 심도 있게 고민한 정책 방향일 경우는 저술에 포함하였다.

본 연구의 저술에 도움을 주신 집단소송제도 전문가이신 김주영 한누리법무법인 변호사, 윤현철 삼일회계법인 감사 본부장, 유가증권 상장팀 전직 부서장 김도연 부장, 유가증권 공시팀 부서장 서정욱 부장께 감사드린다. 법적인 자문을 해 준 윤성근 부장판사, 연세대학교 법학전문대학원의 심영 교수와 서울대학교 법학전문대학원의 송옥렬 교수께도 감사한다. 회계기준원의 권성수 실장, 한국공인회계사회 신용인부회장, 전영조, 오태겸 연구위원께서도 좋은 자문을 해주셨다. 금융투자협회의 백명현 상무께도 감사한다. 연구실에서 같이 연구하였던 오윤숙, 신일항 박사과정, 배창현 조교에게 감사한다.

증선위 정찬우 위원장님, 같이 증선위 활동을 한 성균관대 김성용 교수님, 이명호 자본시장조사심의관, 증선위를 운영해 주신 탁성윤 팀장, 공정시장과 김홍식 과장, 금융위의 법률자문관 양석조 부장검사께도 감사드린다. 프랑스에서의 제도에 대해 자문을 해 주신 Masars/새빛회계법인의 Herveau 상무이사께도 감사한다.

증권선물위원회 활동을 하면서 첫 2년 3개월 동안 도움을 주셨던 분들은 「금융감독, 제도 및 정책 – 회계 규제를 중심으로」의 머리말에 감사를 전했다.

본 저술은 저자가 연세대학교 경영대학원 부속교육기관인 상남경영원 원장을 맡고 있는 기간에 진행되었다. 상남경영원 임건신/민순홍 부원장, 윤영주 실장, 김도화, 최인실, 성중열, 정정인 팀장을 포함한 모든 상남직원들이 잘 협조해 주어서 연구할 수 있는 시간을 가질 수 있었다.

편집과 교정을 도와주신 박영사의 전채린 대리께도 감사한다.

삶의 의미를 알게 해준 우리의 두 아들 승현, 승모와 사랑하는 아내 두연에게 크게 감사한다. 아내는 지난 30년간 유학생활, 교수생활에 있어서의 든든한 반려자/후원자였다. 좋은 조언과 내조로 오늘의 모든 것을 이룰 수 있었다.

  또한 우리의 오늘이 있게 해 준 양가 부모님께도 감사의 말씀을 드리며, 얼마 전 회혼례를 지내신 부모님께서도 건강하게 장수하셔서 앞으로의 많은 삶의 과정도 공유해 주셨으면 하는 바람이다.

2014년 1월
저자

차례

Chapter 01

국가재무제표

2011년부터 국가재무제표가 공표되고 있으며 2009년에는 중앙정부회계에 복식부기가, 2007년에는 지방자치단체 회계에 복식부기가 각각 도입되었다. 국가재무제표는 기업의 재무제표에 비해서 특이 사항이 있으며 본 장에서는 이 중 몇 가지 내용을 기술한다.

contingency liability는 국제회계기준이 도입되면서 많은 변화를 겪어 왔다. 기존의 K-GAAP에서는 발생가능성이 80%가 되는 경우에 충당부채(재무제표 본문)에 표시하는 것으로 기준이 되어 있었지만 국제회계기준이 도입되면서이 비율이 50%로 하향 조정되었다. 50%의 확률이란 'more likely than not'의 개념이다. 즉, 발생가능성이 발생하지 않은 가능성보다 높은 과반의 경우를 지칭한다.

이렇게 기준이 변경되면 기존에 우발채무(주석/각주 사항)로 공시될 많은 내용이 충당부채로 공시되어야 하지만 실제로는 그와 같이 진행되지 않았다. 물론, 발생가능성이라는 것은 사전적으로 추정되어야 하는 확률이기 때문에 확정된 사건과 같은 것은 아니고 또는 사후적인 발생가능을 놓고 사전적인 측정치인 발생가능성이 높게 혹은 낮게 평가되었다고 예단하는 것도 용이하지 않다.

이는 마치 경영의사결정에 대해서 그 의사결정이 적절하였는지 사법부가 판단을 수행하는 것이나 마찬가지인데 경영의사결정은 그 의사결정을 수행하여야 하였던 시점의 경제적인 상황이나 환경하에서의 최적의 의사결정을 수행하였다고 할 때에 이에 대해서 누군가가(사법부를 포함하여) 결과론적인 잣대를 가지고 이를 판단하여야 한다면 이는 적절하지 않을 수 있다. 사법부는 법 전문가이지 경영의사 결정과 관련된 전문가는 아니기 때문이다. 거의 모든 건에 대해서 이와 같이 사후적인 판단을 수행할 때 기업가 정신(enterpreneurship)이 훼손된다고도 할 수 있다. 자고로 기업가란 어느 정도 위험이 내재된 의사결정을 수행할 수밖에 없는데 어떠한 project가 실패했다고 책임을 지라고 하면 사업을 할 기업가는 많지 않을 것이다.

동일하게 기업의 임의성이 개입된다면 우발자산일 경우는 자산의 계상 방향으로 임의성을 띨 가능성이 높지만 재무제표 이용자 대부분은 자산의 임의성 있는 계상보다는 부채의 임의성 있는 미계상에 관심이 높기 때문에 주로 충당부채/우발채무에 대해서 많은 관심을 보인다. 즉, 자산이 더 존재하는 것보다는 회피해야 할 부채가 존재한다는 것이 큰 부담으로 작용한다. Kieso, Weygandt, Warfield(2001)의 Intermediate Accounting에서의 Off Balance Sheet Financing chapter에 "The basic drives of humans are few: to get enough food, to find shelter, and to keep debt off the balance sheet"이라고 흥미롭게 기업의 부채에 대한 거부감을 기술하고 있다.

부채의 계상은 부채비율 등의 계산에 있어서 기업의 가치에 부정적인 영향을 미치게 한다. 특히나 국내의 상황에서 부채의 계상이 기업에게 더 큰 부담으로 작용하는 이유 중의 하나는 우리나라 자본시장에서 부채비율이 계산되는 방식과 관련된다.

국내에서의 부채비율의 계산은 부채/자본으로 구해지는 것이 일반적이다. 그러나 미국에서의 부채비율은 일반적으로 부채/자산으로 구해진다. 우리나라에서 구하는 부채/자본은 미국에서는 debt ratio로 표현되지 않고 debt to equity ratio로 구해지는 비율이다. 미국에서는 부채/자산이 일반적으로 debt ratio로 구해진다.

일반적인 재무비율은 정의되어 사용되는 것이 아니라 재무제표 이용자가 사용하기 편하게 재무비율을 그 측정 취지가 전달되도록 구하게 된다. 따라서 재무비율은 회계기준에서 정의되는 것이 아니다. Chapter 6에서 기술된 바와 같이 영업이익을 보고함에 있어서 주석에 회사에서 구한 조정영업이익을 표시할 수 있는데 이 변수는 회사가 판단하기에 자기의 영업의 결과를 나름대로 잘 표시할 수 있는 방향으로 계산하도록 한다. 또한 측정 방법이 금융기관마다 상이할 수도 있다.

대부분의 재무비율의 측정에 있어서는 측정하려는 변수보다는 이를 어떠한 변수를 사용하여 표준화하여야 하는지 즉, 무슨 변수가 기초가 되어 상대적인 크기를 구해야 하는지가 더 이슈가 된다. 즉, 이 경우는 부채비율이므로 부채가 분자가 되는 것은 당연한데 부채의 크기를 무슨 변수 대비하여 상대적으로 구하여야 더 유의미한 상대적인 재무비율을 구할 수 있는지의 이슈이다.

부채/자산을 구하면 전체 자본 조달된 금액 중 타인자본의 비중을 구하는 것이며. 부채/자본으로 부채비율을 구하면 자기자본 대비 타인자본의 비율을 구하는 것이므로 각기 의미가 있다.

부채가 증가하는 것과 동일하게 자산이 증가한다고 하면 부채/자산으로 구한 부채비율은 분자, 분모가 동일하게 증가하여 부채비율은 큰 영향을 받지 않는다. 부채와 자산이 동일하게 증가한다 함은 자본은 고정되어 있음을 의미하므로 이 경우, 부채/자본으로 부채비율을 측정하면 분자만이 증가하면서 부채비율은 급속하게 악화되는 것으로 측정됨을 의미한다.

따라서 동일한 자산과 부채의 상승인데 이러한 내용이 재무비율로 어떻게 측정되는지에 따라서 그 전달되는 의미는 달라진다. 이러한 경우, 국내에서 구해지는 부채비율은 부채의 상승효과를 외국에서 측정하는 부채비율보다 훨씬 증폭하여 측정하는 결과를 초래한다.

상장사 30% IFRS에 우발채무 기재 안 해. 금감원 1분기 보고서 점검

금융감독원이 K-IFRS 적용 대상인 122개 상장법인의 1분기 보고서를 점검한 결과 30%가 우발채무를 제대로 기재하지 않은 것으로 나타났다.

또 66%는 회사요약 정보를 기재하지 않는 등 부실하게 작성한 것으로 조사됐다. 금감원은 1일 이 같은 내용을 담은 K-IFRS 적용 정기보고서 비재무사항 연결 기재 점검 결과를 발표했다.

이번 점검 결과 10곳 중 3곳은 우발채무 항목에 중요한 종속회사의 우발채무를 기록하지 않았다. 조사 대상 기업 중 61%는 사업부별 종속회사 내역을 불충분하게 기재했다.

제재 현황 항목에 종속회사의 제재 내용을 기재하지 않은 사례도 18%에 이르렀다. 회사의 개요, 사업 내용, 우발채무, 제재 현황, 결산기 이후 발생한 주요 사항은 비재무사항에 속한다. 조사 대상 회사 중 5곳은 아예 비재무사항을 연결 기준으로 작성하지 않은 것으로 적발됐다.

금감원은 이들 5개사에 정정공시를 요구했다. 금감원은 29일까지 제출 예정인 반기 보고서에서 이들 비재무사항의 연결 기재를 일제히 점검할 예정이다.

매일경제신문. 2011.8.2.

위의 기사에도 기술되듯이 연결재무제표를 작성할 때, 연결재무제표에서 비재무적인 사항도 포함되어야 한다. 그러나 재무제표 본문 또는 주석에 보고 되는 대안이 미래의 발생가능성에 의해서 결정된다면 이러한 내용에 대해서 감독기관이 공시가 잘못되었다고 적시하는 것은 쉬운 일은 아니다.

공정위 등의 정부기관에서는 과징금을 부과하는 경우가 있다. 과징금 부 과(정부기관의 입장에서는 제재금 수익)로 인한 소송의 패소가 예상되는 경우는 충당부채를 설정하는 것이 적법한 회계처리일 것이다.

정부부처 살림살이 회계법인이 감사. 감사원 결산 감사에 참여

기획재정부 등 중앙정부도 회계법인으로부터 재무제표에 대한 회계감사를 받는다. 발생주의 정부회계제도 도입에 이어 기업에 준하는 회계감사가 이루어지지만 예산 집행의 적정성 및 효율성을 한눈에 파악할 수 있을 것으로 예상돼 정부의 예산 지출관행에 변화 가 올 전망이다.

6일 감사원과 회계업계에 따르면 감사원은 내년 상반기 실시하는 '2011 회계연도 중 앙정부 결산 감사' 때 부, 처, 청, 위원회 등 49개 정부부처가 작성한 2011 회계연도 재무 제표에 대해 회계법인을 투입해 회계감사를 실시하기로 했다.

감사원은 그동안 현금주의로 작성한 정부의 세입세출 결산 결과에 대해 독자적으로 감사를 수행해 왔다. 하지만 기업회계기준과 거의 흡사한 발생주의 복식부기 방식 정부 회 계제도를 2011 회계연도부터 본격 도입함에 따라 회계법인을 고용해 각 부처의 재무제표 를 감사하기로 했다고 감사원은 설명했다.

감사원은 이를 위해 내년 관련 예산 50억원을 책정하고 재정부에 예산 배정을 신청 해 놓은 상태다. 감사원은 예산을 배정받는 대로 이르면 올해 말부터 정부 회계감사 용역 을 수행할 회계법인들을 선정할 계획이다.

회계법인들은 정부부처 재무제표에 대해 회계감사를 실시한 뒤 '감사발견사항(audit finding)'을 작성, 감사원에 제출한다. 감사발견사항에는 증빙 존재 여부 등 예산 집행의 적정성 등에 문제가 있을 시 이를 구체적으로 담게 된다.

전문가들은 회계법인으로 하여금 정부 재무제표를 감사하게 하는 만큼 기업회계처럼

‘적정, 한정, 부적정, 의견거절’ 등의 감사의견을 표명하도록 하는 것이 바람직하다고 지적했다.

회계법인의 정부 재무제표 감사는 일반적인 기업 감사 수준에 준해 이루어질 전망이다. 회계법인들은 정부부처가 보유 중인 토지, 건물 등 유형자산과 도로, 댐 등 사회기반시설을 적절하게 가치 평가해 장부에 기재했는지를 확인하게 된다.

국공채 발행액 등 정부부채가 고의 또는 과실로 누락되지 않았는지도 살펴본다. 4대 공적연금 중 정부가 최종 지급 책임을 지는 공무원, 군인연금으로부터 미래 발생하게 되는 국가 잠재부채인 ‘연금충당부채’ 추정도 합리적으로 이루어졌는지 집중적으로 따져보게 된다.

기업의 손익계산서에 해당하는 각 부처 ‘재정운영표’에 나타난 정책사업의 원가 및 관리운영비가 관련 증빙을 갖고 적절하게 집행됐는지, 예산낭비사항은 없었는지도 회계법인 감사 사항에 들어간다.

- ■ “감사의견 미 표명 조치는 개선되어야”

회계법인들은 기업 회계감사 후 적정, 한정, 부적정, 의견거절 등 감사의견을 표명한다. 하지만 감사원은 정부 회계감사 결과에 대해선 회계법인들이 감사의견이 아니라 감사 과정에서 발견한 미비점이나 오류사항 등을 정리한 ‘감사발견사항(audit finding)’만을 내도록 했다. 일부 정부부처가 회계법인으로부터 부적정 또는 의견거절을 받을 경우 해당 부처 및 국가 전체 신뢰도에 막대한 악영향을 줄 우려가 있는 점 등을 감안한 것으로 알려졌다.

이에 대해 한 공인회계사는 ‘정부의 재정 운영 성과를 국민에게 보다 충실하게 제공하기 위해선 우리도 미국 등 선진국처럼 회계법인이 정부에 대해 직접 감사의견을 표명하는 게 바람직하다’고 지적했다.

한국경제신문. 2011.10.7.

위의 신문기사 당시의 정부기관은 49개였으나, 현재는 51개 정부기관이다.

2012년 국가회계제도 개혁 백서 326쪽에 감사원 지적사항은 다음으로 기술되어 있다.

바. 내부거래 등 기타 오류

중앙관서 및 국가재무제표를 작성하면서 국가회계실체 간 내부거래를 제거하지 않거나 계정과목을 잘못 분류하는 등의 오류가 있었으며, 주요 사례는 다음과 같다.

① **내부거래 미제거** 기획재정부에서는 취득세율 인하에 따른 지자체 세수 감소분을 지원하기 위해 공공자금관리기금에서 지방채를 매입하고, 지방채 원

리금은 일반회계에서 대납하기로 결정하였다. 따라서 공공자금관리기금과 일
반회계에서 각각 자산과 부채를 계상한 후 해당 자산과 부채는 내부거래로 상
계하여야 한다. 그런데 공공자금관리기금에서 단기투자증권(유동자산)만 계상
하고 일반회계에서 부채를 계상하지 않아 내부거래 대상에서 제외된 결과 단
기투자증권이 2조 932억원 과대 계상되었다.

　② **유동성 대체 오류**　재정상태표 계정과목 회계처리지침에 따르면 금융상
품의 장단기구분은 만기가 재정상태표일 현재 1년 이내 또는 1년 이후 도래하
는지 여부에 따라 구분하고, 취득시 장기금융상품으로 분류되더라도 재정상태
표일 현재 만기가 1년 이내일 경우 단기금융상품으로 계정을 대체하도록 되어
있다. 그런데 금융위원회(주택신용보증기금)에서 1년 이내에 만기가 도래하는
금융상품을 단기금융상품으로 계정대체하지 않아 장기금융상품이 200억원 과
대 계상되고, 같은 금액만큼 단기금융상품이 과소 계상되었다.

　내부통제에 대한 인증에서도 영어식으로는 reportable condition이라는
표현을 사용하는데 그와 같이 회계처리가 적절하지 않다는 표현보다는 감사발
견사항이라는 완곡한 표현을 사용하도록 하지만 어떠한 완곡한 표현을 사용한
다고 해도 문제가 있음을 감출 수는 없다.

　민간일 경우는 회계처리가 잘못되었을 경우에는 감독기관이 제재를 하게
되며 특히나 민간 기업의 잘못된 회계는 투자자 손실과 직접적으로 연관될 수
있기 때문에 많은 주목을 받고 있다. 금융감독/규제기관의 가장 큰 역할은 투
자자 보호여야 하기 때문이다. 자본주의가 발전된 국가일수록 역설적이지만 감
독/규제도 강할 수 있다. 선량한 투자자가 탐욕스러운 경제주체로부터 보호받
을 수 있어야 자본시장을 외면하지 않을 것이며 이 과정에서 자본시장은 발전
한다. 'occupy wall street'라는 움직임은 자본주의가 가장 잘 발전하였다는 미
국에서도 특히나 금융기관의 탐욕이 초래할 수 있는 폭발성을 경고하고 있다.

　그러나 정부회계가 잘못되었다고 하면 이를 검토하고 제재할 수 있는 기
관이 거의 없다고도 할 수 있다. 정부회계는 감사원이 감사를 수행하는데 감
사원이 정부기관이 작성한 회계가 잘못되었다고 지적하는데도 부담이 없지 않
을 것이다. 예를 들어 한국 정부의 재무제표가 잘못 공시되었다고 하면 정부
의 재정 상태가 잘못 공개되는 경우이므로 국제적인 경제기구, IMF, World

Bank 등에서 제재를 할 수도 있는데 이들이 규제의 권한이 있는 것이 아니기 때문에 강제성이 약하다. 이들 경제기구가 전 세계 국가 경제를 대상으로 하는 감독/규제기관이 아니기 때문이다. 또는 국가재무제표의 정보이용자는 모든 국민이어야 하는데 어떠한 특정 시민 단체가 아니고서야, 특정 국민이 국가재무제표에 관심을 갖기를 기대하기는 어렵다.

따라서 공공기관의 회계가 잘못 된다면 그 피해자는 모든 국민일 것인데, 국민이라는 것이 이해관계가 결집되기 힘들기 때문에 정부기관이나 공공기관의 회계에 누군가가 관심을 가질 것이라는 것을 기대하기는 어렵다. 예를 들어 국가부채의 측정이 과소화되었다면 이는 현재의 우리를 위해 미래 세대가 부담해야 할 부담이 과소 계상되는 문제를 초래할 수 있다. 이러한 점은 세대간의 갈등, 정치적인 이슈일 수도 있다. 이러한 감시역할을 기대한다면 국회가 될 수도 있을 것인데, 회계에 대한 관심이 너무 낮아서 이를 기대하기도 쉽지 않다.

공정위 등이 과징금을 부과하고 이에 대해서 과징금을 부과받은 기업이 행정소송을 제기하였을 경우는 3심이 확정될 때까지는 충당부채 등을 계상하지 않는 것이 정부부서의 관행이었다. 민간에서는 1심에서 패소하고 상소 중이라고 하여도 우발채무를 공시하도록 되어 있는 실무 관행과는 차이가 있다. 이는 아래의 질의회신에 기초한다.

"1심 패소결과의 충당부채 인식요건 충족여부"

항소중인 2심 재판의 결과가 충당부채의 인식요건을 충족하지 않을 것이라는 명백한 사유가 있는 경우가 아니라면 1심 패소결과에 따라 충당부채를 인식하는 것이 타당하며, 충당부채 또는 우발부채는 관련 내용을 주석으로 공시함. 관련 기준서는 구 K-GAAP 기준서 제17호 "충당부채와 우발부채 및 우발자산"

금감원 질의회신 [2006-010]

정부기관은 소송 건이 많아서 개별 건별로 패소 가능성 등을 추정하기가 어려운 점, 그리고 공권력을 수행하는 기관에서 패소를 미리 확정하는 듯한 회계처리를 할 수 있는지 등의 논란이 있어서, 현재는 대부분의 부처에서 우발채무로 주석공시하고 있다. 그러나 국가재무제표가 작성되면서 변화의 과정을 겪게 된다(Chapter 2).

정부가 국가재무제표를 공시하기로 하였으므로 정부나 기업의 발생주의 회계원칙은 동일하게 적용되어야 한다고 판단한다. 기업에 있어서 손해배상소송이 계류 중인 것이나 정부에 대해 과징금 부과에 대한 행정소송이 진행 중인 것은 아무런 차이가 없다. 그리고 위에 기술된 내용과 같이 공권력을 수행하는 기관에서 패소를 미리 확정하기 어렵다는 내용은 매우 권위주의적인 발상이라고 할 수 있다. 패소를 미리 확정하는 듯한 회계처리를 정부기관이 수행하기 어려운 것이나 일반 기업이 패소를 미리 확정하는 듯한 회계처리를 수행하기 어려운 것은 같은 경우이다. 특히 행정소송이 진행될 경우는 행정부나 민간이나 대등한 입장에서 사법부에 의해서 판결이 진행되는 것인데 정부기관이라고 해서 회계기준의 해석 또한 고압적이거나 권위적이라고 하면 이는 국가재무제표를 공시하는 취지와는 동떨어진 행태일 수 있다.

국가 권력이라고 할 수 있는 행정부가 진행하는 행정 업무도 잘못될 수 있으므로 행정소송 등이 진행될 수 있는데 위의 논리 전개는 적법하지 않다. 하물며 국가의 법령도 헌법에 위배될 경우는 헌법재판소에서 위헌 소송을 받게 되므로 행정이 잘못될 수 있다는 점에 대해서 정부기관이 큰 부담을 갖지 않아야 한다. 官은 民 위에서 治하는 것만은 아니다. 국가의 최고 권력이라고 하는 대통령도 헌법재판소에 의해서 탄핵의 대상이 되는데 행정부가 행정을 잘못 처리한다는 것은 자랑할 것은 못되지만 얼마든지 있을 수 있는 일이다.

아마 이러한 부분이 민간이 감사를 하지 않고 감사원이 검사보고서를 제출하는 데 대한 한계일 수 있다. 일반 기업이라고 해서 충당부채를 공시하는데 정부라고 해서 충당부채를 공시하지 않는다는 것은 형평성에서 어긋난다.

위의 이슈는 매우 민감한 부분이다. 정부는 항상 민간을 감독하고 통제하는 역할을 수행하는 데 익숙한데 반대로 민간 sector인 회계법인이 정부에 대해서 적절하다 적절하지 않다는 의견을 표명한다는 것이 정부로서는 부담이 아닐 수 없다. 부처가 생각하는 회계처리 절차와 회계법인이 생각하는 처리 절차에 차이가 있을 경우에 이에 대한 절충도 필요할 수 있는데 정부가 회계법인에 끌려다니는 듯한 인상도 바람직하지 않을 수 있다. 51개 정부기관에는 회계법인을 감독하여야 하는 금융위원회도 포함될 것인데 법인을 감독하는 위원회를 감시하는 역할을 회계법인이 수행한다는 것도 기술적으로 어려운 문제이다. 단, 회계법인이 감사과정에서 취할 수 있는 조치라는 것이 재무제표에 대한 오류를 지적하여 이를 수정하도록 하거나 아니면 의견으로 표명하는 것인데, 의견의 표명이 가능하지 않다면 무기를 두고 전쟁에 출전하는 것과 동일하다.

미국은 1998년 재무재표 도입 이래로 GAO(Government Accounting Office, 우리나라의 감사원에 해당)에서 의견거절을 표명하고 있다. 의견거절이 표명된 이유를 다음과 같이 GAO의 국회 증언 자료에서 기술하고 있다.

1. serious financial management problems at the department of defense that have prevented DOD's financial statement from being audited.
2. federal entities' inability to adequately account for and reconcile intragovernmental activity and balances.
3. the federal government's ineffective process for preparing the consolidated financial statements.
GAO also reported material weakness involving billions of dollars in improper payments, information security, and tax collection activities.

2013년 2월 25일 정권이 바뀌었다. 매 5년마다 정권이 바뀌는데 이 시점마다 정부개편이 있게 되면 정부개편이 있을 시에 정부회계에도 어느 부서가 어느 회계를 어떻게 처리해야 하는지가 이슈가 된다.

정부의 회계도 calendar year로 끊어지는데 2월 말로 기능의 변화가 있거나 명칭의 변경이 있는 부서일 경우는 정부개편 이후에는 다른 부서가 되는 것이므로 정권이 바뀌는 2월 24일로 해당 부서의 재무제표를 마감해 주어야 하는 과정이 진행되어야 한다. 그래야만 그 기간 동안의 업적에 대한 평가가 수행될 수 있다. 예를 들어 행정안전부가 안전행정부로 명칭만을 변경하지만 기능에는 차이가 없다면 그럼에도 불구하고 2월 24일로 행정안전부의 회계를 마감해 주어야 하는지를 고민해야 하며, 마감한다면 1년간 사용할 수익/비용일 경우에는 적절하게 기간 배부를 해 주어야 한다. 또한 이러한 이슈는 5년에 한 번씩 반복되는 업무일 것이다. 과거에 국가재무제표가 작성되지 않았을 시점에는 이러한 부분이 큰 이슈가 아니었지만 이제는 정권교체 시점의 cut off인 2월 24일이 회계기간이 만료되는 12/31과 같이 매우 중요한 시점이다.

통합되는 두 부서의 회계일 경우는 이를 회계적으로 어떻게 처리할 것인 가가 이슈일 수 있는데, 이는 민간에서의 합병회계에 유사하게 생각할 수 있 다. 물론, 민간에서의 회계가 정부회계에 완전히 부합하는 것은 아니다. 예를 들어 과거에 사용되어 오던 K-GAAP하에서의 지분풀링법은 피합병회사의 장부가액으로 회계를 처리하는 것이며 매수법은 피합병회사의 공정가치를 인 정하여 영업권을 인정하는 것이다. K-IFRS에서는 매수법을 회계원칙으로 하 는데 정부의 부처에서의 공정가치란 의미가 없기 때문에 이러한 기존의 회계 원칙이 부합하는 것은 아니다.

1년간 책정된 예산이 있는 경우 해당 부서가 통폐합의 대상이라면 이 예 산은 기간 배분 등의 방법으로 정리되어야 한다.

Chapter
02

국가회계에서의
벌금 관련 회계

정부회계에 복식부기의 개념이 도입되면서 민간에서의 복식부기의 적용과는 상이한 현상이 발생한다. 가장 대표적인 것으로 생각할 수 있는 것이 정부의 몰수금, 벌금(형벌), 벌과금, 변상금, 위약금, 가산금, 범칙금(도로교통법, 경범죄 처벌법), 과징금(행정법), 과태료(법무부) 등의 다양한 형태가 존재한다.

징수결의에 의한 부과고지시 행정적 청구권이 대부분 확정되나, 자진납부 등으로 인한 감면이 발생하거나 법무부의 경우 재산형 등에 관한 집행 사무규칙에 따라 수납 후 징수결의를 하는 경우가 존재하여 행정 절차가 어떻게 보면 발생주의에 反하는 모습을 보인다. 즉, 발생하지도 않았는데 현금의 징수가 먼저 진행되는 것이다.

징수관이 미리 알 수 없을 뿐만 아니라 수납 후 징수결의를 수행하므로 이 경우는 징수와 관련된 고지라는 과정을 거치지 않게 된다. 따라서 이 특별한 경우는 발생주의적으로 접근하려고 해도 접근할 수가 없다.

감면, 이의신청 등에 의해서 금액이 변동 가능하기도 하며 동시에 회수가능성이 가변적이다. 일반적인 회계의 원칙에서도 자산/부채/자본이 측정가능하여야 하며 동시에 발생 가능하여야 한다. 금액이 확정된 이후에 감면, 이의신청 등으로 금액이 변경되면 발생주의에서는 수정 분개에 의해서 조정되어야 하는데 이러한 경우가 빈번하게 발생한다면 몰수금 등에 있어서 발생주의 회계가 부합하는지에 대한 고민을 해야 한다.

추징금은 전직 대통령의 경우이며, 최근 입법 등, 정치적으로 이슈가 되고 있고 거의 불가능할 것으로 생각되던 추징금이 극적으로 회수되어 가는 듯하다. 그렇기 때문에 현재의 법 체계에서는 불가하지만 추징금도 노역이 가능하도록 법을 개정하여야 한다는 의견도 있다.

이러한 벌과금에 해당되는 정부 부서만 해도 법무부, 경찰청, 공정위원회, 국세청, 방송통신위원회, 금융위원회 등에 해당되며 이 각 부서별로 회수가능성에 큰 차이가 있다.

충당부채/우발채무 등의 회계는 Chapter 1에서도 기술되었듯이 발생가능성 50%를 기준으로 회계처리가 달라진다. 과거에는 부채로 계상되기 위한 확률이 80%였는데 국제회계기준이 도입되면서 'more likely than not'의 개념으로 과반의 개념으로 변경되었다.

이의제기의 경우는 1, 2, 3심을 거치게 되는데 어떠한 법원에서 이의신청이 기각 또는 승인될 경우에 효력이 있는 것으로 보아서 벌과금의 회수를 포기하는 것으로 회계처리할 것인지가 이슈가 된다. 이는 Chapter 1에서 기술된 내용과도 맥을 같이 한다. 즉, 국가 기관은 행정소송에서 패소하더라도 부채를 보고하지 않으려는 경향이 있을 수 있으므로 이의제기가 1, 2심에서 승소하고 국가가 패소하더라도 벌과금을 회수하는 권리를 정부가 재무제표에 쉽게 표시하지 않으려고 할 수도 있다.

현행 국가회계기준에 관한 규칙 및 재정운영표 계정과목 회계처리지침에서 벌금이나 과태료 등이 납부되는 시점에 수익을 인식하도록 규정하려고 한다.

◆ 제정 근거
다음의 두 대안이 가능하다.

1. 벌금수익은 부과고지 이후 회수금액이 변경될 가능성이 크므로 부과시점에 국가채권이 확정되었다고 보기 어려워 납부시점에 확정된 금액을 수익으로 인식

2. 벌금수익 역시 법령에 따라 징수결정으로 받을 권리가 성립하고 그 금액이 사실상 확정되는바, 부과시점에 인식하는 제재금수익과 수익인식기준을 달리할 이유가 없음

☐ 이에 따라 벌금수익을 부과시점에 인식하도록 관련 지침을 개정함으로써 해당 중앙관서는 부과·고지 시점에 수익을 인식하고, 관련 미수채권과 대손충당금을 인식할 필요가 존재한다.

국가회계기준에 관한 규칙 및 재정운영표 회계처리지침상 제재금수익 중 벌금, 몰수금 수익은 "납부되거나 몰수가 집행된 때 인식"하도록 규정하고 있다. 국가채권관리법도 벌금채권을 국가채권에서 제외하고 있는 점을 사유로 들고 있다.

즉, 벌금채권이 국가채권이 아니므로 고지하면서 수익으로 인식하며 회수하지 못하면 채권으로 회수하여야 하는데 이렇게 채권을 설정할 이유가 없어진다. 국가회계기준에서는 다음과 같은 흥미로운 인식기준이 보고된다.

예를 들어 비화폐성 자산의 몰수금 수익 인식시점에 대한 이슈이다. 국가회계기준에 관한 규칙 제29조2항에 따른 몰수금 수익은 몰수가 집행된 시점에 수익을 인식하도록 규정한다. 즉, 현금주의적인 접근을 취하는 것이다.

지침에서는 몰수금 수익은 화폐성 자산의 경우 몰수시점에 수익을 인식하고 비화폐성 자산은 몰수품 처분시점에 수익을 인식하도록 규정되어 있다. 비화폐성 자산은 처분하는 시점에 현금화가 가능하므로 이러한 회계기준은 충분히 타당성이 있다. 동시에 화폐성 자산은 현금으로의 회수에 전혀 어려움이 없기 때문에 몰수시점에 즉시 수익 인식이 가능하다.

몰수금 수익 관련 미국 연방회계기준(SFFAS, Statement of Federal Financial Accounting Standards No, 7 문단 265 및 266)은 몰수와 관련된 수익의 인식시기와 인식금액에 대해 규정하고 있는데 몰수된 자산이 처분 목적인 경우에는 처분시점, 내부사용 또는 이전 목적인 경우에는 내부사용 또는 이전승인이 이루어진 시점에서 수익을 인식하도록 되어 있다.

몰수가능성에 기초하여 이와 같이 현금주의적인 접근이 수행되기는 하지만 국가재무제표에 적용되는 회계원칙이 발생주의이므로 이러한 접근상의 차이점은 고민하여야 한다. 이와 같은 이슈는 2012년 국회 예산결산위원회 결산심사 결과 벌금수익 인식시기를 납부시점이 아닌 부과시점으로 개정하라는 요구사항이 있어 이에 대한 적정성을 검토하게 되었다. 국가회계기준 및 관련 지침에는 납부시점에 수익을 인식하도록 규정되어 있다.

금액이 변경될 가능성이 존재하므로 선고 통고(부과)에 의해 국가채권이 확정되었다고 볼 수 없다고 판단한 것이다. 따라서 현금주의적인 접근으로 납부될 때 수익을 인식하는 대안으로 접근된 것이다. 금액이 변경될 가능성이란 이의신청에 의해서 금액이 조정되는 경우, 또한 금전적인 조치를 수행하지 않을 경우에 영업정지 등의 대안적인 조치를 취할 수 있는 경우이다.

예를 들어, 식약청은 행정조치로 영업정지로 대체될 경우 등이 있을 것인데, 이러한 penalty가 부과된 금전적인 penalty를 대체하는지에 대한 이견이 있을 수 있다. 영업정지가 금전적인 penalty를 완전히 대체한다고 해석하면 수익을 인식하였다는 회계처리에 대한 수정이 필요하지 않지만 영업정지는 금전적인 혜택이 정부로 회수되는 것이 아니므로 수익인식에 대한 회계가 조정되어야 한다고 하면 수정분개를 필요로 한다. 영업정지를 수익인식으로 대체할 수 있는지의 판단은 회계적인 이슈도 아니다. 영업정지가 벌과금을 받는 자에 대해 불이익을 주었으므로 정부의 입장에서는 수익의 인식이라고 할 수도 있지만 정부 측으로 금전이 회수된 것이 아니므로 벌과금을 받는 자의 불이익이 반드시 정부의 입장에서의 자산의 유입, 즉, 수익으로 인식할 수 있는지에 대해서는 논란이 있을 수 있다. 남에 대한 penalty의 부과가 정부의 효익이라는 차원에서는 수익이라고 할 수도 있지만 재화가 정부로 유입되는 것이 아니므로 이에 대한 판단이 애매하다.

이렇게 복잡한 절차를 회피하는 대안으로 회계원칙에는 부합하지 않지만 납부시점에 일부의 경우에 수익으로 인식하는 것이다.

행정부서의 회수하려는 노력을 독려한다는 차원에서도 이를 발생주의로 회계처리하여야 어느 정도 회수되는지가 추적된다고도 할 수 있다. 즉, 발생주의로 처리하면 회수되지 않는 벌과금 등에 대해서 대손충당금 등의 계정이 설정되어야 하므로 회수를 독려할 수 있다. 즉, 회수노력과 관련된 업적평가 및 인센티브의 문제와 연관된다.

단, 행정법에 의한 과태료, 과징금, 형법에 의한 벌금, 과료 범칙금 이외의 벌과금, 과금, 제재금, 이행강제금 등의 회수가능성이 50%가 안 되는 경우도, 이를 발생주의로 회계처리하는 것이 적절한 것인지에 대한 고민도 수행되어야 한다. 물론, 발생주의로 회계처리하고 대손과 관련된 적절한 회계를 수행하면 되지만 실현가능성의 차원에서 회수가능성이 50%도 안 되는 경우에는 이러한 방식이 정당화되기 어렵다.

증권선물위원회 차원에서도 과징금과 유가증권 발행제한 중에서 기업에 대한 제재를 선택적으로 적용할 때가 있는데 국회에서는 과징금으로 부과하는 것이 더 적절한데 어떠한 이유에서 실효성도 없는 유가증권 발행제한으로 조치하는지에 대한 질문을 한다고 한다. 과징금의 경우, 회수가능성이 매우 낮기 때문에 유가증권 발행제한으로 진행할 경우가 많은데 어차피 회사가 납부 가능하지 않는 과징금에 대해서 필요 이상의 노력을 기울이는 것도 행정력의 낭비일 수 있다. 어려운 상황에 있는 기업일 경우에는 기업이 유가증권발행을 고민할 수 없는 상황인데 유가증권 발행제한이라는 조치가 부과된다면 이는 실효성이 없는 조치이다. 또한 유가증권 발행제한과 관련된 조치의 경우도, 증권선물위원회에서 최종적인 결정이 내려지기 이전에 이미 회사에서 증권발행제한을 적법하게 결정하였다고 하면 결정된 유가증권 발행은 제한할 수가 없어서 이 조치의 실효성이 문제가 될 수도 있다.

어떻게 보면 한계 상황에 있는 기업에 대해서는 어떠한 조치를 취하여도 이를 감당할 수 없어서 감독기관이 징계를 할 수 있는 수단이 별로 없다고도 할 수 있다.

금전적인 대가 대신에 노역으로 징벌을 받기도 하는데 벌과금 등이 회수되지 않고 노역을 수행하는 경우 위에 기술된 영업정지와도 동일하게 이러한 노역의 가치가 벌과금에 상응하는지도 이슈일 수 있다. 또한 벌과금 대신 이러한 노역을 금액화하여야 하는데 노역의 상대적 가치는 노역을 수행하는 자의 기회비용에 따라 상당한 정도의 차이가 있을 것이다. 예를 들어 재벌 회장이 노역을 수행한다면 이들의 시간당 경제적 가치는 매우 높을 것이다.

손회장 노역대가 하루 1억?

손길승 SK 회장은 28일 벌금 400억원에 대해 선고를 유예 받았지만 재판부는 선고 효력이 발생, 벌금을 미납했을 때 1일 노역 대가를 1억원으로 계산했다. 국내 최고의 노역 금액이다.

법원은 형사재판에서 벌금형을 선고받는 피고인의 경우 벌금을 내지 못하면 피고인마다 1일 수입액을 산정, 이를 기준으로 노역장 유치 기간을 명하고 있다.

벌금액이 크면 일반적인 원칙을 적용하는 것이 무리이기 때문에 형법 제69조는 '벌금을 납입하지 않을 경우 1일 이상 3년 이하 노역장에 유치해 작업에 복무하도록 한다'고 규정하고 있다. 벌금액이 아무리 많아도 미납에 따른 노역장 유치기간은 3년을 넘지 않아야 한다.

서울경제신문. 2004.6.29.

노역이라는 것이 대부분의 경우는 단순 노동이라고 생각하면 그 가치는 정부가 책정한 minimum wage를 적용한다면 시간당 5,000원 정도의 가치일 것인데 재벌회장의 노역에 대한 대가는 2004년 화폐단위이지만 이보다 20,000배의 가치를 갖는다는 계산을 할 수 있다.

모든 회계의 이슈는 측정의 이슈이다. 부과시에 수익을 인식하였다면 법원이 하루 1억원의 노역의 가치로 측정한 손길승 회장이 하루의 노역을 마쳤을 때, 정부회계는 1억원의 채권이 회수되었다고 회계처리해야 하는 것인가? 법원의 판단을 존중하면 그러하다. 그러나 상식적이지는 않다.

미 연방정부는 법적 청구권이 발생하고 징수가능성이 높으며 금액을 합리적으로 측정할 수 있을 때 수익으로 인식한다. 다만, 벌금의 성격 및 관련 절차에 따라 법적 청구권의 발생 시기가 다를 수 있음을 명백히 하고 있다.

이러한 내용은 회계기준에서 수익인식에 대해서 일반적으로 적용하는 원칙과 유사하다. 즉, 정부회계나 민간회계나 발생주의만 적용된다고 하면 그 내용에 있어서는 별반 차이가 없다.

국가회계기준 제재금수익은 납부되거나 몰수가 집행된 때에 그 확정된 금액을 수익으로 인식

> ### 국가회계기준에 관한 규칙 제29조(수익의 인식기준)
>
> ② 비교환수익은 해당 수익에 대한 청구권이 발생하고 그 금액을 합리적으로 측정할 수 있을 때에 인식하며, 수익 유형에 따른 세부 인식기준은 다음 각 호와 같다.
> 6. 제재금 수익: 벌금이나 과태료 등이 납부되거나 몰수가 집행된 때에 그 확정된 금액을 수익으로 인식

따라서 현금주의와 발생주의의 내용이 혼재되어 있다. 이를 개선할 수 있는 한 가지 대안은 회수가능성이 50%를 넘을 경우는 발생주의적으로 처리하고 회수가능성이 50%를 넘지 않을 경우는 현금주의적으로 처리할 수도 있다. 그러나 이렇게 접근하려면 회계 담당자의 주관적인 판단을 필요로 하므로 오히려 혼란을 초래할 수 있어서 바람직하지 않을 수도 있으며 기준을 정함에

이러한 자의성을 인정하는 것도 이슈가 될 수 있다.

기업도 어떠한 경우는 규제기관의 제재가 너무 과하다고 불만을 표시할 때가 있지만 오히려 규제기관에서 기준을 정해주는 것이 더 편하다고 응대할 때도 있다. 예를 들어, 어떠한 문건의 양식일 경우도 free format보다는 일정한 양식을 정해 주는 것이 더 편할 때도 있다.

아래에서 보는 바와 같이 현 규정하에서 부과고지시점이나 납부나 몰수가 진행될 때 적용할 수 있는 원칙은 다음과 같다.

제재금수익의 세부항목별 정의 및 수익인식기준

제재금수익❖	정의	수익인식기준
변상금수익	법령과 계약에 의거하여 국가가 수납할 변상금	부과고지시점
위약금수익	계약당사자의 특약에 따라 채무불이행의 경우에 채무자가 채권자에게 지급하기로 약정한 금전	
가산금수익	세금 또는 공공요금 등을 납부해야 할 행정법상의 의무가 있는 사람이 그 의무를 지체하는 경우 이에 대한 제재로 부과하는 할증된 금액	
벌금수익	법령에 의해 국가가 수납할 형벌의 성질을 갖는 벌금, 범칙금, 즉결재판에 의한 벌금, 범칙금 등	벌금이나 과태료 등이 납부되거나 몰수가 집행된 때
몰수금수익	법령에 의하여 국가가 수납할 몰수금, 몰수물품 및 압수물 공매대금 등	

"벌금수익"은 현행지침에서 과징금수익, 과태료수익, 범칙금으로 구분함

미 연방 정부의 벌금 및 과태료 인식 기준:

FASAB SFFAS No. 7 "Accounting for Revenue and Other Financing Sources and Concepts for Reconciling Budgetary and Financial Accounting"

미 연방 정부는 비교환수익의 인식 기준을 다음과 같이 규정

1. 명확하게 구분 가능한 법적 청구권이 발생하고

2. 징수가능성이 높으며(여기서 발생가능성이 높다는 것(probable)은 50% 이상을 의미)

❖ "제재금수익"은 변상금수익, 위약금수익, 가산금수익, 벌금수익, 몰수금수익으로 구성되며, "벌금수익"은 다시 과징금수익, 과태료수익, 범칙금수익으로 구성됨.

3. 그 금액을 합리적으로 측정할 수 있을 때에 인식

이러한 내용을 국내에 적용한다고 하여도 회수가능성이 50%도 안 되는 벌금 등을 발생주의에 의해서 인식하여야 하는지는 흥미로운 이슈이다.

또 하나 이러한 수익인식의 시점의 문제와 관련된 판단을 어렵게 하는 것이 행정조치에 대해서는 이의신청이 가능하고 또한 조치를 준수하지 않을 경우에 계속적으로 이러한 벌과금을 받기 위해서 노력하는 것이 아니라 어느 단계에 가면 영업정지 조치를 취하게 되므로 이러한 경우는 벌과금을 받을 수 있는 가능성이 완전히 사라질 수도 있다.

범칙금은 정해진 기한 내에 미납된 경우 즉결심판으로 이어져 당초 부과한 금액과 관계없이, 재판 결과에 따라 부과금액이 달라질 수 있는 이슈도 있다. 이의신청 이외에도 금액이 유동적인 경우이다. 또한 과태료 및 가산금도 미납한 경우 체납처분의 예(압류 및 공매처분 등)에 따라 징수할 수도 있다.

이 경우도 압류 및 공매처분된 자산을 어느 가액에 처분할 수 있는지에 따라서 실현 여부가 달라진다. 즉, 발생주의 회계를 적용함에 있어서는 여러 가지 복잡한 이슈가 개입된다. 즉, 벌금, 몰수금은 "행형집행의 일환"으로 관리되어 "비현금납부(노역)", "이의신청에 따른 금액변경" 등이 가능하여 징수결정만으로는 채권이 확정되었다고 보기 어렵다.

국가회계기준센터가 고민한 두 대안은 다음과 같다.

▪ 1안 제재금수익의 청구권 확정시점별로 구분하여 수익인식기준을 별도로 정하는 방안

□ 부과고지시 청구권이 확정되는 변상금, 가산금, 위약금 등은 부과고지시점에 그 확정된 금액을 수익으로 인식하고, 그 외의 제재금수익은 납부시점 수익으로 인식

▪ 2안 제재금 수익인식기준에 부과기준을 적용할 수 있도록 수정하고 금액의 합리적 측정기준에 따라 금액의 변동 가능성이 높고 현금유입가능성이 낮은 경우 납부기준으로 함

□ 제재금 수익은 부과고지시점에 그 확정된 금액을 수익으로 인식하되, 유입가능성이 낮아 금액변동가능성이 높거나 현금의 유입가능성이 낮은 경우에는 납부시점에 인식

발생주의에 의해서 회계가 수행되었다면 미수채권과 대손충당금을 인식할 필요가 부가적으로 존재한다. 따라서, 벌금 및 과료는 노역장 유치에 의한 소멸 등 다양한 징수·소멸 절차가 존재하므로 수입예상액의 파악에 어려움이 존재한다.

당초 제정 취지와는 달리 과태료 및 과징금 등은 노역 등이 없어 행형집행의 일환이 아닌 금전벌 성격이다. 따라서 노역 등으로 대체될 수 있는 경우와 대체될 수 없는 경우가 존재한다는 점도 이슈를 복잡하게 한다.

▫ (벌금 및 과료) 벌금 및 과료(범칙금 포함)는 노역 및 봉사활동 등으로 소멸될 수 있으며 부과고지 후 수납되는 금액의 변동가능성이 높으므로 납부시점에 수익을 인식하는 경우를 생각할 수 있다.

발생주의가 항상 능사가 아닌 것이 예를 들어 기부단체의 약정된 금액일 경우, 이를 발생주의로 회계처리해야 하는지 아니면 현금주의로 회계처리해야 하는지가 명확하지 않으며 우리가 발생주의에 매몰되어 모든 회계처리가 발생주의가 원칙이 되어야 한다는 주장도 설득력이 없다. 기부단체에서도 약정된 금액은 과거의 회수율에 근거하여 실제 회수가능한 금액을 추정하게 된다 (Chapter 77 참조).

법 집행 과욕, 10조 소송에 휘말린 정부

정부가 피고인 소송의 총 금액이 10조원에 이른다는 사실은 복지 재원 마련을 위해 앞으로 5년간 135조원의 세입 증대 및 세출감소를 추진하고 있는 박근혜정부에 적잖은 부담으로 작용할 전망이다. 최근 지하경제 양성화를 위한 세무조사 확대와 세수 외 정부 수입 확보를 위한 공정거래위원회의 과징금 부과 강화 기조가 무더기 불복 소송으로 이어질 수 있다는 점에서 특히 그렇다.

■ 총소송액 처음 드러나

정부를 상대로 소송 중인 사건의 총소송액 10조 1,384억원은 지난해 정부 결산보고서 재무제표를 통해 처음 드러난 것이다. 정부는 2011 회계연도부터 결산보고서 재무제표에 도입하기로 했지만 당시 소송 관련 통계는 제대로 집계되지 않았다. 이에 감사원과 국회 예산처 등이 정부 우발 채무를 막기 위해 정확한 기재를 요청하면서 부처들이 2012 회계연도부터 전체 통계를 잡기 시작했다.

재무제표의 '장기충당부채' 항목에는 부처 자체 판단으로 해당 회계연도 결산일(12월

31일)부터 1년 뒤에 패소가 확실한 소송의 소송액을 적도록 돼 있다. 통상 정부가 1/2심에서 이미 패소해 최종심에서 이길 가능성이 매우 낮거나 1심이 진행되어도 질 가능성이 높다고 판단한 소송들이다. 또한 '재무제표에 대한 주석' 항목에는 정부가 피고인 모든 소송액을 적도록 하고 있다. 그 최종 금액이 10조 1,384억원이라는 얘기다.

이 가운데 정부가 자체적으로 예상한 패소 금액은 1조 279억 6,000만원이다. 국세청, 관세청 등이 피고인 세금 관련 패소액이 6,565억 1,000만원으로 가장 많았다. 부처별로 국세청 다음으로 충당금이 많은 법무부(1,223억 4,000만원)의 경우 2010년 경남은행의 한 간부가 은행장 명의의 지급보증서를 위조해 건설근로자 공제회 등에 수천억원의 보증 피해를 입힌 경남은행 금융사고소송과 관련한 소송액을 충당금으로 잡았다. 경남은행은 정부가 최대주주인 우리금융지주 자회사인 만큼 관리 책임이 있는 정부가 재판에서 질 가능성이 높다고 판단한 것이다.

■ 패소액 최대 3조원

하지만 정부 일각에선 각 부처가 충당금으로 잡은 소송액이 지나치게 적다고 지적한다. 특히 국세청, 관세청, 공정위가 자체 판단한 패소액이 현실과 동떨어져 있다는 것이다.

지난해 말 기준 국세청을 상대로 제기된 소송금액은 총 2조 868억원. 지난해 말 기준 국세청을 상대로 제기된 소송액에서 충당금을 제외한 1조 4,611억원(즉, 충당금은 6,257억원으로 역산). 여기에 2011년(패소율 19.2%)과 2012년 상반기 패소율(22.6%)의 중간 수준인 20%를 적용하면 국세청의 패소금액은 2,922억원 늘어난다(즉, 충당금이 68%만 설정).

또 총 1조 8,544억원의 소송이 제기된 공정위의 경우 최근 과징금 실질 환급률이 80% 수준이라는 점을 감안하면 1조 4,000억원 이상을 돌려 주어야 한다는 계산이 나온다. 이 두 기관만 해도 패소 금액이 2조원에 육박한다는 얘기다. 여기에 다른 부처가 책정한 패소금액 충당금을 합치면 최종금액이 3조원에 이를 수도 있다는 분석이다.

이 돈은 박근혜정부의 재정 운용에 상당한 압박 요인으로 작용할 전망이다. 한 푼이라도 더 많은 재원을 마련하기 위해 기업은행 지분까지 해외 투자자에 내놓는 마당에 미처 예기치 못한 지출이 발생하기 때문이다. 기업들을 상대로 과세 및 과징금 부과를 확대해 나가고 있는 국세청, 관세청과 공정위 움직임도 둔화될 수밖에 없다. 정부의 잇따른 패소로 '처음부터 무리한 법집행이었다'는 비판이 고조될 경우 국정 전반에 대한 신뢰도 무너질 수 있다는 지적이다.

한국경제신문. 2013.6.11.

어떻게 보면 이 신문기사의 내용과 Chapter 1의 금감원 질의회신 내용이 국가재무제표에 반영되지 않는다는 내용은 일관되지 않는다. 이는 국가재무제표가 정식으로 채택되면서 각 부처에서 이 내용을 철저하게 공시하게 되었던 연유일 것이다.

총 금액이 10조 1,384억원인데 자체적으로 예상한 금액이 1조 279억원이라 하면 예상 금액의 산정이 무척 보수적이라고 할 수 있다.

Chapter 1에서도 기술하였듯이 금융기관에서 대손충당금을 너무 과소하게 책정하는 경우는 분식회계의 영역이다. 국가재무제표에 대해 회계법인의 감사과정에서 정부 일부 부서의 과도하게 낮게 책정된 충당금에 대해서 이를 조정하는 조치를 취할 수 있어야 국가재무제표가 제대로 된 정보가 전달될 수 있다. 위와 같이 문제가 제기됨에도 이를 절충할 수 있는 실체가 불투명하다.

즉, 정부가 민간에는 대손충당금을 너무 과소하게 적립하면 제재를 취하면서 정부 자체적인 충당금 적립에는 과도하게 소극적이다. 공정위와 국세청의 위의 통계에 근거하면 정부가 패소할 확률이 거의 20%이고 80%는 평균적으로 돌려주어야 한다.

나. 개정내용

➤ 제재금 수익을 인식하는 일반적인 원칙을 제시하여 합리적인 수익의 인식시점을 판단하도록 함

▫ 제재금수익은 비교환수익의 일반 수익인식원칙과 같이 청구권이 확정된 때에 그 확정된 금액을 수익으로 인식

▫ 청구권의 확정이나 수익형태별 수익인식시점의 예시는 관련 회계처리지침 등을 통하여 제시함

다. 개정조문

현행	개정안
제29조(수익의 인식기준) ② (생략) 　5. 부담금수익, 기부금수익, 무상이전수입 등: 청구권이 확정된 때에 그 확정된 금액을 수익으로 인식 　6. 제재금수익: 벌금이나 과태료 등이 납부되거나 몰수가 집행된 때에 그 확정된 금액을 수익으로 인식	제29조(수익의 인식기준) ② (생략) 　5. 부담금수익, 기부금수익, 무상이전수입, <u>제재금수익</u> 등: 청구권이 확정된 때에 그 확정된 금액을 수익으로 인식

Chapter

03

감사원

다음은 감사원이 2012년 2월 13일 감독원에 보낸 주의 조치 내용이다.

감리결과 제재조치 관련 감경규정 운영 불합리(주의)

> 금융감독원에서 금융기관들이 검사 과정 중 위법·부당한 회계처리로 지적받은 사항을 반영하여 수정·공시한 것을 자발적으로 수정·공시했다고 인정하여 제재조치를 감경하는 등 감경규정을 불합리하게 운영

금융감독원은 「주식회사의 외부감사에 관한 법률」 제15조 및 같은 법 시행령 제8조의 규정에 따라 회계감리업무를 수행한 후 회계처리기준 및 회계감사기준을 준수하지 아니한 회사, 감사인 및 그 소속 공인회계사에 대하여 제재조치를 하기 위해 「외부감사 및 회계 등에 관한 규정 시행세칙」 별표 제2호에 "감리결과 조치양정기준"을 마련하여 운영하고 있다.

위 조치양정기준 Ⅵ.(기본조치의 가중·감경)에 따르면 회사의 경우 심사감리 착수 전에 위법행위를 스스로 신고하거나 위법행위로 인한 오류를 회계처리기준에 맞게 재무제표에 반영하여 공시하는 경우 또는 감사 착수일 후 회사가 자료제출요구서를 받은 날로부터 1개월 이내에 위법행위로 인한 오류를 회계처리기준에 맞게 수정·공시하는 경우에 기본조치를 감경할 수 있도록 하고 있다.

그리고 감사인 및 그 소속 공인회계사의 경우 회사가 위와 같이 위법행위나 오류를 재무제표에 반영하여 수정·공시하도록 사전에 의견을 제시하는 등 적극적으로 도움을 준 사실이 서류 등을 통하여 객관적으로 인정되는 경우에 기본조치를 감경[*]할 수 있도록 되

❖ 2009.6.16. 위 조치양정기준을 개정하기 전에는 감리 착수일 현재 과거의 위반행위로 인한 오류를 차기 재무제표에 반영하여 이미 시정한 경우에 한하여 회사, 감사인 및 공인회계사 모두에 대하여 감경 조치하였음

어 있다.

한편, 「금융기관 회계분식행위 처리절차 및 제재방법 개선」(2001년 9월 금융감독원장 결재) 등에 따르면 금융감독원 내 검사부서에서 검사업무를 수행하면서 위법·부당한 회계처리를 발견하면 그 사실을 회계감리업무 담당부서에 혐의 통보하도록 하고 있다.

이에 따라, 검사부서에서는 수검 금융기관으로부터 위법·부당한 회계처리에 대한 확인서(부당 회계처리 내용과 금액 등 포함) 징구 등을 통하여 위법·부당 사실을 확정한 후 회계감리부서에 그 사실을 통보하고 있고, 회계감리부서에서는 이를 토대로 「주식회사의 외부감사에 관한 법률」, 「외부감사 및 회계 등에 관한 규정」 등에 따라 회사, 감사인 및 그 소속 공인회계사에 대하여 제재조치를 하고 있다.

따라서 제재의 형평성을 담보하고 제재효과를 제고하기 위해서는 감리결과 회사, 감사인 등에 대하여 제재조치를 할 때 위법·부당한 회계처리사항을 지적받기 전에 회사에서 감사인 등의 도움을 받고 스스로 위법·부당한 회계처리사실을 신고·수정하는 경우에 한하여 감경하는 것이 바람직하다.

그런데 금융감독원에서는 금융감독원 검사과정 중 금융기관이 위법·부당한 회계처리로 지적받은 후, 그 지적 내용을 반영하여 수정·공시하고 있는데도 자발적 수정·신고라는 사유를 들어 감리결과 제재조치를 감경해 주고 있었다.

그 결과, 2008년부터 2011년 4월 말 사이에 "검사부서의 혐의 통보사항에 대한 감리결과 제재조치 감경 현황"과 같이 굿모닝신한증권주식회사 등 10개 금융기관이 금융감독원의 검사과정 중에 위법·부당한 회계처리로 지적받은 사항을 반영하여 감리착수 전후로 재무제표 등을 수정·공시한 데 대하여 금융감독원에서는 자발적 수정·신고 등의 사유로 회사, 감사인 및 그 소속 공인회계사에 대하여 제재조치를 감경하는 등 감경규정을 불합리하게 운영하고 있었다.

<조치할 사항> 금융감독원장은 감리결과 제재조치의 실효성을 제고하기 위하여 금융기관에서 금융감독원 검사부서의 지적사항을 반영하여 수정·공시한 데 대해 자발적 신고 등을 이유로 제재조치를 감경하는 일이 없도록 관련 업무를 철저히 하시기 바랍니다.(주의)

금융감독원에서는 이와 같은 감사원의 지적에 대해서 금융회사 회계오류 수정 관련 감경 운영 방안을 제시하였다. 정책 설정 초기에는 다음과 같은 내용이 포함되었다.

"감사인의 내부 방침 등으로 재감사 등에 참여하지 못한 경우라도 '재무제표 수정·공시'에 기여한 사실이 인정되는 경우 감경대상으로 고려"한다.

이러한 정책은 감사 업무의 연속성상 재감사를 수행한다고 하여도 어느 정도는 전임자가 협조해 줄 수밖에 없다는 현실적인 점을 고려한 것이다.

위의 내용이 포함되었다가 논의 단계에서 이는 채택되지 않았다. 회계법인 내부방침에 의해서 공인회계사가 재감사에 배제되었다는 것은 어느 정도는 제재의 의미가 포함된 것인데, 그럼에도 불구하고 재무제표 수정/공시에 기여한 사실이 인정되는 경우 감경 대상으로 포함한다는 것이 적절하지 않다는 판단이었다. 또한 전임자가 어느 정도 협조를 하였기 때문에 재무제표 수정공시가 가능하였겠지만 어느 정도를 협조하였는지를 판단한다는 것도 어렵다. 또한 동일 회계법인 내에서 타 부서이기는 하지만 업무에 협조한다는 것은 너무도 당연한 것인데 이에 대한 功을 인정한다는 것이 적절하지 않다는 판단이다.

금융회사 회계오류 이외에도 회사가 감리 단계에서 조력할 경우에 감경을 해 주는 경우에 대해서도 감리가 수행된다는 것을 이미 인지하고 재무제표를 수정하는 것이 감경의 대상이어야 하는지에 대해서도 논란이 있다. 단, 이와 같은 제도의 순기능은 이와 같이 조력하지 않을 경우에 감리라고 하는 과정을 거친다고 해도 왜곡된 재무제표의 오류를 발견한다는 것이 결코 용이하지만은 않다는 점에 기인한다. 따라서 감리 단계에서 조력한다고 했더라도 감경을 한다는 것은 나름대로 타당성이 있다.

이는 다음 Chapter에 기술된 내부고발자 제도의 취지와 궤를 같이 한다. 내부고발 없이 회사에서 발생하는 부정을 발견하기 어렵다. 내부고발자에 대한 보상도 이러한 차원에서 생각하여야 한다. 대부분의 감사과정은 회사에서 제공된 자료를 검토하게 되는데 회사가 제공하는 자료가 위조된다면 위조된 내용을 발견한다는 것은 무척이나 힘들거나 불가능한 과정이다.

감사인은 제한된 인력과 시간의 한계 속에서 회계감사를 수행하게 되며 일반적으로 주어진 서류상의 정보에 근거하여 재무제표의 적정성에 대한 의견을 표명하게 된다. 만일 감사인이 감사원이 하는 감사를 원한다면 부정적발 감사를 하여야 한다. 이 경우 그 비용과 기간은 회계감사의 몇배가 소요되어 사회적인 비용이 급증할 수밖에 없다. 만일 우리사회가 원하는 것이 부정적발 감사라면 현행 외부감사제도는 근본적으로 바뀌어야 할 것이다.

따라서 감사과정은 회사 내부의 도움을 필요로 하며 후속 감사 담당자는 전임자의 어느 정도의 협조를 필요로 하므로 전임자의 협조를 유인한다는 순기능은 존재한다.

감독기관이 제시한 개선방안은 다음과 같다.

□ (**수정방법**) 위법행위 사실의 '신고 또는 공개'에서 위법사실의 '신고 후 즉시 공개'로 강화하고 다음과 같은 일정기간(예 1개월) 내 신속한 후속조치를 하는 경우에 한하여 감경

수정시한	조치내용
신고後 차기 사업(분·반기)보고서 공시시한까지 1개월 이하인 경우	차기보고서에 반영 또는 신고 후 1월 이내 기존 사업(분·반기)보고서 수정
신고後 차기 사업(분·반기)보고서 공시시한까지 1개월 초과하는 경우	신고 후 1월 이내에 기존 사업(분·반기)보고서 수정

□ (**공개수단**) 전자공시시스템(수시공시)으로 일원화하되, 비상장회사 등을 고려하여 공개수단(채널)을 확대 운영*

*예시: 비상장금융회사 홈페이지 및 각 협회 경영공시사이트 등

상장기업일 경우는 거래소의 수시공시 site를 이용하면 문제가 없지만 비상장금융회사의 홈페이지의 경우나 각 협회의 경영공시사이트의 경우 의도적으로 이를 찾아서 확인하는 경우가 아니라면 이러한 내용 전달 경로가 공적인 domain인지에 대해서도 명확하지 않다.

2012년 입법예고된 외감법과 공인회계사법 내용에서도 이 내용이 포함되어 있다.

감사원의 역할에 대해서 기술한다. 감사원은 업무감사와 회계감사로 그 역할이 구분되는데 현재 우리나라의 감사원은 회계감사보다는 업무감사에 그 업무가 치중된다. 즉, 부정적발 감사에 주안점이 있는 것이다. 미국의 경우, 감사원은 GAO Office(Government Accounting Office)로 감사보다는 정부회계부서라는 의미가 더욱 강하다. BAI(Board of Audit and Inspection)라는 우리의 감사원의 영문 명칭이 의미하듯이 그 명칭에서도 회계가 아니라 업무감사의 의미가 강하게 나타난다. 그도 그럴 것이 우리 정부가 국가재무제표를 공시한 것이 2011년이 최초이므로 실질적인 정부회계업무가 시행된 것이 2011년이라

고 하면 감사원의 주된 업무가 회계감사와는 괴리감이 있었다.

　　Chapter 55에서는 최근에 이슈가 된 감사원의 위상과 관련된 회계감사 차원에서의 논점에 대해서 기술한다.

Chapter 04

내부고발자

직장 내에서 내부고발자를 어떻게 이해하여야 하는지에 대해서 다른 해석을 할 수 있다. 조직에 대한 반역자일 수도 있고 정의에 투철한 투사일 수도 있다. 다음의 신문 기사 제목이 양자를 뚜렷이 구분하고 있다.

누설자인가 내부고발자인가? Leaker or Whistleblower?
조선일보. 2013.6.26.

whistleblower는 경고를 보낸다는 순기능을 강조한 영어식 표현이며 leaker란 표현은 조직에 대한 충성심이 부족한, 즉 조직을 배반한 조직원이라는 의미가 강하다.

부정행위 신고자에 대한 포상제도에 대해서 기술한다. 내부고발제도라는 것은 우리 문화권에서는 쉽지 않은 제도이다. 내부고발자＝변절자라는 식으로 비추어질 수도 있기 때문이다. 즉, 조직 내 위화감을 유발시킬 수도 있는 제도이다.

Sherron Watkins가 엔론의 문제를 고발하면서 내부고발자 제도가 많은 주목을 받게 되었다. 부정행위 신고 사례는 다음과 같이 진행된다.

> ▶ 신고자 김○○는 회사의 부정행위가 특정될 수 있도록 구체적인 사실(부정행위자, 부정행위의 내용 및 방법 등)을 적시하였음

> ▶ 세부내용이 포함된 관련 자료를 제출하였으며, 본인의 신원을 밝히는 등 포상규
> 정에 정하여진 신고방법 및 신고절차를 모두 충족하였음(포상규정 제5조)

현재 우리나라에서도 내부고발자 제도에 대한 논의가 광범위하게 진행되는데 이러한 미국에서의 제도를 신중하게 검토하여야 한다. 내부고발은 현실적인 제약점이 분명히 존재하기 때문에 이러한 제도의 활성화에 대해서 부정적으로 예단할 필요도 없지만 이 제도가 원활하게 운용되리라는 지나치게 긍정적인 기대도 아직은 시기상조인 것 같다. 또는 내부고발자의 신분 및 고용은 보호되어야 하지만 이들의 신분을 어느 기간 이상으로 보호할 수도 없는 입장이다. 한번 내부고발을 하였다고 해서 무한정 이들의 고용과 신분을 보호해준다는 것도 적절하지 않다.

내부고발자 제도가 활성화되어야 하는 이유는 다음의 경우를 보아서도 자명하다. 분식회계를 발견해 낸다는 것이 결코 용이한 작업이 아니라는 의미이다.

금감원 눈 뜬 장님

기아자동차는 매출채권을 과다계상하고 고정자산(현재의 유형자산)과 재고를 과대평가한 분식결산규모가 3조 1백 48억원에 달하였다. 기아자동차는 전산장부 조작 등을 통해 지난 1991년부터 1997년까지 할부수익을 부풀리는 등의 수법으로 매출을 늘리고 차입금을 과소계상한 것으로 밝혀졌다. 또한 비용을 고정 및 이연자산으로 처리해 손실폭을 줄였다. 한편 금감원은 1994년 기아차에 대한 감리를 실시하였으나 이러한 부실회계사실을 적발하지 못하였다.

이와 같이 감독원이 감리를 수행하고 분식회계를 발견하지 못한 경우는 동아건설의 경우에도 해당된다. 2001년 1월 12일 금융감독원에 따르면 증권감독원(1999년 금융감독원에 통합)이 1990년과 1994년 감사보고서를 감리했음에도 분식회계 등 문제점을 지적하지 못하였다. 이와 관련하여 1988년부터 1997년까지 동아건설의 회계처리를 맡았던 안건회계법인은 분식 등에 의해 과대계상된 7,140억원을 1998년 재무제표에 손익수정손실로 처리해 감사보고서에 반영하였다. 이에 대해 조사감리실 관계자는 "회사가 해외공사의 매출관련서류를 허위 제시했다면 외부감사인이나 감리담당자가 이를 알아내기 힘들다"며 "특히 일반 직원이 아니라 경영진이 조직적으로 분식을 했다면 더 어렵다"고 말했다.

서울경제신문. 2001.2.13.

이와 같이 감리 대상이 된다고 해도 분식회계 또는 주가 조작 등의 금융 범죄라는 것은 쉽게 적발하기가 용이한 것이 아니기 때문에 내부고발자 제도가 제도화된 것이다. 또한 그렇기 때문에 자진하여 재무제표를 수정한 데 대한 충분한 보상의 차원에서 이에 대한 인센티브를 제공하는 것이다.

감사인이 회계분식이 포함된 재무제표에 적정의견을 표명하였다고 하여도 자동적으로 부실감사로 조치를 받는 것이 아니라 감사과정을 점검하는 것이다.

감사인이 전수조사를 수행하였다면 당연히 완벽하게 감사가 수행되어야 하지만 예를 들어, 재고조사에 대한 감사과정이란 전수조사가 아닌 표본추출로 진행되므로 완벽한 감사를 기대하는 것은 아니다. 또한 경영자 차원에서 회사가 고의적으로 사실 관계를 왜곡하고 관련 서류를 조작한 것이라면 감사인이 이를 적발하는 것은 쉽지 않다.

이러한 차원에서 내부고발자 제도의 활성화는 불가피하며 또한 동일한 차원에서 감리 대상으로 선정된 이후에라도 재무제표를 수정한다면 이러한 기업에 대해서는 감경하는 제도가 시행되고 있다. 물론, 감리대상으로 선정된 이후에 이를 수정하였다고 감경하는 것이 적절한지에 대해서는 논란이 있을 수 있다.

내부고발자 포상 및 보호와 관련된 외감법은 아래와 같다.

「주식회사의 외부감사에 관한 법률」
제15조의3 (부정행위 신고자의 보호 등) ① 회사의 회계정보와 관련하여 다음 각 호의 어느 하나에 해당하는 사항을 알게 된 자가 그 사실을 대통령령으로 정하는 바에 따라 증권선물위원회에 신고하거나 해당 회사의 감사인 또는 감사에게 고지한 경우에는 그 신고자 또는 고지자(이하 "신고자등"이라 한다)에 대한 징계나 시정조치 등을 대통령령으로 정하는 바에 따라 감면할 수 있다.
3. 회사가 제13조에 따른 회계처리기준을 위반하여 재무제표를 작성·공시하는 경우
　⑤ 증권선물위원회는 제1항의 규정에 의한 신고가 주권상장법인 또는 코스닥상장법인인 회사의 회계정보와 관련하여 동항 각호의 어느 하나에 해당하는 사항을 적발하거나 그에 따른 제16조 및 제16조의2의 규정에 의한 조치 등을 함에 있어서 도움이 되었다고 인정하는 경우에는 대통령령이 정하는 바에 따라 그 신고자에 대하여 포상금을 지급할 수 있다.

「주식회사의 외부감사에 관한 법률 시행령」

제15조의2 (신고자등에 대한 포상금의 지급) ① 증권선물위원회는 특별한 사정이 있는 경우를 제외하고는 신고된 행위를 위반행위로 의결한 날 이의신청이 있는 경우에는 재결한 날부터 4월 이내에 1억원의 범위 안에서 신고된 위반행위의 중요도, 위반행위의 적발 또는 그에 따른 조치 등에 대한 기여도 등을 고려하여 포상금의 지급여부 및 지급액 등을 심의·의결하여야 한다. 이 경우 금융감독원장은 그 심의·의결이 있는 날부터 1월 이내에 포상금을 지급한다.

② 제1항의 규정에 따른 포상금의 지급기준 그 밖에 포상금 지급에 관하여 필요한 사항은 증권선물위원회가 정한다.

「회계관련 부정행위 신고 및 포상 등에 관한 규정」

제2조(정의) 이 규정에서 사용하는 용어의 정의는 다음과 같다.

1. "부정행위"라 함은 법 제15조의3제1항 각 호의 사항을 말한다.

2. "기준금액"이라 함은 포상금 지급금액을 산정하는 데 있어 기준이 되는 금액으로서 부정행위의 중요도에 따라 구분한 포상금 지급한도를 말한다.

3. "기여도"라 함은 신고, 제보 또는 민원(이하 "신고"라 한다)이 부정행위의 적발 또는 그에 따른 조치에 도움이 된 정도를 백분율로 계량화한 수치를 말한다.

제3조(포상금 지급대상) ① 포상금은 주권상장법인의 회계정보와 관련하여 법 제15조의3 제1항 각 호의 부정행위를 증권선물위원회(이하 "증선위"라 한다) 또는 금융감독원장(이하 "감독원장"이라 한다)에게 신고한 자(이하 "신고자"라 한다)로서 증선위가 이를 적발하여 조치하는 데 도움이 되었다고 인정되는 자에게 지급한다.

제7조(지급기준) ① 포상금은 기준금액에 기여도를 곱하여 산정한다.

② 신고자가 당해 부정행위에 직접적으로 관련되어 조치를 받은 경우에는 법 위반의 정도 등을 감안하여 포상금을 감액 지급할 수 있다.

③ 제1항의 기준에 의한 구체적인 포상금 산정기준은 별표와 같다.

제8조(포상결정) ① 증선위는 금융감독원의 예산부족 등 특별한 사정이 있는 경우를 제외하고는 신고된 부정행위에 대하여 증선위의 조치가 확정된 날(이의신청이 있는 경우에는 재결한 날)로부터 4월 이내에 신고자에 대한 포상금 지급여부 및 지급액 등에 관하여 심의·의결한다.

② 감독원장은 제1항의 기간 내에 포상대상자를 선정하여 별지2호 서식에 의한 포상실시안을 증선위에 부의하여야 한다.

제9조(지급방법 및 절차) ① 감독원장은 제8조 제1항의 규정에 의한 포상결정이 있는 때에는 즉시 이를 해당 신고자에게 통지하여야 한다.

② 감독원장은 증선위의 포상결정이 있은 날로부터 1월 이내에 포상금을 지급하고

별지3호 서식에 의한 포상금지급 관리대장에 기록하여야 한다.

③ 포상금은 그 지급대상자가 지정하는 은행계좌로 이체하여 지급한다. 다만, 부득이한 사유로 계좌입금이 어려운 경우에는 지급대상자 또는 그 대리인에게 직접 전달할 수 있다.

④ 이미 지급한 포상금은 검찰, 법원 등의 무혐의 또는 무죄판결 등을 이유로 환수하지 아니한다.

제10조(신고자의 비밀보호) ① 누구든지 직무와 관련하여 알게 된 신고자의 신분 등에 관한 비밀을 누설하여서는 아니 된다.

② 신고자의 신분비밀 보호를 위하여 필요하다고 인정되는 경우에는 감리 또는 조사 결과 처리안 등 관련 서류 작성시 신고자의 인적사항의 전부 또는 일부를 기재하지 아니할 수 있다.

이러한 내부자거래는 근거 없는 음해 등을 회피하기 위해서 실명으로 내부자고발이 진행되어야 하지만 이 내부자의 비밀을 지키기 위해서 익명성을 보호해 주어야 한다. 다음 경우는 기업이 자기 회사에 포함된 문제점을 발견하기 어렵기 때문에 감사를 신청하는 경우도 있다.

CT&T 결국 법정 관리. '분식 회계 의혹 있다' 감사 신청

CT&T는 이날 한국거래소에 '회계분식 가능성이 있다'고 알렸다. CT&T는 직전일인 지난달 30일 회계상 분식의혹 해소를 위해 회계법인에 감사를 의뢰했다.

매일경제신문. 2011.12.2.

자기 회사의 분식을 파악하지 못하여 외부 감사에게 분식 의혹 해소를 의뢰한다는 것이 당시의 상장기업으로서는 어처구니없는 일이다. 이러한 기업이 회계처리를 사내에서 수행할 수 있는 능력을 갖추고 있다고 믿기 어렵다.

회계법인이 찾아낸 불법대출 금감원은 저축은 검사 때 몰랐다

회계법인이 영업정지 저축은행들의 불법 대출 정황을 수차례 포착했는데도 금융감독원은 과거 검사 과정에서 이를 제대로 밝혀내지 못했던 것으로 드러났다.

일부 법무법인도 저축은행들의 불법대출에 대해 '불법으로 볼 수 없다'는 의견을 제시했던 것으로 나타나 논란이 일고 있다.

이들 저축은행의 경영평가위원회에 제출된 자료를 보면 B법무법인은 지난달 20일 제일저축은행에 대한 법률검토 의견서에서 고양터미널 대출을 두고 '대출한도를 위반한 것으로 볼 것은 아니라고 사료된다'고 밝혔다.

이에 대해 금융위원회 관계자는 '금융회사의 부실은 수많은 피해자를 양산할 수 있다는 점에서 법률자문도 신중했어야 한다'고 말했다.

한국경제신문. 2011.9.26.

회계법인도 감사과정이 완벽할 수 없듯이 감독기관의 감독이나 감리도 완벽할 수 없으며 당연히 인적/시간적인 제약 때문에 완벽하기를 기대할 수도 없다. 또한 감독기관이 본인들이 감독/감리하였던 감독 건이나 재무제표에 대해서 분식을 발견하지 못한 점에 대해서 자책할 것은 없다. 또 이러한 건에 대한 조치에 소극적일 필요도 없다. 감사 과정도 표본 감사를 수행하므로 100% 완벽을 추구하는 것은 아니다.

작전세력 내부고발 땐 제재 낮춘다
금융위, 불공정거래 근절 위해 '리니언시' 제도 도입

금융위원회가 증시 작전(불공정거래)을 주도한 사람이나 불공정거래 전과자에게도 자진신고를 하면 제재 수위를 낮춰주는 '리니언시(담합자진신고자 감면제)'를 적용하기로 했다.

또 불공정거래 참여자도 자진신고를 하면 조사 기여도와 적발 금액에 따라 최대 3억원의 포상금을 지급하는 방안을 검토하고 있다. 내부자고발을 활성화해 지능화, 첨단화되고 있는 불공정거래 예방효과를 극대화하려는 의도로 풀이된다.

금융위 관계자는 16일 "증시 불공정거래에 대한 제재를 감경받을 수 있는 내부고발자 대상에 '불공정거래 주도자'나 '불공정거래 전과자'도 포함할 것"이며 "자본시장법 조사업무규정을 조만간 개정해 시행할 예정"이라고 밝혔다. 현재 자본시장법 조사업무규정에 따르면 불공정거래를 주도한 사람이나 불공정거래 전과자는 내부고발을 해도 제재 감경 대상에 포함되지 않는다.

금융위는 5,000만원에서 3억원으로 상향 조정키로 한 불공정거래 신고 포상금 지급대상에 자진 신고한 불공정거래 주도자 전과자를 포함시키는 것도 검토 중이다. 금융당국 관계자는 "공정거래위원회의 '리니언시' 제도를 감안해 불공정거래 주도자나 전과자도 포상금을 받을 수 있게 하는 방안을 개정안에 포함하는 것을 논의 중"이라고 말했다.

금융당국이 시세조정 미공개정보 활용 부정거래 등 증시 불공정거래를 주도한 사람에게까지 '리니언시'를 적용하기로 한 것은 내부자고발을 활성화하기 위해서다. 한국거래소 시장감시위원회에 따르면 증시에서 불공정거래 혐의를 적발해 금융위에 통보한 건수는 2008년 166건에서 2010년 257건까지 늘었고 올 들어선 상반기에만 119건이다. 반면 거래소에서 통보한 불공정거래 혐의 건이 검찰 기소까지 이어진 것은 5% 내외인 것으로 알려졌다.

내부자 증언 등 확실한 위법 증거를 확보하기가 쉽지 않다 보니 금융범죄를 단죄하는 데 어려움을 겪고 있다. 실제 김동원 전 금감원 부원장보의 '투자자 보호와 금융범죄' 보고서, 자율규제리포트 등에 따르면 2010년 거래소에서 금융위에 통보한 257건의 불공정거래 혐의 중 검찰 기소까지 진행된 것은 18건(7%)에 불과했다.

금융당국관계자는 "거래소가 금융위에 통보하는 주식시장 불공정거래 혐의 건수 중 내부자고발로 조사가 시작되는 것은 거의 없다고 보면 된다"며 "내부자고발을 활성화하는 방안이 시행되면 증시 불공정 거래자 예방 효과가 커지고 검찰이 혐의를 입증하는 데도 큰 도움이 될 것"이라고 설명했다.

한국경제신문. 2012.10.17.

위의 신문기사는 내부고발자 제도의 장점으로 혐의를 발견하는 것뿐만 아니라 증거를 확보함에 있어서 크게 도움이 된다는 점을 주장한다.

리니언시 제도란 공정거래위 등에서도 자진신고를 유도하기 위해서 사용하는 제도이다. 어떻게 보면 감리가 진행되면서 기업이 감리에 협조하면 감경하는 제도가 리니언시 제도로 분류되지는 않지만 큰 범주에서의 리니언시 제도와 같은 취지의 제도이다.

Chapter 05

집행임원 등기

    회사가 주주총회에서 선임하는 등기임원의 수는 매우 제한된다. 반면에 대기업을 경영함에 있어서는 이러한 등기임원뿐만 아니라 많은 수의 집행임원을 필요로 한다. 집행임원은 구 상법에 의하면 명목상의 임원이며 명함상의 임원이지만 상법에서 인정하는 임원은 아니다. 단, 회사의 경영활동이 이전보다 훨씬 복잡다단해짐에 따라서 집행임원들도 많은 책임과 권한을 안게 되는데 법적인 권한이 없음으로 인해서 법률상의 이론과 실무가 일치하지 않는 일들이 많이 발생하게 되었다.

    2011년 4월 개정된 상법에 의해서 집행임원 제도가 도입되었지만 2011년 주총(12월 결산일 경우, 2012년 2/3월 주총)에서 집행임원제도를 도입한 기업은 아직은 없다. 집행임원제도의 도입은 개정 상법에서는 임의규정으로 기업의 선택에 의해서 채택이 가능하다.

대기업, 감사위원-이사 따로 뽑아야
개정안은 자산 2조원 이상 상장회사에 대해 업무집행기관인 집행임원을 반드시 뽑도록 의무화했다.   한국경제신문. 2013.7.17.

    위의 내용은 개정 논의 중인 상법으로 2013년 7월에 입법 예고된 내용이다. 즉, 상법이 개정되어 집행임원 제도를 기업이 임의적으로 선택하도록 2년간 시행하였는데 이에 대해 경제계에서 반응이 없자, 정부가 집행임원 제도의

순기능에 기반하여 이를 강제로 집행하려는 움직임으로 이해된다. 또한 이 제
도가 너무 강하고 기업에게 과도한 규제라는 차원에서 논란의 대상이 된다.

집행임원 집중투표 경영권 흔든다. 상법개정안 논란 확산

전문가들은 감독기능을 수행하는 이사회와 별도로 업무 집행을 전담하는 집행임원
을 따로 두면 의사결정과 집행의 효율성이 떨어질 것으로 보고 있다. 또 이사회에서 집행
임원을 선임하도록 하고 있어 결과적으로 오너나 주주 대신 사외이사가 대표이사 등의
집행임원을 정하게 될 것으로 전망하고 있다.

한국경제신문. 2013.7.18.

경영에 있어서 사외이사 또는 대표이사간에 어느 정도 권한을 배분하여
야 하는지도 이슈이다. 예를 들어, 일부의 기업에서는 평가보상위원회를 운영
하는데 공공기관 성격의 기업일 경우, 비등기임원에 대한 성과급의 평가 권한
이 대표이사에게 있는지 아니면 사외이사로 구성된 평가보상위원회에 있는지
에 대한 논란이 있다. 등기임원에 대한 평가 권한은 당연히 평가보상위원회에
있게 되는데, daily operation을 같이 수행하지도 않는 사외이사들이 비등기임
원을 평가하는 것이 현실적이지 않다는 측면도 있고 사외이사들이 전체 경영
진에 대한 감시의 역할을 수행한다는 차원에서는 비등기임원에 대한 평가도
평가보상위원회가 수행한다는 것이 적합할 수도 있다.

사공이 많으면 배가 산으로 갈 수도 있다는 우리의 옛 속담이 있다. 대표
이사에게 권한을 주었으면 권한을 전횡할 정도까지는 아니지만 어느 정도 권
한을 주어 책임지고 회사를 경영하도록 해 주어야 하는 것인데 권력을 지나치
게 분산하는 것이 해답이 아니라는 주장도 일리가 있다.

소니는 위기, 도요타는 건재, 지배구조가 기업 운명 갈랐다

이사회는 감독 업무만 하도록 하고 업무 집행은 집행임원이 하도록 했다. 이사회가
감독과 업무 집행을 동시에 하는 게 바람직하지 않다고 판단해서다. 그러나 이런 '자기 감
독' 문제는 현행 감사제도를 적극적으로 활용하면 된다.

한국경제신문. 2013.7.18.

미등기 임원들이 법적 책임을 지지 않는 문제를 해결하기 위해 집행임원 제도를 강제 사항으로 둔 것 같다. 그런데 현실적으로 많은 집행임원에게 법적 책임을 묻는 게 가능한지 의문이다.

집행임원 제도가 도입되기 이전에 일부(자산 규모 2조원 이상) 대기업들의 이사회에서의 사외이사 비중이 과반으로 강제되자 등기임원의 수를 줄이기도 하였다. 사외이사 수를 어느 정도 이상으로 유지한다는 것이 기업으로 보아서는 경제적으로나 물리적으로 부담으로 작용하는 듯하다. 또한 자격을 갖추고 기업의 need에 부합하는 적합한 사외이사를 찾기도 쉽지 않다는 의견도 있다.

또한 실무상·외형상으로는 집행임원이나 등기임원이 구분되지 않아서 실무에서의 counter-part로 인정하고 업무를 진행하는데 나중에 보면 등기임원이 아니기 때문에 진행하였던 업무에 책임이 없다고 하면 이 또한 이해하기 힘들다.

▪ 대표집행임원의 회사대표 권한 인정

위에서 기술하였듯이 2011년 주총(2012년 초에 진행된)까지는 집행임원 제도를 채택한 기업이 없는 것으로 파악되지만 앞으로 주총에서 이 제도가 도입될 경우를 위해서 이 내용을 기술한다.

ㅁ 이사회의 감독하에 회사 업무를 집행하는 전담기관인 집행임원을 설치*한 경우 대표이사를 대표집행임원으로 대체

*집행임원을 설치하는 경우 대표이사는 두지 못함

분식회계 조치가 있을 경우에 재무담당임원이 없을 경우는 대표이사 해임권고를 주주총회에 하게 된다. 그런데 대표이사가 없을 경우는 대표집행임원 해임권고를 해야 하는데 대표집행임원은 주총에 해임권고를 할 수 없는 문제가 초래된다. 이 경우에는 이사회에서 선임된 대표이사인 경우는 기업 내 선임 기관인 이사회에 해임요구를 해야 할 것이다. 동일한 기관이 선임과 해임의 권한이 있다고 보아야 한다.

등기하는 임원이 과거의 주총에서 선임된 임원에서 집행임원 제도하에서는 이사회에서 선임되는 집행임원으로 그 폭이 확대된다.

단, 책임을 지는 임원의 수가 많다는 것이 부정적이지는 않지만 권한이 분산된다는 것이 부정적인 의미도 있을 수 있다. 즉, 권한을 나눠 갖기 때문에

아무도 책임을 지지 않으려는 문제가 나타날 수도 있다. 과거에는 집행임원이
등기임원이 아닌 입장에서 진행한 업무행위에 대해서 어느 정도까지 책임을
져야 하는지도 애매할 경우가 있을 수 있었다.

06

국제회계기준
도입 이슈
―영업이익 포함

    bottom line number라는 차원에서는 영업이익보다는 당기순이익이 더 의미가 있지만 순수한 영업활동으로부터의 영업의 결과라는 차원에서 상장이나 공시규정 다수가 영업이익으로 규정되어 있다. 또한 실제로 삼성전자 등의 기업의 영업실적 발표시에 당기순이익이 발표되기보다는 영업이익이 발표되는 경우가 더 다수이다.

    이러한 규정이 IFRS가 도입되는 시점에서 조정의 빌미를 주고 있다. 이는 아래 신문기사에서와 같이 소규모 기업에만 해당되는 것이 아니라 LG전자와 삼성전자가 외환차손/익을 영업이익에 포함하거나 포함하지 않는 방식에서 차이를 보인다.

5월부터 'IFRS 대혼란' PER 다시 계산해야

    실제로 삼성전자는 작년 1~3분기 누적기준으로 외환차손익과 외화환산손익 5조 668억원을 금융수익/비용으로 구분해 영업이익에 반영하지 않았다. 하지만 LG전자는 유사항목인 외환차익 1조 4,407억원을 기타영업수익으로 표기해 영업이익에 반영했다. 같은 영업이익이라도 기준이 다른 것이다.

한국경제신문. 2011.3.4.

    위의 신문 기사의 내용은 매우 기회주의적인 행태를 보이고 있다.

    영업이익을 구하는 다양한 방식이 여러 가지 비교가능성의 문제를 유발시킨다는 신문기사는 이미 광범위하게 인용되었으므로 이러한 내용은 이곳에 인용하지 않는다.

회계기준 허점, 코스닥 41社 살았다

■ 3년 적자기업 흑자전환 퇴출 벗어나 20개社는 순손실 … 투자자 헷갈려

코스닥시장 상장사인 정보기술(IT) 업체 뉴로테크는 2008년부터 2010년까지 3년 연속 영업손실을 냈다. 작년에도 적자를 내면 한국거래소 규정에 따라 관리종목으로 지정당할 상황이었다. 하지만 작년 5억원의 영업이익을 내 위기를 면했다. 영업이 호전돼서가 아니었다. 매출은 전년 72억원에서 64억원으로 오히려 줄었다. 당기순손실은 150억원에서 437억원으로 불어났다.

그럼에도 불구하고 영업이익을 낸 것은 영업과 관련 없는 '기타 대손충당금' 21억원을 환입했기 때문이다. 회사 임의로 영업이익 항목을 정할 수 있는 국제회계기준(IFRS)을 활용한 것이다. 만년 적자에 빠져 있던 코스닥 상장사들이 IFRS 의무 도입 이후 흑자로 전환, 퇴출 위기를 모면하고 있다. 28일 금융감독원과 에프앤가이드에 따르면 2008년부터 2010년까지 3년 연속 영업손실을 냈던 코스닥 상장사 69곳 가운데 41곳이 지난해 영업이익을 올렸다. 블루젬디앤씨, 유아이에너지, 에피밸리, 평안물산 등 감사보고서를 아직 제출하지 않은 4곳을 제외하면 63%가 흑자로 돌아섰다.

■ 배당금·채무면제 등도 영업이익

자산처분이익은 종전 회계기준(K-GAAP)에 따르면 영업외이익으로 분류됐다. IFRS에서는 영업이익으로 잡을 수 있다. 3년 연속 적자를 내다가 지난해 흑자로 전환한 기업 중 상당수는 부동산 및 주식, 특허권 매각이익 등을 영업이익으로 귀속시켰다. 한국야쿠르트가 인수한 의료기기업체 큐렉소는 작년 11월 말 자연분만유도기 특허권을 팔아 발생한 무형자산처분이익 약 23억원을 포함시켜 2억 8,900만원의 영업이익을 거뒀다. 배당금수익이나 채무면제이익도 영업이익에 포함시키는 기업들이 적지 않았다. 에이스하이텍이 순손실 152억원에도 영업이익 7억 1,200만원을 거둔 것은 대손충당금 5억 399만원 환입과 함께 배당금 수익 2억 9,317만원을 영업이익으로 분류한 영향이 컸다. 보통 금융수익으로 분류되는 외화환산차익 통화선도거래이익 등을 영업이익에 포함시켜 흑자를 낸 기업도 있다. 솔브레인이엔지는 통화선도거래이익 4억 2,900만원을 계상해 영업이익 3억 4,400만원을 기록했다.

반대로 유형자산처분수익 등 기타수익을 영업이익에 포함시키지 않아 흑자를 낸 곳도 있다. 아이디엔은 매출총이익에서 판매관리비를 뺀 3억 6,800만원을 영업이익으로 확정했다. 기타수익이 7억원 수준으로 기타비용 22억원보다 크게 미치지 못했기 때문으로 추정된다. 거래소 관계자는 "과거 회계기준으로는 영업손실을 피할 수 없었던 한계기업들

이 20곳 수준에 이르는 것으로 파악하고 있다"고 말했다.

■ 코스닥 퇴출 규정 손 봐야

IFRS로 영업이익 의미가 희석되면서 '4년 연속 영업손실을 내면 관리종목 지정, 5년 연속 영업손실을 내면 퇴출'이라는 한국거래소 규정은 사실상 효력을 잃었다. 이 규정은 2008년부터 시행돼 지난해 결산결과에 따라 실제 제재가 가해진다. 하지만 대부분 흑자로 전환해 별 의미가 없어졌다. 영업이익의 의미가 제도 도입 당시와는 다르게 변질된 만큼 규정을 개정해야 한다는 지적이 많다.

금감원 관계자는 "영업이익으로 표기된 거래소 규정을 '매출총이익에서 판관비를 뺀 수익'이란 용어로 바꿔 본래 제도 도입의 취지를 살려야 한다"고 강조했다.

거래소 관계자는 "최근 몇 년 사이 상장폐지 실질심사 제도 도입 등으로 시장 환경이 바뀐 점을 고려해야 한다"며 미온적인 반응을 보였다.

한국경제신문. 2012.3.29.

대손상각은 간접법하에서 추정시 대손상각으로 인식되면서 동시에 충당금을 누적하게 되는데 이를 과도하게 쌓은 후에 이를 환입받아서 이익이 많이 발생한 것으로 보고하는 행태를 기술한 것이다.

위 신문기사는 매우 기회주의적인 경영 행태를 보이고 있다. 영업이익이 자의적으로 구해져서 정보이용자들간에 달리 해석되는 것은 시장에서 알아서 할 일이라고 치부할 수 있지만 이러한 영업이익의 자의적인 해석 때문에 상장폐지 등의 규제 자체가 흔들린다고 하면 이는 매우 심각한 문제이다.

상장사, 영업이익 '꼼수' 못 부린다

한국채택 국제회계기준 회계방식에서 과거 영업이익 개념이 부활한다. 상장회사 등 IFRS 적용기업은 2012 사업연도부터 일반회계기준(K-GAAP)의 영업이익을 반드시 재무제표에 기재해야 한다. 기업들은 K-IFRS에서 영업이익 항목을 임의로 정할 수 있었으나 앞으론 영업수익에서 원가와 판매 관리비를 뺀 금액만을 영업이익으로 공시해야 한다. 똑같은 기준으로 영업이익이 공시됨에 따라 투자자들로선 기업간 영업이익을 비교하는 게 가능해졌다. 반면 기업들은 영업이익을 부풀리거나 축소하는 게 불가능해졌다.

■ 통일된 기준으로 영업이익 공시

한국회계기준원은 영업이익 공시와 관련한 K-IFRS 개정안을 의결했다고 4일 발표했다. 금융위원회는 개정안을 10월 중 최종 확정할 예정이다. 개정안이 확정되면 12월 말 결산 법인이 2012년 연차재무제표를 작성할 때부터 적용된다.

개정안의 골자는 K-GAAP과 영업이익 동일화, 포괄손익계산서에 영업이익 표시, 조정영업이익 추가 공시 허용 등 세 가지다. K-IFRS에서는 영업이익에 대한 명확한 정의가 없었다. 그러다 보니 기업들이 유형자산 처분손익이나 대손충당금 환입액 등을 임의로 삽입, 영업이익을 부풀리거나 축소할 수 있었다. 기업들마다 영업이익을 산출하는 기준이 달라 투자자들이 기업별 영업이익을 비교하는 게 어렵다는 지적을 받았다.

회계기준원은 이런 지적을 받아들여 K-GAAP방식의 영업이익을 표기하도록 했다. K-IFRS에서는 영업이익을 포괄손익계산서 본문에 표시하지 않은 경우 주석으로 공시하는 것을 허용했다. 이를 바꿔 영업수익에서 원가와 판매비 및 관리비를 뺀 금액만을 영업이익으로 산출, 손익계산서에 명기토록 통일시킨 셈이다.

다만 기업들이 영업성과를 더 잘 나타낼 수 있도록 조정영업이익 항목을 주석에 추가 공시할 수 있도록 허용했다. K-IFRS 방식의 영업이익은 주석에 표기하면 된다.

■ 영업이익 부풀리기 원천 봉쇄

개정안이 시행되면 일부 기업들의 '꼼수 영업이익'문제도 해결될 전망이다. 일부 기업들은 영업이익 항목을 자율적으로 정할 수 있는 점을 활용해 외화환산손익, 파생상품평가손익, 배당수익, 유형자산처분익 등을 영업이익에 포함시켰다. 이를 통해 증시 퇴출을 모면한다는 지적을 받아왔다.

2008년부터 2010년까지 3년 연속 영업손실을 냈던 코스닥 상장사 69곳 가운데 41곳은 지난해 영업이익을 내 흑자로 전환했다. 하지만 이 중 20곳은 당기순손실을 내 상당수가 장부상으로만 흑자로 돌아선 것으로 전문가들은 보고 있다. 영업에서는 손실을 냈으면서도 자산처분익이나 대손충당금 환입액, 채무면제이익 등을 영업손익에 편입해 영업이익을 냈다는 분석이다. K-IFRS 도입으로 영업이익 의미가 희석되면서 '4년 연속 영업손실을 내면 관리종목 지정, 5년 연속 영업손실을 내면 퇴출'이라는 한국거래소 규정은 사실상 효력을 잃었다는 목소리가 높았다.

한국경제신문. 2012.9.5.

각주에 조정영업이익을 보고할 때도 어떻게 이 금액이 구해졌는지를 설명하여야 한다.

기업의 경영활동을 영업, 투자, 재무활동으로 구분할 때, 모든 부분은 아니겠지만 영업이익이란 주된 영업활동으로부터의 이익을 구하는 것이 가장 간단한 접근이다.

지나친 자율은 방종으로 변경될 수 있다. 즉, 개정된 규정에 의하면 영업이익을 재무제표의 본문에 표시하여야 하며 조정영업이익은 주석에 공시하게 된다. 위의 기사에서 지적된 문제를 해결하기 위해서 상장 규정이 다음과 같이 개정되었다가 영업이익을 별도 표시하도록 하는 방식으로 기준이 변경되면서 이 내용도 삭제되었다. 즉, 아래 현행이라고 설명된 부분이 개정되기 이전에 적용되던 상장규정이다.

　□ 영업손익을 주석이 아닌 재무제표 본문에 표시하도록 회계기준이 변경됨에 따라 상장규정상 퇴출요건 적용기준도 동일하게 변경

> → **개선 전** 영업손익에 의한 퇴출기준 적용시 주석으로 기재된 영업손익 적용 가능(주석으로 기재된 금액도 없으면 영업손실로 간주)
> 이러한 현행 제도는 기업이 임의적으로 영업손실이 발생하는 경우에는 아예 영업이익을 보고하지 않는 방법으로 4년 연속 영업손실이 발생하면 관리종목으로 편입되는 정책을 회피하는 것에 대한 예방책으로 수년간 적용되었다.
> → **개선** 해당내용 삭제(본문에 표시된 영업손익 기준으로 적용)

　주석으로 기재된 금액이 없는데도 영업손실로 간주하여 정책을 적용하겠다는 부분은 매우 예외적이고 극단적인 내용이다. 지금은 삭제되었지만 과거에 적용되던 규정의 전문은 다음과 같다.

　최근 4사업연도에 각각 영업손실(지주회사의 경우에는 연결재무제표상 영업손실을 말한다. 이하 같다)이 있는 경우. 다만 신성장동력기업의 경우에는 당해 요건을 적용하지 아니하고, 감사보고서(포괄손익계산서상 재무정보 또는 기업회계기준서 제1001호에 의한 영업손익관련 주석공시 재무정보를 포함한다)상 영업손익이 기재되어 있지 않은 경우에는 영업손실이 발생한 것으로 본다. 이하 제38조제1항제4호의3에서 같다.

　개선 전 규정은 영업손익을 주석 공시하도록 했다. 이를 공시하지 않는 기업은 영업손실을 보고하여야 하는데 이를 회피한 기업으로 판단하여 적용한 경우이다. 어떠한 측면에서는 매우 강력한 제도로서 영업이익을 이용하여 기업이 이를 조작하는 것을 방지하려는 것이다.

　국제회계기준을 도입하면서 논의된 몇 이슈를 이곳에 같이 기술한다.

하이증, 골프회원권 회계 위반?

하이투자증권이 2011회계연도(2011년 4월~2012년 3월) 결산을 하면서 골프장 회원권 가치 하락분을 반영하지 않아 회계기준을 위반한 것 아니냐는 지적이 나오고 있다.

하이투자증권이 지난달 29일 공시한 2011회계연도 감사보고서의 주석 부분을 보면 골프장 회원권 등이 포함된 기타 무형자산 항목의 순장부가액은 278억원으로 취득원가와 동일하다. 순장부금액과 취득원가가 똑같다는 건 1년간의 골프장 회원권 가치 변화를 반영하지 않았다는 뜻이다. 278억원 중 골프장 회원권은 115억원이다.

국제회계기준이 도입되기 전까지만 해도 기업들은 골프장 회원권의 시세변화를 별도로 반영하지 않았다. 그러나 자산의 공정가치평가를 중시하는 IFRS하에서는 골프장 회원권 역시 가치변화가 있으면 이를 평가(손상검사)해야 한다.

하이투자증권 기획관리팀 관계자는 "손상검사를 실시했지만 손상차손 규모가 내부적으로 정한 기준보다 작아 별도로 반영하지 않았다"면서도 "손상차손 규모가 얼마인지는 밝힐 수 없다"고 말했다. 금감원 관계자는 "손상차손 규모가 작다고 재무제표에 반영하지 않는 건 회계기준 위반으로 봐야 한다"고 말했다.

한국경제신문. 2012.7.4.

공정가치가 자산 가치평가의 가장 기본적인 원칙으로 제시되면서 골프회원권도 당연히 공정가치 평가의 대상이 되었다. 토지의 경우, 공시지가에 기초한 토지 가액이 과거에 주석사항으로 공시되었지만 공시지가가 시세가액에 비해서 매우 낮기 때문에 이러한 공시지가가 어떠한 의미가 있는지는 의문사항이다.

2011년부터 적용되던 상장기업과 금융기관에 대한 IFRS의 적용과 더불어 비상장기업에 대해서는 일반기업회계기준이 적용되었으며 이 일반기업회계기준도 중소기업에게는 너무 상위의 기업회계기준이라는 비판하에 법무부가 중심이 되어 중소기업회계기준이 확정되었다. 실질적인 회계기준을 제정하는 작업은 회계기준원이 수행하였고 중소기업청과 금융위원회가 협조하였다.

유가증권시장과 코스닥시장의 제도 차이

거래소시장과 코스닥시장간에는 동일한 제도를 적용하지 않는 경우가 다수이다. 중소기업 전용 주식시장인 코넥스 시장이 최근 개설되지만 아직 너무 초기단계라서 이와 관련된 내용은 이곳에서는 논외로 한다. 아래와 같이 양 시장의 설립동기에 차이가 있기 때문이다.

유가증권 · 코스닥시장 특성 비교

구분	유가증권시장	코스닥시장
상장기업	중대형 · 우량기업	신성장 · 벤처기업
시장참가자	기관 · 외국인중심	개인중심
투자성향	안정성 · 위험회피 선호	고위험 · 고수익 선호
시장특성	고주가 · 저변동성	저주가 · 고변동성
시장운영	해외시장 고려(글로벌스탠다드)	중소기업 중심

한 사례를 들어본다.

코스닥시장 공시규정 개정사안

공시책임자 자격요건 강화(안 제2조제4항 개정)

□ 공시책임자를 등기이사로 지정하도록 의무화하여 공시책임을 강화

이러한 의무화는 유가증권시장이 아닌 코스닥시장에만 이 제도를 적용하

여, 유가증권시장일 경우 등기 이사들이 이미 많은 경영상의 책임을 안고 있기 때문에 이러한 부담을 유가증권 상장기업의 등기 이사들에게 부담한다는 것이 적절하지 않다는 판단을 수행한 것이다. 또한 유가증권시장에 상장된 기업은 코스닥시장보다는 더 안정된 기업의 형태를 취하므로 공시제도도 선진화되어 있음을 가정한다.

유가증권시장과 코스닥시장은 차별적인 시장이기 때문에 적용되는 제도도 차이가 있다. 이 두 시장은 태생적으로 상이한 이해관계자를 대상으로 한다.

코스닥시장은 조금 더 벤처 중심적이고, 공개시장에 처음 상장하는 기업 중심이었으나 수년 전에는 양 시장이 우량기업의 상장을 놓고 경쟁하는 모습을 보였다. 특히나 코스닥시장의 우량기업이었던 기업은행, 아시아나항공이 유가증권시장으로 이동할 때는 이들 기업을 놓고 양시장이 경쟁하는 구도였다. 코스닥시장과 유가증권시장이 2009년 2월 한국거래소로 통폐합되면서 이러한 경쟁구도는 경감되었으나 그럼에도 불구하고 과거의 유가증권/코스닥시장간의 경쟁구도는 아직도 물밑에서 상존하는 듯하다. 특히나 코스닥시장 상위 종목이 유가증권시장으로 이동하려고 할 때에는 이러한 이슈가 불거진다.

코스닥시장에서 시가총액으로 상위에 위치하는 기업들은 기업의 이미지, premium 시장으로서의 유가증권시장의 위상 등을 감안하여 시장을 옮기려 시도한다. 그러나 실질적으로 이 두 시장간에 가장 중요한 가치평가 즉, pricing의 차이가 있는지는 불확실하다.

수시공시 영역에서의 CEO의 책임에 있어서도 양 시장간에는 책임의 차이가 존재한다.

공통 미확정공시 답변기한이 만료되었음에도 불구하고 확정공시를 하지 않는 경우 및 미확정공시 내용의 전부 또는 중요한 일부를 변경·중단·취소 등을 하는 경우 사후심사로 규제
- 사후심사 대상 [불성실공시유형 중 '공시번복'에 추가]
  - 소명자료를 제출받아 원칙적으로 공시위반 여부 심사한다.
  - 코스닥시장은 이러한 소명자료를 CEO가 서명하여 제출하도록 하려 하나 유가증권시장은 이러한 자료까지 서명을 받는다는 것은 기업에 필요 이상의 부담을 준다는 판단하에 양 시장이 차이를 보인다.

따라서 공시책임자의 등기이사 겸직 여부와 위에 기술된 미확정 공시 답변의 경우에서 유가증권시장과 코스닥에 차이를 둔 이유는 유가증권시장 CEO나 등기임원의 책임을 경감하여 주는 차원에서였다. 또한 유가증권시장은 코스닥보다는 안정된 시장을 의미하므로 위험에 있어서도 차이가 있다는 점을 인정한 것이다.

CEO에게도 감당할 수 있는 책임과 의무를 부과하여야 하는 것이지 감당할 수 없는 책임만을 지속적으로 부과하는 것이 능사는 아니다.

예를 들어 대기업의 기준도 유가증권시장일 경우는 자산규모 2조원이지만 코스닥 상장 기업은 자산규모 1,000억원이다. 상장회사협의회에서는 대기업을 구분하는 잣대인 자산규모가 오랫동안 2조원으로 고정되어 있었으므로 이 금액을 3조원으로 상향조정하여야 한다는 의견을 제시하기도 하였다. 이는 기업의 전체적인 규모가 상향조정되면서 외감대상도 70억원에서 100억원으로 조정되는 것과 같은 맥에서 생각하면 된다.

기업규모가 성장하면서 모든 infra가 같이 확장되므로 이에 상응하는 규제도 강화된다.

손익구조변경 수시공시도 대기업이 아닌 기업에 대해서 적용하는 것에 차이가 있다. 대기업이 아닌 기업은 직전연도 대비 30%, 대기업은 15%의 변화가 있을 경우에 손익구조변경 수시공시를 수행하여야 한다.

이러한 차이를 두었던 이유는 아마도 대기업은 대기업으로부터 영향을 받는 많은 투자자가 존재하기 때문에 15%의 전년도 대비 차이라도 신속하게 공시할 필요성이 존재하기 때문이다. 자산 규모 2조원 이상의 대기업에만 적용되는 제도로는 다음의 항목들이 있다.

1. 이사회 구성원 중, 사외이사의 최소 3명/과반수 도입
2. 감사위원회의 도입
3. 2011년 K-IFRS가 도입될 때에 자산규모 2조원 이상의 대기업은 분반기 재무제표도 연결재무제표를 작성하도록 강제되었으나 자산규모 2조원 미만의 기업일 경우는 분반기 연결재무제표의 작성이 2013년으로 연기
4. 분기 재무제표에 대한 검토도 한때 자산 규모 2조원을 초과하는 기업에 대해서만 강제. 현재는 자산 규모 5,000억원으로 적용대상 기업 확대
5. 사외이사 추천위원회의 사외이사 과반수 구성

6. 이사회 의장과 대표이사의 분리(2013년 입법예고 된 상법 개정안의 내용, 논란 중)

대기업의 정의가 수정되어야 한다는 다음의 주장도 있다.

사외이사 과반 의무 '자산 1조'로 확대", 재계 "자율성 침해"

경영감독 기구인 이사회와 업무 집행기관인 집행임원을 분리하는 '집행임원제도'를 채택토록 강제하자는 의견도 나왔다. 집행임원제도가 지금도 법상으로는 명문화돼 있지만 실제 기업들이 외면하고 있다는 판단에서다. 정찬형 고려대 법학전문대학원 교수는 "사외이사제도 의무화로 이사회의 감독기능이 강화됐지만 업무 집행기관에 대한 입법조치가 없어 비등기임원이 양산됐다"며 "자산총액 2조원 이상 대규모 회사는 집행임원 제도 채택을 의무화하는 입법도 검토해야 한다"고 주장했다.

이와 함께 기업 임직원이 해당회사와 계열사 등의 사외이사로 선임되지 못하도록 하는 냉각기간을 현행 2년에서 5년으로 연장하고, 사외이사로만 구성된 위원회 설치를 의무화해야 한다는 주장도 했다.

한국경제신문. 2012.6.13.

일반적으로 코스닥시장에서의 대기업의 정의는 자산규모 1,000억원이다. 내부회계관리제도의 적용도 자산규모 1,000억원 이상의 기업으로 축소되었으며 상장기업에서의 대기업의 정의는 일반적으로 2조원이었다. 그러나 분기에 대한 검토가 강제되는 기업의 규모가 과거 2조원 자산규모에서, 자산규모 1조원으로, 또한 다시 자산규모 5,000억원으로 단계적으로 축소되며 대상 기업이 확대되었는데 이와 같이 대기업의 정의도 경우에 따라서 달라진다.

사외이사 요건 못 맞춰. 대우건설 등 '위법'

자산 2조원 이상 상장 대기업들에 대해 사외이사와 감사 선임 요건 등을 강화하는 개정 상법이 지난해 4월부터 시행에 들어갔으나 바뀐 규정을 제대로 적용하지 않아 상법을 어기는 상황이 빈번하고 있다.

최근 12월 결산 상장법인들의 3월 주총 시즌이 본격 시작된 상황에서도 현대상선, 대우건설 등 상당수 상장 대기업에 이 같은 사례가 나타나고 있다.

대림산업은 지난 7일 사외이사 추천위원회 구성을 "사내이사 4명+사외이사 4명"에서

"사내이사 3명+사외이사 4명"으로 정정하는 공시를 냈다.

　　지난해 4월 개정된 상법에서 자산 총액 2조원 이상 대기업의 경우 사외이사 후보 추천위원회 구성 요건이 '총 위원의 1/2 이상이 사외이사가 될 것'에서 '사외이사 후보추천위원회는 사외이사가 총 위원의 과반수가 되도록 구성하여야 한다'고 바뀐 것을 모르고 있다가 뒤늦게 문제가 되자 황급히 고친 것이다.

　　2분의 1 이상과 과반수는 크게 차이가 난다. 예를 들어 추천위원회가 6명으로 구성될 경우 2분의 1 이상의 규정에 따르면 사외이사를 3명 이상 두면 되지만 과반수 규정을 따르면 4명 이상 둬야 한다.

　　상장 대기업들이 대표이사와 사외이사 1명 등 2명으로만 사외이사 추천위원회를 구성한 사례도 많은데 이것 역시 법 위반이다. 2분의 1 요건에는 해당하지만 과반수 요건에는 못미치기 때문이다.

　　아시아나항공은 지난해 상반기 말 기준 사내이사 2명, 사외이사 2명으로 사외이사 후보추천위원회를 구성해둔 상태이지만 과반수 요건을 맞추기 위한 추가적인 움직임이 포착되지 않고 있다.

　　현대상선은 지난해 11월 22일 내놓은 분기보고서에 사외이사추천위원회를 현정은 회장과 다른 사외이사 1명 등 총 2명으로 구성해 놓고도 과반수 조건을 충족했다고 해석했다. '2분의 1 이상'과 '과반수'의 차이를 헷갈린 셈이다. 현대상선 관계자는 10일 "지난 6일 이사회에서 사외이사추천위원회 멤버를 3명으로 늘려 법적 요건을 충족했다"고 밝혔다.

　　금호타이어는 지난해 11월 말 공시한 분기보고서를 통해 김창규 대표와 박병엽 사외이사 두 명으로만 사외이사 추천위원회를 구성해 놓고선 2분의 1 이상 요건을 충족하고 있다고 했다.

　　대우건설 역시 지난해 11월 말 기준 서종욱 사장과 박송화 사외이사 2명만으로 사외이사 후보추천위원회를 구성해놓고 적법한 절차에 따랐다고 설명하고 있다.

　　반면 아모레퍼시픽은 주주총회를 앞두고 뒤늦게 문제점을 인식하고 지난달 7일 사외이사를 후보추천위원으로 선임해 추천위원회를 3명으로 늘려 황급히 법적 요건을 맞췄다.

　　현행법상 자산 총액 2조원 이상 상장기업에 대해선 이사회 구성 요건이 매우 까다롭다. 2조원 미만은 사외이사 숫자를 전체 이사의 4분의 1 이상 유지하면 되지만 자산 2조원 이상은 최소 3명 이상 사외이사를 두되 전체 이사 총수의 과반수여야 한다.

　　하지만 OCI는 전체 등기임원이 8명이지만 이 가운데 사외이사는 4명이다. OCI는 지난해 3월 사외이사 1명이 중도퇴임하자 올 정기주총까지는 1년 동안 빈 자리를 채우지 않고 내버려뒀다.

　　문제는 대기업들의 이 같은 상법 위반 사례가 수두룩한데도 처벌 규정이나 이를 감사할 제도적 장치가 없어 사각지대에 방치돼 있다는 점이다.

매일경제신문. 2013.3.11.

등기임원이 사퇴하는 일이 발생할 경우는 자리를 비워 두어서는 안 되고 임시주총을 개최하여 결원을 충족하여야 한다. 물론, 공공기관에서 등기임원이 임기를 마친 이후에 신임 임원이 정치적인 이슈 포함, 여러 가지 이유로 선임이 되지 않으면 기존의 임원이 재선임 없이 임기를 계속하는 경우도 있다 (Chapter 44 참조).

다음의 내용은 2012년 4월 거래소 유가증권시장본부에서 양 시장의 차이를 정리한 문건이다.

유가증권·코스닥시장 상장·공시제도 운영현황

■ 양 시장의 상장·공시제도는 기본적으로 동일하나, 시장특성(기업규모, 시장 건전성 등)에 따라 일부 차등 적용

□ (원칙: 동일 운영) 양 시장의 상장·공시제도를 상이하게 운영할 필요성이 적은 경우 동일하게 제도를 운영

− '11.6월 유가증권시장 회계처리기준 위반 공시대상을 코스닥시장과 동일하게 조정

− '11.4월 조회공시 사후심사제도 시행과 '11.8월 불성실공시 신고·포상제도 도입시 양 시장이 동일하게 도입을 추진

□ (예외: **시장특성 차이 반영**) 대형기업 중심의 유가증권시장과 중소벤처기업 중심의 코스닥시장 특성에 따라 일부 차이 존재

붙임 1	유가증권·코스닥시장 공시제도 비교		
요건	유가증권시장	코스닥시장	비고
공시 의무 사항	주요경영사항 발생시 당일/익일 공시(51개 사항) − 비율기준: 5%(대2.5%) 이상 *대규모법인: 자산총액 2조 이상	주요경영사항 발생시 당일/익일 공시 (51개 사항) − 비율기준: 10%(대5%) 이상 *대규모법인: 자산총액 1천억 이상	시장특성 (기업규모) 반영
	(금번 규정개정시 반영예정)	▶ 금전가지급, 선급금지급, 금전 또는 증권대여	(유가) 자율공시항목
	−	▶ 최근 6월 이내에 제3자배정으로 신주를 취득한 자에 대한 회사자금 유출 ▶ 최대주주변경 등 실질적경영권 변동을 수반하는 계약 체결 ▶ 신성장동력기업의 사업진행 공시	시장특성 (기업규모, 시장건전성) 반영

<table>
<tr><td rowspan="5">조회
공시</td>
<td>풍문·보도에 대한 조회공시
– 답변시한: 오전↔오후(반일)
– 채권상장법인 관련 풍문·보도에 대한 조회공시 가능</td>
<td>풍문·보도에 대한 조회공시
– 답변시한: 오전↔오후(반일)</td>
<td>시장특성반영
(채권시장은 유가만 존재)</td></tr>
<tr>
<td>현저한 시황변동에 대한 조회공시
– 대상: 중요정보의 유무
– 답변시한: 익일 좌동</td>
<td colspan="2" align="center">좌 동</td></tr>
</table>

조회공시 사후심사 (좌측)
– 풍문·보도

답변유형	15일內	7일內
확정	–	–
특이사항 없음	–	기공시와 상반되는 내용 공시
미확정	–	

조회공시 사후심사 (우측)
– 풍문·보도

답변유형	15일內	7일內	기 타
확정	–	–	–
특이사항 없음	–	기공시와 상반되는 내용 공시	–
미확정	–		1. 미확정공시 중단·취소 등 2. 공시기한까지 확정공시미이행

– 시황변동 (좌측)

답변유형	15일內	7일內
확정	공시번복 사유이외 기타사항 공시	수시공시의무사항 공시
특이사항 없음	공시번복 사유이외 기타사항 공시	수시공시의무사항 공시
미확정	공시번복 사유이외 기타사항 공시	수시공시의무사항 공시

– 시황변동 (우측)

답변유형	15일內	7일內	기 타
확정	공시번복 사유이외 기타사항 공시	수시공시의무사항 공시	–
특이사항없음	공시번복 사유이외 기타사항 공시	수시공시의무사항 공시	–
미확정	공시번복 사유이외 기타사항 공시	수시공시의무사항 공시	1. 미확정공시 중단·취소 등 2. 공시기한까지 확정공시미이행

▶ 미확정공시의 최초답변 및 재공시시 대표이사 확인서 및 근거서류 첨부 의무화

(우측 열: 하반기 중 동일하게 반영 예정 / 자료제출요구권 보유 및 실무상 엄격 집행)

공정 공시	기업정보를 기관투자자등에게 선별적으로 제공하는 경우 신고 ▶ 기업정보: 장래 사업·경영계획 등	좌 동	
외국 법인 공시	상장외국법인 주요경영사항 발생시 공시 – 공시언어: 한글 원칙	좌 동	

불성실 공시	− 표시화폐: 본국통화와 원화 병기 원칙		
불성실 공시	불성실공시법인 지정예고 ▸ 공시위반제재금(3,000만원 한도)	좌 동	
공시 책임자	공시책임자·담당자 ▸ 책임자 1인, 담당자* 2인 이상 지정 * 종업원 300인 미만: 1인 이상	공시책임자·담당자 ▸ 책임자 1인, 담당자 1인 지정	시장특성 (기업규모) 반영

붙임 2   유가증권·코스닥시장 상장제도 차이

	항목	유가증권시장	코스닥시장	비 고
진입요건	경과연수	3년	3년, 단 벤처기업 미적용	코스닥은 벤처기업 특성 감안
	규모요건	자기자본 100억 or 시가총액 200억	자기자본 30억 or 시가총액 90억	시장특성을 감안 (기업규모)
	상장 주식수	100만주 이상	−	코스닥은 과거 자본금요건(액면가* 주식수)에 반영
	자본잠식	−	자본잠식이 없을 것	유가는 질적심사에서 확인
	경영성과	다음 중 택일 ① 매출액 및 이익 등최근 3사업연도 평균 매출액 200억원 이상 & 최근사업연도 매출액 300억원 이상 & 최근사업연도에 영업/경상/법인세차감전계속사업이익 시현 + 택일 − 이익액: 최근 25억 & 3년합계 50억 − ROE : 최근 5% & 3년합계 10% − 대형법인의 경우(자기자본 1천억원이상) ▸ 최근 ROE 3% or 최근이익 50억 ▸ 최근 (＋) 영업현금흐름 ② 최근 매출액 500억원 & 기준시가총액 1,000억원 이상 ③ 최근 매출액 700억원 & 기준시가총액 500억원 & 영업현금흐름 20억원 이상	다음 중 택일 ① ROE 10%(벤처 5%) 이상 ② 당기순이익 20억(벤처 10억) 이상 ③ 최근 매출액 100억원(벤처 50억원) &기준시가총액 300억원 이상	시장특성을 감안 (기업규모 및 경영성과 규모)
	감사의견	최근연도 적정 직전2연도 적정 or 한정	최근연도 적정	
	유무상 증자 제한	−	2년전 자본금의 100% 이하	코스닥은 기존주주의 과도한 상장차익 제한
	보호예수	최대주주등: 6월 예비심사청구전 1년간 3자배정 신주 취득 또는 최대주주로부터 주식 취득: 6월	최대주주등: 1년 예비심사청구전 1년간 3자배정 신주 취득 또는 최대주주로부터 주식 취득: 1년	시장특성을 감안, 코스닥에 대해 강화된 보호예수 규정

			유무상증자제한 초과분: 1년 벤처금융 등: 1개월	
퇴출요건	매출액	(관리) 최근년 50억원 미만 (퇴출) 2년 연속	(관리) 최근년 30억원 미만 (퇴출) 2년 연속	시장특성 감안 (기업규모)
	법인세비용차감전계속사업손실	–	(관리) 자기자본 50% 이상 3년간 2회 (퇴출) 관리 후 자기자본 50% 이상 손실	코스닥은 시장특성(기업규모)을 감안, 대규모 사업손실 및 영업손실 추가
	장기영업손실	–	(관리) 4년연속 영업손실발생 (퇴출) 5년연속 영업손실발생	
	자본잠식	(관리) 최근년 말 자본잠식률 50% 이상 (퇴출) 50% 이상 2년연속 or 최근년 말 완전자본잠식	(관리) 사업연도(반기) 말 자본잠식률 50% 이상 사업연도(반기) 말 자기자본 10억원 미만 반기보고서 기한 경과 후 10일 내 미제출 또는 검토(감사) 의견 비적정 (퇴출) 최근년 말 완전자본잠식 관리후 반기 자본잠식률 50% 이상 관리 후 반기 자기자본 10억원 미만 관리 후 반기 말 반기보고서 기한 경과 후 10일 내 미제출 또는 감사의견 비적정	시장특성을 감안(기업규모)
	주가	(관리) 액면가 20% 미달 30일간 지속 (퇴출) 관리종목 지정 후 90일간 "연속 10일 & 누적 30일간 액면가 20% 이상" 조건 미충족	–	시장특성을 감안 (코스닥은 액면가가 현저히 낮은 수준)
	시가총액	(관리) 시가총액 50억원 미만 30일간 지속 (퇴출) 관리종목 지정후 90일간 "연속 10일 & 누적 30일간 시가총액 50억원 이상" 조건 미충족	(관리) 시가총액 40억원 미만 30일간 지속 (퇴출) 관리종목 지정 후 90일간 "연속 10일 & 누적 30일간 시가총액 40억원 이상" 조건 미충족	시장특성을 감안 (기업규모)
	거래량	(관리) 반기 월평균거래량이 유동주식수의 1%에 미달 (퇴출) 2반기 연속	(관리) 분기 월평균거래량이 유동주식수의 1%에 미달 (퇴출) 2분기 연속	시장특성을 감안 (기업규모)
	지분분산	(관리) 소액주주 200인 미만 or 소액주주지분 10% 미만 (퇴출) 2년연속	(관리) 소액주주 200인 미만 or 소액주주지분 20% 미만 (퇴출) 2년연속	시장특성을 감안 (기업규모)

위의 내용 중(진입요건, 경영성과)에서 경상이익의 개념은 수년 전부터 사용하지 않는 개념인데 아직 그 내용이 규정에 반영되지 않았다.

퇴출의사 결정에 있어서도 유가증권시장과 코스닥시장은 차이를 보이는데, 거래소는 부적정, 의견거절은 퇴출이며, 감사범위 제한 한정의견은 관리종목 편입이며 연속적인 감사범위 제한 한정의견은 퇴출로 연결된다. 반면 코스닥 상장기업은 부적절의견, 의견거절 및 감사범위제한 한정의견은 퇴출되게 된다.

이러한 두 시장에서의 퇴출과정은 코스닥에서의 퇴출을 훨씬 더 강력하게 규제하였다. 이는 코스닥에 상장된 기업의 경우, 유가증권 상장기업보다 위험이 높은 기업이기 때문에 감사범위 제한 한정일 경우에도 퇴출되게 된다. 감사범위 제한 한정이라는 의견은 우리가 통상적으로 생각하는 것보다는 매우 심각한 의견일 수 있다. 비적정의견을 받는 경우가 1. 기업회계기준을 위반한 경우, 2. 불확실성으로 인한 계속성이 의심되는 경우, 3. 감사인의 독립성이 의심되는 경우, 4. 감사범위가 제한되는 경우이다. 그런데 기업회계기준에 위배된다는 것은 가장 명확한 비적정의견 사유이며 감사범위가 제한되는 한정의견이 아마도 가장 불투명한 의견일 수 있다. 적어도 회계정보가 기업회계기준에 위반된다 함은 회사와 감사인간에 회계처리에 대한 이견이 존재할 수는 있지만 이는 명백하게 어떤 건인지가 판명된 경우이다.

감사범위가 제한된다는 것은 실체에 접근이 불가하고 문제가 있는지 없는지도 확인할 수조차 없는 경우이다. 즉, 코스닥일 경우 이 정도로 불확실성이 있다면 바로 퇴출로 연결된다.

단, 유가증권시장일 경우는 어느 정도 요건이 갖추어진 기업이며 어느 정도까지는 문제를 흡수할 수 있는 여유가 있는 기업이기 때문에 규제가 조금은 관대하다.

유가증권시장엔 없고 코스닥엔 있고, 따로 노는 M&A 공시 의무

코스닥과 달리 유가증권 상장사는 인수 합병시 대주주의 경영권 매각 계약을 공시할 의무가 없어 투자자 피해가 우려된다는 지적이 잇따르고 있다. 대주주의 경영권 매각 계약이 체결되더라도 최대주주 변경을 공시할 때까지 비정상적 거래가 일어날 수 있어 제도 개선이 절실하다고 전문가들은 입을 모은다.

■ 최대주주 변경만 공시

9일 거래소에 따르면 유가증권시장 상장사이자 상품권 할인 유통업체인 웰스브릿지는 최근 최대주주가 윤태근 대표이사에서 비티아이캐피탈코리아로 변경됐다고 공시했다. 윤대표가 회사 보유 주식 740만주(28%)와 신주인수권 1,200만주 전량을 비티아이캐피탈코리아 등 29곳에 분산 매각해 경영권을 넘겼다. 하지만 M&A 계약공시는 특별히 하지 않았다.

코스닥 상장사는 M&A 계약과 함께 '최대주주 변경을 수반하는 주식양수도 계약 체결'이란 수시공시를 즉각 내지만 유가증권시장 상장사에는 이런 의무가 없다.

통상 M&A 때에는 계약과 함께 계약금을 지불하고 주주총회를 열어 경영진을 바꾸면서 잔금을 지급한다. 계약금 지급부터 잔금 지급까지 최소 보름에서 한두달의 시간이 걸리는 게 일반적이다. 유가증권시장 상장사는 M&A 잔금을 치른 뒤 '최대주주 변경'공시만 내면 되는 것이다.

■ 투자자 역차별 우려

M&A 자료는 주가에 심대한 영향을 미치지만 유가증권시장과 코스닥시장의 특성이 달라 M&A 공시 의무를 차별적으로 시행 중이라는 게 거래소의 설명이다. 거래소 관계자는 "코스닥시장은 대주주가 자주 바뀌고 계약 해지가 되는 경우가 많지만 유가증권시장은 대주주 변동이 별로 없기 때문"이라고 말했다.

그러나 증시 전문가들은 투자자 역차별 문제가 불거질 수 있다는 점을 지적한다. 해당 종목의 주가는 M&A 계약 때부터 급변동하기 마련인데, 유가증권시장 투자자들에게 이 같이 중요한 사실을 즉각 알리지 않는 것은 형평성에 어긋난다는 것이다. M&A 계약 사실을 상당 기간 회사 내부자와 M&A 관련자만 알고 있다는 점에서 내부자거래 우려도 적지 않다. 실제로 웰스브릿지는 지난 2분기부터 M&A설이 돌았던 종목으로 주가가 급등락을 거듭해왔다. 지난 3월 말 410원이었던 주가는 7월 초 1,425원까지 급등했다. 웰스브릿지는 그동안 어떤 호재도 알려지지 않았고 실적은 오히려 뒷걸음질 쳤던 종목이다.

■ 5% 룰도 실효성 적어

유가증권시장 상장사는 지분 5%를 넘어서는 주식 인수에 대해서는 자본시장법에 따라 금융감독원에 신고(일명 5% 룰)해야 한다. 그러나 금감원에 지분 신고를 하지 않기 위해 계약일을 임의로 변경하는 사례가 적지 않다는 게 M&A 업계의 전언이다.

한 중소형 M&A 전문가는 "유가증권시장에선 M&A 계약을 공시하지 않아도 되기 때문에 계약일을 잔금지급일로 임의 조정하는 경우가 다반사"라고 전했다. 금감원 관계자는 "M&A 계약일을 임의로 조정할 경우 이를 확인하는 것은 사실상 어렵다"고 말했다.

박용린 자본시장연구원 기업정책실장은 "유가증권시장에서도 중요한 시장 정보를 투자자들에게 적시에 제공해야 한다는 점에서 M&A는 계약 완료가 아닌 체결 단계에서 공시하는 것이 바람직하다"며 "계약이 해지될 우려를 배제할 수 없지만 체결 단계에서 투자자들이 판단할 기회를 줘야 한다"고 말했다.

한국경제신문. 2012.8.10.

완료단계인지 체결단계인지에 대한 논란은 MOU를 공시하여야 하는지의 쟁점과도 동일하다. MOU은 Memorandum of Understanding의 약자이므로 법적인 구속력을 갖지는 않지만 그렇다고 의미가 없는 문건은 아닌 것이다.

아마도 유가증권시장에서는 너무 적은 정보를 제공하는 것도 문제지만 너무 많은 정보를 제공하는 것도 정보의 overflow 즉, 정보의 양산/남용의 문제를 유발할 수 있다. 그러나 규제기관에서 정보이용자의 정보 습득 능력까지 고려해 가면서 정책을 결정하여야 하는지에 대해서도 이슈가 있다.

그러나 정보의 overflow의 문제보다는 정보의 불소통의 문제가 더 심각한 문제로 대두될 수 있다. 정보의 overflow의 문제는 이해 관계자가 이를 소화할 수 있는지의 이슈이다. 이러한 이유에서 거래소에서 운영하는 주요경영사항 수시공시일 경우도 주요경영사항 공시를 수년째 축소해 나가고 있다.

Chapter 08

국가부채의 측정

　최근에는 국가재무제표의 일부분은 아니지만 지방자치단체와 공공기관의 채무와 관련된 문제가 제기된다. 재정학과 관련된 내용이지만 Chapter 1에서 충당부채 내용을 cover하면서 재정건전성을 측정하는 지표에 어느 변수들을 포함하는지 등 회계적인 이슈와도 무관하지 않다.

정부 관계자는 '공무원 연금과 군인 연금은 급여에 드는 비용을 5년마다 재계산해야 하고 그때마다 충당부채 규모가 달라지기 때문에 중장기적 관리대상인 재정건전성 지표에서는 제외하는 것이 일반적'이라고 말했다.

한국경제신문. 2011.1.11.

국가부채 규모 1848조, 국가직접부채 392, 보증채무 34조

4대 공적연금 책임준비금 부족액(861조 8천억원), 통화안정증권 잔액(163조 5천억원), 준정부기관 및 공기업 부채(376조 3천억원) 등을 더한 사실상의 국가부채는 1,848조 4천억원이다.

사실상의 국가부채는 2003년 말 934조 4천억원에서 7년 만에 배로 늘어난 셈이다. 지난 정부 때는 연평균 7.9% 증가한 데 비해 이번 정부 들어서는 연평균 11.2% 늘었다.

국채와 차입금 등으로 구성된 국가 직접채무는 이번 정부 출범 직전인 2007년 말에 비해 31.4% 증가했고, 준정부기관 및 공기업 부채는 같은 기간 58.2% 급증했다.

국민연금과 공무원연금 등 4대 공적연금 책임준비금 부족액도 이 기간 41.6% 급증, 사실상의 국가부채에서 차지하는 비중이 46.6%에 달하게 됐다.

공기업 부채 회계처리 국책 자체 사업 구분을

공기업 부채를 국책사업 부문과 공기업 자체 사업 부문으로 나눠 회계처리해야 한다는 지적이 나왔다.

국회 입법조사처는 최근 낸 '공공기관 재무건전성 현황 및 쟁점' 보고서에서 "현 정부 들어 공기업 채무가 증가한 것은 정부가 공기업을 통해 국책사업 재원을 조달하고 있기 때문"이라며 "토지주택공사·수자원공사·도로공사 등 사회간접자본(SOC) 공기업은 정부와 공동으로 사업을 진행하는 경우가 많고, 이들 기관의 부채가 전체 공공기관 부채의 3분의 1 이상임을 감안할 때, 부채의 책임성 문제는 더욱 중요하다"고 밝혔다.

보고서는 공기업의 재무건전성을 높이는 방안으로 '구분 회계제도'를 도입해야 한다고 밝혔다. 공기업 부채 가운데 국가 책임 부문과 공기업 책임 부문을 구분하면 정부의 상환 책임도 명확해지고, 방만한 운영을 한 공기업에는 구조조정이나 경영 효율화 등의 조치를 강제할 수 있다는 것이다.

공기업 부채는 사실상 정부 부채나 다름없다. 특히 토지주택공사·신용보증기금·기술신용보증기금·중소기업진흥공단·무역보험공사·주택금융공사·정책금융공사·수출입은행 등 8개 기관은 손실이 발생하면 정부가 의무적으로 손실을 보전해줘야 한다고 법에 명시돼 있다.

> 2011년 말 현재 이들 기관의 부채는 252조원으로 전체 공기업 부채의 54%를 차지하고 있다. 보고서는 정부가 손실을 보전해 주는 이들 8개 공공기관의 부채는 일반 공기업보다 더욱 엄밀하게 관리해야 한다고 지적했다. 그러나 이들 공공기관의 부채 규모 및 관련 자료는 국회에 보고되지 않고 있다.
>
> 보고서는 "올해부터 적용하는 공공기관 중장기 재무관리 계획이 실질적인 재무건전성 관리의 기초가 되어야 한다"고 지적했다.
>
> 경향신문. 2012.9.26.

특히나 최근에는 지방 공기업의 부채 문제가 심각하다고 알려지고 있으며 미국에서도 대도시인 Detroit라는 지방자치단체 도시가 재무적으로 큰 어려움을 겪고 있다고 보도되었다.

또한 지방자치단체가 시청 등을 호화롭게 건설하면서 예산을 방만하게 운영하고 있다는 비판도 무척이나 거세며, 이러한 모든 내용이 민선으로 지방자치단체장을 선임하는 과정에서 선심성 행정으로 예산이 낭비되고 있다는 비판도 있다.

우체국 예금 70조원도 이를 국가 채무에 포함하여야 하는지에 대한 이슈도 있다. 이러한 모든 내용을 국가 채무로 인식할 경우 국가 채무가 극대화되어서 재정에 부정적인 영향을 미칠 수 있을 뿐만 아니라 국가 신용도 평가에서도 불리하게 작용할 수 있다.

그럼에도 불구하고 이 모든 부분은 국가 부채로 계상할 것인지에 대해서 고민을 해야 한다.

일부에서는 이를 부채 본문에 올리지 않고 주석사항으로 표시할 수 있는 대안을 제시하고 있으나 이는 기업회계기준에서 충당부채는 재무제표 본문에 보고되고, 우발채무는 주석에 보고할지에 대한 고민과 동일한 고민이다. 그러나 주석일 경우는 부채가 될 수도 있고 부채가 되지 않을 수도 있는 경우에 표시하는 방법인데 이 경우는 부채로 표시한다는 것 자체가 부담이 되어 이를 주석으로 표기하는 대안을 찾는 것이라면 이는 적절하지 않은 대안일 수 있다.

저축은 부실 메우느라 국가채무 16조원 늘어

■ 회계기준 변경해 새로 계산 GDP 대비 부채비율도 높아져

이 중 16조 4,000억원은 정부가 저축은행 사태를 수습하는 과정에서 늘어난 빚인 것으로 밝혀졌다.

저축은행들이 잇따라 영업정지되자 예금보험공사는 예금자 보호를 위해 부채가 늘어났다. 기존 회계기준에서는 이것이 국가부채에 잡히지 않았지만, 이번에 회계기준변경으로 예금보험공사와 같은 비영리 공공기관(151개)의 부채도 국가부채로 분류되면서 국가부채에 새로 잡힌 것이다.

조선일보. 2012.12.25.

나라빚 48조 늘어난 468조원 국제기준 맞춰 예보채 등 포함, 재정관리 '비상'

이는 지방정부 부채, 공기업 부채 등도 빠져 있는 수치다.

국제통화기금이 1986년에 발표한 정부재정통계기준(GFS, Government Finance Statistics)을 적용한 종전 국가채무에서 빠졌던 비영리 공공기관(151개)과 공공기관 관리기금(24개)이 2001년 GFS 기준으로 개편한 일반 정부 부채에 포함됐다. 공공기관 관리기금이 보유한 공채 43조 6,000억이 추가됐다. 예보채상환채(23조 7,000억원)가 대표적이다.

가장 큰 규모는 '재무상태표상 부채'로 공무원 연금, 군인연금 등에 사실상 정부가 넣어야 할 충당금이 포함돼 있다.

매일경제신문. 2012.12.25.

국민의 머슴이 혈세로 잔치 벌인다

기획재정부가 발표한 '2012 회계연도 국가 결산'에 따르면 국가 재무제표상 중앙 정부의 부채는 902조 4,000억원에 이른다. 2011년보다 128조 9,000억원이 늘어났다. 그런데 증가액의 73.5%인 94조 8,000억원이 공무원과 군인에게 지급해야 할 연금 때문에 발생하는 연금충당부채이다. 그동안 쌓인 해당 부채 총액은 436조 9,000억원으로 전체 부채의 절반 가까이나 된다. 당장 내 놓아야 할 돈은 아니지만 향후 국가 재정에 재앙을 불러올 시한 폭탄이 될 수 있다는 우려의 목소리가 높다.

■ 연간 적자, 2020년 10조원 넘어설 전망

공무원연금은 1993년부터 적자를 기록했다. 벌써 20년 전 일이다. 2001년에는 기금이 고갈됐다. 경고등이 들어온 지 오래된 셈이다. 하지만 당시 정부는 근본적인 대책은 세우지 않은 채 공무원연금법을 개정해 적자를 세금으로 전액 보전하도록 했다.

연금 수지 부족분을 정부가 추가로 부담해 주는 보전금 제도를 실시한 것이다. 최근 여야 정치권이 국민연금의 국가 지급 보장을 법으로 명문화하려고 하자 강하게 반대하며 제동을 건 것과는 대조적이다.

현재 공무원 연금의 구성은 기형적이라고 할 수 있다. 2012년도 공무원 연금 현황을 살펴보면 총 지급액이 8조 8,000억원인데 이 돈은 공무원 개인 기여금 3조 8,000억원, 정부 일반 회계 보전금 1조 7,000억원으로 마련한 것이다.

문제는 공무원 연금의 적자 규모가 갈수록 커지고 있다는 점이다. 당연히 정부 보전금도 눈덩이처럼 불어날 수밖에 없다.

시사저널. 2013.5.21.

與, '국민연금 국가 지급보증' 철회, 여야 합의한 포퓰리즘 법안, 첫 제동

새누리당이 청와대와 정부의 의견을 받아들여 국민연금의 재원이 소진돼도 국가가 연금지급을 보장하는 내용의 '국민연금법'개정안을 원점에서 전면 재검토하는 등 사실상 개정안 원안을 철회키로 했다.

여권 고위 관계자는 29일 '국가 지급보증을 명문화할 경우 국가가 잠재적으로 부담해야 할 충당부채가 반영돼 국제통화기금 기준 국가 부채의 규모가 눈덩이처럼 불어 날 우려가 있다'면서 철회의사를 내비쳤다.

청와대와 정부는 국민연금에 대해 국가가 지급을 보장할 경우 국가 채무 비율이 높아지려면 국가신용등급을 떨어뜨리게 된다고 우려하고 있다. 이렇게 되면 정부나 공기업, 사기업이 해외에서 자금을 조달할 때 높은 가산 금리를 물어야 하기 때문에 국제 경쟁력에 큰 부담을 줄 수 있다는 것이다.

공무원, 군인연금도 충당 부채에 436조 9,000억원이 지난해 말 국가 부채 902조원에 포함됐다. 국민연금 충당부채는 공식 집계한 적은 없지만 적게는 500조원에서 많게는 1,000조원 가량으로 추산된다.

여권 고위 관계자는 "국가의 지급보장 명문화는 국민들에게 현행 보험료나 급여 수준이 그대로 유지될 것이라는 기대를 불러 일으킨다"며 "이는 앞으로 국민연금 제도와 재정 개혁에 있어 장애 요인으로 작용할 수 있다"고 말했다.

문화일보. 2013.4.29.

현재 공무원연금과 군인연금은 국가 재무제표에서 부채로 계상되어 있다. 국민연금을 국가가 책임져야 하는지를 국가재무제표에 어떠한 항목을 부채로 계상하여야 하는지와 밀접하게 연관되어 있다. 모든 국민이 국민연금의 수혜

자가 아니므로 국민연금이라고 해도 재원이 소진되면 국가가 책임져야 하는지는 복지와 관련된 매우 중요한 이슈이며 이의 측정과 분류는 당연히 회계의 문제이다. 국민연금의 혜택을 받는 국민도 50%가 안 되는 수준이다.

배당한도

금번 상법 개정안의 큰 내용 변화는 미실현이익이 배당 가능이익의 범주에서 제외되었다. 즉, 배당한도는 다음과 같다(법 §462① 및 영 §19, 부칙 §6).

시행령 제19조

배당한도 = 순자산액 − 자본금 − 자본준비금 − 이익잉여금 − 미실현이익

IFRS도입으로 유가증권, 유형, 무형자산 등에 대한 공정가치 평가가 확대되며 시행령에서는 미실현이익은 회계원칙에 따른 자산 및 부채의 평가로 인하여 증가된 재무상태표의 순자산가액으로 규정하고 있으며 미실현손실과 상계할 수 없다. 미실현이익이 사외유출되지 않음으로써 회사의 자본충실성이 제고되고 또한 선택적으로 자산 및 부채를 공정가치로 회계처리한 회사와 그렇지 않은 회사간 배당가능이익 계산시 형평성을 유지할 수 있게 된다.

미실현이익만을 배당한도에서 차감하지 미실현손실은 가산하지 않는다. 이는 가능한 배당한도를 낮추려는 의도이다. 배당한도가 낮아져야 기업의 부가 사외로 유출되는 것을 막을 수 있다.

배당액 산정 때 미실현이익 포함 못해

올해부터 상법 개정으로 모든 기업들의 배당 재원이 크게 줄어들 전망이다. 보험사, 카드사 등 금융회사, 대형 조선사는 물론 배당성향이 높았던 중소 상장회사 등은 배당 가

능액이 감소해 이익배당을 줄일 것이란 전망이 나오고 있다.

　31일 증권업계에 따르면 상법(462조) 및 시행령(19조)이 개정돼 올해부터 모든 기업은 이익배상 한도액을 계산할 때 과거와 달리 미실현이익을 빼고 산정해야 한다. 미실현이익은 주식, 채권, 파생상품 등의 가격이 올라 발생한 일종의 평가이익으로 재무상태표의 자기자본(순자산)을 증가시키는 요인이다.

　특히 개정 상법과 시행령은 미실현이익을 미실현손실과 상계하지 못하도록 해 이익배당한도액은 더욱 축소될 전망이다. 예를 들어 한 기업이 보유주식을 통해 5,000억원의 미실현이익을 내고 파생상품 부문에서 3,000억원의 미실현손실을 내더라도 이익배당 한도액을 계산할 때는 5,000억원을 전부 빼야 한다는 얘기다.

　■ 개정 상법 시행령 본격 적용

　이번 개정 상법 시행령은 올해부터 모든 회사에 광범위하게 적용된다. 12월 결산법인은 올해 초에 진행된 작년 실적 결산부터 이미 적용이 됐다. 보험사 등 3월 결산법인은 올 6월 말까지 진행되는 2012 회계연도 결산 때부터 개정 상법을 적용하게 된다.

　금융감독원은 지난주 보험사에 "상법 개정으로 보험사의 배상 가능이익과 배당규모가 현저히 줄어 들 수 있는 만큼 앞으로 배당 정책을 수립할 때 중장기적인 일관성이 유지되도록 해 달라"는 내용의 공문을 보내기도 했다.

　이번 법 개정으로 상당수 대기업과 금융회사의 배당 감소가 불가피할 것이란 전망이 제기되고 있다. 삼성, 흥국, 한화생명 등 주식을 많이 보유하고 있는 재벌 개열 보험사를 비롯해 파생상품을 많게는 수조원씩 거래하는 은행, 달러화·선물환 거래를 많이 하는 대형 조선사, 고배당 중소형 상장사 등이 상대적으로 큰 영향을 받을 것이란 분석이다.

　배당 축소를 우려하는 금융회사들과 기업들은 상법 재개정을 요구하고 있다. 상장회사협의회 관계자는 "회계원칙상 배당가능이익을 계산할 때 미실현이익을 뺄거면 미실현손실은 빼지 않아야 하는데, 개정 법률은 이런 형평성에 어긋난다"고 지적했다.

　이에 대해 법무부와 금융당국은 기업과 금융회사 배당에 미치는 영향을 당분간 지켜본 뒤 재개정 여부를 검토할 계획이다.

한국경제신문. 2013.4.1.

　즉, 위의 신문 기사에서 미실현이익 5,000억원을 뺄 것이 아니라 차감하더라도 미실현손실 3,000억원을 고려한 2,000억원만 차감하여야 한다는 주장이다.

　이러한 주장은 상장회사협의회의 2010년 12월에 관계기관에 '기업현장애로 규제개혁'이라는 과제의 다음과 같은 내용을 전달하였다.

2. 단기매매차익 산정시 손실 감안

- **▪ 법령근거**
  - ▫ 자본시장법 시행령 제195조
- **▪ 현황 및 문제점**

(현황)
  - ▫ 단기매매차익시 손실부분은 불인정하고 이익만 가산하여 산정

   ※ 단기매매차익 = (매도단가 − 매수단가)×매매일치수량

   − (매매거래수수료 + 증권거래세액)

   단, 그 금액이 0원 이하인 경우에는 이익이 없는 것으로 간주

(문제점)
  - ▫ 단기매매차익 반환제도는 미공개정보이용행위에 대한 입증이 사실상 어려움에 따라 도입된 일종의 무과실책임제도이다. 그러나 통상의 무과실책임은 상대방이 입은 손해에 대하여 배상을 하는 것인 반면, 단기매매차익반환의 경우 상대방의 실제 손해액과 무관하게 차익금액을 산정한다.
  - ▫ 실제 손해를 입었음에도 현행 계산방법에 따라 이익이 산출되는 경우가 발생함으로써 현실과 괴리된 계산방법이라는 비판이 제기된다.
- **▪ 개선방안**
  - ▫ 단기매매차익산정시 순차적으로 대응하여 이익과 손실을 단순 합산하는 방법으로 손실을 감안하도록 함

위의 문건에서도 기술되었듯이 단기매매차익은 내부정보를 이용하였다는 정확한 물증은 없지만 6개월 이내에 매매차익을 실현하였다는 것이 내부자 정보를 이용하였다는 개연성이 높기 때문에 차익을 반환하라는 차원에서는 무과실 책임제도이다.

이익을 반환해야 하지만 손실을 본 것만큼은 보전해 달라는 의미이므로 일리가 있다고 판단된다. 미공개정보를 이용하여 이익을 실현시켰다고 판단할 것이면 이에 대칭적으로 손실을 보는 경우도 미공개정보를 이용한 것이라고 추정하여야 하며 따라서 이 부분만큼은 보전해 주어야 한다는 논지이다.

한전, 자회사 순익 절반 챙긴다

한국전력공사가 한국수력원자력, 한국남동발전, 한국남부발전, 한국중부발전, 한국서부발전, 한국동서발전 등 6개 발전 자회사가 지난해 거둬들인 순이익의 절반을 배당금으로 받게 됐다. 지난해 70%를 받은 데 이어 2년 연속 고배당이다.

1일 발전업계에 따르면 한전이 지분 100%를 보유하고 있는 발전 자회사 6개사는 최근 결산 주주총회를 열고 작년에 발생한 순이익의 50%를 배당하기로 결정했다. 회사별 배당금액은 한수원 631억원, 남동발전 896억원, 남부발전 517억원, 동서발전 823억원, 서부발전 592억원, 중부발전 662억원 등 총 4,121억원이다.

한전 관계자는 "발전 자회사와 사전 협의를 통해 배당 비율을 결정한 것"이라며 "모회사인 한전이 지난해 3조 1,666억원의 순손실을 기록한 만큼 자회사들과 함께 손실을 분담하자는 취지"라고 말했다.

지난해보다 배당성향이 줄었다고는 하지만 한전 자회사들이 2011년까지 순이익의 20~30%를 배당한 점을 감안하면 50%도 고배당이다. 이로써 한전 자회사들은 최근 2년간 1조 1,000억여 원의 배당금을 한전에 지급하게 됐다.

증권사들은 지난 3년간 6조 6,600억원의 누적 적자를 기록한 한전이 지속적인 전기요금 인상과 원 달러 환율 하락, 국제 석탄 가격 하락 등에 힘입어 올해 1조 8,000억원 상당의 순이익을 올리며 흑자 전환을 이룰 것으로 보고 있다. 영업이익 전망치는 4조 2,000억원에 달한다.

2년 연속 고배당에 따른 자회사들의 불만도 작지 않다. 흑자 전환이 확실한데도 너무 많은 배당을 요구한다는 것이다. 이에 따라 안전성 강화를 위한 시설투자 등의 차질을 빚을 수도 있다는 우려도 제기하고 있다. 한 발전 자회사 관계자는 "배당을 많이 하게 되면 그만큼 투자 여력이 줄어 들 수밖에 없다"며 "100% 자회사여서 모회사 요구대로 해야 하는 상황이지만 지금처럼 일괄적으로 배당성향이 결정되면 자회사들이 여건에 따라 차별화된 미래 전략을 펼치기 어렵다"고 토로했다.

한국경제신문. 2013.4.2.

국제회계기준이 도입되면서 손상과 관련된 부분이 이슈가 되자 다음과 같은 공시 규정이 의무화되었다.

🏷 대규모 손상차손 발생공시 신설(안제7조제1항제2호라목)

□ 매출채권 이외의 채권에서 자기자본의 50%(대규모법인 25%) 이상 대규모 손상차손이 발생하는 경우 공시의무 부과

- 손상차손이란 장부가액에서 회수가능금액을 뺀 금액(손실)
- 코스닥시장은 매출채권 이외의 채권에서 대규모 손상차손 발생시 공시
  의무화('11.3월)

상장폐지
실질심사

상장폐지 실질심사와 관련되어 어떤 기준의 기업이 상폐가 되어야 하는 등의 여러 이슈가 있다. 매출 기준도 대상 변수가 될 수 있으며 거래량도 이슈가 될 수 있지만 모든 변수가 모두 완전한 기준은 아니다.

상장폐지 약식실질심사 생긴다

우량기업이 상장폐지 실질심사 대상이 될 때 심사를 약식으로 받을 수 있는 근거가 마련됐다.

한국거래소는 우량기업에서 횡령, 배임, 회계처리기준 위반 등으로 상장폐지 실질심사 사유가 발생하면 '약식심사절차'를 적용할 계획이라고 21일 밝혔다.

한국거래소 관계자는 "우량기업에 대한 장기간 조사와 거래정지가 이루어질 경우 시장 전체에 부정적 영향이 발생할 우려가 있어 약식심사절차를 마련했다"고 말했다.

거래소에 따르면 우량기업이라도 횡령이나 배임, 회계처리기준 위반(검찰통보, 고발)에 한해서만 약식심사절차가 적용되며 영업, 재무에 대한 중점심사가 필요할 때는 적용범위에서 제외된다.

약식심사절차가 적용되는 우량기업은 계량평가와 비계량평가를 통해 선정할 계획이다. 100점 만점으로 구성된 점수 모형에 따라 심사해 기준 점수인 70점을 초과하면 약식심사 대상으로 선정하는 계량평가를 기본으로 한다. 여기에 계량지표의 한계를 극복하기 위해 최근 발생한 주요 사건이나 업종별 특성을 사용한 비계량평가도 병행하기로 했다.

거래소는 약식심사 대상 우량기업을 선정한 뒤 이를 투자자들에게 공표할 예정이다. 만일 우량기업이 상장폐지 실질심사 대상이 되면 경영개선 계획과 지배구조, 내부통제제도, 공시체계 등을 집중 심사해 신속히 판단할 방침이다.

한국거래소 관계자는 "우량기업에 대해서는 집중 심사를 통해 신속한 의사결정을 할 수 있어 기존 투자자의 불편을 최소화할 수 있다"면서 "반면 재무안정성이 취약한 한계기업에는 더 많은 심사 역량을 투입하는 운영의 묘를 살릴 수 있게 될 것"이라고 말했다.

매일경제신문. 2012.5.22.

우량기업 상장폐지 '약식' 심사한다

■ 한화, 하이마트처럼 횡령, 배임 발생 때 적용

영업실적과 재무안전성이 인정된 우량기업들은 상장폐지 사유가 발생해도 '약식' 심사를 받게 된다.

한국거래소는 우량기업에서 횡령, 배임, 회계처리 기준 위반 등 상장폐지 실질심사 사유가 발생하는 경우 '약식심사 절차'를 마련해 시행할 계획이라고 21일 발표했다.

이는 한화와 하이마트처럼 기업의 재무 안정성에 직접적인 타격이 없는 상장 기업들이 장기간 상장폐지 실질심사와 거래 정지로 시장 전체에 부정적인 영향을 미칠 수 있다는 지적에 따른 것이다.

거래소 관계자는 "현행 상장폐지 실질심사 제도는 상장 법인 실태에 따라 심사 기간을 달리 적용할 수 있도록 돼 있다"며 "약식심사는 그 기준 및 절차 등을 명확히 규정하기 위해 도입했다"고 설명했다.

약식심사 절차는 상장 기업의 횡령이나 배임, 회계처리기준 위반(검찰 통보 고발)에 한해 적용된다. 하지만 주된 영업의 정지와 매출 급변동, 자본잠식 등 영업 재무에 대한 중점 심사가 필요한 경우는 약식 심사 대상에서 제외된다.

거래소는 재무제표 등 계량 평가와 업종별 특성에 따른 비계량 평가를 병행, 약식 심사 대상 기업을 선정할 계획이다. 계량 평가의 경우 신규상장 요건 및 상장폐지 요건 등을 참조해 위반 금액 규모 및 영향 등을 기준으로 점수모형이 만들어진다. 비계량 평가에는 업종별 특성이나 최근 발행한 중요 사건의 영향 등이 종합적으로 반영된다.

한국경제신문. 2012.5.22.

이와 같은 약식 실질심사 제도를 검토하는 이유는 다음과 같다. 누가 판단해도 우량기업이라고 할 수 있는 기업에 대해서 실질심사가 수행되면서 시장에 상당한 정도의 불안감을 조성하였다. 예를 들어 (주)한화의 최대주주의 횡령, 배임과 관련되어 이 기업이 매매거래정지에 이어서 실질심사대상으로까지 진행될 수 있다는 우려가 팽배하였고 그와 같은 시점에 거래소는 휴일 공시위원회를 개최하면서까지 해당 기업이 실질심사의 대상이 아니라는 점을 확인하였다.

실질심사 제도는 상장기업이지만 상장의 요건을 맞추지 못하는 기업을 퇴출하는 제도이다. 요건에는 미비하지만 누가 판단하여도 우량기업이 이러한 요건을 맞추지 못한다고 해서 시장에 엄청난 충격을 주면서 시장에서 퇴출되는 것이 적절한지에 대한 의문이 제기되었고 이러한 우려에 대해서 거래소가 제안하는 개선된 제도가 약식심사 제도이다.

대주주의 횡령, 배임이라는 위반이 경미한 위반이라는 것이 아니라 이러한 위반이 기업의 상장 여부 의사결정에까지 영향을 미쳐야 하는지에 대한 주관적인 판단의 이슈이다. 반면, 기업의 횡령, 배임이라는 범법은 기업 부정의 단초가 되는 범죄이므로 이러한 약식 실질심사 제도를 시행함에 있어서 주의를 요하여야 한다.

상장의사결정을 accelerator에 비유한다면 상장폐지 의사결정은 brake에 해당한다. 보통은 차에 시동을 걸고 출발할 수 없는 것이 더 문제라고 잘못 생각할 수 있는데 더 심각한 문제는 차가 멈춰야 할 때 멈추지 않는 것이다. 차가 출발할 수 없다면 이는 불편할 뿐인데 차를 멈출 수 없다면 이는 심각한 사고로 이어질 수 있다.

최근 상장폐지기업의 주요 특징 및 유의사항

1. 잦은 경영권 변동
2. 목적사업 수시변경
3. 타법인 출자 빈번
4. 공급계약 공시 후 정정
5. 증권신고서를 통한 공모보다는 간단한 소액공모로 자금 조달
6. 감사보고서 관련, 상장폐지 전전년 사업연도의 감사보고서상 적정의견이나 특기사항이 기재된 기업은 38사(80.9%)
   이 중 '계속기업 가정의 불확실성'이 특기사항인 기업은 18사였음
7. 목적사업 수시변경
   상폐기업 47사 중 상장폐지 전 2년간 목적사업을 변경한 기업은 22사(46%)로서 변경기업 중 16사(72%)는 기존 사업과 연관성이 떨어지는 신종사업을 새로운 목적사업으로 추가
   일반적으로 고유수익모델 기반이 미흡한 상태에서 신규사업을 통한 재무 및 영업

실적 개선효과는 기대하기 어려운 것으로 분석

8. 공급계약 공시가 빈번하고 추후 정정공시 경향

상폐 47사 중 거래처와 단일판매계약 또는 공급계약체결을 공시한 기업은 26사 (55%)로 계약체결액 합계는 매출액의 103%에 해당

그러나 추후에 계약 규모 축소, 해지 등 정정공시로 계약 규모가 평균 22% 줄어듬 (103 → 81%)

9. 증권신고서를 통한 공모보다는 간단한 소액공모로 자금조달

증권신고서 공모는 상장폐지 2년 전 1,907억원에서 1년 전에는 440억원으로 감소 (77%)한 반면, 상장폐지 2년간 소액공모를 실시한 기업은 25사(53%)로 각각 388억 원, 406억원을 조달(연평균 2회)

자본시장법 시행령 개정(12.6.29)으로 종전에는 1년간 증권종류별로 10억원 미만 이었으나, 현재는 증권 종류에 관계없이 10억원 미만으로 변경됨

금융감독원. 2012.7.26.

부실기업 징후 10가지, 대주주 자주 바뀌고 갑자기 흑자 전환

- 횡령, 배임 혐의가 발생한 기업
- 최대주주 변경이 잦은 기업
- 감사인으로부터 적정의견 못 받은 기업
- 내부회계관리제도 운영보고서 미제출 기업
- 감사의견 변경기업
- 벌금, 과태료, 추징금, 과징금 부과 기업
- 증권신고서 심사시 정정명령 3회 이상 부과 기업
- 3년 연속 영업손실 후 산출방식 변경으로 흑자전환 기업
- 우회 상장 기업
- 사업보고서 점검 결과 미비사항이 과대한 기업

금감원이 최근 4년간 분식회계 징후가 있어 감리한 기업 289개 가운데 중조치로 제재한 곳은 72개에 달한다. 이 중 65%에 달하는 47곳이 상장폐지로 이어졌다. 중조치란 증권선물위원회에서 과징금 부과 또는 증권발행제한 2개월 이상 조치를 받은 것을 말한다.

상장폐지된 기업 47개 가운데 80.9%인 38개는 감리 착수 이후 1년 이내에 상장이 폐지됐다. 증선위에서 중조치를 받은 72개사 가운데 절반 이상인 38개사가 1년 이내에 시장에서 퇴출됐다는 얘기이다.

매일경제신문. 2012.8.3.

3년 연속 영업손실 후 산출방식 변경으로 흑자전환한 기업은 Chapter 6에

서의 내용을 의미한다. 증선위 조치 기업 중 다수가 퇴출되었다는 점은 많은 것을 시사한다. 증선위의 조치는 대부분의 경우는 선량한 투자자를 보호하기 위함이며 불규칙하게 시장을 우롱하는 기업은 궁극적으로는 퇴출로 이어지게 된다.

상장폐지 요건에 매출기준 없애

한국거래소가 상장폐지 요건 중 하나인 매출액 기준을 없앤다.

거래소 관계자는 21일 "매출액 기준에 따른 획일적인 상장폐지가 기업의 성장성을 판단하는 데 장애가 된다"면서 "매출이 10억원에 불과해도 성장잠재력이 높으면 살려야 되는 것이고, 100억원이 넘더라도 손해가 커지고 영업이 사실상 정지됐다면 폐지하는 것이 낫다"고 밝혔다.

현행 거래소 규정상 매출액 부족으로 상장이 폐지되는 경우는 두 가지다.

유가증권시장 상장 업체는 연매출 50억원 미만, 코스닥 상장사는 30억원 미만시 관리종목으로 지정된다. 1년 뒤 또다시 매출액 기준에 미달하면 자동 상장폐지된다.

또 하나는 '주된 영업정지' 판정을 받아 상장폐지 실질심사에 회부돼 폐지 결정을 받는 경우이다. 향후 매출액 기준이 폐지되면 연매출이 100억원을 넘더라도 신고된 주된 사업이 매출을 내지 못하고 있다면 실질심사를 통해 퇴출된다.

일각에서는 거래소가 매출 기준을 없애려는 것이 최근 코스피 상장 기준 상향 조치와 맞물려 기존 상장 업체 중 부실기업을 적극 가려내려는 것이 아닌지 해석하고 있다. 거래소는 매출액 규정 삭제를 내년 초 상장제도 개선에 맞춰 동시에 시행할 방침이다.

매일경제신문. 2012.12.22

이러한 제도의 변화는 내실을 기한다는 의미도 있는 것 같다. 경제 활동을 하는 우리 모두는 규모에 많이 매몰되어 있다. 기업을 하는 경영진들도 매년 4월 초 공정거래위원회가 발표하는 출자제한 기업집단 순위에 무척이나 민감하다. 질보다는 양이라는 관습, 또한 규모가 커야 정부가 보호해 준다는 大馬不死라는 경제 위기 시점에서의 교훈 등의 학습 결과이다.

언론에서도 재계 순위 상위 기업에 대해서는 광고수입 등의 이유 때문에 부정적인 내용 보도를 자제한다고 한다.

이러한 정책 방향은 미래지향적인(Forward looking criteria, FLC) 정책 방향과 무관하지 않다. 현재로서는 매출이 저조하더라도 성장성에 기초한 내용에 근거를 두어야 한다는 것이다. Green paper 등에서 감사가 수행될 때도 FLC 적으로 접근되어야 한다는 주장이나 또는 금융기관에서 대출의사결정을 수행 하는 데 있어서도 이러한 접근을 해야 한다는 주장이다.

그러나 대출이 되었건, 감사가 되었건 이러한 업무는 과거의 공시된 수치로 인증을 수행하거나 평가를 수행하는 것이기 때문에 과거지향적이기 쉬운데 이를 미래지향적으로 접근하라는 것도 매우 도전적인 요구이다.

위의 경우와 같이 매출 기준이 적법한 기준인지에 대해서도 이슈가 되지만 거래량 또한 비판이 있을 수 있다. 즉, 최대주주는 그 속성상 주식을 거의 거래하지 않는데 최대주주의 주식소유가 유통주식수에서 차지하는 부분이 많다고 하면 해당 주식의 거래량은 상대적으로 미미할 수밖에 없는데 이러한 기업이 과연 불량한 기업인지에 대한 의문이 제기될 수 있다.

반면, 아무리 미래의 성장가능성이 존재한다고 해도 현재 나타난 현상은 무시할 수 없는 사실이다.

이러한 식의 논리가 반복되어 적용된다면 거래소 차원에서 상장기업을 폐지한다는 정책 자체가 공격받을 수 있으며 상장기업의 속성상 또한 시장의 자율기능을 믿는다면 상장폐지라는 것은 시장의 자율 기능에 맡겨야 한다는 주장도 일응 설득력이 있다. 상폐심사는 대승적인 차원에서 현재의 투자자가 피해를 보더라도 잠재적 투자자를 구하기 위해서 자율규제기관인 거래소가 조치를 취해야 한다는 주장이다. 그러나 현재의 선량한 투자자의 피해는 감수할 수밖에 없다.

현금 800억원 쌓아둔 회사가 '관리종목위기'라니

한국거래소는 지난달 23일 '유가증권시장 상장사인 삼정펄프가 관리종목에 지정될 수 있다'며 투자에 유의하라고 공시했다. 회사가 보유한 현금이 시가 총액보다 많다. 잉여금을 자본금으로 나눈 유보율은 1,641%에 이른다.

이런 삼정펄프가 한계기업이나 떠안는 불명예인 관리종목으로 지정될 위기에 처했던 것은 유동 주식수가 적었기 때문이다.

삼정펄프의 최대주주 지분율은 71%, 신영자산운용과 경기저축은행 등 기관투자자가 장기 보유하고 있는 지분 16%를 제외하면 시장에서 거래되는 주식은 전체의 12%에 불과하다. 115억원의 순이익과 비교해 높지 않은 배당금도 대부분 최대주주에게 귀속되다 보니 시장에서는 관심이 줄어들 수밖에 없다. 상반기 하루 평균 거래량은 642주에 불과하다.

유화증권도 … 하지만 최대주주와 자사주 등을 제외한 유동주식 비율이 10% 남짓이라 하루 거래량이 30주에 불과한 날도 있다.

한국경제신문. 2011.7.23.

"기업 존속 힘들다" 감사 결과 나온 기업 92%가 1년 내 상장폐지

- 특기사항 기재 땐 27%가 2년 내 폐지
- 2011년 연결재무제표 감사보고서 특기사항 비중
  - 특수관계자거래 17.8%,   • 계속기업 가정의 불확실성 9.9%
  - 합병 등 지배구조 변경 7.9%,   • 보고기간 후 사건 7.1%
  - 소송 5.8%,   • 회계변경 5.6%

재무제표 감사의견상 의견거절이 표명된 기업의 92%가 1년 이내 상장폐지된 것으로 나타나 투자자들의 주의가 요구된다.

또한 연결재무제표 감사보고서에 기재되는 '특기사항' 중 특수관계자 거래가 가장 큰 비중을 차지한 것으로 조사됐다.

13일 감독원에 따르면 1,738개 상장사 중 2011년 연결재무제표를 작성한 법인은 1,227곳(70%)으로 전년보다 410곳 증가했다. 지난해 한국 채택 국제회계기준이 의무 도입되면서 상장사들은 연결재무제표와 개별재무제표를 동시에 제출해야 한다. 연결재무제표는 지배 회사가 자신과 종속회사를 하나의 경제적 실체로 보고 작성하는 것이다.

연결재무제표 작성 법인에 대한 감사의견서를 분석한 결과에 따르면, 적정이 11,209곳(98.5%)에 달했고, 한정의견 3곳, 의견거절 14곳, 부적정 1곳이었다.

특히 2010년의 경우 기업으로 계속 존속하기 힘들다고 감사가 판단해 의견거절 또는 한정의견을 표명한 법인의 12곳(92.3%)과 4곳(80%)이 1년 이내에 상장폐지된 것으로 나타났다. 적정의견을 받았지만 특기사항이 기재된 경우에도 2009년 32곳(31.6%), 2010년 24곳(27%)이 2년 이내에 상장폐지된 것으로 나타났다.

이는 감사의견이 적정해도 존속 여부와 관련해 특기사항이 기재된 기업은 투자자들이 보다 신중할 필요가 있음을 보여주는 것이라고 금감원은 분석했다.

지난해 연결감사보고서 특기사항 기재(466건) 중에는 특수관계자 거래가 83건으로 가장 많은 것으로 나타났다. 이 중 코스닥시장 상장법인의 특기사항 기재 비율이 28.8%로 유가증권시장(16.7%)보다 높게 나타났다.

코스닥시장에서 상대적으로 주주변동, 합병 등 영업활동의 변화가 잦고 계속기업 유지의 불확실성도 높기 때문이다.

문화일보. 2012.7.13.

위의 기사에서 기술된 특수관계자와의 거래는 지급보증 등, 많은 부정적인 거래의 단초가 될 수 있는 내용이다. 이 내용이 주석에 공시되기는 하지만 그 내용을 꼼꼼히 점검해 보아야 한다.

상폐심사 5사 중 4사 결국 퇴출 "요행심리 투자 금물"

퇴출 위기에 몰린 코스닥 상장사들이 살아남은 비율은 얼마나 될까.

상장폐지 사유가 발생해 한국거래소에서 상장폐지 실질심사를 받게 되면 5개사 중 1개사만 살아남는 것으로 나타났다. 퇴출 통보를 받은 기업 중 일부는 상폐 결정에 대해 이의를 신청했지만 결국 살아남은 회사는 소수였다.

20일 금융감독원과 한국거래소에 따르면 지난해 초부터 올해 9월 초까지 상폐 실질심사 대상에 오른 49개 사 중 상장 유지 판정을 받은 회사는 11개사다. 반대로 80%에 달하는 38개사는 최종 퇴출 통보를 받았다.

한국거래소는 상장폐지 실질심사 제도를 2009년부터 도입해 운영하고 있다. 이 제도는 매출액과 시가총액 미달, 감사의견 등 '양적 기준'이 퇴출기간에 해당하지 않더라도 기업에서 회계장부 조작, 횡령, 배임이 발생해 계속기업으로 '질적 기준'이 상장에 적격하지 않은 회사들을 퇴출하기 위해 마련됐다.

퇴출위기를 넘겼다고 해도 기업 내용은 여전히 부진한 것으로 나타났다.

매일경제신문. 2012.9.20.

'관리' 벗어나도 안심은 금물

■ 관리종목에서 해제되더라도 마음 놓고 투자하는 것은 금물

지난 6월 말 상장폐지된 창업투자 회사인 한림창투는 2001년 코스닥에 상장된 뒤 네 차례나 관리종목 지정과 해제를 반복했다. 이유는 연매출 30억원 미만, 자본잠식률 50% 이상 등 코스닥 관리종목 지정 규정에 따른 것이었다.

개미투자자들은 관리종목 지정 후 1년여 만에 해제가 풀릴 때마다 주가 상승 기대감에 투자에 나섰다. 하지만 얼마 안 가 관리종목 리스트에 오르면서 소액주주들은 눈물을 훔치는 일을 반복해야 했다. 이유는 연매출 30억원 미만, 자본잠식률 50% 이상 등 코스닥 관리종목 지정 규정에 따른 것이었다.

2008년에는 관리종목 지정이 해제되자 가격제한폭까지 올랐다가 이후 급격히 주가가 빠지기도 했다. 한림투자는 작년 5월 관리종목에 또다시 편입됐고, 지난 3월 해제됐다가 3개월여 만에 상장폐지됐다.

관리종목 해제가 회사 정상화나 주가 회복과 연결되지 못하고 있다. 올해 관리종목에서 벗어난 기업은 유가증권시장 7개와 코스닥시장 11개 등 총 18개. 하지만 관리종목에서 해제되기 무섭게 상장폐지로 이어진 사례는 유가증권(2개)과 코스닥(2개)을 합쳐 4곳이다. 또 코스닥 2곳은 관리종목에 재편입됐고, 코스닥 4곳은 투자주의 환기종목으로 지정했다. 일각에서 한국거래소가 관리종목 해제에 좀 더 신중해야 한다는 주장이 나오는 것도 이 때문이다. 한 번 관리종목에 이름을 올린 업체는 상장폐지까지 가는 등 문제를 계속 안고 있을 가능성이 크다는 것이다.

코스닥 업체인 보광티에스는 관리종목에서 풀린 지 두달여 만에 상장폐지됐다. 이 회사는 채권자 측이 지난 2월 초 법원에 파산신청을 하면서 관리종목이 됐지만 거래소는 일주일 만에 파산 신청 사유 해소를 이유로 거래를 재개시켰다. 이후 주가는 뛰었지만 두 달여 뒤 감사의견 거절을 이유로 상장폐지되는 운명에 처했다.

관리종목 해제만 믿고 이 기간에 투자한 개미투자자들만 손실을 입은 것이다. 이에 대해 거래소 측은 "관리 종목 지정 사유가 여러 가지 있는데 시차를 두고 발생하는 만큼 해제와 재지정이 반복될 수 있다"면서 "감사보고서를 토대로 후행적으로 조치할 수밖에 없다"고 밝혔다.

주가 역시 관리종목 해제와 동시에 깜짝 반등했다가 하락세에 접어드는 게 부지기수다.

유가증권 상장사인 성지건설은 지난 3월 관리종목 해제를 받은 뒤 이틀 만에 주당 2만 3,300원으로 뛰어 해제 당일에 비해 32% 올랐지만 이후 계속 떨어져 26일 주가는 4,800원에 그쳤다. 코스닥 상장사인 다스텍도 같은 달 관리종목에서 빠진 직후 주가가 닷새 동안 52% 가량 상승했다가 이후 하락세로 돌아서 26일 1,080원에 머물러 있다. 물론 예외도 있다.

매일경제신문. 2012.12.27.

위의 신문 기사에 조치가 후행적으로 진행될 수밖에 없다는 아쉬움이 기사화되었는데 가장 이상적이기는 사전 예방적으로 조치가 진행되는 것이 바람직하지만 실현하기는 쉽지 않다.

상장폐지 2심 제도 필요한 이유

우리나라 재판은 원칙적으로 3심제를 채택하고 있다. 20명을 살해한 살인마 유영철도 대법원에 가서야 교수형 확정 판결이 내려졌다. 8년이 지난 지금까지 사형은 집행되지 않고 있다. 반면 상장기업의 사형선고에 해당하는 상장폐지는 한 번에 결정되고, 한 달도 걸리지 않아 집행되기도 한다.

일반적인 상장폐지에 대해서 한국거래소는 심사숙고를 거쳐서 결정해 왔으며, 사유에 따라 해소 여지는 있었다. 상장 승인을 위한 실사기간만큼 조사를 한 후 회생 기미만 있으면 개선 기간을 부여하고 있다. 문제는 기업이 외부감사인에게 비적정의견(의견 거절, 부적정 의견, 감사 범위 제한 한정)을 받았을 때다. 외부감사를 맡았던 '동일 감사인'에게서 다시 감사하겠다는 계약서를 받아와야만 개선 기간이 주어진다. 기업의 상장 적격성과 관계없이 외부감사인이 3주 내에 감사재계약서를 승인해 주지 않으면 즉시 상장폐지된다.

"저는 전문기술자입니다. 세계적으로 인정받는 기술력이 있습니다. 구조조정이 마무리되고 있으니 사업을 다시 일으켜서 수출할 수 있도록 기회를 주시기를 부탁드립니다." 1983년 64K D램을 개발해 상을 받기도 했던 회사 대표의 애절한 진술이다. 2010년 1조 4,000억원이 넘는 수출로 10억달러 수출상을 수상했던 기업이기도 하다. KIKO로 인해 1,400억원 손해를 입었고, 보유 중이던 현금 약 900억원으로 즉시 갚고도 채권자들에게 시달렸다. 유로존 위기까지 겹치면서 재무 상태가 악화되어 중국 공장을 매각해야 했다. 매출에서 98%를 차지했던 단독 매출처인 수출 대기업이 거래를 끊으면서 '계속기업으로서 존속 가능성에 대한 불확실성(계속기업 사유)'에 대한 의문이 생기기에 이르렀다. 계속기업 사유에 대한 의문이 생겼다고 비적정 의견이 표명되는 것은 아니다. 여기에 감사에 필요한 중요한 자료를 못 받았다는 감사 범위 제한을 더하면 법적으로 보호되는 확실한 비적정 의견을 줄 수 있다.

회사 관계자는 감사보고서 제출기한 사흘 전에 관계기업에 대한 자료 등을 제출하지 않으면 비적정 의견이 나갈 수 있다는 내용증명을 기습적으로 보냈다며 억울해했다. 이 기업의 불행에서 창조경제가 차단될 수밖에 없는 우리 기업 환경의 단면을 본다.

같은 이유로 의견 거절을 받았던 또 다른 기업은 주요 부동산 매각 등을 통해 계속기업 사유에 대해서는 해소됐다는 외부감사인의 확인서를 제출했다. 문제는 감사 범위 제한인데, 그 이유를 살펴보면 대여금 회수가능성, 이사회 의사록 미비, 우발 채무 발생가능성과 같이 외부감사인의 주관적 판단 사안들이다.

보는 관점에 따라 재감사를 해야 할 정도로 중요한 사안들이 아닐 수도 있다. 더욱이 담당 외부감사인이 재감사를 할 의사가 있으나 소속 회계법인 내규 때문에 재감사계약서는 불가하다는 진술에 기가 막혔다. 명백한 잘못이 인정되지 않을 때는 재감사가 허용되지 않는다는 한 회계법인 내규 때문에 기업이 단번에 사형을 당해야 한다는 현실에 가슴이 갑갑했다.

회계감사에 있어서 중요성은 상대적인 개념이다. 주관적 추정들이 포함되어 있는 기업 회계에서 동일 기업에 대해 다른 감사 의견이 나올 개연성은 존재한다. 기업의 사형선고에 해당하는 상장폐지에 있어서 적어도 2심제가 필요하지 않을까? 특히 금감원의 감리와 외감법의 통제를 받고 있는 회계법인 처지를 고려할 때 동일 외부감사인보다는 다른 외부감사인에게 재감사를 허용하는 것을 고려해 볼 필요가 있다. 경제 침체와 유동성 악화로 이미 어려움을 겪고 있는 기업을 비적정 의견으로 단두대에 내밀어서는 안 될 것이다. 기술력으로 좋은 일자리를 창출할 수 있는 기업을 죽이는 것은 범죄라는 인식에서 창조경제는 시작된다.

매일경제신문. 2013.6.26.

타 회계법인에게 감사를 받을 기회를 주어야 한다는 위 column의 주장은 일면 타당성이 있다. 회계법인마다 동일 건에 대해서 판단을 달리 할 수 있다는 점은 너무도 당연하다. 단, 이는 그렇게 간단하게 해결될 건은 아니다. 다른 회계법인에게 이러한 기회가 주어지는 경우, 초래될 문제점에 대해서도 심각하게 생각해 보아야 한다.

이러한 문제가 제기되어 있는 기업의 재무제표에 대해서 재감사를 수행할 다른 회계법인을 기업이 선임하는 기회를 갖는다면 의견구매(opinion shopping)가 발생할 개연성이 다분히 존재한다. 의견이 개선되지 않는 한, 기업이 회생될 수 없다고 하면 기업은 필사적으로 개선된 의견을 표명할 회계법인을 찾을 것이다. 또한 이에 따르는 경제적인 보상도 제안할 수 있다.

아마도 이러한 이유 때문에 상장폐지 실질심사 제도가 처음 도입되었던 시점에 동일 감사인에게 감사를 받는 것으로 감사인을 한정하는 정책방향이 설정된 것은 아닌지 추정해 본다. 너무 이상적인 정책을 시행하려다 오히려 규제가 미비할 수 있다. 규제는 authority다.

위의 기사에서 지적한 이사회 회의록 미비는 심각한 문제일 수도 있다. 이사회에서 지급 보증 등의 매우 중요한 논의가 수행되는데 이러한 내용이 회의록에 미비하게 기록되어 있다면 심각한 문제로 확장될 수도 있다.

변호사와 회계사의
법적 책임 비교

고대 의대생 성추행 피해 여학생 가해자 변호사를 명예훼손 고소

■ 사실 확인서로 명예훼손 변호사 조력권 관련 논란

이번 고소사건은 변호인의 助力權을 어디까지 허용해야 하느냐는 물음을 던지고 있다.

피고인은 유죄가 확정될 때까지는 무죄로 추정하고 변호인의 조력을 받을 권리가 있다는 것이 형사법의 대원칙이다. 하지만 변호인이 변호 과정에서 범죄에 가까운 행위를 했을 때 져야 할 법적 책임은 그와는 별개의 문제다. 실제 수사 재판과정에선 정상적인 변론의 한계를 넘어서는 듯한 일들이 심심찮게 일어나고 있다.

법조계에선 "변호사가 의뢰인(피고인)을 돕는 행위 자체에 불법성이 없다면 문제 삼을 수 없지만, 불법적인 방법을 동원했다면 처벌해야 한다"고 말한다. 검찰은 변호사가 사건의 진상을 은폐하고 수사를 방해한다면 미국처럼 '사법방해죄'를 도입해 처벌해야 한다는 입장이다.

대한 변호사 협회는 "문제의 사실확인서가 허위 내용을 담았고 변호사가 적극 개입했다면 문제가 될 수 있다"고 말했다.

조선일보. 2012.3.28.

변호사가 의뢰인을 돕는 것이나 회계사가 피감사기업의 분식회계를 돕거나 이를 발견하고 묵과한다면 같은 차원에서 생각할 수 있다. 2009년에는 화인회계법인이 조직적으로 분식회계에 개입하였고 이를 은폐하려고 하였다가 업무정지에 이어서 법인이 해체되는 수순을 밟았다.

이러한 문제는 중소회계법인에만 해당하는 것이 아니다. 일본의 경우는 가네보라는 회사의 분식회계 때문에 PwC 제휴 회계법인은 쮸오아오야마감사법인에서 미스즈감사법인으로 변경되었고 최종적으로는 아라타감사법인으로 변경되었다. 5위인 아라타와 8위인 교토감사법인이 최근 기술적으로(함께 PwC 이름 쓰기로) 합병되어, 아라타는 다시 4위의 감사법인 위치를 겨우 유지하게 되었다.

지금은 일본의 major 회사 중, 남아 있는 PwC의 client가 토요타와 소니 정도밖에 안 된다고 하고 big 4의 위치를 겨우 유지하고 있다니 법인이 한순간에 무너질 수는 있어도, 회계법인의 기반을 닦는다는 것이 일본과 같은 선진 경제 자본주의에서도 얼마나 어려운 것인지에 대해서 생각하게 한다.

회계감사에 있어서의 감사인(회계법인)이나 공인회계사가 기업의 분식회계에 대해서 due care를 수행하지 않고 적정의견을 표명하면 외감법이나 공인회계사법으로 조치를 받게 된다. 변호사가 피고인이 사실이 아닌 얘기를 하고 있다는 것을 인지하면서도 이를 피고가 언급한 내용대로 사실인 듯 전달한다면 어떠한 처벌을 받게 되나? 이는 감사인이나 공인회계사가 분식회계를 묵인하고도 비적정의견을 표명하지 않는 경우와 동일한 경우이다.

다음은 변호사와 감사인/공인회계사의 책무를 비교해 달라는 요청에 대해서 서울고등법인의 한 부장판사가 답을 해준 내용이다.

우리나라 변호사 관련 법제도와 법률문화가 공히 매우 후진적인 수준에 머물러 있는 분야이다.

미국의 경우 직업윤리로 "candor (toward the tribunal) rule"이 있고 변호사가 거짓인 것을 알았거나 알 수 있었는데 거짓 진술을 하거나 전에 몰랐더라도 거짓 진술을 한 후 나중에 정정하지 않으면 직업윤리 위반이 되고, 이로 인해 징계받아 변호사 자격을 박탈당하거나 심한 경우 형사처벌을 받을 수도 있는데(거짓 증거를 제출하거나 거짓 증언이 이루어지게 해도 마찬가지, 다만 당사자가 형사절차에서 스스로 거짓 진술을 하는 것을 막을 의무는 없음), 이것은 한편 고객이 변호사에게 그런 것을 요구했을 때 거절할 수 있는 근거가 되고 그런 거절로 인해 고객이 패소하더라도 변호사에게 책임을 물을 수 없게 하는 방어책이 되기도 한다.

그러나 우리나라의 경우 이런 정도의 진실의무가 있는지에 대해 대부분의 견해가 회의적이다.

변호사법 제14조는 품위유지의무와 관련해서 제2항에 "변호사는 그 직무를 수행할 때 진실을 은폐하거나 거짓 진술을 하여서는 아니된다"고 규정하고 있고, 변호사 윤리장전 제2조 제4항에는 "변호사는 직무의 성과에 구애되어 진실규명을 소홀히 하여서는 아니된다"고 규정하고 있으며, 같은 윤리장전 제14조는 "변호사는 의뢰인의 범죄행위 기타 위법행위에 협조하여서는 아니된다"라고 정하고 있기는 하다.

　　그러나 많은 사람들이 이것은 권고적인 윤리기준의 선언 정도로 보고 있는 것 같다. 실제로 변호사가 알면서 법정에서 거짓 진술을 하는 경우가 제법 있는데 이로 인해 징계를 받거나 처벌받았다는 경우는 없다. 다만 그것이 범죄적 수준에 이르러서 만약 당사자가 위증을 교사하거나 소송사기를 범하는 데 변호사가 가담한다면 그 공범으로 형사처벌을 받을 가능성은 있을 것이다.

　　공인회계사에 대해 회사로부터 회계자료를 받았을 때 그 내용이 허위인 것을 알았거나 쉽게 알 수 있었는데 그대로 사용해서 감사의견을 내게 되면 법에 따른 조치를 받고 손해배상책임도 지게 되는데 이것과 비교하면 변호사에게 요구되는 진실의무의 수준이 낮다고 생각된다. 이 점에 대해 변호사들의 설명은, 감사의견 등은 일반 대중에게 공개되는 것으로서 대상이 비전문가이고 불특정다수이지만 변호사들의 변론은 법원에 대한 것으로서 상대방이 특정되어 있고 더구나 그 상대방이 법률전문가라는 점에서 위험의 수준이 다르고 따라서 예방의 필요성도 다르며, 당사자들은 자신을 보호하기 위해 혐의를 부정하거나 변명을 할 수도 있는 것인데 변호사가 이것을 일일이 검사해서 거짓된 것은 걸러내야 한다면 "변호"가 되지 않는다는 것이다. 또 공인회계사나 회계법인의 경우 시장에서 감사를 요구하는 고객에 대해 약자의 입장에 있기 때문에 이런 의무를 부과하지 않으면 고객에게 자료의 수정이나 진실된 자료의 제출 요구를 하지 못할 위험성이 있고 이런 의무를 부과함으로써 공인회계사들도 고객에게 좀더 강력하게 요구할 수 있는 근거가 생긴 것이라는 주장도 있다.

　　이런 주장들도 다소의 일리는 있어서 아직까지 이 분야의 법제도가 위에서 설명한 상태에 머물러 있는데, 앞으로 로스쿨 출신 변호사가 대량으로 개업하고 법률시장의 지형이 변화하게 되면 결국 우리나라에서도 변호사들에게 미국식의 진실의무가 요구되는 방향으로 가지 않을까 생각하고 있다.

　　즉, 위에서도 기술되었듯이 불법적인 부분을 인지하고 이를 방어한다는 것이 오히려 법률전문가의 입장에서 또 하나의 범법을 하는 것이 되므로 오히려 이러한 내용이 의뢰인에게 정당하게 협조하지 않을 수 있는 사유를 제공한다. 따라서 이러한 제도는 이 건의 적용뿐만 아니라 사회를 공정하게 만드는 촉매 역할을 할 수도 있다.

'부실감사' 삼일회계법인 법원 "140억 배상금 내라"

■ 외부 감사인 책임 다 못해, 손해 본 투자자 137명에 지급

　국내 최대 회계법인인 삼일회계법인이 코스닥 상장 기업의 분식 회계를 제대로 감사하지 못한 책임을 지고 투자자들에게 거액의 손해배상금을 지급하라는 판결이 나왔다.

서울중앙지법 민사21부(재판장 최승록)는 컴퓨터 소프트웨어 개발 판매 업체인 포휴먼의 투자자 137명이 "삼일회계법인이 작성한 감사보고서를 보고 투자했다가 손해를 봤다"며 이모씨 등 회사 대표와 삼일회계법인 등을 상대로 낸 손해 배상 소송에서 "이씨 등은 투자자에게 총 384억원을 지급하고, 이 중 삼일회계법인은 140억원을 지급하라"고 판결했다고 17일 밝혔다.

판결문에 따르면 이씨는 포휴먼의 경영 전반을 총괄하면서 계약서 등을 위조해 허위 매출을 만들어 회사 주가를 높이려고 했다. 그 후 이씨는 회사 자금 100여 억원을 횡령하고 허위 재무제표를 작성한 혐의 등으로 지난해 기소해 현재 재판을 받고 있다.

삼일회계법인은 "포휴먼 임직원들이 조직적으로 공모하고 관련 서류를 위조해 분식 회계 사실을 발견할 수 없었다"고 주장했지만 재판부는 "삼일회계법인은 외부 감사인으로서 최소한의 의무를 다하지 못한 책임이 인정된다"고 밝혔다.

재판부는 "투자자들이 허위로 기재된 사업보고서만 의존해 투자를 판단했다고 보기 어렵고, 삼일회계법인은 포휴먼 임직원의 조직적인 공모로 분식회계를 쉽게 적발하기 곤란했던 점으로 보여 삼일회계법인의 책임을 손해액 470억원의 30%로 제한한다"고 밝혔다. 삼일회계법인은 판결에 불복해 지난 13일 항소했다.

조선일보. 2013.11.18.

포휴먼의 경우는 사법부가 별도의 전문가 의견 없이도 분식회계와 관련되어 법적인 판단을 수행한 경우이다. 의견거절이 표명되었고 그 이전 연도에도 재무제표에 이러한 문제가 존재하였다는 재판부의 확신이 있었다고 한다. 법원에서 금감원의 감리를 거치지 않은 사건에 대하여 금감원에 의견을 요청한 사례는 있으나 향후 논란이 있을 수 있어 금감원은 답변을 하지 않는다.

위에서와 같이 회계법인의 법적 의무는 지속적으로 강화될 수 있을 것이다.

공인회계사회에도 윤리규정이 있는데 감독기관의 입장에서는 이는 자치적인 기관의 윤리규정이므로 법에서 구속하는 경우와 비교하면 그 구속력은 많이 뒤진다고 판단할 수 있다. 물론, 자치적인 성격인 협회 등의 기관의 입장에서는 그 운영의 공공성이 담보되지 않으면 그 profession 자체의 존재 의미에도 영향을 미칠 수 있으므로 자율규제(self control)가 더 강할 수도 있다. 예를 들어, 거래소는 시장운용기관이기도 하지만 자율적인 규제기관이기도 하다. 자율규제가 작동을 하지 않게 되면 강제규제가 개입되므로 강제규제에 비해서 자율규제가 항상 약한 것은 아니며 감독/규제 기관의 개입을 피하려 하면 오히려 자율규제가 강할 수도 있다. 거래소의 상장폐지의사결정은 주식을 휴지조각으로 만들 수 있는 무척이나 강한 조치이다.

그러나 법에서 규정할 수 있는 것을 윤리규정 등에 위임할 수 있는 성격은 아닐 것이다. 법률과 자체적인 윤리규정이 중복된다고 하여도 윤리규정 등이 법을 대체할 수는 없다.

'위임입법' 견제 장치 유명무실

사회문제 전문화·다원화 추세
입법 무게추 국회서 행정부로
행정 편의주의에 남용 늘지만
국회 전문성 떨어져 견제 못해

2010년 행정입법 보고 1187건 중
국회의견 통보 16건 … 반영은 '0'
전문가들 "국회 권한 강화해야"

'법 위의 시행령' 문제는 결국 행정부에 의해 위협받는 국회의 입법권을 상징한다. 국가권력의 세 가지 작용인 입법·행정·사법의 권력분립이 무너지는 과정이다. 대통령을 중심으로 한 행정부가 국회의 견제를 피하며 정책을 펼쳐나가는 수단으로 시행령을 활용하기 때문이다. 복잡한 사회 문제들을 다루기 위해 국회가 법률의 구체적 내용을 정부에 맡기는 위임입법이 늘어난 상황 속에서 '법 위의 시행령' 문제는 점점 늘고 있다.

■ 무기력한 국회

행정부에 의해 국회의 입법권이 침해당하는 원인으로는 당사자인 국회의 무기력한 대응도 꼽힌다. 행정부 견제 구실을 제대로 해야 하는데도, 주요 사안에서 오히려 끌려다니는 모습을 보이기 때문이다.

지난 9월 영유아 무상보육과 관련한 지원금을 놓고 중앙정부와 지방자치단체가 갈등을 벌이던 당시 야당은 영유아보육법을 개정해 국고보조율을 20%포인트 올리려고 시도했다. 이때 기획재정부가 자신들이 주도권을 쥐고 있는 보조금관리법의 시행령을 고쳐 국고보조율을 10%포인트만 올리겠다고 발표했다. 아예 시행령을 명분으로 법률 제정을 막은 사례다. 민주당의 보건복지위원회 소속 의원들은 성명을 내어 "국회에서 여야 협의를 거쳐 의결해야 하는 법률이 아닌, 정부가 국회 동의 없이 임의로 조정할 수 있는 시행령 개정을 통해 국고보조율을 마음대로 조정하겠다는 것이다. 이는 헌법이 부여한 국회의 입법권을 무시한 처사"라고 지적했다. 그러나 따지고 묻는 것으로 끝이었다.

행정부가 국회를 무시하고 위임입법의 한계를 벗어나지 못하도록 하기 위한 견제 장치로 국회법 98조가 있다. 대통령령·총리령·부령·훈령·예규·고시 등을 제정·개정 또는 폐지한 때에 행정부가 10일 이내에 이를 국회 소관 상임위원회에 제출해야 한다는 '국회의 행정입법 통보제도'다.

하지만 이 제도는 국회가 제출받은 내용을 검토한 뒤 행정부에 '통보'하는 수준에 그친다. 강제력이 없다는 점에서 실효성이 없다. 법제처가 2010년 11월 낸 '국회의 행정입법 통제' 보고서를 보면, 2009년 9월부터 이듬해 11월까지 행정부가 대통령령인 시행령과 총리령 등을 새로 만들거나 고치면서 국회 해당 상임위원회에 보고한 건은 모두 1,187건에 이르렀다. 그러나 국회가 행정부에 의견을 달아 통보한 건은 16건에 그쳤고, 이를 실제로 행정부가 반영한 경우는 단 한 건도 없었다.

국회 입법조사처의 한 관계자는 "이 절차는 형식적으로만 존재하지 실질적인 규제 역할을 하지 못하고 있다"고 지적했다.

■ 행정부가 입법부?

지난 2010년 한국법제연구원이 법제처에 제출한 연구용역 보고서 '행정관계 법령의 위임입법 심사기준 및 포괄위임입법 금지원칙 위반 법령 발굴과 정비 방안 연구'를 보면, 행정형벌과 법규 등 5개 분야의 596개 법률을 검토한 결과 절반 수준인 245건의 시행령 등이 정비 대상으로 확인됐다. 같은 연구원이 2011년 낸 보고서 '신법치주의 실현을 위한 행정규칙 정비 방안'에서는 교육·과학기술 분야, 국토·해양 분야, 보건·식품 분야, 지식경제 분야에서 시행규칙 78개가 상위 법률의 내용 및 위임 취지를 벗어나는 등의 문제를 안고 있는 것으로 확인됐다.

행정관료 차원의 행정편의주의도 문제의 한 요인이라는 지적이 나온다. 한국법제연구원 성승제 행정법제연구실장은 "예전에는 외부에 공개되지 않은 채 만들어지던 고시나 훈령을 법률로 많이 바꾸는 등 법체계를 개선하기 위해 정부가 10여 년 이상 노력을 해왔다. 그러나 법률을 운용하고 집행하는 과정에서 (행정부가) 집행의 편의를 도모하며 (권한 남용이) 나타나는 경우가 없어지지 않고 있다"고 말했다.

상황이 이렇다 보니 4대강 사업에서 볼 수 있듯 정부의 위임입법 권한은 정권 차원에서도 효과적인 수단으로 활용할 여지가 크다. 시행령은 입법예고와 공청회, 법제처 심의, 대통령이 주재하는 국무회의 등의 절차만 거쳐도 절차적 정당성을 확보할 수 있기 때문이다. 건국대 법학전문대학원 홍완식 교수는 "정부 입장에서는 민감한 문제일수록 국회를 관여시키지 않으려 하는 경향이 있다"고 지적했다.

사회갈등이 불거져도 행정부는 나름의 절차를 거쳐 만들었다는 이유로 시행령이나 훈령 등을 쉽사리 고치려 하지 않는다. 직접적인 피해나 불만을 가진 이들이 이 문제를 해결하려 해도 헌법소원과 같은 사법적인 대응 말고는 딱히 방법이 없다. 사법부의 판단을 기다리기까지는 숱한 세월이 걸리기 때문에 문제는 더 복잡해진다.

■ '법 위의 시행령' 막으려면

전문가들은 정부가 시행령 등을 통해 권한을 남용하는 것은 전문화·복잡화·다원화된 한국 사회에 그 배경을 두고 있다고 해석한다. 영역별로 전문적이고 특수한 규율이 필요해진 상황에서 입법의 무게추가 이미 국회에서 행정부로 넘어갔다는 것이다. 하지만 헌법의 기본원리인 법치주의와 3권분립의 원칙을 훼손하는 수준까지는 용인할 수 없다는 게 전문가들의 공통된 의견이다.

따라서 행정부에 대한 국회의 실질적인 견제를 확대할 수 있는 방안이 필요하다는 지적이 나온다. 성균관대 법학전문대학원 지성우 교수는 "국회 법제실이나 입법조사처 등 기존의 국회 지원기관의 역할을 강화해 국회의 행정입법 통보제도가 실효성을 가질 수 있도록 해야 한다"고 말했다.

한겨레신문. 2013.11.4.

과거 2002년 미국에서 SOX가 도입될 때도 비감사서비스와 관련되어 국내에서도 비감사서비스 병행이 감사품질에 영향을 미치는지에 대해서 상당한 논란이 있었다. 감독기관의 입장은 미국의 경우와 같이 광범위하게 비감사서비스를 법으로 규제하여야 한다는 입장이었다. 궁극적으로는 공인회계사법에서 몇 개 업무에 대해서만 제재를 하는 것으로 정리되었다.

그 당시 감독원의 입장은 법으로 이를 제재한다는 것이 불가능하다면 법제화될 수 없는 비감사서비스를 병행하는 기업에 대해서 감사품질이 영향을 받지 않는지에 대해서 감리대상으로 선정할 수 있으니 법제화가 정책결정에 구속되지 않는다는 의견을 보였다.

물론, 법제화되어야 하는 내용이 시행령으로 포함되는 것과는 차이가 있는 내용이지만 같은 맥락의 이슈이다.

공인회계사는 자본주의를 떠받드는 축이다. 분식회계에 대해선 정당하게 수정을 요구하거나 아니면 비적정의견을 표명하지 않는다면 자본주의에는 아무런 희망이 없다. 그렇지 않아도 선진 외국에 비해서 우리나라는 국민의 전체 富에서 주식에 투자되는 비율이 높지 않다고 한다. 회계가 투명하여야 선량한 투자자가 보호받을 수 있으며 그래야만 주식시장이 활성화될 수 있다.

조서보관기관은 최근에 5년에서 8년으로 연장되었다. 조서 기간이 연장된 취지가 있을 것인데 어떠한 경우는 감사반에서 조서를 분실하였다고 해서 조치를 하지 못한 경우도 있다. 물론, 의도적으로 조서를 폐기하였는지 아니면 오류로 분실하였는지를 구분할 수는 없지만 엔론 사태 때 의도적으로 문서를 폐기하면서 Arthur Anderson이라는 우량 회계법인의 폐업이라는 엄청난 사건으로 문제가 확산된다는 점을 상기하면 감사조서의 미제출은 미제출의 사유가 분실에 있거나 폐기에 있거나 결코 경미한 사안은 아니다.

특히나, 감사를 수행하였던 감사반이나 회계법인이 폐업하게 될 경우, 이 조서를 누가 보관하여야 하는지에 대한 제도가 명확하지 않아서 제도의 맹점이 나타나기도 한다.

공인회계사가 등록취소의 처분을 받은 경우 해당 공인회계사는 「공인회계사법」 제4조제6호에 따라 등록취소 후 5년이 경과되지 아니하면 공인회계사가 될 수 없다. 또한, 「공인회계사법」 제8조제1항에 따라 금융위원회는 「공인회계사법」 제4조제6호에 따라 등록취소 후 5년이 경과되지 아니한 공인회계사가 등록을 신청하는 경우 이를 거부하여야 한다. 이러한 규정의 내용을 종합하면 등록취소 후 5년이 경과하면 공인회계사가 될 수 있고 그 등록을 거부할 수 없으므로 등록이 가능하다고 판단된다.

따라서 등록취소란 5년의 업무정지와 동일한 효과이다. 반면 대한변협은 영구제명이라는 제도가 있다. 대학에도 퇴학과 퇴교라는 별도의 제도를 두고 있는데 퇴교는 대학 입시를 다시 보더라도 입학이 영원히 불가하게 만드는 제도이다. 한국공인회계사회는 등록취소라는 제도만을 두고 있는데 타 자격증 소지자와의 형평성에 대해서 고민해야 한다. 한공회에서는 5년을 동록취소하면 사형선고나 마찬가지이고, 영구제명과 동일한 효과라는 주장을 하기도 한다. 대형 회계법인의 경우에는 이들 공인회계사들이 회계감사 이외에도 달리 법인 내에서 활동할 수 있는 기회를 부여하기도 한다.

직무정지 중에도 회계감사 업무를 수행하여 감독기관의 조치를 무력화시키는 경우도 있다.

불성실공시 CASE
- SK telecom

코스닥시장공시규정 제6조 제1항 제3호 가목에는 코스닥시장상장법인의 지배구조 또는 구조개편에 해당하는 사항으로서 최대주주의 변경을 공시대상인 주요 경영사항으로 규정하고 있다. 이에 따라, 에이디칩스는 6월 20일자 이사회 결의를 통하여 SKT로 최대주주가 변경되었다는 사실을 주요 경영사항으로 공시하면서, 주식인수 계약서 및 전환사채 인수계약서와 해당 거래를 승인하는 이사회 의사록을 공시 첨부서류로 제출하였다. 다만, 2007년 6월 19일자로 에이디칩스의 대표이사와 SK텔레콤 대표이사가 각각 날인한 주식인수 계약서 제2조에는 주식 인수를 위한 선행조건을 나열하고 있는바, 제5호의 내용은 다음과 같다.

> "본 계약의 체결 이후 회사(에이디칩스)에 대한 법률 실사 및 재무실사가 인수인(SK텔레콤)이 만족할 정도로 이루어지고, 인수인의 이사회에서 당해 실사 등을 고려하여 본건 주식 및 전환사채의 인수를 승인하였을 것"

이에 따라, 에이디칩스는 유상증자 결정 공시의 기타 투자판단에 참고할 사항 제2항에 아래의 내용을 기재하였다.

> "(2) 상기 유상증자결정일로부터 실사가 진행될 예정입니다. (i) 본 계약의 체결 및 이행에 대하여 중대한 부정적인 영향을 미치거나 미칠 가능성이 있는 사정이 존재하지 아니할 것, (ii) 본 계약의 체결 및 이행과 관련하여 요구되는 일체의 관계기관(공

공정거래위원회 등) 또는 제3자로부터의 인허가, 승인, 신고 또는 확인 등을 받았거나 이행하였을 것, (iii) 제3자배정 대상자의 이사회에서 당해 실사의 결과 등을 고려하여 본건 주식 등의 인수를 승인하였을 것 등 계약에 규정된 유상증자의 선행조건이 충족되지 아니하는 경우에는 금번 유상증자결정은 취소될 수 있습니다."

에이디칩스의 이사회에서 승인된 SK텔레콤의 에이디칩스 지분인수계약은 SK텔레콤 이사회의 승인 등의 선행 조건의 완성을 전제로 하는 조건부 계약임을 확인할 수 있다. 이와 관련하여, 코스닥시장본부는 최대주주 변경 등의 사유로 이날 정규 시장 매매거래 이후 60분 경과시점까지 에이디칩스의 주권 매매거래를 중지시켰다. 이후 주가가 급등하게 되자, 6월 22일에 코스닥시장본부에서는 이상급등종목지정예고를 하게 된다. 7월 2일, SK텔레콤의 이사회에서 지분인수계약이 부결된다.

신용 팔아 투자했다가 '깡통 계좌' 찬 개미들 늘었다

SK텔레콤이 반도체 회사인 에이디칩스를 인수한다고 공시한 지난달 말 신용대출까지 받아 에이디칩스 주식을 사들였다. 상한가 행진에도 매입을 계속했고, 투자금은 모두 8억여 원에 이르렀다. 하지만 이달 초 공시가 번복되면서 백씨의 주식가치는 2억원 미만으로 줄었다. 백씨는 "남편도 모르게 투자한 돈인데 이를 어쩌냐"며 "한바탕 소동으로 억울한 마음은 조금 풀렸지만, 빚은 어떻게 갚아야 할지 난감하다"고 말했다. 그는 특수협박 등 혐의로 불구속 입건된 상태다.

한겨레신문. 2007.7.9.

이와 관련되어 언론에 보도된 내용도 상반된다.

SK텔레콤, 에이디칩스 유상증자 참여 지분 25% 확보…최대주주

SK텔레콤[017670]은 전자회로집적업체 에이디칩스[054630]의 유상증자에 참여, 375억원을 투자해 25%의 지분을 확보하며 최대주주가 됐다고 20일 밝혔다. SK텔레콤은 또 에이디칩스가 발행한 전환사채를 257억원에 인수했다. 1년 후 전환되면 SK텔레콤의 총지분은 35%가 된다.

연합뉴스. 2007.6.20.

지분 25% 확보하여 최대주주가 되었다는 주요경영사항 관련 내용 2007년 6월 20일의 공정공시는 다음과 같다.

1. 정보내용	공시제목	SK텔레콤, (주)에이디칩스 유상증자 참여 및 전환사채 인수 계약 체결
	관련 수시공시내용	유상증자 참여: 금액 약 357억원, 25% 지분/1대 주주 전환사채 인수: 금액 약 257억원, 1년 후 전환 가능 (전환시 증자분 포함 총지분 35%)
	예정 공시 일시	−
2. 정보제공내역	정보제공자	SK텔레콤 홍보실
	정보제공대상자	언론사
	정보제공 (예정)일시	2007년 6월 20일 공시 후 보도자료 배포 예정
	행사명(장소)	−
3. 연락처	공시책임자 (전화번호)	IR실 박태진 상무(6100 − 2400)
	공시담당자 (전화번호)	IR실 김진모 Manager(6100 − 1620)
	관련부서 (전화번호)	홍보팀 백창돈 Manager(6100 − 3813)
4. 기타투자판단에 참고할 사항		상기 내용은 향후 당사 이사회의 승인을 얻지 못할 경우 또는 관계기간으로부터의 승인 등을 받지 못할 경우 등 관련 계약사항의 선행조건이 충족되지 않을 경우 계약이 해지될 수 있습니다
		※관련공시: −

에이디칩스 인수안 부결, SKT 사외이사 반란

'거수기'라는 달갑지 않은 꼬리표를 달았던 SK텔레콤 사외이사들이 반란을 일으켰다.

SK텔레콤은 지난 6월 29일 열린 이사회에서 비메모리 반도체 설계업체 에이디칩스 인수건이 부결돼 인수를 포기한다고 2일 공시했다. 이번 이사회의 부결에는 사외이사의 반대가 결정적이었던 것으로 알려졌다.

SK텔레콤은 6월 20일 비메모리 반도체칩 설계회사 에이디칩스를 신주 인수와 전환사채 매입을 통해 인수할 예정이라고 공시했다. 업계의 한 관계자는 "사외이사들은 이사회에서 에이디칩스 인수를 추진하며 사외이사의 사전 승인을 받지 않은 것에 불만을 표시하며 이의를 제기했다"고 말했다.

업계에서는 SK텔레콤 사외이사들이 회사의 전략과 직결된 인수합병(M&A)을 반대한 것을 상당히 이례적인 일로 보고 있다. SK텔레콤 사외이사들은 지난해 의결 안건 202건에 대해 모두 찬성 의견을 냈다.

특히 이사회가 수익성이 불투명한 미국 법인인 힐리오에는 무려 1억 달러의 투자를 승인한 반면 500억원에 불과한 에이디칩스 인수건에 반대한 것은 업무 연관성이 없는 기업을 마구잡이로 인수하는 데 대해 제동을 건 것이라는 해석이 나오고 있다.

서울경제신문. 2007.7.2.

사외이사들의 상정된 안건에 대해 부결하는 비율이 낮다고 사외이사들의 역할을 거수기라고 폄하하는 것은 옳지 않다. 안건이 상정되기 이전에 의견 조정 과정에서 안건이 아예 상정되지 않는 경우도 있기 때문에 이러한 부결하는 비율에 근거한 판단은 유념하여 해석되어야 한다. 결국은 이사회에 상정되는 안건을 조정하는 사전보고 과정이 어느 정도 충실하게 진행되었는지가 가장 핵심적인 사항이다. 일부 기업은 이사회 전에 실무자들이 사외이사를 개별적으로 방문하고 사전보고를 하기 때문에 이 단계에서 많은 이견들이 조정되는 과정을 거친다.

그리고 최대주주가 있는 기업의 이사회와 국민지주 등 금융지주사와 같이 최대주주가 없고 이사회가 회장을 선임하는 막강한 이사회간에도 태생적인 차이가 있다는 것을 인정하여야 한다.

SKT, 인수계약취소, 내부자거래 의혹

SK텔레콤이 코스닥 상장사 에이디칩스에 대한 인수 계약 번복 공시와 관련해 내부자거래와 불성실공시 의혹에 휩싸였다.

증권선물거래소 시장감사본부 관계자는 3일 "SKT가 고의든 아니든 인수 계약 파기 여부를 내부에선 먼저 알고 있었을 것"이라며 "내부자거래 혐의에 무게를 두고 조사를 시작했다"고 밝혔다.

SKT은 지난달 20일 에이디칩스의 유상증자에 참여해 지분 25%(357억원 어치)를 확보하고 257억원의 전환사채를 인수해 제1대 주주가 될 예정이라고 공시했다가 이번달 2일 이 계약을 철회한다고 번복했다. 지난달 29일 열린 이사회에서 사외이사들이 에이디칩스 인수는 시기상조라며 이번 계약 승인을 거부했기 때문이다.

SKT는 불성실공시 지적을 두고 "지난달 20일 공시에서 '이사회 승인을 얻지 못할 경우 계약이 해지될 수 있다'는 단서를 담았기 때문에 문제될 게 없다"는 태도다. 그러나 증권선물거래소 유가증권시장본부 관계자는 "이번 건은 공시 번복의 면책 사항에 해당되지 않는다"고 말했다. 공시 규정에는 영업 실적 추정치 등 전망 예측 정보만 면책 항목으로 정해 놓고 있다.

이에 따라 거래소는 지난 2일 SKT에 불성실공시 지정을 예고했다. SKT는 7일 이내에 이의신청을 할 수 있다. 심의를 거쳐 불성실공시가 최종 확정되면 해당 기업은 벌점을 부과받고, 그 정도에 따라 매매중단 등의 벌칙을 받게 된다.

한겨레신문. 2007.7.3.

SKT의 입장도 충분히 이해가 간다. 이사회의 승인을 얻지 못할 경우 계약이 해지될 수 있다는 조건하에서 이 내용을 공시하였기 때문이다. 그러나 거래소의 입장은 공시의 모든 조건이 면책 조건을 만족하지는 않는다는 입장이다. 거래소 규정에서의 conditional 개념은 예측 과정의 가정에 있어서의 불확실성이지 기업의 지배구조와 관련된 의사결정과정에서의 불확실성을 규정하고 있지 않다.

아마도 면책을 어느 정도 이상으로 확대할 경우, 공시의 품질을 담보할 수 없을 정도의 수준으로 공시가 통제 불능이 될 수도 있기 때문으로 면책은 전망, 예측 정보일 경우에만 해당된다는 점도 충분히 이해할 수 있다.

규정은 다음과 같다.

자본시장법 제119조

미래의 재무상태나 영업실적 등에 대한 예측 또는 전망에 관한 사항으로서 다음 각 호의 사항(이하 "예측정보")을 기재 또는 표시할 수 있다.

1. 매출규모 이익규모 등 발행인의 영업실적 그 밖의 경영성과에 대한 예측 또는 전망에 관한 사항
2. 자본금 규모, 자금 흐름 등 발행인의 재무상태에 대한 예측 또는 전망
3. 특정한 사실의 발생 또는 특정한 계획의 수립으로 인한 발행인의 경영성과 또는 재무상태의 변동 및 일정시점에서의 목표수준에 관한 사항
4. 그밖에 발행인의 미래에 대한 예측 또는 전망에 관한 사항으로서 대통령령으로 정하는 사항

자본시장법 제125조

　예측 정보가 다음 각 호에 따라 기재 또는 표시된 경우에는 그 손해에 관하여 배상의 책임을 지지 아니한다.

1. 그 기재 또는 표시가 예측 정보라는 사실이 밝혀져 있을 것
2. 예측 또는 전망과 관련한 가정이나 판단의 근거가 밝혀져 있을 것
3. 그 기재 또는 표시가 합리적 근거나 가정에 기초하여 성실하게 행하여 졌을 것
4. 그 기재 또는 표시에 대하여 예측치와 실제 결과치가 다를 수 있다는 주의문구가 밝혀져 있을 것

　SKT의 이사회에서 상정된 안건이 부결되는 경우가 거의 없기 때문에 이와 같이 통과된다는 가정하에 공시를 수행한 것이다. 즉, SKT의 입장에서는 악의적인 부분이 읽히지는 않지만 그럼에도 제도의 적용에 문제가 없었는지를 확인했어야 한다.

　그러나 반면에 이사회 결정에 의해서 확정되는 인수 건에 대해서 이러한 공시가 왜 시급하게 수행되어야 하였는지를 이해하기 어렵다. 한 가지 가능한 경우의 수는 기업의 입장에서는 이러한 공시 건을 공정공시로 공시하면 일단 이 정보가 public domain의 영역에 가게 되므로 기업 내부에서도 이 정보를 내부자정보로 사용할 수 없게 되며 내부자정보를 이용하였다는 오해에서 벗어날 수 있는 장점이 있다.

　즉, 이러한 정보가 내부에서 잠정적으로 결정되고 외부에 공시되지 않는 상태가 길어진다면 기업 내부적으로도 이러한 정보를 누군가가 알고 있는데 이 정보가 개인적으로 사용되는 것에 대해서 기업 내부적으로 통제한다는 것은 불가하다. 따라서 이러한 내부정보가 있을 경우는 기업의 입장에서는 이 내용이 조금 불완전한 정보더라도 조속하게 공시하는 것이 더 용이한 의사결정일 수 있다. 기업이 정보를 갖게 된다면 속인적인 속성에 의해서 누군가는 이 정보를 배타적으로 접근할 수밖에 없으며 기업에 소속된 개인이 이러한 정보를 이용하여 개인적인 이득을 취한다면 이들에 대한 조치는 개인에 대한 조치겠지만 해당 기업이 도덕적 책임이 없다고 하기도 어렵다.

　따라서 내부자정보로 인해 개인들이 조치를 받을 수 있지만 궁극적인 책

임은 기업이 떠안을 수 있다. 그렇기 때문에 기업은 어느 정도 설익은 정보라고 하여도 시급하게 정보를 공시할 유인도 있다.

단, 문제는 이렇게 설익은 정보가 사후적으로 진실이 아닌 정보일 경우에 이러한 불성실공시에 대한 책임 문제가 이슈가 된다.

수시공시에는 항상 투자자보호와 기업의 정보보호라는 내용이 상충된다.

위의 신문 기사에 의하면 인수와 관련된 공시가 수행된 시점은 이사회가 개최된 6월 9일보다 9일 빠른 20일 시점이다.

또한 공정공시 내용을 검토하면 기업이 공시하려는 내용이 정확하게 전달되지만 연합뉴스의 6월 20일 신문기사를 읽으면 이사회 승인이라는 유보적인 내용이 전혀 언급되지 않고 이러한 내용이 확정된 사실인 것과 같이 기술되고 있다. 물론, 공시 내용을 직접 확인하지 않고 신문기사의 내용에 근거하여 투자의사결정을 수행한 투자자들은 신문기사가 회사의 공식적인 문건이 아니므로 언론에 대해 공시 내용과 관련된 책임을 묻기는 힘들다. 언론은 언론일 뿐이지 공식적인 공시 문건은 아니기 때문이다.

그러나 많은 정보이용자가 투자의사결정을 수행함에 있어서 신문이나 경제신문이라는 매체를 이용하고 있는 것도 사실이다. 따라서 수시공시 이용자들은 정보를 경제신문 등의 매체를 통해서 접하더라도 이러한 매체가 공식적인 정보의 전달 수단이 아니기 때문에 어떠한 조건이 부가된 공시는 아닌지에 대해서 거래소의 공시 내용을 반드시 확인하여야 한다.

신문기사를 읽게 되면 어떠한 내용이 확정된 것인지, 확정 이전 단계인지를 가늠하기 어렵다. 예를 들어, 어떠한 새로운 제도가 시행된다고 할 때는 이 제도에 대한 idea가 정리되는 과정이 필요하며 때로는 이 내용이 법제화가 필요한 경우는 입법예고를 통한 입법과정을 거쳐야 한다. 국회의 입법과정이라는 것이 여야 협상 등의 정치적인 과정을 거쳐야 하므로 행정기관에서 법률이 제안되었다고 해서 이 내용이 반드시 법제화에 성공하는 것은 아니다. 또한 입법예고된 이후에도 내용이 변경될 수 있으므로 관련 소위원회를 통과한 이후에도 본 회의를 기한 안에 통화되지 못하면 시효를 넘기게 되어 자동 폐기된다.

이러한 과정에서 언론에서는 이 제도가 이미 확정된 것과 같이 기사화하기 때문에 신문기사만을 검토해서는 무척이나 혼란스럽다. 법안이 아닌 시행령이나 시행규칙일 경우는 국무회의를 통과해야 하는데 이 또한 부결될 경우는 거의 없겠지만 안건 상정 자체가 통과는 아니다.

제재의 체계는 법, 대통령령인 시행령, 국무총리 또는 행정각부의 강령인 시행규칙, 행정규칙(고시 또는 훈령)으로 구성된다. 시행규칙까지가 법령의 차원이다.

신문기사에서 기사화된 내용이 남아 있는 어떠한 절차를 밟아야만 확정된다는 내용을 정확히 기술하여야 하지만 신문기사는 법적인 문건이 아니라 이와 같이 명확하게 내용이 전달되지는 않는다.

또한 관련 부서간에 의견이 조정되어 합의되었다고 하여도 총리실 산하의 규제개혁위원회에서는 거의 모든 규제에 대해서 점검을 하게 되는데 법제화 과정에 가기 이전에 행정부에서 거쳐야 할 마지막 관문이다. 법제화되는 과정에는 또한 법제처를 거쳐야 한다.

신문기사에 근거하여 이러한 사건이 확정된 것으로 잘못 이해하고 투자의사결정을 수행하였다면 이 책임은 투자자 본인이 안아야 한다.

이러한 이슈는 모든 사건의 확정은 적법한 기관에서 수행되어야 한다는 내용과 일맥상통한다. 회사의 공시담당자나 임원들은 이 안건이 이사회에서 의결되어야 하는 내용이라고 하면 최종적인 의사결정은 당연히 이사회가 확정한 이후에 공시하여야 한다.

그렇기 때문에 이사회에서 의결된 내용을 공시로 공지할 필요가 있을 경우는 공시 담당 이사가 이사회에 배석할 필요도 있다. 이제까지는 공시 책임자가 대부분의 경우는 등기이사가 아니었다. 공시가 중요하지 않아서가 아니라 기업에서의 등기임원의 수가 제한되어 있어서 기업의 모든 업무를 등기이사가 담당할 수 없었기 때문이다.

단, Chapter 7에서 기술되었듯이 코스닥기업에 대해서는 등기임원이 공시를 책임지는 방향으로 정책 방향이 설정되었다.

예를 들어, 결산일 이후 사건 기준서에서도 배당의 확정은 주주총회인데 결산이사회에서 의결하고 주총에 안건으로 상정된 내용을 마치 이러한 배당 내용이 확정된 것과 같이 전달하는 것은 적절하지 않다. 그렇기 때문에 결산일 이후 사건 기준서가 개정되기 이전에는 기말시점에 배당이 확정될 것이라는 가정하에 미지급배당금이 계상되었는데 이 기준서 개정 이후에는 미지급배당금은 주총시점에 확정되게 된다.

그러나 2012년 상법 개정에 의해서 이사회에서 재무제표를 확정하는 것으로 정관을 개정한 기업일 경우는 이사회 시점에 배당이 확정된 것으로 판단하면 된다. 따라서 이러한 내용은 수시공시/정기공시에 모두 공히 적용되는 내용이다.

코스닥기업 주총 전 '현금배당결정' 공시 못한다

증권거래소 코스닥시장본부가 주주총회가 열리기 전인 만큼 '결정'이란 용어를 쓰는 것은 적절치 않다는 유권해석을 내렸다. 26일 증선위에 따르면 코스닥상장사들은 현금배당계획에 대해 '기타 주요경영사항' 또는 '수시공시의무 관련사항(공정공시)'으로 공시를 하고 있다.

과거에는 기업들이 '현금배당결정' 공시를 한 후 주주총회에서 변경될 경우 정정공시를 내는 방식으로 배당계획을 알려왔다. 코스닥시장본부 관계자는 "기업들이 주가부양목적에서 결산이 끝나기도 전에 현금배당에 대해 공시하는 것은 문제가 있다는 결론을 내렸다"며 "내부적으로 결재를 맡은 내용에 대해선 기타 주요경영사항으로, 보도자료 등을 통해 알려진 배당계획에 대해선 공정공시로 공시하게 했다"고 말했다.

증권선물거래소는 내년 주주총회 이후 배당이 확정되면 '현금배당결정'으로 공시를 받아줄 예정이라고 밝혔다.

한국경제신문. 2008.12.27.

기준서 제6호 '대차대조표일 이후의 사건' 기준서에서 배당은 주총 때 가서 확정되므로 주총의 확정을 위해서 부의되는 재무제표상에는 이사회에서 의결된 배당이 반영된 재무제표가 아니라 배당이 확정되지 않은 상태에서 재무제표가 작성된다. 이 기준서가 적용되기 이전에는 미지급배당금이 대차대조표에 보고되었으나 이사회에서 결의된 배당금이 주주총회에서 번복될 수도 있으므로 배당과 관련된 의사결정은 주총 이전에는 확정된 것이 없으므로 이를 회계에서도 배당이 의결된 사건으로 처리하지 않는다.

2011년부터는 이익잉여금처분계산서가 주된 재무제표에서 제외되었지만 이익잉여금처분계산서는 상법에서 강제하는 재무제표이므로 재무상태표에 주석사항으로 포함된다.

이익잉여금처분계산서가 주총에 상정될 때에는 확정예정일란에 주총일자가 기재되었다. 즉, 이는 이사회에서는 결의되었지만 확정시점은 주총일자라는 점을 명확히 한 것이며 위의 내용과 맥을 같이한다.

비교목적적으로 표시되는 직전 연도의 이익잉여금처분계산서의 확정일은 이전 연도의 주총일이 기입되어야 한다.

이 건은 2007년 8월 1일 공시위원회에서 다음과 같은 조치를 받게 되었다.

1. 불성실공시 유형: 공시번복
2. 내용: 유가증권시장공시규정 제34조에 의거 당해법인은 상기 예고 내용에 대해 이의를 신청할 수 있고, 이의신청시 공시위원회 심의결과에 따라 불성실 공시법인 지정여부 및 부과벌점이 결정됨
3. 근거: 유가증권시장 공시규정 제30조 및 제33조, 제34조

SK텔레콤(주) 불성실공시법인 지정예고에 따른 조치(2007.8.1)
1. 조치내역: 주의조치
2. 결정일: 2007. 8. 1
3. 근거: 유가증권시장공시규정 제32조

거래소는 이 건이 지정예외에 해당한다고 판단하여 주의조치로 갈음하였다. 아마도 그 판단에는 악의성이 개입되지 않았고 이사회 동의를 전제로 진행하였기 때문에 예외를 인정하였다고 사료된다. 또한 자본시장법에 근거하면 추정과 관련된 경우만 예외를 인정하도록 되어 있지만 악의적으로 제도를 이용한 것이 아니고 한계를 명확하게 명시하고 있어서 주의조치로 그쳤다고 추정된다.

특히 소액주주들은 내부자거래 의혹이 있다고 문제를 제기한다. 첫 번째 공시일인 지난달 20일 이후 사흘 연속 상한가는 인수계약 체결이라는 호재에 바탕했다고 볼 수 있지만, 그 이후 주가 움직임이 심상치 않다는 것이다. 에이디칩스 주가는 번복 공시가 나온 7월 2일 이전에 이미 사흘 동안 하한가를 기록했다. 주가는 지난달 22일 2만 5,600원에서 29일 1만 6,750원으로 34.6%나 급락했다. 시장에선 SK텔레콤 이사회가 이번 계약건을 부결시킬 예정이라는 정보가 사전에 유출된 것 아니냐는 목소리가 높다.

에이디칩스 주가 추이

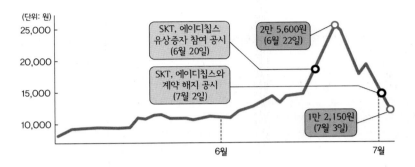

불성실공시 CASE
- 두산엔진

가동 중단 두산엔진, 공시위반 거짓말 의혹

최근 생산 중단 사실이 4개월이나 뒤늦게 밝혀진 두산엔진이 이번에 한국거래소의 공시규정을 위반했다는 지적이 제기되고 있다. 거래소 관계자는 "두산엔진의 공시위반 사실에 대해 내부조사를 하고 있으며, 사실로 밝혀질 경우 불성실공시 법인 지정 등의 조치를 하겠다"는 입장이다. 공시 불이행 업체로 판정받으면 하루 동안 매매거래가 정지된다. 수요부진에 따라 기업들이 공장 가동을 멈추는 사례가 잇따르는 가운데 투자자 보호를 위한 기업들의 책임 있는 자세가 필요하다는 지적도 나온다. 두산엔진은 연 매출 2조원이 넘는 상장 대기업이다.

25일 한국거래소와 조선업계에 따르면 선박용 엔진 전문업체인 두산엔진은 제4공장 생산중단과 관련해 공시의무를 위반했다는 지적을 받고 있는 것. 회사 측은 생산중단 의혹이 불거지자 지난 11일 "작년 11월 공장을 멈추고 계열사인 두산메카텍에 임대했다"며 사실을 공개했지만, 가동정지한 작년 11월 이후 거래소에 어떠한 공시도 하지 않았다.

거래소의 유가증권시장 공시규정에 따르면 최근 사업연도 생산액의 10% 이상을 생산하는 공장에서 생산활동이 중단됐을 때에는 발생 당일 신고하고 공시하도록 돼 있다. 생산중단은 투자자들의 주요 투자지표인 매출과 이익에 큰 영향을 미치는 사안이기 때문이다. 지난달 22일 건설업계와 가격협상이 마찰을 빚으며 생산을 중단한 성신양회, 한일시멘트, 동양 등 레미콘업체는 관련 내용을 곧바로 공시했다.

저속엔진을 만드는 두산엔진 제4공장의 연간 생산능력은 300만 마력으로, 전체 생산규모 1,400만 마력의 21%를 웃돈다. 중속엔진공장(200만 마력)을 제외하면, 1공장부터 4공장까지의 생산능력은 각각 300만 마력으로 같다. 두산엔진은 수주 후 공장별로 물량을 분쇄하고 있어, 4공장의 생산력이 10%는 무난히 넘었을 것이란 게 업계 관측이다.

거래소의 질의에 대한 회사 측 답변도 논란이 되고 있다. 거래소 측은 공시불이행과 관련해 최근 두산엔진에 답변을 요구했다. 두산 측은 이에 "제4공장은 제관, 가공, 조립, 시운전, 출하로 이어지는 5단계 공정 가운데 조립과 시운전만 담당하는 공장으로 생산량을 정할 수 없어 공시하지 않았다"고 답했다.

하지만 관련 업계에서는 "대형 저속엔진은 건물 3층 크기로 아파트를 지은 것처럼 부품을 붙여가면서 제작하는 방식"이라며 "공장별로 제품의 크기와 종류 차이는 있을 수 있어도, 공정에 따라 공장이 구분되는 것은 아니다"라고 말했다. 두산엔진 고위 관계자도 지난 11일 생산중단 사실을 시인하면서 "제4공장은 주로 벌크선용 소형엔진을 만들던 곳"이라고 설명했다.

한국 거래소 서정욱 유가증권 공시부장은 두산엔진 측의 설명에 문제가 있다고 보고 "곧 제출된 사업보고서와 회사의 향후 공시사항 등을 면밀히 검토해 조치할 예정"이라고 말했다.

두산엔진은 뒤늦게 생산중단 사실이 밝혀지면서 지난 12일 8.83% 떨어진 1만 2,900원을 기록했으며, 지난 23일엔 1만 2,650원으로 거래를 마쳤다.

조선일보. 2012.3.16.

거래소의 이 건과 관련된 처리 내용은 다음과 같다.

두산엔진 생산중단 관련 처리경과

1. 기사내용

- 두산엔진 4공장 가동중단(조선일보, '12.03.16)
 □ 수요감소 및 실적악화로 창원소재 4개 공장 중 '08.10월 증설한 4공장 가동을 중단하고 두산건설 메카텍 사업부에 임대

2. 회사 측 소명

- 제관, 가공 및 조립·시운전의 공정을 각 공장에서 분업하여 진행하기 때문에 공장별 별도의 생산액을 구분회계로 계산하지 않음
- 저속엔진 조립·시운전을 담당하는 1~4공장의 실제 평균 가동률은 '10년 말 기준 67%에 불과함에 따라 4공장(생산량 비중 9.3%)을 두산건설에 임대('12.01.01)하여 유휴설비 효율성 제고

3. 회사 소명내용 검토

- 공장별 구분계리를 적용하지 않고 공정별 단순구분에 불과하여 4공장의 생산액을 별도로 산출하기 곤란
 □ 소명자료상 최종 출하량을 기준으로 4공장이 차지하는 비율은 '10년

생산량의 9.3%이며, 공정별 제조원가(재료비＋인건비)를 기준으로 각 공장별 집계시 4공장 비중은 8.7%로 공시의무사항에 미해당

4. 진행경과

- 두산엔진의 소명내용 및 '11년 사업보고서 등에 대한 사후 확인 결과 공시불이행에 해당된다고 판단할 근거가 없음에 따라 해당사안 종결처리

   ※ 당시 언론에 보도된 거래소 관계자의 답변은 수시공시 이행 여부와 관련하여 매년 사업보고서 제출 이후 이루어지는 거래소의 수시공시 이행실태 점검에 대한 원론적 답변이었음

Chapter

14

현대건설
무형자산 이슈

무형자산 측정 관련 ISSUE

현대그룹, '배수의 진' 통했다. 현대건설 우선협상자로 선정

　　지리했던 현대家의 싸움이 현대그룹의 승리로 마무리됐다.

　　16일 현대건설 채권단은 현대그룹을 현대건설 우선인수협상자로 선정했다고 발표했다.

　　채권단 관계자는 "현대그룹 컨소시업과 현대차그룹 컨소시업 2곳이 입찰에 참여했는데, 현대건설 주주협의회는 현대그룹 컨소시업을 최종 우선협상대상자로 선정한다"고 밝혔다. 현대그룹은 현대건설 인수가로 5조 5,000억원대를 써낸 것으로 알려졌다. 현대차그룹은 5조 1,000억원대의 금액을 제시했다. 현대건설 발전전략, 경영능력 등 비가격적 부문에서는 현대차그룹이 높은 점수를 받았지만 현대그룹이 결국 가격에서 월등히 앞선 것이다.

　　현대그룹은 고 정주영 회장이 고 정몽헌 회장(현정은 현대그룹 회장 남편)에게 현대건설을 물려 준 만큼 채권단으로 넘어갔던 건설을 되찾아와야 한다고 주장하며 인수전에 뛰어들었다.

뉴시스. 2010.11.16.

무형자산 측정 관련 ISSUE

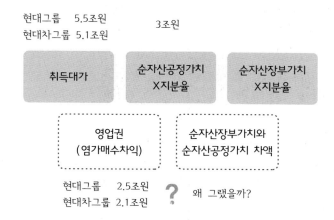

현대건설이 시장에 매물로 나왔을 때, 현대자동차와 현대그룹이 치열하게 경쟁하는 모습을 보였다. 현대그룹이 우선협상대상자로 선정되었다가 유럽에서의 자본조달 문건이 불법적이라고 해서 우선협상대상자로서의 자격을 잃고 궁극적으로는 현대자동차에 인수되는 우여곡절을 겪게 된다.

현대그룹이 현대건설 인수가로 어떠한 이유에서 현대차그룹에 비해서 4,000억원이 넘는 금액을 bidding하였는지는 현대상선의 지배구조를 검토하면 어느 정도 답을 알 수 있다. 즉, 이러한 차이는 수치적/금액적으로는 쉽게 설명할 수 없는 무형의 가치와 연관된다.

현대상선의 지분구조는 현대건설이 8.3%의 지분을 갖고 있다. 만약에 현대차그룹이 현대건설을 M&A한다면 현대차그룹이 현대그룹의 지주회사격인 현대상선의 지분을 갖게 되어 현대차그룹이 현대그룹의 경영에 관여하는 모습을 보이게 되었다.

현대그룹은 당연히 이를 인지하게 되었고 다른 여러 가지 요인도 존재하겠지만 이러한 점이 반영되어 4,000억원이라는 금액을 추가로 부담할 의지를 보였다고도 할 수 있다. 이 양 그룹간에 지배구조 관련된 여러 이해 상충 이슈가 있었다는 것을 기억하면 이를 어느 정도 이해할 수 있다.

이러한 차원에서는 4,000억원의 가치는 눈에 보이지 않는 무형의 자산가치라고 할 수 있다. 예를 들어 위에 기술한 경영권의 이유 때문만으로 추가적인 4,000억원이 정해졌다면 이는 무형자산이라고 할 수 있다. 물론, 이와 같이 무슨 항목에 어느 정도의 가치를 두었다고 구분하여 표시할 수 없는 것이 가격 산정의 총체적인 내용이다.

　대상 기업이 비상장기업이라면 이러한 계산상의 차이가 얼마든지 있을 수 있지만 상장기업의 공개된 자료를 이용한 분석에서 특히나 회계법인이 개입된 가치평가건에서 이와 같이 4,000억원, 20%라는 적지 않은 차이가 발생한 것이다.

무형자산 측정 관련 ISSUE

현대그룹 지배구조(단위: %)

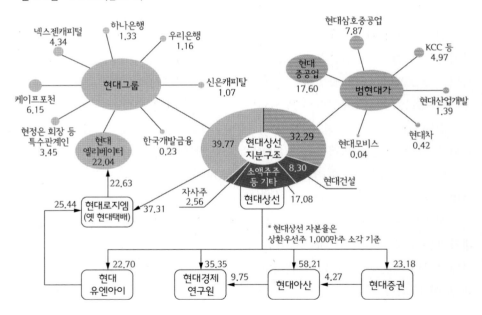

Chapter

15

비감사서비스

회계법인들이 여러 가지 형태의 비감사서비스에 관여하고 있다.

회계법인 헤지펀드 서비스시장 속속 진출

국내 회계법인들이 자체 '헤지펀드팀'을 새로 꾸리거나 앞으로 강화해 나갈 움직임을 보이고 있다.

3일 관련업계에 따르면 딜로이트 안진은 최근 딜로이트 감사업무를 주로 맡았던 임원을 스카우트했다. 또 미국 금융사에서 헤지펀드 규제와 관련된 일을 했던 인력과 뉴욕 헤지펀드 운용 파트에 있던 인력을 임원급으로 데려왔다.

딜로이트 안진 관계자는 "자산관리서비스팀을 주식과 헤지펀드, 프라임브로커리지 서비스로 세분해 헤지펀드와 관련된 모든 업무를 수행하도록 했다"며 "한국에 투자하려는 글로벌헤지펀드와 외국에 투자하려는 한국형 헤지펀드 등에 서비스를 제공할 것"이라고 말했다.

언스트앤영 한영은 그동안 한국 투자에 관심을 갖는 외국 헤지펀드에 조언하는 일을 주로 해왔다. 여기에 한국법인 설립을 추진 중인 미국계 대형 헤지펀드 밀레니엄 파트너스 감사와 세무 서비스 업무로 담당할 것으로 알려졌다.

박준서 언스트앤영 한영 상무는 "한국형 헤지펀드가 활성화하고 수익률 기록이 나오기 시작하면 외국 투자자들도 관심을 보일 것"이라며 "그 과정에서 발생할 수 있는 각종 세금 관련 컨설팅을 해주는 방안을 생각하고 있다"고 말했다.

삼일회계법인도 자산운용팀에서 세무와 감사 등 헤지펀드 관련 업무를 맡는다는 방침을 세워두고 있다. 박대준 삼일회계법인 전무는 "한국형 헤지펀드와 연관된 각종 규제들이 완화될수록 관련 업무가 많아질 것으로 본다"며 "한국형 헤지펀드가 국외 투자처 발굴에 나설 때 시장 리뷰 등 도와줄 수 있는 부분이 있다"고 설명했다. 이 같은 회계법인들

움직임은 올해 들어 한국형 헤지펀드가 본격 가동될 때부터 예고된 것이기는 하나 시기가 다소 이르다. 이는 회계법인들이 국내에서 헤지펀드가 예상했던 것보다 빠른 속도로 자리 잡을 것으로 분석했기 때문이다.

헤지펀드 산업의 중심은 돈을 굴리는 자산운용사와 프라임브로커인 증권사다. 하지만 외국에서 볼 수 있듯 자산평가 등 감사를 해주는 회계법인을 비롯해 펀드 등록절차를 도와주는 법률자문사, 장외거래상품 가격평가 모델을 제공해주는 가격평가사 등도 적지 않은 일을 한다.

매일경제신문. 2012.6.4.

회계법인의 "깜짝" 외자유치

정부가 추진 중인 국가식품클러스터 조성 사업에서 외국 기업 투자 유치 업무를 맡은 회계법인들이 깜짝 성과를 달성해 주목받고 있다. 입지적 한계와 시행사인 한국토지주택공사 내부사정으로 지난 4년간 공전을 거듭하던 이번 사업이 회계법인 외자 유치 성과로 속도를 내고 있는 것이다.

26일 농림수산식품부에 따르면 삼일 PWC, 딜로이트안진, 언스트영한영회계법인 등 3개 글로벌 회계법인은 모두 12개 외국 식품업체와 전북 익산에 설립 예정인 '국가식품클러스터' 투자유치약정을 맺는 데 성공했다. 업체별로 살펴보면 한영회계법인이 미국 웨스프링, 호주 JD's 시푸드로와, 딜로이트안진과 삼일 PWC는 일본 패스티바로, 중국 보화그룹, 싱가포르 가송, 말레이시아 시라할랄푸드 등 10개 업체와 각각 MOU를 체결했다.

앞서 지난해 2월까지 약 8개월간 외국 기업 투자 유치 업무를 맡았던 KOTRA는 전 세계에 100개 넘게 설치된 무역관 네트워크를 활용해 투자 유치 활동을 펼쳤지만 성과는 전무했다. 정부 관계자는 "이런 속도라면 외국 기업 투자 유치 목표 달성은 무난할 것으로 보인다"고 말했다.

매일경제신문. 2012.4.27.

회계법인들이 별도의 세무법인이나 법무법인을 설립하는 대안에 대해서도 많은 고민을 하고 있다. 회계법인의 영업은 회계감사일 경우는 감사수임료가 획기적으로 높아지지 않는 한 회계감사로 회계법인의 규모가 더 커지기는 어렵다.

회계법인의 법무 파트가 본격적인 소송대리를 수행하지는 못하지만 M&A 등의 자문 업무가 회계법인 업무인 것을 보면 법률 자문업무와 관련된 많은 synergy가 있다.

회계법인은 고유의 회계감사 업무도 수행을 하지만 동시에 종합컨설팅 업체와 같이 거의 수행하지 않는 업무가 없을 정도로 방대한 업무를 진행하고 있다. 또한 조세업무 등의 업무는 법무법인과 거의 직접적인 경쟁관계에 있다.

비감사서비스에 대한 판단이 쉽지 않을 수도 있는 것이 재무제표의 작성 대행과 사전감사협의의 과정이 구분되기 어려울 수도 있다.

Chapter

16

중국 상장기업
이슈

미·중, 이번엔 '기업회계 자존심' 대결

미국 증권거래위원회가 중국에 진출한 글로벌 big 4 회계법인에 미 증시에 상장돼 있는 중국기업들에 대한 회계자료 제출을 요구한 것으로 알려졌다. 이들이 거부할 경우 SEC는 법적조치를 취할 것으로 보인다고 사우스차이나모닝포스트가 21일 보도했다.

이 중 딜로이트 상하이 법인은 롱톱파이낸셜이라는 중국회사에 대한 자료 제출요구를 거부했다가 SEC로부터 미 증권법 위반혐의로 제소를 당했다.

한 법률 전문가는 "중국 내 다른 회계법인들도 SEC로부터 자료 제출요구를 받았다"며 "이들이 딜로이트와 같은 운명에 처하는 것은 시간문제"라고 말했다. PWC 관계자는 "SEC가 자료를 요청했다"고 확인해 줬지만 구체적인 시기는 밝히지 않았다. 그는 "SEC가 수차례 공식, 비공식 경로를 통해 자료를 요구해 왔다"고 말했다.

SEC가 이들 회계법인에 회계자료를 요구한 것은 지난해 미국 투자펀드와 리서치업체들이 미 증시에 상장된 일부 중국 기업들이 분식회계를 했다며 고발한 것이 발단이 됐다.

조사에 나선 SEC는 중국 증권감독관리위원회(증감위)에 이들 기업의 회계자료를 요청했으나 거절당했다. 이후 딜로이트에 관련 기업의 자료를 요구했다가 "중국법에 위반된다"는 이유로 또다시 거절당하자 이 회사를 고발하고 다른 회계법인에도 자료를 내 놓으라고 요구한 것이다.

그러나 중국 증감위도 회계법인들이 자국 기업에 대한 회계자료를 외국 정부에 건네주지 못하도록 규정하고 있어 이번 사태가 미·중간 자존심 싸움으로 비화될 조짐을 보이고 있다.

한국경제신문. 2012.6.22.

이러한 이슈들은 중국고섬의 사태에서 우리나라도 경험하였는데 회계주권과 관련된 이슈이다. 미국의 금융 당국의 입장은 자국의 주식시장에 상장된 기업의 경우, 자국의 투자자 보호의 차원에서 외국계 기업이라도 규제의 대상 이어야 한다는 입장이다.

이는 외국에 상장된 기업을 감사하는 우리의 회계법인이 미국 PCAOB와 감독원의 joint 검사를 받는 것이나 같은 맥락에서 이해하면 된다. 그러나 joint 검사라는 것이 형식에 그쳐 거의 대부분의 검사 과정은 개별적으로 진행 된다고 한다.

조인트 검사가 수행되지만 동일건에 대해서도 해석이 달리 수행될 수가 있다. 최근에 진행된 모 회계법인에 대한 조인트 검사에서는 다음이 이슈가 되었다. 이 회계법인에 대한 검사에서 표본으로 세 피감기업에 대한 회계감사 에 대한 조사가 진행되었다.

■ PCAOB는 모 기업에 대하여 K-IFRS 전환일 기준 유형자산 재평가시 감정평가법인이 적용한 주요 가정에 대한 감사인의 검토가 불충분하다고 문제 를 제기하였다.

□ PCAOB의 지적여부는 감사인으로부터 쟁점사항들에 대한 의견서 및 사실관계 입증서류를 추가로 제출받아 검토하고, 내부 심의를 거쳐 최종 확정 하는 것으로 결정지었다.

금감원 감리반의 검토결과는 감사인은 동종업계 관행 등을 고려하여 감 정평가법인이 적용한 가정들의 합리성을 판단하였는바, 감사인의 검토는 불충 분하다고 보기 어렵다는 결론을 도출하였다. 다만, 주요 가정 중 유형자산 잔 존가치율에 대한 검토결과 기술이 불충분한 측면이 있어 "감사절차 수행내역 에 대한 문서화 미흡"으로 지적하였다.

조인트 검사가 진행되기는 하였지만 양기관의 지적이 협의과정을 거칠 필요는 없으며 개별적으로 각 기관이 판단하는 내용을 지적하게 된다. 이는 그럴 수밖에 없는 것이 양 기관이 각자의 조사에 대한 적법한 의사결정 과정 을 거치게 되는데 조사는 공동으로 진행되었다고 해도 이러한 부분까지에 대 해 각 기관의 협조를 기대하기는 어렵다.

프랑스에서의 dual audit의 경우도 두 감사인의 의견이 상이할 경우 별도의 감사의견을 표명하게 된다(Chapter 51).

　위의 경우는 미국의 PCAOB가 더 강한 입장을 보인 경우이다. 일부 회계법인에서는 우리의 감독기관이 외국의 감독기관에 비해서 너무 강한 입장을 갖고 특히나 큰 이슈가 아닌 부분에 대해서도 조치 내용을 공표하기 때문에 외국의 증권시장에 상장된 기업을 감사하는 한국의 회계법인들이 상대적으로 불이익을 받고 있다는 견해를 보이기도 하지만 위의 경우와 같이 미국의 감독기관도 우리가 감사과정에 문제가 없다고 판단한 건에 대해서 조금 더 심도 있는 조사를 수행하여야 한다는 방식으로 접근하는 것을 보아서는 이들의 점검 과정이 결코 우리의 기준에 비해서 낮지 않다.

　형법 등의 적용일 경우는 적용 구분이 명확히 구분되므로 이러한 이슈가 개입되지 않지만 자본일 경우는 국경과 무관하게 이동하므로 국제적으로 회계 주권의 문제가 다수 발생할 수 있다. 특히나 미국이나 홍콩, 싱가폴, 런던 등 대형 거래소를 유지하고 있는 국가의 규제기관과 이러한 거래소에 주식을 상장한 기업의 自國정부간에는 이러한 문제가 항상 존재할 수 있다.

중국고섬, 감사의견 또 거절. 상장폐지는 보류

　중국고섬이 국내 외부 감사인으로부터 또 '의견거절'을 통보받았다.

　중국고섬은 2011 회계연도 감사보고서가 국내 외부 감사인 언스트영 한영회계법인에서 '의견거절'을 받았다고 15일 공시했다. 앞서 지난 8일엔 원주가 상장된 싱가포르에서 '의견거절' 감사의견을 받았다.

　그러나 한국거래소는 중국고섬의 상장폐지 결정을 다시 미뤘다. 싱가포르에서 원주 상장폐지 결정이 내려지지 않았는데 국내 주식예탁증서(DR)만 퇴출시키면 국내 투자자가 불리해질 수 있다는 이유에서다. 싱가포르는 우리나라와 달리 외부감사인 의견거절이 상장폐지 사유가 되지 않는다. 거래소는 싱가포르거래소가 중국고섬에 대한 거래 재개나 상장폐지를 확정한 이후 곧바로 상장폐지 여부를 판단한다는 계획이다.

한국경제신문. 2012.6.16.

　이 기사에 기술되어 있듯이 외국에서는 의견거절이 상장폐지로 연결되지 않기 때문에 이러한 수준의 비적정의견을 표명함에 감사인들이 큰 부담을 느끼지 않을 수 있다. 따라서 이러한 권한을 부여함에 따른 역효과도 존재한다.

미국의 경우에도 의견거절을 받는다고 상장폐지로 연결되지는 않는다. 이러한 차원에서 우리의 제도는 매우 강력한 제도이다. 단, 강력한 권한을 감사인에게 부여하였기 때문에 더 큰 부담을 이들이 안을 수는 있다.

아래는, 중국에 본사를 두고 홍콩을 거쳐 미국SEC에 상장된 회사의 회계부정 의혹에 대한 PCAOB 감리 관련 조서제출 요구에 대하여 중국법규상 국외 조서 반출 불가 규정을 이유로 응하지 않은 데 대하여 Hong Kong's securities regulator가 사법판단의 법률분쟁으로 이어가고 있다는 기사이다.

HONG KONG/SINGAPORE, Aug 28, 2013(Reuters) — Hong Kong's securities regulator, in an unprecedented move, took Ernst & Young to court after the audit giant failed to turn over accounting records related to a former China-based client.

The auditor now faces the dilemma of whether to comply with the regulator's order and risk a possible breach of China's state secrecy laws or face regulatory sanctions in Hong Kong.

연합과기 중 기업 첫 퇴출

중국 합성 피혁 업체인 연합과기공고유한공사가 상장폐지된다. 중국기업으로는 첫 강제퇴출이다.

외국기업이 상장폐지된 것은 연합과기를 포함하면 모두 3건이다. 청약자금 횡령사건으로 일본 기업인 네프로아이티가 지난해 11월 상장폐지됐고, 중국 코웰이홀딩스의 경우 저평가를 이유로 공개매수를 통해 자진 상장폐지했다.

연합과기에 이어 성융광전투자, 중국고섬 등도 줄줄이 시험대에 오를 것으로 보인다. 성융광전투자 역시 감사의견 거절로 매매거래가 정지돼 다음 달 중 상장폐지 여부가 결정된다. 기업 회생을 위해 경영권 매각을 추진 중인 중국고섬은 원주가 상장된 싱가포르 증권거래소의 결정에 따라 내년으로 상폐 결정 시기가 연기됐다.

한국경제신문. 2012.8.31.

한국거래소가 외국 우량 기업의 한국거래소 상장을 추진하였으나 일본 등, 선진국에 본사를 둔 기업은 우리 한국거래소에는 큰 관심이 없다. 현재 상장된 외국 기업은 유가증권 5사, 코스닥 13개사가 있는데 대부분은 중국 기업이다. 상장하는 외국 기업을 차별할 이유는 없지만 투명성이 부족할 수 있는 중국 기업만이 우리 거래소에 관심이 있다는 것은 바람직한 현상은 아니다.

미, 중회계부정에 칼 빼

미국 증권거래위원회(SEC)가 3일 미국 대표 회계법인 5곳의 중국법인을 기소하기로 했다. 회계정보 공개를 두고 오랜 기간 대립해온 미 중간 갈등이 재현될 전망이다. 이번에 기소된 회계법인은 딜로이트, EY, KPMG, PWC, BDO 등 5곳의 중국법인이다.

SEC는 올해 초부터 명단을 공개하지 않은 중국기업 9곳의 분식회계 여부를 조사해왔다. 이 과정에서 해당 중국법인들이 회계기록을 제출하지 않아 이들이 감사를 맡고 있는 회계법인들을 기소하게 됐다는 것.

미 규제당국이 중국을 강하게 압박하자 회계법인들은 진퇴양난에 빠졌다. 만일 SEC에 자료를 제공하면 중국 규제 당국의 제재를 받을 수 있고 자료를 제공하지 않으면 미국 규제 당국 소송에 휘말릴 수 있기 때문이다.

중국정부는 미국 규제당국에 자료를 제출하는 것은 중국 주권침해라는 입장을 보여왔다. PWC 측은 "PWC 중국법인은 중국법 아래서 법적으로 법적의무를 이행할 것"이라고 설명했으며 Deloitte는 "미 규제당국이 협상에 도달할 수 있도록 지지할 준비가 돼 있다"고 밝혔다.

매일경제신문. 2012.12.5.

중국기업 정보공개, 미선해야 하고 중선 안 되고, 미·중 대결에 등터지는 글로벌 회계법인

미국과 중국이 벌이는 기싸움의 불똥이 글로벌 회계법인에 튀고 있다. 회계부정 혐의가 있는 미국 증시 상장 중국기업의 회계자료 제출과 관련해 양국이 상반된 법적 잣대를 들이대고 있어서다.

미국 증권거래위원회는 3일 PWC, Deloitte, EY, KPMG, BDO 등 5개 회계법인의 중국법인을 미국 법원에 제소했다고 밝혔다. SEC가 요구한 9개 중국 중국기업의 회계감사 자료 제출을 이들 회계법인이 거부한 데 따른 것이다. 해당 기업들은 뉴욕증시 등에 우회상장 형태로 상장돼 있어 현재 자료를 받지 못하면 조사가 불가능하다.

중국은 자국 기업 자료를 외국 정부에 제출하는 것을 법으로 금지하고 있다. 회계법인들은 미국법을 따르자니 중국사업이 위태로워지고, 중국법을 따르자니 미국에서 범법자가 될 처지다. 글로벌 회계시장을 주름잡는 거인들도 G2의 틈바구니 안에서 냉가슴만 앓고 있다.

■ 미·중 자존심 싸움에 곤혹

사건은 작년 5월부터 3개월간 24개 중국기업이 회계부정을 이유로 뉴욕증시와 토론토 증시에서 대거 퇴출되면서 시작됐다. SEC는 작년 6월부터 해당 기업의 회계부정을 조사하면서 SOX를 근거로 중국본사의 회계자료를 각 회계법인에 요구했다. 이 법은 외국계 상장사의 회계부정과 관련해 해당 경영진은 물론 담당 회계법인도 처벌할 수 있도록 하는 내용을 담고 있다.

중국은 국가기밀법과 증권감독위원회 감독 규정을 들어 맞섰다. 회계법인이 자국기업의 회계정보를 외국 정부에 넘기면 국가기밀 유출로 분류해 처벌한다는 것이 골자다.

회계법인들이 이 감독규정을 들어 자료 제출에 난색을 표하자 미국 상장사 회계감독위원회는 "해당 회계법인을 블랙리스트에 올려 특별 관리하겠다고"고 압박했다. 올 6월에는 SEC가 법적 조치를 경고하기도 했다.

중국 재정부 등은 "중국 기업 정보를 외국 정부에 넘기는 회계법인은 중국 내 사업이 불가능할 것"이라고 엄포를 놨다. 작년 10월에는 어떤 중국 기업 정보를 외국 감독기관에 제공했는지 보고하도록 요구하기도 했다.

■ 포기할 수 없는 중국시장

SEC의 제소 내용을 미국 법원이 받아들이면 PWC 등 4대 글로벌 회계법인은 미국에서 중국기업 상장 및 채권 발행 등과 관련된 업무를 못하게 될 수 있다. 중국 기업들의 해외 자금조달 업무를 사실상 독점해온 이들 회계법인으로서는 큰 타격이다.

그렇다고 미국 증권당국의 자료 제출 요구를 수용하기는 더 어렵다. 중국 공인회계사협회에 따르면 4대 회계법인은 지난해 중국시장에서 95억위안(약 1조 6,531억원)의 수익을 올렸다. 중국인 고용을 늘리는 등 현지화 관련 투자도 진행하고 있다.

모순된 규정을 개선하기 위해 SEC가 지난 7월부터 중국 규제 당국과 논의 중이지만 별다른 진전은 없다. PWC 중국 법인 관계자는 "SEC에도 가능한 한 협력하겠지만 중국법도 따를 수밖에 없다"며 난처한 상황을 토로했다. E&Y 중국법인은 성명을 내고 "법과 규정을 따를 수 있도록 미국과 중국 규제 당국이 관련 협의를 하기 바란다"고 밝혔다.

한국경제신문. 2012.12.5.

이러한 이슈가 미·중간의 정치적인 문제라고 해석될 수 있으나 이는 정치적인 이슈보다는 경제적인 이슈이다. 만약에 미국 기업이 중국 증권시장에 상장되어 있다고 해도 중국 감독당국이 동일한 요구를 할 수 있을 것이다. 그러나 문제는 미국의 자본시장이 가장 선진의 시장이다 보니 많은 해외 기업이 미국 증권시장에 상장하게 되어 이러한 이슈가 불거져 나오게 되는 것이다.

외국 기업 상장 문턱 낮추기로

거래소는 한국 증시를 찾는 외국 기업에 대해 선별적으로 상장규정을 배제하고 해당 기업의 자국법을 적용하도록 하자는 입장을 금융위 측에 전달한 상태다.

정부와 거래소가 외국 기업의 상장요건을 낮추고자 하는 것은 자산 규모가 큰 유망 기업을 국내로 끌어 들이기 위한 고육책이다. 현재 한국 증시에 상장한 외국 기업은 16개 (유가증권 5개, 코스닥 11개)에 불과하다.

2007년 이후 20개 외국회사가 한국시장에 편입됐지만 그동안 4개(유가증권 1개, 코스닥 3개)가 폐지되고 1개(중국고섬)는 상장폐지 전 단계인 관리대상에 들어가 있다.

물론 외국기업의 시장 문턱을 낮춘다 해도 모든 곳이 대상이 되는 것은 아니다. 자칫 하면 중국 고섬 사태처럼 상장된 지 10개월 만에 감사인의 의견거절을 받는 등 문제 있는 해외 기업들이 악용할 여지가 있기 때문이다. 이로 인해 홍콩 증시처럼 추후 투자적격 국가를 선정해 그곳에 속한 기업을 우선 대상으로 할 예정이다.

특히 요건 완화는 금융위 승인만 있으면 처리할 수 있다.

매일경제신문. 2012.12.7.

외국 기업, 특히 중국 기업의 투명성과 관련한 여러 가지가 문제가 되는 시점에 외국 기업의 상장 문턱을 낮추는 정책에는 신중을 기해야 한다. 물론, 해당되는 기업이 외국 중소기업이 아니라 대기업이라고 하면 또한 이러한 기업이 어느 정도의 투명성이 담보되었다고 하면 이러한 기업에는 어느 정도 혜택이 주어질 수도 있다. 수년간 추진하였던 외국 기업의 국내 시장 상장의 부작용이 여러 측면에서 나타나는 현 시점에서 이러한 정책 기조는 조심스럽게 접근되어야 한다.

금감원, 日 상장 회계법인 감리 면제 추진

일본 주식시장에 상장된 국내 기업을 감사하는 국내 회계법인에 대한 일본 회계당국의 감사품질감리가 면제될 전망이다. 한·일 감독 당국이 양국간 회계감독제도의 동등성을 인정해 이들에 대한 감독을 면제하는 절차를 진행 중이기 때문이다.

일본에 상장한 국내 기업이 우리 감독당국에 의해 품질관리감리를 받는 만큼 일본 당국이 우리 당국의 품질관리감리 결과를 인정토록 해 중복 관리로 인한 낭비를 막기 위한 움직임이다. 이에 따라 국내 상장된 일본 상장사를 감사하는 일본 회계법인에 대한 국내 당국의 감독도 면제된다.

김호중 금융감독원 전문심의위원은 15일 정례브리핑에서 "일본 회계감독당국(CPAAOB, Certified Public Accountants and Auditing Oversight Board)과 회계감독제도 동등성 인정을 통한 회계법인에 대한 감독면제 절차를 진행 중에 있다"고 밝혔다.

이에 따라 이번 협의가 타결될 경우 국내 회계법인들은 일본 회계당국의 감사품질관리를 받지 않게 돼 부담을 덜 전망이다. 현재 일본 증시에는 KT, 롯데쇼핑, 포스코 등 3개사가 상장돼 있으며 삼일회계법인과 삼정회계법인이 감사법인이다.

금융감독원 관계자는 "현재 양국 감독 시스템에 대한 실무적 협의가 오가고 있으며, 2~3년 내 면제가 이루어질 수 있다"고 설명했다.

이미 유럽연합(EU)과는 지난 2011년 1월 회계감독당국간 동등성을 인정해 유럽증권시장에 상장한 국내 기업을 감사하는 우리나라 회계법인에 대한 품질관리감리가 면제된 상황이다. 이에 앞서 우리 감독당국과 EU 감독당국은 지난 2009년 서로의 회계기준에 대한 동등성을 인정한 바 있다.

매일경제신문. 2013.1.15

미국은 자국의 거래소에 상장된 기업을 감사하는 회계법인에 대해서는 감독원과 joint로 진행하기는 하여도 PCAOB가 직접 품질관리감리를 수행하고 있다.

중국고섬은 결국 2013년 10월 4일 상장폐지되었다.

Chapter

17

                                                                    과징금

검–금융위, 금융범죄 조사권 힘겨루기?

■ '과징금 부여 권한' 요구하던 금융위원회. 검찰 '금감원 직접 지위' 검토하자 발 빼

검찰이 지난해 금감원 조사를 직접 지휘하는 방안을 적극 검토했던 것으로 드러났다. 지금 금융위원회가 주장하고 있는 '포괄적 계좌 추적권' 부여와는 정반대 해답을 검찰이 내 놓았던 것. 한마디로 금감원 조사 권한을 놓고 검찰과 금융위가 치열한 물밑 신경전을 벌였던 셈이다.

법무부는 지난해 말 '금융 범죄 수사 절차 개선 방안'을 내부적으로 검토해 '금감원 조사국 직제에 조사 절차 전반에 관여할 수 있는 검사를 파견하는 방안이 가장 현실성이 있다'는 결론을 내렸던 것으로 5일 확인됐다.

그러나 법무부는 금융위의 반발이 예상되고 자칫 정부기관끼리의 밥그릇 싸움으로 비칠 염려가 있어 이 같은 사실을 공론화하지 않은 것으로 알려졌다.

당시 금융위는 문제를 일으킨 금융사에 '과징금'을 부여할 수 있는 권한을 달라고 요청한 상태였다. 자신들도 공정거래위원회처럼 '처벌 권한'을 갖겠다는 뜻이었다. 금융사를 압박할 권한이 없어 조사가 부실해진다는 것이 이유였다.

이에 대한 법무부와 전문가들은 금감원의 금융조사가 제대로 이루어지지 않는 이유는 처벌 권한이 없기 때문이 아니라 오히려 사건을 검찰에 넘길 때까지 소요시간이 너무 길기 때문이라고 판단했다.

이에 따라 개선책으로 초동 단계에서 압수수색 등 강제수사권 동원이 필요한 경우에 대비해 금감원 조사국에 검사를 파견하는 방안과 금융위 증권선물위원회에 부장급 검사를 위원으로 참석시키는 방안이 제시됐다. 장기적으로 금감원 직원을 '특별사법경찰관'으로 지명해 검찰 지휘하에 조사가 아닌 수사를 직접 담당하도록 하는 방안도 포함됐다.

법무부 관계자는 '검찰이 조직 내에 들어올 경우 자신들의 권한이 축소될 것을 염려

한 금융위가 과징금 부여 권한 요청을 철회해 이 같은 내용을 공개하지 않았다'고 말했다.

금융위는 최근 '부실 조사 논란은 금감원이 강제수사권을 갖고 있지 않기 때문'이라며 '포괄적 계좌추적권한을 달라'고 요청한 바 있다.

매일경제신문. 2011.5.6.

현재로는 부장검사급 법률 자문관이 금융위에 파견 나와 있으며 증선위에 배석하여 법률적 판단에 대한 자문을 맡고 있다. 단, 위원으로 참석하여 의결권을 갖는 것과 배석하여 의결권 없이 의견을 개진하는 것에는 큰 차이가 있다.

법무부, 증선위원 자리 요구에 주가 조작 과징금 무산

주가조작 사범에 과징금을 부과하는 제도 도입을 논의하는 과정에서 법무부가 금융위원회 산하의 증권선물위원회 위원자리(1급 상당)를 달라고 요구했던 것으로 드러나 논란이 일고 있다.

법무부는 "효율적인 사건 처리를 위한 취지였다"고 해명했지만, 증권업계에서는 "법무부의 부처이기주의가 작용해 신속한 주가조작 단속수단인 과징금제 도입이 무산된 것 아니냐"는 의혹을 제기하고 있다.

금융위 관계자는 29일 "지난해 주가조작 등 불공정거래에 대해 신속하게 과징금을 물릴 수 있도록 자본시장법을 개정하자는 논의과정에서 법무부가 증선위원 자리를 요구해 논의한 적이 있다"고 밝혔다.

금융위는 과징금 제도를 도입하기 위해 2010년부터 법무부와 자본시장법 개정을 협의해 왔다. 위법성이 낮은 시장질서 교란 행위에 대한 단속 실효성을 높이자는 취지였다. 공시 위반과 달리 주가조작 등의 불공정 거래행위에 대해 증선위는 검찰에 고발하도록 돼 있다. 하지만 주가조작 사건은 형사처벌을 하기에 경미한 경우가 많아 현행 제도는 문제가 많은 것으로 지적돼 왔다. 이를 개선하기 위해 증선위에서 과징금을 물리도록 하자는 게 금융위의 제안이었다.

과징금 제도는 법무부의 반대로 작년 11월 자본시장법 개정안에서 제외됐다. 법무부는 "형사 처벌 대신 과징금을 부과할 경우 면죄부를 줄 수 있다"는 논리를 제시했다. 법무부는 이때 부작용을 막을 대안 중 하나로 증선위원 자리를 요구했고, 금융위는 이에 대해 반대했다는 것이다.

이에 대해 법무부 관계자는 "특정 사안이 과징금 부과 대상인지, 형사처벌인지 초기부터 정확하게 판단할 수 있는 방안을 논의했을 뿐 법무부 또는 검찰이 증선위에 가고 싶은 것은 결코 아니었다"고 설명했다. 금융위 관계자도 "법무부의 증선위원 자리 요구로 과징금제 도입이 무산됐다고 보는 것은 논리적 비약"이라고 해명했다.

한국경제신문. 2012.1.30.

법무부 '불공정거래행위' 구성 제안

법무부가 금융당국에 '불공정거래행위위원회'를 구성하자고 제안했다. 증시 불공정거래 사범에 대해 과징금을 부과하는 방안을 수용하는 데 대한 전제조건이다.

구승모 법무부 상사법무과 검사는 23일 국회 입법조사처 주최로 서울 여의도 국회의원별관에서 열린 '자본시장에서의 과징금제도 변화방안' 공청회에서 주제발표를 통해 이같이 밝혔다. 구검사는 "2차 정보 수령자의 정보이용 등 형사처벌 대상이 아닌 '시장질서 교란행위'에 대해 과징금을 부과하는 것은 필요하지만 남용 방지책이 있어야 한다"며 "증선위에서 불공정거래 행위에 대한 업무만 분리해 불공정거래위원회를 구성하는 방안 등으로 문제를 해결할 수 있을 것"이라고 말했다.

금융위원회는 지난해 7월 시장질서 교란행위에 대해 과징금 부과를 도입하는 내용의 자본시장법 개정안을 마련했지만 법무부의 반대로 최종 개정안에는 제외됐다.

구검사는 "특정 사안이 과징금 부과 대상인지, 형사처벌 대상인지를 결정하는 의결기구에 법무부가 참여할 필요가 있다"고 불공정거래 행위위원회 구성을 제안하는 배경을 설명했다.

매일경제신문. 2012.5.20.

주가조작 땐 형사처벌에 과징금까지

금융당국이 주가 조작 등 주식불공정 거래를 통해 얻은 부당 이익을 회수할 수 있는 과징금 제도를 도입하기로 했다. 또 9월부터는 테마주의 이상 급등 등을 투자자에게 미리 알려주는 '투자자 예방주의보' 제도가 시행된다.

21일 금융위원회는 이 같은 내용을 핵심으로 한 '자본시장 불공정 거래 조사 개선 방안'을 내놨다.

금융위는 이날 정례 브리핑을 하면서 현재 형사 제재에만 의존하고 있는 주식 불공정 거래 행위에 대해 과징금 제도를 도입해 금전적 제재 수단을 마련할 계획이라고 밝혔다. 금융위는 이를 위해 법무부 등 관계부처와 협의를 거쳐 연내 자본시장법 개정을 추진할 예정이다.

금융위 관계자는 "최근 대법원이 주식 불공정거래 등에 대한 형사처벌 양형 기준을 올렸지만 이것만으로는 예방 효과가 없다"며 "수억원을 불공정 행위로 벌더라도 형사처벌 뿐 아니라 부당 이익까지 모두 잃는다는 인식을 심어줄 필요가 있다"고 말했다.

금융위가 법무부와 협의를 거쳐 연내 개정을 추진할 예정이라고 밝혔지만 입법화까지는 험로가 예상된다. 법무부는 금융위와 입장이 다르기 때문이다. 이 제도는 올해 초 국회에서 추진했다가 법무부와 마찰이 있어 사실상 무산된 바 있다.

금융위 관계자는 "법무부는 두 가지 부문에서 염려를 표명하고 있다"며 "형사처벌과 별도로 과징금이 부과되면 이중 처벌이 될 수 있다는 점과 이로 인해 형사 제재 효과가 약해질 수 있다는 점"이라고 말했다.

금융위는 또 형사처벌에 이를 정도가 아니더라도 시장 질서를 교란하는 행위에 대해서는 처벌할 수 있도록 불공정거래 규제 대상을 확대하기로 했다. 지금까지는 시장을 교란할 정보를 유포하더라도 목적성이 확인돼야 규제할 수 있었는데, 이는 유인 목적이 없더라도 타인에게 잘못된 판단이나 오해를 유발해 가격 시장을 왜곡할 가능성이 있는 행위에 대해서도 규제할 수 있도록 하겠다는 것이다.

테마주 등 불공정거래로 인한 피해를 막기 위해 '투자자 피해 예방 주의보' 제도도 시행된다. 자본시장에 큰 영향을 미칠 수 있는 사건을 유형별로 분류하고 투자 유의사항을 시장에 미리 알려주는 것이다. 12월 결산법인 감사보고서 제출과 관련해 유의사항을 제공하는 '정기적 예방주의보' 및 테마주 등 이상 급등 현상과 관련해 주가 급등주 특징과 유의사항에 대해 안내해 주는 '수시 예방주의보'가 투 트랙으로 진행될 예정이다.

하지만 금융감독원 등이 요구했던 통신기록 감청권 등은 이번 제도 개선방안에 포함되지 않았다.

매일경제신문. 2012.6.22.

형벌로 처벌하는 것이 더 효과적인 제재인지 아니면 금전적인 제재가 더 효과적으로 범죄를 예방할 수 있는 것인지에 해서는 정해진 해답이 없고 고민할 사항이다.

미공개정보 이용, 처벌 범위 넓힌다. 자본시장법 개정안 탄력

앞으로 회사정보(1차 정보)가 아닌 '시장정보'(2차 정보)를 이용한 주식투자로 부당한 이익을 얻었을 때 처벌할 수 있는 범위가 넓어진다.

금융당국은 미국 사법당국이 기업 내부정보를 이용해 부당한 이득을 남긴 헤지펀드 설립자에게 중형을 선고한 것을 계기로 국내 자본시장법 개정에 속도를 높이기로 했다.

17일 금융위원회에 따르면 파생상품 거래와 관련한 부당한 미공개 정보행위의 형사

처벌 대상을 '회사정보'에서 '시장정보'로까지 확대하는 안이 규제개혁위원회에서 논의 중이다. 규개위에 따르면 이번주까지 법령 개정 심의를 마칠 예정이다.

회사 내부에서 나온 직접적인 정보가 아니더라도 회사 관련 파생상품 거래 정보 등을 이용할 때도 앞으로는 처벌대상이 될 수 있다. 이는 지난해 '11-11 옵션쇼크' 때 관련 근거 미비로 처벌하지 못했던 것을 보완하기 위해 추진되고 있다.

이용 대상 정보가 회사 경영진 결정과 무방해도 주가에 더 큰 영향을 미치는 사례가 나타나고 있다. 옵션쇼크 사건에서 보듯 주식 처분 정보에 관한 내용을 사전에 알고 투자에 나선다면 큰 차익을 볼 수 있다. 이때에는 기업 내부정보를 이용한 것과 마찬가지로 봐야 한다는 게 금융당국시각이다.

로펌과 회계법인 등은 보다 엄격한 직업 윤리를 요구받게 될 전망이다. 피소 예정 사실 등 소송과 관련된 정보를 이용해 피소 기업 주식을 공매도하면 주가하락에 따른 이익을 볼 수도 있다. 그러나 현행법상 미공개 정보 이용 행위는 회사 내부 업무에 관련돼야 해서 단속 사각지대에 놓여 있다. 소송은 회사 내부가 아니라 외부의 제3자가 제기하는 사례가 많기 때문이다. 금융당국은 이런 행위를 '시장질서 교란행위'로 규정해 새롭게 과징금 부과 대상으로 편입시킨다는 계획이다. 이렇게 공개되지 않은 이른바 '옆방 정보'를 이용해 투자에 나서는 사례가 집중적인 단속 대상이 될 전망이다.

금융위원회 한 관계자는 '시장질서 교란 행위에 대해서는 우선 과징금을 부과한 후 추후 검찰의 불기소 처분과 법원의 무죄 판결이 확정된 때에만 과징금을 돌려주는 식으로 규정을 개정해 제재 실효성을 높이겠다'고 말했다.

매일경제신문. 2011.10.18.

특히나 1차 정보에 대해서만 제재를 하고 2차 정보에 대해서는 제재를 하지 않는 것에 대해서는 많은 논란이 있다. 미공개 정보는 회계를 담당했던 회계사에 의해서도 외부로 유출될 수 있다.

'새총' 갖고 전쟁 나가는 금감원

주식 불공정거래는 실시간으로 파악하는 것이 중요한데, 결정적인 증거인 공모자간의 통화사실 기록을 전혀 볼 수 없었기 때문이다.

현행 법률상 주식 불공정거래를 조사하기 위해 금감원에 주어진 것은 '계좌추적권'밖에 없다. 그것도 포괄적 계좌추적권이 아닌, 특정 계좌의 입출금 거래내역만을 볼 수 있는 권리에 불과하다. 물론 민간 기구라는 한계로 많은 법적 권한을 받지 못한 측면도 있다.

한국경제신문. 2013.3.14.

하지만 1,800여 개 상장사의 실시간 거래내역을 80여 명(금감원 자본시장조사국)이 감시하는 데 주어진 무기가 '계좌추적권'뿐이라는 건 문제다. 통신사실조회권은 물론 기소권까지 확보한 미국 증권거래위원회(SEC)와 대조적이다.

감독원은 그나마 금융실명제법에 의해서 제한적이기는 하지만 계좌를 추적할 수 있지만 감사인은 이러한 권한도 없다. 아래의 신문기사와 연관된다.

강성원 한국공인회계사회 신임 회장

강회장은 감사인의 독립성을 다시 한 번 강조하면서 "금융실명법의 예외 조항에 감사인을 포함시킴으로써 감사의 실효성을 높일 수 있어야 한다"고 주장했다. 현재는 감사과정에서 회계법인은 금융실명제법상 실명을 확인할 수 없고 금융감독원 등 일부 관계자만이 알 수 있다.

매일경제신문. 2012.7.3.

물론, 과도한 권한이 공무원 조직도 아닌 금감원의 직원에게 주어진다는 것도 정부의 입장에서는 큰 부담이 아닐 수 없다.

'주가조작 과징금' 재추진. 부당이득 전액 환수한다

주가조작을 통해 얻은 부당이득을 사실상 전액 환수하는 방안이 추진된다. 금융당국은 주가조작 근절 대책으로 조작 사범에게 과징금을 부과하고 주가조작 조사인력을 대폭 확충하는 방안을 준비 중이다.

12일 금융위원회와 금융감독원, 법무부 등에 따르면 금융당국은 주가조작사범에게 과징금을 부과하는 것을 비롯해 주가조작을 근절한 신속하고 실효성 있는 각종 방안을 적극 검토하고 있다.

신제윤 금융위원장 후보자는 이날 기자와 만나 "지금은 (주가조작사범이) 감방 살고 나오면 (부당이득금을) 다 먹는다"며 "(이를 방지할) 여러 가지 방법을 생각하고 있다"고 말했다.

김용범 금융위 자본시장국장도 "주가 조작사범에 대한 과징금 부과를 위해 법무부 등 관련 기관과 협의하고 있다"며 "자본시장법 개정안 등에 관련 법규정을 반영하는 방안을 추진하겠다"고 밝혔다.

금융위가 추진 중인 과징금 제도는 주가조작 사범에 대한 법원 판결이 나기 전이라도 감독당국이 부당하게 얻은 이득이라고 판단하면 과징금 부과를 통해 전액 몰수하는 제도다. 지난해 자본시장법 개정안에 과징금 부과 제도가 포함됐지만 법무부의 반대로 최종 제외됐다.

법무부 관계자는 "제도 자체를 반대하진 않는다"며 "대통령 발언을 계기로 주가 조작 과징금과 처벌체계 논의를 시작할 생각"이라며 태도 변화를 보였다.

한국경제신문. 2013.3.13.

주가조작 부당이득 전액 환수

지난해 9월 서울중앙지방법원은 모나리자 유니더스 등 정치 테마주 17종목에 대해 시세조종을 한 박모씨 등 5명에게 총 5,500만원의 벌금을 부과했다. 이들이 허위 사실 유포 등의 방법으로 50억원의 시세차익을 얻었다며 검찰에 고발 조치한 금융감독원 테마주 특별조사반의 판단과는 사뭇 달랐다. 허위사실 유포의 적용범위를 엄격하게 해석했기 때문이다.

이렇듯 불공정거래 혐의로 검찰에 고발되는 사람 중 상당수는 가벼운 처벌을 받는다. 불공정거래로 의심되는 사건 가운데 기소로 이어지는 비율은 5%대에 불과하다. 벌금도 부당이득금액의 10% 안팎에 그친다. 그러다 보니 주가조작 사범 사이에는 '몇 개월만 감옥에서 몸으로 때우면 된다'는 얘기가 나돈다. 박근혜 대통령의 지시를 계기로 이를 근절하겠다는 게 금융당국의 계획이다.

금융위원회 등이 도입을 추진 중인 과징금 제도의 장점은 주가조작 사범에 대해 신속한 대응이 가능하다는 점이다. 현행법상 주가 조작 사범이 형사 처벌까지 가려면 2~3년 걸린다. 김동원 전 금감원 부원장보가 발표한 '투자자 보호와 금융범죄 보고서'에 따르면 2010년 한국거래소가 불공정 혐의로 지목해 금융위에 넘긴 338건 가운데 금융위가 검찰에 고발한 건은 138건에 그쳤다. 1심에서 징역형이 선고된 비율은 11.6%에 그쳤고 집행유예가 31.7%에 달했다.

이처럼 주가조작 사범에 대한 처벌은 제대로 이뤄지지 않고 있지만 사법 판단 외에 마땅한 처벌 수단이 없는 게 현실이다. 현행 자본시장법 429조에 따르면 기업공시 위반에 한해 최고 20억원까지 과징금을 부과할 수 있다. 하지만 소위 작전세력 등 불공정거래 행위자에 대해 형사 전에 과징금을 부과하는 기준은 없어 사실상 제도가 유명무실했다.

이에 따라 투자자 보호와 처벌 실효성을 높이기 위해 주가조작 사범 개인에게서 신속하게 부당이득을 환수할 수 있는 과징금 제도 도입이 필요하다는 의견이 많았다. 결국 새 정부의 국정 과제에 과징금 제도 도입이 포함된 이후 탄력을 받고 있다. 신중한 태도를 보여 왔던 법무부도 긍정적으로 태도를 바꿨다.

한국경제신문. 2013.3.13.

작전세력에 과징금 부과

금융당국이 주가조작(시세조종 행위) 근절을 위해 과징금 제도 도입에 나선다. 박근혜 대통령이 지난 11일 첫 국무회의에서 주가조작 근절을 위한 제도 마련을 주문한 데 따른 움직임이다.

김용범 금융위 자본시장 국장은 12일 "주가조작으로 부당이득을 챙긴 세력들에 금융위가 직접 과징금을 부과할 수 있는 법적 근거를 마련하기 위해 자본시장법 개정에 나설 계획"이라고 말했다.

이 같은 과징금 제도 도입은 금융위가 지난해부터 추진한 사안인데다 새 정부의 국정과제에도 이미 포함돼 있어 현실화될 가능성이 높았다.

이런 상황에서 박대통령이 직접 주가조작을 뿌리 뽑기 위한 대책 마련을 직접 주문하면서 과징금 제도 도입에 속도가 붙을 것으로 보인다. 아울러 과징금 제도가 정부의 지하경제 양성화를 통한 재원 마련 추진과도 궤를 같이 한다는 점도 금융위가 자본시장법 개정에 나선 이유 중 하나로 풀이된다.

금융위의 이 같은 움직임은 형사고발만으로는 작전세력에 대한 부당이득 환수에 시간이 많이 걸려 보다 강력하고 실효성 있는 제재 방안이 필요하다는 인식에 따른 것이다.

실제 금융위는 과징금 부과 등 민사제재 권한이 없어 주가조작 혐의자를 검찰에 고발하는 선에서 조치가 이루어졌다. 이 과정은 '한국거래소 작전 혐의 계좌 적발 – 금융감독원 조사 – 증권선물위원회 의결 후 검찰 고발 - 검찰 기소 및 재판' 순으로 이어져 상당 기간이 소요됐다. 아울러 법원에서 내리는 벌금의 경우 부당이득에 대한 환수 목적이 아닌 징벌적 차원이라는 점도 금융위가 과징금 제도 도입에 팔을 걷어붙인 이유다.

금융당국 관계자는 "검찰 고발 이후 재판 과정을 거치면서 최종 판결이 나오기까지 2-3년이 걸리는데 이 기간 부당이득을 추징할 근거가 없는 상황"이라며 "과징금 제도를 도입하면 주가를 조작해 올린 부당이득에 대한 환수가 빨라질 수 있다"고 설명했다.

금감원도 주가조작 행위를 뿌리 뽑기 위해 관련 조사인력 보강에 나선다. 우선 18대 대선 과정에서 설치한 '테마주조사특별반'을 상설반으로 변경해 이를 향후 대형 주가조작 사건들을 조사하는 '특수부' 성격의 기구로 활용한다는 계획이다.

매일경제신문. 2013.3.13.

최근에 와서 특히나 법원의 white color 범죄에 대한 형량이 유약하다는 비판이 많다. 예를 들어, 사법부의 입장에서는 사람을 해친 것도 아닌데 징역형을 선도하는 것에 대한 부담이 있을 수 있다. 이러한 것은 대륙법 즉, 성문법적인 우리의 법체계에 근거한다.

미국과 같은 civil law에서는 징벌적 징계가 가능하다.

징벌적 손해배상제 도입

　징벌적 손해배상제는 가해자의 행위가 반 사회적이면서 악의가 있을 경우 벌칙을 가하는 차원에서 가해자가 피해자에게 실제 손해액보다 몇 배 더 많은 배상금을 물게 하는 제도이다.

조선일보. 2013.4.15.

대법 징벌적 손배 도입 검토

　대법원장 직속 자문기구인 사법정책자문위원회가 24일 공식 출범하고 사법 개혁안을 본격 논의하려고 한 가운데 대법원이 최근 논란이 되고 있는 징벌적 손해배상 도입을 검토하고 있는 것으로 확인됐다.

　징벌적 손해배상은 민사소송에서 가해자의 악의적 또는 반사회적 행위에 대해 실배상액 외에 처벌적 성격의 배상금을 물리는 제도다.

　징벌적 손해배당은 미국 등 영미법 국가에서 발달한 제도로 우리나라에서는 지난 4월 국회를 통과한 '하도급거래공정화에 대한 법률(하도급법)' 개정안에 관련 조항이 포함됐다. 이제 재계는 소송 남발, 기업 활동 위축 등을 우려하며 반발하고 있다.

　사법 정책 자문위가 징벌적 손해배상을 전면 도입하기로 하면 민법에 근거 조항을 삽입하고 모든 민사소송에서 징벌적 손해배상을 원칙적으로 허용할 수 있는 방안을 제시할 것으로 보인다.

　민법에 조항을 만들지 않는다면 개별법에 징벌적 손해배상 조항을 신설하는 방법도 있다.

문화일보. 2013.7.24.

KPMG 내부거래 들통

　글로벌 최대 회계법인 중 하나인 KPMG가 미국에서 내부자거래 혐의로 물의를 빚고 있다.

　9일 KPMG 소속 한 회계사가 고객사에 대한 정보를 제3자에게 빼돌린 혐의가 드러나자 KPMG는 이들 회사에 대한 회계감사역을 사임한다고 밝혔다.

　파이낸셜 타임즈에 따르면 KPMG는 9일 건강보조식품 업체 허벌라이트와 신발업체 스케처스의 외부 회계감사역을 사임한다고 밝혔다. KPMG는 지난 3년간 허벌라이프 재무제표와 지난 2년간 스케처스 재무제표에 대한 승인을 철회한다고 덧붙였다.

> KPMG 로스앤젤레스 지사 파트너로 두 회사 회계감사 실무를 책임졌던 스콧 런던 회계사가 비공개정보를 제3자에게 빼돌린 것이 밝혀졌기 때문이다.
>
> 매일경제신문. 2013.4.11.

형사처벌에 상응하는 무거운 경제적인 penalty가 있어야지만 사법적인 효력을 발휘할 수 있다.

다음의 기사는 우리 국민의 배금주의의 정도를 가늠하게 해 준다. 그만큼 경제활동 인구 모두가 탐욕스러워질 수 있다는 것을 간접적으로 시사하고 있으므로 white color crime에 대한 조치의 필요성을 요구하는 반증이다.

고교생 10명 중 4명 "10억 생긴다면 1년 감옥 가도 좋다"

> 청소년 물신 주의 심각
> 우리나라 고등학생 10명 중 4명 이상이 '10억원이 생긴다면 잘못을 저지르고 1년 정도 감옥에 가도 괜찮다'고 답한 설문조사 결과가 나왔다.
>
> 한국경제신문. 2013.1.8

한국인 30~50대를 대상으로 한 2009년 설문조사

50%: "1억원을 준다면 양심에 위배되는 일을 하겠다"

4.3%: "1천만원에도 하겠다"

51%는 10억원을 준다면 가족과도 절연!

이와 같이 사회는 금전 만능주의로 흐르고 있으므로 우리 법원에서의 범법에 대한 조치는 너무 법정구속에 치우치지 않는지에 대한 생각을 해본다.

또한 국민들의 법 감정에 비해서 사법부의 판단이 너무 유약하거나 양형이 재판부의 주관적인 판단의 결과에 영향을 받으면서 편차가 심해지자 사법부는 2007년 4월 법원 조직법에 의해 대법원 내 독립된 위원회로서 양형위원회를 설치하여 어느 정도 정형화된 양형이 되도록 노력하고 있다.

국민들이 법정구속보다도 경제적인 부분에 가치를 둔다면 조치도 경제적인 부분으로 옮겨가야 하는 것은 아닌지에 대한 생각을 해본다. 물론, 경제적으로 여유가 있는 계층에 대한 경제적인 penalty 효과는 그렇지 않은 계층에 대한 경제적인 penalty에 비하면 의미가 없으므로 이는 형사처벌과 적절한 병행을 고려하여야 한다. 자본주의 사회에서는 금전적인 처벌이 가장 효과적인 처벌일 수 있다. 그러나 경제적 능력에 의한 한계체감이 각기 개인마다 차이가 있기 때문에 누구에게나 거의 동일한 수준의 불편함을 주는 법정구속이 이러한 복잡한 상대성 이슈를 피해갈 수 있는 대안일 수 있다. 경제적인 처벌은 각자의 경제적인 능력에 따라 상대적이지만 개인의 자유를 구속하는 법정구속은 누구에게나 거의 동일한 불이익/불편함을 준다.

과징금은 금전벌에 해당하는 내용이고 구속수감 등은 형법에 해당하는 부분이다. 지나친 경제적인 보상에 대한 부정적인 내용은 다음에서도 읽을 수 있다.

사외이사 지나친 보수 못 받는다

금융지주회사 회장 권한 축소와 함께 이사회를 구성하는 사외이사들 보수한도를 제한하는 방안이 추진된다. 실제 업무에 비해 사외이사들 보수가 지나치게 많고, 많은 보수 때문에 이사회가 경영진의 '거수기' 역할로 전락한 측면이 있다는 비판 때문이다. 금융위 고위 관계자는 2일 "지주회사 회장이 자회사 경영에 지나치게 개입하는 것도 막아야겠지만 사외이사가 지나치게 많은 권한과 혜택을 받고 있다는 지적이 있다"면서 "지나치게 많은 사외이사 보수한도를 조정하는 것도 검토대상"이라고 밝혔다. 또 금융지주가 사회공헌 차원에서 내놓는 기부금 등의 사외이사 유관기관에 집중돼 감독당국으로부터 시정 조치를 받기도 했다.

금융위는 다음주 중 지배구조 개편 TF를 구성하고 구체적인 금융지주회사 지배구조 개편 방안을 논의할 예정이다. 현재 금융회사 지배구조에 대한 법률안이 국회에 계류 중이나 4월 국회에서 통과될 가능성은 거의 없다. 따라서 금융위는 5월 말까지 TF에서 새로운 지배구조 개편안을 마련하고 이를 6월 국회에서 통과시킨다는 계획이다. 금융지주사 임원이 자회사 임원 또는 사외이사를 겸직하는 것도 금지될 방침이다.

매일경제신문. 2013.4.3.

사외이사는 제도상 主이지만 상근이 아니라는 차원에서는 客이다. 객이 너무 주 행세를 해서도 안 되지만 동시에 主면서도 客인 것과 같이 관조적인 입장이어서도 안 된다.

자본시장조사업무 규정에는 보수액의 2배를 다음과 같이 한도를 두고 있다.

(3) 당해 유가증권신고서의 기재사항 또는 그 첨부서류가 진실 또는 정확하다고 증명하였거나 서명한 공인회계사, 감정인, 신용평가업자, 변호사, 변리사, 세무사(그 소속단체를 포함), 당해 유가증권신고서의 기재사항 또는 그 첨부서류에 자기의 평가·분석·확인 의견이 기재되는 것에 대하여 동의하고 그 기재내용을 확인한 자, 당해 발행인과 당해 유가증권의 인수계약을 체결한 자, 당해 사업설명서를 작성하거나 교부한 자 등에 대하여는 이 기준에 의하여 산정되는 부과과징금과 용역제공수수료 등 보수액의 2배 금액 중 적은 금액을 부과과징금으로 하되, 당해 신고자에 대한 부과과징금을 초과할 수 없다.

Chapter

18

전력 공시

주가조작 '사장님 전력' 공시

회사 경영진의 과거 주가조작 등 불공정거래 전력이 공시된다. 또 주가조작 과정에서 나타난 탈세 혐의가 국세청에 통보돼 주가조작 세력에 자금을 지원한 사채업자에 대한 과세가 강화된다.

금융위원회는 21일 이 같은 내용을 담은 '자본시장 불공정거래 조사 개선 방안'을 발표했다. 방안에 따르면 금융위는 자본시장과 금융투자업에 관한 법률을 개정해 회사 임원의 과거 불공정거래 전력을 사업보고서에 담아 공시하도록 했다. 현재는 사업기간 이내에 주가조작 등과 관련해 제재를 받은 경우에만 공시토록 하고 있다. 금융위원회는 법 개정 과정에서 논의를 거쳐 임원 외에 대주주 제재도 포함할지와 과거 전력의 기간 범위 등을 확정할 계획이다.

금융위는 주가조작 과정의 탈세 혐의에 대해서는 국세청에 통보하기로 했다. 주식 매매차익에 대해서는 과세되지 않는 만큼 주가조작 세력에 자금을 지원하고 고율의 이자를 받으면서 세금을 내지 않는 사채업자들이 주 타깃이 될 전망이다. 금융위는 이를 위해 자본시장법을 개정키로 했다.

허수성 호가, 통정 가장성 매매 등 불건전 주문에 대한 증권사의 수탁 거부 절차도 간소화된다. 기존에는 증권사가 불건전 주문에 대해 유선 경고, 서면 경고를 거쳐 수탁 거부를 예고한 후 거부할 수 있었다. 금융위는 한국거래소 규정을 개정해 오는 10월부터는 경고 없이 곧바로 수탁 거부 예고할 수 있게 할 계획이다.

한국경제신문. 2012.6.22.

위의 이러한 조치는 전력자들이('속칭 選手들이') 반복적인 금융사고를 범하는 것을 제도적으로 방지하기 위함이다.

국민연금 등에서 전과가 있는 재벌기업의 최대주주에 대해 주총에서의 등기임원 선임에 반대 의사를 밝혀서 주목을 받고 있다. 반대가 성사된 적은 없지만 상당한 상징적인 의미가 있다.

물론, 전력자가 불공정거래를 반복한다면 제재를 할 때 가중을 하기는 하지만 이는 사후적인 조치에 불과하며 이를 사전에 예방할 수 있는 조치가 필요할 수 있다.

다음과 같이 전력자들에 대한 주의도 주목할 만하다.

한국거래소 유가증권시장 및 코스닥시장
업무규정 일부 개정규정 승인안(요약)

Ⅰ. 제안 사유
- 공매도 포지션 보고제도 시행(8/30 예정)에 따라 공매도 관련 시장관리 강화를 위한 제도개선 방안을 마련하고자 함

Ⅱ. 주요 내용
- 공매도 법령 위반 전력자*의 매도 주문시, 증권회사(중개업자)가 보다 엄격한 절차를 거쳐 주문을 수탁하도록 규정 강화
  □ 법령상 금지된 무차입공매도를 일정 금액 또는 일정 일수 이상 한 자
  □ 위반 정도에 따라, ① 공매도 주문시 차입계약서 등을 사전에 징구하거나 ② 증권이 전량 입고된 경우에만 매도주문 허용

시행시기: '12. 10. 30

영역 다툼

"대출 담보물 평가는 우리가" 은행 감정평가협회 정면 충돌

요즘 담보물 가치를 누가 평가하느냐를 놓고 은행과 감정평가협회가 갈등을 빚고 있다. 일반적으로 개인이나 기업이 은행에서 돈을 빌리려면 담보를 제공해야 한다. 그리고 담보로 설정된 부동산의 가치에 따라 대출 가능 금액이 정해진다. 그동안 담보물의 가치 평가는 감정평가사가 맡아왔다. 그런데 최근 시중은행이 이 업무를 자체적으로 처리하려고 하면서 감정평가사들이 강하게 반발하기 시작했다.

다툼의 배경에는 수수료 문제가 있다. 지난해 7월 대법원 판결에 따라 그동안 대출자가 부담해온 감정평가 비용을 은행이 떠안게 된 것이다. 지난 한 해 동안 은행과 대출 신청자가 담보물 평가를 위해 지불한 수수료만 1,483억에 이른다.

게다가 금융위원회가 지난달 '은행업 감독규정'을 개정하면서 마찰은 더욱 커졌다. 부동산의 예상 감정가액이 20억원 이하인 경우 자체적으로 평가할 수 있도록 은행의 재량권을 대폭 허용했기 때문이다. 감정평가협회는 "현재 20억원 이하의 부동산 담보물건이 감정평가의 90% 이상을 차지하는 만큼 은행의 자체 감정이 사실상 전면 허용된 것"이라고 주장한다. 또 "자체 평가를 하면서 부동산 가치를 너무 높게 책정하면 부실 대출로 이어지고 과소평가하면 대출자에게 추가 담보를 요구하는 피해가 발생할 수 있다"고 지적한다.

금융업계의 생각은 전혀 다르다. 한 시중은행 관계자는 "담보물건을 평가할 수 있는 객관적인 자료가 많고 회사 내부에 전문인력을 확보하고 있어 문제가 될 게 없다"는 주장이다.

부동산 경기 침체, 유럽발 재정 위기 등으로 금융시장은 갈수록 불안해 지고 있다. 수수료 절감보다 금융시장의 건전성과 소비자 권리에 더 신경 쓰는 금융기관의 모습을 기대해 본다.

조선일보. 2012.6.21.

위의 기사에서 보듯이 전문가들 사이에는 지속적인 영역 다툼이 있게 된다. 공인회계사와 세무사와의 오래된 영역 싸움이 있고 공인회계사와 감정평가사도 치열하게 영역 싸움이 진행된다.

국토해양부는 금융위원회에서 건설업자의 재무관리상태 진단업무가 회계사 직무에 해당하는지에 대한 유권해석을 요청하였고 금융위원장은 2011년 12월 15일 다음과 같은 답신을 하게 된다. 국토해양부에서 이러한 공문을 보낸 이유는 세무사가 이러한 업무를 수행하게 되는데 이 업무의 업무규정을 어떠한 자격증 소지지가 맡아야 하는지의 논의와 연관된다.

'재무관리상태 진단업무'는 기업회계기준에 따라 건설업체가 제시한 재무제표를 기초로 국토해양부장관이 고시한 [건설업체 기업집단지침]에 따라 재무제표 부속명세서, 회계장부 및 관련 증빙서류 등을 종합적으로 검토 확인하여 실질자본을 확정하고, 전문가적 판단에 따라 실질자본에 대한 "적격" 또는 "부적격"의 진단의견을 표명하는 등 회계에 관한 감사 및 증명에 관한 전문적 기법과 판단이 필요한 사항이므로 [공인회계사법] 제2조의 '회계에 관한 감사 증명' 업무에 해당된다.

참고 1 회계에 관한 감사 및 증명업무 검토

■ '회계에 관한 감사·증명'은 업무의 명칭을 불문하고 독립적인 제3자(공인회계사)가 타인이 작성한 회계기록을 검증하여 의견을 표명하거나 회계기록 내용을 증명하는 업무이다.

□ 공인회계사법은 신뢰성 있는 검증을 위해 외부검증자의 징계 및 벌칙 규정과 독립성 및 윤리성 강화를 위한 규정이 마련되어 있다.

□ 공인회계사 징계규정(제48조), 벌칙규정(제53조), 직무제한규정(법 제21조, 33조) 및 윤리규정 준수의무(법 제317조) 등이다.

■ 회계에 관한 검증업무로서 대표적인 것은 '주식회사 외부감사에 관한 법률(이하 외감법)'에서 규정한 회계감사가 있다.

□ 타법률에서 회계에 관한 검증이 필요할 경우 외감법상의 회계감사란 용어를 일반적으로 인용한다.

□ 기업 및 기관 등의 형태 및 특성 등에 따라 다르게 정해진 회계기준과 감사기준(혹은 검증 및 검토기준)이 있다(참고 2 참조).

■ '건설업체 기업진단지침'의 '회계부문진단'의 내용은 독립적인 제3자가 건설업체의 회계정보를 검증하는 절차이다.

□ 명칭만 다를 뿐, 회계기준에 따른 대차대조표 증명업무 혹은 회계에 대한 감사 및 증명업무와 차이가 없다.

■ 또한, 기장대리를 수행한자가 동일한 회계장부를 검증하는 것은 기장대리업무의 중복일 뿐, 검증이라고 할 수 없다.

□ 단순히, 기업들의 편의성 및 부담완화를 위해 세무사 등 공인회계사가 아닌 他 자격사를 진단자로 포함해야 할 경우, 현행 진단지침의 절차는 공인회계사의 직무에 포함되는 것으로 판단되므로, 제3자의 회계검증절차가 아닌 회계장부 작성 대리인으로서의 절차로 변경하는 것이 필요하다.

"기업 자산재평가 누구 업무냐" 법원 일단 '감정평가사' 손들어줘

■ 기준 여전히 모호해 논란 '불씨'

자산재평가 업무영역을 둘러싼 회계사와 감정평가사간 치열한 밥그릇 싸움에서 법원이 일단 감정평가사의 손을 들어줬다.

하지만 피고인인 해당 회계법인이 항소를 준비 중이고 국제회계기준(IFRS)상에서 공정가치 평가에 대한 명확한 규정이 없어 논란은 지속될 것으로 예상된다.

또한 회계감사 업무에서 부동산 및 재고자산 재평가에 대한 감사는 회계사가 재평가 업무를 할 수 있어 두 업계간 논란의 여지는 아직 남아 있다.

회계법인 관계자는 2일 "법원 판결은 하나의 사건에 대한 판단에서 판결을 내린 것으로 보인다"며 "이 판결이 회계사가 모든 부동산 감정 평가를 하지 못하는 것이라고 보기는 무리가 있다"고 주장했다.

■ 회계사 자산재평가 업무 금지

회계사가 자산재평가 업무를 하는 것은 위법이라는 1심 법원의 판단이 나왔다. 서울북부지법 형사9단독(곽형섭 판사)은 최근 부동산 가격공시 및 감정평가에 관한 법률 위반 혐의로 기소된 삼정KPMG 회계법인 자회사인 S사 공동대표인 L씨에 대해 벌금 500만원을 선고했다.

앞서 L씨는 2009년 A기업으로부터 사옥과 사업장 물류센터 등 부지에 대한 자산재평가를 의뢰받아 장부상 가액 약 3조 4,000억원의 경제적 가치를 약 7조 2,000억원으로 표시하고, 그 대가로 1억 5,400만원을 받았다. 이에 한국감정평가협회는 L씨를 수사기관에 고발했고 검찰이 기소하면서 법정공방으로 이어졌다. 기업 자산재평가란 기업이 소유한 자산의 장부가액을 파악하기 위해 감정평가사가 소유자산의 현실가치를 판정하는 감정평가 업무다. 감정평가 업계는 연간 약 4,000건의 자산재평가 업무를 수행하고 있다.

재판부는 "K-IFRS는 국제사회에 일반적으로 통용되는 회계기준의 원칙을 정한 것으로 각 나라의 법률에 따라 달리 해석할 필요가 있다"며 "감정평가업자 제도가 특별히 마련돼 있는 국내 법률상으로는 K-IFRS상 '전문적 자격이 있는 평가인'을 감정평가업자로 한정하는 것이 타당하다"고 판단했다.

■ 회계사는 전문 평가인 아니다

법원 판결에 대해 회계업계는 신중한 태도를 보이면서도 불만을 터뜨리고 있다. 기업회계 전문가인 회계사가 아니면 누가 전문가냐는 것이다.

회계업계는 2009년 도입된 IFRS에서 자산재평가 수행주체를 '전문적인 자격이 있는 평가인(professionally qualified valuers)'으로 규정하고 있어 회계사도 평가업무를 수행할 수 있다고 주장해왔다.

공인회계사회 관계자는 "IFRS 도입 이후 공정가치 산정을 위한 자산재평가 업무 수행에 대한 명확한 규정이 없었다"며 "지금이라도 정부가 명확하게 업무를 분리해줘야 한다"고 지적했다. A회계법인 부대표는 "자산재평가가 감정평가사의 고유 업무라고 한다면 매년 회계감사 때마다 자산재평가를 받기 위한 비용이 증가하게 된다"며 "이는 회계감사 비용이 증가해 기업들에게 부담으로 전가될 가능성이 크다"고 우려했다.

■ 감정평가사업계 "환영"

공인회계사가 부동산 자산재평가 업무를 하는 행위는 위법이라는 법원의 판결이 나온 가운데 감정평가업계는 법원의 판결로 기업의 자산재평가 업무 수행주체가 감정평가사로 명확해졌다며 환영의 입장을 밝혔다.

대형 감정평가법인의 한 감정평가사는 "토지나 건물과 관련한 평가업무는 당연히 감정평가사의 고유업무인데 그동안 이 업무를 회계사들이 수행해왔다"면서 "소송까지 가서 법원의 판결이 나온 것은 아쉽지만 이번 기회에 법원이 정확하게 감정평가의 업무를 정해 줬으면 한다"고 말했다.

아울러 감정평가업계는 이번 법원의 판결로 그동안 감정평가업계와 회계업계 등 두 전문업계간 벌어졌던 업무영역 갈등이 정리될 것으로도 기대했다. 감정평가업계를 대표하는 한국감정평가협회도 이번 판결에 대해 긍정적인 반응을 보였다. 한국감정평가협회 김태환 회장은 "이번 판결로 감정평가업계와 회계업계간에 정도에서 벗어난 업무영역 침해를 지양하고 각자의 분야에서 국민을 위해 전문성과 윤리성을 제고해가며 상생과 화합의 길을 모색해가는 것이 바람직할 것"이라고 말했다.

파이낸셜뉴스. 2013.9.3.

공인회계사도 기업자산 감정평가할 수 있다

■ 항소심서 1심 뒤집혀

공인회계사도 기업 자산에 대한 감정평가를 적법하게 할 수 있다는 항소심 판결이 나왔다.

"감정평가는 감정평가사의 고유 업무"라고 판단했던 1심 판결이 뒤집힌 것이어서 관련 업계에 파장이 예상된다.

2011년 국제회계기준(IFRS) 국내 도입에 따라 상장 기업 및 금융회사는 정확한 기업 가치 산정을 위해 부동산 등 보유자산을 장부상 가치가 아닌 현재 시장가치로 다시 평가해야 한다. 공인회계사와 감정평가사 업계는 수천억원대 시장인 재평가 업무를 둘러싸고 치열한 밥그릇 싸움을 벌여왔다.

업계간 갈등은 형사소송으로 비화됐다. 회계법인 삼정KPMG어드바이저리가 2009년 삼성전자의 의뢰를 받아 서울 서초동 사옥 부지 등 부동산에 대한 자산 재평가를 실시, 장부상 가액 3조 4,000여 억원을 7조 2,000여 억원으로 재평가하고 용역 비용 1억 5,400만원을 받은 것에 대해 한국감정평가협회가 부동산가격 공시 및 감정평가에 관한 법률(부감법) 위반 혐의로 형사 고발한 것이다. 부감법은 감정평가사가 아닌 사람이 토지 등의 경제적 가치를 판정해 돈을 받으면 처벌하도록 규정하고 있다.

1심 재판부는 삼정 소속 공인회계사 정모(49)씨 등 3명에게 올 8월 벌금 500만원을 선고하며 "감정평가업자 제도가 특별히 마련된 국내 법률상으로는 한국채택국제회계기준(K-IFRS)에 규정된 '전문적 자격 있는 평가인'을 감정평가사로 한정하는 것이 타당하다"고 밝혔다.

그러나 서울북부지법 형사항소1부(부장 정호건)는 원심을 깨고 정씨 등 2명에게 무죄를 선고했다고 25일 밝혔다. 항소심 재판부는 1심과 같이 공인회계사의 감정평가는 부감법상 처벌 대상으로 인정하면서도 K-IFRS도입에 따른 회계목적으로 감정평가를 하는 경우 공인회계사법상 허용된 '회계에 관한 감정'으로 볼 수 있어 형법20조 '정당행위'에 해당, 위법성이 없어진다고 판단했다. 재판부는 "삼정의 검토보고서는 K-IFRS도입에 따른 토지의 공정가치 평가를 위한 것으로 공인회계사법 제2조 1호가 규정한 회계에 관한 감정에 해당한다"고 밝혔다.

공인회계사 자격증 없이 감정에 참여한 대표이사 이모(58)씨에게는 1심과 같이 벌금 500만원이 선고됐다.

한국일보. 2013.12.26.

지배구조법

금융회사 재무 임원 임면 때 이사회 의결 반드시 지켜야

후보 추천 위원회를 사외이사 3인 이상 및 과반수로 구성해 독립성을 유지하도록 했다.

정부는 이번 제정안을 통해 이사회 내 기존의 감사위원회뿐만 아니라 리스크를 관리하는 위험관리위원회 및 임직원 급여를 관리하는 보수위원회를 두도록 했다.

한편 입법예고안에 포함됐던 금융회사 대주주의 적격유지(주기적 적격심사)는 이번 국무회의 통과안에서는 빠졌다. 이에 따라 카드사와 보험사를 거느린 대기업 계열에 대한 감시기능이 약화될 것이란 지적이 제기되고 있다.

한국경제신문. 2012.6.6.

금융회사는 금융회사 지배구조법에 의해서 규제를 받으며 일반적인 상법 개정 내용과는 차이가 있는 지배구조를 강제한다. 상법과 금융회사 지배구조법간에 이해 상충이 있으면 특별법이 우선한다.

금융회사 대주주의 경우 인가 시점에 적격성에 대한 심사를 받게 되는데 유지하고 있는지에 대한 주기적 점검의 필요성을 위에서 기술하고 있다.

이제까지는 이사회 내의 하부위원회(sub committee)로는 감사위원회와 사외이사 추천위원회만이 강제되었고 기업의 상황에 따라 보수위원회를 가동하는 기업도 있고 그렇지 않은 기업도 있었다. 보수위원회를 강제하겠다는 것은 대리인 문제에 대한 해결책일 수 있다. 즉, 주총에서는 임원의 총 보수한도만을 정하게 되는데 총 보수한도라는 것이 큰 의미가 있는 금액이 아니며 임원의 높은 보수가 통제할 수 없는 수준으로 책정된다면 이는 바람직하지 않으며 심각한 대리인 문제를 유발할 수 있다. 총 보수한도는 상징적인 의미의 숫자일 뿐이다.

"대주주 연봉 너무 많아도 결격"

■ 기업 공개 후 '먹튀' 방지 위해 거래소 상장심사 깐깐

최근 들어 눈에 띄는 것은 임직원들에 대한 보상 체계와 적절한 권한 부여도 기업 계속성을 평가하는 항목 중 하나라는 점이다.

거래소 측은 "상장 신청인이 보유한 핵심 인력을 기업의 계속성을 유지하는 필수 요소"라며 "직원들이 경쟁사로 이직하는 것을 막기 위해선 적절한 보상 체계 구축과 업무, 만족도를 높일 수 있는 권한을 위임해야 한다"고 전했다.

매일경제신문. 2012.12.20.

이러한 내용은 매우 현실적인 부분을 제도에 반영한 것이다. 종업원들에게 그들 '몸값'에 상응하는 경제적인 보상이 있어야 하며 그렇지 않을 경우는 핵심 인력 이탈로 인해서 조직을 원만하게 이끌어 가는 것이 어렵다는 현실적인 한계를 정성적인 평가에 반영하려는 것이다. 이러한 접근은 바람직함과 동시에 정량적인 평가에 비해서는 상당한 정도의 주관적인 판단을 요하므로 판단에 임의성이 개입된다는 것이 우려된다. 급여 수준이 너무 높은 데 대해서도 규제기관이 개입하지만 위의 내용은 관련기관이 너무 낮은 급여에 대해서도 개입하게 된다. 어떻게 보면 적절한 급여 수준이 기업의 경쟁력을 결정한다는 것을 제도권에서 인정하고 있는 것이다.

그러나 어떻게 보면 이는 시장 mechanism이 알아서 판단할 일을 지나치게 제도권이 간섭하는 것은 아닌지에 대한 생각도 해 볼 수 있다. 반면, 이에 대한 제도권의 반응은 시장이 이러한 경우 제대로 기능하지 못하게 되며, 기업에 문제가 생기고 특히나 상장기업에 문제가 생길 경우, 투자자 보호의 이슈가 있기 때문에 이는 결코 시장에 자유방임적으로 위임하는 것이 최선이 아니라고도 할 수 있다. 아래의 Peter Drucker의 인용문에서와 같이 임원의 봉급 수준은 직원의 봉급 수준 대비로 그 상대적인 크기를 가늠하게 된다.

CEO Pay should not exceed 20 times the average worker pay(100 yrs ago, Banker JP Morgan)

A 20−to−1 salary ratio is the limit beyond which they cannot go if they don't want resentment and falling morale to hit their companies (Peter Drucker)

http://business.highbeam.com/5175/article−1G1−55082493/beyond−capitalism

Chapter

21

... IFRS 개선방향

[1] 주석공시 내용 강화

■ (정보이용자) 기업 분석에 필요한 주요 공시사항*은 K‒IFRS에서 요구하고 있지 않더라도 공시토록 하고, 공통적인 주석사항에 대해서는 공시양식을 정형화할 필요가 있음

　* 특수관계자간 거래내역 상세 표시, 매출채권(매입채무) 금액의 구분 등

　□ 연결당기순이익의 경우 지배지분손익과 비지배지분손익으로 구분하여 공시할 필요가 있음

　* 매출액, 영업손익, 법인세비용차감전계속사업손익, 당기순손익 등

■ (대응방안) 그간 금융감독원은 K‒IFRS에서 명시하고 있지 않으나 공시가 필요한 사항*을 공시하도록 모범사례(Best Practice)와 함께 기업들에 배포**하고 그 이행실태를 지속적으로 점검·지도해 왔음

　* 판매비와 관리비 내역, 차입금 내역, 매출채권 및 매입채무 구분표시, 금융수익(비용) 상세 내역, 기타수익(비용) 상세 내역 등

　* 'K‒IFRS 재무공시사항 체크리스트('11.4.1)' 및 'K‒IFRS 연결재무제표 및 지분법 공시사항 체크리스트('12.1.30)' 등 배포

　□ 향후에도 애로사항을 파악하여 IFRS 재무공시사항 체크리스트 보완 및 새로운 모범사례 발굴·전파, 정기적인 점검 등을 통해 공시내용의 충실화를 도모할 예정임

　□ 한편, 잠정 영업실적에 대한 공정공시와 관련하여, 한국거래소와 협력하여 재무정보 이용자에게 충분한 내용이 공시되도록 제도개선을 추진하겠음

이는 수시공시의 형태로 전달된 내용이 정기공시인 주석사항과도 연관되도록 두 형태의 공시가 별개의 공시가 아님을 강조하고 있다.

[2] 별도재무제표 및 동일지배하 기업간 거래에 대한 회계처리 지침 부족

※ 별도재무제표: K-IFRS에 따라 연결재무제표를 작성·공시하는 지배기업이 연결재무제표와는 별도로 지배기업만의 재무상태 및 경영성과 등을 나타내는 개별재무제표로 종속회사 및 관계회사 투자주식을 원가 혹은 공정가치로 평가하고 있음
※ 동일지배하 기업간 거래: 동일 당사자가 둘 이상의 기업을 지배하는 경우 지배기업과 피지배기업간 또는 피지배기업간의 합병, 분할 등의 거래
※ 비상장기업을 위한 일반기업회계기준은 동일지배하의 기업간 거래에 대해 회계처리기준을 제공(합병은 연결장부금액, 분할은 공정가치 등으로 회계처리)하고 있으나, K-IFRS는 별도의 기준서가 없음

■ (회계법인) 별도재무제표의 작성 및 동일지배하의 기업간 거래(합병, 분할 등)와 관련한 회계처리 지침이 없어* 실무상 다양성 존재

 * (예) 관계회사에 대한 유의적 영향력 상실시 별도재무제표상 관계회사 투자주식을 매도가능금융자산으로 재분류하고 공정가치로 평가하는바, 투자주식의 장부가액과 공정가치 차이에 대한 회계처리(당기손익 또는 기타포괄손익 처리)방법이 명시되지 않음

■ (대응방안) 별도재무제표에 대한 개념 정립 및 문제점 개선을 위해 외부연구용역을 실시하고, 연구용역 결과를 참고하여 개선방안을 마련할 예정임

 □ 또한 '동일지배하의 기업간 거래'에 대한 기준서 제정 필요성을 국제회계기준위원회(IASB)에 전달하여 관련내용이 IFRS에 반영되도록 노력할 예정임

[3] 지분법 정보 공시

■ (정보이용자) 연결재무제표 작성 기업의 경우 별도재무제표에는 투자주식에 대한 지분법* 관련 정보가 공시되지 않아 개별기업의 분석에 어려움이 있으므로 별도재무제표의 주석에 지분법 관련 정보**를 공시할 필요가 있음

 * 지분법: 종속기업이나 관계기업에 대한 투자주식을 해당기업의 성과나 순자산에 근거하여 투자 지분율만큼만을 당기손익이나 자본에 반영하는 방법임. 연결재무제표 미작성 기업은 지분법을 적용하여 공시하고 있음

 ** 종속기업 및 관계기업에 대한 투자현황, 종속기업 및 관계기업의 요약 재무정

보, 지분법 적용 요약 재무상태표 및 요약 포괄손익계산서 등

■ (대응방안) 별도재무제표에서 지분법 정보를 추가 공시하는 경우 기업들의 추가적인 부담이 발생할 수 있으므로 지배회사의 별도재무제표 작성시 지분법 적용여부에 대한 국제회계기준위원회(IASB) 입장* 등을 고려하여 결정할 필요가 있음

* 현재 IASB는 별도재무제표 작성시 지분법 적용을 허용하지 않고 있으나, 각국의 요청에 따라 지분법 허용 여부를 추후 논의할 예정

22

계약해지권

최근의 경제민주화 등의 이슈가 언론에 보도될 때, 가장 주된 내용이 수퍼갑의 을에 대한 횡포이다. 모 회사 임원의 비행기 비즈니스좌석에서의 행동 행태도 수퍼갑의 입장에서의 행동 패턴이 몸에 밴 결과의 표출일 것이라는 추측성 기사도 보도된다.

피감사인과 감사인과의 관계는 대등한 관계여야 한다. 물론, 계약을 주는 갑과 계약을 받아야 하는 을의 관계이기 때문에 을인 감사인이 갑인 피감사인을 의식하지 않을 수 없다. 과거 감사인 강제교체제도가 시행되던 기간에는 감사인이 언제가 마지막 감사연도인지를 알 수 있기 때문에 즉, 감사계약이 더 이상 연장되지 않는다는 것을 알기 때문에 교체전 이전 연도에는 감사인이 매우 강한 입장으로, 소신을 갖고 감사를 수행할 수 있었다. 즉, 피감기업이 용역을 주는 입장이었지만 계약 마지막 연도에는 계속 감사수임에 대한 부담을 가질 필요가 없기 때문에 오히려 감사인이 강한 입장을 취할 수 있다.

또한 감사를 일단 맡게 된 초기 연도에는 전임 감사인이 수행하였던 감사에 대한 책임을 이월받지 않기 위해서 과도할 정도로 강하게 과거 재무제표에 대해 문제를 지적하고 수정을 요청할 수도 있다.

이러한 감사인과 피감기업의 관계는 감사수임료를 결정함에 있어서도 나타나는데 3년간의 감사 수임료의 추이를 보면 초기 연도에는 감사수임료가 discount되다가 2년차, 3년차에는 수임료가 올라가는 것을 알 수 있다. 어떻게 보면 감사인과 피감기업이 일종의 힘 겨루기 게임을 하고 있다고도 할 수 있다.

- 139 -

이는 감사에 투입되는 시간과는 반대로 움직인다고도 할 수 있는데, 초기연도에는 피감기업에 대한 내부통제제도 등, 거의 모든 회계시스템에 대한 이해도가 낮기 때문에 감사시간이 많이 투입되는 대신에 수임을 위해서 low balling한다고 할 수 있다.

계약관계에서 양자간의 관계는 항상 대등한 관계에서 의견이 절충되는 것이 가장 바람직하다. 어느 한쪽이 계약을 주는 입장이고 다른 한편은 계약을 받아야 하는 입장이기는 하지만 감사인은 감사의견을 표명하는 위치에 있기 때문에 용역을 수임하는 입장이라고 하여서 항상 약자의 위치라고 할 수는 없다. 일단 계약이 진행된 이후에는 계약이 3년 계약기간 동안 유지되기 때문에 오히려 감사의견을 표명하는 감사인이 계약상으로는 을의 위치이지만 보장된 감사기간 동안에는 우월적인 입장에 있다고도 할 수 있다. 이는 업무상의 우월성이니 경제적인 우월성은 아니다. 물론, 경제적인 부분과 업무적인 부분을 분리할 수 있는지는 별건의 논의사항이다. 이는 계속 감사 계약에 대한 부담이 없을 경우를 의미한다.

단, 감사인 강제교체제도가 폐지된 현 상황에서 감사인은 계속적으로 우량기업에 대해서는 감사를 희망하기 때문에 기간에 무방하게 감사용역에 관해서는 감사인이 의견을 표명하기는 하지만 경제적인/계약적인 측면에서는 약자의 입장에 설 수 있다. 이러한 차원에서는 감사인과 피감기관간의 힘의 균형이 매우 중요한 요인이다. 이러한 힘의 균형을 유지하기 위해서는 감사인의 규모도 매우 중요한데 그래야 감사인이 피감기관 몇을 잃더라도 버틸 여력이 있을 것인데 그렇지 않은 상황하에서는 감사인이 피감기관에 끌려 다니는 모습을 보일 수도 있다. 이러한 차원에서 또한 감사인이 국제경쟁력을 갖기 위해서 big 4뿐만 아니라 중견 회계법인도 대형화되어야 한다는 것이 정부의 입장이지만 회계법인의 대형화는 시장에서 형성되어야 할 산출물이지 정부의 의지에 의해서 진행될 수 있는 건이 아니다.

감사인과 피감기업의 관계는 미묘하다. 예를 들어 감사인이 계속기업과 관련되어 불확실성이 존재할 경우, 비적정의견을 표명하는데 이러한 의견을 받은 피감기업이 이 의견이 단초로 작용하여 부도가 발생할 수도 있다. 감사인은 물론, 이러한 의견을 표명한다면 계속 감사인으로 계약을 수행할 가능성이 낮아지지만 이러한 의견을 표명하지 않는다면 사후적으로 부도가 발생할 경우 소송의 대상이 될 수도 있다. 따라서 이들 두 기관은 이해가 상충되는 게임에 관여되어 있다고도 할 수 있다.

계속기업과 관련된 변형된 의견뿐만 아니라 모든 비적정의견을 표명할 때는 감사인은 상당한 정도의 부담을 안을 수 있다. 일부의 부적정의견은 퇴출 또는 관리종목 편입 의사결정으로 연결되기 때문이다.

그러나 이러한 관계는 양자간의 계약관계가 유지되었을 경우이다. 그렇기 때문에 어떠한 상황에서 이러한 계약 관계가 중단될 수 있는지에 대한 논의는 매우 흥미롭다. 양자간의 관계를 중단할 수 있는 권리는 양자간의 관계에서 누가 우위를 점하는지를 결정하는 데 있어서 매우 중요하며 이 두 경제주체간의 힘의 역학 관계에 영향을 미친다.

이에 반해서 법률대리인 관계인 의뢰인과 법무대리인(변호사)의 관계는 거의 완벽한 갑/을 관계라고 할 수 있다. 변호사가 의뢰인이 불편해 하는 의견을 표명하거나 주장을 할 수는 없다. 또한 이들 관계에는 성공보수라는 큰 경제적인 incentive가 존재한다.

감사인과 피감기관과의 관계는 이들 계약 당사자 이외에도 감사보고서를 이용하는 불특정다수가 존재하기 때문에 이들을 둘러싼 환경이 조금은 더 복잡하다.

감사인과 감사의뢰인과의 이견과 관련되어 최근 감사인의 이익을 보호해 주는 감사계약해지권이 2009년 2월 3일 입법화되었다.

과거에는 감시의뢰인에게만 1990년 3월부터 감사계약해지권이 보장되어 있었는데 감사인에게는 감사계약해지권이 없었다. 법안에서 이러한 외관적 불균형이 존재했다는 것을 보더라도 감사인과 피감사인의 관계는 정황적으로도 균등하기는 어려운 관계이다. 피감기업의 입장에서는 내가 용역을 주었는데 이를 다시 빼앗아 가겠다는 주도적인 의미가 있는 반면, 내가 용역을 수행하겠다고 나섰는데 여타 사정에 의해서 못하게 되었으므로 이 용역권을 반환하겠다는 의미이다. 후자보다는 전자가 논리가 어감상으로 더 매끄럽다. 이는 용역을 주는 자가 주도적으로 계약을 하는 것이라는 주인의 의미가 강하기 때문일 것이다.

외감법 제4조제4항제2호 이미 선정된 감사인이 사업연도 중에 해산 등 대통령령이 정하는 사유의 발생으로 감사를 수행하는 것이 불가능한 경우

외감법시행령 제3조 제4항

1. 감사인인 회계법인이 파산 등의 사유로 해산하는 경우(합병으로 인한 해산의 경우는 제외한다)
2. 감사인인 회계법인 또는 감사반이 등록취소처분을 받은 경우
3. 감사인인 회계법인이 업무정지처분(감사인인 감사반의 구성원이 직무정지처분을 받은 경우를 포함한다)을 받아 해당 사업연도의 회계감사가 불가능하게 된 경우
4. 그 밖에 감사인이 해당 사업연도의 회계감사를 사실상 수행할 수 없게 된 경우

외감법 제4조의2제2항에서 감사인이 직무상 의무를 위반하는 등 대통령령으로 정하는 사유

외감법시행령 제3조 제5항

1. 감사인이 회사의 기밀을 누설하는 등 직무상 의무를 위반한 경우
2. 감사인이 그 임무를 게을리하여 회사에 손해를 입힌 경우
3. 감사인이 회계감사와 관련하여 부당한 요구를 하거나 압력을 행사한 경우
4. 외자도입계약 등에서 감사인을 한정하고 있는 경우
5. 법 제15조제1항에 따른 감사보고서에 대한 감리 결과 또는 제8조에 따른 감리 결과 감사인이 금융위원회가 정하는 사유에 해당하게 된 경우

5는 감사인 지정을 지칭한다. 위의 경우와 같이 피감기업이 감사인과의 계약을 해지할 수 있는 길이 열려 있었으나 감사인은 최근까지 계약을 해지할 수 있는 제도가 도입되지 않다가 최근에야 이러한 내용이 신설되었다. 아마도 피감기업이 계약에 있어서 갑의 입장이었기 때문에 주도적인 입장에서 계약을 해지할 수 있는 제도가 우선적으로 존재하지 않았으리라고 추정된다. 회사가 용역을 주는 입장이었으므로 이러한 계약을 철회하기 더 좋은 입장이라고 생각할 수 있다. 이는 양자간의 계약이라기보다는 계약을 주는 입장과 계약을 받는 입장을 구분하는 것이다. 따라서 어떻게 보면 이 두 경제주체의 관계는 태생적으로 대등할 수 없는 관계라고도 할 수 있다.

감사인이 계약을 해지하는 경우는 다음과 같다.

외감법: 제6조 (감사인의 권한 등)

③ 감사인은 제5조에 따른 회계감사기준에서 정하는 독립성이 훼손된 경우 등 대통령령으로 정하는 사유에 해당하는 경우에는 사업연도 중이라도 감사계약을 해지할 수 있다.

④ 주권상장법인의 감사인은 감사의견과 관련하여 부당한 요구나 압력을 받은 경우 등 대통령령으로 정하는 사유에 해당하는 경우에는 제4조의2제1항에도 불구하고 연속하는 3개 사업연도 중이라도 매 사업연도 종료 후 3개월 이내에 잔여 사업연도에 대한 감사계약을 해지할 수 있다.

외감법시행령 제5조의2(감사인의 감사계약 해지권)

① 법 제6조제3항에서 "회계감사기준에서 정하는 독립성이 훼손된 경우 등 대통령령으로 정하는 사유"란 다음 각 호의 어느 하나에 해당하는 경우를 말한다.

1. 법 제3조제3항에 따라 회사의 감사인이 될 수 없는 경우
2. 독립성이 훼손된 경우 등 회계감사기준에서 정하는 사유가 발생한 경우
3. 「공인회계사법」 제43조제1항에 따른 직업윤리에 관한 규정에서 정한 감사인의 독립성이 훼손된 경우
4. 회사가 직전 사업연도 또는 사업연도 중 감사보수의 지급에 관한 감사계약상의 의무를 이행하지 아니한 경우. 다만, 제4조의2제1항에 따라 선임된 감사인의 경우에는 회사가 직전 사업연도의 감사보수를 금융위원회가 정하는 기한까지 그 감사인에게 지급하지 아니한 경우만 해당한다.

기한과 관련한 외부 감사 및 회계 등에 관한 규정

제3장 감사인의 지정 등, 제11조(감사인의 부정 교체 사유)에서는
제11조의2(지정감사인의 감사계약 해지사유에 해당하는 감사보수 미지급기한) ① 영 제5조의2제1항제4호에서 "금융위원회가 정하는 기한"이라 함은 해당 감사인이 증선위로부터 감사인 지정사실을 통보받은 날이 속하는 달의 말일로 한다라고 정하고 있다.

5. 감사계약을 체결한 후 회사의 합병, 분할 또는 사업의 양도·양수로 주요 사업부문의 성격이나 회사의 규모가 현저히 달라졌으나 감사보수에 대한 재계약이 이루어지지 않은 경우

② 법 제6조제4항에 따라 주권상장법인의 감사인은 감사의견과 관련하여 「상법」 제635조제1항에 규정된 자, 회사의 회계업무를 담당하는 자, 주주 또는 채권자에게서 부당한 요구나 압력을 받은 경우 감사계약을 해지할 수 있다.

⑤ 감사인은 제3항 또는 제4항에 따라 감사계약을 해지한 경우에는 지체 없이 그 사실을 증권선물위원회에 보고하여야 한다.

참고로, 감사보수 지급과 관련되어서는 통상적으로 계약시 10%, 반기 시점에 40%, 기말 50% 정도를 수임료로 받게 된다. 5. ②에서 흥미로운 것은 채권자에게 부당한 요구나 압력을 받은 경우에도 감사계약을 해지할 수 있다고 기술하고 있다. 감사계약의 주체는 회사이지만 채권자도 이해관계자로서 이러한 규정이 포함된 듯하다.

감사보고서의 수신인은 '주주 및 이사회'이다. 즉, 감사 용역에 대한 대상자는 주주 및 이사회라서 이는 주주 및 이사회에 대한 용역이다. 기업을 nexus of contracts라고 지칭하기도 한다. 즉, 기업은 기업과 관련된 경제주체의 복잡한 계약 관계로 연결된다는 것을 의미한다. 따라서 감사용역이 주주 및 이사회에 대한 용역이기는 하지만 기업을 둘러 싼 모든 경제주체가 유기적으로 연관되어 있으므로 채권자에 대해서도 위에서와 같이 이해관계자로 인정해 주는 것이다. 이러한 내용은 감사인선임위원회의 구성원 중에 채권자가 포함됨과 같이 생각할 수 있다. 즉, 회사에서 받아갈 수 있는 파이는 한정되어 있는데 주주가 몫을 더 가져간다면 채권자의 몫을 감소할 수밖에 없다. 어찌했거나 채권자는 기업의 입장에서는 제3자일 수밖에 없다. 기업의 실체를 이루는 것은 주주이다.

위와 같은 감사계약해지권은 감사인의 권한을 많이 개선하였다고 사료된다. 감사가 일단 수행되는 과정 중에서 감사수임료를 못 받을 수도 있으며 원하지 않는 감사를 계약 때문에 끌려 다닐 수도 있는 상황이 전개될 수도 있었다.

단, 법에서는 이러한 해지권이 인정되고 있지만 실제로 해지권이 행사되기는 현실적으로 무척이나 어렵다.

감사인의 감사계약 해지권이 인정되고는 있지만 실무에서 보는 입장에서 이는 형식적으로 도입된 제도이며 실질적으로 감사인이 업무를 수행하는 데 있어서 큰 도움은 되지 않는다는 실무에서의 비판도 있다. 즉, 해지권이 법에서 규정은 되어 있으나 별 실효성이 없는 제도라는 비판이다.

다음은 모 대형 회계법인의 감사담당 총괄본부장의 감사계약 해지권에 대한 의견이다.

"왜냐하면 감사인이 독립성을 잃는 경우는 당연히 못하는 것이기 때문에 이를 무슨 해지권이라는 거창한 표현을 사용하지 않고서도 너무 당연한 것이다. 부당한 압력이라 하는 것도 조폭이 횡포를 부리는 경우 외에는 사실 매우 애매한 것이기 때문이다. 의견이 달라 조금 언성이 올라갔다고 부당한 압력이라 하며 감사계약 해지조항을 들이댈 수는 없는 것이다.

사실 회계사들이 withdraw하고 싶은 경우, 즉 withdraw제도가 효력을 발휘하는 경우는 감사가 시간상 능력상 비용상 도저히 불가능할 경우일 것이다."

다음과 같은 시나리오를 구성해 본다. 계속적으로 위에 인용한 감사담당 총괄 본부장이 감사의견을 철회한다는 것이 현 제도하에서 왜 어려운지에 대한 내용을 기술한다.

코스닥 경영진이 증자를 하고 그 돈을 빼먹는 전형적 방법으로 다른 벤처사의 주식을 고가로 구입한다. 3억도 안 되는 주식을 벤처라는 이름으로 100억을 주고 사고 재무제표에 영업권 97억을 올려놓는다.

그리고 이들은 100억을 저녁에 모여 서로 나누어 가진다(추정컨대). 회계사는 이 수상한 거래를 인정하기 싫다. 그런 거래를 왜 하느냐고 회사에 물으면 고도의 경영의사결정이라고 한다. 회계사는 진짜 100억 가치가 있는지 알 수가 없고 경영진들은 회계사들이 무식해서 마켓을 모른다고 한다.

평가보고서를 구해보면 다른 회계법인들이 저렴한 가격을 보수로 받고 100억 가치가 있다고 해 준다. 보고서에는 DCF방식으로 미래가치가 있다고 한다. 거짓으로 보이지만 아니라고 입증할 수가 없다. DCF방식이라는 것이 미래의 현금흐름의 추정에 근거한 현재 가치를 추정하는 것인데 추정치가 잘못 되었다고 누구도 단정지을 수 없다.

그래도 못 믿겠다고 의견거절을 주게 되면 회사와 주주들이 가만히 있지 않는다. 당장 상장폐지가 되기 때문이다. 그래서 회계사들은 회사에 시달리기도 하지만 양심적으로 고민을 한다.

100억 가치가 있는데 내가 무식해서 멀쩡한 회사를 망하게 하는 것은 아닌가? 하면서. 그래서 매매계약서에 100억으로 되어 있고 실제 돈이 100억 나갔고, 평가보고서가 100억 가치가 있다고 하고 나중에 짜고 100억을 경영진들이 서로 나누어 갖는다고 해도 사실 그것은 나의 감사범위는 아니다 라는 논리로 적정의견을 내보게 된다.

그러면서 또 고민한다. 횡령꾼, 사기꾼들을 내가 방조하는 것은 아닌가?

결국 적정과 의견거절 사이에서 왔다갔다 고민하다가 감사기준은 성선설로 되어 있으므로 부정입증이 안 되니 적정으로 나가게 된다.

그러나 그런 회사는 꼭 2~3년 후 망한다. 이번에는 손 바뀐 주주들이 왜 의견거절을 하지 않았느냐고 감사인에 소송을 한다. 이러지도 저러지도 못한다.

평가보고서라는 것이 이슈가 된다. 평가보고서는 감사보고서가 아니라 표현 그대로 평가보고서에 그치기 때문에 어떠한 과정을 거쳐서 이러한 평가보고서가 공신력을 갖는지 애매모호하다. 감사기준과 같이 정형화된 어떠한 과정을 거쳐서 용역이 수행되어야 한다는 원칙이 존재하지 않기 때문에 이러한 평가보고서가 명백하게 잘못되었다고 주장하기도 쉽지 않다. 즉, 평가는 평가이지 인증이 아니다. 이러한 평가보고서의 가이드라인에 대한 내용은 chapter 87에 정리된다. 미래의 진행될 건에 대한 가정에 근거해서 평가가 수행될 것이므로 미래의 가정은 낙관적인일 수도 부정적일 수도 있다.

　　withdraw는 바로 이러한 때 필요한 제도라는 주장이다. 그러나 실무에서의 이러한 의견이 의미가 없는 것은 아니지만 이러한 식으로 문제가 있는 기업에 감사인들이 감사의무를 회피한다면 문제되는 피감기업은 누가 감사 의무를 안아야 하는지의 이슈로 남게 된다. 즉, 문제 있는 기업들의 감사를 모든 회계법인이 회피한다면 이는 책임 회피밖에는 아닌 것이다. 그렇기 때문에 감사계약을 해약한다는 것이 결코 쉽지 않은 제도의 운용이다.

　　실무에서 주장하는 이러한 withdraw에 대한 '권리'가 '의무 회피'가 되어서는 안 된다. 사회에서는 권력이 있는 자가 권력을 너무 행사하지 않아도 문제이다. 권력이 있는 자가 권력을 남용해서는 안 되는 것은 물론이다. 동시에 의무를 안아야 하는 입장에 있고 무엇인가 결정을 해야 하는 위치에 있는 사람이 그 의무를 지지 않으려고 해도 문제이다. 부적정의견, 의견거절이나 코스닥기업에 대해서는 감사의견 한정을 표명할 경우에 퇴출되게 된다.

　　이러한 의무와 권한을 지지 않으려고 하면서 내게만 너무 과도한 의무를 안겼다고 불평하는 것은 어불성설이다. 이러한 의견이 단초가 되어서 상장폐지가 된다면 당연히 그러한 의무는 감사인이 안아야 하는 책무이다. 이러한 의무를 안지 않으려 한다면 감사 withdraw가 아니라 애시당초 감사를 수행하지 않아야 한다.

　　현재로서는 감사인의 감사의견이 퇴출과 관련된 최종적인 의사결정을 수행하는 것이 아니라 상장폐지실질심사로 진행되기는 하지만 이 의사결정을 수행함에 있어서 감사의견이 매우 중요한 정보의 원천이다.

상기 예에서 금감원에 감사계약을 해지하고 싶다고 자문을 구하면 절대 못하게 한다. 왜냐하면 법상 해지의 해당사항에 적합하지 않기 때문에 어쨌건 의견을 내라고 한다.

즉, withdraw할 수 있는 case인지 아니면 어쨌거나 감사의견을 표명하여야 하는 case인지를 구분한다는 것이 매우 어렵다. 감독기관의 입장도 충분히 이해할 수 있는 것이 withdraw할 수 있는 경우가 아니고 가부간에 감사의견을 표명해 주어야 하는데 호의적인 감사의견을 표명하기 어렵고 부정적인 감사의견을 표명하는 것은 부담이 되기 때문에 withdraw한다면 이는 withdraw제도가 남용되는 것이고 이를 관대하게 허용한다면 정상적인 감사가 진행되기 어렵게 되며 withdraw제도가 악용/남용되는 것이다.

예를 들어 주요경영사항 수시공시에서도 동일한 이슈가 발생한다. 기업이 수시공시에 해당하는 건인지 아닌지가 명확하지 않을 경우에 기업에서는 거래소 공시팀에 자문을 하게 된다. 이러한 부분이 주관적인 판단의 영역일 경우, 공시팀은 거의 대부분 공시하는 것이 안전하다고 답을 할 것이다. 즉, 공시에 전향적으로 임하라는 답을 할 가능성이 높다. 이러한 공시담당부서의 성향을 인지하고 있는 기업은 공시를 고민하는 이슈의 내용이 부담되는 건이면 자체 법률 자문을 거쳐서 공시를 수행하지 않을 수 있다. 자문 변호사는 거의 항상 기업에 우호적으로 공시 규정을 해석할 가능성이 높다. 공시가 긍정적인 내용을 담고 있으면 이를 주저할 이유가 없을 것이고 부정적인 내용을 담고 있기 때문에 공시 여부에 대한 고민을 하는 것이다.

여기서 한 가지 고민할 부분은 감사인이 감사의견을 표명할 때에 이것이 감독기관과의 협의 사안인가 하는 것이다. 다음의 저축은행 관련된 내용도 이러한 고민과 연관된다.

민간 경제의 독립성을 생각하면 이는 협의의 대상이 아닌 것이고 감독/규제기관은 경제 전체를 운용하는 입장에서 가이드를 할 수도 있다고 생각된다.

금융당국, 저축은 구조조정 적당히 하려다 허 찔렸나

삼일회계법인이 2개 저축은행에 대해 '의견거절'을 검토하고 있다는 의사를 전달하자 금융당국은 적잖게 당황하고 있다. 두 곳 모두 금융당국의 경영 진단 결과 합격 판정을 받고 정상 영업 중인 곳이기 때문이다. 금융당국은 '의견거절'이 확정될 경우 예금 인출사태 등이 재발될 가능성이 있다고 우려하면서 '신중한 대응'을 당부하고 있는 것으로 알려졌다.

삼일회계법인이 문제를 삼은 A저축은행은 소형 저축은행이다. 하지만 A저축은행은 대주주의 아들이 몇 년 전부터 고객들의 예금 수백억을 빼돌린 사실이 지난 7~8월 금융당국의 경영진단 과정에서 드러났다. 대주주의 아들은 횡령한 돈을 주식에 투자했다가 손실을 본 것으로 전해졌다.

금융당국 관계자는 '그동안 금융감독원과 감사를 맡은 회계법인은 물론 아버지인 대주주도 이런 사실을 몰랐다'고 말했다. 금감원은 A저축은행은 대주주가 아들이 횡령한 돈을 채워 넣자 '합격' 판정을 내렸고, 대주주의 아들을 횡령혐의로, A저축은행을 불법대출 혐의로 검찰에 각각 고발하는 것으로 마무리 지었다.

하지만 삼일회계법인은 묵과할 수 없는 문제라고 봤다. 삼일회계법인 측은 '심각한 도덕적 해이를 보였기 때문에 경영진을 믿을 수 없다'는 입장인 것으로 전해졌다.

삼일회계법인이 '의견거절'을 검토 중인 다른 저축은행인 B사는 재무상태에 대한 논란이 많은 곳이다. 이 저축은행은 경영진단에서 부채가 자산을 초과하는 것으로 나타났지만 금융당국은 '위험하지 않다'는 판정을 내렸다. 반면 삼일회계법인은 '재무구조가 취약하다'는 판정을 내린 것으로 알려졌다.

28일까지 2010년 회계연도 결산 공고를 낸 64개 저축은행 중 영업 정지된 곳을 빼놓고는 모두 '적정'의견이 나왔다.

금감원 관계자는 '의견거절' 움직임과 관련, '삼일회계법인이 뒷감당이 걱정된 나머지 멀쩡한 저축은행에 대해 지나치게 소극적으로 나온 것 아니냐'고 말했다. 반면 대형 회계법인의 한 회계사는 '금융당국이 저축은행 구조조정을 적당히 끝내려다 허를 찔린 것 아니냐'고 지적했다.

삼일회계법인은 금융당국의 의견을 받아들여 최종 결정단계에서 수위를 낮추는 방안도 검토 중인 것으로 전해졌다. 삼일회계법인 측은 '한정의견이나 부적정의견이 나올 수 있다'고 밝혔다.

조선일보. 2011.9.29.

감독기관의 의견이 수용 여부를 떠나서 감독기관은 bank run 등의 사건이 발생할 것을 우려하여 회계법인에 의견을 제안할 수는 있지만 동시에 회계감사의견은 회계법인의 고유 업무영역이므로 매우 민감한 부분이다.

저축은 구조조정 '회계감사 변수'

국내 최대 회계법인 삼일회계법인이 저축은행 두 곳에 '한정'의견을 통지 회계감사가 저축은행 구조조정 마무리 국면에 최대변수로 등장했다.

삼일회계법인은 경남 소재 A저축은행과 부산 소재 B저축은행의 감사보고서에 '적정' 의견을 낼 수 없으며 일부 회계처리 항목과 관련해 하자가 있다는 의미의 '한정'의견을 낼 것이라고 29일 통보했다.

삼일회계법인은 대표가 주식 투자 등을 위해 예금을 사용했고 불법 대출 혐의가 있는 A저축은행의 재무제표가 적정한지 확신할 수 없다고 봤다. 부채가 너무 많아 시장의 우려가 지속적으로 제기돼 왔던 B저축은행에 대해서도 '적정'의견을 내기에는 무리가 있다고 판단했다. 두 저축은행은 금융감독당국으로부터 영업정지 등의 적기시정조치를 당하지 않아 정상으로 분류된 회사이지만 삼일회계법인은 회계처리에 있어서 문제가 있다는 결정을 내놓은 것이다.

이에 대해 금융당국은 당혹스러워 하는 분위기다. 멀쩡한 것으로 파악됐던 저축은행에 문제가 불거지면 부실감독 논란을 피할 수 없는데다 무엇보다 저축은행 신뢰도에 타격을 주는 탓이다. 금융감독원 관계자는 B저축은행에 대해서도 '부실 저축은행을 인수해 애당초 좋은 수치가 나올 수 없는 회사였다'며 '2017년까지 장기적으로 살아날 수 있는 판단에 변함이 없고 BIS 비율도 5.2%로 나와 문제될 것이 없다'고 말했다.

하지만 저축은행업계에서는 금융감독당국의 해명에도 불구하고 불안하다는 반응이다. 감사보고서가 '적정'하지 않은 저축은행에 안심하고 돈을 맡길 수 있겠느냐는 것이다. 2010 회계연도에 회계법인이 적정의견을 내지 않은 곳은 이미 영업정지를 당한 프라임 토마토 대영 제일2저축은행밖에 없다. 지난 회계연도에 적정의견을 받지 못한 대전저축은행은 영업정지를 당했다. 한 대형 저축은행장은 '삼일회계법인의 이번 감사의견은 상징성이 크다'며 '앞으로 적정의견을 받지 못하는 저축은행이 더 나온다면 업계 전반에 충격이 나타날 수 있다'고 말했다.

한국경제신문. 2011.9.30.

감독원이 감사의견에 있어서 더 기업에 우호적이고 감사인이 더 불리하게 의견을 표명하고 있다는 점이 ironic하다.

'퇴출 저축은' 회계법인 제재 어이할꼬

■ 금감원과 공동 경영진단, 제재 땐 금융당국도 책임 불가피

지난해 3월 저축은행 구조조정 과정에서 퇴출된 솔로몬, 한국, 경기, 영남 저축은행 등을 감사한 회계법인에 대한 금융당국의 제재가 본격화된다.

금융감독원은 이들 가운데 솔로몬저축은행 감사를 맡았던 안진회계법인을 1차 대상으로 보고 제재 수위 결정에 고심을 거듭하고 있다.

그러나 이들 회계법인이 금융감독원과 공동으로 실시한 경영진단 결과를 감사보고서에 원용했다고 주장하면서 논란이 되고 있다. 이 때문에 회계법인 제재가 금감원 책임론으로 연결될 수 있어 금융당국의 고민이 커지고 있다.

저축은행 후순위채 투자자들과 소액주주들도 금융당국의 제재 여부에 촉각을 곤두세우고 있다. 최근 회계법인의 부실감사 책임을 묻는 대법원 판결이 잇따르고 있기 때문이다.

만약 금융당국의 제재가 공식화된다면 안진회계법인은 물론 한국, 경기, 영남 저축은행을 감사한 한영회계법인에 대한 투자자들의 '줄소송'이 제기될 가능성이 크다.

이전에도 퇴출된 저축은행이 존재했지만 이들 저축은행 회계감사가 특별히 문제가 되는 이유는 2011년 2차 구조조정까지 '정상'으로 분류했기 때문이다. 이후 지난해 3차 구조조정 대상에 포함돼 결국 퇴출됐다.

금융감독원은 2011년 8-9월 저축은행 경영진단을 실시한 뒤 솔로몬저축은행의 BIS 비율이 9.20%로 안전하다고 평가했다. 안진회계법인도 2011년 9월 제출한 솔로몬저축은행의 2010회계연도(2010년 7월 1일~2011년 6월 30일) 감사보고서에 대해 '적정' 의견을 제시했다.

만약 안진회계법인이 솔로몬저축은행의 부실을 알고도 '적정 의견'을 냈다면 제재대상이 될 수 있다. 문제는 안진회계법인이 금감원과 공동으로 경영진단에 참여한 뒤 감사보고서를 제출했다는데 있다.

경영진단에 참여했던 안진회계법인은 이 결과를 감사보고서에 그대로 반영했다. 한 대형 회계법인 관계자는 "만약 금융당국이 안진회계법인을 제재하게 된다면 금감원의 경영진단도 부정하는 셈이 된다"고 말했다.

그러나 금융위원회 일각에서는 "경영진단과 회계감사는 별건"이라는 주장이 나온다.

금융위원회 관계자는 "경영진단에 참여했다 하더라도 회계감사는 독립적으로 적절하게 수행됐어야 하는 부분"이라면서 "경영진단과 별개로 회계법인 책임을 물어야 한다"고 말했다.

금융당국 내부에서 이 같은 이견이 노출되면서 최종 제재 결정이 늦춰지고 있다. 당초 지난달 24일 감리위원회를 열고 안진회계법인 제재를 확정하려 했던 금감원은 이견 조율에 실패하면서 아직까지 감리위원회 일정을 잡지 못하고 있다.

이달 초에는 감리위원회와 증권선물위원회 위원들이 모여 간담회까지 개최했지만 최종 조율에 실패했다. 이런 가운데 최근 회계법인 부실 감사 책임을 묻는 법원 판결이 잇따라 나오면서 제재 결정에 어려움이 가중되고 있다. 해당 회계법인이 줄소송을 당할 가능성이 제기되는 등 후폭풍이 클 것으로 전망되기 때문이다.

이달 초 서울고법 민사12부(김창보 부장판사)는 소액주주 2명이 제일저축은행을 상대로 낸 손해배상 청구 소송에서 원고 일부 승소 판결을 내렸다. 최근 서울 중앙지법 민사합의 21부(최승록 부장판사)도 상장폐지된 코스닥 업체인 포휴먼에 대해 부실 감사를 했다며 삼일회계법인에 대해 140억원을 지급하라고 판결했다.

만약 금융당국의 제재 결정이 내려질 경우 저축은행 후순위채 투자자들이나 소액주
주들은 이를 근거로 경영진과 회계법인을 상대로 손해배상 청구 소송을 제기할 수 있다.

금감원 분쟁조정위원회 결정에 따라 이미 원금의 평균 30%를 돌려받았지만 분식회
계 등 사유가 추가되면 이와 별도로 소송 결과에 따라 배상을 받을 수 있게 된다.

매일경제신문. 2013.11.19.

위의 건은 다음과 같이 판결되었다.

저축은행 분식회계 관련 외부감사인 등의 손해배상책임에 관한 판결

S저축은행은 2009년경 후순위채를 발행하였는데, 그 후 금융위원회로부터 부실금융
기관으로 지정되고 영업정지 등을 명하는 경영개선명령을 받았으며, 결국 2011년경 파산
선고를 받기에 이르렀습니다. 한편 S저축은행의 대표이사는 당시의 재무제표를 분식했다
는 공소사실로 기소되어 유죄 판결이 확정되었습니다.

이와 관련하여 위 후순위채를 매입한 채권자들은 그 사채 발행 당시 S저축은행의 재
무제표가 분식회계되었음을 이유로 S저축은행, 위 재무제표에 대한 외부감사인 D회계법
인, S저축은행의 재무건전성을 감독한 금융감독원, 그 업무를 위탁한 대한민국을 상대로
후순위채 매입대금의 반환 또는 동액 상당의 손해배상을 구하는 소송을 제기하였습니다.
서울중앙지방법원은 최근 위 사건에 관하여 1심 판결을 선고하였는데, 그 결과는 아래와
같습니다.

피고: S 저축은행
내용: 착오 기망에 기한 취소 및 그로 인한 부당이득반환청구

S저축은행이 BIS 비율이나 부실대출비율을 허위로 표시·설명함으로써 원고들이 S저
축은행의 파산가능성 정도에 대해 착오에 빠졌다고 볼 수 있지만, 나아가 원고들이 그러
한 착오에 의해 이 사건 각 후순위채에 투자하기로 결정했다고 단정하기 어렵다.

판결 결과: 기각

피고: S 저축은행
내용: 자본시장법 제125조의 손해배상책임

이 사건 각 후순위채는 고위험의 금융투자상품으로 투자자로서는 그에 따르는 위험
을 부담해야 하는 점, S저축은행이 파산에 이르게 된 것에는 이 사건 분식회계에서 문제된
대출뿐만 아니라 다른 부실대출이나 부동산 경기악화로 S저축은행의 영업환경이 변화된

것 또한 상당한 원인이 되었을 것으로 보이는 점, 이 사건 분식회계에 의해 과장된 S저축
은행의 재무상태 정도 및 원고들은 S저축은행의 재무상태뿐만 아니라 당시 시장의 쩜망
등을 종합적으로 고려해서 이 사건 각 후순위채에 투자한 것인 점, D회계법인은 이 사건
분식회계를 적극적으로 묵인한 것이 아니라 이를 발견하지 못한 데 과실이 있는 것에 불과
한 점 등의 사정을 고려하여, S저축은행의 책임을 70%로, D회계법인의 책임을 20%로 제
한한다.

　　판결결과: 일부 인용

　　피고: D 회계법인
　　내용: 자본시장법 제125조 제3호 또는 제4호

　　이 사건 각 후순위채의 증권신고서에 D회계법인이 작성한 감사보고서 등이 첨부되어
있으나, 이는 D회계법인이 위 각 증권신고서의 기재사항 또는 그 첨부서류의 진실성을 증
명하여 서명한 것에 해당하지 않고(자본시장법 제125조 제1항 제3호), 위와 같은 사정만
으로는 이에 D회계법인의 의견이 기재되는 것에 동의하고 그 내용을 확인했음을 인정하기
부족하므로(자본시장법 제125조 제1항 제4호), D회계법인은 자본시장법 제125조 제1항
각 호의 손해배상책임을 부담하는 자에 해당하지 않는다.

　　판결결과: 기각

　　피고: D 회계법인
　　내용: 자본시장법 제170조 또는 외감법 제17조의 손해배상책임

　　외부감사인이 자본시장법 제170조, 외부감사법 제17조의 손해배상책임을 면하기 위
해서는 그 임무를 게을리하지 않았음을 입증해야 한다(외부감사법 제17조 제5항 본문).
저축은행에 대해서는 그 감독 업무를 담당하는 금융감독원이 자료제출 요구권, 계좌추적
권 등을 가지고 종합검사, 부문검사 등을 통해 정기적으로 저축은행의 재무상태 등을 검
사하고 있지만, 그렇다고 하더라도 외부감사인은 금융감독원과는 독립적인 위치에서 주식
회사의 회계처리가 기준에 맞게 되었는지를 자신에게 주어진 권한 내에서 조사·확인할 의
무가 있다. D회계법인이 외부감사인으로서의 임무를 게을리하지 않았음을 인정할 만한 정
황이나 증거가 부족하다.

　　판결 결과: 일부 인용 20%

　　피고: 금융감독원
　　내용: 민법 제760조의 불법행위책임

판결결과: 기각

피고: 대한민국
내용: 국가배상법 제2조의 불법행위책임

판결결과: 기각

화우뉴스레터. 2013.12.4.

회계처리와 관련된 부분에 있어서도 기업은 기업의 회계담당자가 회계전
문가의 도움을 받아서 회계처리를 결정하면 되는 것이고, 이를 건건이 회계기
준원이나 감독원에 문의를 할 수는 없는 것이다.

US GAAS(Generally accepted auditing standard)나 ISA(international standards
on audit)에서는 감사인은 부정 또는 의심되는 부정이 있어 감사를 더 이상 할
수 없으면 감사계약을 해지할 수 있고, 감사증거가 불충분하면 의견거절을 하
거나 감사계약해지를 할 수 있다.

'법에서 충족하는 한'이라는 단서가 있는데, 이것은 계약서에 감사계약해
지를 못하게 하거나 감사하는 근거가 되는 법에 해지를 못하게 해 놓은 경우
를 가정해 놓은 것이다. 즉, 미국이나 국제감사기준은 법이나 계약에서 금지하
지 않는 이상 할 수 있는 것이고 우리나라는 법에서 할 수 있는 세 경우 외에
는 못한다는 것이다.

즉, 미국의 경우는 positive하게 이를 접근한 것이고 한국의 경우는 이를
negative하게 접근한 것이다. 흔히들 회계감사는 positive assurance라고 하고
검토는 negative assurance라고 한다. 동일한 assurance이기는 하지만 문구가
어떻게 되어 있는지에 따라서 뉘앙스가 달라지고 전달되는 내용에도 차이가
있다. 즉, 우리나라에서의 withdraw할 수 있는 경우가 훨씬 더 제한적이다.

US GAAS의 "AU Section 240 Consideration of Fraud in a Financial
Statement Audit"에 다음과 같이 기술되어 있다.

Auditor Unable to Continue the Engagement

If, as a result of identified fraud or suspected fraud, the auditor
encounters circumstance that bring into question the auditor's ability

to continue performing the audit, the auditor should

a. determine the professional and legal responsibilities applicable in the circumstances, including whether a requirement exists for the auditor to report to the person or persons who engaged the auditor or, in some cases, to regulatory authorities;

b. consider whether it is appropriate to withdraw from the engagement, when withdrawal is possible under applicable law or regulation; and

c. if the auditor withdraws

　1) discuss with appropriate level of management and those charged with governance the auditor's withdrawal from the engagement and the reasons for the withdrawal, and

　11) determine whether a professional or legal requirement exists to report to the person or persons who engage the auditor or, in some cases, to regulatory authorities, the auditor's withdrawal from the engagement and the reasons for the withdrawal.

위의 경우에서 italic으로 표시된 내용을 보면 identified fraud뿐만 아니라 suspected fraud의 경우에도 withdraw할 수 있는 경우를 포함하여 이 규정이 포괄적으로 적용될 수 있다.

또한 미국의 경우도 이러한 철회가 남발되지 않기 위해서 regulatory authority가 언급되고 있지만 in some cases라고 규정하고 있어서 모든 철회 건을 규제기관과 협의하도록 하는 것은 아니다. 미국에서도 그렇지만 우리나라에서도 철회는 책임 회피와는 뚜렷하게 구분되어야 한다.

또 AU Section 333 Management Representations를 보면

13. Management's refusal to furnish written representations constitutes a limitation on the scope of the audit sufficient to preclude an unqualified opinion and is ordinarily sufficient to cause an auditor to disclaim an opinion or withdraw from the engagement.

즉, AU section 333에서는 감사의견을 거절할 수 있는 경우와 withdraw 할 수 있는 경우를 거의 대등하게 두고 있다.

감독기관의 입장도 충분히 이해한다. 이러한 식으로 책임을 지지 않겠다는 회계법인에 대해서 모두 withdraw를 허용한다면 모든 회계법인은 적정의견을 표명할 피감기업만을 client로 계약을 수행하겠다는 의미이기도 한데 이는 가능하지 않다. 누군가는 우량기업이 아닌 기업에 대해서도 회계감사를 수임하고 의견을 표명해 주어야 한다. 우량기업 또는 그만 못한 기업을 수임할지에 대한 의사결정은 수임 단계에서 수행할 부분이다. 일단, 수임을 했다고 하면 책임을 져야 한다.

그러나 이러한 감사의 한계점은 국내의 상황에 국한하는 것은 아니며 선진 경제의 경영환경에서도 얼마든지 나타날 수 있는 현상이다.

다음은 다시 위 회계법인 감사 총괄본부장의 인용이다.

저축은행의 경우도 동일하다. 주민등록번호를 차용해서 동일인 대출한도를 어겨도 이를 잡아낼 방법이 없고, 해외 PF투자가 망했는지 보려면 해외 사업장을 다 가봐야 하는데 갈 시간과 비용도 없고 또 가봐야 건설전문가가 아닌 이상 알 능력도 없다.

사회에 분명히 무엇인가 warning을 해야 하는데 객관적인 증거도 없고 더구나 금융기관이니 의견거절을 줄 수가 없다. 감으로 의사결정을 할 수도 없고 …

시간과 비용이, 능력이 없어서 감사증거를 못 구했다고 하는 것도 의견거절을 줄 이유로 사회가 받아 주지 않으므로 결국 적정의견이 나간다.

적정이어서 적정이 아니라 의견거절을 줄 이유는 있는데 그 내용을 모르니 적정이 나가는 것이다.

물론, 이러한 경우에 표명되어야 할 의견은 감사범위 제한이다. 적법하게 표명될 수 있는 의견이다. 예를 들어 기업의 경영활동이 외국에서 수행되므로 감사인이 겪게 되는 어려움은 국내의 감사인만의 어려움은 아니다. 문제는 다른 회계법인은 이러한 경우에 적정의견을 주는데 당신 회계법인만 감사범위 제한 변형된 의견을 표명하리라는 형평성과 관련되어 이슈가 된다면 이는 회계산업 모두의 문제가 되는 것이다. 외국의 자회사에 현지 조사를 나간다고 해도 여러 제도 및 환경 차이 때문에 국내에서와 같은 정치한 작업이 수행되기는 어려울 것이다.

> 또 다른 예로 과거 현대건설의 경우 이라크 공사대금이 1조가 넘는데, 대손충당금을 계상해야 할지 회계사가 알 수가 없었다. 이라크는 미국의 경제 제재 때문에 못 주는 것이고, 줄 돈은 있다고 회신을 하지만 돈이 언제 들어올지 그런 국제정세를 일개 회계사가 알 수가 없다.
> 결국은 적정의견과 특기사항 기재로 넘어가지만 나중에 현대건설이 부도나자 여론이 GAAP위반이라고 했고 그렇게 처분되었다.
> 이럴 때 회계사는 withdraw하고 싶다. 증거를 구하지 못해 이것이 맞는지 저것이 맞는지 의견을 줄 입장이 못 될 때 withdraw해야 한다.
> 지금 규정으로는 좋은 것이 좋다고 적정을 줄 수밖에 없다. 논리적으로는 감사범위제한으로 한정이나 의견거절을 줄 수가 있겠지만 상장폐지 요건이라 줄 수 없다.

아니다. 이 경우는 과감히 감사범위 변형된 의견을 표명해야 한다. 감사인 본인에게 표명할 수 있도록 무기를 들려 주었는데 이 무기를 사용하지 못하겠다고 하고 주어진 여건에 대해서만 불평을 한다면 이는 이해하기 어렵다.

다음은 이와 관련된 상기 총괄 본부장의 주장이다.

> 감사범위 제한이라고 하면 회사나 주주들이 너희 감사능력이 부족한 것이지 누가 감사를 못하게 했냐고 항변하면 할 말이 없다.

이러한 차원에서 실무에서는 withdraw 요건을 시행령으로 더 확대해야 진정한 withdraw조항이라는 주장을 하고 있다. 현 조항은 알맹이는 싹 빼고 구색만 갖추었을 뿐 진정한 withdraw 제도는 아니라는 주장이다.

감사인의 감사거부권은 2009년 2월에 도입되었다. 모든 제도가 정착되는 데는 시간이 필요하며 첫 술갈에 배부를 수는 없다. 일단 첫 단추는 끼운 것이니 이 제도를 개선해 나가야 할 듯하다. 단, 감사인들도 감사거부권에 너무 의존하려고 하지 말고 감사에 적극적/전향적으로 대하여야 한다.

일부의 감사거부권은 위에 기술되었듯이 감사보수와 관련된 이슈도 있다. 감사보수와 관련되어서는 time charge도 이슈가 된다.

회계사회, '손해배상 비례책임제' 도입 추진

저가수임 관행을 척결하고 감사품질 제고와 보수현실화를 위해 '타임리포트(Time Report)' 프로그램을 자체적으로 마련해 회원들에게 보급할 계획이다. 정당한 가격을 받

> 고 효과적인 감사시간을 투입하자는 취지의 프로젝트로 전 회원의 적극적인 활용을 유도
> 할 방침이다.
>
> 조세일보. 2011.6.10.

time report는 우리나라에서는 적용되지 않는 제도이지만 미국의 경우는 time report가 적용된다.

계약서에는 총 얼마만큼 감사수행 "예상금액"이 앞으로 어느 시점에 billing되는지 명시된다. 감사수임료 예상금액을 모르면, 기간별 예산 및 인원 투입 정도를 계산할 수 없을 것이다. 보통 몇 명의 인원, 직급, 시간당 금액을 테이블로 넣고, billing할 때, discount하게 된다. 물론, 계약 크기별로 계약형식이 조금씩 다를 것으로 예상된다.

미국의 경우 감사계약시 감사수수료를 산정한 후 감사를 수행하고 overrun이 나올 경우에는 이 부분에 대해 추가 조정을 한다.

최초 감사수수료 산정은 engagement team 구성원의 budget time 직급별 standard rate로 산정한다. 감사업무를 수행하는 동안 time checking을 하고 overrun이 되면 overrun이 된 시간의 성격을 분석하여 client와 협의하여 추가 수수료 청구를 한다.

최초 감사수수료 산정은 한국과 유사하게 이루어지지만, 미국은 time checking을 하여 추가감사수수료 청구 여부를 결정하므로 time charge라 볼 수 있다.

time charge가 감사수임료 산정의 해답인 듯하지만 over charge의 문제 등을 초래할 수 있다.

그러나 time charge 제도가 정착되기 위해서는 감사인에 대한 신뢰에 바탕을 두어야 한다. 또한 투입한 시간에 비례하여 quality가 높아진다는 확신도 필수적이다. 법률 자문에 있어서는 time charge도 의미가 있지만 이보다 더 중요한 요소는 승소 여부이다. 아무리 법률 서비스의 품질이 완벽하여 품질 높은 자문이 진행되었다고 해도 승소하지 않는다면 의미가 없다. 단, 감사에서는 승/패소의 의미가 없기 때문에 감사품질이라는 관찰하기 어려운 변수만이 남게 되며 이 audit quality에 영향을 미치는 변수로 시간이 있기는 하지만 양자간에도 입증할 수 있는 관계가 성립하는 것은 아니다.

우리의 경우는 1999년 IMF 경제 위기 시점에 외부의 요청에 의해서 감사보수 규정이 폐지되었지만 일본의 경우는 2004년 4월부터 감사보수 규정 폐지 이후 강제 규정은 아니지만 감사보수 산정을 위한 가이드라인을 2003년에 일본 공인회계사협회에서 제정하여 제안하고 있다. 단, 이는 가이드라인이므로 참고사항에 그친다.

우리의 경우도 감사수임료가 너무 낮은 것이 부실감사의 요인이 된다며 최저감사시간, 표준감사시간 등의 논의가 있기는 하다. 단, 최저감사시간을 정한다고 해도 실질적으로 이 시간이 투입되었는지를 확인하는 것은 쉽지 않다. 현재 사업보고서에 기재하는 감사시간도 회계법인에서 받아서 정보로 공시하지만 이 시간이 정확한 시간이 아니라는 주장이 제기된다. 감사는 결국 과정보다는 산출물로 판단될 수밖에 없는 특이한 속성이 있다.

법률 서비스의 경우, quality 있는 법률 서비스를 객관적으로 관찰할 수 없다고 해도 승소했다고 하면 quality가 좋은 것으로, 패소했다면 quality가 낮았던 법률 서비스로 해석될 수 있지만 승패소가 중요하기 때문에 승패소 결과에 비교한다면 그 과정은 상대적으로 중요하지 않다.

법정 소송에서는 당연히 성공보수(contingency fee)가 존재하는데 감사에서의 성공보수는 금지되어 있다. 감사에서의 성공이라는 개념은 높은 품질의 감사라는 의미여야 하지만 이것이 잘못 해석되면 적정의견의 성공을 의미할 수 있으므로 이렇게 해석되는 성공의 개념은 부실감사의 뜻을 내포하게 된다. 이러한 제도의 도입은 품질의 제고 없이 감사수임료만을 높이는 결과를 유발할 수도 있다.

다음과 같은 경우와 같이 피감기업이 의도하지 않은 타의에 의한 한정의견을 받을 수 있는 경우도 있다.

한국타이어 '굴욕' 직장 폐쇄로 '한정' 감사의견

한국타이어가 계열사들로 인해 곤혹스러운 입장에 처했다. 파업에 나선 계열사 때문에 감사의견 '한정'을 받고 계열 투자자문사에 돈을 맡겼다가 만만찮은 손해를 봤다.

1일 금융감독원에 따르면 한국타이어는 자산 규모 2조원 이상의 대기업으로는 이례적으로 지난해 연결 감사보고서에서 '한정' 의견을 받았다. 자동차 휠을 만드는 계열사 에

이에스에이가 감사의견 거절을 받은 탓이다.

　매출 1,000억원대인 에이에스에이는 작년 11월 노동조합이 파업에 나서자 직장폐쇄로 맞섰다. 결국 에이에스에이는 지난달 대전지방법원에 회생절차 개시를 신청하고 법원의 판단을 기다리고 있다.

한국경제신문. 2008.4.2.

　위의 신문기사와 같이 기업이 통제할 수 없는 상황 때문에 감사범위 제한이라고 하는 의견을 받는다는 것은 피감기업의 입장에서는 무척이나 당혹스러운 일일 것이다. 앞으로 연결재무제표가 주 재무제표가 되면서 이러한 일이 많이 발생할 수도 있는데 2008년 당시에는 이러한 이슈가 기사화될 수 있는 특이한 사안이었지만 앞으로는 빈번하게 발생할 수 있는 통상적인 경우가 될 수 있다. 직장폐쇄라는 기업에서 발생한 사건도 분명히 회계적인 입장에서는 감사범위를 제한하는 사건이므로 별다르게 이를 대우할 것은 없다고도 생각된다.

Chapter

23

영업권 이슈

IFRS 대혼란. 금융사 뻥튀기 실적. 신한금융 회계변경에 올 순익 3천억

신한지주 제 몸집보다 큰 조흥은행과 알짜 LG카드를 인수한 후 매년 2,500억원~3,000억원 가량의 영업권 상각을 진행해 왔다. 매년 벌어들이는 순이익에서 3,000억원 가까운 금액이 깎여 나갔다는 말이다. 하지만 IFRS를 도입하면서 신한지주가 더 이상 영업권 상각을 진행하지 않게 되면서 이 금액이 대부분 순이익 증가로 이어졌다는 평가다.

이 밖에도 IFRS가 도입되면서 국내 금융회사들의 재무제표는 '예쁜' 모습으로 변하게 된다. 가장 대표적인 요인은 충당금 적립기준이 기존 최소 적립비율에서 경험손실률로 변경된다는 것이다.

기존 한국회계기준에서는 금융당국이 지정한 최소적립비율만큼 충당금을 쌓아왔지만 IFRS하에서는 5~7년 정도 실제 경험 손실률만큼만 충당금으로 쌓으면 된다.

즉, 충당금 전입액 감소액만큼이 영업이익으로 잡히게 되는데다 부채로 잡히는 충당금 일부를 자기자본 계정인 준비금으로 바꾸면서 부채가 줄고 자기자본이 증가하는 효과도 생긴다.

김인 유진투자증권 연구원은 '아직 은행들이 얼마나 대손충당금을 준비금으로 옮겼는지 명확하게 밝히고 있지 않아서 구체적인 규모를 알 수는 없지만 대형 은행들은 분기마다 1,000억원 정도의 충당금 감소 효과가 있을 것'이라고 분석했다. 또 하이브리드 채권, 후순위채권 등 금융회사가 발행하던 신종자본증권을 자기자본으로 분류하면서 채권에 대한 이자 지급이 이자비용이 아닌 배당금으로 인식되는 것도 IFRS하에서 중요한 변화 포인트다. 신종 자본증권에 대한 이자가 이자비용에서 제외되면 은행 수익성에서 가장 중요한 지표 중 하나인 순이자마진율이 그만큼 높아지기 때문이다.

매일경제신문. 2011.5.5.

'회계상 영업권' 세금 폭탄. 합병 기업 초비상

국세청이 동부하이텍 등을 시작으로 기업간 합병 사례에 세금을 물리고 있다. 해석하기 나름인 '회계상 영업권'이 탈세 수단으로 이용된다고 보고 과세의 칼을 빼들었다.

해당 기업들은 법대로 합병했는데 새 정부 출범 후 세수 확보에 힘쓰고 있는 국세청이 변심했다고 주장하고 있다. 세무당국에 대한 신뢰를 떨어뜨리는 처사라며 줄소송도 불사할 태세다. 국세청은 이들 기업이 회계상 영업권으로 합병 차익을 봤다며 법인세와 가산세를 물렸다. 일반적으로 물건을 사고 팔면 파는 쪽에 양도세를 매긴다. 기업을 인수할 때 내는 법인세도 마찬가지다. 회사의 주식을 인수해 경영권을 가져온다면 주식을 파는 기업 대주주에 양도세를 부과한다.

기업 합병은 조금 다르다. 대부분 합병법인과 피합병법인의 주식 교환으로 진행된다. 주식을 받았다 하더라도 파는 순간까지 양도차익이 발생하지 않기 때문에 별도 세금은 없다. 그러나 이번 국세청 과세 논리는 달랐다. 주식을 팔기 전이라도 합병법인이 합병차익을 얻었다고 봤다. 그 핵심이 회계상 영업권이다.

상법상 주식가치는 규정(증권거래법 시행령 제84조)대로 최근 한 달간 주가 등을 참고한다. 그런데 주식 가치는 회사의 본질적 가치에 해당하는 순자산가치와 차이가 날 수 있다.

예를 들어 피합병법인 주식가치는 1억원인데 순자산가치는 5,000만원으로 나올 수 있다. 이때 합병법인은 순자산가치 5,000만원을 회계장부의 자산계정에 기재하고 영업권이라는 계정으로 나머지 5,000만원을 적는다. 지식재산권과 같은 일반적 의미의 영업권과는 달라 이를 회계상 영업권이라고 부른다.

동부하이텍은 2007년 동부일렉트로닉스를 합병할 때 2,932억원만큼 회계상 영업권이 발생했다. 동부하이텍은 이 금액을 장부에만 적어 놓고 상각하지 않았다. 자산은 매년 가치가 떨어지기 때문에 기업들은 감가상각을 한다. 그러면 이것이 비용으로 처리돼 이익이 줄어 법인세를 덜 낼 수 있다.

그런데 국세청은 감가상각을 하지 않았다 하더라도 법인세를 물렸다. 전삼현 숭실대 법학과 교수는 "국세청은 단순히 장부상 적어 놓은 영업권이라도 자산 가치가 증가한 만큼 합병차익이 발생했다고 해석했다"며 "언젠가 기업이 회계상 영업권을 상각해 비용으로 떨궈 세금을 회피할 수 있다고 판단할 것 같다"고 했다.

■ 소급 적용할 수 있느냐가 관건

국세청은 같은 논리로 다른 합병기업에도 국세 법인세를 물릴 방침이다. 법인세를 부과할 수 있는 제척기간(5년)이 끝나지 않은 기업이 국세청 사정권 안에 있다.

하지만 2010년 6월 회계상 영업권을 합병차익으로 보고 과세할 수 있도록 세법을 개정해 실제 조사 대상은 2007년 4월부터 2010년 6월까지 합병한 기업이다. 또 비상장사 가치는 순자산가치로만 평가해 회계상 영업권이 발생할 수 없어 비상장사간 합병은 제외된다. 상장사간 합병이라도 주식 가치가 순자산가치보다 낮아 회계상 영업권이 발생하지 않는 경우도 예외다. 박영욱 법무법인 광장 변호사는 "주가를 주당순자산으로 나눈 주가순자산비율(PBR)이 1배 이상인 상장사가 합병한 경우가 우선 조사 대상이 된다"며 "하지만 예전의 일에 대해 소급해 과세할 수 있느냐가 논란이 될 것"이라고 말했다.

　　국세청은 계열사간 합병에 주목하고 있는 것으로 알려졌다. 계열사를 동원해 피합병법인의 주가를 부양해 합병하는 경우가 코스닥시장에서 자주 있었기 때문이다.

한국경제신문. 2013.4.1.

한전의
국민연금 지분

국민연금이 2010년 5월 4일 현재 한전 주식 2.71%를 보유하고 있으나 신청일인 2010.5.12일 이후에는 총 5%를 보유하도록 인가 신청되었고 2010.7.14. 증선위에서 의결되었다.

자본시장법 제152조는 국가기간산업 등 국민경제상 중요한 산업을 영위하는 법인을 공공적 법인이라 한다('88년 舊증권거래법).

　* (자본시장법 시행령 162조) ① 경영기반이 정착되고 계속적인 발전가능성이 있는 법인, ② 재무구조가 건실하고 높은 수익이 예상되는 법인, ③ 국민이 광범위하게 분산 소유할 수 있도록 자본금이 큰 법인으로서 금융위가 관계부처 협의를 거쳐 국무회의 보고를 거쳐 결정

　□ 동법 제167조는 공공적 법인 발행주식을 상장 당시 10% 이상 소유한 주주의 경우 그 소유비율, 기타 주주 등의 경우 3%를 초과하여 소유할 수 없도록 제한

　□ 단, 내국인에 한해 금융위 승인이 있는 경우 초과 보유 허용

이 제도를 운영한 연혁은 다음과 같다.

　■ '88년 공기업 민영화를 추진하면서 공공적 법인에 대해 일반주주의 주식소유한도를 두어 당해 산업의 공공성이 침해되지 않도록 하기 위해 동 조항을 도입

　□ 도입당시 한국전력, 포항제철이 공공적 법인으로 지정되었음

　■ '00년 舊산업자원부가 포항제철의 민영화 완료에 따라 공공적 법인 지정 해제를 요청해 옴에 따라 '00.9월 포철을 공공적 법인에서 제외

□ 이에 따라 현재는 한국전력만이 공공적 법인에 해당

■ 한편 '04년 산업은행(現 정책금융공사)의 한전 보통주 54,168,500주 이내(발행주식총수의 8.5%) 취득승인 요청에 대해 승인한 사례가 있음

위의 정책은 공공적인 법인에 최대주주가 존재하면서 이 해당 법인이 지나치게 큰 영향력을 미치는 것이 바람직하지 않기 때문에 이를 제한하는 정책이다. 국민연금이 5% 이상의 지분을 가진 기업이 2011년 말의 174개에서 2012년 11월 말의 222개로 확대되면서 국민연금의 경영권 참여가 이슈로 부각되고 있다. 이슈는 국민연금이 보건복지부 산하 기관으로 정부의 영향력 아래에 있으며 민간 기업이 정부의 영향력하에 놓일 수 있는 문제점을 내포한다.

민주주의에서 가장 중요한 것이 다수의 의사결정이며 자본주의에서는 자본이 의결권으로 표출된다. 국민연금이 대주주라면 경영의사결정에 영향을 미치는 것이 가장 자본주의적인 접근이다. 단, 정치적인 의사결정이 될 수 있다는 점이 문제점이다.

국민연금이 한전 지분을 보유할 수 있는 한도는 5% 이상으로 승인을 받아 두었지만 2012년 말 시점의 국민연금의 한전에 대한 지분은 3.58%에 그치고 있다. 단, 국민연금의 5% 이하의 지분에 대해서는 공시 의무가 없고 시가총액 10대 기업 중, 삼성생명과 같은 기업에 대해서는 5% 미만이므로 지분을 공시하지 않지만 한전에 대해서만큼은 국민연금이 보유 지분율을 공시하고 있다. 이는 한전이 갖는 공공성과 무관하지 않을 것이다.

이러한 내용이 2013년 7월에는 이 한도가 10%로 증가하였다.

국민연금, 한전 주 보유 10%까지 늘릴 수 있다

현행 5%로 제한된 국민연금의 한국전력공사 지분 보유 한도가 10%로 늘어나게 된다. 이에 따라 한국전력 주가에 미칠 영향에 투자자들의 관심이 쏠리고 있다.

금융위원회는 17일 국민연금에서 한국전력 지분 보유 한도를 10%로 확대해달라는 신청서를 접수해 정례 회의에서 이를 통과시켰다.

한전은 자본시장법상 공공적 법인에 해당하기 때문에 3% 초과 지분을 보유하려면

금융위 승인을 받아야 한다.

　금융위 관계자는 "국민연금은 2010년 한전 지분을 5% 이내에서 취득할 수 있도록 승인을 받았는데 이번에 추가로 10%로 한도로 늘어나게 됐다"고 말했다.

매일경제신문. 2013.7.18.

Chapter

25

횡령/배임

기업공시분석, 상장사 경영진 횡령/배임

코스피와 코스닥에 상장된 회사의 경영진이 횡령이나 배임으로 손해를 끼친 피해규모가 5년간 2조 8,000억원에 이르는 것으로 집계됐다.

박경서 교수는 이 연구 결과를 '한국 기업 경영권 시장의 도둑 경영자들에 대한 연구'에서 특히 대주주가 바뀐지 1년이 채 안 된 상장사에서 횡령 및 배임사건이 발생한 건수는 204건으로 73%를 차지했다. '이 같은 통계치는 처음부터 회사 자산을 사적으로 이용하기 위해 기업 경영권을 퇴출하는 규율 기능이 있다고 학계에서 봐 왔던 것과는 상반된 결과'라고 지적했다.

이들 도둑 경영진은 주로 사채를 동원해 상장사를 인수한 후 회사자금을 횡령하고 상장폐지시키는 수법을 주로 이용한 것으로 나타났다. 횡령에 대한 감시와 처벌이 강화되자 명의를 내세울 바지사장을 고용하거나 담당 회계법인의 감사의견 제출 전에 서둘러 횡령을 마무리 짓고 상장폐지하는 스피드 횡령 수법도 등장하고 있다.

동아일보. 2010.8.28.

실권은 없고 형식적으로 직위만을 맡고 있는 경우에 이들의 책임을 어디까지 정해야 하는지와 관련되어 다음을 인용한다.

'바지사장' 기업, 보증대출 못 받는다

오는 7월부터 '바지사장'을 둔 기업의 실제 오너가 연대보증을 서고 대출을 받는 것이 전면 금지된다.

금융위원회는 이런 내용의 신용 기술보증기금 연대보증 폐지 보완책을 마련해 2일 발표했다. 그동안 신보와 기보는 기업들이 대출을 받을 때 형식상 대표자 외에도 사실상 해당 기업을 지배하는 사람들에 대한 연대보증을 예외적으로 허용했다. 연대보증의 예외 허용 대상에는 비공식 동업자도 포함됐다.

그러나 바지사장을 둔 오너에게 연대보증을 서게 하는 것이 기업의 불투명한 소유 경영 구조를 암묵적으로 인정하는 결과를 가져온 것으로 판단, 7월부터 이런 기업에는 연대보증을 통한 신규대출을 해주지 않기로 했다.

이에 따라 실제 기업주는 해당 업체의 공동대표나 주요 주주 등 공식적인 지위에서 연대보증을 통해 대출을 받아야 한다.

금융위 관계자는 "지하경제 양성화와 투명한 거래 질서 확립을 위해 사실상 회사를 지배하는 사람이 공식적인 지위를 갖고 금융거래를 하도록 유도하기 위한 것"이라고 설명했다.

한국경제신문. 2013.5.3.

이 이슈는 생각보다 복잡한 이슈일 수 있다. 이는 어떻게 보면 소유와 경영의 분리라는 차원에서 최대주주가 반드시 경영에 참여하지 않는 것이 그렇게 부정적인 것만도 아니라고 해석될 수도 있는데, 책임을 지지 않으려는 최대주주의 책임 문제를 지적한 것이다.

법원 "명목상 대표에 과세 처분 부당"

이름만 빌려주고 회사 운영에는 관여하지 않은 명목상 회사 대표에게 매출 누락 책임을 물어 과세하는 처분은 부당하다는 법원 판결이 나왔다.

서울행정법원 행정11부(문준필 부장판사)는 박모(57)씨가 서울 도봉세무서장을 상대로 낸 종합소득세 부과처분 취소청구 소송에서 '13억 7,000여 만원의 종합소득세 부과 처분을 취소한다'며 원고 승소 판결했다고 19일 밝혔다.'

재판부는 "박씨가 실질적 회사 경영자 김모씨의 부탁으로 명의만 빌려준 사실이 인정된다"며 "국세기본법상 회사를 실질적으로 운영하지 않은 박씨에게 부과한 종합소득세는 위법하다"고 판단했다.

모 건설회사의 명목상 대표인 박씨는 2008년 매출 누락액 32억원에 대해 세무서가 종합소득세를 부과하자 실질적인 경영자가 따로 있어 과세 처분이 부당하다며 소송을 냈다.

매일경제신문. 2012.10.19.

회계에서는 누가 실질적인 회사 경영자인가보다는 등기한 대표이사가 책임을 지도록 되어 있다. 물론 위에서도 기술하였듯이 경영의사결정에 상당한 영향력을 미칠 수 있는 업무집행지시자가 책임을 질 수도 있다. 아마도 업무집행지시자는 상당한 지분을 갖고 있는 대주주일 가능성이 높다. 지분이 없지만 법적으로는 등기된 직을 맡고 있는 자가 책임을 지도록 되어 있다. 따라서 지분이 없다고 해도 직을 맡은 사람이 책임을 회피하기는 불가하다. 그러나 위의 판례는 그와는 조금 다르게 판결을 한 결과이다.

또한 업무집행지시자에게 책임을 물리는 것은 최근의 추세이다. 누가 업무를 지시했는지를 확인할 수 없기 때문에 제도에 의존할 수밖에 없다. 누가 의사결정에 참여하였는지는 의사회 회의록을 보면 알 수 있지만 많은 회사의 이사회 회의록은 녹취의 과정이 아니므로 자세하게 기록되지 않으며 누가 어떠한 의견을 피력했는지를 기록하는 회의록도 있지만 그렇지 않은 회의록이 다수이다. 단, 이사회 등기 임원이라고 하여도 이사회에 참석하지 않았다고 하면 이들이 이사회 의사결정에 참여하였다는 증거는 남지 않는다. 이들이 최대주주 및 특수관계인이라고 하면 이사회 참여 없이도 얼마든지 의사결정에 영향을 미칠 수 있다고 하면 이사회 회의록에 의한 참석 여부나 이사회 발언이나 상정 안건 동의 여부가 큰 의미를 갖지 않을 수도 있어서 이러한 최대주주의 경영 행태가 이사회를 무력화하게 만들 수도 있다. 그러한 의미에서 Chapter 54에서도 기술되어 있듯이 업무집행지시자에 대한 규제가 강화되는 추세이다.

또한 서면의결을 실질적인 이사회가 수행된 것으로 인정하지는 않지만 일부의 회사의 경우, 서면의결을 진행하고 있는 것도 사실이다.

이러한 이유에서 대주주변경은 감리대상 선정 사유가 되기도 한다.

기업 수사 단골 배임

배임이란 '타인 사무를 처리하는 자가 그 임무에 위배하는 행위로써 재산상 이득을 취득하거나 제3자로 하여금 이를 취득하게 하여 본인(사무를 맡긴 자)에게 손해를 가한 때'로 정의된다(형법 제355조). 이 가운데 쟁점이 되는 부분은 주로 '타인 사무'를 본인 사무와 어떻게 구별할 것인지, '본인(사무를 맡긴 사람)이 실질적인 손실을 봤는지' 여부 등이다. A계열사 자금을 B계열사로 옮겨 A계열사에는 손실을 줬지만 그룹 전체로 봐서는 이득을 보았을 때는 배임이냐 아니냐를 두고 법리적인 공방이 벌어질 수도 있다.

또한 피의자가 고의적으로 배임을 저지른 것인지, 아니면 당시로서는 최선의 정책적 판단을 했지만 결과가 나쁜 것인지를 구분하기가 쉽지 않을 때가 많다.

대법원은 '배임에 고의가 있었는지 여부를 판단할 때는 문제가 된 경영상 판단에 이르게 된 경위와 동기, 판단 대상인 업무 내용, 금융회사가 처한 경제적 상황, 손실 발생 개연성 등을 고려해 의도적으로 일어난 행위일 때만 고의를 인정해야 한다'며 배임에 대한 고의성 범위를 엄격하게 제한했다. 공무원이나 경영자가 직무범위 내에서 절차에 따라 소신껏 사무를 처리했다면 결과적으로 손해가 발생했더라도 배임죄로 처벌할 수는 없다는 것이다.

이런 이유로 미국에는 배임이라는 죄명이 아예 없다. 판단과 적용에 어려움이 많기 때문이다. 한 부장검사는 '다만 의도적으로 배임행위를 하고서 정책적인 판단이었다고 주장하는 피의자들도 많다는 점 역시 감안해야 한다'고 전했다.

매일경제신문. 2010.12.20.

위의 신문 기사에서 cover된 내용 즉, A계열사에는 손실을 줬지만 그룹 전체로서는 이익을 보았다는 내용이 사법부의 판단을 어렵게 하는 내용이다. A계열사의 주주의 입장에서는 그룹의 주주가 아니라 개별 회사인 A사의 주주이므로 다른 그룹 계열사 주주의 부로 본인들의 부가 이전되는 의사결정은 배임일 수 있다. 단, 그룹의 최대주주가 본인의 사적인 이익을 추구하려는 목적이 아니었고 기업집단이라는 것이 우리나라에서는 부정할 수 없는 대기업의 형태이므로 이러한 내용은 어려운 판단의 영역이다. A회사가 B회사를 돕기 위해 이번에는 도움을 주었지만 A회사의 경영이 어려울 때는 B회사로부터 도움을 받을 수 있고 또 이러한 방식의 경영이 오랫동안 정착되어 진행해온 선단식 경영의 관행이었기 때문에 A회사의 주주도 언젠가 도움을 받을 수 있다는 차원에서는 또한 A사와 B사가 무관한 업종이 아니라고 하면 business에서도 협력 관계일 것이기 때문에 이러한 판단이 어려울 수 있다.

그러나 회사의 형태는 개별적인 법적인 실체이며 이 회사에 개별적인 주주가 별도로 존재하는데 이들간의 이해가 공유된다는 것은 잘못된 과거의 경영행태였던 것은 분명하다. 계열의 모회사에서의 협조를 기대하다가 도저히 이를 도울 수 없는 상황일 때 협조를 중단하는 소위 '꼬리 자르기'의 경영행태도 있다.

상장사 횡령, 배임 방지 대책 나온다

김승연 한화그룹 회장은 지난 16일 서울서부지검 형사5부에서 회사와 주주들에게 수천억원의 손실을 입힌 혐의로 징역 9년에 추징금 1,500억원을 구형받았다. 검찰은 횡령, 증권거래법 위반 등 혐의를 적용했다. 최태원 SK그룹 회장 형제도 검찰에서 2,000억원 대 자금에 대한 횡령과 배임 혐의를 받고 있다.

상장사 최고경영진의 횡령, 배임 사건이 연이어 터지자 한국거래소가 경영 투명성 제고를 위한 제도 마련에 나섰다.

18일 증권 업계에 따르면 한국거래소는 이달 초 자본시장연구원에 상장사의 경영 투명성 강화를 위한 제도 마련 연구용역을 발주했다. 거래소는 기업의 가장 예민한 부분인 기업 지배구조를 다룬다는 점을 감안해 연구 단계부터 용역을 외부 기관에 맡겼다. 이번 연구는 상장사별 지배구조 분석과 선진국의 경영 투명성 강화를 위한 각종 제도 분석을 주요 골자로 하고 있다.

거래소는 2009년 유가증권시장 상장사를 대상으로 한 사회책임투자(SRI, social responsibility index) 지수를 마련해 공표하며 경영 투명성 확보에 노력했다. 하지만 이 같은 노력에도 상장사 최고 경영진의 횡령, 배임 등 도덕적 해이 건수 변화에는 큰 영향을 주지 못했다는 게 거래소 안팎의 평가이다. 거래소 관계자는 "반복적으로 제기된 상장사 횡령과 배임 등 문제를 현실적으로 줄일 수 있는 방안을 모색하기 위한 조치"라고 설명했다.

연구 결과를 통해 제시된 안을 기초로 거래소는 금융위원회와 법무부간 협의를 통해 투명성 강화 방안을 모색한다.

거래소의 이번 용역은 정치권에서 논의되고 있는 횡령, 배임이 대기업 총수의 집행유예 금지 법안과 맞물려 경제적 차원에서 제도 논의가 이루어진다는 점에서 관심이 모아지고 있다.

매일경제신문. 2012.7.19.

재벌총수 봐주기 재판 이제야 종지부 찍나

계열사를 동원해 우량 계열사와 부실 계열사를 섞어서 부실함을 덜어내고 경쟁력을 유지하는 것은 재벌 선단 경영의 대표적인 특징이었다. 재벌에서는 '총수의 결단'에 의해 신규 사업에 진출할 때 대부분 계열사에서 자금력을 동원하고 사업 실패로 이어져도 총수의 손해는 없이 계열사들이 손실을 떠안는 방식으로 사업을 진행해왔다. 삼성의 자동차 산업 진출이 대표적인 경우이다.

자본시장법에는 형사 사건에서 유죄를 받는 경우 대주주 자격에 문제가 있다는 규정이 있다.

시사저널. 2012.8.28.

자본시장법은 증권거래법, 선물거래법, 간접투자자산운용업법, 신탁업법, 종합금융회사에 관한 법률, 한국증권선물거래소법을 통합한 내용이다. 모 재벌기업의 경우, 그룹 차원에서 모금액의 총액이 결정되면 각 계열사에 금액을 배분하고 각 계열사가 이사회를 개최하여 의결하는 형태로 이를 처리한다. 그룹의 실체라는 것이 무시할 수 없는 현실이다.

경영판단원칙과 그 수용성의 과제

■ 대표성 없는 소수 주주로부터 전체 주주 이익 보호해야

상법개정안에 경영판단의 원칙을 포함시키자는 논의가 있었지만 반영되지 않았다.

경영판단 존중의 원칙이라고 불린다. 이 원칙은 이사가 자신의 법적인 권한 안에서 합리적인 근거에 기초해 회사의 이익이 된다는 믿음 아래 독자적으로 결단을 내렸다면 결과적으로 회사에 손해가 생길지라도 이사에게 손해배상책임을 물어서는 안 된다는 것으로 미국에서 판례를 통해 세워진 원칙이다.

■ 경영에 관한 전문지식이 부족한 법원의 사후 심사를 줄이고

송종준 교수는 영미 국가에서는 경영상의 판단에 대해 사후에 책임을 추궁하는 게 바람직한가라는 질문에 대해 이미 200여 년 동안 고민을 했고 그만큼의 법리가 적용되었다.

그는 특히 19세기부터 판례를 통해 이 원칙을 인정해온 미국은 1992년 미국법률협회가 제정한 회사지배원칙 규범에서 이 원칙을 조문화했다.

최근 전경련이 국내 100대 기업을 대상으로 실시한 설문조사에서 기업들의 67%는 경영판단 원칙을 입법화할 필요가 있다고 답했다. 응답기업들은 경영판단의 원칙이 적용될 경우, 이사회 운영의 자율성 확대, 사법처리의 예측가능성 제고, 남소의 방지, 유능한 이사진 유인 가능, 일부 편향적인 의견에 대한 억제가능 등의 효과가 기대된다고 주장한다.

전경련세미나, 송종준, 2006.

양세영 전경련 팀장은 '경영판단의 원칙을 도입한다고 해서 이사의 법적 책임이 약화되는 것은 아니다'며 '오히려 법적 기준을 구체화해 책임경영을 강화할 수 있다'고 주장한다. 또 하나의 경영판단의 범주 중의 하나가 회계적인 판단이다.

들쭉날쭉한 '업무상 배임'판결. 죄형법정주의 위배
"경영판단 처벌 기준 형법에 명문화해야"

　　기업 임원들이 경영상 판단에 대해 처벌 기준을 형법에 명문화해야 한다는 목소리가 재계와 학계를 중심으로 커지고 있다. 경영진의 경영실패에 대해 민사상 손해배당 책임을 묻고, 여기에 업무상 배임죄로 형사처벌까지 할 경우 기업가 정신이 크게 위축되는 문제가 발생하기 때문에 경영판단의 원칙을 법에 명문화할 필요가 있다는 지적이다. 업무상 배임 인정 여부가 재판부나 시류에 따라 들쭉날쭉해서는 헌법상 죄형법정주의 원칙에 인한 사회적 손실도 가져오기 때문이라는 주장이다.

　　■ 경영판단 놓고 엇갈리는 판단

　　지난 16일 1심 선고가 난 한화 재판에서 변호인 측은 그룹총수로서의 김승연 회장의 역할을 인정해 달라고 강조했다. 3,000억원의 빚을 안고 있던 계열사 한유통과 웰톱을 그룹 계열사들을 동원해 살렸기 때문에 그룹 전체가 부실화하는 최악의 상황은 면할 수 있었다고 변론했다. 이 과정에서 유휴 부동산의 저가 매각 등 일부 편법으로 보일 수 있는 행위가 있더라도 그룹 오너의 경영상 판단에 해당한다며 선처를 호소했다.

　　그러나 재판부는 이를 받아들이지 않았다. 재판부는 "관계회사의 부도 등을 방지하는 것이 회사에 이익이 될 것이라는 일반적·추상적인 기대 아래 일방적으로 관계회사에 자금을 지원하게 해 손해를 입게 한 경우에는 경영판단의 재량 범위 내에 있는 것이라고 할 수 없다"며 단호하게 배척했다. 이런 판단은 그동안 쌓인 판례를 반영한 것이다.

　　하지만 다른 판례도 있다. 1996년 11월 정태수 한보철강 회장의 회사채 399억원에 지급 보증을 선 대한 보증협회 심모 대표이사 관련 판결이 대표적이다. 심대표는 국가기간산업인 한보철강을 국가가 부도나도록 방치하지 않을 것이라는 판단과 여러 정황을 고려해 지급 보증을 섰지만 이듬해 1월 한보철강이 부도나면서 업무상 배임혐의로 기소했다. 1심은 무죄, 2심은 유죄를 선고했지만 대법원은 2심을 파기환송했다. 대법원은 "기업 경영에는 원천적으로 위험이 내재해 경영자가 아무런 개인적인 이익을 취할 의도 없이 선의로 기업의 이익에 합치한다는 믿음을 가지고 신중하게 결정을 내렸더라도 그 예측이 빗나가 기업에 손해가 발생하는 수가 있다. 이런 경우까지 (배임의)고의에 관한 해석 기준을 완화해 업무상 배임죄의 형사 책임을 묻고자 한다면 이는 죄형법정주의 원칙에 위배된다"고 판결했다.

　　■ 경영판단 법적 판단 구조적으로 달라

　　배임 행위를 형벌로 다루는 나라는 드물다. 대부분 민사적으로 손해배상 책임을 묻는다. 우리 상법에도 이사가 법령 정관을 위반하여 임무를 해태하거나 업무를 태만히 할 경우 손해배상 책임이 있다는 규정이 있다. 배임죄를 형법전에 규정한 것은 1851년 프로이센형법이 효시다. 이 규정이 독일과 일본을 거쳐 같은 대륙법 체계인 한국 형법에까지 들어왔다.

그러나 독일에는 또 다른 규정이 있다. 바로 '경영판단의 원칙'이다. 2005년 주식법을 개정하면서 제93조 주의 의무 조문 뒤에 이 원칙을 신설했다.

회사 업무에 관한 이사의 결정이 적절한 정보에 근거하고, 회사의 이익을 위해 이뤄진 것임이 합리적인 방법으로 인정될 때는 의무 위반으로 보지 않는다는 내용이다.

불문법 국가인 미국에서도 경영판단의 원칙은 1829년 루이지애나 대법원 판결 이후 판례를 통해 확립됐다. 즉 경영상 판단으로 이해 관계 없이 독립적이며 상당한 주의 의무를 가지고 구체적으로 충분한 정보에 근거해 선의로 재량의 남용 없이 판단하면 결과적으로 회사에 손해를 초래했다 하더라도 책임을 묻지 않는 것이다.

법조 관계자는 "국내에서도 목적 합리성을 추구하고 위험 감수를 원칙으로 하는 경영 판단과 가치 합리성, 위험 회피를 특성으로 하는 법적인 판단은 구조적인 차이가 있기 때문에 입법적으로 균형을 맞춰야 한다는 견해가 설득력을 얻어 가고 있다"고 말했다.

한국경제신문. 2012.8.20.

경영상 판단, 배임죄 처벌 말아야

'경영상 판단'이 인정될 때는 기업인 등을 배임죄로 처벌하지 않는 방향으로 현행법을 개정해야 한다는 주장이 나왔다. 김승연 한화 회장이 배임죄 등으로 1심에서 실형을 선고를 받았고, 최태원 SK 회장도 역시 배임 등 혐의로 1심 판결을 앞두고 있는 상황에서 나온 학계 주장이어서 주목된다.

최준선 교수는 지난 9일 한양대에서 한국경제법학회의 한양대 법학연구소 주최로 열린 학술대회 '기업지배구조에서 발생하는 주요 쟁점사안'에서 '상법상 특별배임죄의 개정 방향'에 대한 발표를 통해 이 같은 의견을 냈다.

■ 배임죄 처벌 조항 어떻게 바뀌어야 하나

현행법상 배임은 형법, 상법, 특정경제범죄 가중 처벌 등에 관한 법률(특경가법) 등으로 처벌된다. 최교수는 이 중 상법상 특별배임죄 규정이 개정되어야 한다고 주장했다. 그는 두 가지 상법 개정안을 제시했다. 상법 제382조에 '이사가 충분한 정보를 바탕으로 회사의 이익을 위하여 경영상의 판단을 한 경우에는 의무의 위반으로 보지 않는다'는 조항, 상법 제622에도 '경영상의 판단에 대하여는 벌하지 않는다'는 조항을 신설해야 한다는 주장이다. 현재 상법 제382조와 제622조는 회사 발기인, 이사 등이 배임죄를 저질렀을 경우 10년 이상의 징역 또는 3,000만원 이하의 벌금에 처한다는 처벌 규정은 있지만 예외규정은 없다.

일각에서는 기업 경영자들이 상법이 아니라 주로 형법, 특경가법으로 형사 처벌받는다는 점을 들어 형법 등을 손질해야 한다는 주장이지만 최교수는 현실성이 낮다고 분석했다. 그는 "경영 판단에는 죄를 묻지 않는 상법 조항을 두면, 이 논리가 형법 및 특경가법에 적용될 수 있다"며 "모든 배임죄를 다루는 형법에는 경영자의 경영 행위를 면책하자는 단서를 두기 어렵다"고 설명했다. 또 "법원이 경영상 판단에는 배임죄를 묻지 않도록 해석하는 경향이 정착되려면 수십년의 시간이 걸리기 때문에 입법이 필요하다"고 말했다.

■ 경영판단까지 범죄로 보는 건 위험

최교수는 현재 배임죄 처벌 구조에 문제가 있다는 지적도 했다. 최교수는 "배임죄 때문에 비도덕적 경영판단의 잘못까지 범죄로 간주되는 등 '위험한 흐름'이 있다"고 전제한 뒤 "법이 경영진의 불법 처벌을 넘어서 고도의 경영 판단에 따른 실패까지 통제하는 식으로 시장에 깊숙이 개입하게 되면 민주적 법치국가가 전제하는 시장체제에서 그만큼 멀어진다"고 주장했다.

예를 들어 일본에서는 '명백한 손해를 가할 목적'이 있는 경우에 한해 배임죄가 성립되지만 한국에서는 손해 발생 위험만 있어도 처벌 가능하다는 게 최교수의 분석이다. 배임죄가 최초로 도입된 독일에서도 '법률 또는 신임관계 등에 따라 부여된 의무 등을 위반해 타인에게 손해를 끼치는 경우'에 배임죄 처벌 대상이 된다고 좁게 규정한 반면, 국내에서는 '다른 사람의 사무를 처리하는 자'로 해석의 여지가 넓다. 그 결과 배임죄 무죄율은 전체 형사 범죄 대비 5배 가량 높다고 최교수는 분석했다.

한국경제신문. 2012.11.12.

판례로 굳어지는 데는 오랜 시간이 걸리므로 이를 법제화하여 규명함이 이러한 새로운 제도를 정착함에 실효성이 있다는 내용이 흥미롭다. 또한 법률의 적용이 국민 정서와 무관할 수 없지만 지나친 국민 정서 또는 時流적인 판단에 의해서 사법부의 판단이 영향을 받는다는 것은 바람직하지 않다. 사법부의 판단은 순수하게 법에 근거한 법적 해석이어야 한다. 단, 사법부의 판단이 너무 국민 정서와 동떨어진, 즉 세태의 흐름과 전혀 무관한 법의 해석을 하는 것도 비현실적일 수 있다. 時流의 변화가 있다면 이는 입법과정에서 반영되어야 한다.

이사회 결의 따른 경영행위, 업무상 배임죄 물을 수 없다

강교수는 재산 범죄는 피해자의 승낙이 있으면 범죄가 성립하지 않는다고 규정한 형법 24조 규정을 기업인의 배임혐의에도 적용해야 한다고 말했다. 배임죄의 피해자는 주주가 아닌 회사이며 회사의 의사는 이사회의 결의와 같은 것이므로 이사회 결의에 따라 이뤄진 경영 행위는 피해자의 승낙을 받은 것과 마찬가지이다.

그는 현행 배임죄가 배임에 따른 구체적인 손해 없이 손해 발생의 위험만으로 처벌할 수 있게 돼 있다는 점도 문제로 꼽았다. 죄형 법정주의에 반하고 이런 맹점이 배임죄의 본질을 변질시키고 민사사건을 과도하게 형사사건화한다고 했다. 강교수는 "형법 규정의 올바른 해석이라기보다는 처벌 수위를 높이려는 정책적인 발상에서 나온 것"이라며 …

또 이사의 경영 판단 행위가 주주총회의 결의에 따른 것이라면 피해자의 승낙은 아니더라도 사실상 '회사소유자의 의사'에 해당하고 형법 제20조의 정당행위로서 위법성이 인정되지 않는다고 덧붙였다.

한국경제신문. 2012.12.17.

배임죄의 피해자를 주주가 아닌 회사로 규정한 것도 흥미롭다. 회사는 법적인 실체이며 주주는 자연인으로서의 법적인 실체를 가진다. 단, 피해자가 회사, 주주가 회사 소유자라고 하면 이 두 경제주체를 실질적으로 구분한다는 것이 용이하지만은 않다. 그렇기 때문에 소속 종업원이 범법을 범했을 경우에 그 기관도 책임을 져야 한다는 자본시장법과 외감법에서의 양벌규정의 적용도 그 자체가 논란의 대상이다.

"주총 따른 경영행위는 배임죄 아니다"

강교수는 재산 범죄는 피해자의 승낙이 있으면 범죄가 성립하지 않는다고 규정한 형법 제24조의 규정을 기업인 배임죄에 적용했다.

배임죄의 피해자는 주주가 아닌 회사며, 이사회의 결의는 회사의 의사이므로 이사회 결의에 따른 경영행위는 회사(피해자)의 승낙과 같은 것이라는 논리다. 또 주주총회 결의에 따른 경영회의 역시 피해자의 승낙은 아니지만 사실상 '회사 소유자의 의사'에 해당하고 이는 형법 제20조의 정당행위로서 위법성이 인정되지 않는다고 덧붙였다.

강교수는 현행 배임죄가 배임에 따른 구체적인 손해 없이 손해 발생의 위험만으로 처벌할 수 있도록 돼 있는 것은 '형벌과잉'이라고 지적했다.

매일경제신문. 2012.12.17.

기업활동으로 생긴 손실로 배임죄, 새 가슴된 기업인들

■ 경영판단시 배임죄 처벌 안 해야

배임죄의 가장 큰 문제는 처벌 조건이다. 현행 형법에 따르면, 배임죄는 '타인의 사무를 처리하는 자가 임무를 위반하고 재산상의 이득을 취득(취득하려)하는 경우'에 적용된다. 재계와 법조계 일작에선 이런 조건이 적용되는 주체(타인의 사무를 처리하는 자)가 넓고, 규제 요건(임무를 위반)이 추상적이며, 실제로 손해가 발생하지 않은 미수도 처벌하는 점이 문제라고 지적한다.

이런 요건에 맞춰 법을 적용하다 보면 정상적인 기업 활동으로 기업에 손실이 생긴 경우라도 쉽게 배임죄로 처벌할 수 있다는 것이다. 이런 주장의 근거는 배임죄가 법원에서 무죄 선고를 받는 비율이 유독 높다는 것이다. 대법원에 따르면 2009년 일반 형사 사건의 무죄율은 2.2%지만, 형법상 배임죄는 8.3%, 기업인에 대한 배임죄 적용이 대부분인 특정 경제범죄 가중처벌상 배임죄의 무죄율은 15.6%에 달한다.

기업인에게 적용되는 배임죄의 무죄 비율이 일반 범죄의 7배에 이른다는 얘기다.

모호한 법조문과 함께 엄한 처벌 잣대도 원성을 사고 있다. 2009년 시행된 횡령 배임에 관한 양형 기준에 따르면 손실 금액이 300억원 이상이면 5~8년을 기본으로 한다. 1년에 수십조를 움직이는 대기업은 조금만 실수를 해도 중형을 선고받는 게 불가피한 셈이다. 재계는 300억원이 상대적으로 큰 금액이 아닐 수 있다.

이명수 의원은 "경영상 판단으로 회사에 손실을 일으킨 경우에는 이사의 손해배상 책임을 면책한다"는 내용을 담은 상법 개정안을 발의해 놓은 상황이다. 배임죄의 구성요건에 해당한다고 해도 그 행위가 정상적인 기업의 의사결정 과정을 거쳤다면 배임죄로 몰아 처벌하는 경우를 방지하자는 취지이다. 전수봉 대한상공회의소 조사본부장은 "준법 지원인, 사내 법무부서를 통해 충분히 검토를 거친 의사결정은 처벌 대상에서 제외해야 한다"고 말했다.

조선일보. 2013.12.12.

최근에는 횡령, 배임과 관련되어 수시공시 제도의 변화가 추진되고 있다.

횡령, 배임 땐 당일 공시한다

■ 조회공시 요구 없이, 검·기소 후 거래소에 통보

상장사 최대주주 등이 횡령 또는 배임 혐의로 검찰로부터 기소될 경우 이를 즉시 투자자들에게 공시하는 방안이 추진된다. 지금은 거래소 측이 조회공시 요구를 하고 나서야 답변하는 등 문제가 적지 않다.

문찬석 서울 중앙지검 증권법죄합동수사단(합수단) 단장은 24일 "소액주주들의 2차 피해를 줄이기 위해 횡령 배임 혐의로 검찰에 기소된 상장사 최대주주나 전 현직 임원이 있는 경우 검찰 측에서 기소사실을 거래소에 통보해 당일 공시하는 방안을 추진 중"이라고 밝혔다. 문 단장은 "거래소와 검찰, 금융당국간 조율을 거쳐 내년 상반기 내 관련 거래소 규정 등을 개선할 계획"이라고 했다.

합수단과 거래소 등은 공소장을 보낼지, 범죄 내용을 정리해 자료 형태로 보낼지, 어느 선까지 통보할지 등 세부적인 내용을 조율하고 있다.

거래소는 상장사 관계자의 횡령 배임 기소 사실을 공시토록 하고, 공시 전에 언론보도가 나온 경우 조회공시를 요구해 답변을 받는 방식을 하고 있다. 김경학 한국거래소 공시제도팀장은 "현행 자본시장과 금융투자업에 관한 법률에 따르면 횡령, 배임 혐의 기소는 의무공시 사항이지만, 기업 측이 이런 사실을 파악하지 못해 공시하지 않는 문제가 있어 제도 보완에 나선 것"이라고 설명했다.

해당 공시제도가 정착되면 거래소는 검찰로부터 상장사 주요 관계자의 기소 사실을 통보받아 해당 기업에 당일 공시하도록 조치할 예정이다. 기업이 이를 지키지 않을 경우 거래소가 자체적으로 공시하는 방안도 검토 중이다.

한국경제신문. 2013.12.25.

Chapter

26

리포

부실회계 망령 또 월가 엄습

　　SEC는 리포거래가 은행들의 위험을 축소시키는 데 광범위하게 사용되고 있다고 보고 있다. SEC 위원장은 은행들이 분기별로 감독당국에 보고하는 시점이 될 때마다 리포거래를 통해 단기부채 금액을 대폭 축소했다고 주장했다.

　　리포거래는 채권을 담보로 상대방에게 건네주고 돈을 빌리는 거래를 말한다. 부동산 담보대출과 크게 다르지 않다. 리포 105는 105짜리 채권을 건네주고 100원의 현금을 받는다고 해서 붙여진 이름이다.

　　실제로는 돈을 빌리는 거래이기 때문에 금융회사들이 리포거래를 해서 돈이 들어온다면 회계장부상 부채로 잡아야 한다. 하지만 리먼 같은 경우는 리포거래를 돈 빌리는 거래가 아니라 채권을 매각한 거래로 해석해 회계장부상 부채로 잡지 않았다. 리포거래는 보통 만기가 짧기 때문에 빌린 돈을 금방 다시 갚아야 했지만 리먼은 다시 리포 거래를 체결해 돈을 빌려 돌려 막기를 했다. SEC는 그렇게 리먼이 숨긴 부채가 500억 달러에 달한다고 밝혔다.

매일경제신문. 2010.4.22.

　　위의 내용은 매출채권을 할인할 때 이를 담보로 한 차입으로 볼 것인지 아니면 매각으로 볼 것인지의 차이에 의해 회계처리가 달라지는 점과 맥을 같이 한다. 담보로 한 차입을 매각으로 회계처리 한다면 담보로 한 차입일 경우에 보고되어야 할 부채가 계상되지 않는 문제를 초래하는 것이다. 물론, 이러한 부채에 상응하는 자산(채권)이 존재하므로 부채의 존재가 문제가 되지 않는다고도 할 수 있지만 부채의 존재는 상응하는 자산의 존재 여부와는 무관하게 기업에게는 항상 큰 부담이다. 이는 Chapter 1의 부채비율을 구하는 방식의 기술과 연관된다. 또한 상응하는 자산이 존재한다고 부채와 상계할 수도 없는 것이다.

SEC, 금융회사 윈도드레싱 차단

미국 증권거래위원회는 상장사들이 매분기 단기차입에 대한 상세내역을 담은 보고서를 제출하도록 하는 방안을 마련하도록 했다. SEC는 또 금융회사들에 대해서는 차입금에 대한 평균이자 지급내역을 분기마다 회람해 제출하도록 의무화했다. 현재 금융회사들은 연 1회에 한해 단기차입 내역을 공개하도록 돼 있다.

이 방안이 도입되면 재무상태가 건전하게 보이도록 하기 위해 분기 결산 시점에 부채를 일시 축소하는 업체들의 분식회계 관행에 제동이 걸릴 것으로 보인다. 개선안은 특히 매 분기말 단기 차입금에 대한 미상환액과 차입금에 대한 평균이자 관련 자료를 제출하도록 했다. 미상환 분기 차입금 평균과 지급이자 평균자료는 물론 미상환액 최고액에 대한 자료 제출도 의무화했다.

이번 개선안은 2007년과 2008년 매 분기말에 리포 105 또는 리포 108로 불리는 회계관행을 통해 재무구조를 좋게 보이도록 만든 리먼브러더스와 같은 사례를 막기 위한 조치이다.

SEC는 대형은행들이 주로 사용하는 분식회계 관행은 합법적이지만 투자자들에게 실제 상황을 왜곡한 부채현황을 제공해 투자손실 가능성을 일으킬 수 있다고 설명했다.

투자자들은 분기 결산 시점의 짧막한 보고가 아니라 재무보고 기간 중 금융활동 정보를 더욱 상세히 파악할 수 있어야 한다고 강조했다.

매일경제신문. 2010.9.20.

Chapter

27

수리거부권

부실증권신고서 수리거부할 것

금감원이 중요사항을 허위로 기재하거나 빠뜨린 증권신고서에 대해선 수리거부권을 적극 행사하겠다는 의지를 내비쳤다.

부실 기업의 유상증자나 비상장법인의 우회상장, 변칙적인 3자배정 유상증자 등에 대한 심사를 더 강화하겠다며 이같이 밝혔다. 증권신고서 수리거부권은 작년 2월 자본시장법 시행 때 도입됐지만 이제까지 금감원이 거부권을 행사한 사례는 없었다. 그동안 금감원은 신고서 정정을 요구하는 선에서 증권신고서 심사를 조율해 왔다. 신고서 수리가 거부되면 해당 상장사는 거부권 행사 사유를 해소하고 다시 증권신고서를 제출해야 하기 때문에 증자나 합병이 무산될 가능성이 높다.

금감원이 신고서 수리거부권이라는 강력한 권한을 행사하겠다는 것은 시장 정화를 위한 측면이 강하다. 현재 우회상장의 심사문턱이 낮은 데다 결산 이후 한계기업들의 증자가 잇따르면서 이를 좌시하지 않겠다는 의지가 담겨 있다는 분석이다. 이에 따라 유상증자증권신고서가 수차례 반환된 한계기업들에 이 같은 방침이 어떤 영향을 미칠지 주목되고 있다.

송부원장은 변칙적인 인수 합병이나 우회상장 차단 의지도 밝혔다. 그는 'M&A 과정에서 기업가치를 부풀리는 것을 막기 위해 자산을 양도할 때 실거래 금액과 장부가 중 높은 것을 공시토록 하고 부실하게 평가한 외부평가기관은 일정기간 영업을 정지시키겠다'고 밝혔다.

또 우회 상장, 신규 상장에 준하는 정도로 질적 요건을 심사하겠다며 '제3자 배정 증자물량이 너무 많을 경우 신주발행무효소송이나 임원의 손해배상소송이 제기될 수 있다는 점도 신고서에 기재하도록 할 것'이라고 덧붙였다.

아울러 송부원장은 '회계정보의 신뢰도를 높이기 위해 상장법인 감사인 등록제도 도입을 추진하고, 한계기업의 분기 및 반기보고서에 대한 외부감사를 의무화하는 방안도 검토할 계획이라고 말했다.

한국경제신문. 2010.5.19.

외부평가기관의 임의적인 평가 과정에 대해서 제재한다는 것이 매우 어렵다. 이는 신평사들에 대해 제재를 하는 것이 어려운 것과 동일한데 회계감사라는 용역은 정형화된 감사기준에 의해서 감사가 수행될 때 이를 위반하는데 대한 규제이다. 이에 비해 외부평가나 신용평가는 이러한 정형화된 과정을 거치는 것이 아니므로 평가가 잘못되었을 경우는 이러한 잘못된 평가에 대한 사후적인, 뒷북을 치는 조치일 수밖에 없으며 어떠한 과정에 대한 지적인지를 적시한다는 것은 어려운 과정이다. 절차에 대한 평가 없이 결과만을 놓고 조치한다면 이 또한 정당화할 수 없는 규제기관의 조치라는 비판을 감독기관이 감수해야 한다.

Chapter 54에서 이슈가 되었던 재무제표의 사전등록이 거래소가 아니라 감독원이나 증선위 차원으로 진행되었다면 위와 같은 수리거부권의 시행은 조금 더 용이했을 것이다.

한계기업에 대한 분기 및 반기보고서에 대해서는 외부검토 수준의 인증이 아니라 외부감사 수준의 인증이 진행되어야 한다는 점은 감독기관에서 수년째 주장하는 내용인데 실현될 수 있을지에 대해서는 많은 의문이 남는다. 일단, 감독기관에서도 모든 기업이 아니라 한계기업에 대한 이 제도의 적용을 고민하고 있는데 한계기업을 어떻게 정의하는지도 이슈가 될 것이다. 또한 기업들은 검토를 감사로 확장하는 데 대해서 거부감을 느끼고 있다. 감독기관 자체적으로 한계기업을 정의하는 것이 어려운 일이므로 거래소가 분류하는 투자주의환기 종목 등의 분류로 한계기업을 정의할 수도 있을 것인데 이 분류 또한 논란의 대상이다(Chapter 64).

금융감독원은 '09.6.25. 비상장법인 자산의 과대평가 등 부실평가를 방지하기 위하여 공인회계사회, 감정평가협회, 변리사회 등이 공동 참여한 TF팀 협의를 거쳐 「외부평가업무 가이드라인」을 작성하기는 하였지만 이 가이드라인의 적용이 어느 자격증 소지자에 해당하는지도 명확하지 않을 수 있다. 또한 이러한 가이드라인의 구속력이 문제가 될 수 있다. 이 내용은 Chapter 87에서 자세히 기술한다.

애널리스트

애널리스트 공시 아닌 空시

금융투자협회가 애널리스트 공시제도를 추진하면서 당초 원안과 달리 분석보고서와 인적사항 등을 공시대상에서 제외키로 했다. 이에 따라 투자자를 보호한다는 제도 도입 취지가 무색해졌다는 지적이 제기되고 있다.

금융투자협회는 최근 국내외 증권사 관계자들을 대상으로 다음달 말 시행될 애널리스트 공시제도 설명회를 열고 공시제도 수정안을 발표했다. 수정안에 따르면 금투협은 협회 홈페이지에 애널리스트 공시 사이트를 만들며 이 사이트를 통해 공시해야 할 내용 중 애널리스트의 분석보고서는 각 증권사 홈페이지 주소를 링크하는 것으로 대체했다.

대부분의 증권사 홈페이지가 회원가입을 해야 분석보고서를 볼 수 있도록 만들어져 투자자들이 불편해진 셈이다. 특히 외국계 증권사의 경우 홈페이지에서 분석보고서를 공개하지 않아 투자자들이 보고서를 볼 수 없다.

금투협은 또 애널리스트의 인적 사항 중 학력은 제외하기로 했고 과거 직장근무 경력 역시 privacy 침해 소지가 있어 공시대상에서 빼는 방안을 검토하고 있다고 밝혔다. 각 증권사가 이연성과급제를 시행하고 있는지도 공시하지 않는 쪽으로 결론이 났다. 결국 수정안대로 라면 투자자들이 공시제도를 통해 얻을 수 있는 정보는 각 증권사에 소속된 애널리스트의 이름과 근속연수 정도이다.

금투협이 지난 3월 발표한 제도 초안에는 애널리스트가 발간한 전체 보고서 제목과 내용, 인적사항, 전체 추천의견 중 매도 추천비율, 각 증권사 애널리스트의 이연성과급제 도입 여부 등을 협회 홈페이지에 모아 공시토록 했다.

한국경제신문. 2010.6.10.

학력은 개인 privacy의 문제일 수 있으며 학력 차별 등의 이슈도 있을 수 있지만 경력을 포함시키지 않는 것은 이해하기 어렵다. 경력은 애널리스트의 능력을 평가하는 가장 정확한 평가 기준일 수 있다. 매도 추천 비율을 별도로 공지하는 것은 애널리스트들이 과도하게 매수 주문을 내는 것을 어느 정도 통제하기 위함이다. 또한 이들 정보를 이용하는 정보 이용자들이 이러한 과장된 매수 주문을 discount하여 해석하고 이용하기 위함이다.

애널리스트 이력 보고 투자를

일정 기간마다 애널리스트들이 보고서를 통해 제시한 목표주가와 실제 주가의 괴리도를 분석한 보고서도 제공된다. 26일 금융위원회와 금융투자협회는 8월 9일부터 금투협 홈페이지에 '애널리스트 공시시스템'을 마련해 각 증권사에 소속된 애널리스트 현황과 개인정보, 애널리스트가 작성한 보고서를 공개한다고 밝혔다.

금투협 관계자는 '앞으로 6개월이나 1년 단위로 외부전문기관에 의뢰해 애널리스트와 보고서 공시 내용을 분석 발표하기로 했다'며 이런 장치들로 눈치를 보며 매수 매도를 추천하는 등 고질적 문제가 크게 개선될 것으로 기대한다.

매일경제신문. 2010.7.27.

전체 추천 의견 중 매도 추천 비율을 공시토록 하는 이유는 매수에 비해서 매도 추천의 빈도수가 불균형적으로 많은 차이를 보이기 때문이다. 매수 의견의 inflation 이외에 위의 신문기사에서는 목표 주가의 inflation에 대한 경종을 울리고 있다. 다음의 신문기사는 국내의 분석가들이 과도하게 매수 추천을 많이 표명하면서 매수 추천이 특별히 매수 추천이라는 의미를 전달하기 어려우므로 이를 더 강력히 추천하는 추천 분류를 수행하는 경우를 보인다.

'매수' 추천으로 안 통하니 '확신 매수' 추천까지

주식시장에선 확신(conviction)이라는 단어를 쓰기가 아무래도 부담스럽다. 주가는 신도 모른다는 격언이 있을 정도이다.

그런데 최근 삼성증권이 5개 종목의 투자를 추천하면서 '확신 매수(conviction buy)'란 표현을 썼다. 흔히 말하는 '매수(buy)'보다 한 단계 강도를 높인 추천인 셈이다.

조선일보. 2012.7.3.

아마 이러한 의미에서 회계에서도 due care라는 표현을 사용하지 완전한 care라는 단어를 사용하지 않는 것일 수도 있다.

전체 추천의견 중 매도 추천비율을 별도로 공시하게끔 강제함은 애널리스트들이 기업이 부담스럽게 생각하는 매도 추천을 거의 수행하지 않기 때문이다. 이는 정보 협조 등을 위해서 애널리스트들이 해당 기업과의 원만한 관계 유지에 힘쓰고 있기 때문이기도 하다. 엄밀하게 판단하면 매수와 매도 추천은 균형을 이루는 것이 원칙인데 애널리스트의 해당 기업과의 관계를 고려하면 그렇게 되지 않는다.

위의 이연성과급제도란 다음을 의미한다.

금융회사의 단기성과 위주의 보상체계가 경영진과 일부 직원들의 과도한 위험추구 성향을 야기하여 금융위기를 불러왔다는 점에 착안하여 선진국에서부터 이연보상에 대한 논의를 진행해 왔다. 그리고 이는 G20 등을 통하여 선진국들이 합의하고 금융회사들도 받아들여 우리나라에서도 업권별 모범규준을 만드는 등 시행에 들어갔다. 기업이 단기 성과 위주로 의사결정을 하면 장기성과 위주의 기업가치가 영향을 받을 수 있다.

그 핵심 내용을 보면 보상과 리스크를 연계시킨다는 것인데 경영진과 특정직원들에 대한 보상 중 상당부분을 변동보상으로 지급하고 이 변동보상 중 상당부분은 리스크 존속기간을 감안하여 이연 지급하도록 되어 있다. 그리고 이 변동보상 중 많은 부분은 주식 및 주식연계 상품 등 금융회사의 장기성과와 연동되는 형태로 지급토록 되어 있고 변동보상의 이연지급 기간중 성과가 목표에 미달하거나 손실이 발생한 경우 미래 지급할 변동보상을 축소하여 지급하는 것을 내용으로 하고 있다.

즉, 이러한 이연보상을 통하여 '금융회사의 과도한 리스크 추구로 벌어들인 이익으로 보상을 받고 이후 이에 수반한 리스크로 인하여 보상받은 경영진과 직원들이 떠난 후에 금융회사가 위험에 빠지는 일을 막겠다'는 것이 기본 취지이다.

이러한 이연성과급제도도 이상적인 보상 제도인 듯 외관적으로 보이지만 문제가 없지 않다. 성과가 이연되어 나타난다는 점은 부정할 수 없지만 예를 들어 이미 퇴직한 임원이 후임 임원의 성과에 의해서도 영향을 받아서 성과급을 받을 수도 있다는 점이다. 전임 임원과 후임 임원의 업무간에는 전혀 연관성이 없는 경우에도 동일하다. 후임자 재직 중의 경영의 결과는 전임자 업적의 이연된 업적의 산물만도 아니고 후임자의 업적이 반영된 것인데, 그럼에도 불구하고 후임자의 업적이 전임자의 성과 보상에 영향을 미친다.

또 하나의 이슈 중의 하나는 상근 감사의 경우도 이연성과급 제도의 적용을 받는데 등기이사일 경우는 경영활동의 성과가 어느 정도 시간 lag를 가지고 결과가 나타날 수 있다고 하여도 감사의 경우는 업무의 성격상 그 업무의 결과가 시간적 간격을 두고 나타난다는 것을 이해하기 어렵다. 그럼에도 불구하고 이연성과급제도가 모든 임원에게 적용되는 과정에서 상근 감사에게도 이 제도가 적용되는데 이러한 적용이 바람직한지에 대해서도 고민해 보아야 한다. 준법감시인의 경우도 상근감사와 같은 동일한 문제를 가진다.

보험회사의 모범규준에 의하면 이연성과급제도를 3년간 시행하는데 이러한 이연의 의미가 너무 장기로 적용하는 것은 아닌지도 고민할 부분이다. 선진국에서 채택한 제도라도 모두 순기능만 있는 것이 아니기 때문에 제도의 도입에는 신중을 기해야 한다.

이러한 문제점이 있기 때문에 현재 국회에 상정되어 있는 "금융회사의 지배구조에 관한 법률 제정안'의 제24조(준법감시인의 임면 등)의 4항에는 "금융회사는 준법감시인에 대하여 회사의 재무적 경영성과와 연동하지 않는 별도의 보수지급 및 평가 기준을 운영하여야 한다"고 기술하고 있다.

한국 임원보수 '수수께끼 같은' 공시

■ 은행의 임원 보수는 '수수께끼'다

지난 4월 29일 공시된 '케이비(KB) 국민은행 지배구조 내부규범 운영현황 공시'를 보자. "2012년 수급자 12명의 고정보상액 35억, 변동보상액 47억(이 중 이연지급 대상 23억원)이다. 변동보상의 형태는 현금 13억원, 주식연계상품 34억원이며, 이연보상액의 구분(해당 연도 말 누적액을 기준으로 발생 연도별로 구분)은 2012년 33억원(2012년 14억, 2011년 15억, 2010년 5억)이다."

한겨레신문. 2013.8.15

이러한 이연성과급제도의 취지는 한 특정 기업의 다음 내용과도 연관된다. 주식 양수도 계약(SPA, share purchase agreement)이 있을 경우, 미래시점의

EBIT에 연동하여 추가로 대금을 지급하는 조건(earn-out payment)으로 회사를 매각할 수 있다. 이는 매각 시점 이후, 미래의 수익 창출 가능성이 희박할 경우에 이러한 조건이 부가될 수 있다. 이는 매도자가 미래의 수익 창출 가능성이 높지 않은데도 불구하고 가능성이 높다고 정보를 왜곡하여 회사를 매각하는 것으로부터 매수자를 보호하기 위한 장치/제도이다. 그도 그럴 것이 아무리 해당 회사에 대한 내용을 회계자료 등을 통해서 정확하게 분석한다고 하여도 매수자는 해당 분야에 대한 전문성이 낮기 때문에 미리 시점의 불확실성으로부터 보호받기를 희망하는 과정에서 이러한 장치가 도입된 것이다.

한 회사 매수건의 계약은 다음과 같았다.

A certain amount for the share purchase is to be paid up from with a limit of KRW xxx and the remaining payment bo be made under the earn-out method in consideration of 1) cumulative EBIT in FY 2008 and FY2009 2) EBIT in FY 2010.

수협 관련
회계 이슈

IFRS도입 수협 출자금 신경전

- 수협 BIS 비율 급락 우려 예보 결손금 해소 먼저
- 빌린 돈을 정부 재정으로 메워 달라(수협)
- 1조원을 넘게 빌려줬더니 3,000억원만 갚겠다는 것이냐(예보)

예금보험공사와 수협은행이 출자금 전환 문제를 놓고 신경전을 벌이고 있다. 25일 금융권에 따르면 수협은행은 2011년 IFRS가 도입되면서 수협 국제결제은행(BIS) 자기자본 비율이 마이너스로 떨어질 것이라며 현재 1조 1,581억원에 달하는 예보출자금을 정부 재정을 투입해 일시불로 메워줄 것을 요구하고 있다.

IFRS가 도입되면 상환 의무가 있는 출자금은 모두 부채로 분류되기 때문에 이대로라면 수협은 자본잠식 상태로 전락할 수밖에 없다.

올해 초 수협개혁위원회 보고서에 따르면 IFRS 도입시 BIS 비율은 -3.9%로 떨어지고 신용등급도 '투자부적격'으로 추락할 수 있다.

2001년 예보는 두 차례에 걸쳐 수협에 1조원이 넘는 공적자금을 투입했다. 우리금융과 달리 조합 형태인 수협에는 주식이 아닌 출자증권 형태였다.

이 때문에 금융당국은 농협이나 수협에 대해서는 IFRS 도입을 3년간 유예해 줄 방침이다. 하지만 수협 측은 이번 기회에 근본적인 아킬레스건을 털고 가겠다는 생각이다.

수협은행 관계자는 'IFRS 도입을 3년간 유예받았지만 2014년이면 다시 이 문제가 불거질 수밖에 없다'며 '예보가 투입한 공적자금을 모두 갚고 정부가 보통주 형식으로 출자하는 게 바람직하다'고 말했다.

그는 '그동안 예보와 맺은 경영이행각서 때문에 경제와 지도사업에 대한 지원을 할 수 없었다'며 '협동조합 본래 기능을 회복하기 위해서도 꼭 필요한 일'이라고 말했다.

따라서 2027년까지 갚기로 돼 있는 1조 1,581억원을 현가로 계산해 정부 지원을 받아 일시불로 조기 상환해 버리고 예보 MOU에서 벗어나겠다는 게 수협 측 판단이다.

예보가 외부용역을 의뢰해 작년에 국회에 보고한 현가는 2,953억원, 수협은 이를 근거로 3,000억원만 예보에 갚아주면 된다는 주장이다. 하지만 금융당국과 예보는 일단 회의적인 반응이다.

금감원 관계자는 '수협 측 논리도 일리가 있지만 IFRS와 BIS는 별개 사안으로 현재 감독규정에 따라 농수협 BIS 비율 산출시 출자금은 특례를 인정해 자본으로 분류하고 있다'고 지적했다.

계속 예외 규정을 적용하면 국내적으로는 문제가 없지만 외국에선 자본건전성 리스크 요인으로 작용할 수 있다고 수협 측은 설명한다.

무려 1조 1,581억원이나 투입한 예보로선 원금회수가 기본방침이다. 설령 정부가 재정을 투입해 갚아준다고 해도 3,000억원으로는 터무니 없다는 게 예보 측 주장이다.

예보 고위 관계자는 '공적자금 회수 극대화와 조기 회수라는 두 가지 목적을 충족시켜야 한다'며 '공적자금 1조원을 투입했는데 3,000억원만 돌려받는 것은 부족하다'고 지적했다.

매일경제신문. 2009.11.26.

공적자금이 투입된 예보의 자회사는 우리금융, 수협, 서울보증보험 등이 있다.

이러한 논의 결과 농협과 수협에 대한 IFRS는 2014년에 강제하게 된다. 저축은행에 대한 IFRS의 적용도 금융기관임에도 불구하고 저축은행의 여러 가지 문제 때문에 도입이 연기되었다.

Chapter

30

· · ·

정유업계

정유업계, IFRS발 어닝 서프라이즈 온다

■ 재고평가법 바꾸며 이익급증 효과 GS 칼텍스 작년 순익 50% 더 늘어 SK에너지, 에쓰오일도 내년 도입

다른 산업들이 대부분 FIFO이나 총평균법을 적용하는 것과는 달리, 원유는 시간에 따른 손실이 거의 없다는 특징을 고려해 그동안 GS칼텍스 등 국내 정유사들이 제품 원재료 등을 LIFO로 인식해 왔다.

하지만 새 회계기준에 따라 평가방법을 바꾸면서 그동안 매출원가로 인식되지 않고 남아 있던 오래된 원유재고까지 한꺼번에 원가로 반영되자 이익이 크게 늘어나게 된 것이다. GS칼텍스의 경우 지난해 매출원가에 1980년대 배럴당 10달러 수준에 들어왔던 재고들도 반영된 것으로 알려졌다.

한국경제신문. 2010.3.30.

원유 가격이라는 것이 매우 유동적이지만 2013년 3월 현재 90달러에 이르고 있으니 이러한 가격 변화가 재무제표에 매우 큰 영향을 미친다.

이러한 내용은 중급회계 교과서에서 흔히 dipping into the LIFO layer라고 즉, LIFO 청산이라고 소개되는 내용이다. LIFO는 현재의 매출수익이 현재의 공정가치가 반영된 비용과 match되는 장점이 있지만 매우 오래전에 매입한 상품이 재고자산에 남게 되는 문제점이 있다.

'법인세법 어떻게 바뀌나' 업계반응, "고심했지만 형평성 부족"

■ 업종별 회계방식별 형평성 보완해야

대표적인 피해 기업이 정유사이다. IFRS에서 인정하지 않는 재고자산평가방법인 후입선출법을 총평균법이나 선입선출법으로 바꾸면서 세금부담이 급증하게 되는데 이번 대책에서 빠졌다.

은행권도 대손충당금의 신고조정무산에 따른 세금증가가 예상된다. 업계 관계자는 '건전성 기준에 따라 정상 채권에 대해서도 0.5%의 충당금을 쌓고 있다'며 '부채로 잡힌 이 충당금이 IFRS에서는 자본으로 적립돼 늘어난다'고 지적했다. 그는 '내년부터 갑자기 대손충당금이 줄면 자산건전성에도 문제가 생길 수 있는 만큼 대책이 필요하다'고 말했다. 건설사도 예상매출 인식시점 변경에 따른 배려가 부족하다고 평가했다. IFRS는 공사가 완성됐을 때 매출이 인식되는 반면 세법에서는 공사 진행 정도에 따라 매출을 잡기 때문에 세금측면에서 불리하다.

반면 보험이나 해운업종에서는 반가운 결과들이다. 보험사는 전쟁, 자연 재해 등 예기치 않은 손실시 보험금을 지급하기 위해 적립해둔 비상준비금이 현행 결산과정에서 신고조정으로 허용돼, 세금상 손금으로 인정받을 수 있다.

한국경제신문. 2010.7.1

국제회계기준이 도입되면서 보험회사의 회계에 큰 영향을 주었다. 보험사들은 국가적 위기나 비상시에 대비해 매년 '비상위험준비금'을 적립해야 한다. 전쟁과 같은 국가적 비상사태가 오면 지급해야 할 돈이기 때문에 K－GAAP하에서는 부채로 처리하고 있었다. 하지만 IFRS에는 '보험 계약자가 없는 준비금은 부채로 잡아서는 안 된다'는 원칙이 있어 부채로 처리했던 비상위험준비금이 자본으로 변하게 된다는 주장이 있었고 이렇게 되면 장부상 비용이 줄어 세금 부담이 늘어날 가능성이 높았다. 전쟁과 같은 국가적 비상사태는 발생할 가능성이 높지 않은 사건으로 이러한 사건이 발생하지 않는다는 가정하에 이 준비금이 어떠한 성격의 금액인지를 파악하려면 이 준비금이 부채인지에 대한 해답이 도출되기 어렵다. 따라서 이 금액을 국제회계기준에서 부채로 인정하지 않는다.

개정이유 K－IFRS 도입시 비상위험준비금이 부채로 계상되지 않아 세부담이 증가하는 문제 해소

기획재정부 비상위험준비금 손금산입 신고조정 전환

□ 보험법 영위법인이 국제회계기준을 적용할 경우 세부담이 증가하는 문제를 해소하기 위하여 2011년 법인세법시행령 개정으로 손금산입 신고조정을 허용하고 한도를 정함

□ 현행은 비상위험준비금을 결산상 비용계상한 경우 손금인정(결산조정사항)

□ 개정된 내용은 비상위험준비금을 이익준비금으로 계상한 경우 손금인정(신고조정사항), 시행령에서 한도 규정

□ 법인세법시행령 부칙(2010.12.30 대통령 영 제22577호) 제15조(책임준비금 등의 손금산입에 관한 특례)

이 영 시행 전에 손금에 산입한 비상위험준비금으로서 이 영 시행 이후 국제회계기준을 최초로 적용하는 사업연도에 국제회계기준에 따라 환입되어 익금에 산입한 금액(이하 이 조에서 "비상위험준비금기적립액"이라 한다)을 법 제30조제2항에 따라 비상위험준비금의 적립금으로 적립한 경우 제57조제3항의 개정규정에도 불구하고 전액을 손금에 산입한다. 이 경우 해당 사업연도에 비상위험준비금기적립액 외에 법 제30조제2항에 따라 추가로 적립한 금액에 대해서는 제57조제3항의 개정규정을 적용한다.

법인세법시행령 제57조(책임준비금 등의 손금산입)
① 법 제30조제1항에 따른 책임준비금은 다음 각 호의 금액을 합한 금액의 범위 안에서 해당 사업연도의 소득금액계산에 있어서 손금에 산입한다.
<개정 1999.12.31, 2005.2.19, 2007.2.28, 2008.2.22, 2008.2.29, 2009.2.4, 2010.6.28, 2010.12.30, 2012.2.2, 2013.2.15, 2013.3.23>
③ 법 제30조제2항에서 "대통령령으로 정하는 바에 따라 계산한 금액"이란 제7항에 따른 보험종목별적립기준금액을 합한 금액의 100분의 90을 말한다.
<신설 2010.12.30>
참고: 법인세법 제30조(책임준비금 등의 손금산입)
① 보험사업을 경영하는 내국법인이 각 사업연도에 「보험업법」이나 그 밖의 법률에 따라 책임준비금과 비상위험준비금을 손금으로 계상한 경우에는 대통령령으로 정하는 바에 따라 계산한 금액의 범위에서 해당 사업연도의 소득금액을 계산할 때 이를 손금에 산입한다.
② 제1항을 적용할 때 국제회계기준을 적용하는 법인이 「보험업법」, 그 밖의

법률에 따라 비상위험준비금을 제60조제2항제2호에 따른 세무조정계산서에 계상하고 그 금액 상당액을 해당 사업연도의 이익처분을 할 때 비상위험준비금의 적립금으로 적립한 경우 대통령령으로 정하는 바에 따라 계산한 금액의 범위에서 이를 손금에 계상한 것으로 본다.

③ 법 제30조제2항에서 "대통령령으로 정하는 바에 따라 계산한 금액"이란 제7항에 따른 보험종목별적립기준금액을 합한 금액의 100분의 90을 말한다.
<신설 2010.12.30>

Chapter

31

보조금

이통사, 휴대폰 보조금 회계방식 신경전

KTF가 보조금 등 판매지원금을 한꺼번에 비용으로 계상하던 것을 의무약정기간인 18~24개월 동안 할부방식(이연)으로 처리하려 들자 SK 텔레콤, LG텔레콤 등 다른 이통사들이 반발하고 나선 것.

11일 관계업계에 따르면 경쟁이통사들은 KTF가 2분기 실적을 좋게 만들기 위해 갑자기 회계처리기준을 변경하는 꼼수를 부리고 있다고 지적하고 있다. 실제 KTF는 지난해부터 보조금 지원 등을 합쳐 마케팅 비용으로 1조 5,973억원을 쏟아 부으면서 실적이 크게 악화됐다. 지난 1~4분기에도 2,603억원을 썼다. KFT는 이 때문에 지난 1~4분기에 간신히 205억원의 당기순이익을 내는 데 그쳤다.

특히 이번 2/4분기에는 적자를 면치 못할 것이라는 분석이 지배적이지만 KTF는 매달 500억원으로 추정되는 휴대폰 보조금을 줄일 기미가 없다. 상황이 이러다 보니 상장사인 KTF가 주주이익은 무시한 채 합병정지작업만 하고 있다는 오해 아닌 오해가 나오는 것도 당연하다.

KTF가 1,500억원 이상인 분기별 보조금 지출을 의무약정기간인 24개월로 분할 처리할 경우 회계변경 뒤 첫 분기에 재무제표에 잡히는 장부상 비용은 125억원 가량으로 확 줄어든다. KT와의 합병을 앞두고 있는 KTF로서는 분기 적자를 내는 것을 피하면서도 가입자 확보 드라이브를 유지할 수 있는 일거양득의 묘책이 바로 회계방식변경에 있다.

회계업계는 이 같은 KTF의 회계처리 방식에 대해 상법 또는 기업회계기준 위반은 아니라는 의견을 내놓고 있다. 회계원리 가운데 수익/비용 대응의 원칙에 따라 실제로 비용과 수익이 발생한 기간에 맞게 장부에 올릴 수 있다는 것. 하지만 일각에서는 지금까지 발생시점에 보조금 등 마케팅 비용을 처리하던 걸 갑자기 바꾸려 하는 태도는 너무 자의적이라 회계의 일관성이 훼손된다고 지적하고 있다.

이런 논란은 지난 99년에도 있었다. 당시 금융감독원은 의무약정기간에 상관없이 단말기 보조금이 나가는 순간 비용으로 처리토록 의결했다. 하지만 이번에는 시장 상황의 변화가 없는데도 금감원이 명확한 입장을 빨리 정하지 않자 경쟁사들의 불만이 커지고 있다.

경쟁사들은 'KTF가 시장 원리를 무시하고 마구잡이식 보조금 지급으로 과열경쟁을 부추기고 있다'며 '과도한 마케팅을 위해 회계의 일관성까지 훼손하려고 하는 것은 투자자에게 혼선을 주는 행위'라고 주장하고 있다. 한 업계 관계자는 'KT와의 합병 초읽기에 들어간 KTF가 KT의 막강한 자금을 미리 끌어다 쓰는 격'이라며 '결국 이러한 비용은 고객에게 전가돼 통신비 인하 방침에도 역행하는 결과를 낳게 될 수밖에 없다'고 비판했다.

이에 대해 KFT 관계자는 '기존 보조금과 달리 가입기간을 예상할 수 있고 중간에 해지하면 위약금도 받는 의무약정 보조금은 투자비나 연구개발비처럼 자산(선급비용)으로 처리한 뒤 감가 상각할 수 있다'고 반박했다.

서울경제신문. 2008.6.11.

KTF는 2008년 당시 KT의 자회사로 KT는 유선전화, KTF는 무선전화 사업을 중점적으로 수행하다가 지금은 합병되었다. 위에서는 회계에서의 지속성의 원칙이 인용되고 있는데 원칙을 적용함에 있어서 지속성이 더 중요한 것인지 이를 판단하는 시점에 어떠한 회계처리가 더 회계원칙에 부합하는지는 논란의 대상일 수 있다. 즉, 과거에 지속되어온 회계관행이 회계원칙에 부합하지 않는다고 하면 그럼에도 지속성 때문에 이 원칙을 고수해야 하는지의 이슈이다. 지속성은 어떻게 보면 관습의 개념이지 원칙의 이슈는 아니다.

금감원 휴대폰 보조금 자산처리도 가능. KTF, SKT 주가에 큰 영향 없어

이번 사례는 실무 중심 회계처리보다 원칙 중심 회계처리를 강조하는 국제회계기준을 따라야 한다는 취지의 금감원 결정이라 눈길을 끈다. 이 결정으로 인해 KTF는 당장 2분기 재무제표상 손실을 보지 않을 가능성이 커졌다.

3일 감독원에 따르면 금감원은 휴대전화 보조금 회계처리에 대해 원칙적으로 '비용처리'하는 것이 맞다고 해석했다. 다만 휴대전화 보조금이 자산으로서 요건을 갖추고 있다면 '자산처리'할 수도 있다는 단서를 달았다.

지금도 이동통신사들은 고객이 번호이동을 하거나 신규 서비스에 가입할 때 보조금을 지급하면 이를 즉시 비용처리하고 있다.

그러나 KTF가 최근 '보조금을 비용으로 처리할 것이 아니라 KTF가 고객에게 지급한 자산이기 때문에 자산처리할 수 있도록 해 달라'고 금감원에 질의했다. 증권업계에서는 KTF의 SHOW 가입자가 늘고 보조금 지급 규모가 늘면서 이익에 타격을 입을 가능성 때문에 내린 결정으로 보고 있다.

하지만 SKT는 보조금을 자산처리하는 방식의 회계처리에 대해 강력하게 반대했다. 작년 연간 1조 6,425억원 가량 순이익을 낸 SKT 처지에서는 고객에게 지급하는 보조금까지 자산으로 처리하면 재무제표상 이익이 더 늘어나는 효과가 있기 때문이다. 이익이 늘어나면 이연법인세 부채가 줄어들어 세금 지급을 지연시키지 못하게 됨에 따라 절세 재테크를 하기 힘들어진다.

따라서 금감원이 한쪽 편만 들어준다면 양쪽 중 하나는 재무제표상 불이익을 볼 수밖에 없었다. 그러나 금감원은 교묘하게 비난 소지를 피해 나갔다.

향후 KTF는 보조금을 자산으로 처리한 다음 매 분기마다 감가상각하는 회계처리를 할 것으로 예상된다. 따라서 보조금 비용이 다소 과다하게 지급되더라도 매 분기에 처리되는 비용은 실제 보조금에 비해 적다.

반면 SKT는 지급한 보조금을 즉시 비용처리할 것으로 보인다.

매일경제신문. 2008.7.4.

Chapter

32

분기보고서

　　외감법상 재무제표 관련 조항은 모두 각 회계연도에 있어서 정기주총의 승인을 얻어야 하는 재무제표, 즉 결산재무제표를 그 전제로 하고 있다.

　　이러한 결산재무제표만이 외감법의 규율대상인 재무제표라는 것이 판례의 태도이다(대법원 2008. 7.10. 선고 2008도4068 판결).

　　분기보고서 공시위반에 대한 적용 법률은 자본시장법이다.

자본시장법 제164조(조사 및 조치)

　　② 금융위원회는 다음 각 호의 어느 하나에 해당하는 경우에는 사업보고서 제출대상법인에 대하여 이유를 제시한 후 그 사실을 공고하고 정정을 명할 수 있으며, 필요한 때에는 증권의 발행, 그 밖의 거래를 정지 또는 금지하거나

대통령령으로 정하는 조치를 할 수 있다. 이 경우 그 조치에 필요한 절차 및 조치기준은 총리령으로 정한다.

　2. 사업보고서 등 중요사항에 관하여 거짓의 기재 또는 표시가 있거나 중요사항이 기재 또는 표시되지 아니한 경우

자본시장법 시행령 제175조(금융위원회의 조치)

　법 제164조제2항 각 호 외의 부분 전단에서 "대통령령으로 정하는 조치"란 다음 각 호의 어느 하나에 해당하는 조치를 말한다.

　1. 1년의 범위에서 증권의 발행 제한

　2. 임원에 대한 해임권고

　3. 법을 위반한 경우에는 고발 또는 수사기관에의 통보

　4. 다른 법률을 위반한 경우에는 관련기관이나 수사기관에의 통보

　5. 경고 또는 주의

　* 1분기보고서 공시위반의 경우 적용법률은 자본시장법 및 동법 시행령이지만 자본시장조사 업무규정에서 구체적인 조치기준은 외감규정을 준용한다.

국제회계감사기준
ISA
International Standards on Auditing

　　새로 도입되는 국제감사기준은 개별 거래 내역에 치중해 온 그동안의 감사와 달리 기업의 리스크가 큰 부분에 감사인력과 시간을 집중, 리스크 감사가 가능하도록 한 것이 특징이다. 또 그룹 기업 재무제표 감사 때 주 감사인이 자회사 감사인과 긴밀히 협의해 전체 감사를 주도할 수 있게 하는 동시에 사후 책임도 강화하도록 하고 있다.

　　물론, 가장 많은 이슈가 되는 부분은 연결 모회사와 자회사의 감사인을 같이 선임하는 이슈인데 대형회계법인과 중소형 회계법인의 이해가 첨예하게 대립되는 부분이다. 따라서, 투자자 보호 강화 측면에서 연결감사에 대한 책임을 일원화할 필요성이 존재한다.

연결감사인 책임 형태별 주요 특징

구분	연결-부문감사인 (현행)	연결감사인 (New ISA)
외부책임부담	비례책임	연결감사인(2차적 분담)
감사보고서 sign	- 연결감사인 단독 - 감사의견 본문에 　부문감사인 언급가능 　('09연도 약 77% 언급)	- 연결감사인 단독
국제적 정합성	△	○
투자자 보호정도	→	

법에서의 책임의 실체는 법률적 책임이며 연결재무제표는 경제적 실체이다. 따라서 연결 재무제표에 대한 조치를 수행한다는 것이 복잡해질 수 있는 소지가 있다.

2012년 12월 국제감사기준에 기반한 회계감사기준이 금융위에서 의결되면서 새로운 감사기준이 2014년부터 적용된다. 다음과 같은 경우에 대해서는 예외 조항을 둘지에 대해서도 관계 당국에서 막판까지 고민하였지만 예외 없이 적용하는 것으로 결정하였다.

■ (쟁점사항) 특수한 경우는 지배회사와 종속회사 감사인의 책임을 구분할 수 있는 예외조항을 국내 법규 등에 반영

〈참고〉 특수한 경우의 사례
(1) 기말결산 직전 중요한 자회사 인수가 발생하여 지배회사 감사인이 충분한 감사절차를 수행할 시간이나 자원이 부족한 경우
(2) 지배회사 감사인이 종속회사 감사인의 조서 접근이 불가능
(3) 언어 문제 등으로 주감사인이 충분한 감사절차를 취할 수 없다고 판단되는 경우

■ (검토의견) 감사의견에 반영하는 등 감사실무적으로 적용가능하고, 연결감사보고서의 국제적 정합성 및 신뢰도 제고를 위해 예외 없이 적용, 즉, 위에 고민하였던 예외조항에 대해서는 예외를 인정하지 않고 일괄적으로 국제감사기준을 적용하기도 한 것이다. 국제회계기준을 도입하면서 big bang approach와 같이 일괄적으로 새 제도를 도입한 것과 같이 예외를 인정하지 않은 것이다.

(3)의 경우는 해외 자회사를 연결하는 기업의 어려움이 이슈가 되었을 것이다. 이와 같이 국제감사기준이 2014년부터 도입되었으며 가장 큰 이슈가 되었던 부분은 ISA 600 지배회사 감사인의 책임 일원화의 이슈이다.

또한 이러한 이슈는 바로 연결재무제표에 대한 부실감사에 대한 감독원의 양정 기준과도 직접적으로 연결된다. 회계와 이를 인증하는 감사, 또한 감

사가 적절하지 수행되지 않는 데 대한 규제는 불가분의 밀접한 관계가 있다.

감사기준이 변경되었고 이에 따라 감사가 진행될 것이면 이에 따른 감독 기관의 조치도 변경되어야 하는지에 대해서 점검해 보아야 한다.

연결감사의 양정기준과 관련된 이슈를 기술한다.

회계분식의 전이현상으로 개별(별도) 재무제표의 오류가 연결재무제표에 포함될 수 있고, 이러한 점에 대한 고려 없이 조치할 경우 조치의 중복 가능성 이 있다.

예를 들어 연결재무제표는 개별 재무제표를 기초로 작성되므로 개별 재 무제표상 매출채권이 과대 계상된 경우 연결재무제표상 매출채권도 당연히 과 대 계상될 수 있다.

따라서 중요도 등에 따라 각 재무제표별(연결, 별도, 개별)로 양정하여 회 사별로 조치하되, 조치가 중복되거나 병과하는 것이 부적절한 경우 가장 중한 조치를 부과한다는 원칙을 감독기관은 갖는다.

외국과 달리 지배회사가 동일한 대기업집단 계열회사 정도의 지위만 보 유할 뿐 실질적으로는 종속회사를 통제할 수 없는 상황에서 외감법상 조사권 한 등을 행사하기 어렵다는 한계성도 존재한다.

금감원이 고민하였던 대안은 다음이 있다.

> 대안1. 미국의 경우와 같이 연결재무제표만 조치
> 대안2. 종속회사의 개별 재무제표만 조치

종속회사가 외국자회사 유한회사 등일 경우 조치대상이 없어 예외적으로 지배회사를 조치할 경우 형평성 문제가 발생하여 현행 외감법 등과 배치된다. 또한 최근에는 HP 등의 회사가 외감법을 회피할 수 있는 유한회사 등의 회계 형태로 추구한다는 점도 이슈로 부각된다(Chapter 50).

이중 처벌 여부

종속회사의 위법행위가 지배회사의 연결재무제표로 이어지는 경우 종속 회사와 지배회사를 각각 조치하는 것은 하나의 행위에 대하여 이중처벌하는 것이다.

헌법(제13조 제1항)상 이중처벌은 형사처벌에 관하여 적용되는 것이며, 이중처벌은 동일행위에 대한 처벌에 관한 사항인바, 양정기준 내용은 동일행위가 아닌 별개의 행위에 대한 처분이므로 헌법상 이중처벌금지의 원칙에 어긋나지 않는다고 판단된다.

다만 연결양정기준 개선안은 과잉금지의 원칙을 고려하여 종속회사(감사인)의 위법동기 등을 기계적인 방식으로 지배회사(감사인)에 적용하는 것이 아니며 종속회사와 별도로 위법동기 등을 판단하여 조치하되, 조치가 중복되거나 병과하는 것이 불합리하다고 판단되는 경우 '가장 중한 조치를 부과'방식으로 침익적 행정을 최소화하고 있다.

여기에서 동일한 행위인지 여부가 이슈가 된다.

동일한 행위인지 여부는 기본적 사실 관계가 동일한지 여부에 의하여 정해지고, 기본적 사실 관계 동일 여부는 자연적 사회적 사실 관계뿐 아니라 규범적 요소도 고려하여야 한다.

감사업무의 경우 별개의 감사 계약을 체결하고 각각의 감사보고서를 발행하고 재무정보 이용자가 구분되는 점 등을 고려할 때 동일한 행위로 볼 수 없다. 즉, 연결 모회사의 재무제표에 대한 계약과 종속회사에 대한 감사계약은 별개의 계약이며 감사인도 동일할 필요가 없다.

이중 처벌에 해당하는지 여부

헌법 제13조 제1항에서 말하는 처벌은 국가의 형벌적 실행으로서의 처벌을 의미하고 행정 처분은 포함하지 않는다. 헌법재판소는 "행정처분에 제재와 억지의 성격 기능만이 있다고 하여도 이를 '국가형벌권의 행사'로서의 처벌이라고 볼 수 없다(2003.7.24. 2001 헌가 25)"고 규정하고 있다.

또한 형벌을 부과하면서 과태료 또는 과징금을 부과하는 경우 이는 이중처벌금지의 원칙의 문제라기보다는 중복적 제재가 과잉에 해당하는지 여부의 문제로 다루어져야 한다(2001.5.31. 99헌가18등).

당해 회사에 대한 감사업무제한, 손해배상공동기금 추가적립 등의 조치는 행정상 제재에 불과할 뿐 형사처벌이 아니다. 따라서 양정기준 내용이 헌법상 이중처벌금지의 원칙에 위반되지 않는다고 판단된다.

다만, 동일한 감사인에 대하여 모회사 및 자회사에 대한 감사업무제한 등의 조치를 각각 부과하는 내용의 동 기준이 제재의 과잉(헌법상 과잉금지의 원칙에 위반인지) 여부에 대하여도 추가 검토한다.

과잉금지의 원칙(비례의 원칙)에 반하는지 여부

과잉금지의 원칙이란 기본권의 제한이 정당화되기 위해서는 목적의 정당성, 수단의 적합성, 침해의 최소성, 법익의 균형성이 있어야 한다는 원칙으로 헌법 제27조 제2항에 근거한다.

개정내용이 과잉금지의 원칙에 반하는지 여부

연결재무제표를 주 재무제표로 보게 된 이상 이를 신뢰한 정보이용자를 보호할 필요가 있고, 연결재무제표에 대한 감사절차를 소홀히 한 감사인에 대한 조치의 필요성도 인정(목적의 정당성)된다.

당해회사 감사업무제한 등의 조치 등 양정기준 개정 전에도 그 필요성이 인정되어 법에 명시된 조치이므로 부실감사를 방지하는데 적절한 조치라 할 것이다(수단의 적정성).

개정 양정기준은 "조치가 중복되거나 경과하는 것이 불합리하다고 판단되는 경우 가장 중한 조치를 부과할 수 있다"고 하여 조치를 최소화하고 있다(침해의 최소성).

감사절차를 소홀히 한 감사인을 제재하는 것은 연결재무제표에 대한 신뢰성을 제고하고, 이해관계인의 보호와 기업의 건전한 발전을 도모하는 외감법의 취지에도 부합한다(법익의 균형성).

동 양정기준이 헌법상 과잉금지의 원칙에 위반되지는 않는다고 판단된다. 단, 우리나라의 기업지배구조상 지배회사의 종속회사에 대한 감독에 한계가 있고 이는 현실적인 한계점으로 결코 간과할 수 없는 내용이다. 즉, 법적인 검토에서는 문제가 없으나 현실적인 점이 고려사항이다. 지배회사와 종속회사는 법적으로 판단하면 별개의 회사이며 지배회사, 종속회사 각각이 개별 회사로서의 별도의 지배구조를 갖는다. 지배회사가 종속회사에 대해서 정보 조회권 등을 갖고 지배회사의 감사도 종속회사에 대해서 어느 정도의 감사권한을 갖지만 이는 제한될 수밖에 없다.

별도재무제표도 외부감사, 주총승인, 공시 등을 요구하는 외감법·상법상

공식재무제표이며 배당, 세금계산 등에 이용되고 있는 점 등을 고려한다.

현재 통과된 양정 기준에는 감사인이 동일한 경우와 동일하지 않은 경우를 구분하고 있으며 감사인이 동일한 경우에도 담당이사가 동일한 경우와 동일하지 않은 경우도 구분하여 기준이 작성되어 있다.

■ 외감법 적용대상회사에 대한 감사는 회계법인 또는 감사반만 수행 가능(외감법 제3조 제1항)하다. 동시에 감사인 내에서는 감사 행위의 주체는 이사가 수행하는 것으로 되어 있다.

(공인회계사법 제34조) "회계법인은 이사로 하여금 회계에 관한 감사 또는 증명에 관한 업무를 수행하여야 한다"라고 규정하고 있다.

이사가 아닌 경우는 모두 감사보조자에 불과하다.

현재 양정기준에서 제시된 가이드라인은 아래와 같다.

지배회사의 감사인과 종속회사의 감사인이 동일한 경우 연결재무제표관련 감사인의 위법동기는 종속회사에 대한 감사인의 위법동기와 동일한 것으로 판단할 수 있다.

다만, 지배회사와 종속회사의 감사담당이사가 상이한 경우에는 지배회사 감사인의 위법동기 판단시 종속회사 감사인의 위법동기를 고려하되 회계감사기준에 따른 연결재무제표 감사절차 소홀 정도 등을 기준으로 별도로 판단할 수 있다.

감사인이 동일한 경우와 그렇지 않은 경우를 구분하는 것은 법적인 실체를 중요하게 여기는 것이며, 담당이사가 동일한 경우와 그렇지 않은 경우를 구분하는 것은 감사행위는 속인적인 요인이 강하다는 점을 인정하는 것이다. 즉, 감사인(회계법인)이 동일하더라도 담당이사가 상이하다는 것은 실질적으로는 법적인 실체는 동일하지만 동일한 자연인에 의해서 수행된 것이 아니라는 점을 인정한 것이다. 이와 같이 법인이라는 법적인 실체와 개인을 구분하였다는 것은 합리적인 접근이라는 판단이 된다.

담당이사 교체 제도, 팀원 교체 등의 모든 제도는 감사과정에서의 속인적인 점을 인정한 것이다.

대형회계법인의 경우는 단지 회계법인이 동일하다고 해서 같은 속성을 갖는다고 예단하기에는 이미 회계법인의 규모가 너무 대형화하였다. 동일 회계법인이라고 하여도 감사본부가 달라진다면 수임하는 단계에서 감사본부간에도 경쟁을 하는 구도이므로 담당이사가 동일한지의 micro 차원으로 양정기준을 구분한 것은 회계법인의 현실을 적절하게 감안한 것이다. 과거에는 분식회계가 발생할 경우, 회계업무 실무자가, 즉, 계정 담당자 등이 주된 책임이 있고 담당이사는 종된 책임이 있다고 판단하였으나 2005년 6월 29일부터 조치양정기준이 개정되면서부터는 담당이사가 주된 책임이 있고 감사보조자는 종된 책임이 있으므로 실무자에 대한 조치도 담당이사에 비해서 한 단계 감경하게 된다. 이는 담당이사에게 통제의 책임을 묻는 것이다.

회계법인(감사인) 내에서도 누가 어떠한 책임을 져야 하는지의 이슈는 감사보고서에 누가 서명을 하여야 하는지의 이슈와도 크게 봐서 같은 이슈이다. 감사계약서에는 담당이사가 명기되어 있으며 한공회에는 교육기관 등을 제외한 거의 모든 감사계약서를 제출받아서 담당이사를 데이터베이스화하고 있지만 한공회는 담당이사가 누구인지는 매우 중요한 보안사항으로 보관하며 외부유출을 극도로 자제한다. 이는 책임의 이슈 때문인데 미국과 유럽에서는 법인의 대표이사가 아니라 담당 이사가 계약서에 서명하는 건에 대해서 심도 있게 논의가 되고 있다. 대표이사가 책임하에 서명을 하지만 대표이사가 모든 감사건에 대한 구체적인 책임을 지지 않는다는 것은 현실적으로 사실인데 요식행위로 서명을 하는 것은 아닌지에 대한 여러 고민을 해 볼 수 있다.

종속회사 분식으로 인한 지배회사(감사인) 법적책임을 검토하면 다음과 같다.

■ 종속회사 분식이 연결재무제표로 전이된 경우 현행법령하에서 지배회사(감사인)에게 형사상·민사상 조치가 가능하며, 지배회사(감사인)는 민사 책임 즉, 제3자에 대한 손해배상책임도 부담

□ (형사상 처벌) 지배회사 또는 감사인이 고의로 연결재무제표 또는 감사보고서*를 작성·공시한 경우 형사처벌 대상이 됨(외감법 §20①/③2)

* 감사보고서는 개별 및 연결 감사보고서가 포함된 개념(외감법시행령§7① 등)

□ (행정상 조치) 지배회사가 회계처리기준을 위반하여 연결재무제표를 작성한 경우(외감법 §16②3), 감사인이 회계감사기준을 위반한 경우(외감법 §16①1) 행정조치 대상이 됨

□ (민사상 손해배상책임) 회사와 감사인은 민법(§750)에 따라 제3자에 대한 손해배상책임이 있으며, 특히 외감법(§17②)에서 추가적으로 감사인의 제3자

손해배상책임을 명확화

　　－ 외감법 §17②항 단서규정*에 대한 해석이 논란이 있을 수 있으나 민사상 손해배상 책임주체를 종속회사 감사인 등으로 확대하는 의미이지 지배회사 감사인의 책임을 면책하는 규정으로 볼 수 없음

　　　* 다만, 연결재무제표에 대한 감사보고서에 중요한 사항을 기재하지 아니하거나 거짓으로 기재를 한 책임이 종속회사 또는 관계회사의 감사인에게 있는 경우에는 해당 감사인은 이를 믿고 이용한 제3자에게 손해를 배상할 책임이 있다.

　　－ 종속회사 분식으로 인한 연결재무제표에 대한 지배회사 감사인의 책임 여부는 동 감사인이 수행한 감사절차의 회계감사기준 위반 정도에 따라 제3자에 대한 손해배상 여부가 결정될 것으로 보임

Chapter

34

최고가치낙찰제

이론적으로는 매우 이상적인 제도이다. 최저가 낙찰제 제도에 품질이 반영이 되지 않으므로 가격보다는 가치를 중심으로 한 낙찰제도를 도입한다는 정책취지이다. 이 신문기사는 공사 입찰에 적용되는 제도의 이슈이지만 이 제도는 감사인 선임에 있어서도 그대로 적용된다. 그러나 가장 큰 이슈는 가격은 관찰가능하지만 품질은 관찰가능하지 않다는 것이다. 즉 information economics에서 논의되는 lemon의 이슈이다. 또한 품질관리감리의 결과가 공개되지 않고 있다(Chapter 52). 어떠한 품질의 감사가 제공되는지가 명확하지 않은 상황에서는 예를 들어, 감사인의 명성 등에만 기초하여 감사인을 선임하고 pricing을 할 수밖에 없다.

상품이 품질 경쟁을 하듯이 감사 용역에 대해서도 품질에 기초한 가격 경쟁이 진행되어야 하는데 감사인이 제공하는 상품은 적정, 한정, 부적정, 의견거절로만 차등화된 상품이기 때문에 결과물만을 놓고 보아서는 상품을 차등화하기 어렵다. 즉 이러한 의견이 도출되는 과정이 중요하지만 이 과정은 관찰이 불가능하며, 사후적으로는 결과만이 남게 된다. 어떠한 절차였는지는 해당

기업에 대한 감리가 진행되어 work paper 등에 대한 점검이 진행되는 경우인데 이렇게 되지 않는다면 절차는 누구도 보지 못하고 관심이 없는 값비싼 상품일 뿐이다. 또 하나의 품질의 대용치라고 할 수 있는 변수는 감사시간인데 우리나라는 여러 가지 이유로 time report에 의해 감사수임료가 정해지지 않는다(Chapter 22).

그렇기 때문에 감사인의 입장에서는 투입되는 자원을 절감하려 할 것이며 그렇기 때문에 감사에 있어서의 품질이라는 것이 참으로 중요한 factor가 되기 어렵다.

이를 차별화할 수 있는 가장 중요한 요인은 소비자가 이를 차별적으로 구분하는 것인데 이러한 논리도 명확하지 않다. big 4 감사인 여부가 많은 회계감사 문헌에서 감사품질의 대용치로 사용은 되는데 이에 대한 명확한 근거도 없다. 차별화하려고 해도 어느 감사인이 더 우수한 회계법인인지를 알기 어렵다.

감리대상으로 선정된 기업의 경우, 감사과정의 적절성에 대한 조사가 동시에 수행되는데 어떠한 경우는 감사과정이 적정하였는지가 상당한 논란의 대상인 경우도 있다. 이와 같이 감사품질에 대한 판정이 쉽지 않기 때문에 감사품질은 쉽게 차별화되기 어렵다.

존재할 가능성이 높지 않은 회계분식을 찾아내기 위해서, 또한 노력을 해도 찾아낼 수 있는지에 대한 확신이 없는 상태에서, 많은 노력을 기울이는 것이 경제성이 없는 일이라고 결론지을 수 있다.

이들 감사인이 제공하는 용역도 분명히 절차를 놓고 보면 차등화될 것이며 품질 차이도 분명히 나타날 것이다. 감사에 참여하는 공인회계사간의 능력 차이도 무시할 수 없을 것이다. 그러나 어떠한 과정을 거쳤거나 거의 대부분의 기업에 있어서의 최종적인 감사의견은 적정의견이다. 어떤 회계법인은 몇억원의 원가를 투입하여 적정이라는 결론에 도달하였는데 다른 회계법인은 몇천만원의 원가를 투입하여 적정이라는 결론에 도달하였다면 이 두 회계법인의 용역 결과만을 두고서는 차이가 있다고 얘기하기 어렵다. 이러한 점이 회계법인이 무엇에 가치를 두어야 하는지의 논점이다. 사후적인 결과물만에 근거하여 판단하면 후자의 경우가 조금 더 경제적인 감사를 했다고 결론지을 수도 있다.

학교 선생이 시험을 채점할 경우에도 그리고 교수가 연구자의 논문을 평가할 경우에도 동일한 이슈가 있다. 어떠한 과정을 거쳐서 평가의견을 도출하였는지는 평가를 수행하였던 교수, 평가를 받은 교수 또는 편집장만이 아는 것이다. 시간과 노력을 많이 투입하여도 better quality(high utility), 노력에 대한 업적 인정에 대한 확신이 없을 경우, 노력이나 시간 투입에 대한 disutility가 존재한다면 과연 시간이나 노력을 투입할지에 대해서는 복잡한 incentive의 이슈가 얽힌다. 물론, 분식에 대한 penalty가 good quality audit을 지켜낼 수 있는 버팀목이다. high price, high quality라는 경제상식이 통하지 않을 수 있는 특이한 용역이 감사용역이다.

더더구나 시간과 노력에 대한 보상 자체가 명확하지 않다면 노력과 시간을 투입할지는 더더욱 복잡한 이슈이다.

감사인과 외부 법무법인이 용역을 수행하는 경우, 이 둘간에 상당할 정도의 수임료의 차이가 발생한다고 한다. 회계법인 또는 공인회계사회의 결집된 힘이 부족하기 때문에 법무법인에 비해서는 제대로 된 수임료를 못 받는 것이다. 저가 수임의 문제는 quality뿐만 아니라 전체 공인회계사 업계의 사활에 영향을 미치는 이슈이다.

공공공사 최저가낙찰제→종합심사제로 개선. 공사능력 사회적 책임 등 반영

가격을 가장 낮게 쓴 건설사를 공공공사 낙찰자로 선정하는 최저가낙찰제도가 공사 수행능력이나 사회적 책임 등을 두루 반영한 종합심사제로 바뀐다.

이유섭 한국건설기술연구원 선임연구위원은 국가재정연구포럼이 21일 주최한 '공공공사 입찰 낙찰제도 개선 공청회'에서 이런 제도 개선 방안을 제시했다. 현행 최저가낙찰제 방식은 공공공사 발주 과정에서 지나친 가격 경쟁에 따른 시공 품질 저하, 불공정 하도급 유발 등의 문제를 야기한다는 지적을 받아왔다.

기획재정부는 이 선임연구원이 수행한 '최저가낙찰제 적격심사제의 성과분석 및 개선 방안' 연구 용역 보고서를 토대로 전문가 의견 수렴 등 절차를 거쳐 10월께 최종안을 발표할 예정이다.

이 선임연구위원은 용역보고서에서 공시 수행능력 점수, 가격점수, 사회적 책임 점수의 합이 가장 높은 기업을 낙찰자로 선정하는 종합심사제를 도입하는 방안을 제시했다.

한국경제신문. 2013.8.22.

최저가낙찰제에서 최저가는 어차피 덤핑한 가격이므로 次저가낙찰제를 시행하여서 low price, low quality를 걸러내야 한다는 주장도 있지만 실현하기 쉬운 제도는 아니다.

종합심사제가 되었건 어떠한 평가 방법이 되었건, 입찰자 선정이 가격에만 기초하지 않는다는 점은 바람직한 현상이다. 가격이라는 요인이 너무 dominant하기도 하지만 수치화된 정량평가 정보이므로 이견이 있을 수 없다. 반면에 다른 평가 항목은 정성적인 주관적인 판단의 대상이므로 논란의 여지가 있다. 이러한 이유에서 수년간, 가격에만 근거한 제도에 변화를 주어야 한다는 주장이 설득력 있게 제시되었지만 근본적인 제도의 변화가 없었던 사유이다.

미 골리앗
회계법인

미 골리앗 회계법인 로펌과 힘겨운 싸움

■ 한·미 자유무역시대 / 회계·법률

한·미 자유무역협정(FTA) 체결에 따른 회계 및 법률 서비스시장 개방으로 막강한 자본력이 있는 미국계 매머드 회계법인과 법률회사(로펌)의 대공습이 예고되고 있다.

회계시장은 이미 주요 회계법인이 미국의 대형 회계법인과 브랜드 및 지적재산권 공유계약을 체결해 제휴 영업을 하고 있는 상황이다.

■ 미국 변호사에 의한 회계법인 타깃 소송 증가 염려

현재 삼일(PWC), 안진(Deloitte), 삼정(KPMG), 한영(Ernst & Young) 등 주요 회계법인들은 미국계 대형 회계법인과 브랜드·지적재산권 공유를 위한 계약을 맺고 있다. FTA 체결로 우선 외국계 법인은 단순 제휴를 넘어 직접 국내에 지점을 설립해 영업하거나 국제회계기준에 따른 회계 자문도 할 수 있다.

그러나 회계시장 판도에 큰 변화는 없을 것이라는 게 업계 전망이다.

정작 염려되는 것은 법률시장 동시 개방으로 미국계 '킬러 변호사'들에 의해 국내 회계법인들이 소송 타깃이 될 가능성이다.

세계-한국 10대 로펌 변호사
규모 비교 (단위: 명)

1	Baker & McKenzie(미) 2,975
	김앤장 280
2	Clifford Chance(영) 2,432
	광장 151
3	Jones Day(미) 2,178
	태평양 144
4	Linklaters(영) 2,072
	화우 139
5	Freshfield Bruckhaus Deringer(영) 2,013
	세종 129
6	White & Case(미) 1,783
	율촌 86
7	Allen & Overy(영) 1,760
	바른 80
8	Skadden Arps(미) 1,699
	케이씨엘 57
9	Latham & Watkins(미) 1,688
	충정 55
10	DLA Piper Europe(영) 1,573
	로고스 52

자료: American Lawyer

> 문택곤 한국공인회계사회 부회장은 "미국은 부작용을 겪으면서 소송 남발을 규제할
> 장치가 충분히 마련됐으나 한국은 아무 대책도 없이 개방을 맞게 됐다"고 지적했다.
> 상법개정안이 가진 취약점도 문제다.
> 기업 임원의 배상책임은 연봉의 3~5배 수준으로 제한하고 있으나 공인회계사에 대해
> 서는 언급이 없기 때문이다.
> 이사회가 회계법인의 적정 감사의견을 근거로 배당 처분을 한 뒤 문제가 생기면 이사
> 나 감사들은 한정 책임만 지면 되지만 회계법인이나 회계사는 무한책임을 져야 한다.
>
> 매일경제신문. 2007.4.3.

개정된 상법에 의해서 정관이 그렇게 개정된 기업인 경우에 유한한 배상
책임을 지게 되는데 공인회계사에 대해서는 언급이 없다는 것도 충분히 일리
가 있다.

회계법인이나 개인공인회계사에 대한 책임을 상법에서 한정하기도 어려
운 것이 대부분의 경우, 상법은 회사를 구성하고 있는 구성원과 관련된 내용
을 법으로 한정하는데 감사인은 회사에 대한 용역을 제공하는 제3자의 입장이
며 내부 구성원(stakeholder)이 아니므로 감사인에 대한 책임의 한계 등을 상법
에서 규정한다는 것도 어려울 것이다. 채권자는 기업을 구성하는 타인 자본
제공자로서의 경제주체이지만 감사인은 그러하지 않다. 기업 경영의 입장에서
보면 외주(outsourcing)를 준 것이나 동일하다. 따라서 감사인에 대한 배상책임
의 한계는 상법의 영역 밖에 있다고도 볼 수 있으며, 혹시 이들의 책임을 제한
한다면 상법이 아닌 다른 법률이어야 할 것이다.

따라서 감사인에 대한 보험의 이슈는 상법이 아니라 감사인의 자체적인
기금이나 보험에 의해서 해결하여야 한다.

ISS

ISS(International Shareholers Service, morgan stanley capital international의 subsidy)이 전 세계의 주요 기업의 주주총회를 follow up하면서 주총의 주된 내용을 취합하고 있다. website는 issgovernance.com이다.

이 단체의 역할은 외국인 투자자를 대신하여 주총승인사항에 대하여 검토해서 투자자 입장에서 의견을 표명함으로써 외국인 기관투자자의 의결권 대리 의사결정 proxy에 도움을 주는 기관이다.

이러한 정보의 제공은 자발적으로 진행이 되지만 정보를 자발적으로 제공하지 않아도 공시 사항 내용을 이용하여 정보를 접근하고 있기 때문에 오히려 회사 측에서 자세하게 정보를 제공하는 것이 더 정확한 정보의 전달이라는 차원일 수도 있다.

미 주총자문기관 ISS 동아제약 기업 분할 찬성

이달 말 동아제약의 지주사 전환 의결을 앞두고 주주와 동아제약간 의견 차이가 커지고 있다. 동아제약은 전 세계 최대 주총 안건 분석 기관인 ISS가 동아제약 기업 분할 승인건에 대해 찬성을 제안했다고 16일 밝혔다.

동아제약 측은 ISS가 발간한 보고서를 인용해 "ISS 측이 회사의 주요제품이자 현금 창출원인 박카스가 비상장된 상태로 지주회사 아래 놓여 기존 주주들의 비상장회사에 대한 영향력 행사에 제한이 올 수 있다는 우려를 드러냈지만 기존 주주들에게 지분이 같은 비율로 공평하게 나뉘기 때문에 실제적인 경제적 변화는 없다고 밝혔다"고 전했다.

ISS는 외국계 기관투자자들이 지분 보유 기업의 주총을 앞두고 어떻게 의결권을 행사할 것인지를 분석하고 자문하는 서비스 기관이다.

동아제약 지분 9.29%를 보유하고 있는 3대주주인 국민연금도 이날 투자위원회를 열어 동아제약 안건 찬반 여부를 논의했지만 결론을 내리지 못하고 이를 의결권행사 전문위원회로 넘기기로 했다.

의결권행사 전문위원회는 논란이 되는 주총 의결사항에 대해 국민연금이 전문가들을 위촉해 심의를 벌이는 외부 자문기구다. 위원장을 포함해 9명으로 구성돼 있다.

지난해 SK 하이닉스 사내이사 후보로 최태원 SK 회장이 추천됐을 때 국민연금은 의결권 행사 전문위원회에서 찬반 여부를 논의한 바 있다.

매일경제신문. 2013.1.17.

외국 보고서 하나에 허둥대는 거대 금융지주 KB

KB 지주의 1대 주주인 국민연금(8.6%)도 ISS의 보고서를 받아 본다.

금융권 관계자는 "국내 사정에 어두운 외국 기관투자자의 절반 정도는 ISS의 보고서를 참조해 의견을 결정한다"고 말했다. KB 금융지주의 외국인 지분은 65%에 달한다.

ISS는 보고서를 통해 지난해 말 KB지주의 ING 한국법인 인수 무산이 일부 사외이사들의 반대 때문이었으며, KB지주의 리더십과 독립성에 중대한 하자가 있다고 보고 이른바 '정부 측 사외이사'의 재선임을 반대할 것을 기관투자자들에게 권고했다.

금융권 관계자는 "국내 사정도 별로 모르는 외국 증권사 신출내기들이 쓴 몇 장짜리 보고서를 둘러싸고 음모론이 난무하고, 허둥지둥하는 게 360조원 자산을 가진 국내 거대 금융지주 거버넌스의 현주소"라고 말했다.

조선일보. 2013.3.14.

2013년 6월에는 삼성전자에 대한 JP Morgan의 보고서 때문에 삼성전자의 하루 주가가 6%나 폭락하는 일이 발생하였다. 물론, 이 보고서만이 삼성전자 주가 폭락을 설명한다고는 할 수 없고 복합적인 요인이 있었겠지만 외국계 기관의 영향력을 엿볼 수 있는 사건이다.

KB 경영진, 이사회, 'ISS보고서 갈등' 2라운드

"사외이사 2명 재선임 등 반대" 보고서. 이사회 관계자 "보고서 나오기 전 임원 1명이 ISS 관계자 접촉, 해당 임원 해임하라"

금융감독도 민감하게 반응하고 있다. 금감원 관계자는 "주주총회에 영향력을 미치기 위해 내부정보, 특히 왜곡된 자료를 미국의 사설기관에 제공한 것으로 파악된 KB 금융 직원은 엄중하게 처벌해야 한다"고 말했다.

조선일보. 2013.3.18.

외국에서 우리나라 증시에 대한 정보가 부재할 것이므로 주주총회에서 어떠한 의견을 표명할지에 대해서는 매우 민감한 문제이다. 이들이 사설기관 이기는 하지만 이들이 수행하고 있는 역할은 매우 중요하다고 할 수 있다.

아래와 같이 우리 주식시장의 해외 자본에 대한 노출이 확대되면서 기업이 과거에는 경제정의실천시민연합(경실련), 참여연대 등의 국내 시민단체들의 역할 에만 신경을 쓰면 되었는데 이제는 국제적 기관에까지 신경을 쓰는 시점이 되었 다. 이들과 같은 시민단체는 아니지만 기업지배구조원 등의 기관도 watchdog의 역할을 수행하고 있다.

해외연기금 '의결권 자문 회사' 이용 주총 안건에 어떤 표 던질지 자문받아

지난 4월 모 금융회사 주주총회와 관련해 ISS(International Shareholder Services) 라는 생소한 회사가 논란이 되었다. 이 회사는 기관투자자를 대신해 주주총회 안건을 분석 하고 주총 안건에 대해 찬성 또는 반대를 권고하는 '의결권 자문 회사'이다.

대표적인 해외 자문 기관은 ISS와 Flass Lewis & Co.이다. 사실상의 주주권 행사 자문기관이다. 두 회사의 세계 시장 점유율은 합하면 70~80% 수준이라고 하니 전세계 기 관투자자 상당수가 이들의 분석을 참고한다는 의미이다. 실로 막강한 영향력이다.

그런데 얼마 전에 국회를 통과한 개정 자본시장법에 의결권 행사의 '충실 의무'가 명 기되었는데, 그 핵심이 이해 상충 해결이다.

조선일보. 2013.5.20.

'판치는 갑의 횡포' 국민연금, 주주권을 꺼내라

■ 국민연구 주주권 행사 강화해 … 투자 주식 '가치 관리' 나서야

국민연금은 남양유업에 대해, 내용은 다르지만 문제 제기를 계속해 왔다. 2년 전 주 주총회에서 감사선임에 반대했고, 또 최근 3년간 주주에 대한 배당이 너무 적다는 이유로 해마다 회사의 배당 방안에도 반대했다.

가령 미국의 캘리포니아공무원 연금(CalPERS 캘퍼스)은 투자기업 중 문제기업의 목

록을 Focus List로 작성해 공개하는데, 연구에 따르면 1999년부터 2008년까지 리스트에 오른 155개 회사가 올린 수익이 벤치마크 평균보다 15.8% 높았다. 캘퍼스는 최근 주주의 지지를 받지 못한 현직 이사 52명을 지목해 개선을 요구했고, 단, 0.26%의 지분을 가진 애플에 주주 과반수가 찬성해야 이사 선임이 가능한 '다수결의제' 도입을 요구해 관철시켰다.

국민연금이 주로 활용하는 방법인 주총 의결권 행사는 주주총회 안건 중 국민연금이 반대한 안건비율이 2009년 6.59%에서 2013년 12.6%로 그 비율이 높아지고 있지만, 국민연금이 반대한 안건이 실제로 부결된 사례는 거의 없다.

주주제안권은 주주총회에 안건을 상정할 권리인데, 상장회사의 경우 1%(자본금 1,000억원 이상인 상장사는 0.5%) 이상 주식을 6개월 이상 보유한 주주에게 부여된다. 사외이사 후보를 추천할 수 있는 권리는 이 주주제안권의 한 종류다.

대표 소송 제기권은 상장회사인 경우 0.01% 이상 지분을 보유한 주주에게 허용되며, 대표소송에 참여만 할 수도 있다.

국민연금은 관치 논란을 불식할 수 있도록 지배구조를 개선할 필요가 있다. 가령 사내이사들이 배임 횡령으로 처벌받아 감시의 필요성이 큰 상장회사를 사외이사 후보 추천 대상 회사로 정하는 식이다. 이러한 조치들은 시장이나 국민에게 신뢰를 높이는 데 유용할 것이다. 이 내용은 박근혜 정부의 국정과제에도 포함된 만큼 추진 과정에 관심을 가질 필요가 있다.

선진국의 공적 연기금은 의결권을 행사할 때 ISS 같은 의결권 자문기관에 조언을 구하고, 사외이사 후보를 추천할 때는 외부 인력뱅크를 활용하기도 한다.

그렇지만 2명 이상의 이사를 선임할 때 1주당 이사 수와 동일한 의결권을 준 후에 표를 한 명에게 몰아 줄 수 있게 해 주주가 추천한 후보의 선임을 돕는 '집중투표제' 등을 의무화할 경우 국민연금이 소액주주들의 표를 모아 힘을 발휘하도록 할 수 있다.

■ 시가총액 상위 10대 기업의 국민연금 지분율

삼성전자 7.19   현대자동차 6.83
포스코 5.99   현대모비스 7.17
기아자동차 6.01   삼성생명 5% 이하로 공시 안함
SK하이닉스 9.63%   한국전력 3.58(5% 이하지만 별도 공시)
신한지주 7.28   LG화학 7.32

시가총액 상위 10대 기업은 2013년 5월 기준이며 국민연금 지분율은 2012년 연말 기준이다. 국민연금이 지분율 5%를 초과해 보유하고 있는 종목수는 2004년 72개, 2008년 139개, 2012년 222개이다.

조선일보. 2013.5.20.

사외이사 선임관철, 기관투자자 제 목소리 내기 시작하나

■ 만도, 기관투자자 요구 수용해 외부주주 대표하는 사외이사 선임

이 건은 상장회사의 통상적인 사외이사 선임과 달리 증시의 주목을 받았다. 김교수는 대주주가 외부주주를 대표하는 독립적인 사외이사로 추천했기 때문이다.

조선일보. 2013.8.19.

Chapter

37

. . .

해명공시

조회공시 뜨기 전에 상장사가 먼저 답변

조회공시 사유별 답변 현황(단위:%)

구분			감사의견	횡령·배임	M&A 등	부도 등	소계
보도 및 풍문	인정		57건(91.9)	82건(86.3)	292건(75.8)	46건(70.8)	477건(78.6)
		진행중	6건(9.7)	69건(72.6)	252건(65.5)	21건(32.3)	348건(57.3)
		확정	51건(82.3)	13건(13.7)	40건(10.4)	25건(38.5)	129건(21.3)
	부인		5건(8.1)	13건(13.7)	93건(24.2)	19건(29.2)	130건(21.4)

자료: 한국거래소

한국거래소가 상장기업에 보도나 풍문에 대한 답변을 요구하는 조회공시를 하면 10건 중 8건은 사실로 확인되는 것으로 조사됐다. 조회공시가 실효성이 있는 것으로 판명되면서 거래소는 '해명공시' 도입을 검토하고 있다.

■ M&A 조회공시 급증

16일 한국경제신문이 2010~2011년 2년간 보도 풍문 관련 조회공시 607건을 분석한 결과, 인수 합병 관련 조회 공시가 385건(63%)으로 가장 많았다. 이어 횡령 배임(15.7%), 부도(10.7%) 감사의견(10.2%) 등의 순이었다.

M&A 관련 조회공시는 지난해 246건으로 2010년 139건보다 77% 급증했다. 상장사들이 M&A에 적극적으로 나서며 관련 보도가 크게 늘어난 데 따른 것으로 풀이된다.

유가증권시장은 전체 329건 중 보도에 따른 조회공시가 200건(60%)에 달했지만 코스닥시장은 278건 중에 풍문에 따른 조회공시가 223건(80%)으로 압도적이었다. 유가증권시장에 M&A 등과 같은 호재성 공시가 많은 반면 코스닥시장엔 횡령 배임, 감사의견 등과 같은 악재성 조회공시가 많았기 때문이다.

조회공시에 대한 상장사의 인정 답변 비율은 유가증권시장 76%, 코스닥 시장 80%로 전체 평균 78%로 나타났다. 감사의견 관련 조회공시에 대한 인정답변 비율이 91%로 가장 높았고 횡령 부도 86%, M&A 75%, 부도 70%의 순이었다.

■ 상장폐지 예고 기능 갖춰

횡령 배임이나 감사의견, 부도 등 악재성 조회공시가 상장폐지 예고 안내 기능을 한다는 점도 확인됐다. 악재성 조회공시가 요구된 상장사 159개사 중 115개사(72%)가 상장폐지되거나 상장폐지 실질심사 사유가 발생했다. 결과적으로 92개사(57%)가 퇴출된 것으로 조사됐다. 이 중 58개사(63%)는 3개월 이내 상장폐지됐다.

특히 횡령 배임 조회공시가 요구된 기업 68%는 상장폐지되거나 실질심사 사유가 발생한 것으로 확인됐다. 거래소 시장감시위원회 관계자는 "악재성 조회공시가 상장폐지기업에 대한 선제적인 예고를 하는 것으로 증명된 것"이라며 "투자자들은 악재성 조회공시가 요구된 기업에 대해 각별한 주의를 기울여야 한다"고 조언했다.

거래소는 조회공시 기능을 강화하기 위해 자발적인 조회공시의 일종인 "해명공시" 도입을 검토하고 있다. 조회공시가 투자자와 내부자간의 정보 비대칭성을 해소하는 순기능이 있다고 판단하고 그 기능을 더욱 강화하기 위해서다.

해명공시는 상장기업에 조회공시가 요구될 만한 사실이 보도되거나 풍문이 제기될 경우 조회공시 요구 전에 능동적으로 공시를 내도록 유도하는 제도이다. 지금은 거래소가 조회공시를 오전에 요구하면 오후까지, 오후에 요구하면 다음날 오전까지 답변공시를 내야 한다. 서정욱 거래소 유가증권시장 공시부장은 "상장사들은 조회공시 사안에 대해 투자자들에게 즉각적으로 사실을 알려야 할 의무가 있다"며 "상장사들이 능동적으로 대처할 수 있는 길을 열어 주기 위해 해명공시 도입을 신중하게 검토하고 있다"고 말했다.

한국경제신문. 2012.7.17.

거래소가 고민하였다는 해명공시가 자율공시와 어떠한 차이가 있는지가 명확하지 않다. 기존의 제도하에서도 가능한 공시를 공연히 공시의 분류만 복잡하게 하면서 진행하려는 것은 아닌지에 대한 의문이 있다. 자율공시와 공정공시간에도 어떠한 항목이 자율공시로, 어떠한 항목은 공정공시로 분류되는지에 대해서도 명확하지 않은 부분이 있다. 공정공시 중에서도 IR 등의 내용 공시는 강제공시적인 성격이 강하다. 거래소가 공시를 수행한다는 것이 중요한 것이지 공정공시, 자율공시, 해명공시 등을 구분하여 수행한다는 것은 그렇게 중요한 내용은 아니다.

거래소 '해명공시' 도입한다. 허위 소문에 발빠른 대처

한국거래소가 시장에 떠도는 소문에 대한 진위 판별을 신속히 하기 위해 일종의 '해명공시' 도입을 추진하고 잇다.

거래소 관계자는 7일 "거래소가 조회공시를 요구하기 전에 경영 전반에 영향을 주는 각종 소문에 대해 기업들이 미리 해명할 기회를 주는 것"이라고 밝혔다. 이럴 경우 허위 소문으로 주가 급락 등에 대해 기업이 보다 빠르게 대처할 수 있게 된다. 거래소는 금융 위원회와 협의를 거쳐 내년 중에 해명공시를 도입할 계획이다.

거래소는 일단 조회공시 요구가 가능한 기업 공시의무사항을 대상으로 한 뒤 점차 경영 전반 소문으로 대상을 확대할 방침이다.

예컨대 최근 오리온이 동양을 지원할지에 대한 소문에 대해 오리온 측 입장을 해명 공시로 내보낼 수 있는 것이다. 현행 규정으로는 오리온이 '지원 거절' 공시를 내보내려 해도 최대주주 변경, 타 법인 인수, 생산 중단 같은 의무공시사항(54개로 한정)이 아니어서 조회공시 요구사항이 아니다. 또 기업들이 공시할 의무가 없는 자율공시 사항도 아니다. 서정욱 유가증권본부 공시부장은 "자금 지원을 한다면 구체적인 방법이 적시돼야 요건에 맞춰 공시할 수 있는데 오리온 측이 '지원 안 한다'는 정도는 공시가 아니라 회사가 발표할 사안"이라고 말했다.

하지만 해명공시가 폭넓게 적용되면 기업들은 보다 적극적으로 대응할 수 있게 된다.

매일경제신문. 2013.10.8.

의무공시 사항이 아니어서 조회할 수 없다는 것은 이해할 수 있지만 자율 공시 사항도 아니라는 점은 이해가 어렵다. 왜냐하면 자율공시는 어떠한 내용 으로 국한된 것이 아니고 단지 자율공시 항목은 예시에 불과하다고 판단되기 때문이다.

Chapter

38

집단소송❖

기업 불공정 행위 피해, 집단소송으로 한 명만 이겨도 최대 10배 배상

■ 공정위, 집단소송제 징벌적 손해배상제 전면 도입 추진

기업의 담합 등 불공정거래로 소비자가 피해를 입을 경우 몇 명이 나서서 소송에서 이기면 피해를 본 모든 사람이 배상을 받고, 사안에 따라선 피해 금액의 10배까지 배상 받을 수 있는 제도의 도입을 정부가 추진하고 나섰다.

공정거래위원회는 25일 국회 정무위원회에 제출한 업무보고에서 "공정거래법 위반에 대해 집단소송제와 징벌적 손해배상제 도입 추진을 검토하고 있다"고 밝혔다. 집단소송제는 수많은 피해자 중 몇 사람만 손해배상소송에서 이기면, 소송에 참여하지 않은 다른 피해자도 자동으로 배상을 받는 소송을 의미한다.

징벌적 손해배상제는 사회적으로 강하게 지탄받을 만한 수준의 손해를 끼친 경우 실제 피해액보다 훨씬 많은 배상 책임을 부과하는 제도를 의미한다. 정부는 피해액의 최대 3~10배 수준을 검토하는 것으로 알려졌다. 기업의 담합으로 소비자들이 연간 3조원 정도의 피해를 보는 것으로 추산되기 때문에 만약 집단소송제와 징벌적 손해배상제가 함께 도입된다면 이론적으로 최대 9~30조원의 배상을 받을 수 있다는 얘기다.

현재 집단소송제는 증권분야에만 도입돼 있고, 징벌적 손해 배상제는 납품분야에 도입돼 있다. 기업이 주식 발행 등과 관련해 피해를 입으면 소액주주들이 집단소송을 걸 수 있고 납품과정에서 중소기업이 기술 탈취 등 피해를 입을 경우 대기업을 상대로 징벌적 손해배상을 청구할 수 있다. 하지만 아직까지 실제 활용 실적은 저조하다. 증권관련 집단소송제는 2005년 1월 도입됐지만 지금까지 한 건만 청구됐고, 납품 관련 징벌적 손해배상제는 지난해 말 도입돼 아직 청구 사례가 없다.

❖ 본 Chapter는 2012.10.19. 한국 CFO협회 한누리법무법인의 김주영 변호사의 강연과 김변호사와의 e-mail communication 내용에 근거한다.

기업들은 두 제도의 도입에 강하게 반발해 왔고, 재판 결정의 효력을 소송에 참여한 당사자간 문제로 한정시켜 놓은 전체 법 체계와 어긋난다는 지적도 있다. 하지만 최근 이한구 새누리당 원내 대표가 대기업의 횡포를 막기 위해 두 제도의 도입이 필요하다고 말하는 등 여당이 도입 의사를 밝히고 있는 상태에서 주무부처인 공정위가 추진 검토 사실을 명시적으로 밝힘에 따라 제도 도입에 탄력이 붙을 것으로 보인다.

공정위 관계자는 "관련 연구 용역을 의뢰해 9월 말까지 받기로 했다"며 "결과가 나오는 대로 검토해 연내에 도입 여부를 결정하겠다"고 밝혔다. 이에 대해 상공회의소 관계자는 "집단소송제를 전 업종으로 확대하면 소송 남발이나 기획소송 등의 가능성이 커진다"며 "비록 승소를 하더라도 소비자 개인이 얻는 실익은 적은 반면 소송 대기업의 이미지는 크게 추락할 수 있다"고 우려했다.

조선일보. 2012.7.26.

좁은 의미의 집단소송은 피해자 집단을 대표하는 대표 당사자가 소송을 수행하고, 피해자 중에서 별도로 제외신고(opt-out)하지 않는 한 당연히 판결의 효력이 피해자 전체에 미치게 하는 특별한 소송절차에 따른 소송을 의미한다.

2012년 10월 현재로는 다음과 같은 집단소송건이 존재한다.
진성티이씨, 키코관련 분식회계. 소 제기일 2009.4.13. 현재 상황 화해 후 종결
2011.1.7. 한화스마트10건, ELS 종가 조작: 피고 로얄 Bank of Canada 소제기 불허가 이후 항고
2011.10.13. 씨모텍건 증권신고서 허위 기재. 심문종결
2012.3.2. 한투289 ELS 종가조작. 심문종결

진성티이씨의 집단소송건이 언론으로부터 가장 많은 주목을 받았던 건이다. 진성티이씨는 건설 중장비 부품업체인 코스닥 상장기업이다. 2008년 하반기 공시된 분기보고서와 반기보고서에 파생상품관련 손실을 누락하여 공시하였다. 추후 파생상품손실을 반영하여 분기보고서 정정공시(46억원 당기순이익 → 59억원 당기순손실)를 수행하였고 정정공시 이후 주가가 급락하는 현상이 발생하였다.

원고: 파생상품손실 누락 반기보고서 제출 이후 분기보고서 정정공시를 할 때까지 사이에 주식을 취득한 자. 단, '정정공시를 할 당시에도 주식을 보유하고 있던 자'로 한정함으로써 이른바 진실공개전 매도자(In and out purchaser)를 제외한다.

이는 왜곡된 재무제표의 결과 주식을 취득하고, 즉 주식 취득의 주된 요인이 왜곡된 재무제표라는 점을 가정하는 것이다. 단, 우연히 취득시점이 반기보고서 제출 이후이지 반기보고서를 참고하지 않은 투자자를 구분한다는 것은 불가하다. 투자자가 투자의사 결정을 수행할 때 어떠한 정보를 이용하였는지를 파악하는 것은 어차피 불가하기 때문에 정황을 보고 판단할 수밖에 없다. 집단소송의 성격상 개별적인 투자자가 어떠한 근거로 주식투자를 판단하였는지를 조사할 수도 없고 또한 진솔하게 투자의사결정의 원천을 밝히지도 않을 것이다.

이미 처분한 주주의 주식까지를 포함하여 소송을 진행한다는 것은 소송 건을 너무 복잡하게 만든다. 이렇게 할 경우, 처분시점마다 정상가격은 얼마여야 하는데 실제 처분한 가격은 얼마이므로 매 처분시점마다 손실금액을 각 개별 투자자에 대해서 구해주어야 하는데 많은 인원이 되는 원고의 이러한 계산을 모두 수행한다는 것은 현실적으로 거의 불가능하다.

이러한 소송에서 가장 어려운 부분은 가상적인 가격인 정상가격의 산정이다. 흔히들 주식의 가격은 '신도 모른다'고 한다. 즉, 분식이 없었다면 가격은 얼마여야 하는데 분식 때문에 가격이 이에 이르지 않고 있으므로 이 차액이 손실금액이다.

이와 같이 위의 경우를 접근하면, 파생상품손실 누락 반기보고서 제출 이후 주식을 취득하였기 때문에 취득가액은 취득 시점에 따라서 모두 상이하다. 즉, 분식이 없었다면 얼마의 가격에 취득하였어야 하는데 실제로는 얼마에 취득하였는지에 의해서 즉, 어느 정도 비싸게 주식을 취득하였는지의 계산을 개별 종목/시점에 대해서 해 주어야 한다. '정정공시를 할 당시에 주식을 보유하고 있지 않았던 자' 즉, '정정공시 이전에 이미 주식을 처분하였던 자'까지로 원고를 확대한다고 하면 각 개별적인 투자자에 대해서 너무나 복잡한 경우의 수에 대한 계산을 하게 된다. 동시에 정정공시 시점에 아직도 주식을 보유하고 있는 자로 원고를 한정한다면 동일 시점에 정정공시 시점의 손실액의 산정을 회피할 수 있는 장점도 있다.

어느 누가 이러한 계산을 하게 되거나 완벽하게 모든 개인에 대한 손실액을 구함은 불가능하다. 즉, 이 경우에 이미 처분하였다고 하면 '분식이 없었다면 얼마에 처분하였어야 하는데(정상가격) 실제로는 얼마에 처분하였기 때문에 손실액이 얼마이다'라는 계산이 수행되어야 한다.

따라서 이렇게 접근된다면 취득에 대해서는 분식 때문에 더 비싸게 취득하였기 때문에 손실이 보고될 것이지만 정정공시를 하기 이전에 처분하였기 때문에 분식과 실질적인 좋은 영업의 결과에 의해서 지속적으로 주가가 부풀러져 있었다고 하면 정상가격보다 높은 가격에 처분하였을 수도 있다. 따라서 취득할 때는 손실을 보고 취득하였지만 처분하였을 때는 손실을 보지 않고 정상가격 대비 이득을 실현하면서 처분할 수도 있기 때문에 취득시점의 손실액을 구해서 보존해 주는 것은 가능하지만 처분시점에 이미 이익을 실현하면서 매각할 수도 있으므로 셈법이 복잡하다.

또한 이렇게 정정공시를 할 당시에는 이미 주식을 처분한 자까지로 범위를 확장한다면 이러한 투자자들의 투자손실 금액의 정확한 산정은 주식을 취득할 때와 주식을 처분할 때에 대해서 모두 계산이 되어야 하는데 이는 과도하게 복잡한 작업일 수 있다.

반면에 현재 유사한 소송의 경우와 같이 진실공개전 매도자를 제외한다면 일단, 현재 투자자가 처분을 하지 않고 주식을 보유하고 있기 때문에 분식으로 인한 손실 발생액은 주식을 취득할 때만 발생할 것이고 그렇기 때문에 손실액을 구하는 것이 보다 간단할 수 있다. 또한 이미 자유의사에 의해서 처분한 투자자의 이해까지 보상하기는 어렵다.

예를 들어 국가와 관련된 소송에서도 동일할 수 있는데, 과거에 토지 초과이득세(초토세)라는 세금이 위헌 판정을 받았지만 이 면세 혜택은 세금을 부과하지 않은 납세자에게만 적용되었지 이미 세금을 납부한 과세자에게는 이 혜택이 가지 않았다. 부동산임대소득 부부합산과세일 경우도 동일하였다.

정정 이전에 처분하였다면 처분시의 손실도 계산되어야 하는데 정정 때까지 보유하고 있다면 보유시점의 주식가액은 주식가액이 정상수준으로 회복되었다고 가정할 수 있으므로 처분에 따른 복잡성도 피할 수 있으며 정정 이후에는 불확실성이 해소된 이후이므로 복잡성이 개입되지 않는다.

따라서 이와 같은 방식이 완벽한 손실금액의 산정은 아니더라도 합리적이고 이해할 수 있는 대안이다. 또한 이렇게 접근하여야 주관적일 수밖에 없는 정상가격의 산정이 한 번만 진행될 수 있지, 처분한 투자자까지도 포함하게 되면 정상가격의 산정이 두 번 반복되게 되어 더 주관적인 손실 금액의 산정이 될 수 있다.

이를 경우의 수로 구분하여 정리한다.

I. 반기보고서 이전부터 주식을 보유하고 있는 투자자: 이러한 투자자들은 주식투자의 단초가 왜곡된 반기보고서가 아니라는 점은 자명하다. 단, 반기재무제표가 왜곡되지 않았다고 하면 반기재무제표 공시 이후에는 주식을 처분하였을 투자자들도 있을 것인데 이들은 집단소송의 원고가 될 수 없다. 이러한 투자자들의 손실까지 보호해 줄 정도로 제도가 완벽할 수는 없으며 분식회계에 근거한 집단소송에 의해서는 집단소송과 관련된 일차적이고 직접적인 피해자만을 구제할 수 있다.

II. 반기보고서 이후 주식을 취득하였다가 정정공시 이전에 주식을 처분한 투자자는 계속 기업으로부터 왜곡된 정보를 제공받는 상태에서 주식을 취득하고 나중에 이를 처분한 것이다. 그러나 자의에 의해서 주식을 처분하였기 때문에 처분시점에는 왜곡된 재무제표가 단초가 되어 처분한 것은 아닐 가능성이 높다. 아마도 기업의 내재가치에 대한 정확한 분석의 결과 주식을 처분하였다고 하면 취득은 왜곡된 정보에 기초하지만 적어도 처분만큼은 왜곡된 정보에 기초한 것은 아니다. 정보의 왜곡이 공개되기 전에 주식을 처분하였기 때문에 정보 왜곡에 대한 사실을 인지하고 action을 취했을 수도 있지만 대부분의 경우, 이러한 개연성에 근거하여 손실을 보상해 줄 수는 없다.

III. 반기보고서 이후 주식을 취득하였고 정정 재무제표까지 보유하고 있었다고 하면 이 투자자일 경우 순수히 재무제표에 근거하여 투자의사결정을 하는 투자자로 분류될 수 있고 왜곡된 회계정보에 의해서 주식을 처분하고 재무제표가 정정되어 공시될 때 이를 보유하고 있다면 이러한 정보가 정정될 때까지도 잘못된 정보를 제공받아 취득하였고 새로운 정보에 대한 접근이 없었기 때문에 계속 보유하고 있었다고도 판단될 수 있다.

우리나라 집단 소송의 한계

우리나라는 증거개시제도(디스커버리)제도의 부재 등 원고 측에 불리한 소송 시스템인데 미국은 이러한 증거를 모으는 과정으로 인해 원고와 피고가 동일 선상에서 소송에 임한다. 한국은 원고의 입증가능 때문에 어려움을 겪는다고 한다.

사전 증거개시제도는 2007년 6월 1일 형사소송법 개정시에 새로 도입된 제도로, 국가안보 등 특별한 사유가 없는 한 재판이 진행되기 전 검사와 피고인이 서로 증거를 열람 또는 복사할 수 있도록 하는 제도를 말한다. 형사소송법 제266조의 3은 피고인 또는 변호인이 공소 제기된 사건에 대한 서류 또는 물건의 열람·등사를 신청할 수 있도록 하는 증거개시제도를 규정하고 있다. 검사도 피고인 또는 변호인에게 증거개시를 요구할 수 있다. 검사는 국가안보·증인보호의 필요성·증거인멸 등의 사유가 있는 경우 서류 또는 물건의 열람·등사를 거부하거나 제한할 수 있고, 이 경우 법원의 판단으로 허용할 것을 명할 수 있다(제266조의 4). 경찰의 수사결과와 관련된 진술 등 검사가 확보한 모든 증거를 판사에게 공판전에 제출해 공개하는 제도이다(시사저널. 2013.3.19.).

정정공시 이전에 매도한 사람들도 손해를 주장할 수는 있다. 그 사람들도 정상가격보다 높은 가격에 유가증권을 취득하였기 때문이다. 하지만 상대방이 '손해인과관계'가 없다는 항변을 할 경우 받아들여질 가능성이 상당히 높아진다. 손해인과관계는 원고의 손해가 분식회계로 인한 것이어야 한다는 인과관계를 의미하는데 이 '손해인과관계'는 일응 추정되지만 반증이 허용된다. 허위공시를 한 후 그것이 시장에 공개되기 전까지는 비록 주가가 하락하였다고 하더라도 그것이 시장상황에 따른 하락일 가능성이 높다. 따라서 상대방이 여러 가지 방법으로 이를 주장 입증할 경우(관련지수하락률과의 비교, 감정의견 제출 등) 손해인과 관계가 부인되어 청구가 기각될 위험이 높다.

따라서 분식회계사건 중에서 정정공시로 허위공시사실이 드러난 후 비로소 주가가 급락하는 양상을 보이는 유형의 사건에서는 정정공시 이후에 매도한 사람들만 총원을 정해서 소송을 내는 것이 소송전략상 안전하다.

하지만 이런 것은 늘 그런 것은 아니다. 대우전자 분식회계사건의 경우에는 소위 진실공개전 매도자도 원고에 포함시켰고 또 배상을 인정받았다. 대우 분식의 경우에는 분식기간이 오래 지속되었고 정정공시 등으로 분식회계가 드러나기 이전부터 분식회계로 인해서 숨겨진 재무적 취약성이 주가에 반영되어 주가가 하락했다. 따라서 이 경우에는 정정공시 이전에 처분한 사람들도 손해인과관계가 인정되었다.

　그리고 증권관련집단소송법에 따른 집단소송은 획일적·일률적 구제를 위한 것이므로 구성원을 비교적 균질화할 필요가 있다. 정정공시 이전의 처분자와 정정공시 이후의 처분자는 약간 다른 유형의 하위집단에 해당한다. 아무래도 집단소송을 하게 되면 승산이 높은 하위집단만을 원고로 삼아 소송을 하는 것이 소송비용이나 소요시간 등에서 유리하다고 변호사들이 판단하게 된다.

　취득시점과 처분시점의 주가가 다 부풀려져 있는 경우에는 취득시점에서도 정상주가와의 차액을, 처분시점에서도 정상주가와의 차액을 계산하여 그 차이를 손해로 보는 것이 원칙적으로는 맞다고 할 수 있다. 미국의 교과서에도 비슷한 내용으로 기술되어 있다. 아래의 대법원 판례도 그러한 경우이다.

　다만 자본시장법에 있는 손해배상액 추정조항이 적용되는 경우에는 그 추정조항에 따라 '취득가액 − 처분가액'이 될 것이라고 보여지고 다만 손해인과관계를 부정하는 피고의 항변이 있을 경우만 따져질 것으로 생각된다.

　그리고 자본시장법상 추정조항이 적용되지 않는 경우(민법상 불법행위청구)는 시세조종에서의 손해배상액 산정에 관한 아래의 대법원 판례에 따라 "취득가격 − 취득시점의 정상가격(또는 그(취득시점의 정상가격)보다 처분가격이 높은 경우 그 처분가격)"으로 산정될 수 있지 않을까 한다.

　즉, 전자(취득가액 − 취득시점의 정상가격)는 취득시점에 입은 손실을 보전해 주는 것이며, 후자(취득가격 − 처분가격)는 처분시 취득시점의 정상가격보다 높은 가격에 처분하였다면 어떠한 이유가 되었건 손실이 어느 정도 보전된 상태에서 처분한 것이므로 취득시 속고 산 가격 전부를 배상해 주는 것이 아니라 실질적인 손실액을 보상해 준다는 대법원의 결정이다.

　즉, 다음의 수치를 가정하고 설명한다.

> 취득가액 = 100
> 취득시점의 정상가액 = 80
> 처분가액 = 90

　손실보전액은 $100 - 80 = 20$이라기보다는 $100 - 90 = 10$으로 계산한다.

1. 취득가격 – 취득시점의 정상가격은 속아서 비싸게 매수하였다는 것을 가정한다. 즉, 이 경우는 처분을 고려하지 않는다.

2. 취득시점의 정상가격보다 처분가격이 높은 경우는 즉, 정상가격(80)에 취득하였다고 하여도 처분가격(90)이 높으므로 10만큼은 남기고 팔았을 경우는, 남기고 팔았다고 해도 물어 주어야 할 것은 물어 주어야 한다. 손실액의 산정은 취득가액 – 처분가액, 즉 실질적인 손실액만큼을 보상하는 것이다. 이는 분식이 없었다고 하면 애시당초 해당 주식을 취득하지 않을 수도 있기 때문이다. 분식이 없었다고 하면 또한 여러 가지 경우의 수가 발생할 수 있지만 이러한 가정이 가장 simple한 가정이다.

자본시장법에서 정의한 '취득가액 – 처분가액'은 물론, 정상가액을 감안하여 구해진 금액은 아니지만 이러한 금액의 산정이 어차피 추정의 과정을 거쳐서 구하는 불완전한 금액이므로 얼마나 비싸게 사서 얼마나 싸게 팔았는지의 실질적인 손실액을 보전해 주는 것으로의 대안으로는 나쁘지 않은 것으로 판단된다. 정상적인 취득가액을 구하는 과정이 여러 가정하에 계산되는 금액이므로 이러한 가정을 거치는 계산보다 실제로 손해를 본 금액을 보상해 주는 것이 더 simple하다.

처분가액이 취득시점의 정상가액보다 높다면, 손실액을 취득가액에서 취득시점의 정상가액으로 구하면 순수하게 취득시점에 손해 본 금액을 구할 수 있다. 취득가액에서 처분가액을 차감하면 이미 처분한 것이므로 취득시점에 얼마를 손해 보았는지를 따지는 것은 크게 의미가 없으며, 이미 처분하였으므로 얼마나 비싸게 취득하였는지는 이슈로 삼지 않는다. 따라서 실질적으로 얼마 손실을 보았는지만 구하는 것이다.

위에 언급된 판례는 다음과 같다.

"시세조종행위로 인하여 형성된 가격에 의하여 유가증권시장 또는 코스닥시장에서 당해 유가증권의 매매거래 또는 위탁을 한 투자자가 그 매매거래 또는 위탁에 관하여 입은 손해를 산정함에 있어서는, 그와 같은 시세조종행위가 없었더라면 매수 당시 형성되었으리라고 인정되는 주가(정상주가)와 시세조종행위로 인하여 형성된 주가로서 그 투자자가 실제로 매수한 주가(조작주가)와의 차액 상당(만약, 정상주가 이상의 가격으로 실제 매도한 경우에는 조작주가와 그 매도주가와의 차액 상당)을 손해로 볼 수 있다.

여기서 정상주가의 산정방법으로는, 전문가의 감정을 통하여 그와 같은 시세조종행위가 발생하여 그 영향을 받은 기간(사건기간) 중의 주가동향과 그 사건이 없었더라면 진행되었을 주가동향을 비교한 다음 그 차이가 통계적으로 의미가 있는 경우 시세조종행위의 영향으로 주가가 변동되었다고 보고, 사건기간 이전이나 이후의 일정 기간의 종합주가지수, 업종지수 및 동종업체의 주가 등 공개된 지표 중 가장 적절한 것을 바탕으로 도출한 회귀방정식을 이용하여 사건기간 동안의 정상수익률을 산출한 다음 이를 기초로 사건기간 중의 정상주가를 추정하는 금융경제학적 방식 등의 합리적인 방법에 의할 수 있다."(출처: 대법원 2004.5.28. 선고 2003다69607,69614 판결【손해배상(기)】[공2004.7.1.(205),1067])

불공정거래 피해자 소송 지원을

증권 불공정 거래로 피해를 본 투자자를 보호하기 위해 대책 마련 토론회가 열렸다.

한국거래소 시장 감시위원회는 12일 오후에 '건전증시포럼'을 열고 불공정 거래 피해자 구제를 위한 방안에 대해 토론을 벌였다. 이날 포럼에는 법조계, 학계, 증권 업계, 언론계 등 각계 전문가 40여 명이 참석했다.

토론 발제자로 나선 조수정 한양대 교수는 "투자자가 불공정 거래 피해 사실을 인지하고 이를 입증하는 데 여러 어려움이 따른다"면서 "손해 입증을 위한 법원 전문심리위원제도 참여 등 적극적인 지원이 필요하다"고 말했다. 조교수는 "전문 심리위원제도는 전문지식이 필요한 재판에서 법원의 지원을 받은 심리위원이 설명과 진술 등 재판을 돕는 제도"라면서 "불공정 거래 피해자들이 이 제도를 활용할 수 있도록 해야 한다"고 강조했다.

그는 이어 "피해자들이 신속하게 불공정 거래 발생 사실을 파악할 수 있도록 언론기관을 통해 정보를 제공해야 한다"고 말했다.

이날 토론자들은 피해자가 증권집단소송을 제기한 것은 단 4건에 불과하며 이마저도 모두 원고 패소했다는 점을 지적하며 "대형 로펌을 등에 업은 불공정 거래 행위자에 맞서 승소 가능성이 있다고 느낄 수 있는 환경을 조성해야 피해자들이 적극적으로 손해배상 청구소송에 나설 수 있을 것"이라고 강조했다.

매일경제신문. 2012.6.13.

위의 신문기사에서 투자자가 불공정거래 피해 사실을 법적으로 입증하고 이를 소송을 통해서 해결한다는 데 많은 제약이 있으므로 이를 해결하는 한 방안으로 이러한 대안이 제시되었다. 법적인 위치에 있어서의 강자인 불공정거래 행위자로부터 약자인 피해자를 보호할 수 있는 제도적인 보안이 필요하다. 물론, 이러한 법적인 약자를 보호하기 위해서 집단소송제도 등이 도입되기

는 하였지만 여러 가지 제약 때문에 집단소송이 제기되는 것이 현실적으로 어려운 상황이다.

소송이라 함은 어떠한 소송이 되었건 송사를 진행함에 상당한 비용이 발생한다.

- 소송제기 후 법원의 판결까지 소요된 기간은 평균적으로 다음과 같다.
  - 지방법원의 판결 소요일수는 평균 288.3일
  - 1심 판결결과에 불복하여 고등법원에 항소해서 판결까지는 다시 466.7일이 소요
  - 대법원에서는 평균 497.8일이 소요
- 대법원까지 갈 경우 전체적인 평균 소요기간은 1,781일(약 4년 11개월)이 소요된다. 따라서 개인이 소송을 진행한다는 것은 모든 면에서 매우 어려운 것이다.

Chapter

39

합병 연기
공시만 17번

합병 연기 공시만 17번, 증권신고서 제출도

　　알앤엘바이오와 알앤엘삼미가 합병을 결정한 뒤 15개월간 17차례에 걸쳐 합병 일정을 연기해 투자자들을 혼란시키고 있다. 금융감독원이 마지막으로 정정신고서 제출을 요구한 이후 10개월 동안 증권신고서를 제출하지 않아 합병이 사실상 무산됐다는 진단마저 나오고 있다.

　　지난달 31일 알앤엘바이오와 알앤엘삼미는 정정공시를 통해 합병을 위한 주주총회와 이사회 일정을 8월 14일에서 9월 13일로 한 달간 연기한다고 밝혔다. 두 회사가 합병을 결정한 지난해 5월 13일 이후 합병 일정을 연기한다는 정정공시만 17번째다. 주가 등 주변 여건이 급변하기 전에 신속하게 진행해야 하는 합병이 1년을 훌쩍 넘기는 것도, 단순한 일정 변경을 이유로 17차례에 걸쳐 정정공시를 남발하는 것도 드문 일이다.

　　두 회사의 합병이 이처럼 늘어지는 것은 합병을 위한 증권신고서를 제출하지 못하고 있어서다. 두 회사는 합병 결정 공시 2주 후인 지난해 5월 27일 처음 증권신고서를 제출했으나 금감원은 회사의 위험성을 상세히 설명하지 않았다는 점을 들어 신고서를 반려했다. 이후 두 회사와 감독원 사이에는 6번의 증권신고서 제출과 4번의 정정신고서 제출 요구가 오고 갔다.

　　금감원과 회사의 핑퐁게임은 지난해 10월 25일 금감원의 정정신고서 제출 요구 이후 중단됐다. 이후 10개월째 알앤엘바이오와 알앤엘삼미는 증권신고서 제출은 합병을 진행하기 위해 반드시 거쳐야 하는 단계다. 이 때문에 시장에선 두 회사의 합병의지가 사라진 것 아니냐는 관측이 나온다.

　　특히 알앤엘바이오는 중요한 합병을 앞둔 상태에서 회사를 물적분할하고, 미국 중기세포사업체인 셀텍스를 인수하는 등 합병을 의식하지 않는 행보를 보이고 있다. 인수금액이 114억원으로 알앤엘바이오 자기자본의 22%에 달하는 셀텍스 인수는 두 회사의 합병

비율을 바꿀 수도 있는 중요 사항이다.

기약 없는 합병에 골탕을 먹는 쪽은 투자자들이다. 합병 발표 이후 주가가 급락했던 알엔앨상미는 합병 일정이 연기될 때마다 상한가를 기록하는 등 회사의 정정공시에 민감하게 반응하고 있다.

안엔앨바이오 관계자는 "합병을 철회할 의사가 없다"며 "반기보고서를 제출하는 오는 15일 이후 증권신고서를 낼 수 있도록 노력할 것"이라고 말했다.

한국경제신문. 2012.8.2.

연결공시제도

종속회사 연결 공시 오리무중

60여 개 계열사가 있는 포스코는 내년 4월부터 전면 시행되는 종속회사에 대한 수시 공시 의무에 대비하지 못하고 있다.

금융위원회와 한국거래소가 이에 대한 기준을 제시하지 못하고 있기 때문이다. 시행을 코앞에 두고 있지만 관련 제도가 정해지지 않아 기업들이 느끼는 혼란은 커지고 있다.

15일 금융감독당국과 거래소에 따르면 국제회계기준도입에 따라 내년부터는 모든 상장기업이 연결기준으로 사업보고서를 작성한다.

올해까지는 자산 2조원 이상 기업만 해당됐지만 이것이 전 상장사로 확대되는 것이다. 또 모든 공시서류도 연결기준으로 작성해야 한다. 이때 포스코 같은 지배회사는 종속회사의 영업활동과 관련된 사항을 공시할 책임이 있다. 지난해 말 기준으로 상장법인 1,738개사가 보유한 전체 종속회사는 7,873개에 달한다.

문제는 지배회사의 종속회사에 대한 수시공시와 관련된 규정이 아직까지 정해지지 않고 있다는 점이다. 금융당국이 모든 상장 공시 체계를 연결기준으로 개편하기로 한 것이 2010년인데 2년이 넘도록 구체적인 지침이 나오지 않고 있는 것이다.

핵심은 종속회사 범위를 어디까지로 규정할 것인가에 대한 대목이다. 당초 금융감독당국은 지배회사의 자기자본이나 매출액 10% 이상인 주요 종속회사만 수시공시 의무 대상에 포함시키려 했다. 그러나 이렇게 되면 상당수 종속회사가 수시공시 대상에서 빠지게 되면서 제도 시행에 실효성 문제가 제기될 수밖에 없다.

금융감독당국 관계자는 "종속회사 수시공시 대상을 너무 축소하면 해당 기업과 그 종속회사의 실질을 반영한다는 연결 중심 공시 체계에 맞지 않는다"고 설명했다.

이 때문에 감독당국은 자기자본이나 매출액의 5% 또는 7%로 낮추는 방안을 놓고 고심 중이다.

이와 관련해 금융위와 거래소는 수시공시 대상이 될 종속회사 범위를 어디까지 정할지에 대해 자본시장연구원에 연구용역을 의뢰한 상황이다. 제도 시행을 코 앞에 두고 있지만 아직까지 갈피를 잡지 못하고 있는 셈이다. 법 개정 또는 상장규정 개정을 위해서는 시일이 촉박하다는 지적도 나온다.

연구용역을 맡고 있는 자본시장연구원 관계자는 "아직까지 논의만 있을 뿐 구체적인 윤곽을 잡지 못하고 있다"며 "내년에 곧바로 시행하기가 어려울 수도 있다"고 귀띔했다.

시한이 촉발한 만큼 전면 시행보다는 단계적 시행이 필요하다는 의견도 있다.

상장사 협의회 관계자는 "연결 기준 재무제표 공시를 자산 기준으로 단계적으로 시행했듯이 1~2년 정도 계도기간을 둬서 적응하는 시간을 줘야 한다"고 말했다. 금융감독당국이 관련 기준을 쉽게 정하지 못하는데는 기업들의 공시부담이 지나치게 커지게 된다는 우려와 투자자 보호라는 대 명분 사이에서 균형점을 잡지 못하고 있기 때문이라는 지적이 많다.

한국거래소 관계자는 "지금도 상장 유지 비용이 지나치게 높다는 상장사들 불만이 많은 상황에서 공시부담을 더 지우려고 하는 데 대한 걱정이 크다"면서도 "그러나 모든 실적이 연결기준으로 작성되는 만큼 투자자의 알 권리 차원에서 연결 중심 공시 체계를 갖추는 것도 중요하다"고 말했다.

매일경제신문. 2012.8.16.

연결재무제표가 주 재무제표가 되면서 이 이외에도 연결대상 회사의 내부통제제도에 대한 인증도 연결하는 회사의 책임하에 이루어져야 한다고 할 수 있다. 이는 회계와 내부통제제도는 불가분의 관계가 있는데 연결하는 회사가 연결 대상회사의 재무제표에 대한 책임을 띠고 있기 때문에 내부통제제도에 대해서도 당연히 책임이 있다고 할 수 있다. 단, 연결재무제표는 경제적인 실체에 중점을 두고 있으며 회사의 구분은 법적인 실체에 근거한다는 점도 간과하여서는 안 된다.

이에 추가하여 주요사항보고서도 연결기준이 적용될 수 있도록 관련 법규를 정비할 필요가 있다.

- **(참고)** K-IFRS 관련 공시제도 연결전환 추진 경과는 다음과 같다.
  □ 사업보고서 및 분반기보고서의 연결기준 기재근거 마련('09.2월 법 개정)
  □ 증권신고서의 연결기준 기재근거 마련('10.6월 시행령 개정)

2013년 2월 19일 증선위 안건에서 지배회사의 종속회사 주요경영사항 공시 신설(안 제8조의2)

■ 종속회사의 주요 경영사항이 지배회사인 상장법인에 중대한 영향을 미칠 경우 상장법인의 공시의무*를 신설

*(공시대상) 부도, 파산, 해산, 합병, 영업·자산양수도 등 주요사항보고서 제출대상

(공시비율) 지배회사 연결 자산총액, 자기자본, 매출액 등에 5% 이상 영향을 미치는 경우

(공시시한) 익일공시(다만, 국내종속회사의 부도 등 존폐관련사항은 당일공시)

실무에서는 감독기관에 제출하는 주요사항보고서와 거래소에 올리는 주요경영사항공시(수시공시)가 중복된다는 불만사항이 있기도 하다. 물론, 거래소에 올리는 수시공시는 간략한 사항만 시급하게 공시하고 형식에 맞도록 더 상세한 정보는 주요사항보고서에 제출하도록 하는 것이 정책당국의 생각이다.

그러나 연결대상 회사의 수시공시와 관련되어서는 다음의 문제도 존재한다. 아래의 내용은 지주회사와 관련된 이슈이지만 연결하는 회사와 연결 대상 회사간에도 동일한 혼란이 초래될 수도 있다.

조용만(두산): 지주회사의 자회사 공시 2009. 월간 상장

두산의 경우 공정거래법상 지주회사에 해당되어 자회사들이 하는 수시공시사항을 두산에서 다시 공시하고 있다. 지주회사의 자회사 공시가 기업에게도 같은 내용을 두 번 공시하는 부담이 되기도 하지만, 투자자에게도 혼란을 주는 경우가 많다. 실제로 두산에서 자회사 공시사항을 공시하면 투자자들이 두산에서 계약을 체결한 것으로 오인하는 사례도 여러 번 있다. 자회사가 정보 공개가 안 되는 비상장회사라면 상장회사인 지주회사가 자회사 정보를 공시를 통해 시장에 제공하는 것이 맞겠지만, 자회사가 상장회사로서 공시를 통해 정보를 제공한다면 같은 정보를 두 번 제공하는 점은 개선이 필요하다고 생각한다.

즉각공시제도

'증시 심장부' 공시 시스템 구멍

　기업 공시를 관리 감독해야 할 거래소 직원이 공시 정보를 사전에 외부로 유출해 시세 차익을 도모한 사건이다.

　이씨는 최근 거래소 내부 조사결과 기업 공시 외부 유출 사실이 드러났고 이 건으로 서울남부지검에 고발된 상태였다. 이씨의 소속부서는 코스닥시장본부 시장운영팀이었다. 종목별 이상 유무를 점검하고 이상 종목에 대해서는 거래정지 등 시장조치를 취하는 것이 그의 주 업무였다. 그에게는 기업이 발송한 공시 정보가 전자공시시스템에 등재되기 전에 열람할 수 있는 권한이 주어졌다. 거래소에는 이씨처럼 공시 사전 열람이 가능한 인원이 58명이나 된다.

　통상 기업공시는 해당기업이 공시문안과 증빙서류를 발송하면 거래소 공시담당자의 검토를 거친 후 전자시스템에 올라간다. 검토 작업에는 10분 정도 시간이 소요된다.

　이씨가 노린 것은 10분의 시간차였다. 공시가 뜨면 당연히 주가도 움직인다. 이씨는 공시 직전 취득한 정보를 지인에게 전달했고 지인은 재빨리 이 기업 주식 매수에 들어갔다. 이씨와 그의 지인은 이런 식으로 최소 1억원 안팎의 시세 차익을 얻은 것으로 알려졌다.

　이번 사건이 이씨 단독 범행이고 이씨가 거둔 시세차익도 아주 큰 금액을 아니라고 하지만 이와 유사한 범죄는 이미 상당히 존재하고 있거나 앞으로도 언제든지 재발할 수 있다는 우려가 나오고 있다. 공시 정보 발송에서 공시까지 걸리는 마지막 시간이 물리적으로 10분일 뿐 대부분 공시가 사전에 거래소 측과 협의된다는 점에서도 또 다른 범죄 유형 가능성도 배제할 수 없다는 게 증시 주변의 지적이다.

　그럼에도 불구하고 거래소는 공시 정보를 사전 열람하기 위한 로그인 기록조차 일상적으로 조사하지 않고 있다.

매일경제신문. 2012.8.22.

거래소 '즉각 공시' 추진한다지만

사건이 언론을 통해 공개된 직후 거래소는 일부 공시에 대해서는 거래소가 개입하지 않는 '즉각 공시'를 추진하겠다고 밝혔다.

거래소가 공시 내용을 검토하는 시간을 악용해 직원이 공시 정보를 유출할 수 있었다고 판단했기 때문이다.

21일 최홍식 거래소 코스닥 시장본부장은 "거래소 공시 중 현재 시장조치와 관련해 거래소의 검토가 필요하다고 판단되는 공시를 제외한 다른 공시들은 절차 없이 기업이 바로 공시시스템에 등록할 수 있도록 제도 개선을 추진하겠다"고 밝혔다.

최본부장은 "이 사건이 있기 전에도 거래소를 경유하게 돼 있는 공시 시스템에 문제가 있다고 판단해 일부 공시에 대해서는 기업이 직접 공시하게 하는 방안을 검토 중이었다"며 "이번 사건을 계기로 바로 내년부터 회사가 일정 규모 이상이거나 우량 공시기업일 경우 일부 자율공시는 거래소의 검토를 거치지 않고 직접 하도록 할 것"이라고 설명했다.

거래소 측에 따르면 현재 시장조치가 필요한 공시는 전체의 15% 정도다. 시장조치가 필요한 공시는 무상증자, 합병분할 등 재무구조 변경과 관련된 공시다. '즉각 공시'가 시행될 경우 이들 공시를 제외한 판매공급계약이나 타법인 출자 등 나머지인 75% 정도 공시는 거래소의 재검토 없이 즉시 투자자들에게 공표될 수 있게 된다.

하지만 일각에서는 거래소의 '즉각 공시'가 오히려 더 큰 문제를 낳을 수 있다고 지적하고 있다. 기업이 자율적으로 공시 내용을 입력하고 노출시키면 오히려 주가조작, 거짓 공시 등 부작용이 생길 소지가 다분하다는 것이다.

업계 관계자는 "여론을 무마하기 위해 공시에 대한 기업 권한을 확대했다가는 빈대 잡으려다 초가삼간 다 태우는 상황'이 올 수도 있다"며 "현행 방식을 유지하되, 정보 외부 유출 차단을 위한 감시시스템을 강화하는 듯 추가 조치를 강화하는 편이 낫다"고 주장했다.

매일경제신문. 2012.8.22.

정부가 어떠한 정책을 결정할 때, 아무리 완벽하게 제도를 정한다고 해도 이 제도의 시행은 결국은 사람이 하는 것이다. 이러한 역할을 맡은 실무자가 부정을 범한다고 하면 이 해당자에 대해서 일벌백계의 차원에서 엄벌을 처하면 되는 것이지 이를 피해가기 위해서 공시를 filtering할 수 있는 제도를 중단한다면 더 큰 문제를 야기할 수 있다.

신속하게 업무를 추진하려다가 신중하게 업무를 처리 못 할 수도 있다. 이러한 문제를 개선하기 위한 제도의 시행은 거래소의 감사실 기능의 확대 등의 감찰 기능을 강화하는 것이다. 또한 거래소가 감사원의 피감기관으로 지정되어 있기 때문에 금융위/감독원이나 감사원이 감사기능을 강화할 수 있다. 또한 현재의 거래소는 수년 전부터 공공기관으로 분류되면서 기재부의 경영평가도 받고 있어서 여러 가지 형태의 monitoring이 존재하고 있다. 물론, 완벽한 monitoring이라는 것은 존재할 수 없지만 그럼에도 이러한 다양한 필터링은 그 자체만으로도 의미가 있다.

이러한 내용은 유사투자자문업자로 분류되고 있는 방송관련자들의 방송 전 주식을 매수하고 해당 기업과 관련된 방송을 하는 경우와 유사하다고 할 수 있다. 즉, 정보에 어느 정도 배타적인 접근이 가능한 자들이 이를 악용하는 것이다.

유사투자자문업자일 경우나 거래소 직원일 경우, 어떠한 주식에 투자하고 있는지를 보고하도록 하는 제도를 시행할 수 있으며 가장 간단하게 문제를 해결하는 대안은 원천적으로 주식 투자를 금지하는 대안도 있다. 개인의 경제활동에 대한 심각한 자유의 훼손이라고도 할 수 있지만 금융에 근무하는 공무원도 주식 매수/매도에 대한 보고 의무가 있고, 주식 투자 계좌를 한 계좌로 통합해야 하는 듯의 주식투자에 있어서 어느 정도 제약점이 따른다. 또한 1급이상 공무원은 어느 정도 이상 되는 주식을 백지신탁 하여야 하는 내용과 일맥상통한다. 어느 직급 이상의 공무원이 자산을 등록하거나 자산이 공개되는 것도 업무상 투명성을 제고하려는 순기능이 존재하는 것이므로 공공성을 위해서 어느 정도 경제활동에 제한이 있거나 개인의 자산이 공개되는 것은 회피할 수 없다.

규제기관에서는 부정과 관련된 사고가 발생하면 급하게 이를 처방할 수 있는 대책을 내 놓게 된다. 하지만 이러한 즉각 공시 제도의 도입과 같은, 임시방편적인 처방이 잘못하면 미봉책에 그칠 위험도 있다.

시총 500억 넘으면 수시공시 5,000억 넘으면 수시공시 '마음대로'

최근 3년간 불성실공시법인으로 지정돼지 않았고 상장 후 5년이 지난 시가총액 5,000억원 이상 유가증권시장 상장사는 오는 5월부터 한국거래소의 확인 절차 없이 수시공시를 할 수 있게 된다. 코스닥 상장사 중에서는 시가총액 1,000억원 이상 우량 기업부

소속 업체 가운데 상장 후 5년이 지났고 최근 3년간 관리종목, (투자주의)환기종목, 불성실공시법인 지정 전력이 없는 곳이 수시공시 확인절차 면제 대상이다.

7일 금융투자업계에 따르면 거래소는 이 같은 내용의 공시 시행세칙을 마련해 오는 5월부터 적용할 계획이다. 거래소 관계자는 "상장사의 공시 자율성을 높이기 위한 목적"이라고 말했다.

거래소는 매년 5월 첫 거래일에 공시 확인 면제법인을 지정할 예정이다. 면제법인으로 지정된 상장사가 관리종목이 되는 등 면제 요건을 충족하지 못하면 즉시 면제 대상에서 제외된다. 매매거래정지, 관리종목지정, 상장폐지, 상장폐지실질심사, 우회상장심사 관련 수시공시 사항은 면제 대상 지정 여부와 상관 없이 거래소의 확인 절차를 거치게 된다. 거래소는 현재 기업으로부터 공시 정보를 접수해 규정 위반과 광고 목적 여부 등을 검토해 전자공시 시스템에 공개하고 있다.

한국경제신문. 2013.3.8.

이 신문기사는 즉각 공시라는 표현을 사용하지는 않았지만 위에서 기술된 그러한 내용이다. 위에서도 기술되었듯이 이 제도의 역기능에 대해서도 거래소가 고민을 해야 할 사안이다. 유가증권시장과 코스닥시장간에 대기업을 구분하는 기준이 다르므로 코스닥에 대해서는 대기업 기준을 1,000억원을 적용한다.

최근 3년간 관리종목, 투자주의 환기종목, 불성실공시 법인 지정 전력 기업을 제외하였다는 점은 거래소 차원에서 성실 공시기업으로 즉각 공시 가능 기업에 대해 자격을 제한하였다는 것을 이해할 수 있다.

SSCP 부도설 9시 1초 거래정지 의혹커지는 1초

한국거래소가 부도설에 휩싸인 코스닥 상장사 주권을 장 시작 직후인 9시 1초에 거래정지시키는 일이 벌어졌다. 이로 인해 장 시작 전 동시호가에 접수됐던 65만주(약 8억원 어치)가 1초 사이에 거래됐다.

거래소는 부도설 제보 접수 후 확인 과정을 거친 후 거래정지 시킨 시점이 공교롭게 9시 1초였다고 해명하고 있다. 하지만 일각에서는 상식적으로 납득이 되지 않는 해명이라며 제보 접수 후 거래 정지 과정에서 내부 실수 혹은 고의가 있었을 가능성을 의심하고 있다.

18일 한국거래소 코스닥시장본부 공시3팀은 부도설이 불거졌다는 이유로 SSCP에 대해 9시 1초부터 매매거래를 정지시켰다.

9시 장 개장시부터 매매거래정지시까지는 정확히 1초의 시간이 흘렀지만 이 사이에

65만주의 거래가 체결됐다. 동시호가 때 매수매도 주문을 낸 계약이 체결된 것이다.

체결가는 SSCP의 전일 종가였던 1,440원에 비해 11.81% 하락한 1,270원이었다. 거래대금은 8억 2,000만원 가량이었다.

이날 매매에 나섰던 A씨는 "3,100만원을 매수하자마자 거래정지가 됐다"면서 "거래정지 과정에서 부도설을 알고 있던 사람들과 공모가 있었는지 의심이 가지 않을 수 없다"고 말했다.

거래소는 코스닥시장본부 공시3팀에 SSCP 부도설에 대한 제보가 처음 접수된 것은 오전 8시 50분께라고 밝혔다. 제보를 접수받은 뒤 공시팀은 SSCP 종목 확인 절차를 진행하면서 시장감시위원회 시장정보분석팀에 검토를 의뢰했다.

시감위는 8시 57분께 공시팀에 "부도 가능성이 있다"는 의견을 보내왔다. 시감위의 검토의견을 받은 공시팀은 최종적인 논의를 거친 뒤 SSCP에 대한 매매거래 정지에 나섰다. 이 시각이 정확이 9시 1초였다.

투자자들 사이에서는 충분히 개장 직전에 거래정지시킬 수 있었는데 하필이면 왜 1초간 거래를 하도록 해 선의의 피해자를 만들었는지 이해할 수 없다는 반응이 나오고 있다.

매일경제신문. 2012.9.19

시장감시위원회는 위원회 구성이 어떻게 되는지 또는 어떠한 모형에 의해서 특이하게 움직이는 주식 종목을 선택하는지 등의 내용은 보안사안으로 유지하고 있다.

경기침체에
회계법인도 울상

경기침체에 회계법인도 울상

125개 회계법인의 총수익은 1조 8,429억원. 이 중에서 회계감사는 7,018억원(38.1%), 세무부문 4,606억원(25%), 컨설팅부문 6,805억원(36.9%)을 기록했다.

회계감사와 세무부문은 각각 6.9% 증가한 반면 컨설팅 부문은 4.5% 줄었다. 컨설팅 부문 매출은 2009년 이후 전체 매출에서 차지하는 비중이 회계감사 매출보다 많았지만, M&A 시장이 부진한 영향으로 지난해부터 재역전됐다.

전체 매출에서 4대 회계법인의 비중도 줄었다. 4대 회계법인의 총 매출은 1조 187억원으로 전체의 55.3%에 그쳤다.

법적 소송에 대비해 손해배상책임 준비에도 적극적이다. 회계법인들의 준비 재원은 총 1조 3,665억원으로, 법정 외부감사 보수 총액(5,735억원)의 2.4배에 달했다. 공인회계사회에 적립된 손해배상공동기금은 386억원으로 전년 대비 4.6% 늘었고, 27개 회계법인이 전문가 배상책임보험에 가입한 보험금은 1조 1,493억원으로 1.5% 증가했다. 내부에 유보하는 손해배상준비금은 1,786억원으로 7.3% 늘었다.

금감원에 따르면 회계법인은 최근 3년간 회계감사 등과 관련한 6건의 소송에서 패소 및 합의조정으로 총 57억원의 손해배상 책임을 부담했다. 대표적인 사건으로 현대투자신탁증권의 자산가치 뻥튀기(27억원), 네오세미테크 상장폐지(19억원) 등이 있었다.

이코노미스트. 2012.9.3.

2012년 1조 1635억 달러, 1,200조원의 GDP 수준에서 회계가 차지하는 부분은 약 0.1% 정도에 그친다. 회계를 자본주의의 파수꾼이라고 지칭하는 것에 비해서 또한 자본주의에서 중요한 한 축을 담당하는 영역인 것에 비해서는

매우 낮은 수준에 그친다. 우리나라의 주식회사의 수가 40만개가 있으며 그 중의 5%에 해당하는 기업인 약 2만개의 기업만이 외감대상기업이다. 그렇기 때문에 회계법인은 한정된 시장을 놓고 치열하게 경쟁하고 있으며 특히나 최근과 같이 경기가 나쁠 경우는 회계법인에 대한 용역 수요도 낮아진다.

CEO & CEO 김교태 KPMG 대표

우리나라의 국내 총생산(GDP) 대비 회계법인 매출 비중은 0.19%에 불과하다. 호주가 0.91%로 가장 높고, 미국과 일본은 0.6% 수준이다. 그는 "우리나라도 그 비중이 미국과 일본 수준으로 갈 수밖에 없다"고 밝혔다.

매일경제신문. 2013.4.1.

Chapter

43

신텍 CASE

국민연금, 손해배상 소송 나선다

국민연금과 국내 중견 자산운용사들이 코스닥 상장사 신텍과 삼일회계법인을 상대로 분식회계에 대한 손해배상 소송을 준비 중이다. '큰 손' 국민연금과 다수 자산운용사들이 중견기업의 분식회계 건에 대해 힘을 모아 소송을 진행하는 것은 유례를 찾기 힘든 일로 거센 후폭풍이 예상된다.

특히 신텍은 분식회계 이후 한솔이엠이로 최대주주가 바뀌면서 상장폐지와 재상장을 거쳤기 때문에 이전 경영진과 현재 법인, 외부감사인이 얼마나 책임이 있는지 복잡한 셈법을 하게 된다.

국민연금 관계자는 29일 "주식운용 위탁팀을 중심으로 신텍 분식회계건에 대한 손해배상 청구를 적극 검토하고 있다"며 "1심 소송에서 법원이 회사의 책임을 인정한 만큼 제척기간인 9월 5일까지 내부절차를 거쳐 적절하게 대응하겠다"고 밝혔다. 국민연금은 주식운용 자금의 절반 이상을 국내 자산운용사 등에 위탁하는데 스몰캡(중견기업)에 투자하는 펀드에서 신텍 관련 손해가 난 것으로 전해졌다.

실제 공모펀드를 운용한 자산운용사들도 신텍 분식회계 소송에 팔을 걷어붙였다. 현재 내부에서 소송을 검토 중인 금융회사는 동양자산운용과 KTB자산운용, 유리자산운용 등 중견 운용사들이다. 이들 운용사는 서로 정보를 교환하며 단체 소송을 준비 중인데 삼일회계법인을 주요 공략 대상으로 잡고 있다.

투자기관들이 대부분 소송에 참여할 경우 매매거래 정지 당시 기관들의 보유지분과 평균 손해액을 감안하면 소송규모는 총 80~100억원에 이를 것으로 보인다.

소송을 준비 중인 A자산운용사 관계자는 "소송을 적극 검토하고 있다"며 "분식회계는 일종의 사기 행위로 이를 통해 손해를 입은 고객의 권리를 찾아 주기 위해 소송을 하지 않을 수 없는 상황"이라고 말했다.

B자산운용사 관계자는 "소송을 제기한다는 것이 부담스럽지만 자산운용사들이 모여 함께 소송을 진행할 것"이라고 설명했다.

자산운용사 입장에선 투자손실에 대해 피투자회사에 손해배상을 청구하는 것이 쉽지 않다. 투자손실이 외부로 공표되면 펀드 판매에서 득보다 실이 많다는 판단에서다.

하지만 이번 신텍건은 투자시장의 언어인 재무제표를 거짓 작성한 사기사건이라는 점, 회사가 인수합병을 통해 정상화되고 있다는 점, 외부감사인이 국내 최대 삼일회계법인 이라는 점 때문에 소송의 명분과 실익이 있다는 평가가 우세하다. 신텍은 2008~2010년 3년에 걸친 분식 회계 사실이 드러나면서 막판까지 갔던 삼성중공업과 M&A 협상이 엎어졌다. 분식회계로 이 회사는 지난해 9월 6일 거래정지됐지만 지난 3월 한솔이엠이가 인수하면서 자구노력을 거쳐 지난달 11일 거래가 재개된 상태다.

삼성중공업 M&A 불발과 거래 정지로 큰 손해를 입은 소액투자자들은 지난 6월 회사를 상대로 소송에 들어가 1심에서 승소했다. 법원은 1차 소송에서 소액투자자들의 주당 평균 매입가 2만 3,711원과 거래 정지전 종가인 1만 9,000원의 차액을 신텍의 분식회계로 입은 손해로 인정한다고 판결했다. 신텍 소액주주들은 100억원대 2차 소송을 제기 중인데 여기에 기관소송까지 얹어진다면 신텍을 인수한 한솔그룹과 외부감사인인 삼일회계법인의 부담이 가중될 것으로 보인다. 수백억원대 손해배상 청구액이 그대로 인정될지는 미지수지만 액수면에서나, 지리한 소송진행 자체가 큰 부담이 될 수 있어서다.

이에 대해 한솔그룹 관계자는 "분식회계 관련 주주 소송 판례에 따르면 분식회계와 직접 관련 없는 증시변화에 의한 주가 변동은 배상액 범위에서 제한된다"며 "배상액이 인정되더라도 회계법인과 분담할 것이기 때문에 실제 회사가 부담할 금액은 미미할 것"이라고 말했다.

매일경제신문. 2012.8.30.

위의 신문기사에서 한솔그룹의 담당자가 배상액이 인정되더라도 회계법인과 분담할 것이라는 내용이 회계법인과의 협의를 거친 내용인지는 명확하지 않다.

위의 신문기사에도 인용되었듯이 소송이 일단 제기되어 대법원까지 가게 된다면 소송 자체가 지루하게 진행될 수 있어 양측 모두에게 소모전이 될 수 있다.

국민연금이 직접 손해배상 소송에 나선다는 것은 일반투자자가 소송에 나선다는 것과는 큰 차이를 보인다. 원고가 큰 법적 소송 비용을 감당할 정도의 위치에 있는지에 의해서 소송의 결과는 당연히 영향을 받는다. 유능한 법무법인/변호사들의 자문을 받을 수 있는지 등등에 의한 영향이다.

특히나 최근의 사회적인 추세가 양형에 있어서 사법부의 양형 형량이 너무 유약하며 범법을 제어하기 위해서는 강력한 제재가 필요하다는 분위기 때문에 분식회계건에 대해서도 사법부가 강한 법적인 판단을 수행할 가능성도 높다.

'신텍 부실감사' 삼일, 유사소송서 승소

국민연금 등 3대 연금에서 신텍과 관련한 부실감사 책임으로 소송을 당한 삼일회계법인이 비슷한 사건에서 승소했다. 6일 법원에 따르면 서울서부지법 제12민사부(부장판사 배호근)는 남모씨 등 국제건설 주주 114명이 국제건설과 전 대표 김모씨, 국제개발, 삼일 등을 상대로 낸 손해배상 청구 소송에서 "국제건설과 국제개발, 김씨는 남씨 등에게 15억 8,927만원을 배상하라"고 판결하고 삼일에 대한 손해배상은 기각했다.

금융위원회는 2008년 9월 국제건설이 50억원에 취득한 K사 주식을 사업보고서와 유가증권신고서에 타법인 출자현황(매도가능증권)으로 기록하지 않고 선급금으로 계상해 평가손실을 회피했다는 이유 등으로 과징금을 부과했다. 국제건설은 2009년 상장폐지됐다. 삼일은 문제가 된 사항에 대해 "회계처리기준에 위배돼 작성되지 않았다"는 검토보고서와 감사보고서를 작성했다.

이에 남씨 등은 국제건설뿐만 아니라 삼일에 대해서도 "반기보고서를 검토하면서 K사의 주식 실물을 확인하지 않는 등 부실감사를 했다"며 소송을 냈다. 재판부는 "반기보고서에 대한 검토는 질문과 분석적 절차에 따라 이뤄지므로 주식의 실물을 확인하지 않았다고 해서 임무를 해태했다고 볼 수 없다"는 등의 이유로 기각했다.

삼일은 코스닥 상장사 신텍이 지난 3년간 매출을 부풀린 건에 대해서도 법적 분쟁을 겪고 있다. 국민연금, 공무원연금, 사학연금 등 3대 연금과 신용협동조합중앙회, 우리자산운용 등 4개 자산운용사, 소액투자자 119명은 지난 4~5일 신텍과 삼일을 상대로 총 150억원 규모의 손해배상소송을 제기했다.

한국경제신문. 2012.9.7.

검토와 감사는 차이가 있을 수밖에 없다. 물론, 검토가 감사에 비해서 잘못 수행되었다고 해서 용인될 수 있는 것은 아니다. 감사에서 비적정의견이나 의견거절을 받았던 기업에 대해서도 반기검토는 적정의견이 표명될 경우도 있다. 이는 몇 가지로 설명될 수 있다.

1. 반기검토가 적절하게 수행되지 않는 데 대해서는 감독기관이 강한 조치를 취하지 않기 때문에 감사인들이 이를 소홀하게 대할 수 있다. 반기검토는 일단, 외감법의 제재 대상이 아니다. 이는 감사 인증이 아니기 때문이다.

2. 위의 신문 기사에서도 기술되듯이 반기는 질문과 분석에 기초하지 온기에 대한 감사와 같은 분석적 검토를 수행하지 않으므로 완벽한 인증을 기대하기는 어렵다.

3. 감사인들도 온기 재무제표에 대한 감사가 존재하기 때문에 분반기 재무제표에 대해서는 큰 비중을 두지 않고 있다.

4. 그럼에도 불구하고 정보이용자 또는 투자자들의 투자 패턴이 단기화되면서 일 년에 한 번 공시되는 연차 재무제표로서는 적시의 정보의 전달이 불충분하다. 그렇기 때문에 최근에 오면서 분기 재무제표에 대한 검토 대상 기업의 범위가 확장되고 있으며(자산규모 2조→1조→5천억원) 이러한 추세에 비추어 본다면 중간재무제표에 대한 인증이 검토라고 하여도 이에 대한 규제도 강화되어야 하는 것은 아닌지에 대한 판단을 해 본다.

5. 더 심각한 문제는 일반적인 회계정보 이용자들은 인증이 검토인지 감사인지를 구분하지 못하고 어떠한 과정을 거쳐서 감사 또는 검토의견이 표명되었는지와 무관하게 감사/검토 의견을 단순히 동일한 인증 의견으로 인식하기가 쉽다. 회계정보 이용자들은 또한 인증의 범주에 속하지 않은 agreed upon procedure(합의된 절차에 따른 특정 목적 감사보고서)와 인증도 구별 못 할 수 있다. 물론, 이러한 인증 수준의 차이가 문제가 된다면 제도권에서는 이 두 인증의 차이에 대해서 구분하지만 회계전문가가 아닌 이용자들 입장에서 인증은 그냥 인증인 것이다.

이러한 차원에서는 회계정보 이용자들이 구분할 수 없는 감사와 검토를 회계 전문가들만이 구분하여 별도의 인증으로 차별화하는 것이 무슨 의미가 있는지에 대한 의문도 있다. 그러나 외국에서도 감사와 검토가 별도의 인증이므로 이러한 문제점이 우리나라에 국한된 것은 아니다.

6. 내부통제에 대한 인증이 처음 시행될 때도 이러한 제도에 대한 내용이 검토여야 하는지 아니면 감사여야 하는지에 대한 논의가 진행되었다. 미국에는 내부통제에 대한 인증은 검토가 아니고 감사(audit)인데 우리의 경우는 검토라는 인증으로 확정되었다. 일부에서는 검토가 되었건 감사가 되었던 소송의 대상이 된다면 소송의 진행과정에 차이가 없으니 어떠한 형태의 인증으로 분류되거나 별 차이가 없다는 주장도 있었으나 위에 진행되었던 소송의 결과를 보면 반드시 그러한 것만은 아닌 듯하다. 감사라고 투자자들이 더 높은 비

중을 두는 것도 아니고 검토라고 이용자들이 더 낮은 수준의 비중을 두는 것도 아니다. 예를 들어 감사일 경우, 비적정의견을 받았다고 하면 검토라고 하여도 비적정의견을 받았겠는지의 의견은 회계전공자들 입장에서는 적법한 질문이지만 회계전공자가 아닌 이용자들이 이를 차별적으로 이해하고 해석하기는 쉽지 않다. 따라서 모든 제도의 시행은 이용자들의 제도에 대한 이해도를 고려하여 정책이 정해져야 한다.

　　7. 이러한 두 인증의 차이는 재무제표에 대한 인증일 경우는 표준 검토/감사보고서의 문장은 다음과 같다.

> **감사**
> 　　본 감사인의 의견으로는 상기 재무제표가 삼성전자주식회사의 2011년 12월 31일과 2010년 12월 31일 현재의 재무상태와 동일로 종료되는 양 회계연도의 재무성과 및 현금흐름의 내용을 한국채택국제회계기준에 따라 중요성의 관점에서 적정하게 표시하고 있습니다.
> **검토**
> 　　본인의 검토 결과 상기 반기(분기)재무제표가 한국채택국제회계기준 제1034호(중간재무보고)에 따라 중요성의 관점에서 공정하게 표시하지 않은 사항이 발견되지 아니하였습니다.

　　감사에 대한 positive assurance는 조금 더 적극적인 의사표명이다.

　　즉, negative assurance란 기업회계기준에 적절하지 않게 작성된 내용이 있는데도 혹시 검토 절차의 미비로 인해서 발견되지 않을 수도 있다는 개연성도 남겨 두고 있다고 해석될 수 있다.

　　회계실무에서 감사와 검토를 같은 비중으로 파악하지 않는다는 내용은 다음의 신문 기사에 잘 나타난다.

> **회계법인 감사보고서 못 믿겠네. '적정의견' 반년새 '의견거절'로 뒤집기도**
>
> 　　블루스톤의 외부감사인 현대회계법인은 '회사가 600억원으로 계상하고 있는 SMI 현대의 지분법 적용 투자주식 가치에 대한 합리적인 근거가 존재하지 않고, 그 비중이 자산총액의 65%에 해당하는 매우 중요한 금액으로 회계정보의 중대한 불확실성이 존재하기

때문'이라고 연말 감사보고서에서 이유를 밝혔다.

하지만 이 회계법인은 6개월 앞서 나온 반기보고서에서 '적정' 검토의견을 내놓았다. 블루스톤이 SMI현대 지분에 대한 양수도 계약 체결을 공시한 일자가 지난해 6월 30일. 현대 회계법인이 반기보고서를 제출한 일자는 8월 4일. 2008년 전반기에 이뤄졌던 지분 인수에 대해 반기보고서에서는 '적정' 검토의견을 냈다가 연말 감사보고서에서는 '거절' 의견을 제시한 것이다.

이처럼 지난해 반기보고서에서 '적정'이나 '지적사항 없음'의 검토 의견을 내놓은 회계법인들이 불과 반년이 지난 감사보고서에서는 '거절' 의견을 내놓아 투자자들의 원성을 사고 있다.

올해 감사의견 거절로 상장폐지에 몰린 상장사는 총 10개. 자강과 블루스톤은 계속기업 불확실성을 이유로 1C코퍼레이션, 엑스씨이, 케이이엔지, 쿨투, 나노하이텍, 3SOFT, 팬텀엔터그룹, 1DH 등은 감사 범위 제한을 사유로 의견 거절을 받았다. 하지만 이들의 외부감사를 맡은 삼일, 안진, 삼정, 성도, 화인, 현대회계법인은 모두 반기보고서에서 아무런 문제점을 제기하지 못했다.

반기 검토는 연말 감사에 비해 낮은 수준의 잣대가 적용되지만 회사의 중대한 재무변동에 대해 상시 감시해야 할 의무가 있는 회계법인들이 연말 이후 '한철 장사'에만 치중하는 것 아니냐는 비판의 목소리가 나오고 있다.

하지만 회계법인들도 할 말은 있다. 반기 감사보고서를 낼 때 연말에 이뤄지는 수준의 감사를 하기에는 시간상이나 여건상 하기도 어렵고, 할 의무도 없다는 것이다.

김창권 현대회계법인 대표는 "실사나 조회 의무가 수반되지 않은 반기 검토에서 연말 감사 수준으로 사실을 확인하는 것은 불가능한 일"이라고 말했다. 블루스톤 회계실무를 맡았던 회계사는 "지분이 회계장부에 잡힌 것은 7월이라 반기보고서상 의무는 없다고 판단했다"며 "반기 검토 때 해당 사실에 대해 구두질문은 이뤄졌지만 투자의 진위 여부를 밝혀내는 절차는 아니었다"고 설명했다. 회계법인들의 형식적인 반기 회계검토 작업에 대해 한 대형 회계법인 출신 회계사는 "반기 검토 때는 편안한 마음으로 자료를 훑는다"면서 "문제를 알아내기도 쉽지 않지만 문제가 있어도 연말까지는 두고 보자는 게 실무 태도"라고 털어놨다.

한편 금융감독원도 회사 재무에 중대한 영향을 미칠 사안에 대해 감사나 검토 의무를 소홀히 했다가 차후 문제점을 지적하면서 '한정'이나 '거절' 감사의견을 내놓은 회계법인에 대해 내부조사 중인 것으로 알려졌다.

매일경제신문. 2010.4.21.

미국에서의 분반기 재무제표에 대해서는 검토가 진행된다. review거나 audit이거나 큰 차이가 없고 다만 sample size가 적어질 수는 있다.

신텍 "분식회계 손배소송 적극 대응"

신텍은 "분식 회계 논란은 지난해 9월 시작됐고 그 즉시 주식거래가 정지됐다"며 "한솔그룹 인수가 마무리되면서 분식회계 논란 대상 금액 대부분을 무상 출연해 자본이 확충됐으므로 선의의 투자자들이 분식회계 때문에 손해를 봤을 가능성은 거의 없다"고 설명했다. 또 "거래 재개 때 주가가 거래 정지 직전 주가보다는 낮았지만 이는 성급한 투매로 인한 결과"라며 "이후 주가가 회복되는 추세로 투매에 가담한 투자자들이 스스로 하락시킨 결과까지 책임질 수는 없다"고 주장했다.

매일경제신문. 2012.9.18.

제재의 연속성

합병된 기업의 조치는 합병 후 존속법인에게 제재가 가해지는 것이 적법
한 조치인지에 대한 의문도 있다. 대법원 판례에 의하면 존속회사 또는 양수
인에게 행정조치를 가할 수 있다는 판례가 있다.

> ※ ㈜ 000은 '11.2.28.자로 최대주주인 ×××에 흡수합병 되어, 회사의 회계처리
> 기준 위반에 대한 조치는 합병 후 존속법인인 ×××에게 조치

■ 조치 근거

(대법원판례) 합병이나 사업 양수·도의 경우, 피합병회사 또는 양도인의
위법행위에 대하여 행정청은 합병 후 존속(신설)회사 또는 양수인에게 행정제
재를 가할 수 있음(대법원 1994.10.25. 선고 93누21231, 대법원 2003.10.23. 선고
2003두8005)

회사는 법적인 실체이며 주식회사의 경우 주인은 주주이다. 합병 후 존속
회사 또는 양수인의 주주는 피합병회사 또는 양도인의 주주가 안고 있었던 권
리와 의무를 모두 양도하였다고 할 수 있으므로 그러한 차원에서는 존속회사
또는 양수인이 이러한 제재를 받는 데 대해서 문제점이 없다.

이러한 기업에 대한 제재는 법인격에 대한 제재이다. 물론, 제재가 양도
인 또는 피합병회사의 임원에 대한 즉, 자연인에 대한 제재라고 하면 이는 별
건이겠지만 기업이라고 하는 법인격에 대한 제재는 연속성에 의해서 법인격에
대해서 수행된다.

물론, 원인행위가 발생하였던 시점의 기업이라는 법실체의 과실에 대해 존속회사 또는 양수인의 주주의 입장에서는 과거의 법실체와 주주는 무관하다는 주장을 수행할 수도 있다.

예를 들어 외감법에 있어서의 임원에 대한 제재도 임원의 임명주체인 주주총회에 대해서 임원해임권고의 형태로 기업에 대해서 수행하게 되는 것이지 임원에 대한 직접적인 제재가 아니다. 물론, 집행임원제도가 도입되고 주주총회가 아니고 이사회가 임원을 선임하고 이 임원이 등기를 한 경우는 주총이 아니라 이 임원의 선임기관인 이사회에 이 임원에 대한 해임을 권고함이 적절할 것이다. 증권선물위원회의 해당 임원에 대한 조치가 수행될 때, 이미 해당 임원이 퇴사하였다면 이에는 '해임권고 상당' 등의 조치가 내려진다.

어떠한 경우는 이미 내용 증명으로 사퇴 의사를 표명한 대표이사가 후임 대표이사가 선임되기 이전에 대표이사가 서명하여야 하는 문건에 실무자들의 의견을 믿고 서명을 한 경우도 있다. 후임 대표이사의 선임은 주총이 아직 개최되기 이전이라 아직 진행되지 않았지만 주총에 의해서 신임 대표이사가 선임되지 않았기 때문에 대표이사는 공석이라고도 할 수 있지만 아직 후임이 결정되기 이전이기 때문에 전임(현) 대표이사가 아직은 대표이사라고 할 수 있다. 제도의 의하면 대표이사가 유고(공석)일 경우는 차상위자가 대표이사가 날인하여야 할 문건에 대신 서명을 할 수 있도록 되어 있다.

한국거래소와 같은 기관에서도 임기가 만료된 등기 사내이사 또는 사외이사가 후임자가 선임되기 이전에 자동적으로 임기를 연장하는 제도를 가져가기도 하며 공기업 성격을 갖는 기관에서는 이러한 일이 정무적인 이유 때문에 빈번하게 발생하기도 한다. 물론, 주총에서 임기를 마친 이사의 후임자에 대한 임명이 수행되어야 하지만 여러 가지 복잡한 이슈가 개입될 수 있다.

예를 들어, 한 공기업적 성격의 금융기관에서는 사규가 최근 다음과 같이 개정되었다.

> 다만, 임기 만료 또는 사임으로 인하여 퇴임한 준법감시인인 이사대우는 새로 선임된 준법감시인이 취임할 때까지 준법감시인으로서의 권리의무가 있다. 이 규정은 준법감시인 궐위시 준법감시인의 연속적인 업무수행을 위한 제도적 보완장치로서 상법 제386조를 준용하여 개정된 것이다.

> 상법 제386조 (결원의 경우) ① 법률 또는 정관에 정한 이사의 원수를 결한 경우에는 임기의 만료 또는 사임으로 인하여 퇴임한 이사는 새로 선임된 이사가 취임할 때까지 이사의 권리의무가 있다.
> ② 제1항의 경우에 필요하다고 인정할 때에는 법원은 이사, 감사 기타의 이해관계인의 청구에 의하여 일시 이사의 직무를 행할 자를 선임할 수 있다. 이 경우에는 본점의 소재지에서 그 등기를 하여야 한다.

서명한 자에게 책임을 묻는 것은 영미식경영의 형태이다. 서명은 due diligence의 proxy이다. 따라서 아무리 여러 가지 복잡한 정황이 있더라도 서명한 대표이사에 대한 책임은 피하기 힘들다. 이에 대한 예외를 두기 시작하면 규제/제도의 근본이 흔들릴 수 있다.

대표이사 서명 관련 법규 및 기업공시실무 FAQ 내용

■ 자본시장법

> 자본시장법 제159조(사업보고서 등의 제출)
> ⑦ 사업보고서를 제출하는 경우 제출 당시 그 법인의 대표이사 및 제출업무를 담당하는 이사는 그 사업보고서의 기재사항 중 중요사항에 관하여 거짓의 기재 또는 표시가 있거나 중요사항의 기재 또는 표시가 누락되어 있지 아니하다는 사실 등 대통령령으로 정하는 사항을 확인·검토하고 이에 각각 서명하여야 한다.
> → 자본시장법 제160조(반기·분기보고서의 제출)에서 위 조항을 준용

■ 기업공시실무 FAQ*(금융감독원, 한국상장회사협회)

* 금융감독원 홈페이지에 게시되어 있으며, 한국상장회사협회에서 책자로 발간하여 상장사들에게 배포한다.

대표이사가 해외출장중이거나 병원에 입원하는 등의 사유로 직접 서명하기 어려운 경우의 사업보고서 등의 공시절차에 대하여 실무적으로 아래와 같은 안내를 하고 있다.

> ① 직접 서명하기 어렵더라도 FAX 등을 통해 명을 받아서 공시서류에 첨부함을 원칙으로 함
> ② 다만 대표이사의 병세가 위독한 경우 등 불가항력을 증명할 수 있는 경우 차상위 이사에 의한 인증이 가능(그러나 대표이사의 책임회피를 목적으로 한 차상위 이사에 의한 인증은 불가함)

※ 금감원 공시국 담당자에 따르면 불가항력을 증명하고 차상위 이사가 인증한 사례는 아직 없다고 한다.

따라서 위의 경우도 사퇴의사를 표명하기는 하였지만 주총에 의해서 이 내용이 받아들여지지 않았기 때문에 이 문건에 서명한 대표이사가 책임을 질 수밖에 없었고 그렇게 조치되었다.

Chapter
45

기업 신용등급
... 국내외 따로 왜?

기업 신용등급 국내외 따로 왜?

국내 자본시장에서 최고 대우를 받지만 해외에서는 신용도 추락 위기에 놓인 '내화외빈'형 기업이 속출하고 있다.

11일 채권시장 관계자는 '한 번 신용등급이 결정되면 한동안 조정하지 않는 국내 관행과는 달리 해외 시장에서는 한국기업에 대한 등급 조정이 활발히 진행 중'이라며 "산업업황이 꺾였거나 공격적인 인수 합병으로 레버리지 지표가 악화된 기업들 위주로 하방 압박이 높아지고 있다"고 밝혔다.

이 같은 차별화는 국내외 신용평가의 기준 차이 때문에 발생한다.

신환종 우리투자증권 채권분석팀장은 "국내 신용평가사는 국가 신용도가 흔들리는 위기 상황이 발생하지 않는 한 대표 기업들 채무상환 능력에 문제가 생기지 않는다고 가정하는 것이 일반적이지만 해외 신용평가사는 개별 기업 사업 안전성, 재무건전성에 더 초점을 맞춰 신용등급을 평가하고 있다"고 설명했다.

국내 신용평가사의 보수적 대응이 문제라는 비판도 제기됐다. 신팀장은 "대기업 계열사, 신용도가 높은 기업일수록 등급조정 가능성이 현저히 줄어든다"며 "이익률 약화나 부채 비율 상승과 같은 펀더멘털 변화가 등급에 반영되지 못하거나 늦게 반영되는 사례가 많다"고 말했다.

매일경제신문. 2012.9.12.

웅진홀딩스 법정관리 직전까지 A-

26일 웅진 홀딩스 신용등급은 부도를 의미하는 D등급으로 하향 조정됐다. 하지만 이 회사 등급은 2009년부터 법정관리 신청 직전까지 A-로 유지돼 왔다. A-라는 높은 등급이 매겨지면서 회사채 발행 금리는 비교적 낮은 연 5~6%대 수준으로 결정됐다. 신용평가를 믿고 투자한 투자자만 봉이 된 셈이다.

신용평가사를 제대로 감독하지 못한 금융당국의 무능력도 도마에 올랐다. 2012년 반기감사를 진행했던 회계법인도 화두가 됐다. 웅진그룹 리스크가 감당할 수 없게 커진 상황에서 '계속기업으로 존속할 수 있다'는 가정을 재검토해야 했다는 비판이 제기됐다.

웅진그룹주가 일제히 하한가를 기록하자 그룹 재무리스크에 대한 고려 없이 웅진그룹 개별 종목에 대해 매수 의견을 잇달아 제시한 증권사를 향한 비난 목소리도 높아지고 있다.

매일경제신문. 2012.9.28.

기업 신평가 중개할 공적 기관 필요

■ 중개기관 설립. 발행사 입김 차단

기업과 신평사가 직접 거래하는 신용평가시장의 2원적 구조를 기업, 신평가 풀, 공적기관으로 이뤄진 3원 구조로 개선해야 한다.

제3의 공적기관이 기업과 신평사를 중개하면 기업이 신평사에 영향을 미치는 영향력을 차단할 수 있다. 기업이 공적기관에 신용평가를 의뢰하고 수수료를 지급하면, 이 기관이 신평사 풀 중 한 곳을 선정해 신용평가를 맡기고 수수료를 분배하는 방식이라고 설명했다.

미국에서도 증권거래위원회가 제3의 공적기관을 설립하는 내용을 핵심으로 한 신용평가 기관 개선 방안을 검토 중이다. 그러나 신평사간 경쟁 강도가 약해져 평가의 질이 낮아질 수 있는 단점은 있다.

■ 상장사 신용평가 의무화해야

자본시장 참여자간 '정보 비대칭'을 해소하기 위해 모든 상장기업에 신용등급 평가를 의무화해야 한다는 의견도 제시됐다.

김유라 국민대 경영대학 교수는 "지난해 상장기업 중 증권사 애널리스트의 분석보고서가 한 건이라고 나온 기업은 39.6%에 불과했다"며 "투자자들이 얻을 수 있는 정보가 매우 제한적"이라고 말했다. 김교수는 상장기업의 신용등급평가의무화를 대안으로 제시했다.

지금은 회사채 발행 등을 위해 신평사에 평가를 의뢰하는 기업만 신용등급을 갖게 된다. 그는 "신용등급을 보유한 기업은 그렇지 않은 기업에 비해 주가상승률이 높고 변동성이 낮은 것으로 나타났다"고 말했다.

신용평가 의무화의 부작용이 없지는 않다. 신용도가 낮은 기업의 자금 조달이 어려워질 수 있고 중소기업의 신용평가비용 부담이 커진다는 점이다. 김교수는 "평가 대상을 단계적으로 확대하는 등 기업의 부담을 줄일 수 있는 방안이 필요하다"고 말했다.

한국경제신문. 2012.11.17.

제3원 구조로 진행되어야 한다는 주장은 회계감사의 경우도 민간에게 맡겨서는 안 되며 공적인 기관이 감사를 수행하여야 한다는 일부의 주장과도 일맥상통한다. 그러나 일부의 국민만이 주주로서의 투자활동을 하고 있는데 공적기관이 이러한 활동을 하도록 만들 정당성도 없어서 이상론에 근거한 주장에 그치고 있다.

이러한 제안은 기업과 신평사가 직접적인 관련성을 갖는 것을 의도적으로 분리하는 장점이 있으며 양자간에 직접적인 이해관계를 단절하는 intermediator의 역할이 필요하다는 의미이다. 피평가 기업과 평가 기관간의 직접적인 접촉은 여러 가지 오해의 소지를 유발시킬 수 있다.

신용평가를 의뢰한 기업의 대표이사는 신평사가 요청한 자료를 직접 확인한 뒤 제출해야

기업들은 신평사에 기업 경영과 관련된 자료를 제출할 때 기업 대표이사가 누락이나 거짓 기재가 없다는 점을 직접 확인해야 한다. 아울러 기업이 신평사가 요청하는 자료를 늦게 제출하면 신평사는 그 기간만큼 신용평가 기한을 연장할 수 있고, 자료 제출을 거부하면 계약을 해지할 수 있게 된다.

금감원은 평가 방법도 보완키로 했다. 기업들이 발행한 회사채에 '부채비율 유지' '주주에 대한 배당 제한' 등의 개별 특약이 있으면 신평사는 그 내용도 신용평가에 반영해야 한다. 이은태 금융투자감독국 국장은 "회사채 투자자 보호에 필요한 개별 특약 조항을 기업들이 보다 적극적으로 활용하도록 하기 위한 조치"라고 설명했다.

한국경제신문. 2012.11.28.

신평사에 제출하는 문건에 대표이사가 누락이나 거짓이 없다는 것을 확인하는 것은 재무제표에 대해서 CEO와 CFO에게 인증을 하도록 하는 것과 같은 취지의 정책으로 이해할 수 있다. CEO가 기업 경영과 관련되어 신평사에 제출되는 모든 내용에 거짓이 없다는 것을 모두 점검하고 확인하는 것은 제공되는 자료의 방대함에 근거하면 거의 불가능할 수도 있지만 상징적인 의미가 있을 수 있으며 그러한 정도로 CEO에게 통제의 책임을 지라는 의미로 해석되어야 한다.

신용평가수수료 개인 대신 은행이 낸다

借主가 부담해 온 신용평가 수수료와 담보변경 수수료를 앞으로는 은행이 부담하게 된다. 두 수수료는 모두 은행이 채권을 확보하기 위한 과정에서 발생하는 비용인 만큼 이들 모두 차주가 내도록 하는 것은 부당하다는 판단에서다.

금융당국 관계자는 5일 "금융위원회 금융감독원 은행연합회 등이 최근 회의를 갖고 신용평가 수수료와 담보변경 수수료를 은행이 부담하는 방안을 논의했다"며 "추가적인 논의를 거쳐 차주가 부담하도록 한 은행의 현행 내규와 약관을 변경하도록 권고할 방침"이라고 밝혔다.

신용평가 수수료는 은행이 신용 대출할 때 개인과 기업에 부과하는 것이다. 금감원에 따르면 A은행 등 3곳은 개인 신용평가 때 건당 5,000원을, B은행 등 6개 은행은 기업 신용평가 때 건당 1~10만원을 수수료로 내도록 하고 있다.

한국경제신문. 2012.8.6.

A 등급 맞아? 회사채 등급 시비

'A-'급 중 금리가 낮은 기업은 3% 중반에 불과한 반면 높은 기업은 무려 9%가 넘었다. 금리만 보면 B, C로 하향 조정하는 것이 타당하지만 신용평가사들은 여전히 등급에 손을 대지 못하고 있다.

올해 초 동양증권이 발간한 '채권백서'에 따르면 지난해 기준 A 등급 이상 비중은 79.7%로 2003년 A 등급이 25%, A 등급 이상이 46%에 그친 것에 비해 큰 폭으로 증가했다.

신평사가 A급 기업 신용등급을 한 등급 내리면 회사채 발행 금리는 2~3% 이상 상승하게 된다.

외국평가사들은 기업 의뢰 없이도 등급을 평가할 수 있는 '무의뢰 평가' 제도를 통해 신평사들과 기업들이 힘의 균형을 맞추고 있지만 국내에는 아무런 보조장치가 없다.

업계 전문가들은 A급은 A급, B급은 B급이라 명시하고 등급에 걸맞는 가격표를 붙이면 회사채가 얼마든지 팔릴 것이라고 지적한다.

매일경제신문. 2012.12.11.

등급을 매기는 목적이 이 사채의 pricing을 달리하기 위함인데 등급을 같이 매기고 이에 대한 pricing만 별개로 가져감은 이중적으로 업무를 진행하는 것이다. '무의뢰제도'와 관련되어서는 의뢰에 의해서 rating이 진행되므로 갑/을 관계가 성립할 수밖에 없다. 지난 10년 동안 A등급이 55% 증가하였다는 시계열적 분석은 상당한 의미가 있다.

독자신용등급 도입, 사실상 무산

올해 하반기부터 공정거래법 상호출자제한 기업집단 소속 계열사를 대상으로 도입하고 금융지주회사 계열과 공기업 등도 차례로 적용할 예정이었다. 당국이 도입 계획을 철회한 배경에는 독자신용등급 발표가 기업들의 자금 조달 비용을 높일 수 있다는 우려가 작용했다는 풀이다.

한국경제신문. 2012.9.15

Stand alone 제도의 적용은 등급하락을 유발할 것인데 한국의 상황에서 기업집단이라는 실체를 인정하지 않을 수도 없다. 단, 기업집단에서 소위 '꼬리 자르기'에 의해서 전혀 도움을 받지 못한다면 기업집단에 소속되었다는 사실 자체가 신용평가에 있어서 도움이 된다는 것을 인정하기 어렵다. 단, 사전적으로 어느 기업집단이 꼬리 자르기라는 조치를 취할지를 알 수 없기 때문에 stand alone 평가는 용이한 제도는 아니다. Chapter 25의 횡령/배임 내용에서도 기업집단의 이러한 경영행태가 선단식 경영의 관례였다는 점에서 고민할 것이 많은 부분이다.

기업 신용 '민낯' 드러났다

우리투자증권이 국내외 증권사 중 처음으로 기업신용도의 '민낯'을 그대로 드러내는 독자신용등급 공개에 나섰다.

우리투자증권이 평가한 독자신용등급을 살펴보면 대림산업의 경우 'a+'급으로 신용평가사가 평가한 최종등급인 'aa-'에 비해 한 단계 낮았다. 한라건설은 'bbb+'에서 'bbb0'로, 현대산업개발은 'a+'에서 'a0'로, 두산건설은 'bbb+'에서 'bbb0'로 각각 한 단계씩 내려갔다.

28일 우리금융(IB) 업계에 따르면 우리투자증권 FICC 리서치센터는 최근 비공개 세미나를 개최해 주요 기관투자자들에게 국내 200여 개 기업의 독자 신용등급 평가자료를 제공했다.

이 중 일부 기업의 독자신용등급은 지난 27일 금융투자협회 주최로 열린 '채권포럼'에서 외부에도 공개됐다.

이번 시도를 계기로 기업들 반대로 신용평가업계에서 도입이 지연되고 있는 독자신용등급 공개제도가 이른 시일 내에 시행돼야 한다는 여론이 거세질 것으로 전망된다.

독자신용등급이란 모기업의 지원 가능성을 배제하고 해당 기업 자체의 재무상태 및 부채상환능력만을 고려해 평가하는 신용등급이다. 독자신용등급과 최종신용등급의 차이가 클수록 계열 지원 효과가 과대 평가돼 있으며, 향후 신용등급 하향 가능성이 높다고 볼 수 있다.

우리투자증권의 이번 시도는 그간 신용평가사의 독자신용등급 공개를 기다리다 지친 시장의 자구책으로 평가할 수 있다. 국내 증권사는 물론 주요 글로벌 증권사들도 자체적으로 기업의 신용등급을 평가해 발표한 사례는 전무하다.

본래 지난해 금융당국이 내놓은 신용평가 선진화방안의 일환으로 독자신용등급 공개제도가 도입될 예정이었다. 그러나 자금 조달에 타격을 입을 것을 우려한 기업들의 반대로 차일피일 도입이 미뤄져 현재는 도입자체가 사실상 물 건너간 상황이다.

우리투자증권 관계자는 "신용평가사의 독자신용 등급 도입을 기다리다 못해 직접 신용등급을 만들게 됐다"며 "투자자들에게 특정기업의 향후 등급 상승 하향 가능성을 간접적으로 제시하는 데 활용하고 있다"고 설명했다.

매일경제신문. 2013.3.29.

요원해진 신용평가시장 선진화

국내신용등급은 50% 가까이 AA급 이상 우량 등급에 몰려있다.

한국경제신문. 2012.9.18.

물론, 이러한 정책 변화에 대해서 정책 당국도 상당한 정도의 고민이 있었을 것이다. 이상적인 정책을 추구하는 것이 먼저인지 아니면 현실적인 대안을 찾아야 하는지와 관련된 내용이다.

모든 제도라는 것이 경제를 더 잘 운용하기 위해서 존재하는 것인데 경제에 큰 부담을 주면서까지 외국에서의 선진제도를 도입하는 것이 적절한 것인지의 이슈이다. 단기적으로 경제에 부담이 있다고 해도 중장기적으로 새로운 제도가 적절한 제도라고 하면 그 제도를 추진하는 것도 도전해 볼만하다.

아주 오래전에 분식회계를 범했던 기업에 대해서 감독기관이 조치를 취하려고 하였더니 당시 국가정보기관에서 이 기업이 경제에 있어서 얼마나 중요한 기업인데 당신들이 경제를 망하게 하려고 하느냐며 압력을 행사하였다고 한다.

엔론사태에 미국에서 시가총액 7위 기업이 분식회계로 부도를 맞게 된다. 미국 경제에 큰 타격을 주었지만 전혀 주저함이 없었다. 이 과정에서 Arthur Anderson이라는 대형 회계법인이 무너지게 되는데 일벌백계 차원이었다. 자본주의에서는 강력한 제재가 존재하여야지만 인간의 탐욕을 제어할 수 있다.

하다 못해 대학에서도 학점이 정해질 때 상대평가가 강제되는 대학이 많다. 물론, 이 정도 수준의 차별화된 평가를 의미하지는 않지만 AA급 이상되는 평가가 50%라는 것은 어떤 이유로도 설명하기 힘들다. 대학에서도 학점 inflation이 심해지면 top에 있는 학생들은 본인보다 못한 학생들도 A학점을 받는 것에 대해서 불만을 표출하기도 한다.

신용평가업계의 평가 업무를 개선하여야 한다는 정책이 실현되지 못하고 중도에서 중단된다는 느낌이 든다.

기업 맘대로 신평사 못 정한다

기업들이 좋은 신용등급을 받기 위해 신용평가사를 고르는 관행이 사라진다. 2개 이상의 신용평가사에서 평가를 받는 '복수신용평가제'도 없어진다. 기업들은 대신 공적기관이 지정한 신용평가사에서 의무적으로 신용평가를 받아야 한다. 이렇게 되면 신용평가사는 기업의 영향력에서 벗어나 독립적으로 신용평가를 매길 수 있게 될 전망이다. 감독당국은 신평사를 감독하는 전담조직을 신설하고 신용등급 적정성에 대한 특별 점검도 실시할 방침이다.

■ 공적기관이 신평사 지정

5일 금융투자업계에 따르면 금융감독원은 이 같은 내용을 포함한 '자본시장에서 신용평가 신뢰도 제고 방안'을 마련해 구체적 실행 지침을 검토하고 있다. 이르면 상반기 중 실행한다는 목표다.

이 방안의 골짜는 수수료 체계 개편이다. 현재는 신용평가를 받는 기업이 신용평가사에 수수료를 지급하고 있다. 그러다 보니 기업이 신평사와 미리 접촉해 좋은 신용등급을 제시한 신평사를 선택하는 '등급쇼핑'이나 기업의 사업 재무상태에 비해 높은 신용등급이 부여되는 '등급 거품' 등의 문제가 야기됐다. 이는 회사채 시장의 양극화를 심화시키는 요인으로도 작용했다.

금감원은 이 체계를 뜯어고쳐 회사채 발행분담금 중 일정 부분을 신용평가수수료로 부과해 신용평가수수료 풀을 조성하는 방안을 마련했다. 이 기금에서 수수료를 지급하되 신용평가를 맡을 신평사는 별도의 공적기관이 지정하도록 하는 방안을 검토 중이다.

이렇게 되면 기업이 회사채나 기업어음(CP)을 발행할 때 2개 이상의 신평사에서 평가를 받도록 의무화한 복수평가제는 자동 폐기된다. 이 제도는 신용평가의 객관성을 높이기 위해 1994년 도입됐다. 수수료 체계가 개편되면 공정한 신용평가가 가능해질 전망이다.

■ 신용등급 적정성도 감독

금감원은 신용평가 적적성에 대한 특별 점검도 실시키로 했다. 점검 대상은 신평사가 투자등급을 부여한 직후 부도 등이 발행한 기업의 신용등급이다. 기업에 신용등급을 부여한 전 과정을 재연하고 결정 과정이 적정했는지 파악하기로 했다.

금융당국 관계자는 "시장 유통금리가 부실 위험을 감지하고 높게 형성되고 있는데도 기존 신용등급이 유지되는 사례가 빈번하다"며 "신용 사건이 발생한 기업에 대한 신용등급 조정 여부가 기업 내·외부 변수를 감안할 때 적정했는지 파악할 것"이라고 말했다.

이를 위해 금감원은 시장평가기관 전담팀을 신설한다. 강경훈 동국대 교수는 "신용평가 수수료 체계를 바꾸면 신평사가 기업에 끌려 다니는 구조적인 문제가 상당 부분 해소될 것"이라고 말했다.

한국경제신문. 2013.3.6.

신용평가업의 업무에는 크게 분류하여 두 개의 문제가 이슈가 되었다. 첫째는 신평사 선정의 이슈이며 둘째는 용역수수료의 문제였다. 조직에서의 권한을 인사권과 재정권으로 볼 수 있는데 외부 계약의 경우도 이와 다르지 않다.

이 두 이슈가 모두 신평사의 독립적인 공정한 업무에 영향을 미칠 수 있는 내용이었다. 신평사 선정의 경우는 세 신평사 중, 복수평가로 평가사가 선정되므로 2/3의 chance가 있었으며 국내의 신평사가 거의 완벽하게 1/3의 market share를 가져가는 과점 구도였으므로 따라서 선임 관련되어서 경쟁관계에 있었다고는 생각되지 않는다. 세 개 평가사가 happy하게 수년간 시장을 과점하면서 공존하였다고도 판단된다. 시장을 위한 경쟁이 없었다고 할 수 없지만 타 산업에 비해서는 품질 개선을 통한 경쟁은 치열하지 않았다고 판단된다. 경쟁이 없는 산업에는 발전이 있을 수 없다.

용역수수료의 이슈도 신평사가 용역수수료를 의뢰인으로부터 수임하는 한 결코 독립적이기 어렵다는 논지에 근거하며 충분히 설득력이 있다. 이러한 이슈는 거의 동일하게 피감기업과 외부감사인에게도 적용된다. 그렇기 때문에 선임권과 재정권이 독립되어야만 적절한 평가와 감사가 수행될 수 있다고 할 수 있다.

그 다음 이슈는 과연 누가 선임할 수 있으며 누가 용역수임료를 부담할 것인가이다. 위의 감독원에서 제안한 대안은 이에 대한 좋은 해결책이라고 판단된다. 피감기업/감사인의 관계에서 이러한 논의가 진행될 때, 감사를 정부기관에서 수행하면 된다는 대안이 제시되기도 하지만 그러한 경우는 국민의 세금으로 이러한 업무가 진행되어야 하는데 모든 국민이 주식투자를 하는 것이 아니므로 세금으로 민간기업의 감사를 진행할 수는 없다.

이러한 이유 때문에 감사인과 관련된 개선안이 지속적으로 제시되지만 획기적인 개선책이 아닌 것이 이와 같이 복잡한 피감기업/감사인간의 실타래와 같은 문제를 완벽하게 해결할 수 있는 방법이 없기 때문이다.

지정을 어떤 원칙에서 수행할지도 매우 tricky하고 어려운 이슈이다. 그러나 감독원에서는 매우 오랜기간 감사인 지정제도를 공정한 formula에 의해서 잡음 없이 진행하였기 때문에 큰 문제가 되지 않는다. 감독기관이 수행하는 업무가 많은 경우 비판의 대상이 되기도 하는데 감사인 지정제도의 운용의 경우는 거의 한번도 문제가 제기된 적이 없다. 그만큼 감독기관이 이 제도를 투명하고 공정하게 운영하였다고 판단된다. 회계법인간에는 좋은 client를 많이 보유하고 있다는 것이 법인의 홍보 및 영업에 도움이 되었고 그렇기 때문에 좋은 client를 확보하기 위한 치열한 경쟁은 불가피하였다. 그러나 위의 신문기사와 같이 제도권에서 평가사가 공정하게 선임된다면 우리 평가회사가 누구를 평가한다는 것 자체가 영업활동에 사용되는 일은 없을 것이며 좋은 client 확보를 위한 경쟁은 원천적으로 필요하지 않게 된다.

지정제도의 적용에 있어서 한번 잡음이 있었던 경우는 국민은행에 대해서 감사인이 지정되었는데, 회계법인 소속 공인회계사 수가 그 지정의 잣대 중, 한 변수로 경쟁을 하였던 두 회계법인이 자격증을 소지하고 있는 공인회계사를 경쟁적으로 채용하려는 경쟁을 했던 적이 있다.

제도가 완벽할 수 없으므로 이러한 happening은 있을 수 있으며 그럼에도 불구하고 감독원의 지정제도의 운용은 정형화된 체제하에서 잘 진행하고 있다는 판단이다.

단, 감리 지정의 경우와 같이 누구나 공감할 수 있는, 공평한 formula/rule 이 책정되어야 한다.

또 하나의 이슈는 감독의 내용이다. 아래의 신문기사에서는 신용등급을 부여한 전 과정을 재연한다는 내용을 담고 있다.

금감원은 신용평가 적적성에 대한 특별 점검도 실시키로 했다. 점검 대상은 신평사가 투자등급을 부여한 직후 부도 등이 발행한 기업의 신용등급이다. 기업에 신용등급을 부여한 전 과정을 재연하고 결정 과정이 적정했는지 파악하기로 했다.

이러한 판단은 사후적인 판단, 즉, 결과론적인 판단으로 귀착될 소지도 없지 않다. 신용평가가 적절하였는지는 평가가 수행되었던 시점의 상황하에 평가사의 판단이 공정하였는지에 대한 판단이어야 하는데 그 상황과 동일한 경제환경과 setting하에서 즉, simulation을 통해서 감독기관이 어떠한 평가가 수행되었어야 하는지에 대한 재연이어야 하는데 동일한 경제환경이라는 조건을 만든 것 포함, 이는 매우 어려운 문제이다.

그렇기 때문에 사후적인 판단으로 진행될 가능성도 높다. 이러한 정책 당국의 판단이 외부감사에 대한 감독과는 차이가 있을 수밖에 없다. 감사라는 것은 감사기준이라는 정형화된 절차에 의해서 진행되므로 조서(work paper)를 확인하면 어떠한 절차가 잘못되었는지에 대한 판단을 명확하게 할 수 있지만 신용평가라는 업무는 다분히 주관적일 수 있으므로 이러한 내용은 Chapter 34에서 기술한 경영판단의 영역의 범주일 수도 있는데 과도하게 결과만을 놓고 잘잘못을 판단할 소지도 있다. 평가기관의 평가과정은 본인들이 판단한 적절한 평가 과정이라는 절차를 밟도록 되어 있지만 이것이 GAAS(genarally accepted auditing standards)와 같은 일률적인 기준은 될 수 없다.

일부에서는 신용평가가 사전적인 예방의 차원에서 신용도를 평가하는 것이므로 사후적인 결과를 두고 신용평가사를 평가하는 것이 잘못된 접근이 아니라고 판단할 수도 있다. 사후적인 판단은 매우 행정 편이적인 방법일 수 있다.

재무평가 받는 '대기업집단' 늘어난다

주채권은행으로부터 재무구조평가를 받아야 하는 주채무계열(대기업 집단)의 수가 내년부터 늘어난다. 금융감독원이 기업이 회사채나 기업어음 발행을 통해 조달한 '시장성 차입금'을 주채무계열 선정 기준에 반영하기로 했기 때문이다.

금감원은 9일 대출 규모가 많은 30개 그룹을 '2013년 주 채무계열'로 선정, 발표했다. 지난해 주 채무계열이었던 한국타이어, 하이트진로, 유진, 우진 등 4곳이 주채무계열에서 제외됐다.

■ 시장성 차입금도 은행 대출로 간주

금감원 관계자는 "시장성 차입금이 과도한 대기업의 부실과 파산을 선제적으로 관리하기 위해 회사채와 CP 발행액의 일부를 여신으로 간주하기로 해 내년에는 주 채무계열로 선정되는 곳이 늘어날 가능성이 크다"고 말했다. 세부기준은 금감원과 은행권이 구성한 TF에서 상반기 중 결정할 방침이다.

TF는 주채무계열을 선정할 때 시장성 차입금의 최대 50%를 여신으로 환산해 은행대출에 합산하는 방안을 우선 논의 중이다. 이럴 경우 2010년 은행과의 재무구조 개선 약정 체결을 거부하고 회사채 발행 등으로 대출을 갚은 뒤 주 채무계열에서 벗어난 A그룹등이 다시 주채무계열에 포함될 전망이다.

TF는 또 주 채무계열 신용공여액 기준을 현행 '금융권 총 신용공여의 0.1% 이상에서 0.075% 이상' 등으로 낮춰 은행권의 관리 대상을 확대하는 것도 검토하고 있다. 금감원관계자는 "선정 기준 강화와 함께 주채권은행이 재무정보, 계열사간 거래내역 등 기업 정보를 적절하게 확보할 수 있는 방향으로 제도 개선도 추진 중"이라며 "주채권은행의 역할 강화 방안은 6월부터 시행할 수 있을 것"이라고 설명했다.

■ 올 30곳 한국타이어 등은 빠져

올해는 30곳이 주채무계열에 선정됐다. 웅진, 유진, 한국타이어, 하이트진로 등 4곳이 빠지면서 작년 34개보다 숫자가 줄었다. 새로 주 채무계열에 들어간 곳은 없다.

웅진그룹은 지주회사인 웅진홀딩스와 계열사에 대한 기업 회생절차에서 빠졌다. 유진그룹은 계열사 하이마트를 작년 10월 31일 매각해 대출액이 줄었다. 한국타이어와 하이트진로는 영업에서 번 현금으로 은행대출을 갚아 신용공여액이 줄면서 주 채무계열에서 제외됐다.

금감원과 주채권은행들은 전년 말 기준 금융권 전체 신용공여액의 0.1%를 넘는 곳을 매년 4월 주 채무계열로 지정한다. 올해는 그룹 신용공여액이 1조 6,152억원 이상이 대상이었다. 주 채무계열로 지정되면 주 채권은행은 해당 그룹의 재무구조를 평가하고, 문제가 있으면 재무구조개선약정을 체결해 관리한다.

한국경제신문. 2013.4.10.

'기업가치평가시스템' 국내 첫 도입

■ 신용 낮아도 잠재력 봐

신용보증기금에는 다른 금융기관과 차별화된 시스템 하나가 있다. 기업의 미래가치를 따져 성장 유망 기업을 보다 체계적으로 지원하고자는 취지로 국내 최초로 도입한 '기업가치평가시스템(KOVAS)'이 그것이다.

신보 관계자는 "과거 재무제표 위주로 기업가치를 평가하다 보니 신용도는 낮지만 미래 성장이나, 미래에 지속적으로 성장 발전해 수익을 발생시킬 수 있는 기업가치(Firm value)가 우수한 기업을 선별해 지원하는 데 한계가 따랐다"고 배경을 설명했다.

2010년 9월 개발된 이 시스템은 기업가치에 영향을 미치는 주요 변수 20개를 반영해 기업가치를 산출한다.

앞서 신보는 1999년부터 2010년까지 신보로부터 보증을 받은 기업 19만개를 분석해 시뮬레이션을 거쳤다. 제도 시행 후에는 무형자산 비중이 높은 서비스산업 평가를 위해 지식자산 가치 평가를 도입하는 등 꾸준히 시스템을 업그레이드했다.

기업성장 단계별로 걸쳐 평가의 잣대를 댄 이 시스템은 창업기업의 경우 창업자금 지원, 성장기의 일반기업은 신규투자, 수출 활성화, 고객간 네트워크 등 지속성장 지원, 성숙기 기업은 자생력 강화, 기업 공개 등을 통한 중견기업 육성에 활용된다.

신보 관계자는 "시스템 운영 결과, 신용등급보다 기업가치가 양호한 기업 위주로 보증이 이루어지고 보증 부실도 감소하는 효과를 얻고 있다"면서 "신용도가 다소 낮더라도 성장 잠재력이 높은 기업을 발굴 지원하는 데 매우 큰 도움이 되고 있다"고 말했다.

문화일보. 2013.4.8.

대출모집인

솔로몬, 회계기준 바꿔 퇴출 모면

이상득 전 의원에게 금품 로비를 펼쳤다는 인물이죠.

임석 회장의 솔로몬 저축은행이 석연찮은 이유로 지난해 2차 영업정지 대상에서 빠졌다는 의혹이 불거졌습니다. 검찰은 이 과정에 정치권 등 외압이 있었는지 확인하고 있습니다.

[리포트] 권민석 기자입니다.

2차 영업정지 저축은행 발표 직전인 지난해 9월, 금융감독원은 저축은행의 건전성 평가 기준 일부를 갑자기 변경했습니다. 대출을 알선한 중개인 등에게 저축은행이 지급하는 대출 중개 수수료를, 당장지출로 잡지 않고 대출기간 동안 수차례 나눠서 회계에 반영할 수 있도록 허용해준 겁니다.

2003년 1월 이후, 대출 관련 수수료는 반드시 해당연도 회계에 지출로 처리한다는 기존 방침을 정면으로 뒤집은 겁니다. 당시 솔로몬 저축은행의 자기자본은 600억원이었습니다.

하지만 자기자본의 87%에 이르는 530억원을 대출 중개 수수료로 지급해야 원래대로라면 BIS 즉, 자기자본 비율이 곤두박질 칠 수 있는 상황이었습니다. 그러나 금감원의 석연찮은 기준 변경으로 솔로몬저축은행은 가까스로 퇴출을 피했습니다.

[녹취: 송호창, 민주통합당 의원]

"회계처리기준 변경 없이 대출모집 수수료를 비용처리했다면 솔로몬 저축은행은 작년 9월에 퇴출되었을 가능성이 매우 높습니다."

검찰은 이 과정에서 임 회장이 정치권과 금융당국에 전방위 로비를 펼쳤을 가능성이 있다고 보고 수사하고 있습니다. 검찰은 임 회장이 대출 중개 수수료 58억여 원을 비자금으로 조성한 사실도 밝혀내고 사용처 추적에 속도를 내고 있습니다.

YTN. 2012.7.2.

당시 이슈가 되었던 부분은 대출 모집수수료를 비용으로 처리하여야 할지 아니면 자산으로 처리하여야 할지의 이슈였다. 즉, 재무회계 수업에 논의되는 연구개발비 회계기준의 아주 기본적인 내용이 현업에 적용된 케이스이다.

금번 저축은행 경영진단과 관련하여 경영진단반과 저축은행간에 대출모집수수료의 회계처리에 대하여 이견이 있어 2개의 저축은행이 금감원 회계제도실에 K－GAAP하에서(저축은행의 2010년 7월 1일부터 2011년 6월 30일까지의 회계연도의 재무제표) 대출모집수수료를 발생 즉시 비용 처리해야 하는지 또는 자산으로 이연처리해야 하는지를 질의하였다.

이에 대하여 회계제도실은 과거 실무의견서 2002－9(별첨자료 참조) 및 그간 금감원이 대출모집수수료와 관련하여 질의 회신한 3건(삼성화재, SC제일은행 및 대부업체, 별첨자료 참조)을 바탕으로 갑과 을저축은행에 대하여 당기 비용 처리하는 것이 타당하다고 회신하였다.

회계제도실은 실무의견서 2002－9에서 언급한 바와 같이 대출부대비용을 이연처리하기 위해서는 수익에 직접 대응가능한 비용이어야 할 뿐만 아니라 자산의 인식요건도 충족되어야 한다는 논리하에 실무의견서 2002－9의 3가지 요건의 충족여부를 검토하여 회신한 것이다.

그 이후 금감원 회계제도실의 비용처리 회신에 불만을 갖은 저축은행 중앙회에서 유사한 내용으로 회계기준원에 다시 질의를 하였고, 회계기준원은 9월 8일에 대출모집비용은 대출채권의 취득원가에 포함한다고 회신하였다(별첨자료 참조).

회계기준원은 대출모집수수료를 취득원가에 가산할지 여부는 해당 거래와의 직접 관련성을 기준으로 판단할 사항으로 자산의 인식요건은 고려 대상에 해당되지 않는다고 검토되어 자산으로 이연처리하는 것으로 회신한 것으로 보여진다.

이와 같이 동일 건에 대해서 감독원과 기준원에 동일한 내용을 질의 회신하고 한쪽에서 회사의 입장을 지지하는 의견을 받았을 경우에 이렇게 지지하는 내용만을 인용하는 경우도 존재한다. 지극히 기회주의적인 접근이지만 양 기관이 기준의 적용에 대한 별도의 유권해석을 내릴 경우에 피할 수 없는 상황이다.

I. 저축은행에 대한 금감원의 회신 전문

1. 갑저축은행(요건① 미충족)

1. 2011년 8월 10일자로 우리원에 접수된 귀 질의에 대한 회신입니다.

2. 이 회신문은 이 건 질의시에 제시된 조건 및 사실 등과「주식회사의 외부감사에 관한 법률」제13조 제1항 제2호의 회계처리기준을 전제로 작성된 것입니다.

3. 귀 회사가 대출모집인에게 지급하는 수수료는 대출취급시 필수불가결한 비용이라 볼 수 없고, 비용부담의 결과로서 나타나는 미래 경제적 효익이 대출거래별로 식별·대응될 수 없는 등 자산의 인식요건을 충족하지 않으므로 당기비용처리 하는 것이 타당합니다.

4. 이 회신문의 내용은 귀하가 제시한 조건 및 사실 등이 실질과 다르거나 회계적 판단에 필요한 중요한 사실이 누락 또는 변경되는 경우에는 효력이 없습니다. 끝.

2. 을저축은행(요건①, ③ 미충족)

1. 2011년 8월 11일자로 우리원에 접수된 귀 질의에 대한 회신입니다.

2. 이 회신문은 이 건 질의시에 제시된 조건 및 사실 등과 「주식회사의 외부감사에 관한 법률」제13조 제1항 제2호의 회계처리기준을 전제로 작성된 것입니다.

3. 귀 회사가 대출모집인에게 지급하는 수수료는 대출취급시 필수불가결한 비용이라 볼 수 없고, 비용부담의 결과로서 나타나는 미래 경제적 효익이 대출거래별로 식별·대응될 수 없으며, 대출기간 중에 중도상환이 이루어진 경우 동 모집수수료를 회수할 수 있는 정도의 수수료를 고객에게 부과하지 않고 있는 등 자산의 인식요건을 충족하지 않으므로 당기비용처리하는 것이 타당합니다.

4. 이 회신문의 내용은 귀하가 제시한 조건 및 사실 등이 실질과 다르거나 회계적 판단에 필요한 중요한 사실이 누락 또는 변경되는 경우에는 효력이 없습니다. 끝.

(붙임1) 관련규정

(붙임2) 실무의견서 2002−9 제정 이후 모집수수료 관련 질의회신 현황

(붙임3) 한국회계기준원 회신문

(붙임1)

관련 규정

【기업회계기준서 제4호】 수익인식

    19. 수익과 관련 비용은 대응하여 인식한다. 즉, 특정 거래와 관련하여 발생한 수익과 비용은 동일한 회계기간에 인식한다. 일반적으로 재화의 인도 이후 예상되는 품질보증비나 기타 비용은 수익인식시점에서 신뢰성 있게 측정할 수 있다. 그러나 관련된 비용을 신뢰성 있게 측정할 수 없다면 수익을 인식할 수 없다. 이 경우에 재화 판매의 대가로 이미 받은 금액은 부채로 인식한다.

부록2. 실무지침과 적용사례

A39. 금융용역 수수료에 대한 수익인식은 수수료 부과 목적과 관련 금융상품의 회계처리에 따라 달라질 수 있다. 금융용역 수수료의 명칭은 제공되는 용역의 내용이나 실질과 상이할 수 있으므로 금융용역 수수료는 명칭과 상관없이 금융상품의 유효수익의 일부인 수수료, 용역의 제공에 따라 가득되는 수수료, 중요한 행위를 수행함으로써 가득되는 수수료로 구분하는 것이 필요하다.

    (가) 금융상품의 유효수익의 일부인 수수료는 일반적으로 유효수익의 조정항목으로 처리한다. 그러나 관련 금융상품을 최초로 인식한 이후 공정가액으로 평가하는 경우에, 수수료는 그 금융상품을 최초로 인식하는 시점에 수익으로 인식한다.

        (1) 자금의 대출 또는 금융상품의 취득과 관련하여 수취하는 개설수수료는 차입자의 재무상태 평가, 보증·담보·기타 원리금 보장계약과 관련된 평가 및 사무처리, 금융상품의 조건에 대한 협상, 관련 서류의 준비 및 작성, 계약의 완료 등의 활동에 대한 보상이다. 이러한 수수료는 대출 또는 관련 금융상품에 대한 지속적인 관여의 대가이므로 관련된 직접비용과 함께 이연하여 유효수익의 조정항목으로 인식한다.

        (2) 특정 대출이 이루어질 것이 거의 확실한 경우의 대출약정수수료는 대출과 관련된 지속적인 관여의 대가이므로 관련된 직접비용과

함께 이연하여 유효수익의 조정항목으로 인식한다. 만일 대출이 이루어지지 않은 상태에서 대출약정기간이 종료된다면 그 대출약정수수료는 종료시점에 수익으로 인식한다.

㈐ 일부 금융용역수수료는 결정적으로 중요한 행위가 수행되었을 때 가득된다. 이러한 수수료의 예는 다음과 같다.

⑴ 주식배정수수료는 주식배정을 완료한 시점에 수익으로 인식한다.

⑵ 대출중개수수료는 대출이 이루어진 시점에 수익으로 인식한다.

⑶ 신디케이트론 주선수수료는 다음과 같이 수익으로 인식한다.

신디케이트론을 주선하지만 해당 신디케이트에는 참여하지 않거나 또는 다른 참여자와 동일한 유효수익을 가지며 신디케이트에 참여하는 경우, 신디케이트론 주선수수료는 신디케이트론이 개시되는 시점에 수익으로 인식한다. 그러나 신디케이트론을 주선함과 동시에 다른 참여자보다 낮은 유효수익으로 신디케이트에 참여하는 경우, 신디케이트론 주선수수료에는 대출 자체의 위험에 대한 보상이 포함되어 있다. 신디케이트론 주선수수료 중 대출위험과 관련된 부분은 이연하여 유효수익의 조정항목으로 처리한다. 반대로 신디케이트론을 주선함과 동시에 다른 참여자보다 높은 유효수익으로 신디케이트에 참여하는 경우, 그 유효수익에는 주선수수료가 일부 포함된 것으로 볼 수 있다. 주선수수료로 볼 수 있는 유효수익 부분은 신디케이트론이 개시되는 시점에 주선수수료 수익으로 인식한다.

【재무보고에 관한 실무의견서 2002－9】대출부대수익과 대출부대비용의
회계처리

▪ 질의

대출취급수수료·중도상환수수료·한도미사용수수료·담보물건감정(내부감정 포함)수수료 등 이자 이외의 명목으로 고객으로부터 수취하는 대출부대수익과 대출거래에서 금융기관이 부담하는 근저당권설정비·대출모집인 등에게 지급하는 대출모집수수료 등 대출부대비용의 회계처리방법은?

▪ 회신요약

　　□ 대출부대수익은 이연하여 대출채권에서 차감하는 방법으로 표시하고, 유효이자율법에 따라 환입하여 이자수익에 가산하는 방법으로 회계처리하는 것이 타당함. 단, 한도미사용수수료와 중도상환수수료 등과 같이 발생여부가 대출여부 외에 특정사건(한도미사용, 중도상환 등)과 연계되어 있는 경우에는 특정사건이 발생한 시점에서 수익으로 인식함

　　□ 대출부대비용은 비용부담의 결과로서 나타나는 미래경제적효익이 대출거래별로 식별·대응될 수 있는 등의 요건을 충족하는 경우 이연하여 대출채권에 부가하는 방법으로 표시하고, 유효이자율법에 따라 상각하여 이자수익에서 차감하는 방법으로 회계처리하는 것이 타당함

▪ 회신

대출부대수익

　　1. 대출과 관련하여 이자 이외의 명목으로 고객으로부터 수취한 대출부대수익은 선수이자적인 성격 외에 특정활동에 대한 보상성격도 포함될 수 있으나, 이를 구분하기 어려우므로 선수이자적인 성격으로 보아 이연하여 대출채권에서 차감하는 방법으로 표시하고, 대출기간에 걸쳐 유효이자율법에 따라 환입하여 이자수익에 가산한다.

　　2. 대출부대수익의 발생이 특정사건과 직접 관련되어 있는 경우에는 문단 1에 불구하고 특정사건이 발생한 때에 수익으로 인식하며, 이를 예시하면 다음과 같다.

　　(가) 한도미사용수수료는 한도미사용금액이 확정된 때 수익으로 인식한다.

　　(나) 중도상환수수료는 중도상환이 이루어진 때에 수익으로 인식하되, 미상각 대출부대비용이 있는 경우에는 동 금액과 먼저 상계한 후 잔액을 수익으로 인식한다.

대출부대비용

　　3. 수익·비용대응원칙에 의하면 수익에 직접적으로 대응가능한 비용은 수익의 인식시점까지 이연하는 것이 타당하나, 이연처리된 비용이 대차대조표상 자산으로 계상되므로 비용을 이연하기 위해서는 자산의 인식요건도 충족하

여야 한다.

    4. 기업회계기준상 자산취득과 관련된 부대비용이 자산으로 계상되기 위해서는 주된 자산의 취득시 부수되는 비용으로서 자산의 취득시 회피할 수 없는 필수불가결한 비용이거나, 지출의 결과로 나타나는 미래·경제적 효익이 개별적으로 식별될 수 있어야 한다.

    5. 따라서 근저당권설정비 등 대출부대비용이 다음의 요건을 모두 충족한 경우에는 이연하여 대출채권에 부가하는 방법으로 표시하고, 유효이자율법에 따라 상각하여 이자수익에서 차감하는 방법으로 처리하되, 다음의 요건을 충족하지 못한 경우에는 발생즉시 당기비용으로 처리한다. 다만, 다음의 요건을 모두 충족한 경우에도 그 금액이 중요하지 않는 경우에는 발생즉시 당기비용으로 처리할 수 있다.

    ① 대출로 인하여 추가적으로 발생된 직접비용으로서 대출시 필수불가결한 비용이거나, 필수불가결한 비용이 아닌 경우 비용부담의 결과로서 나타나는 미래·경제적 효익이 대출거래별로 식별·대응될 수 있어야 한다.
    ② 대출이자율은 조달금리·대출부대비용 등 대출과 관련하여 발생한 직·간접비용을 회수할 수 있고, 적정마진을 확보할 수 있는 수준 이상이어야 한다.
    ③ 실질적인 대출기간은 대출부대비용을 충분히 회수할 수 있는 기간 이상이어야 하며, 동 기간 전에 중도상환이 이루어진 경우에는 대출부대비용을 회수할 수 있는 정도의 수수료를 고객에게 부과하여야 한다.

    6. 예를 들어 대출을 촉진하기 위하여 고객이 부담하는 근저당권설정비 등 대출부대비용을 대출이자율 인상 등 대출조건의 변경없이 대출기관이 부담하는 경우 비용부담의 결과가 대출거래의 규모증가로 이어져 추가적인 미래의 경제적 효익이 창출될 수는 있으나, 비용부담의 결과와 미래의 경제적 효익이 개별적으로 식별·대응되지 아니하므로 판매비적인 성격으로 보아 발생시 당기비용으로 처리하여야 한다.

【K-IFRS 제1039호】금융상품: 인식과 측정
    9. 이 기준서에서 사용하는 용어의 정의는 다음과 같다.
    유효이자율법: 금융자산이나 금융부채(또는 금융자산이나 금융부채의 집합)

의 상각후원가를 계산하고 관련 기간에 걸쳐 이자수익이나 이자비용을 배분하는 방법. 유효이자율은 금융상품의 기대존속기간이나 적절하다면 더 짧은 기간에 예상되는 미래 현금 유출과 유입의 현재가치를 금융자산 또는 금융부채의 순장부금액과 정확히 일치시키는 이자율이다. 유효이자율을 계산할 때 당해 금융상품의 모든 계약조건(예: 중도상환옵션, 콜옵션 및 유사한 옵션)을 고려하여 미래현금흐름을 추정하여야 한다. 그러나 미래 신용위험에 따른 손실은 고려하지 아니한다. 유효이자율을 계산할 때에는 계약 당사자 사이에서 지급하거나 수취하는 수수료와 포인트(유효이자율의 주요 구성요소에 한함), 거래원가 및 기타의 할증액과 할인액 등을 반영한다(기업회계기준서 제1018호 '수익' 참조). 일반적으로 유사한 금융상품 집합의 현금흐름과 기대존속기간은 신뢰성 있게 추정할 수 있는 것으로 가정한다. 그러나 금융상품(또는 유사한 금융상품의 집합)에 대한 현금흐름 또는 기대존속기간을 신뢰성 있게 추정할 수 없는 예외적인 경우에는 전체 계약기간에 걸친 계약상 현금흐름을 사용하여 유효이자율을 구한다.

거래원가: 금융자산이나 금융부채의 취득, 발행 또는 처분과 관련된 증분원가(부록A의 문단 AG13 참조). 증분원가는 금융상품의 취득, 발행 또는 처분이 없었다면 발생하지 않았을 원가를 말한다.

AG13 거래원가

거래원가에는 대리인(판매대리인 역할을 하는 종업원을 포함), 고문, 중개업 및 판매자에게 지급하는 수수료와 중개수수료, 감독기구와 증권거래소의 부과금 및 양도세 등이 포함된다. 거래원가에는 채무할증액이나 채무할인액, 금융원가나 내부관리·보유원가는 포함되지 아니한다.

【FAS No. 91】: Accounting for Nonrefundable Fees and Costs Associated with Originating or Acquiring Loans and Initial Direct Costs of Leases

Loan Origination Fees and Costs

5. Loan origination fees shall be deferred and recognized over the life of the loan as an adjustment of yield(interest income). Likewise, direct loan origination costs defined in paragraph 6 shall be deferred and recognized as a reduction

in the yield of the loan except as set forth in paragraph 14 (for a troubled debt restructuring). Loan origination fees and related direct loan origination costs for a given loan shall be offset and only the net amount shall be deferred and amortized. The practice of recognizing a portion of loan origination fees as revenue in a period to offset all or part of the costs of origination shall no longer be acceptable.

6. Direct loan origination costs of a completed loan shall include only (a) incremental direct costs of loan origination incurred in transactions with independent third parties for that loan and (b) certain costs directly related to specified activities performed by the lender for that loan. Those activities are: evaluating the prospective borrower's financial condition; evaluating and recording guarantees, collateral, and other security arrangements; negotiating loan terms; preparing and processing loan documents; and closing the transaction. The costs directly related to those activities shall include only that portion of the employees' total compensation and payroll − related fringe benefits directly related to time spent performing those activities for that loan and other costs related to those activities that would not have been incurred but for that loan.

7. All other lending − related costs, including costs related to activities performed by the lender for advertising, soliciting potential borrowers, servicing existing loans, and other ancillary activities related to establishing and monitoring credit policies, supervision, and administration, shall be charged to expense as incurred. Employees' compensation and fringe benefits related to those activities, unsuccessful loan origination efforts, and idle time shall be charged to expense as incurred. Administrative costs, rent, depreciation, and all other occupancy and equipment costs are considered indirect costs and shall be charged to expense as incurred.

(붙임2)

실무의견서 2002-9 제정 이후 모집수수료 관련 질의회신 현황

구분	질의기관	질의일자	회신일자	공개여부	질의내용	회신내용
03년	삼성화재	'03. 3. 3.	'03. 3. 18.	공개	대출부대비용인 근저당설정비(금리차 및 중도상환수수료 조항 존재)와 모집수수료(금리차등 없음)를 자산으로 이연처리 가능한지?	귀 질의의 경우 대출부대비용 중 근저당설정비는 이연처리가 능하나 중요성의 관점에서 대출발생시점에 당기비용으로 처리할 수 있으며, 모집수수료는 대출발생시점에 당기비용으로 처리하여야 합니다.
05년	SC제일은행	'05. 9. 23.	'05. 10. 17.	비공개	대출취급수수료는 대출부대수익(부채)으로, 모집인수수료는 대출부대비용(자산)으로 이연할 수 있는지?	귀 질의의 경우 【재무보고에관한실무의견서 2002-9】에 따라 대출취급수수료는 이연하여 대출채권에서 차감하는 방법으로 표시하고, 대출기간에 걸쳐 유효이자율법에 따라 환입하여 이자수익에 가산하고, 모집인지급수수료는 판매비적 성격으로 보아 발생시 당기비용처리하는 것이 타당합니다.
08년	대부업체(업체명 미기재)	'08. 1. 23.	'08. 2. 4.	공개	대부업체가 대출모집인과 위촉계약을 맺고 정착수수료(최초 3개월간 지급 정액지급) 및 대출취급수수료(대출건별 수수료로 대출이자율에 따라 수수료율이 차등되어 있음)를 지급하는 경우 동 대출부대비용을 자산계상하여 대출기간 동안 상각할 수 있는가?	상기 모집인에게 지급하는 수수료는 대출취급시 필수불가결한 비용이 아니고, 비용부담의 결과로서 나타나는 미래경제적 효익이 대출거래별로 식별·대응될 수 없으므로 당기비용으로 처리하는 것이 타당합니다.

(붙임3)

2011.9.8. 기준원장은 저축은행 중앙회장에게 다음의 문건을 보낸다.

매출채권의 취득과 직접적으로 관련하여 추가적으로 발생한 대출모집비용은 대출채권의 취득원가에 포함한다. 추가적으로 발생한 대출 모집 비용은 대출채권의 취득이 없었다면 발생하지 않았을 원가를 말한다.

개정상법❖

상법은 연결재무제표가 아닌 개별(별도)재무제표가 주 재무제표이다. 따라서 연결재무제표를 작성하는 상장회사의 경우도 별도 재무제표를 작성하여야 한다. 특히 상법의 이익배당제도는 개별 재무제표를 기준으로 하는 것이므로 상법의 규제목적과 외감법의 규제목적이 다르기 때문이다.

■ 연결재무제표의 작성과 지배회사의 권한

외감법은 이를 위해 재무제표 작성을 위하여 필요한 범위 내에서 열람, 제출 요구권(회계정보 제출 요구권)과 업무 재산상태 조사권을 정하고 있다(외감법 6조의 2). '재무재표 작성을 위하여 필요한 범위'에 해당하는지 여부는 지배회사가 소명하여야 한다.

이러한 지배회사의 권한은 '지배회사'가 행사하도록 하였으므로 재무제표의 작성의무를 부담하는 대표이사가 행사하는 것으로 해석하여야 한다. 그러나 법문에서 말하는 '재무제표 작성을 위하여 필요한 범위'가 소명된다면 지배회사의 감사도 대표이사를 통하여 종속회사에 대하여 회계정보 제출 요구권과 업무재산상태 조사권을 행사할 수 있을 것이다. 다만, 이러한 감사의 권한은 회계감사권과 관련된 것일 뿐 감사의 업무감사권에는 해당이 없는 것으로 보아야 한다.

따라서 연결재무제표를 작성하면서 지배회사의 업무 영역이 확대되었다고 할 수 있다. 즉 지배회사의 감사의 역할이 종속회사에 대해서 제한된다는

❖ 심영, 개정상법에 따른 회계제도의 변화와 감사의 책임. 상장회사감사회(2012.9) 회보에서 많은 부분을 인용하였다.

것이다.

감사는 감사를 하기 위하여 필요한 조사를 할 수 없었던 경우에는 감사보고서에 그 뜻과 이유를 적어야 하므로, 지배회사의 대표이사가 지배회사에서 부여된 권한을 행사하지 않거나 종속회사가 정보제공 및 조사를 거부한 경우에는 이를 감사보고서에 기재하여야 한다.

외감법 제6조의 2가 부여한 지배회사의 회계정보제출 요구권과 업무 재산상태조사권은 지배회사가 종속회사의 '재무정보'에 대한 실질적인 통제권을 부여하기 위함이지 지배회사가 종속회사의 경영에 대한 통제권을 부여하는 것은 아니다. 만약 경영통제권까지 지배회사가 가진다면 상법상 지배회사 또는 감사를 포함한 지배회사의 임원이 업무집행지시자에 포섭되어 그에 따른 책임을 부담하여야 한다는 점을 고려해야 한다. 이는 아래에서 살펴볼 상법상 감사의 자회사에 대한 영업보고요구권과 재산상태조사권에서도 동일하게 적용된다.

즉, 위의 내용은 지배/종속회사간의 관계는 회계에 국한된 것이지 경영의 사결정에 대해서는 독립적인 권한이 존재함을 명확하게 한다. 만약에 이러한 내용에 혼선이 있다면 연결재무제표라는 회계적인 이슈 때문에 기업지배구조가 혼란스러워질 소지도 있다. 이 두 건은 별개 건으로 구분되어야 한다.

외감법상의 지배회사의 회계정보제출 요구권과 업무재산상태 조사권은 상법상 감사의 자회사에 대한 영업보고 요구권과 조사권에 대비된다. 상법상 감사의 자회사에 대한 권한은 모회사에 대한 효과적인 감사를 위해 인정되는 것이므로 회계감사뿐 아니라 업무감사를 포함한다. 이에 비하여 지배회사의 종속회사에 대한 회계정보제출 요구권 및 업무재산상의 조사권은 장기적인 결산 감사인 연결재무제표와 관련한 회계감사에 관한 것이다. 따라서 상법상의 감사의 권한과 외감법상의 지배회사의 권한은 행사방법(감사가 직접 행사할 수 있는가 또는 대표이사가 행사하여야 하는가), 행사범위(종속회사의 범위가 자회사에 대한 범위보다 넓음), 권한 범위(자회사에 대한 권한이 종속회사에 대한 권한보다 넓음)에서 차이가 있다.

■ 상법상 상장회사 감사의 종속회사에 대한 정보요구권 및 조사권을 인정할 필요가 있는가?

지배회사 감사가 직무수행과 관련하여 직접 종속회사에 대한 회계정보

제출 요구권 및 업무재산상태 조사권을 행사하도록 할 것인지에 대해서는 논의가 필요하겠으나 상법 466조 제1항은 발행주식의 총수의 100분의 3 이상에 해당하는 주식을 가진 주주는 이유를 붙인 서면으로 회계의 장부와 서류의 열람 또는 등사를 청구할 수 있도록 하고 있으므로 이를 통하여 지배회사의 감사는 대표이사에게 요구하여 종속회사의 회계장부와 서류 열람 등사권을 행사하게 함으로써 필요한 자료에 접근할 수도 있으므로 감사에 대한 적접적인 권한을 부여하는 것은 추후 장기적으로 검토할 사안이다.

기업 감사위원 독립성도 강화, 이사가 겸임 못하게 해

자회사의 부정이 드러났을 때 모회사의 주주가 직접 자회사 이사를 대상으로 손해배상을 청구할 수 있는 다중대표소송제도 단계적으로 도입하기로 했다.

조선일보. 2013.7.17.

Chapter
48

개념체계
. . . Conceptual Framework

　회계에서의 개념체계는 회계에서의 헌법과 같은 존재라서 회계 측정의 모든 영역에 영향을 미친다. 국제회계기준이 도입되면서 이전의 회계에서 오랫동안 적용되던 보수주의(conservatism)의 개념이 삭제되었고, 대신에 prudence(신중성)이 개념이 도입되었다가 2010년 11월에 이러한 신중성의 개념도 삭제되었다. 즉, 과거에는 객관적으로 회계의 모든 요소인 자산, 부채, 자본, 수익과 비용이 측정되지만 주관적인 판단이 개입되어야 하는 애매한 부분에 대해서는 자산은 낮게, 부채는 높게, 수익은 낮게, 비용은 높게 보고한다는 회계에서의 철학이었다. 즉, 자산을 낮게, 부채는 높게, 수익은 낮게, 비용은 높게 계상하는 경우는 자산을 높게, 부채는 낮게, 수익은 높게, 비용은 낮게 계상하는 대안에 비해서는 덜 심각한 오류라는 해석을 개념체계를 적용하면 유추될 수 있었다. 이는 덜 심각하다는 판단일 수도 있고, 임의성 차원에서 자의성이 개입될 확률이 낮은 오류라는 개념일 수도 있다. 즉, 개념체계 자체가 방향성을 띠고 있다.

　즉, 우리가 회계연구에서 사용하던 개념인 회계이익의 조정도 빈번하게 이익의 상향 조정에 초점이 맞춰졌었다. 이는 대부분의 이익 조정은 상향조정으로 우리가 모두 예단하는 데 익숙해져 있기 때문이다.

　이러한 개념체계의 내용이 삭제되었다는 것은 회계를 바라보는 시각에 있어서의 큰 차이이다. 이는 회계를 수행하는 기업의 입장에서도 그러하고 감독기관의 감독회계에서도 동일하다. 예를 들어 증권선물위원회가 의사결정을 수행할 때에 이익의 과대 계상보다는 이익의 과소 계상에 대해서 조금 경감된 조치를 취하려는 경향이 있는 것을 보아도 그러하다.

개별 기준서에서는 보수주의나 prudence의 내용이 아직도 많이 남아있다. 개념체계와 구체적 기준서가 충돌하는 경우 기준서가 개념체계를 우선한다. 예를 들면 감모손실, 감액손실, 손상차손의 인식, 재고자산의 저가법의 적용 등이 보수주의적 기준의 적용이다. 즉, 증액이익 등이 대칭적으로 인정되지 않는 것은 완전한 보수주의적인 접근이다.

이익의 하향 조정이 회계적인 보수주의의 차원에서도 약하게 조치하는 것이 일면 일리가 있어 보일 수도 있다. 다음에 대해서도 고려할 사안이다.

조세적인 측면

법인세율이 변동되지 않는다면 법인세를 이연하는 효과가 있을 것이므로 이익을 하향 조정하여 법인세를 덜 부담한 이후에 미래 연도에 법인세를 더 부담하는 것이 아무런 문제가 아니라는 식으로 논리가 전개될 수는 있지만 세금은 적시에 정해진 금액을 납부하여야 하는 것이기 때문에 이를 정당화하는 논리가 약하다.

주주의 측면

배당이 이연되는 효과가 있으면 배당 총액이라는 차원에서는 차이가 없으므로 주주의 부에 미치는 영향이 없다고도 일응 보여질 수 있지만 이는 주주가 계속 주주로 남아 있다면 일리가 있지만 현재의 주주가 언제까지나 주주로 남아 있을 것도 아니고 또한 미래 시점에는 새로이 주주가 되는 투자자가 있기 때문에 현재의 주주의 부를 미래의 주주의 부로 이월하는 내용은 이해하기도 어렵고 정당화될 수도 없다. 기업 실체의 관점에서는 또는 지속성의 관점에서는 문제가 없는 듯 보이지만 주주 개인의 이해를 따진다면 이익의 하향 조정으로 인해서 배당을 받지 못한 주주의 입장에서는 이익의 하향 조정도 정당화될 수 없다.

장기 투자를 수행하는 주주의 입장에서는 주주의 이해와 회사라고 하는 법인의 이해가 합치될 수도 있지만 단기 투자자의 입장에서는 이러한 접근은 전혀 논리적이지 않다.

Chapter

49

부도덕한
경영 관행

대한해운 증자 뒤 법정관리 주가하락으로 주주손실 주관 현대 대우증 배상해야

　　지난해 말 증자 직후 올해 초 법정관리(기업회생절차)를 신청해 논란이 된 대한해운의 유상증자 담당 증권사가 주주들에게 주가 하락에 따른 손해를 배상해야 한다는 법원 판결이 나왔다. 서울 중앙지법은 대한 해운 소액주주가 대한해운 공동 관리인과 현대증권, 대우증권 등을 상대로 낸 손해배당 청구소송에서 해당 증권사가 원고 측이 청구한 배상액의 33%에 해당하는 1억 9,100만원을 지급하라고 판결했다. 재판부는 "유상증자의 대표 주관사인 현대증권과 공동 주관사인 대우증권은 증자를 위한 증권신고서와 투자설명서에서 대한해운에 관한 일부사실을 누락했다"

한국경제신문. 2012.9.19.

LIG 수백억 분식회계 협의, 압수수색

■ LIG건설이 수백억원대의 손실을 숨기는 분식회계를 통해 CP(기업어음)를
　사기 발행한 혐의를 잡고 …

　　검찰은 구회장 등이 지난해 2월 28~3월 10일 LIG건설 명의로 약 242억원 상당의 CP를 발행한 투자자들에게 손실을 입힌 혐의를 수사 중이다. LIG건설은 지난해 CP를 발행하기 위해 필요한 신용등급(A등급)을 신용분석사들로부터 받아 내기 위해 분식회계를 통해 900억원 가량의 손실을 숨겼다는 의혹을 받고 있다.

　　LIG건설은 2011년 3월 CP를 발행한 직후 법원에 법정관리를 신청해 '먹튀' 논란을 불러 일으켰다. 증권선물위원회는 이에 LIG건설의 어음 발행이 사기일 가능성이 높다며 그 해 8월 검찰에 수사를 의뢰했다.

조선일보. 2012.9.20.

LIG 본사, 회장 자택 10곳 압수수색

　　LIG그룹 총수 일가는 LIG건설이 법정관리를 신청하기 직전인 지난해 2월 28~3월 10일 LIG건설 명의로 242억원 상당의 CP를 발행해 결과적으로 CP 투자자들에게 큰 손실을 입힌 혐의를 받고 있다.

　　검찰은 구회장 등 경영진이 LIG건설의 CP발행 사실을 보고 받았는지, 보고 받았다면 법정관리를 피할 수 없을 만큼 재정 상황이 나빠진 LIG건설의 CP발행을 승인한 이유는 뭔지 등을 밝힐 예정이다.

　　LIG그룹은 지난해 우리투자증권 등을 통해 CP를 판매했다. 투자자들은 LIG라는 브랜드를 믿고 CP를 샀다. 하지만 10여 일 뒤인 지난해 3월 21일 LIG건설은 법원에 기업회생절차(법정관리)를 신청했고 투자자들이 산 CP는 휴지조각이 됐다.

　　금융감독당국이 조사에 나섰고 그 결과 구회장 일가가 LIG 건설의 부도 위험을 잘 알고 있으면서도 '사기성' CP 발행을 시도한 정황이 드러났다. 구회장 일가는 2006년 LIG건설의 전신인 한보건설 인수 당시 3,000여 억원의 인수대금을 금융권에서 빌렸는데 이때 담보로 잡힌 자신들의 LIG그룹 계열사 주식을 돌려받기 위해 CP를 발행하며 자금을 마련하려고 했다는 것이다.

　　또 금융감독당국은 LIG그룹이 2010년 12월 LIG건설을 지주회사인 LIG홀딩스 자회사로 편입하려다 재무상태가 나쁘다는 사실을 알고 포기했으며 이런 사실을 감추고 CP를 발행하기 위해 금융사에 허위자료를 제공한 정황도 발견됐다.

　　이런 결과는 LIG건설의 CP 투자자들이 판매사인 우리투자증권 등을 상대로 낸 손해배상 소송에도 영향을 줄 것으로 보인다.

매일경제신문. 2012.9.20.

　　LIG는 이러한 결과 악의적인 관행으로 평가되고 부자가 동시에 기소되는 이례적인 일이 발생하였다.

LIG그룹 상대 CP투자자 집단소송

　　LIG건설이 발행한 기업어음(CP)에 투자했다가 손실을 본 투자자들이 LIG그룹을 상대로 1억 2,000만원대 집단소송을 제기했다.

　　29일 법조계에 따르면 투자자 204명은 "LIG건설 CP 매수로 입은 손해를 배상하라"며 LIG와 LIG넥스원 LIG손해보험 LIG투자증권 등 4곳을 상대로 서울중앙지법에 손해배상청구소송을 냈다.

　　이들은 "2010~2011년 LIG그룹기획사기에 속아 CP를 매수했다가 LIG가 CP 만기일

전에 기업회생절차(법정관리) 개시 신청을 해 막대한 손해를 봤다"며 "1인당 60만원을 지급할 것을 우선 청구하며 향후 구체적인 손해액을 산정해 청구금액을 확대할 예정"이라고 말했다.

매일경제신문. 2013.1.30.

LIG CP 손실 증권사도 책임

LIG건설이 발행한 사기성 기업어음을 산 투자자들이 이를 판매한 금융사를 상대로 낸 소송에서 1심에 이어 항소심에서도 일부 승소했다. 법원이 잇따라 투자자의 손을 들어주면서 관계사들도 바짝 긴장하는 눈치다.

서울고법 민사 10부(강형주 부장판사)는 투자자 김모씨와 안모씨가 LIG건설 CP를 판매한 우리투자증권을 상대로 낸 손해배상 청구소송에서 "각각 5,700만원과 2,800만원을 배상하라"며 1심과 같이 원고 일부승소 판결했다고 3일 밝혔다.

재판부는 "증권사의 투자설명자료에는 투자에 부정적인 요인이 기재되지 않아 균형성을 잃은 것으로 보이고 당시 LIG그룹 계열사들의 지원 가능성을 부각시키기도 했다"며 "증권사가 LIG건설의 재무 상황이나 자산건전성에 대해 균형 있는 정보를 제공해 합리적인 투자 판단을 할 수 있도록 보호할 주의 의무를 다하지 못했다"고 판시했다.

재판부는 다만 "원고 측도 사전에 투자를 신중히 검토해야 했고, 증권사의 설명의무 위반 정도도 비교적 가볍다"며 배상책임을 1심(투자금의 60%)보다 낮아진 투자금의 30%로 정했다.

LIG건설 CP와 관련해 투자자들이 우리투자증권을 상대로 제기한 소송은 1심에서 10여 건이 진행 중이며, 2심에서도 5건이 진행 중이다.

이들이 청구한 손해배상액은 모두 80여 억원에 달하는 것으로 알려졌다. 대법원에서 확정 판결이 내려지면 소송을 제기하는 투자자들이 늘어날 가능성도 있다.

LIG그룹 계열사인 LIG넥스원, LIG손해보험, LIG투자증권도 LIG건설이 발행한 CP를 산 투자자 200여 명으로부터 올 1월 손해배상 청구소송을 제기당했다. 청구금액은 1억 2,000만원대로 크지 않지만 투자자들은 소송 진행 상황에 따라 청구금액을 늘릴 수 있다는 입장이다.

항소심 판결 직후 대법원에 상고한 우리투자증권은 "1심에서 우리투자증권이 상소한 사례도 절반에 이르는 만큼 다툴 여지가 있다고 본다"고 밝혔다.

우리투자증권 관계자는 "LIG건설 CP를 매입한 투자자들이 위험성이 큰 상품에 투자한 경험이 많은 전문 투자자들이라는 사실이 입증된 경우엔 법원이 판매사의 손을 들어줬다"고 설명했다.

앞서 검찰은 구자원 LIG그룹 회장과 장남 구본상 LIG넥스원 부회장, 차남 구본엽 전

LIG건설 부사장 등 오너 일가와 LIG경영진을 특정경제법죄가중처벌법상 사기 혐의 등으로 재판에 넘겼다.

구회장 등은 2010년 말 LIG건설의 재무상태가 나빠져 어음 상환능력이 없음에도 2011년 3월 법정관리 신청 전까지 모두 2,200억원 상당의 CP를 사기 발행한 것으로 드러났다. LIG건설은 CP발행 직후 법정관리를 신청해 CP를 산 투자자 800여 명이 피해를 입었다.

매일경제신문. 2013.3.4.

위의 신문기사에서 경험이 많은 전문투자자들에 대해서 법원이 다른 판결을 수행한다는 점은 매우 흥미롭다. 투자자들이 어느 정도의 sophisticated 투자자인지에 대해서는 여러 가지 이견이 있다. 법정에서도 투자자의 재무제표 이해에 대한 처리를 감안하여 법적인 판단을 달리 수행하는 경우이다.

웅진 CP 개인채 투자한 개인들 '패닉'

한국거래소는 윤 회장의 부인 김씨가 법정관리 신청, 전 웅진씽크빅 보유주식 전량을 처분한 데 대한 미공개정보 이용 여부 조사에 들어갔다. 거래소 시장감시본부 관계자는 "김씨를 비롯해 법정관리 신청에 앞서 발생한 특수관계자의 주식 매매 내역을 보고 있다"며 "특이사항이 발견되면 금융위에 통보하겠다"고 말했다.

웅진홀딩스의 경영지원실장도 계열사 보유주식 전량을 매도한 것으로 나타났다. 우정민 전무는 회사가 법정관리가 들어가기 전 보유 중이던 웅진코웨이 주식 2만 4,648주를 전량 장내에서 매각했다. 지난달 27일 4,500주, 이달 14일 1만주, 20일 1만 148주를 순차적으로 팔았다. 매도단가는 주당 3만 9,378원에서 3만 9,745원으로 총 매도금액은 9억원이 넘는다.

한국경제신문. 2012.9.28.

LIG건설 CP판매한 증권사 항소심 "손해배상 의무 없다"

LIG 건설이 발행한 기업어음(CP)을 판매한 증권사는 피해를 입은 투자자에게 손해배상할 의무가 없다는 항소심 판결이 나왔다. 증권사의 일부 배상책임을 인정한 1심 판결을 뒤집은 것이다.

서울고등법원 민사 11부(부장판사 김창보)는 17일 LIG건설 CP투자자 서모씨가 판매사인 우리투자증권을 상대로 낸 1억원 손해배상 청구소송에서 증권사 책임을 30%로 인정한 원심을 깨고 원고 패소 판결했다.

재판부는 "서씨의 이전 투자 성향을 고려하면 CP의 투자위험성에 대해 판단할 정도로 금융상품에 대한 지식과 경험이 있었다고 봐야 한다"며 "증권사가 신탁계약 체결을 권유했다고 해도 적합한 원칙에 위반했다고 인정하기엔 부족하다"고 판결했다.

또 "증권사가 신탁계약 체결 당시 LIG건설 신용등급이 'A3-'임을 고지했고, 증권사 측은 신탁계약 체결 무렵 신용평가 기관이 작성한 LIG건설에 대한 신용평가서를 교부한 것으로 보인다"며 "증권사가 설명 의무를 위반했다는 원고 주장은 이유 없다"고 설명했다.

1심 재판부는 지난해 5월 "증권사는 설명 의무를 위반했고 CP를 판매하는 데 있어 금융 소비자가 오인할 만한 홍보를 했다고 본다"며 우리투자증권에 30% 책임을 물은 바 있다.

현재 우리투자증권에 걸려 있는 소송은 총 6건으로 2011년 12월 첫 판결에서 법원은 우리투자증권이 주의의무를 다하지 않았다며 60% 배상책임을 물었다. 이후 2심에서는 책임한도를 30%로 낮췄다. 우리투자증권은 바로 상고했고 현재 이 사건은 대법원 판결을 기다리고 있다. 3건은 1심에서 피해자 청구가 기각돼 2심이 진행 중이다.

한국경제신문. 2013.4.18.

위에서 흥미로운 점은 사법부에서 이 건을 판단할 때에, 금융상품에 대한 지식과 경험을 고려하였다는 점이다. 즉, naive 투자자는 이 기업의 위험을 인지하지 못하고 왜곡된 정보에 의해서 현혹될 수도 있지만 sophisticated 투자자는 이와 같은 정보에 의해서 현혹되었다는 점을 인정하기 힘들다는 점이다.

웅진홀딩스 회계처리 논란, 회생안 진통 예고

기업회생절차(법정관리)가 진행 중인 웅진홀딩스의 회계처리를 놓고 논란이 일면서 회생계획안 수립과정에 '돌발 변수'로 떠올랐다. 채권단은 분식회계 의혹을 제기하는 반면 웅진 측은 적법한 회계처리라며 반박하고 있다.

15일 채권단과 회계법인 등에 따르면 채권단은 최근 웅진홀딩스 청산가치 평가를 의뢰한 삼일회계법인으로부터 회계처리에 이상이 발견됐다는 내용의 의견서를 받았다.

삼일회계법인은 의견서에서 웅진홀딩스가 종속기업 투자주식 과대 계상, 부실자산 대손충당금 과소 계상, 자금보충약정 등 우발채무 누락 등의 방식으로 분식회계를 저지른 가능성을 포착했다고 밝혔다.

의견서에 따르면 웅진홀딩스가 보유한 극동건설과 웅진폴리실리콘 주식 가치는 각각 0원으로 평가됐지만 지난해 6월 반기보고서 상에는 각각 6,996억원과 1,169억원으로 반영됐다. 또 극동건설에 대한 자금보충약정 등 총 6,300억원 규모 우발채무가 재무제표에서 누락됐다고 덧붙였다. 자금보충약정이란 계열사가 빚을 갚지 못할 경우 모기업이 자금을 지원하겠다는 약속이다.

채권단은 이 의견서를 근거로 분식의혹을 제기하고 있다. 채권단 관계자는 "웅진이 법정관리 신청 전 분식회계를 했다는 혐의에 대해 법적 대응하는 것도 검토하고 있다"고 말했다. 채권단은 16일 전체 회의를 열어 대응 방안을 논의할 계획이다.

웅진 측 관계자는 이에 대해 "당시 누구도 회사가 법정관리를 신청할 것으로 생각하지 않았기 때문에 재무제표에 자회사 가치를 0으로 반영할 수 없었다"며 "회계조작은 아니다"고 말했다. 이어 "법정관리에 들어간 뒤 3분기 보고서와 회생신고서에는 모든 관련 자료를 정확하게 공개했다"고 반박했다. 반기보고서에 자금보충약정과 같은 우발채무가 누락된 것은 사실이지만 분식회계 같은 법 위반은 아니라는 주장이다.

법원 관계자는 "채권단이 제기하는 의혹은 대부분 웅진이 법정관리를 신청하면서 공개했던 것"이라면서도 "채권단이 정식으로 문제를 제기하면 검토하겠다"고 밝혔다.

한국경제신문. 2013.1.16.

'LIG 오너 일가' 발등에 떨어진 불

■ 구자원 회장 등 삼부자 사기 혐의 재판, 회사 측 "CP발행은 사기 아니다"

특히 정부와 야당은 현재 금고 이상의 형을 받으면 금융회사의 대주주 자격을 제한하는 내용의 법안을 논의 중이다. 관련법이 국회를 통과하면 삼부자가 집행 유예만 받아도 LIG손해보험의 경영권을 잃을 수 있어 재판 결과가 주목된다.

하지만 재판 결과에 회의적인 관측도 적지 않다. 구자원 회장은 지난해 10월 "LIG건설의 법정관리 신청으로 발생한 모든 문제는 저의 부덕의 소치"라며 "투자자들이 입은 손해에 대해서는 보상할 수 있도록 최선의 노력을 다하겠다"고 밝혔다. 이 경우 합의율이 70%를 넘어야 재판에서 어느 정도 감형 사유가 된다고 법조계에서는 보고 있다. 하지만 구회장의 합의 이행률이 현재 50% 미만인 것으로 알려졌다. 투자 금액 2억원 미만의 개인투자자를 제외한 나머지는 합의가 순조롭지 않았기 때문이다. LIG그룹과 합의한 피해자 상당수가 피해액의 50~80%를 보상받고 '울며 겨자 먹기'식으로 합의서나 형사 처벌 불원서를 써주었다. 이 때문에 재판부에는 구회장 일가의 엄중 처벌을 촉구하는 탄원서가 끊이지 않고 있다.

시사저널. 2013.9.10.

오너범죄 엄벌 수위 더 높아져, 재계 'LIG 쇼크'

어김없이 '징역 3년에 집행유예 5년형'이라는 판결을 받아 '정찰제 판결'이라는 비아냥을 받기도 했다.

양형위는 횡령 배임 이득액이 300억원 이상인 경우에는 기본 형량으로 징역 5~8년, 감경 사유가 있으면 징역 4~8년을 선고하도록 했다. 집행유예는 형량이 징역 3년 이하인 경우에만 가능하기 때문에 300억원 이상 횡령 배임 범죄는 재판부가 집행유예를 내릴 여지를 아예 없애 버린 것이다.

우리 대기업의 지배 구조가 앞으로는 '소유하되 경영하지 않는' 서구식 모델로 변화하는 전환점이 될 것이라는 전망도 나온다.

조선일보. 2013.9.14.

'CP 편법 발행' 구자원 LIG회장 징역 3년, 구본상 부회장 8년

■ 법원 '기업 투명성 저해, 소액주주 피해' CP 사기 발행에 이례적 중형 선고

재판부는 이번 사건의 핵심 범죄 사실을 LIG건설의 분식회계 승인, LIG건설의 기업회생신청 계획 미고지 등 두 가지로 봤다. 분식회계에 대해서는 "기업의 투명성을 저해해 주주는 물론 채권자, 거래 당사자들에게 예측하지 못할 손해를 입힌다는 점에서 죄질이 불량하다"고 판단했다.

구회장 일가가 담보주식을 회수하려고 기업회생신청 계획을 고지하지 않은 점도 중한 죄로 판단했다. 800여 명에게 3,437억원 상당의 피해를 입혔고, 이 가운데 일반 투자자 피해 규모가 2,087억원에 이르는 점도 양형에 참작했다고 재판부를 설명했다.

재판부는 "구회장 일가가 가로챈 금액이 LIG건설로 귀속되지 않았다는 이유로 엄벌에 처하지 않는다면 기업 범죄를 예방하지 못한다"며 "소액 주주들에게 예측 못할 피해를 준 점, 이로 인해 기업 신뢰도를 저하시킨다는 점을 고려할 때 매우 중대한 기업 범죄"라고 덧붙였다. 법조계는 "구회장 일가가 금융감독원 검찰 법원 등을 거치며 진술을 계속 바꾸고 관련 문서를 폐기 조작하는 등 범행을 숨기는 모습을 보인 점도 중형이 선고된 배경으로 작용했을 것"이라고 덧붙였다.

한국경제신문. 2013.9.14.

Chapter

50

. . .

유한회사

'회계감사 사각' 유한회사 급증

외부감사와 공시 의무가 없는 유한회사가 급증하고 있다.

주식회사 증가폭은 둔화되고 있지만 유한회사는 큰 폭의 증가세를 보이는 등 주식회사에서 유한회사로 '갈아타기'가 유행처럼 번지고 있다.

14일 정부와 금융감독 당국, 산업계 등에 따르면 2010년 1만 5,436개였던 유한회사는 2011년 1만 7,450개로 증가했다. 증가율은 처음으로 두 자릿수를 웃도는 13.05%다.

같은 기간 주식회사는 37만 8,817개에서 39만 6,775개로 4.74% 증가하는 데 그치며 5%대 아래로 떨어졌다. 주식회사 증가율에 비해 유한회사의 증가율이 3배 가량 높은 셈이다.

유한회사가 이처럼 늘어나는 것은 유한회사가 주식회사와 유사하게 출자자가 유한책임인데도 외부감사를 받을 의무가 없기 때문으로 분석된다.

'권한은 같이 누리지만 책임은 작다'는 의미다. 주식회사의 경우 '주식회사 외부감사에 관한 법률(외감법)'에 따라 외부감사를 받아야 하지만 유한회사는 외부감사를 받을 필요가 없으며 내부적으로 경영진을 감시하는 감사도 임의기관으로 규정하고 있다.

A회계법인 관계자는 "유한회사로 갈아타기가 유행처럼 번지고 있다"며 "일부에서는 주거래은행 등에서 유한회사가 비용절감 등에 유리하다고 조언하는 경우도 많은 것으로 알고 있다"고 말했다.

올 4월 상법이 개정되면서 유한회사로 갈아타기가 더 증가할 것으로 전망된다. 개정상법은 유한회사에 대해 사원 수나 지분양도의 제한이 없다고 규정하고 있다. 과거 상법에서 다소 엄격했던 규정이 훨씬 단순해지고 완화된 것이다.

권한은 주식회사에 비례하지만 의무가 상대적으로 적어지면서 대규모 외국계 기업은 한국에서 유한회사 형태로 영업을 영위하는 것으로 조사됐다. 야후코리아, 휴렛팩커드 등

정보기술(IT) 업체뿐 아니라 일반인도 익숙한 명품 유통업체인 샤넬, 글로벌 스포츠용품 업체인 나이키도 국내에서 유한회사 형태를 취하고 있다.

유한회사가 급증하면서 과세당국인 국세청과 금융감독 당국이 대응방안 마련에 고심하고 있다.

국세청 관계자는 "유한회사는 외부감사 의무가 없더라도 조세당국의 세무조사, 자체 세무감사를 통해 충분히 파악할 수 있다"며 "다만 과세투명성 문제가 제기될 수 있어 세금 탈루 가능성을 신중히 검토하겠다"고 말했다. 금융감독원 관계자는 "개정상법에도 비외감법인에 대해 회계감사 부문은 법무부 장관이 고시하도록 강화했지만 유한회사는 별다른 변화가 없었다"며 "유한회사가 공시 의무가 없어 이해관계자 보호에 취약한 것은 사실"이라고 밝혔다.

파이낸셜뉴스. 2012.10.14.

권한은 있지만 책임이 없다는 점은 매우 위험한 발상이다. 외감을 받는 주식회사는 전체 주식회사 중에 5%에 불과하다.

외국기업은 왜 유한회사를 좋아할까?

"유한회사는 주주수가 많지 않아 의사결정과정이 복잡하지 않은 곳 위주로 설립되며 대량의 자본 유치나 투자가 필요한 제조업, 유통업 관련 기업들은 잘 채택하지 않는 경향이 있다"라고 전했다.

유한회사는 말 그대로 자신이 투자한 부분에 대해서만 책임을 진다. 망하더라도 회사 채권자에 대한 책임은 없다. 게다가 최근에는 유한회사 설립 절차나 조건이 훨씬 느슨해졌다. 올 4월에 개정된 상법에 따르면 사원수나 지분 양도 제한이 없다. 종전 상법은 사원 수가 원칙적으로 50인을 초과하지 못하고 지분도 주주간이 아니면 양도가 어렵도록 규정하고 있다. 이제는 쉽게 만들고 폐업도 쉽다는 말이다.

매경이코노미. 2012.10.31.~11.6.

외감법 전면개정 추진, 유한회사도 외부감사 받도록

■ 외감법 개정 추진, 10월 중 공청회 열 계획

정부가 '주식회사의 외부감사에 관한 법률'(이하 외감법)의 전면 개정을 추진중이다.

유한회사도 외부감사를 의무적으로 받도록 '주식회사'라는 단어를 법 이름에서 삭제하는 등의 내용을 검토 중이며, 새로운 법의 초안은 10월 중 공청회에서 발표할 방침이다.

16일 금융위원회 관계자는 "외감법을 전면 개정해 유한회사도 외부감사를 받도록 하는 방안을 추진 중"이라고 밝혔다.

이 관계자는 "금융위는 현재 법제연구원, 한국공인회계사회 등과 함께 새로운 외감법의 내용에 대해 논의 중"이라며 "외부감사 대상 유한회사의 자산 기준 등이 검토 대상에 올라와 있으며 10월 중 공청회를 거칠 예정"이라고 말했다.

이에 앞서 금융감독원은 지난 5월 유한회사도 주식회사처럼 외부감사를 받도록 금융위에 외감법의 개정을 건의하겠다고 발표한 바 있다. 유한회사는 주식회사보다 지분구조가 다소 단순하고, 지분 양도가 어려운 대신 복잡한 규제를 덜 받는 회사형태다. 그러나 2011년 4월 시행된 개정상법으로 사원 총수 제한이 사라지고 사원(투자자)의 지분 양도가 자유로워지는 등 실질적으로 주식회사와 비슷해졌는데도 외부감사 면제, 감사보고서 제출 면제 등 혜택은 사라지지 않은 상태다.

이 과정에서 루이비통 코리아, 애플 코리아, 마이크로소프트 코리아 등 외국계 기업이 유한회사로 전환한 뒤 한국에서 발생한 매출과 수익, 복리후생비 등 기본적인 정보를 공개하지 않는 등 편법의 통로로 이용되고 있다는 비판이 일었다. 루이비통은 2011년에 기부금이 매출의 0.04%에 불과해 여론의 질타를 받았지만, 유한회사로 전환한 지난해부터 외부 공시 의무가 사라져 이런 정보를 알 수 없게 됐다.

이에 따라 금융위는 외감법 명칭부터 '주식회사'를 빼는 등 전면적으로 개편해 유한회사를 감시의 테두리 안으로 집어넣는다는 방침이다.

금감원의 한 관계자는 "외국계 기업은 본사의 재무제표를 작성해야 해 유한회사로 형태가 바뀌더라도 회계감사는 정상적으로 받는다"며 "단지 회사 정보가 공개되는 것을 싫어해 유한회사로 바꾸는 경우가 많다"고 지적했다.

조선일보. 2013.9.16.

2008년 28개, 2009년 21개, 2010년 16개의 외부감사대상 주식회사가 유한회사로 전환하고 있어서 일부 주식회사간에는 유한회사로 전환하는 것이 감독의 사각지대로 갈 수 있는 좋은 기회라는 점이 공유되고 있는 듯하다. 2007년부터 2012년까지 약 85개의 외부감사대상 주식회사가 유한회사로 전환하여 2012년 말 현재 유한회사의 수는 19,513개로 전년 대비 8%, 2009년 대비 약 20%나 증가하였다.

동시에 유한회사의 경우, 감사는 임의기관이며, 주식회사에 비해 복잡하고 엄격한 규정이 완화되어 있다. 또한 유한회사에서 주식회사로, 주식회사에서 유한회사로의 조직변경이 가능하므로 사실상 동일한 종류의 회사로 볼 수 있다.

영국, 호주의 경우, 원칙적으로 모든 회사가 외부감사대상이며, 싱가포르, 독일의 경우는 모든 주식회사와 유한책임회사가 외부감사대상이다.

개선방안으로는 현행 외감법(주식회사의 외부감사에 대한 법률)을 외부감사에 관한 법률로 변경하고 목적과 적용대상을 확대하여, 유한회사에 특별히 다른 규정이 필요할 경우를 제외하고는 주식회사와 동일하게 적용하는 방안을 구상 중이다. 이는 금융위 차원에서 준비 중인 소위 '회계통합법'의 내용으로 2013년 법제 연구원에서 용역을 수행하고 있다.

해외 사례의 경우에도 모두 주식회사와 유한회사는 동일하게 외부감사 의무를 규정하고 있다.

현행 외감법의 근간은 1980년 국보위시절에 제정된 법안이기 때문에 그 근간은 변하지 않더라도 입법과 관련된 환경이 변화하였다면 그 focus를 변화할 필요가 존재한다.

아마도 주식회사의 외부감사에 대한 법률로 지정되었던 사유는 주주를 보호하기 위한 입법취지가 아니었다고 한다. 그러나 회사의 이해 관계자를 특히나 주주로만 국한하는 문제를 야기시킨다. 회사의 이해관계자는 채권자, 과세당국 등 모두를 포괄하여 생각하여야 한다.

상법에서 회사가 누구를 위해서 존재하는지를 이해하고 해석하는 시각도 두 가지 접근이 있다.

주주소유주모델: 주주는 잔여청구권자(residual claim holder)로 다른 이해 관계자와 달리 회사의 흥망성쇠에 이해관계가 크기 때문에 기업 관련된 어느 경제주체보다도 주주의 이해가 우선되어야 한다는 접근이다. 즉, 주주는 자신의 부를 투자하여 기업을 운영하는 주체이며 따라서 대부분의 기업 경영의 위험을 주주가 안게 된다. 이러한 risk taking에 대해서 당연한 return이 존재하며 그러한 이유에서 기업의 경영활동에는 주주가 중심에 있어야 한다는 주장이다.

이해관계자모델: 주주를 다양한 회사의 이해 관계자들 중 하나로 보는 모델, 즉 채권자, 종업원도 동일한 정도의 이해가 개입되어 있다. 채권자의 경우는 정해진 시점에 이자와 원금을 지급받아야 하며 직원도 정해진 시점에 급여를 지급받아야 하며 이러한 부분은 기업의 현금흐름과도 밀접하게 연관되므로 회사의 존속 가능성 등의 이슈가 이들의 이해관계와 무관하지 않다.

예를 들어 유럽 기업일 경우는 노조의 대표를 이사회에 참여시키는 정도의 권리를 부여하므로 이해관계자모델에 종업원이 포함될 수도 있다고 판단되지만 국내의 경영환경에서는 이러한 정도로 종업원이 경영에 참여할 수는 없다.

아래의 기사는 최근 경영권이 훼손되더라도 채권자 이익을 보호하는 방향으로의 변화를 암시한다.

채권자 이익 침해한 기업대표 법정관리서 경영권 박탈

국회가 부실기업의 기존 경영자가 악의적으로 금융회사 및 하도급업체 등 채권자에게 손해를 끼쳤을 경우 기존 경영자의 법정관리인 선임을 배제하는 원칙을 강화하는 내용의 통합도산법 개정을 추진하고 있다. 2006년부터 적용돼 온 '기존관리인유지(DIP: Debter in Possession) 제도를 손보자는 것이어서 입법과정에서 논란이 예상된다.

매일경제신문. 2013.7.22.

이해 관계자 모델은 재무관리에서의 주주의 부의 극대화라는 내용과는 상충될 수 있다. 즉, 회사가 반드시 주주의 부의 극대화를 위해서 존재하는 것은 아니라고 생각된다.

통설에 의하면 주주총회와 이사회 사이의 권한 분배는 자유롭게 변경할 수 있고 주주총회의 권한은 정관으로 확대가 가능하다. 재무제표 확정을 주총이 아니라 이사회로 변경하는 것도 같은 맥락에서 이해할 수 있다. 이사회에서의 배당 의사 결정 등, 주주총회 권한을 축소하는 것에 대해서는 저항이 강하다.

외감법은 투자자 보호를 목적으로 하고 있지만 상법은 채권자 보호, 특히 불법행위로 인한 손실을 입은 채권자를 보호한다.

미국에서는 전통적으로 이사회의 권한을 주주총회에서 유래되는 것이 아니라 독자적인 권한으로 본다. 즉, 미국은 이사회의 권한이 상대적으로 강하다.

재무제표 승인에 대한 특칙(상법 개정법 449의 2)에 의하면 재무제표를 이사회가 승인하여 주총에 보고한다.

단, 이사회가 재무제표를 승인하는 경우는 다음과 같은 사전 조건이 있다.

1. 재무제표가 법령 및 정관에 따라 회사의 재무상태 및 경영성과를 적정하게 표시하고 있다는 외부감사인의 의견이 있을 것
2. 감사(감사위원회 설치 회사의 경우에는 감사위원) 전원의 동의가 있을 것

외감법이 주식회사의 외부감사에 대한 법률로 남아 있어야 하는지 아니면 세태의 변화를 반영하여 유한회사까지 포함하는 회사의 외부감사에 대한 법률로 변형되어야 하는지는 위의 상법이 회사를 어떻게 정의하여 법령화되어야 하는지의 이슈와도 연관된다.

회계가 보호해야 할 이해관계자는 주주만이 아니다. 금융기관이 대출의사 결정을 수행할 때 회계정보에 기초하여 대출 의사결정을 진행하므로 감사받은 재무제표는 금융기관의 부실에까지도 영향을 미칠 수 있는 사안이다. 과거의 IMF 경제위기 시점의 금융기관, 2008, 2009년 시점의 금융위기 시점의 저축은행 사태 등으로 공적자금이 투입되면서 이들 금융기관에 일정 부분을 국민의 세금으로 메꾸는 사태로 문제가 확대되었다.

그렇기 때문에 어떠한 회사가 외부감사의 대상이 되어야 하는지는 경제의 운용에 있어서 매우 중요한 의사결정이며 동시에 이해가 첨예하게 상충될 수 있는 부분이다.

자산규모 70억원 이상의 외감대상기업을 현재의 자산 규모 100억원 이상인 기업인 것과 동시에 외감법시행령인 자산 70~100억원 기업 중 부채가 70억원 이상이거나 종업원수 300명 이상인 경우도 외감대상으로 규정하는 내용의 외감법 시행령 개정안을 2009년 12월부터 시행하고 있는데 이를 개정하는 과정에서도 오랜 기간 경제계와 회계업계가 이견을 보였던 부분이다.

기업의 입장에서는 외감대상으로 선정되는 것에 많은 부담을 느끼고 있으며 또한 부가적인 비용으로 생각한다. 회계법인은 고객 base의 증대뿐만 아니고 거시적인 차원에서 회계투명성의 제고가 경제에 순기능을 유발시킨다는 입장이다.

외감대상기업을 선정하는 과정에서 한국공인회계사회에서는 부채규모 뿐만 아니라 매출 규모도 외감대상 선정 기업의 기준에 포함되어야 한다는 주장을 하였다. 부채규모는 채무자를 보호한다는 입장이므로 매출 규모가 추가로 포함된다면 채권/채무자를 모두 보호한다는 의미로 확대된다는 의미가 있다.

이외에도 매출을 포함하는 것은 분식의 대상이 되었던 계정 과목을 검토하면 매출 관련된 내용이 다수를 차지하고 있으며 또한 위에 이미 포함된 선정 대상 변수인 부채일 경우도 조선업의 경우, 부채가 많다고 이 회사가 불량기업이 아니고 오히려 업무의 형태상 우량 기업일수록 부채가 많을 수도 있어서 기존의 대상기준도 완벽한 변수는 아니다.

동시에 종업원수로 외감대상을 정함은 종업원 수를 300인 이하로 채용하면서 외감대상을 회피할 수도 있기 때문에 고용창출이라는 정부의 시책과는 반하는 정책이라는 비판도 있다.

삼성에버랜드, 호텔롯데 등 자산 1조 넘는 비상장사 반드시 회계법인서 감사받아야

외부감사를 받아야 할 유한회사가 1,500여 개에 달하고, 외국계 법인이 많아 적잖은 반발이 예상된다.

금융위는 경제성장 등 여건 변화와 중소기업 경영사정을 감안해 주식회사의 외부감사 대상을 현행 자산 총액 '100억원 이상'에서 '120억원 이상'으로 완화할 방침이다. 금융위는 유한회사 외부감사 기준을 주식회사와 똑같이 적용할 계획이다. 이 경우 대상 유한회사는 1,500여 개에 이를 것으로 보인다.

서태종 국장은 "유한회사에 대해 회계감독을 강화하는 내용이지, 외국법인을 타깃으로 하는 것은 아니다"며 확대해석을 경계했다.

비상장 주식회사의 경우, 자산총액 1조원 이상인 대형회사에 대해 회계법인 감사를 의무화한다. 작년 말 기준 자산규모 1조원 이상인 비상장사는 201곳이다. 삼성디스플레이, GS칼텍스, SK에너지, 호텔롯데, 현대오일뱅크, 삼성에버랜드 등이다.

이들 회사는 감사반이 아닌 회계법인으로부터 회계감사를 받아야 한다. 회사가 외부감사인을 부당하게 교체할 수 없도록 상장회사처럼 3개연도 연속 외부감사인을 선임해야 한다. 또 회계감리도 금감원이 직접 실시키로 했다.

금융위는 이 같은 내용을 골자로 하면서 현행 '주식회사의 외부감사에 관한 법률'이란 이름을 '영리법인 등의 회계 및 외부감사에 대한 법률'로 바꾸기로 했다.

한국경제신문. 2013.10.29.

위의 내용은 외감법 개정이라는 법률 개정 과정을 거쳐야 하기 때문에 통과된다는 보장은 없지만 정책 당국의 정책 방향을 가늠해 볼 수 있다.

위의 법률의 제안된 명칭에 회계라는 표현이 사용된 것은 상당한 상징성이 있다. 외감법의 법률 명칭에는 '외부감사'라고만 되어 있어서 회계 정보라는 표현이 사용되지 않아서 외부감사가 회계 정보에 우선된다는 잘못된 정보를 전달할 수도 있었다. 감사가 수행되기 이전에 회사가 제공하는 회계가 감사에 앞서야 한다.

또한 이러한 정책방향이 설정된 이면에는 최근 동양사태 등 비상장대기업의 문제가 경제에 심대한 영향을 미치기 때문이다.

외투기업의 경우 해외 본사의 연결재무제표 작성을 위해 대부분의 경우 한국의 재무제표가 연결 대상이므로 감사는 받을 것이므로 외감의 이슈보다는 재무제표의 공시의 이슈라는 주장도 있다. 공시 관련된 규제의 체계는 다음과 같다.

> **자본시장과 금융투자업에 관한 법률**
> 금융위 제정 증권의 발행 및 공시 등에 관한 규정(일명 "증발공" 규정)
> → 금감원장 제정 기업 공시서식 작성기준: 발행/정기/지분 관련 공시
> 거래소 제정 유가증권(코스닥) 시장 공시 기준: 수시(주요경영사항) 공시 관련
> 거래소 제정 유가증권(코스닥) 시장 상장 기준: 상장 및 퇴출 관련

Chapter

51

. . .

ESG 공시

상장사 ESG 공시 의무화 추진

　12일 금융투자업계에 따르면 최근 금융위원회가 자본시장연구원에 발주한 '기업 공시제도 개선방향에 대한 연구' 용역이 마무리 단계에 들었다. 연구내용은 상장사 ESG (environment, social, governance) 관련 정보 공시를 제도화하는 방안에 관한 것이다.

　기업의 비재무적 정보를 사업보고서와 통합해 공시하는 '통합보고서 체계' 도입을 위한 가이드라인이 담겨 있는 것으로 알려졌다.

　우선 유가증권시장 상장사를 시작으로 단계적으로 ESG 관련 공시 대상을 확대하는 방안이 유력하다.

　ESG 공시 의무화와 관련한 내용은 2000년 초부터 논의됐다. 유럽과 미국 등 일부 선진국에서는 거래소 상장 규정에 비재무적 정보공시를 제도화했다. 연기금 등 큰손 투자자들은 ESG를 중요한 투자지표로 활용하고 있다. 최근 환경 노사관계 지배구조 등 기업의 비재무적 변수들이 기업의 장기적 성장에 영향을 미친다는 인식이 확산되고 있기 때문이다.

　현재 국내에서는 ESG 관련 내용은 '지속가능(경영)보고서'를 통해 기업이 자율적으로 공개하도록 하고 있다. 삼성 SDI가 최초로 공개하기 시작해 2007년부터 그 수가 늘어나는 추세이다. 최근에는 70개 기업이 자사 홈페이지를 통해 관련 내용을 일반에 공개하고 있다.

　앞으로 나올 통합보고서 중 비재무정보 공시 항목은 지속가능경영보고 국제 가이드라인인 GRI(Global Reporting Initiative)를 바탕으로 기업문화 등이 반영될 것으로 관측된다.

　작성한 ESG 공시 내용은 회계법인 등 공신력 있는 기관에서 검토한 후 일반에 공개할 것으로 보인다.

현재 기업들이 내는 지속가능 보고서를 보면 재무 환경에 관한 항목은 충실하게 다루는 편이지만 노동과 인권 지배구조 등 상대적으로 취약한 영역은 형식적으로 기재하거나 아예 빼먹은 일도 적지 않다.

기업 의사결정구조와 관련되어서는 조직 전반적인 소유구조와 법적 형태, 사외이사 비율과 사외이사 의사반영도, 지속가능경영시스템 여부가 주요 공시 항목으로 포함돼 있다.

매일경제신문. 2012.10.13.

공공성이 강한 공공기관에서는 공적인 내용의 공시를 매우 철저하게 진행한다. 예를 들어, 임원 선임 절차, 임기 등도 매우 상세하게 설명된다. 지배구조가 투명하게 진행된다는 점을 의식하고 있는 듯하다.

위의 신문기사에서의 중요한 이슈는 ESG 공시 내용이 회계법인 등 공신력 있는 기관에서 검토한 후 일반에 공개한다는 내용이다. 재무제표에 대한 감사인의 인증은 매우 정형화된 감사기준에 의한 인증과정인데, ESG와 같은 내용에 대해서 검토가 진행된다고 해도 이러한 검토 과정이 어떠한 절차에 의한 검토인지 또한 이러한 검토가 공신력이 동반된 검토인지에 대해서는 의문이 제기될 수 있다.

이는 회계법인이 현재 수행하는 평가보고서에 대해서 가이드라인이 존재하기는 하지만 일부 회계법인이 이를 적절하게 진행하고 있지 않는 것과 동일하다. 또한 회계법인의 고유업무인 회계감사에 대해서는 높지 않은 수임료를 받으면서 높은 수임료의 평가보고서를 수임하고 이를 남발하는 경우에 대해서는 적절한 통제가 부과되어야 한다.

일부 공공기관 성격의 기업은 예산을 이사회에서 통과할 때도 감사인이 아닌 제3의 회계법인의 적정성 검토를 받도록 하는 경우도 있다.

EU 정부가 추진하는 Green paper에 보면 감사인의 역할이 조금 더 forward looking해야 한다고 한다.

또한 최근에는 중대 위반 사항에 대한 감사인의 감독당국 보고의무를 신설하였다.

France에서는 기업의 공개적으로 발표하는 예측치에 대해서도 감독기관이 감사인의 인증에 대한 인증을 강제하고 있다. 이제까지 과거의 정보에 대한 인증에만 익숙한 감사인에게 한 dimension이 추가되는 것이다.

France에서의 제도로 Green paper에서도 흥미롭게 주목하는, 두 회계법인이 동시에 감사를 수행하는 joint(dual) audit도 있다. 감사 선임 과정은 bidding process에 의해서 별개의 회계법인들이 신청하게 되며 회사가 이들 중 두 개 회계법인을 선정하게 되는데, 이들 두 회계법인은 동일 network의 회계법인일 수 없다. 두 회계법인이 감사보고서에 서명을 하게 되는데 이 두 회계법인간에 이견이 있을 경우는 개별적으로 의견을 표명하게 된다.

Accounting Today(2013)에서는 다음과 같이 감사보고서의 표준양식과 관련된 움직임이 수년째 계속되고 있다. 미국의 PCAOB에서도 유사한 고민을 하고 있다.

Among other enhancements, the IAASB is also proposing requirements for auditors to include specific statements about going concern in their reports, to make an explicit statement about the auditor's independence from the audited entity and, for listed entities, to disclose the name of the engagement partner in the auditor's report. The exposure draft includes example reports that illustrate the application of the proposed new and revised ISAs in various circumstances.

계속기업과 관련된 내용은 불확실성이 개입되지 않는 한 별도로 기술되지 않는데, 아마도 이러한 계속기업과 관련된 확인을 포함하는 방향으로의 변화인 듯하다. 담당 파트너의 이름을 표시하는 것이나 담당 파트너가 감사보고서에 서명하는 건이나 수년째 외국의 유관기관에서 고민하는 내용이다.

Dual audit의 개념은 우리가 신용평가 회사에 대해 적용하는 제도인 복수평가의 개념이기도 하다.

Chapter 16에서는 한국과 미국의 PCAOB가 joint 검사를 수행한다고 해도 양 기관간에 검사결과에 차이가 있다는 점을 기술하고 있는데 어떻게 보면 두 회계법인이 조인트 감사를 수행한다고 해도 의견이 상이할 수 있다는 점은 너무도 당연할 수 있다. 회사와 회계법인간의 의견이 합치되지 않는 것이나 같은 맥락에서 이해할 수 있다.

예를 들어 기업의 지속가능보고서의 경우는 합의된 감사(인증)절차(agreed

upon procedure)가 가능한 인증의 형태일 수 있으며, 감사준칙에 절차와 표준보고서가 제시되어 있다. '합의된 절차에 따른 특정목적 감사보고서'라는 명칭으로 보고서가 발행된다.

비영리, 비외감대상, 임의감사 등에서 본 절차를 따를 수 있으며, 강제는 아니지만 무엇인가 인증을 받을 때 거칠 수 있는 절차이다.

이와 같이 회계법인이 무엇인가를 인증할 경우는 이러한 인증이 어떠한 실체의 인증인지를 분명히 구분하여야 한다. 이는 인증 과정에서는 절차가 가장 중요한데 거치는 절차의 수준에 의해서 인증할 수 있는 부분이 있고 그렇지 못한 부분이 있기도 하다. 인증에 있어서는 인증의 범위가 매우 중요한 요인이다.

외감법이 주식회사에 대한 법률이었던 이유가 주주라고 하는 투자자 보호에 있다. 외부감사의 취지가 이해관계자의 권익 보호에 있지만 대부분은 focus가 투자자 즉, 채권자와 주주에 모아진다. 그렇다면 유한회사에 감사를 강제한다면 이는 누구를 위한 monitoring인가의 의문이 생기게 되는데 그 취지가 국제 경제에 미치는 영향이라고 하면 그 의미가 모호할 수 있다.

외국계 투자기업(외투기업)은 외국에 본사를 두고 있으며 또한 외국 본사가 해당 자국의 거래소에 상장되어 있는 경우가 다수이기 때문에 본사와의 연결 재무제표의 작성 등을 위해서 자체적으로 감사를 수행한다. 따라서 유한회사의 감사 확대의 이슈는 감사 수행 여부보다도 공시와 감독의 이슈이기도 하다.

구분	주식회사	유한회사
자본금 규모	제한 없음	제한 없음
주주(사원) 수	1인 이상, 제한 없음	1인 이상, 제한 없음
지분 양도	제한 없음 (단, 정관으로 이사회 승인을 받도록 할 수 있음)	제한 없음 (단, 정관으로 제한 가능)
사채 발행	가능	불가능
이사의 수	3인 이상 (자본금 10억원 미만인 회사는 1인 또는 2인 가능)	1인 이상
이사회 제도	있음	없음
감사	필수기관(1인 이상)	임의기관(정관으로 정함)

위의 표는 주식회사와 유한회사의 법적인 차이를 표시하고 있다. 유한회

사에 주식회사에 버금가는 규제 및 감독을 도입하려 한다면 왜 상법에서 주식회사와 유한회사간의 회사의 형태를 구분하였는지의 이슈가 제기될 수도 있다. 또한 감사는 기업 내외적으로 내부감사와 외부감사로 구분해서 two tier로 진행되는데 유한회사에 대해서 임의기관으로 지정된 감사제도는 논의하지 않고 어떠한 이유에서 외부감사에 의한 monitoring만을 거론하는지에 대한 이슈도 제기될 수 있다.

또 하나의 이슈는 외투기업에 대해서는 일부 언론에서 감사도 받지 않으면서 기부활동은 거의 하지 않는다는 식으로의 외국 자본에 대한 국민정서에 호소하는 방식은 바람직하지 않다는 것이다.

금융위에서는 이 이외에도 비상장대법인에 대한 회계감독 강화를 고민하고 있다. 중소기업의 정의가 일반적으로 자산 규모 5,000억원 이상, 종업원 수 300명 이하로 정의되므로 이 이상 규모가 되는 비상장대기업이 이에 해당될 수 있다.

비상장기업에 대해서는 상장기업과 비교해서 여러 가지 다른 제도를 적용한다.

1. 외부감사인 자격제한: 유가증권시장에 상장된 기업은 회계법인만이 감사할 수 있도록 되어 있는데 비상장기업은 감사반이 감사를 수행할 수 있다.
2. 상장기업은 3년간 감사계약을 수행하도록 되어 있으나 비상장기업은 1년간 감사계약을 체결한다.
3. 상장기업은 감독기관이 직접 감리를 수행하지만 비상장기업은 한공회에 위탁 감리를 수행한다.

Chapter

52

. . .

지정제 확대

　　회계와 관련된 세미나 등에 가면 회계감사제도를 개선하기 위한 대안 중에 빠지지 않는 단골 메뉴가 지정제 확대와 결산기의 분산이다.

　　재무제표 감리대상 기업의 확대 방안에 보면 수시공시에 문제가 있었던 기업, 불성실공시를 했던 기업과 횡령, 배임 등의 이슈가 있었던 기업이 예시로 제시되고 있다. 동시에 감사인 지정제를 철저히 시행하기 위한 개선 방안이 문건에 포함되어 있다. 위의 이슈가 있었던 기업에 대해 지정제를 확대하는 대안도 있다.

　　감독기관은 예를 들어 내부통제제도에 대한 감사의견이 비적정인 기업에 대해서 감리대상 기업으로 선정하고 있다. 이러한 내용들이 외감법 개정에 포함되어 지정제 대상 기업으로 선정되지 않는다면 회계가 적절하게 수행되지 않을 것이라는 심증이 가는 기업에 대해서는 감리를 확대하는 대안도 있다.

　　특히나 거의 모든 횡령, 배임기업에 대해서는 대부분 회계분식의 이슈가 같이 동반될 수밖에 없다. 횡령, 배임에 의해서 기업의 현금이 유출되었는데 현금이 유출되었다고 기록하고 횡령/배임을 범하는 기업은 없다. 과거에 기업이 선거 때나 정치자금을 내는 경우에도 기업의 어느 장부에도 정치자금을 지출하였다는 기록이 없기 때문에 이는 분식회계가 간접적으로 입증되는 것이라는 주장이 제기되기도 하였다.

　　다음과 같은 기업은 관심의 대상이 되어야 한다.

　　이러한 기업이 분식회계에 있어서 주목해야 할 기업이어야 한다는 점은 감리대상 기업의 선정에서도 그러하고 법의 개정의 과정을 거쳐야 하지만 감사인 지정기업의 대상일 수도 있다는 점이다. 이러한 점에서는 감리대상 선정이나 지정대상 기업 기준은 공통 부분이 있다. 즉, 분식의 위험이 있는 기업에 대해서 감리대상으로 선정할 수도 있고 감사인이 지정될 수도 있다. 즉, 이 두 제도는 대체제일 수도 있으며 또한 동시에 보완제일 수 있다. 최근의 감리대상 선정 기준은 다음과 같다.

① 2011년도 사업보고서에 대한 내부회계관리제도 검토의견이 비적정의견인 기업
② 2011.1.1. 이후 횡령·배임 혐의 발생을 공시한 기업
③ 2011.1.1. 이후 2회 이상 최대주주 변경한 기업
④ 2011.1.1. 이후 2011.12.31.까지 우회 상장한 기업
⑤ 2011 회계연도에 대한 감사의견 변경(의견거절→적정 등)으로 인한 감사보고서 재발행한 기업
⑥ 2011.1.1. 이후 증권신고서 심사시 정정명령을 3회 이상 부과받은 기업
⑦ 내부회계관리제도 운영보고서 2년 연속 미제출한 기업
⑧ (추가 예정) 2011.1.1. 이후 중요한 세금포탈(중요도 1% 이상) 발생을 공시한 기업

회계 관련된 세미나 등에 가면 회계업계의 종사자들이 수임료가 너무 낮기 때문에 감사품질이 높아질 수 없다고 불만을 표출한다. 그러나 이는 업계 자체에서 해결할 수밖에 없으며 업계가 해결할 수 없다면 공인회계사회 등의 기관에서 자정적인 차원에서 개입해서 해결할 수밖에 없다.

금융위나 감독원은 감사보수규정이 1999년에 폐지될 때부터 공정거래위원회로부터 수임료에는 개입할 수 없다는 것이 공개된 사실이다. 따라서 아무리 회계 유관 규제나 감독기관에 수임료를 현실화해 달라고 요청하여도 이는 실현되기 매우 어려운 구도이며 따라서 이러한 이슈는 자체적으로 해결할 수밖에 없다.

아래의 신문기사에서 감독원이 지정제의 법률 대상에 수임료를 정책 수단으로 포함할 의지를 보이고 있지만 시장에서의 가격 결정에 감독기관이 개입한다는 것은 또 하나의 복잡한 이슈일 수 있다.

과거 모 big 4 회계법인이 한 금융기관의 수임을 덤핑으로 보이는 낮은 가액으로 수임해 가면서 한공이 이 수임 건에 대해서 조사를 했던 적이 있다. 한공은 이와 같이 시장의 질서를 교란하는 행동에 대해서 감독기관이 할 수 없는 업무를 수행하여야 한다. 이를 한공이 수행하지 않는다면 이러한 논의는 실효성이 전혀 없는 공염불에 그칠 것이다.

감사보수 '헐값' 책정 기업에 회계법인 강제 지정한다

- 금융당국, 부실감사 차단위해 감사인 지정제도 확대 검토
- 기업 반발에 입법 '난항' 예고

금융감독당국이 기업에 외부감사인(회계법인)을 강제 지정해주는 '감사인 지정제도'를 확대하는 방안을 검토하고 있다. 감사보수를 지나치게 낮게 책정하는 기업, 재무제표를 직접 작성하지 않고 감사인에게 위탁하는 기업 등 부실감사 가능성이 높은 기업이 대상이 될 것으로 보인다. 그러나 기업들이 이 같은 감사 규제 강화에 반대할 수 있어 입법 추진 과정에서 논란이 일 것으로 전망된다.

- 감사인 지정 확대 카드 '만지작'

6일 금융당국과 회계학계에 따르면 금융감독원은 오는 29일 열리는 금융감독자문위원회에서 감사인 지정제도 확대 등을 포함한 '회계투명성 신인도 제고를 위한 방안'을 보고할 예정이다. 감사인 지정제도 확대는 회계업계에서 지속적으로 필요성이 제기돼 왔으나 금융감독자문위원회에서 공식 보고되는 것은 이번이 처음이다.

현행법상 감사인은 계약 자유의 원칙에 따라 기업이 자유롭게 선임하지만 투자자 보호를 위해 공정한 감사가 필요하다고 인정되는 경우 금융위원회 증권선물위원회가 강제적으로 감사인(회계법인)을 지정하고 있다. 법에는 기업공개(IPO), 관리종목, 감리결과 조치를 받은 기업 등이 열거돼 있는데 앞으로는 지정 감사 대상을 이보다 더 확대하겠다는 것이다.

금융당국이 검토하고 있는 대상은 우선 감사보수가 지나치게 낮은 경우다. 금융당국 관계자는 "감사 수임료를 낮추면 감사 투입 인력과 시간이 줄어 감사 품질에 영향을 미친다"며 "평균보다 지나치게 낮은 감사보수가 책정된 기업은 부실감사를 유발할 가능성이 있다"고 설명했다.

또 감사인이 재무제표를 대리 작성하는 기업도 지정 감사 대상에 포함될 수 있다. 외부 감사인이 피감사회사의 재무제표를 대신 작성해주는 것은 공인회계사법 위반이지만 상당수의 중견·중소기업들이 감사인에 재무제표 작성을 맡기는 관행이 퍼져 있는 게 현실이다.

- "저가 수주, 부실감사 유발"

금융당국이 지정제도 확대 카드를 꺼내 든 이유는 감사 수임료 덤핑이 갈수록 심해

지면서 부실감사 가능성이 높아지고 있기 때문이다. 지난해와 같은 감사인을 선임한 기업의 올해 평균 수임료는 전년 대비 3% 증가한 반면 감사인 변경 기업의 경우 8.2% 감소한 것으로 나타났다. 회계법인간 출혈 경쟁이 벌어지는 데다 기업들도 감사 품질보다는 저가 수수료를 제시한 감사인을 선호하는 데서 나타난 결과다.

지난 17일 서울중앙지법이 국내 1위 회계법인인 삼일회계법인에 코스닥 상장업체였던 포휴먼 부실감사의 책임을 물어 140억원의 손해배상금을 투자자들에게 지급하라고 판결하는 등 회계법인의 감사책임을 강화할 필요성이 제기되고 있는 점도 영향을 미쳤다.

그러나 반대 목소리가 만만치 않을 것으로 전망된다. 기업들이 감사인 자유 선임 권한을 제한하는 것에 반발할 수 있어서다. 금융위와 금감원간 의견 조율뿐 아니라 국회 입법 과정에서도 순조롭지만은 않을 것으로 보인다.

금감원은 이번 자문위원회에서 회계투명성 인식에 대한 설문조사 결과도 보고할 예정이다. 금감원은 이달 초 상장회사와 회계학계 등을 대상으로 회계투명성 인식에 대한 전수조사를 벌였으며 이 결과를 조만간 발표할 계획이다.

한국경제신문. 2013.11.27.

지정제가 적용될 경우는 한계기업에 대해서 지정이 수행되는 경우이므로 감사수임료가 자유수임제도에 비해서 10배까지 높아지는 경우가 있다. 또한 지정제로 감사가 수행되었는데 부실감사로 지적되는 경우는 한 단계 가중되어 조치가 내려진다.

감사보수의 상한을 정하던 감사보수규정은 외환위기 후 경쟁을 제한하고, 고품질의 감사실시를 위해 충분한 시간투입에 장애가 될 수 있다는 이유 등으로 "독점규제 및 공정거래에 관한 법률의 적용이 제외되는 부당한 공동행위등의 정비에 관한 법률"의 개정으로 폐지(1999.2)되었고, 외감법시행령 제4조의2에서는 지정감사시에는 감사품질 등의 확보를 위하여 감사투입시간 및 감사보수기준 등을 정하여 권장할 수 있다고 규정(2006.3 신설)되어 있다. 그러나 동 규정에 의한 보수기준이 별도로 제정되지는 않았다.

동 규정에 의거 지정기업에 대한 감사보수기준의 제정을 검토하였으나 감사보수 결정에의 경직성, 회사와 감사인 모두를 만족시킬 수 있는 기준제정의 어려움, 지정회사의 고유특성 및 감사위험을 정확히 반영한 보수기준 제정의 곤란 등의 사유로 보수기준 제정을 하지 않기로 감독원 내부적으로 검토한 바 있다.

지정제로 감사를 수임할 경우 위에도 기술하였듯이 감사수임료가 높아지므로 위의 시행령에 따라서 감사보수기준을 권장하는 것을 감사인이 반대하고 있다.

관련된 양 기관이 의견을 달리하는 경우 합의치를 도출하는 것은 용이하지 않다. 예를 들어 표준감사계약서일 경우도 한공회에서 제시하는 표준양식과 상장회사협의회에서 제시하는 표준양식에는 차이가 있다.

상장예정기업에 대하여, 외부감사인을 지정하는 경우 지정 통보를 받는 날로부터 2주 이내에 감사계약을 체결하거나 동 기간 내에 재지정을 신청할 수 있다. 재지정을 신청한 사유가 주로 감사수임료 문제와 외부감사인의 브랜드 문제라는 것이며, 이러한 사유가 없더라도 재지정 신청이 가능하다.

감사인 등록제도 /품질관리감리

　　미국의 경우는 품질관리감리의 결과 PCAOB에서 monitor를 회계법인에 파견하기도 한다고 한다. 지속적인 관찰이 필요한 경우일 듯하다. 어떻게 보면 민간의 경제활동에 대한 상당한 정도의 간섭일 수도 있지만 자본주의가 발전한 국가일수록 규제가 더 강하기도 하다.

　　■ (개선방안) 증선위가 정한 일정 수준의 품질관리시스템을 갖춘 회계법인만 상장법인 및 금융회사에 대한 감사업무를 허용

　　□ 회계법인의 품질관리 평가를 위한 기준, 등록절차 등은 하위법령에서 구체화할 예정임

　　□ 등록요건은 완화하되, 등록 이후 금융당국의 주기적인 평가를 통해 높은 수준의 품질관리가 이루어지도록 운용

　　단, 이 내용은 한때 금융위가 개정을 고민하였던 내용이지 이미 개정된 내용은 아니다.

외감법 개정 사항

구분	현행	개정
외감법	감사인: 회계법인, 감사반 상장법인 감사인: 외감법상 감사인 중 대통령령으로 정함	감사인: 회계법인, 감사반 상장법인, 금융회사 감사인: 외감법상 감사인 중 대통령령으로 정함
외감법 시행령 등	유가증권시장: 회계법인 코스닥시장: 회계법인, 감사반	유가, 코스닥, 금융회사: 감사업무의 품질관리 수준 등에 관하여 증선위가 정하는 요건을 충족한 감사인

따라서 외감법 개정안에 의하면 감사반은 기존의 외감법 시행령 제3조 제 1항에 의해서 유가증권시장에 상장된 기업에 대해서는 감사를 맡는다는 것이 불가했지만 개정을 고민하는 내용에 의하면 유가증권상장기업에 대해서 감사 반이 감사를 맡는 것을 제한하고 있지 않고 있다. 그러나 그럼에도 불구하고 유가증권상장기업의 감사를 감사반이 맡는 일은 거의 없을 것이다.

증선위가 정하는 요건을 충족한 감사인이란 등록된 감사인을 지칭한다. 이러한 감사인 등록제도는 이미 미국의 PCAOB가 채택하고 있는 제도이다. 일정한 요건을 갖춘 감사인만이 상장기업을 감사할 수 있도록 하는 제도인데 이에는 당연히 감사인에 대한 평가가 동반되어야 하기 때문에 법인에 대한 품 질관리 감리가 필수적이다.

참고로 미국의 SEC는 재무제표에 대한 점검을 담담하고 있으며 PCAOB는 회계법인에 대한 규제를 분담하여 담당하고 있어서 규제가 이원화되어 있다.

■ 확정은 되지 않았지만 예상되는 절차는 다음과 같다.

– 상장법인 및 금융회사를 감사하려는 회계법인은 등록 신청서 제출

– 증선위는 품질관리 요건 등의 충족 여부를 객관적이고 엄정한 평가절 차를 거쳐 등록

* 민간전문가로 구성된 감사인 등록 심사위원회(가칭) 등을 구성하여 심사

등록제도를 광범위하게 도입하려는 정책 방향에 최근에 와서 약간의 변 화와 움직임이 있다.

'상장법인 감사인 등록제' 무산되나

■ 금감원 금융위 입장 달라, 외감법 개정안서 생략

금감원과 금융위는 2011년 11월 초 '회계산업 선진화 방안'을 발표하면서 핵심 내용 으로 상장법인 감사인 등록제도를 도입하겠다고 밝힌 바 있다. 상장사들은 다수의 개인투 자자가 투자하는 만큼 투자자 보호 강화를 위해서는 엄격한 내부통제 시스템을 갖춰 금 융위에 등록한 회계법인만 회계감사를 허용하겠다는 내용이다.

그러나 금융위가 지난 4월 국회 정무위원회에 제출한 '주식회사의 외부 감사에 대한 법률' 개정안을 보면 상장법인 감사인 등록 제도와 관련되어 "주권상장법인과 금융회사를 감사하는 감사인은 대통령령으로 정한다"고만 돼 있다. 금감원의 구상을 실현하는 규제조 건이 생략된 것이다. 이에 대해 금감원 담당자는 "법 개정안에 '감사인 등록'이라는 명시적

표현이 빠져 아쉽지만, 향후 시행령 제정 과정에서 취지를 다시 살릴 수 있을 것"이라고 기대했다.

하지만 금융위의 입장은 다르다. 유재훈 증선위 상임위원은 "시행령을 개정할 때 상장법인에 대한 회계감사를 할 수 있는 회계법인의 요건을 제시하겠지만, 금융위에 등록된 회계법인만 상장사를 감사할 수 있도록 할 생각은 없다"고 잘라 말했다. '사전규제'보다는 '사후관리'를 강화하겠다는 것이다. 회계법인이 외감법 시행령에서 제시한 요건을 갖추지 않고 상장법인을 감사했다가 적발되면 그 명단을 공개하겠다는 것이 금융위의 구상이다. 문제는 '사후관리'의 내용 자체가 별 실효성이 없을 가능성이 높다는 점이다.

최진영 금감원 회계전문심의위원은 "공개 자체는 바람직하지 않지만 '역선택'의 부작용을 염두에 둬야한다"고 지적했다. 회계법인의 명단이 공개되면 일부 기업들은 오히려 그 회계법인을 외부감사인으로 '선호'할 가능성도 있다는 것이다.

한국경제신문. 2013.10.31.

사후관리보다는 사전규제가 더 중요하다는 얘기는 흔히 듣는 주장이다. 단, 사전규제보다는 사후관리가 더 무서운 감독의 수단이다. 회계에 큰 문제가 없을 경우는 사전규제 중심으로 정책이 갈 수 있지만 계속적으로 회계와 관련된 문제가 불거져 나온다면 사전규제만을 고집할 수도 없다. 적발되는 회계법인의 명단 공개가 오히려 그 회계법인의 선호로 이어질 수 있다는 점은 과도한 우려라고도 생각된다. 이러한 역선택이 걱정된다면 적발되는 감사인을 영원히 보호하여야 하는데 이는 과도한 우려라고 생각된다.

이러한 등록제도가 축소되면서 신고제로 변형될 가능성도 높은 듯하다.

현행 회계법인의 품질관리 제도

① 회계법인은 감사보고서의 품질제고를 위해 감사보고서 발행 전 내부통제시스템을 구축·운영

※ 구축기준: IFAC(국제공인회계사연맹)이 제정한 "국제품질관리기준"을 근거로 회계법인의 품질관리시스템을 구축·운용

이제까지의 품질관리기준은 감독기관의 정형화된 지침을 따랐으나 이 기준도 국제적으로 통용되는 기준이 도입될 전망이다.

회계법인이 어떠한 내부통제시스템을 갖추어야 하는지에 대해서는 법인 간의 상황이 모두 차이가 있기 때문에 일률적인 원칙을 적용하기 어려울 수도

있다. 이는 기업의 내부통제제도에 대한 모범 규준을 정하는 것과 동일하다. 모든 기업이 처한 상황과 경제환경이 모두 다르기 때문에 모범적인 규준을 정한다는 것이 불가능할 수도 있지만 상장회사협의회에서 내부회계관리제도에 대해서 모범적인 규준을 정하고 이에 부합하는지 여부로 감사인이 검토의견을 표명하는 것이다. 물론, 기업간 차이는 어느 정도 인정하여 차별화한다.

    ② 금감원은 회계법인의 품질관리 시스템을 정기적으로 점검(품질관리 감리)하여 미흡한 부분에 대해 개선권고하되, 외부공개는 없다.

현재 금감원이 직접 감리하는 대상은 회계법인 32개로 2013년 4월 말 현재 상장법인 총수의 1% 이상 또는 자산총액 1조원 이상인 상장법인과 감사계약을 체결하거나 등록공인회계사수가 30인 이상인 감사인 등이다.

한공회 위탁 감리대상: 2013년 초 현재 회계법인 93개 및 감사반 251개가 한공회에 위탁감리를 진행하고 있다. 다만, 감사반이란 3인 이상의 조직이지만 거의 대부분은 3인으로 구성된 개인 공인회계사 조직이나 마찬가지이며 그렇기 때문에 이들에 대한 감리는 회계 정보가 생성되는 절차에 대한 인증이라기보다는 감사보고서 감리가 되어야 한다.

그렇기 때문에 품질관리감리 매뉴얼 중 감사반에 대한 점검 제외 항목이 존재하는데 그 예시로는 다음이 있다. 즉, 아래의 점검 항목은 3인으로 구성된 감사반에는 적절하지 않은 평가 항목이고 따라서 이 부분에 대해서는 평가가 진행되지 않는다.

    □ 경영진의 운영책임: 품질지향의 조직문화 구축, 품질관리에 근거한 경영전략 수립 등

    □ 인적자원: 채용, 평가, 승진 및 보상 등

    ■ **(개선방안)** 품질관리제도의 실효성 확보

    ① 품질관리 기준 및 준수의무 마련: 법적근거 확보

    - 공인회계사회가 국제품질관리기준을 바탕으로 한국 실정에 맞는 기준을 제정 → 금융위 승인

    * 현재는 품질관리감리에 대한 사항만 외감규정에 규정되어 있고, 회계법인이 준수해야 할 기준 등이 법에 명시적으로 규정되어 있지 않음

    ② 품질관리감리의 실효성 확보: 사후관리 철저

    - 품질관리감리 후 개선권고 사항의 이행여부를 금융당국이 점검할 수

있도록 서면 및 실지점검 근거를 법령에 규정

– 품질관리감리시 상장법인 등록요건이 지속적으로 준수되는지 여부를 검증하여 요건 미달시 상장법인 감사인 등록 취소

③ 회계법인의 품질관리 정보 공개: 품질경쟁 유도

– 품질관리감리 결과 감사보고서 품질에 중대한 영향을 주는 시스템 미비*는 증선위 보고 후 즉시 외부공개

* (예시) 감사인 독립성 관리 및 감사보고서 내부심리제도의 중대한 흠결 등 감사보고서 품질에 직접적인 영향을 주는 시스템(외감규정 개정 사항)

– 품질관리감리 후 1년간의 개선기간을 부여한 이후 과거 지적사항이 개선되지 않았을 경우에 외부에 공개

– 품질관리 감리 후 즉시 공개한 중대한 시스템 미비가 1년 이후 개선되었을 경우에도 그 개선된 사실도 외부에 공개

■ (조치 및 시행시기) 외감법 개정 후 1년 이후

회계선진화방안 TF의 논의 결과에 의해서 이러한 내용이 공개될 초기 시점에는 법인의 형태가 one firm인지 아니면 독립채산제인지에 의해서 평가에 영향을 미치는 것으로 되어 있었다. 즉, 일부의 회계법인은 법인의 형태와 체계를 갖추고 있기는 하지만 거의 개별 감사반과 같이 운영되는데 단지 형식요건만 법인으로 되어 있는 경우도 있다. 과거의 회계학 연구에서는 이러한 차이를 회계법인의 조직화 정도라는 변수로 측정하기도 하였다.

물론, 이러한 one firm으로서의 체계와 조직을 갖추었는지는 품질관리실, 심리실 등의 monitoring 기능이 중요한 한 꼭지를 차지할 수 있다.

이러한 외부 공개의 원칙은 아래와 같은 비판에 대한 대응이다.

회계법인 싸고 도는 금감원

스위스 국제경영개발원(IMD)이 매기는 2012년도 국가경쟁력지수에서 한국의 전체 순위는 59개국 중 22위였지만, 회계투명성 부문은 41위에 불과했다. 왜 한국의 회계투명성이 이렇게 뒤떨어져 있는 걸까. 2007년부터 시행하고 있는 '회계 품질 관리 감리' 제도에 대한 금융감독원의 미지근한 태도는 그 답을 짐작케 한다.

회계품질관리 감리제도는 기업들의 회계처리를 감사하는 회계법인이 제대로 업무를 수행하고 있는지를 금감원이 평가하는 제도다. 회계처리의 품질을 높이자는 취지로 2007

년 도입됐다.

제도를 도입할 당시 금감원은 회계법인에 대해 내린 개선권고사항을 공개하지 않기로 했다. 어떤 회계법인이 회계감사를 부실하게 하고 있는지는 금감원만 알고 있기로 했다. 대신 '추후 적당할 때' 공개하기로 했다. 제도 도입에 회계법인들이 반발하고 나서자 무마하기 위해서였다.

제도를 도입한지 5년이 지난 지금은 어떨까. 여전히 '공개불가' 입장을 고수하고 있다. 금감원이 내세우는 이유는 여러 가지다. 한 금감원 관계자는 IMD의 회계투명성 평가 순위를 언급하며 '품질관리 감리 결과까지 공개하면 한국의 회계투명성에 대한 국제사회의 인식이 더 악화될 수 있다는 회계업계의 요청을 고려하지 않을 수 없다'고 말했다. 다른 금감원 관계자는 "회계정보가 기업 주가에 미치는 영향이 크지 않다는 연구 결과도 많다"고 주장했다. 말하자면 국제사회 인식 저하에 대한 우려는 큰 반면, 주가에 대한 영향은 미미해 개선권고사항을 공개하지 않고 있다는 설명이다.

시장 참여자들은 이런 설명을 납득하지 못한다. 한 주식 투자자는 "그런 이유라면 기업 분식 회계사건에 대한 조치 결과도 공개하지 말아야 한다"며 "금감원이 투자자를 보호하겠다는 것인지, 회계법인을 보호하겠다는 것인지 헷갈린다"고 반문했다.

이 투자자의 지적대로 금감원이 개선권고사항을 공개하지 못하는 이유는 딱 한 가지인 것 같다. 감리 결과를 공개하면 회계법인이 싫어하기 때문이다. 한 증권회사 관계자는 "증권사에 대한 조치 결과는 모두 공개하면서 회계법인만 싸고 도는 것은 형평성에 어긋난다"고 지적했다. 피검사 기관의 반발이 두려워 투자자 보호에 필요한 정보공개를 외면하는 금감원을 투자자들이 어떻게 볼지 걱정이다.

한국경제신문. 2012.6.12.

이러한 제도에 다음의 변화가 올 수도 있다.

회계법인 품질관리 결과 일반에 공개된다

비공개를 원칙으로 해오던 금융당국의 회계법인 품질관리 실태점검에 대한 결과가 조만간 공개될 예정이다.

금융감독원은 23일 브리핑을 열고 정보공개 확대방침에 따른 추후 변경사항을 전달했다.

이날 발표를 맡은 권인원 금감원 부원장보는 "현재 공개하지 않고 있는 회계법인 품질관리실태 점검결과를 금감원 홈페이지에 공개할 것"이라며 "공시하고 있는 검사결과와 제재내용을 추가로 보도자료로 작성·배포해 공개의 적시성을 높일 예정"이라고 말했다.

금감원은 시장에 혼란을 초래하거나 개인사생활 침해요지가 있는 사항을 제외하고는 보유한 모든 정보를 일반에 공개할 계획이다.

권 부원장보는 "정보공개법에 걸리지 않는 내용은 전부 제공할 방침"이라며 "(회계법인 품질관리 점검결과는) 그동안 민감한 사항이라고 판단돼 공개를 꺼렸지만 이제는 보다 정확한 정보를 시장에 제공함으로써 참여자들의 선택의 폭을 넓히고자 한다"고 덧붙였다.

개별 회계법인 품질관리 평가결과는 법 개정을 거쳐 이르면 내년부터 시행되고, 구체적인 정보공개 범위는 금융위원회 등 유관기관과의 협의를 거쳐 최종 결정될 전망이다.

한편 금감원은 홈페이지를 통해 금융업종별 재무현황과 주요 경영지표 등을 제공할 예정이며, 또 한국은행, 예금보험공사 등 유관기관과의 정보공유를 상시적으로 시행할 방침이다.

금감원 관계자는 "금융회사 임직원, 점포 및 여·수신 현황, 손익구조 등을 공개할 계획"이라며 "경영 및 재무현황 세부 명세를 상세히 제공해 금융통계정보의 종류를 대폭 확대하겠다"고 말했다.

이어 "그동안 한은, 예보 등 유관기관이 공유를 요청하면 이에 대해 제공가능 여부를 심사한 뒤 자료를 제공해 왔는데, 앞으로는 요청된 보고서는 물론 별도 요청 및 심사 절차 없이 상시적으로 제공하는 방안을 추진중"이라고 전했다.

조세일보. 2013.7.23.

IMD가 발표하는 우리나라의 순위는 2013년에는 62개국 중, 58위로 급락하여 세계에서의 경제규모 15위 국가라는 데 전혀 걸맞지 않은 위치를 보이고 있다.

한국 회계투명성 91위로 추락, 곤혹스런 금융당국

■ 세계경제포럼 평가 작년 75위서 다시 '미끄럼'

세계경제포럼(WEF)이 평가한 한국의 회계투명성이 세계 91위로 다시 추락한 것으로 나타나 금융당국이 곤혹스러워하고 있다. 한국채택국제회계기준이 도입 2년을 넘으며 한국회계기준에 대한 국제사회의 인식이 개선됐다는 평이 나오고 있는 것과는 달리 순위는 떨어졌기 때문이다.

12일 WEF 국가경쟁력 보고서에 따르면 한국의 회계투명성은 작년 75위에서 올해는 91위로 16계단 낮아졌다.

국회에는 주식회사 외부 감사법 제정안이 계류 중이다. 감사인인 회계법인이 기업 재무제표를 대신 작성해 주는 행위, 등기임원이 아니지만 사실상 업무지시자(명예 회장 등)의 분식회계 지시 책임을 지는 조항 등이 신설됐다.

그러나 기업인들이 금융당국이나 금융현실을 바라보는 시각이 부정적인 것으로 드러나면서 규제강화로만 문제에 접근해선 안 된다는 지적도 나온다. 금융위 고위 관계자는 "회계장부기재 인력을 양성, 공급해 감사인의 재무제표 대신 작성 문제를 풀 수 있어야 한다"고 말했다.

한국경제신문. 2013.9.13.

그러나 이 내용은 현재의 외감규정 제52조에서 아래와 같이 공개하지 않도록 규제하고 있다.

② 증선위 위원장은 품질관리감리결과 감사인의 감사업무품질의 향상을 위하여 개선권고할 사항이 있는 경우에는 이를 증선위에 부의하여야 하며, 증선위는 필요한 경우 당해 감사인에게 1년 이내의 기한을 정하여 품질관리제도 또는 그 운영의 개선을 권고할 수 있다. 이 경우 개선권고사항은 공표하지 아니한다. <신설 2006.6.29>

회계정보가 기업 주가에 미치는 영향이 크지 않다는 연구결과는 구체적으로 어떠한 연구를 지칭하는지는 알 수 없으나 회계정보가 주가에 미치는 영향이 크지 않은 것이 아니라 이러한 정보가 회계정보가 공시되는 시점에는 이미 시장에 많이 전달되어 있는 결과일 것이다.

증선위에서 분식회계로 지적받은 기업의 경우는 이를 공시하도록 되어 있는 데 반해서 품질관리감리 결과가 공시되지 않는 것은 무엇인가 정부정책에 일관성이 없다는 판단을 할 수 있다. 이러한 품질관리감리의 결과가 public good의 영역이라면 이러한 공공재는 공개하여 사용되도록 해야 한다.

분식지적에 대한 내용이 너무 과도하게 공개되어 한국의 회계법인은 너무 경미한 지적사항도 침소봉대되어 크게 분식이 있었던 것으로 비춰지면서 회계법인 평가에 부정적인 영향을 미친다는 의견도 있다.

또한 품질관리감리에 대한 조치일 경우, 중대한 사안도 있을 것이고 경미한 사안도 있을 것인데 이러한 건들이 구분이 없이 공개되는 문제도 있을 수 있다. 어쨌거나 이러한 문제를 해소하면서 결과를 공개하는 것이 올바른 정책 방향인 듯하다.

이러한 논점이 부각될 때 항상 사례로 인용되는 것이 주석사항에 대한 분식건이다. 주석사항에 대한 공시가 본문 내용의 분식에 비해서는 상대적으로 경미한 내용일 것인데 동일한 정도의 분식인 듯이 공표가 되고 이것이 확대해 석될 위험이 존재한다는 주장이다.

어쨌거나 이러한 정보가 공개된다면 피감사기업이 감사인을 선임할 때 사용할 수 있는 객관적인 정보가 제공된다는 순기능이 존재한다. 이제까지는 감사의뢰인이 감사인을 선임할 때 감사인을 상호 평가하여 이용할 수 있는 정보는 매우 제한되어 있었다.

과거 공기업은 증선위가 감사인에 부과하였던 벌점을 사용하기도 하였다. 물론, 이러한 벌점은 결과론적인 접근이라고 하면 큰 문제가 없지만 회계법인에 대한 종합적인 판단은 아니고 단지 결과물에 대한 평가의 결과를 이용한 것이다. 일반적인 평판에 근거하여 감사인이 선임될 수도 있지만 평판이라는 것이 항상 가변적이기 때문이다.

현재는 회계선진화방안에는 품질관리감리 후 개선권고사항에 대해 미이행시 조치사항으로 개별 회계법인별로 공개하는 방안으로 되어 있다. 즉, action이 취해지지 않은 경우에 한해서만 이를 공개하는 방안이다. 선진외국에서의 품질관리 감리 결과가 공개되는 행태는 다음과 같다.

1. 미국의 경우: PCAOB는 미이행시 조치사항으로 결과 공개
2. 유럽이나 일본: 종합 리포트 형식으로 품질관리감리의 종합적인
     내용을 공개
 영국: POB(회계법인감독기구)는 연차보고서(종합보고형식)로 품질관리
     감리결과를 공개
 일본: 일본공인회계사회에서 이행점검을 실시하고, 품질관리감리
     결과를 연차보고서로 공개

일본의 경우, 이러한 업무를 공인회계사회에서 수행함도 흥미롭다.
현재 진행되는 품질관리감리의 한 문제점은 품질관리감리에서 지적된 부분에 대해서 해당 회계법인은 개선하였다고 보고되는데 그 다음 번의 품질관리감리에서 동일한 내용이 개선 없이 반복해서 지정되는 경우가 다수 발생한다.
다음은 한국공인회계사회 회장이 감독의 방향이 개별 감사보고서 감리가

아니라 품질위주 감리로 변경되어야 한다는 주장을 하는 신문기사이다.

회계법인 개별 감리 감독 품질관리 위주로 바꿔야

"침체된 회계업계를 되살리려면 회계법인에 대한 감독을 개별 감리에서 품질관리 위주로 바꿔야 합니다"

강회장은 "선진국의 금융당국은 조직 리스크 품질관리로 감독 방향을 잡고 있다"며 "국내에서도 개별감리 감독에 초점을 맞추는 것을 지양해야 한다"고 강조했다.

기업들이 회계감사 비용 지출에 인색한 것도 문제란 지적이다. 그는 "감사 방법과 품질은 발전해 온 데 비해 감사보수는 미국 등 선진국의 20% 수준밖에 안 된다"며 "감사는 비용이 아닌 투자로 인식할 필요가 있다"고 말했다.

급변하는 환경에 맞춰 수익구조를 넓혀 가야 하는 것은 회계법인 스스로의 몫이다. 사립학교법 개정으로 올해부터 모든 대학이 입학 정원과 상관없이 의무적으로 외부회계감사증명서를 제출해야 한다. 자산 100억원 이상인 공익법인도 외부 회계법인 회계감사 의무화를 추진 중인 것도 업계엔 기회다.

매일경제신문. 2013.4.9.

한국공인회계사회가 회계업계를 대변하는 것도 매우 어려운 구도인 것이 big 4 회계법인과 중소회계법인의 경우도 이해가 첨예하게 대립되는데, 회계법인 구성 요건이 최소 10명이므로 중소회계법인간에도 많은 격차가 발생하여 이들의 이해도 상충된다. 그래서 중소회계법인 중에서도 신한, 대주 등 중견회계법인은 별도의 중견회계법인 협의체를 구성하여 모임을 갖고 있다. 중견회계법인 협의체는 회계사 50인 이상의 15개 회계법인의 모임이다.

이 모든 회계업계의 다양한 의견을 한국공인회계사회가 모두 반영한다는 것은 매우 어렵다. 예를 들어 논란이 되고 있는 감사인 등록제도에 대한 회계법인간의 이해득실이 모두 상이하여 하나로 집합되기 어려운 상황이다. 연결재무제표하에서 모회사와 계열사의 회계법인을 일원화하는 것도 중소회계법인에는 큰 부담으로 작용한다.

회계감사 업무에 대한 수임료가 외국에 비해서 과도하게 낮다고 한다. 수년간 이러한 수임료를 높일 수 있는 두 번 정도의 기회가 있었다고 판단된다. 첫 번째 기회는 내부회계관리제도에 대한 인증이 수행되었던 시점이었으며 두 번째는 국제회계기준이 도입되었던 시점이다. 회계업계가 한 목소리를 낼 수 있었다면 제 값을 받고 감사를 수행할 수 있는 기회가 있었는데 회계업계가 이렇게 결집된 힘을 내기에는 이들간에 이해관계가 너무 복잡하게 얽혀 있다. 전자의 경우는 회계법인은 추가적인 업무라고 판단하였고 회사의 입장에서는 회계감사를 수행함에 있어서는 당연히 밟아야 하는 절차인데 무슨 별도의 수임료를 청구하는지의 의견이 상충되었던 내용이다.

저가수임이 되지 않도록 또한 어느 정도의 감사품질이 유지되도록 수임료에 관한한 지속적인 관심을 가지고 주목해야 한다. 단, 이는 한공회 차원에서의 업무이지 감독기관이 개입할 건은 아니다. 이러한 차원에서 최소감사시간 등의 논의가 진행되고 있다.

Chapter
54

거래소에
재무제표 등록

다. 외부감사인의 재무제표작성 지원 근절(외감법 제7조)

- **(현황 및 문제점)** 회사는 재무제표를 작성하여 정기주총 6주(연결 재무제표: 4주전) 전에 감사인에게 제출해야 하나, 일부 회사는 제출기한도 지키지 못하고 재무제표 작성시에 감사인에게 의존하는 오랜 관행이 지속

  (1) 재무제표에 대한 회사의 책임의식이 낮아지고, 재무제표를 검증해야 할 외부감사인의 독립성이 약화됨

  (2) 재무제표 지연 제출 및 작성 지원 등은 감사인의 적정한 감사시간 확보를 어렵게 하여 부실감사 가능성 높아짐

회사 및 감사인의 재무제표 및 감사보고서 제출 의무: 외감법

① 정기총회 6주 전: 회사가 외부감사인에게 재무제표를 제출

② 정기총회 1주 전: 외부감사인은 감사보고서를 회사에 제출

③ 정기총회 후 2주 이내: 회사와 감사인은 재무제표 및 감사보고서를 증선위에 제출

- **(개선방안)** 회사가 외부감사인에게 재무제표 제출시 동 재무제표를 제출여부 확인 목적으로 한국거래소에도 제출

  제출적용 대상은 상장기업(금융회사 포함)을 대상으로 하고, 상장기업 중 일정규모 기준으로 단계별 적용*

  * 자산 5천억원 이상 상장기업: 법 개정 후 1년간의 유예기간 후 시행

자산 5천억원 미만 상장기업: 법 개정 후 2년간의 유예기간 후 시행

상장기업과 금융기관을 묶어서 이 제도를 동시에 시행함은 K－IFRS를 도입함에도 이 두 집단에 적용함과 같이 생각할 수 있다.
－ 재무제표의 범위는 외감법상 재무제표*를 모두 포함하되, IFRS 도입초기임을 고려하여 주석은 시행시기를 유예(2년)
* 재무상태표, 포괄손익계산서, 자본변동표, 현금흐름표, 주석
－ 거래소는 회사의 재무제표 제출여부를 증선위에 보고하고 동 재무제표는 감사 전 재무제표이므로 외부 공개를 금지
또한, 회사의 재무제표 작성책임 및 재무제표 작성에 외부 감사인의 관여를 금지하는 명시적인 규정을 외감법에 신설
* 현행도 가능하나, 회사의 재무제표 작성은 동 회사의 외부감사인이 아닌 회계전문가 등의 자문 및 대행 가능하다는 것을 명시적으로 규정

회사의 재무제표 제출기관을 한국거래소로 지정한 이유
① 거래소는 자본시장법상 상장기업이 재무제표 등을 제출하는 기관
② 재무제표 제출기관을 증선위로 지정할 경우 기업부담을 고려
③ 상장기업이 공시 자료 등을 거래소에 제출하는 전산시스템이 미 구축되어 있어 추가적인 비용이 크지 않음

■ (조치 및 시행시기) 외감법 개정 후 단계적 시행
(1) 자산 5천억원 이상 상장기업 및 금융회사: 법 개정 후 1년간의 유예기간 후 시행(주석은 법 개정 후 2년 유예기간 후 시행)
(2) 자산 5천억원 미만 상장기업 및 금융회사: 법 개정 후 2년간의 유예기간 후 시행(주석은 법 개정 후 3년 유예기간 후 시행)

이전에 가결산 재무제표를 증선위에 제출하는 것에서 거래소에 제출하는 것으로 변경되면서 대신 제출여부만을 증선위에 보고하는 것으로 조정되었다.
재무제표 작성 책임 및 재무제표 작성에 외부감사인의 관여를 금지하는 내용은 이미 공인회계사법에서 병행이 금지되는 내용으로 규정되어 있으나 이

를 강조하는 의미로 외감법에 다시 한 번 규정한다는 의미가 있다.

　　재무제표가 공시되기 이전에 이러한 내용이 내부자에 의해서 사용되면서 내부자거래로 악용되기도 하며 공시 내용이 거래소에 통보되고 이 내용이 공시의 형태로 발표되기 전에 거래소 직원에 의해서 투자 활동에 이용되는 경우가 Chapter 41에 기술되었다. 따라서 가결산 재무제표를 거래소에 통지하는 정책도 이에 대한 사전적인 예방책이 병행되어야 한다. 재무제표를 거래소에 제출하는 경우도 순기능과 역기능이 모두 존재한다고 할 수 있다.

　　과거에는 감사인이 감사보고서를 회사에 정식으로 전달하기 이전에 이사회 등에 참석하여 어떠한 감사의견이 표명될 것이라는 것을 보고한 경우도 있었다. 비적정의견을 받았던 기업의 경우에도 이러한 일이 발생하였으며 이사회에 참여하였던 임원들이 감사보고서가 표명되기 이전에 주식을 매도하는 일이 발생하여 이사회에서 공식적으로 감사의견을 전달하는 practice는 허용되지 않는다.

　　이러한 문제 제기에 대해 한국공인회계사회는 자구책의 일환으로서 다음을 명확히 하였다.

재무제표 작성 외부감사인 의존 못한다

　　공인회계사회는 20일 기업의 재무제표 작성 능력 현황을 공시 의무화하는 제도 도입을 정부에 건의할 예정이라고 밝혔다. 외부감사인이 감사업무 대신 재무제표 작성 및 주석 작성 업무에 시간을 할애하다 보면 감사시간 부족으로 부실감사 가능성이 높아진다는 판단에 따른 것이다.

한국경제신문. 2012.9.20.

　　감사인의 재무제표 작성대행과 관련되어 감사인에게는 외감법, 감사기준, 공인회계사 윤리규정 등에 의한 규제가 있는 데 반해 기업에게는 이와 관련된 규제가 없다는 점에 대해 규제가 불균등하게 수행된다는 비판도 있다.

　　감사인이 고유의 업무인 감사에 치중하지 못하고 재무제표와 주석을 작성해 주어야 한다면 이는 독립성에 심대한 영향을 미친다. 그러나 많은 기업이 재무제표 작성 능력이 부족하여 감사인이 이러한 재무제표 작성 업무를 협조해 주는 것을 당연한 업무의 일부로 인식하고 있으므로 회계 인프라가 약한 기업에서는 이러한 내용이 어느 정도의 현실이며, 동시에 감사인의 입장에서는 이러한 피감기업의 요구를 무시할 수도 없는 것이 현실이다. 회계에서의 대표적인 현실과 이론의 괴리이다.

또한 주석뿐만 아니라 연결재무제표의 작성은 많은 기업에서 회계법인에 의존하는 것이 실무에서의 관행이며 현실이다. 즉, 공공연하게 법을 어기는 것이다.

이러한 차원에서 판단한다면 재무제표 작성 능력 현황을 공시하도록 하는 대안은 상당한 설득력을 갖는다. 단, 재무제표 작성 능력이 부족하다고 공시할 기업이 어느 정도 있을지도 동시에 이슈가 될 수 있다.

이번의 입법 예고된 외감법 개정안에 보면 사후조치보다는 사전예방의 정책의지가 담겨 있는데 그러한 차원에서는 감독기관인 증권선물위원회가 가결산된 재무제표를 검토하고 이에 대해서 즉시 수정의견을 제시할 수 있다는 차원에서는 거래소가 아니고 증권선물위원회에 제출하는 원안의 정책방향이 적절하였다고도 사료된다.

재무제표 제출은 증선위에 제출하려는 아래와 같은 방침에서 정책 방향이 조정된 것이다.

입법 예고되기 이전의 초안에 대한 의견
   (금융위나 감독원에 제출한다는 원안에 대한 상장협의 의견)
   증선위 재무제표 제출시 주석 제출 의무 삭제
선진화 방안 주요 내용
   회사가 외부감사인에게 재무제표 제출시 동 재무제표를 제출여부 확인 목적으로 증선위에도 제출토록 의무화함
   아울러 비록 제출 재무제표가 '기한 내 제출 여부 확인 목적 이외에는 사용되어서는 아니 된다'라고 법령화될 예정
상장협의 의견
   증선위 입장에서 회사가 제출한 재무제표의 실효성 여부를 확인하기 위해서는 최소한의 수준에서라도 재무제표의 형식과 내용을 검토할 수밖에 없을 것이며, 이는 상장회사에 상당한 부담으로 작용하게 될 것임(회계처리 오류 등의 사후적 발견 가능성 등)
   특히 상장회사의 가결산 재무데이터가 감독당국에 누적되게 되고 이러한 정보

의 유출 가능성도 배제할 수 없음(감사원, 법원 등 외부기관으로부터 자료 요청, 압수 등)

따라서 증선위가 아닌 한국거래소, 한국공인회계사회 등 기타 기관에 확인 목적의 재무제표를 제출하게 함으로써, 감사받기 전 재무제표를 증선위에 제출함에 따라 발생할 수 있는 상장회사의 실무상 부담을 최소화하면서도 제도 도입 목적을 달성

감사보고서 사용 동의 의무화

회사가 감사보고서를 유가증권신고서에 첨부할 경우 감사인의 사용 동의를 받도록 의무화

증권신고서에 첨부된 모든 재무 서류의 진위 여부에 대해서는 신고자가 서명을 통해 그 정확성 등을 담보하고 있는 동시에, 증권신고서에 첨부된 감사보고서에도 그 유효일(감사보고서가 유효한 날짜)이 기재되어 있어 투자자 보호에 문제가 있다고 보기 어려움

이러한 공방 결과, 거래소에 이를 제출하는 방식으로 의견을 좁혀 가고 있다. 위에 검토된 대안 중, 한국공인회계사회에 이를 제출하도록 하는 대안은 한공이 공인회계사들의 단체이므로 적절하지 않다고 사료되며 거래소의 경우는 시장 운영 기관이므로 대안이 될 수 있다.

위의 상장협의 선진화 방안에 대한 의견 중, 가결산 재무제표를 증선위에 제출하는 데 대한 많은 부담을 기업들이 안고 있다는 데 대해서 회계나 모든 규제에 있어서 사후적인 조치보다 더 중요한 것이 사전적인 예방(pre clearance)이다. 규제의 대상이 되는 기업들도 규제기관에 대해서 사후 조치보다는 사전적인 예방이 주가 되어야 한다고 주장하는데 막상 사전적인 예방으로 행정이 진행되는 데 대한 부담감을 전달하고 있는 것이다. 이러한 논의를 거치면서 이 가결산 재무제표는 증선위가 아니라 거래소에 제출되는 것으로 조정되었지만 pre clearance라는 정책 방향은 이러한 기업 측의 요구사항 때문에도 실현되기 어려운 것도 같다.

사전 예방을 하려면 재무제표에 대한 접근이 가능하여야 하는데 현재의 조정된 정책 방향에 의하면 재무제표를 제출하는 기관이 감독기관이 아니고 거래소이기 때문에 사전 점검이 계획대로 진행되기 어렵다.

재무정보의 유출 가능성에 대한 우려라면 이 내용이 어느 기관에 제출된

다고 하여도 유출될 가능성은 항시 존재하는 것이며, 그러한 차원에서는 민간
보다는 공적인 기관이 보안상에서도 더 안전할 것이다.

분식회계 처벌강화 법률 개정안 발의

김종훈 새누리당 의원은 분식회계 형사처벌 수준을 강화하고 처벌 대상자의 범위를
확대하는 내용의 법률 개정안을 국회에 제출했다고 15일 밝혔다.

김 의원이 분식회계 근절을 위해 제출한 '주식회사의 외부감사에 관한 법률' 일부개정
법률안은 감사인 등이 직무와 관련해 부정한 청탁을 받고 금품 등을 수수한 경우 형사처
벌 수준을 현재 3년 이하의 징역 3,000만원 이하의 벌금에서 5년 이하의 징역 3억원 이하
의 벌금으로 강화했다.

또 회계업무를 담당자 등이 회계처리기준을 위반해 거짓으로 재무제표 등을 작성한
경우 형사처벌 수준을 현재 5년 이하의 징역 5,000만원 이하의 벌금에서 7년 이하의 징역
5억원 이하의 벌금으로 상향 조정하는 내용이다.

아울러 분식회계에 대한 형사처벌 대상자의 범위에 분식회계를 직접 지시하고 주도한
업무집행지시자를 추가하고, 증권선물위원회의 조치대상자에 업무집행지시자와 감사, 감사
위원회 위원, 집행임원 등을 추가해 책임소재를 분명히 하도록 했다.

증권선물위원회에 재무제표 제출기한이 없기 때문에 증선위 제출 전에 감사인과 공
모하거나 감사인의 재무제표 작성 관여를 방지하기 위해 감사인에게 제출과 동시에 증선
위에 제출하도록 하는 내용도 담겨 있다.

김종훈 의원은 "분식회계는 기업에 대한 신뢰를 떨어뜨리고, 해당 기업의 주주·채권
자·종업원 등에게 피해를 미칠 뿐만 아니라 대한민국 회계 투명성을 떨어뜨려 국가신인도
를 저하시키는 심각한 범죄행위"라고 지적했다.

김 의원실에 따르면 지난 2009년부터 2012년 6월까지 3년 반 동안 2조 8,000억원에
달하는 분식회계 금액이 적발됐으며, 작년 한해 동안 표본감리 4곳 중 1곳은 회계기준을
위반하는 등 분식회계가 근절되지 않고 있다.

뉴스토마토. 2013.3.15.

이 내용은 Chapter 90에서 입법 내용을 정리하면서 다시 한 번 검토된다.

재무제표를 감사인에게 제출과 동시에 증선위에 제출한다는 내용은 외감
법 개정안이 입법예고되기 전에 검토하였던 내용으로 입법예고 때는 증선위가
아니고 한국거래소에 제출되는 것으로 조정되었는데, 이에 대한 개정안을 발
의한 것이다.

업무집행지시자에 대한 조치는 이미 입법예고된 외감법에도 포함된 내용이지만 증선위의 조치 대상자에 감사와 감사위원을 포함하는 내용은 매우 획기적이다. 감사는 상근 감사이지만 감사위원회 위원은 대부분은 사외이사인 경우가 많을 것이다. 감사위원에 대한 조치는 가장 극단적인 경우는 해임권고일 것인데 상근이 아닌 자에 대해서 이러한 조치를 취한다는 것은 매우 강한 내용이다. 혹은 상근이사와 같은 검찰 통보, 고발, 정보사항으로도 전달될 수 있다. 권한에 대한 책임을 묻는 것은 당연한 책임 추궁이지만, 또한 책임은 지지 않고 권한만 갖는 것도 매우 위험한 발상이며 사외이사로서의 감사위원이 상근이 갖는 정도의 권한이 있는지에 대해서는 의문이 있다. 권한도 없는데 책임만을 과도하게 묻는 것도 적법한 정책이라 할 수 없다.

사외이사에게는 상법에서 상근이사와 동일한 선관의 의무(선량한 관리자의 의무)를 강제하지만 아래의 신문기사에서 보듯이 법정에서도 사외이사의 시간적·공간적 한계를 인정하고 있어서 논란이 될 수 있다.

법원 "경영참여 안 했을 땐 책임 없다"

회사 오너의 아들이라는 이유로 사내이사로 등재돼 있던 A씨(34). 그는 경영에 대해서는 아무것도 모르는 상황이었고, 알았다 해도 권한이 없었다. 회사 사정이 어려워져 빚을 갚지 못하게 되자 금융권에서는 A씨를 상대로 소송을 시작했다.

신용보증기금법, 상호신용금고법, 금융당국의 내부규정 등은 회사의 부실경영에 대해 '모든 이사가 연대적인 책임을 진다'는 규정을 명문화하고 있기 때문이다.

이에 대해 법원이 A씨처럼 단순히 이사로 등재된 경우에는 구제돼야 한다는 판결을 잇따라 내놓고 있어 주목된다. 회사 운영상 어쩔 수 없이 이사로 등재돼 있었을 뿐 실제로 경영에 참여하지 않은 사람은 경영상 실책에 따른 손해배상 책임에서 벗어나야 한다는 법적 견해를 지지하고 있는 셈이다.

19일 서울고법 민사11부(부장판사 김대휘)는 공장설비업체인 B사의 은행 대출금 보증을 섰던 신용보증기금이 이 업체 대표의 아들이며 등기이사였던 A씨를 상대로 낸 소송의 2심에서 1심 판결을 뒤집고 원고패소 판결했다.

재판부는 "민사상 책임은 해당 이사가 경영을 사실상 지배·관여하고 있거나 그럴 가능성이 있는 때만 발생한다"며 "형식상 이사로 등재된 경우에는 그 책임을 부담시킬 수 없다고 해석해야 옳다"고 밝혔다.

헌법재판소도 최근 상호신용금고법에 대해 비슷한 취지의 판결을 내려 이 같은 추세를 뒷받침하고 있다. 헌재는 2002년 상호신용금고 임원들이 예금 등에 관해 연대적으로 책임의무를 지도록 규정했던 옛 상호금고법에 대해 위헌 결정을 내렸었다.

매일경제신문. 2005.4.20.

또한 사외이사에게 상근 사내이사와 동일한 수준의 책임을 묻는 이와 같은 내용은 2012년 4월에 개정된 상법에서도 이사에 대한 손해배상한도를 정관에서 정할 수 있게 되는 경우에도 사내이사인 경우는 보수의 6배 한도까지, 사외이사의 경우는 보수의 3배까지로 손해배상한도를 정하고 있어서 사내와 사외이사 간의 책임을 차등화하고 있는 데 비해서 이러한 추세와는 다른 내용이다.

부광약품, 오너 2세 김상훈 체제로

대한제분은 자산규모 2조원 이하 기업으로 감사위원회 설치 의무가 없지만 자발적으로 도입했었다. 대한제분은 과거 '장하성펀드'로부터 감사 교체 등 지배구조 개선을 요구받기도 했다. 대한제분 관계자는 "감사위원회 의무 도입 대상이 아닌 자산 2조원 이하의 기업도 의무 대상 기업과 동일하게 엄격한 요건을 요구함에 따라 제도를 폐지했다"고 설명했다.

한국경제신문. 2013.3.16.

위의 신문기사에서와 같이 기업은 어떠한 기구를 상근 또는 비상근으로 운용하는 것이 가장 바람직한지에 대한 고민을 하고 있다. 즉, 대한제분은 과거와 같이 상법상의 감사로 회귀하게 된다.

은행일 경우 이제까지는 통상 상근 감사체제로 운영하였지만 신한은행의 경우, 2011년 저축은행 사태 때 감독원에서 감사가 낙하산으로 임명되는 것이 문제가 되자 2012년 주총에서 상근감사 제도를 폐지하고 감사위원회로 감사를 대체하였다. 즉, 감사제도가 되었건, 기업의 어떠한 제도가 되었건 자기 회사에 맞는 제도가 있는 것이지 항상 한 가지 제도가 우월한 제도인 것은 아니다. 단, 신한은행도 상근감사는 폐지하였지만 감사본부장제도를 신설하여 대신 운영하고 있다. 그러나 다시 2014년부터는 상근감사제를 도입한다.

강제되지도 않는 제도를 자발적으로 도입하는 것에 대해 기업에게는 신호(signaling)효과가 있다고 할 수 있다. 그러나 이를 다시 되돌리는 것은 기업에게도 부담되는 일일 것이다. 일단 투자자들은 기업이 의도한 바가 있어서 강제되지 않는 제도를 도입하였다가 이를 다시 과거의 제도로 회귀하는 것에 대해 매우 특이하게 인지할 수 있으며 그렇기 때문에 위의 신문기사와 같이 이 내용이 특별하게 신문기사에서 다루어지는 것이다.

Chapter

55

... 감사인 선임 권한

다음은 입법 예고된 내용이다.

나. 외부감사인 선임권한의 이전(제4조, 제4조의2, 제4조의3, 제4조의5)

■ (현황 및 문제점) 감사시장은 외부감사인이 자신을 선임한 회사(경영진)의 재무제표를 검증하여 잘못된 점을 지적하는 구조

□ 따라서, 외부감사인의 독립성 강화를 위해 회사의 내부감시기구에게 외부감사인의 선임을 승인하는 권한을 부여

□ 그러나, 내부감시기구가 승인 권한만을 보유하고 있으며, 외부감사인 선임 타당성 등에 대한 검증절차도 부족하여 회사의 선임안에 대한 실질적인 견제 역할을 수행하고 있지 못함

* 주권상장법인은 감사인선임위원회(감사위원회 포함), 그 외 법인은 감사 또는 감사인선임위원회의 승인을 획득해야 함(외감법 제4조)

■ (개선방안) 외부감사인 선임권한 일체를 회사 내부감시기구로 이전하고, 선임절차를 구체적으로 규정하여 실효성 확보

① 외부감사인의 선임, 해임, 보수 결정 등을 회사 경영진에서 상법상 회사 내부감시기구인 감사위원회 혹은 감사로 이전

외부감사인 선임권한 이전

구분		현행		→	개선안	
		승인	선임, 해임, 보수결정		승인	선임, 해임, 보수결정
상장법인	감사위원회 존재	감사위원회	경영진		×	감사위원회
	감사위원회 미존재	감사인선임위	경영진		감사인선임위	내부감사
비상장법인		내부감사	경영진		×	내부감사

② 감사인 적격성, 적절한 감사 인력 및 시간 투입 등 정당한 감사인 선임절차(Due process)에 대한 규정화

참고: 내부감시기구의 선임절차 구체화: 시행령 개정
① 감사인의 제안서(감사보수, 감사투입시간, 투입인력 등)에 대한 검토절차 수행 및 문서화
② 외부감사인 선임 검토를 위한 내부 회의 및 검토 결과 문서화
③ 회의나 검토 결과에 대한 보고서 및 회의록 3년간 비치의무
④ 증권선물위원회 등에 감사인 선임보고서 감사 또는 감사위원회의 선임절차를 증명하는 서류 제출

이러한 개선점에 대해서 회계법인에서는 감사인으로 선임되기 위해서는 회사에 총력을 다했어야 했는데 이제는 회사뿐만 아니라 감사위원회까지도 신경을 써야 한다는 현실적인 고충을 토로하기도 한다.

감사라는 기능이 누구까지를 감사할 수 있는지에 대해서는 항상 여러 가지 이슈가 있다. 감사원장 선임을 위한 청문회에서는 거의 항상 감사원장을 추천하였던 임명권자인 대통령까지도 감사할 수 있는지가 단골 질문 메뉴이다. 또한 감사원의 감사대상에는 청와대 및 대통령도 포함되는데 어떻게 감사원장이 대통령에게 보고할 수 있는지에 대해서도 논란이 있다.

2013년 1월 정권 교체기에도 감사원과 청와대, 감사원과 환경부, 국토해양부, 또한 감사원과 총리실이 4대강 사업의 공과에 대해서 대치하는 초유의 사태가 발생하였다.

따라서 감사라는 기능은 어느 조직이 되거나 항상 이슈가 된다. 또한 감사가 적절히 수행될 것인가의 이슈는 감사는 어떠한 과정으로 선임되어야 하

는지의 이슈가 선행되어야 한다. 피선임된 감사는 본인을 선임한 임명권자에 대한 부채를 안을 수도 있기 때문이다.

아마도 이러한 이슈가 개입되기 때문에 지방자치단체 또는 교육청의 감사담당자(감사관)의 임명은 개방직으로 운영하는 것일 수도 있다. 이는 2010년 '공공감사에 관한 법률'이 통과되면서 도입되었다. 그러나 이렇게 개방직으로 감사관을 임명하더라도 외부 평가 위원회의 추천, 지방자치단체 인사위원회를 거쳐서, 지방자치단체의 기관장이 감사담당관을 선임하게 되므로 추천과정이 아무리 독립적이고 합리적이더라도 피임명권자가 임명권자를 감사하여야 하는 아이러니도 발생하게 된다. 이러한 차원에서 지방자치단체의 감사관은 지방의회가 선임하여야 한다는 주장이 있기도 하다. 권력과 권한이 분산된다는 차원에서는 이해할 수 있는 대안이기도 하다. 그러나 이렇게 선임된 감사관이 임기가 보장되는 직이기 때문에 임명권자의 눈치를 볼 필요가 없으며 따라서 감사역할에는 큰 문제점이 없다는 주장도 있다.

미국에서 감사원의 소속을 행정부가 아닌 의회 소속으로 두는 것과 같은 맥락이다.

개방형 감사관제 결국 '제 식구 채우기'

외부인사 임명해 기강 혁신한다더니, 줄줄이 전직 공무원 임용

문화일보. 2013.10.2.

위기의 '빅 브러더' 감사원 입법 사법 행정부에서 완전 독립 운영, 독일 벤치마킹 바람직

'독립적 헌법기관'이면서 동시에 '대통령 직속기관'(감사원법 1장 2조)의 상충적인 위치를 바로잡아야 한다는 게 공통적 지적이다.

감사원이 중요하다고 판단되는 감사 결과를 수시로 대통령에게 보고하도록 규정한 감사원법 제42조 역시 감사원의 중립성을 훼손하는 조항이라는 것이 그의 주장이다.

"대통령 직속인 감사원을 국회로 이관해 '정권의 감사원'이 아닌 '국민의 감사원'으로 만들어야 한다"고 말했다.

하지만 이 같은 주장에 대해 정치권 내 반론도 만만치 않다. 감사원의 인사 및 정책 감사 등이 여야 정쟁의 수단으로 악용될 수 있다는 지적이다.

감사원을 국회 소속으로 두는 것에 대해선 일부 전문가들도 문제를 제기하고 있다. 감사원이 의회에 소속되어 있는 미국과는 의회 민주주의의 발전 정도에서 차이가 있는 만큼 섣부른 모방은 오히려 부작용만 키울 수 있다는 비판을 내놓고 있다. 익명을 요구한 현 감사원 정책자문위원은 "미국 의회는 예산 편성권을 가지는 등 행정부보다 더 큰 영향력을 갖고 있다"며 "현실에 대한 고민 없이 단순히 선진국의 제도라고 따르는 것은 잘못"이라고 꼬집었다.

오히려 독일처럼 헌법상 독립 기관처럼 운영하는 게 더 효율적이라는 의견이 많다. 현재 중앙선거관리위원회와 같은 조직 형태를 말한다.

한국경제신문. 2013.9.2.

이러한 논의는 기업의 감사 기능에 대한 고민과도 일맥상통하는 점이 있다. 대표이사도 감사를 하여야 하는데 위의 감사원의 내용을 모두 기업 내 감사에 대입해 보면 거의 동일한 내용이다.

이러한 감사기능의 역할에 대해서는 일반 기업도 예외일 수 없다. 물론, 기업에서의 감사의 기능이란 상법에서의 감사(또는 일부 기업에서의 감사위원회)와 외부 감사로 감사기능이 기업의 내/외부로 구분되어 있다.

내부 감사기능에서는 상법상의 감사 또는 감사위원회가 감사활동을 수월하게 하기 위해서 내부적으로 감사실/감사부서의 행정기능을 갖게 된다.

또한 감사기능 이외에도 금융기관에는 준법감시인 제도를 운영하는데 이 또한 일부의 기능이 감사실, 감사의 기능과 중복된다는 비판도 받는다. 이론적으로는 준법감시인의 업무 영역은 사전적으로 규정이 준수되는지 등에 대한 점검이며 감사의 영역은 사후적으로 나눌 수도 있는데 어느 정도는 중복을 피하기 어렵다.

이러한 이유에서 감사위원의 선임은 주주총회에서 직접 주주가 진행하게 되며 이 또한 일부 최대주주가 본인들을 감시하게 되는 감사위원의 선임에 영향력을 미치지 못하도록 의결권을 3%로 제한하게 되는 매우 특별한 제도를 갖는다.

이 제도는 다음과 같은 운영상의 맹점이 있었고 이를 개정상법에서 개선하려 한다.

대기업, 감사위원-이사 따로 뽑아야

　　하지만 현실적으로 이사를 먼저 선출한 뒤 선출된 이사 중에서 감사위 위원을 선임하는 방식을 취하고 있어 사실상 감사위 위원 선임 때 3% 초과분 의결권 제한 규정이 적용되지 않는 문제가 있다는 지적이 제기돼 왔다.

　　개정안은 이사회의 감독 기능을 강화하기 위해 자산 2조원 이상 상장회사(작년 말 기준 146개)의 경우 감사위원을 이사와 따로 뽑고, 감사위원 선출 때 대주주 의결권을 3%로 제한토록 했다.

한국경제신문. 2013.7.17.

집중투표제는 유보, 전자투표제는 2015년 시행하기로

　　법무부가 만든 수정안의 골자는 감사담당 이사들을 선임할 때 감사 위원 전체(현행 상법 개정안)가 아니라 감사위원 1명(수정안)만 별도로 선임하도록 하는 것이다.

　　정부는 감사 업무를 하는 이사를 일반 이사와 분리해서 선출토록 의무화하고 "감사위원 1명만 선임과정이 독립돼도 대주주 전횡을 견제하고 하고자 하는 입법 취지에는 부합한다"고 말했다.

　　법무부 수정안은 이외에 집행임원과 이사회 이사의 분리 선임을 의무화한 상법 개정안 규정을 이사회 의장의 경우에는 집행임원이 겸임할 수 있는 것으로 바꾸기로 했다. 이사회와 집행임원을 완전히 분리할 경우, 기업의 경영효율을 해칠 수 있다고 판단했기 때문이다.

조선일보. 2013.8.24.

재계 수정안도 기업 지배구조 흔들어, 전면 백지화가 최선

　　이승철 전국경제인연합회 부회장은 23일 "1명이 됐든 여러 명이 됐든 감사위원 분리 선출을 법으로 강제하는 나라는 세계 어디에도 없다"면서 "기업의 지배구조는 기업 스스로 선택해야지 정부가 획일적으로 정할 사안이 아니다"고 말했다. 그는 "대주주 의결권을 3%로 제한해 외부 세력이 감사위원으로 선임할 수 있도록 하는 것은 감사원장을 야당이 임명하도록 법제화하는 것과 다를 바 없다"고 말했다.

조선일보. 2013.8.24.

상장사 감사 선출 때 대주주 의결권 제한 완화

정부가 상법 개정안을 수정해 자산 2조원 이상 상장 기업의 감사위원 선출시 대주주의 지분을 제한하는 상한선을 3%에서 10%로 높이는 방안을 유력하게 검토하고 있다.

현행법은 주주들이 지분율대로 의결권을 행사해 이사를 선출한 뒤 이사 가운데서 감사위원을 선출할 수 있도록 하고 있다. 반면 상법 개정안은 감사위원을 사내이사로 선출할 때는 대주주(특수관계인까지 포함)가 의결권을 행사할 수 있는 지분이 3%로 제한되고, 2대 주주부터 지분대로 행사한다. 사외이사로 선출할 경우에는 이 같은 3% 지분 제한이 모든 주주에게 적용된다.

정부는 재계의 반발을 감안해 이 규정을 완화키로 했다. 일반 이사와 감사위원이 될 이사를 분리해서 선출토록 한 개정안의 내용은 유지하지만, 대주주의 지분 제한은 3%에서 10%로 높이는 방안이다.

조선일보. 2013.9.6.

최대 주주만을 불리하게 만드는 제도인데, 최대 주주와 2대 주주가 지분의 차이가 많지 않다면 오히려 2대 주주 등이 이 제도에서 상대적인 혜택을 받을 수 있다.

이견 못 좁힌 상법 개정안 공청회 "감사 의결권 제한은 위헌적 발상"

고창현 김앤장 법률사무소 변호사는 "감사위원을 맡을 이사를 다른 이사와 분리해서 선출하고 그 의결권을 제한하도록 한 개정안 내용은 합리적 근거 없이 주식평등, 1주 1의결권 원칙의 예외성을 인정하고 있다"며 "감사이사의 재산권을 침해하는 위헌적인 발상이며 왜곡된 기업 지배구조를 더 왜곡할 수 있다"고 지적했다.

김우찬 교수는 "우리나라는 회사의 주요 업무를 총괄하면서도 사내이사로 등기돼 있지 않은 임원이 너무 많다. 회사에 대한 손해배상도 없고 대주주에 맞는 경영을 하면서 기업 경영을 왜곡시키고 있다"고 지적했다.

매일경제신문. 2013.9.11.

집행임원제 놓고 "과잉 입법", 국제 기준 공방전

최준선 교수는 "자산 2조원 이상 상장사의 경우 사외이사를 뽑을 때 최대주주와 친인척 의결권을 3%로 제한하는 것은 야구 구단주에게 감독도 마음대로 정하지 말라는 것과 다름없다"고 말했다.

이에 대해 고창현 변호사와 배상근 본부장이 반론을 폈다. 고변호사는 "감사위원을 뽑을 때 최대주주 의결권을 제한하는 건 재산권 침해"라며 "지주회사 체제 그룹은 계열사 지분을 평균 39.2% 보유하고 있는데, 감사 선출 때 의결권을 제한하는 것은 사실상 의결 권을 박탈당하는 셈"이라고 주장했다.

한국경제신문. 2013.9.11.

위의 내용은 개정된 상법으로 입법 예고된 내용이다.

그렇기 때문에 미국의 IIA(Institute of Internal Auditor)에서의 내부감사 (internal auditor)도 외부감사인의 자격 요건과 동일하게 정신적으로 또한 외관 적으로 독립적이어야 한다고 규정하고 있다. 동시에 내부감사인의 경우 임면 을 하는 경우는 CEO가 독단적으로 이를 수행할 수 있는 것이 아니라 감사위 원회의 동의를 받도록 하여서 내부감사인을 어느 정도는 신분적으로 보장하고 있다. 물론, 기업 내의 직책인 내부감사가 CEO로부터 외관적/정신적으로 독 립적이라는 내용은 이상주의적인 주장에 불과하다고 비판받을 수도 있지만 적 어도 이러한 정신이어야 한다는 의미전달은 된다.

공공기관일 경우도 감사는 CEO 다음 직위를 갖고 있으며 다른 임원과는 달리 대통령이 임명하는 중요한 자리이다.

그럼에도 불구하고 이제까지의 외부감사인의 선임은 거의 기업 내부의 실무부서에서 실질적으로 진행되었고 감사위원회에는 형식적인 추인 절차만 을 진행하였다고 할 수 있다.

위의 내용은 현실과 이상의 괴리와도 연관될 수 있다. 민간 기업에서는 진행되고 있는 이사회, 감사위원회 등에 대한 많은 비판이 있다. 이러한 감사 위원회는 기업 내의 1인 감사에 비해서 우월할 것이 없다는 비판도 있으며 또 한 비상근으로서의 한계도 분명히 존재한다. 그럼에도 불구하고 이제까지의 감사위원회는 실질적으로 감사인 선임을 주도해 왔다기보다는 회사 내부에서 진행된 search 업무를 최종적으로 추인하는 정도의 업무밖에는 못하는 상황이 었다.

회사의 실무 라인에서 한 감사인만을 추천하여 감사위원회에 상정하는데 거의 아무 정보도 없는 상태에서 이를 거부할 명분도 없고 실질적인 평가 업무를 수행할 분위기도 아닌 회사도 있다. 적어도 2배수 추천이 된다고 하면 감사위원회에서 논의를 할 수 있는 분위기가 조성될 수도 있는데 그러한 상황도 아니었다. 또한 감사인의 선임만 감사위원회가 결정하였던 것이지 보수 등의 주요한 결정은 회사 내부에서 결정하는 사안이었다. 계약권과 재정권이 실질적인 권한이라고 할 때, 한 권한만을 그것도 형식적으로 요식행위도 진행된 기업도 있다. 다만, 감사수임료의 결정은 기업의 실질적인 경영활동인데 이러한 점까지 감사위원회가 다뤄야 할 일인가에 대해서는 고민해 보아야 한다.

감사인을 누가 선임하는지는 감사과정에 대한 개선 방안과 더불어 매우 중요한 이슈임에도 불구하고 거의 명목상의 규정만이 존재했다. 정권 교체기에도 인사권을 어떻게 행사하는지, 특히 누구 추천에 의해 누가 임명하는지, 또한 어떠한 인준과정을 갖는지 등은 매우 중요하다. 최근 감사원의 감사위원은 감사원장의 제청으로 대통령이 임명하는데 대통령이 희망하는 후보를 감사원장이 제청을 거부해서 논란이 있었다. 제청권한이라는 것이 충분히 의미가 있는 제도이지만 제청하는 자가 제청을 거부하고 또한 임명권자가 제청권자가 제청한 후보자의 임명을 거부할 경우는 deadlock에 처할 위험도 있다. 물론, 임명권자가 제청권자보다는 상위의 직책자이므로 제청권이 인정된다고 해도 거의 상위 직급자의 의도대로 진행이 되는 것이 대부분이겠지만 반드시 그러한 것도 아니다.

아마도 감사인이 특별하게 차별화되지 않으므로 누가 감사하는지가 그렇게 중요하지 않다는 생각이 이면에 존재하였을 수 있으나 감사의 주체가 누구인지는 매우 중차대한 업무이다.

또한 감사인에 대한 평가 업무를 위원회가 수행하려면 실무 행정 파트의 행정지원을 받아야 하는데 이러한 과정이 원만하게 진행되지 않을 수도 있어서 감사위원회 또는 감사인 선임위원회가 주도적인 역할을 수행하도록 즉, 이 위원회의 가동이 원활하도록 행정적인 지원 체계도 갖추어야 한다. 위원회가 주도적인 역할을 수행한다고 규정을 만들어 두고 행정적으로 지원을 하지 않을 경우는 사외이사들로 구성된 감사위원회는 형식적으로만 위원회가 진행될 수 있는 위험도 있으며 동시에 감사위원회 활동을 하는 위원들이 상당한 의무감을 가지고 이러한 임무를 수행하여야 한다.

이러한 차원에서 EU의 Green paper에서는 주총에 감사인을 상정할 때에

선호하는 감사인 이외에도 제2의 감사인을 추천하여 선호하는 감사인이 거부될 경우도 차선책이 존재하는 운용의 묘를 살렸다. 그렇지 않고 단수의 감사인이 추천될 때는 이 감사인을 수용할 수밖에 없는 운용상의 한계점이 존재한다.

Chapter 56

... 조치 대상자 확대

분식회계 조치 대상자의 확대(외감법 제16조, 제17조, 제20조)

- **(현황 및 문제점)** 회사의 분식회계 발생시, 현행 규정(외감법 §16② 등)은 회사와 등기임원에게만 증선위 조치 가능

□ 등기임원과 역할이 유사한 상법상의 업무집행지시자*들이 사실상 회계분식을 직접 지시 또는 주도한 경우에도 조치에서 제외되는 사례가 다수 발생

□ 등기임원과 역할이 유사한 상법상의 업무집행지시자*들이 사실상 회계분식을 직접 지시 또는 주도한 경우에도 조치에서 제외되는 사례가 다수 발생

* 상법상의 업무집행지시자: 자신의 영향력을 이용하여 이사에게 업무를 지시한 자, 이사의 이름으로 직접업무를 집행한자, 이사가 아니면서 명예회장, 회장, 사장, 전무 등의 이름을 사용하여 업무를 집행한자(상법 §401②)

- **(개선방안)** 상법상 업무집행지시자 조치신설

□ 분식회계를 주도한 경우 해임권고, 상장법인 임원자격 제한 등의 행정조치와 손해배상책임, 형벌 등 민·형사 책임 부과

* 자본시장법은 상법상 업무집행지시자를 손해배상책임 및 과징금 부과 대상자로 보고 있으며, 개정상법도 집행임원에 등기임원과 동일한 책임을 부과

* 10년 기준 전체 121개 중 비상장법인만 감사하는 회계법인은 19개이며 1개 이하까지 포함하면 53개 회계법인(약 43%)

* 감사반은 법인형태가 아닌 외감법상의 개인회계사들의 조직체로서, 현 제도하에서는 유가증권 상장법인 감사가 제한되어 있음(코스닥 상장법인만 가능)

그러나 아직까지(2011년 주총까지) 임의 규정인 집행임원제도를 도입한 기업은 없는 것으로 파악됨

분식회계 적발되면 오너까지 처벌

■ 개정안 국무회의 통과, 연루자 재취업도 제한

앞으로 분식회계가 적발되면 등기임원이 아니더라도 실질적으로 경영에 영향력을 행사한 최대주주나 명예회장까지 민형사상 처벌을 받게 된다.

또 분식회계에 연루돼 금융위원회에서 해임권고 등 제재를 받은 임직원은 최대 2년간 상장회사 임원이 될 수 없다.

금융위원회는 16일 이 같은 내용의 '주식회사의 외부감사에 관한 법률' 개정안이 국무회의를 통과했다고 밝혔다. 정부는 이달 중 국회에 개정안을 제출할 예정이다.

개정안에 따르면 현재 등기 임원만 해당하는 분식회계 제재 대상자의 범위가 넓어진다. 등기 임원이 아니면서 명예회장 등의 직함을 갖고 경영에 관여하는 최대주주 등이 분식을 지시한 경우 처벌할 수 있게 된다. 금융위 관계자는 "분식회계는 횡령, 배임 등도 동시에 적발되기 때문에 그동안은 그룹 회장 등 실질적인 책임자를 배임 등으로 처벌했는데, 앞으로는 분식회계 자체적으로도 처벌할 수 있게 됐다"고 말했다.

분식회계 연루자는 재취업도 제한된다. 증권선물위원회가 해임 또는 면직권고 조치를 내린 상장회사 임직원은 최대 2년간 상장회사 임원으로 취임하는 것이 금지된다. 현재는 금융회사 임직원에게만 적용하는 재취업 제한을 일반 상장회사로도 확장하는 것이다. 현행법상 금융회사의 경우는 감봉 처분만 받아도 3년간 금융회사 임원으로 재취업할 수 없다.

조선일보. 2013.4.17.

과거에는 증권선물위원회의 해임권고를 주주총회가 받아 들여 임원을 해임한 이후, 다시 재선임하는 경우도 있어서 감독기관의 조치를 무력화시키는 결과를 초래하기도 하였다. 제도가 아무리 완벽하여도 이를 피하려는 편법은 항상 존재한다.

이는 내부자거래의 신고 범위가 확대된 자본시장법의 내용과 동일하다.

2009년 자본시장법이 시행되면서 기존의 증권거래법에서 규정하던 내부자거래의 범위가 이사에서 상법상의 업무지시자까지로 확장되었다. 단, 동일한 자본시장법에서 단기매매차익반환제도(단차 반환)의 범주에서 직원의 범주는 오히려 축소되었다. 현재 단차반환에서는 주권상장법인의 임원, 직원(연구, 공시등 관련), 주요주주 단기매매차익 발생시 반환의무 부담을 안게 되었다.

상법 제339조의 1항은 다음과 같다

(회사에 대한 책임) ① 이사가 고의 또는 과실로 법령 또는 정관에 위반

한 행위를 하거나 그 임무를 게일리 한 경우에는 그 이사는 회사에 대하여 연대하여 손해를 배상할 책임이 있다.<개정2011.4.14>

실질적으로 손실을 본 것은 주주이지만 이러한 주주에 대해서 개별적으로 보상한다는 것은 불가하므로 회사에 배상을 하며 회사의 주인인 주주가 회사를 통해서 보상을 받는다고도 이해할 수도 있다.

단차반환 제도에서 한 가지 이슈가 될 수 있는 부분은 대주주가 50% 이상의 지분을 갖고 있고 단차를 회사에 반환한다면 이는 누구 몫인지의 이슈이다. 본인이 반환한 부분을 본인이 다시 가져간다면 이러한 조치는 누구를 위한 조치인지에 대한 의문을 갖게 된다.

이전의 증권거래법에서는 모든 직원에 해당하였으나 연구 공시 등을 담당하는 직원만이 내부자거래에 해당되는 정보에 대한 접근이 가능하다는 정책적인 판단이 있었다고 사료된다.

이 개정안의 원안에는 집행임원으로 확대하는 것으로 되어 있었으나 개정된 상법에 의하면 주총에서 선임된 등기임원뿐 아니라 이사회에서 선임된 집행임원도 등기의 대상이 되므로 등기임원에 대한 제재라는 차원에서는 차이가 없다. 다만, 어느 기관에서 즉, 주총에서 또는 이사회에서 선임되었는지에 대한 선임의 주체에 차이가 있는 것이다.

업무집행지시자에까지 민형사상 책임을 묻게 되는 것은 많은 경우에 최대주주 등이 실권이 전혀 없는 전문경영인(속칭 바지사장)을 내세워서 경영을 뒤에서 조정하면서 책임은 지지 않으려는 실무에서의 행태에 제재를 가한다는 의미가 있다.

또한 동시에 실권은 없더라도 직을 맡고 있는 대표이사 등이 서명을 한 사업보고서 등에 대해서는 서명을 수행한 대표이사에 대해서도 강력한 책임을 묻게 되면서 형식(명목상의 대표이사)이거나 실질(업무집행지시자)이거나 책임이 있는 모든 사람이 이에 상응하는 책임을 지도록 하는 것이다.

즉, 제도에 있어서의 대표이사와 실질적 의사결정권자 쌍방간에 책임을 묻는 것이다.

미공개 정보 이용 금지 대상자 확대. 회계 법무법인도 적용대상 포함

주요 주주나 준내부자의 대리인이 법인인 경우 해당 법인의 임직원과 대리인도 미공개 정보 이용금지 적용 대상에 포함된다. 가령 인수합병 때 자문 등을 맡은 회계법인이나 컨설팅회사, 법무법인, 증권회사 등의 임직원도 인수합병과 관련된 정보를 이용해 주식거래를 할 경우 처벌을 받게 된다.

지금까지는 해당 법인이나 해당 법인과 계약을 체결하고 있거나 체결을 교섭하고 있는 상대방 기업 등을 미공개정보 이용금지 대상자로 한정하고 있다.

매일경제신문. 2006.9.27.

간혹 회계사나 정부의 관료가 업무상 지득한 미공개 정보를 이용하여 부당이득을 취하는 경우가 있다. 정치적으로 많은 이슈가 되었던 CNK의 경우, 외교부 공무원들과 일부의 정치실세가 개입되었다는 의혹이 있던 사건이다. 업무의 성격상 용역을 제공하는 회계사, 변호사 등도 기업 내부의 정보에 접근 가능한 경우가 많을 것이다.

이에 반해서 Chapter 74에서는 최대주주에게 너무 많은 책임을 지우는 것은 바람직하지 않다는 주장도 제기된다.

연속감사제한 규정 개선

현행 동일 이사 연속감사제도는 다음과 같다. 상장일 경우는 연속 3개년까지 감사가능하며, 비상장일 경우는 연속 5개년까지 감사가 가능하다.

감사인(회계법인) 선임기간은 상장일 경우는 3개 연속사업연도까지이며 비상장일 경우는 해당사항이 없다.

다. 연속감사제한 규정 개선(외감법 제3조)

■ (현황 및 문제점) 외부감사인의 독립성 강화를 위해 연속감사제한 규정이 있으나, 일부 규정은 국제적 기준에 비해 과도

□ 또한, IFRS 도입에 따라 복잡한 회계정보가 증가하고 있는 시점에, 투자자에게 좋은 품질의 회계정보를 제공하기 위해 감사인의 전문성 및 연속성도 매우 중요한 요소임

(1) 회계법인 이사의 연속감사 의무교체

상장법인을 감사하는 회계법인의 담당이사는 연속하는 3년의 감사를 행한 후, 그 다음 연속 3개연도의 업무 참여가 불가

- 현행 외감법은 회계법인의 연속감사 의무 교체 대상 이사를 공인회계사법에 따른 등기이사로 정의함

참고로, 회계법인에서의 등기이사의 개념은 다음과 같다.

공인회계사법상

출자를 해서 지분이 있는 자는 사원이라고 하고(상법상 유한회사 준용, 공인회계사법 제40조 제2항) 사원 중 등기를 하면 등기이사가 된다(공인회계사법 제26조).

공인회계사법상 다른 규정이 없으면 상법상 유한회사를 준용하므로 등기는 법원에 하고 회계법인 등기부 등본을 보면 등기된 이사 명단이 포함되어 있다.
- 따라서, 현실적으로 주기적인 교체가 불가능한 등기이사인 여러 전문가*(풀질관리, 독립성, 전산, 세무, 가치평가 전문 이사)들의 지속적 참여가 원천적으로 봉쇄됨

해외사례 요약: 이사의 감사참여제한 규정

구분	감사담당이사	품질관리검토 책임이사
국제윤리기준	7년/2년*	7년/2년
미국	5년/5년	5년/5년
영국	5년/5년	7년/2년

* 7년간 개별 감사에 참여시 그 다음 2년간 동 개별 감사에 참여를 제한

(2) 감사업무보조자 교체 규정

외감법에 따라 상장법인의 감사를 행하는 회계법인은 3년을 주기로 감사업무보조자*(회계법인의 소속 공인회계사로서 이사가 아닌 모든 공인회계사)의 3분의 2 이상을 교체해야 함
- 국제적으로 사례가 없는 규정이며, 기업과 유착가능성이 낮은 보조자의 경험을 지속적으로 활용하지 못하는 불편을 야기
- ■ **(개선방안)** 감사인의 전문성·연속성 및 국제적 정합성 등을 고려하여 과도한 규제를 완화
① 연속감사 의무 교체대상 이사를 축소
- 의무 교체대상 이사를 공인회계사법상 등기이사에서 개별 감사담당이사와 품질관리검토이사*로(개별 감사업무의 품질관리를 위하여 검토책임을 지는 이사(concurring review partner)) 축소
② 상장법인에 대한 담당이사 중 품질관리검토이사의 연속감사 참여가능기간을 연장
- 3년 감사 참여 후 그 다음 3년 참여제한 규정을 6년 참여 후 그 다음 3년 참여제한으로 참여가능기간을 연장
- 감사담당이사의 경우 독립성 강화 유지를 위해 현행을 유지
③ 감사업무보조자 교체 규정 폐지

연속감사제한 규정 개선방안 요약

구분	현행	개선
연속감사 의무 교체 대상	등기이사 전체 (감사담당이사, 품질관리검토 이사, 전산담당부서 이사, 세무담당이사 등)	등기이사 중 감사담당이사 품질관리검토이사
품질관리검토이사	3년 참여 후 3년 제한	6년 참여 후 6년 제한
업무보조자	3년 주기로 2/3 교체	폐지

등기이사에 대한 강제교체 제도가 시행되면서 감사팀에 대한 교체제도가 별 고민 없이 병행되었다. 감사인 강제교체 제도가 시행되던 기간(2006년 채택, 2009년 폐지)에도 감사인 강제교체, 담당 파트너 교체, 품질관리검토이사 교체와 감사팀(업무보조자) 교체라는 제도가 중복되게 시행되었다. 한 제도를 시행하면 다른 제도를 병행해서 시행할 필요가 있는지 등등의 고민을 수행하여야 하는데 우리의 경우는 독립성을 제고할(더 정확하게는 독립성을 제고할 소지가 있는) 모든 제도를 병행하여 중복 시행하게 되었다.

독립성이 제고될 때, 전문성은 부정적인 영향을 받을 수도 있는 것인데 모든 정책의 주안적인 독립성 제고에 있었다고도 할 수 있다.

대부분의 감사업무는 담당 파트너가 용역을 받아 오게 되므로 담당 파트너의 경제적인 유인이 과도하게 피감기업과 합치하지 않도록 이 관계를 단절하게 함은 충분히 일리가 있는 제도이다.

또한 독립성의 훼손 등의 이유 때문에 감사팀의 2/3 교체 제도가 수행되기는 하였지만 감사인 독립성의 훼손은 실무자인 계정 과목 담당자의 영역이라기보다는 정책적·정무적인 판단을 수행하고 특히나 감사업무 용역을 수임하는 데 주도적인 역할을 수행하였던 파트너 단계에서의 영역이었기 때문에 감사팀의 교체가 실질적인 영향력을 미친다고는 판단되지 않는다.

단, 품질관리검토이사는 담당 파트너 정도의 관여를 하고 있는 것은 아니기 때문에 이제까지의 규제가 과도하였다고 판단된다. 또한 감사 품질에서 가장 중요한 요인이 전문성과 독립성인데 담당 파트너의 경우에는 독립성과 전문성이 동일 수준으로 중요하다고 할 수 있다. 품질관리검토이사는 피감기업과의 개인적인 관계가 존재한다고 판단하기 어려우므로 전문성이 더 중요하다고 할 수 있으며 이들에게 전문성을 축적할 수 있는 충분한 기간을 허용하는 것도 일리가 있다.

우리나라에서는 수년간 진행되던 감사인의 강제교체 제도가 폐지된 현 시점에 유럽과 미국에서는 감사인의 강제교체 제도에 대한 논의가 진행된다는 점은 ironic하다. 유럽은 회계당국보다는 전체 행정부적인 차원에서 EC 정부 에서 green paper에 이 내용을 담고 있으며 미국은 PCAOB가 이 내용을 고민 중이다. 미국이 2002년 SOX 도입 시점에 이 제도의 채택을 고민하다가 채택 하지 않는 것으로 결정한 이후 11년 만에 이러한 고민을 다시 수행하고 있는 것이다.

모든 business practice에서 혈연, 지연, 학연이라는 인적인 network이 system보다도 더 중요한 우리의 business 현실에서 감사인 강제교체를 폐지한 것이 적절한 정책이었는지에 대해서는 다시 한 번 심층적으로 검토하여야 한다.

또한 파트너 교체 제도에 의해서 파트너가 교체되는 경우도 교체된 파트 너가 상당 부분 감사실무에 관여하는 경우도 있을 수 있어서 이에 대한 적절 한 통제가 수행되어야 한다.

임기가 길어지면서 자리를 보존하려는 문제는 문헌에서는 entrench라는 표 현을 쓰는데 이 영어식 표현은 견고하게 하다는 의미로 이는 감사인의 계약 건 뿐만 아니라 아래의 기사에서 보듯이 사외이사의 임기의 이슈에도 적용된다.

주총 주요 내용
KT 2013년 3월 15일 주총, 사외이사 임기 변경, 1년 중임에서 재임 10년 이내로

매일경제신문. 2013.3.16.

견제는 없고 거수기로 전락한 사외이사
경제협력기구는 회원국들을 대상으로 발표한 기업지배구조 모범규준에서 독립이사 임기를 10년 이내로 제한할 것을 권고하기도 했다.

매일경제신문. 2013.3.16.

감사인의 최소 감사기간 확보, 또는 감사인 교체에서도 독립성이 더 중요한지 아니면 전문성이 더 중요한지가 이슈가 되는데 사외이사의 경우도 동일한 고민이라고 사료된다. 사외이사로 활동하는 기간이 길어질수록 전문성은 당연히 제고된다고 판단된다. 그러나 이 기간이 길어지면 독립성이 훼손될 가능성도 동시에 높아진다.

감사인의 금전적/재정적인 이슈 때문에 독립성이 문제가 되지만 사외이사의 경우도 예외일 수 없다. 위의 이슈는 업무 관계에서의 관련성이 이슈가 되는 것이지만 사외이사에 대한 급여가 지급되기 때문에 사외이사들도 금전적으로 자유롭고 독립적이라고 하기 어렵다. 물론, 회사를 위해 일을 하기 때문에 급여를 받는 것은 너무도 당연하지만 이렇게 받는 급여가 적정 수준 이상일 경우는 문제가 된다. 동시에 수행하는 업무가 독립성을 전제로 한다면 매우 복잡한 이슈가 개입된다. 물론, 감사인의 수임료에 있어서도 적정 수준이라는 것이 항상 이슈가 되며 감사인의 수임료가 적정 수준보다 너무 큰 금액으로 초과할 경우는 거의 '뇌물'의 수준이라는 과도한 표현을 수행하기도 한다. 그렇기 때문에 감사수임료를 연구 변수로 사용하는 논문에서는 표준적인 감사수임료를 초과하는 수임료에 대해서는 이를 부정적으로 해석한다.

급여가 너무 낮아도 이에 상응하는 업무를 기대하기 어렵지만 이 금액이 너무 높아도 당연히 이슈가 된다. 따라서 사용하는 표현이 적정 수준이라는 표현을 사용하는데 무엇이 적정 수준인지에 대해서는 주관적이며 해답이 없기 때문에 용이하지만은 않은 개념이다.

금융기관일 경우 이러한 이유 때문에 금융기관 지배구조법에 의해서 사외이사의 근무 연도를 5년으로 한정하고 있다. 이와 같이 외부 감사인이나 사외이사 임기와 급여가 모두 이슈가 된다. 또한 사외이사에 대해서도 평가가 수행되어야 하는데 흔히 경실련이나 참여연대 또는 국민연금 등에서도 이사 선임에 반대하는 경우가 사외이사의 이사회 참여율, 최대주주의 범법 등에 외관적인 내용에 기초하지 이사회 내에서의 구체적인 활동성에 대해서는 평가가 거의 없다.

KB 금융지주의 경우에는 사외이사에 대한 평가를 수행한다고 하지만 이러한 평가가 더욱 확장되어야 한다. 이사회 내에서의 발언 내용, 회의 준비 등에 무관하게 단순히 이사회 참석률에 근거하여 활동을 평가하는 것도 매우 피상적이다. 회의에 출석은 하였지만 회의진행에 도움이 되는 참여를 하지 않았다면 이에 대해서 활동성에 높은 평가를 해야 하는지는 의문이다. 물론, 정부위원회 등에서도 출석하였는지, 적법하지 않게 대리 출석한 것은 아닌지 등 출석 자체가 법적인 요건에 대한 판단 기준이기도 하다.

KB는 동료 사외이사들과 직원들이 평가한다. 직원들은 사무국장과 사외이사들이 속해 있는 감사위원회, 리스크위원회, 경영전략위원회, 평가보상위원회의 실무를 도와주는 관련부서 부장들이 참여해서 평가한다. 평가분야는 독립성, 전문성, 참여도 등을 5등급으로 평가해 점수를 합산하는데, 평가결과는 사외이사 개인의 연임 결정시 반영한다. 이는 매우 선진화되고 공정한 평가라고 판단된다.

재계 오너가 등기임원 엇갈린 행보

■ 삼성 '권한만 행사' 현대차 '이사회 장악'

삼성그룹의 경우 장녀인 이부진 호텔신라 사장을 제외한 나머지 오너 일가들은 사내이사를 맡지 않고 있다. 이건희 회장은 작년 삼성전자 사내이사에서 물러난 이후 현재까지 사내이사를 맡지 않고 있으며 지난해 말 승진한 이재용 부회장 역시 별도의 사내이사를 맡지는 않는다.

현대차 그룹 오너 경영인들 행보는 삼성과는 정반대다. 올해 주총에서 정몽구 회장은 현대모비스의 사내이사로 재선임됐다. 정회장은 이미 현대차, 현대제철, 현대건설 등 6개사의 이사를 겸직하고 있는 상태. 정의선부회장 역시 현대차의 사내이사가 됐다. 이로써 정부회장은 현대차, 현대모비스, 기아차, 현대제철, 현대오토에버 등 6개 회사 등기임원이 되면서 주요 계열사의 사내이사직을 모두 맡게 됐다.

일부 그룹의 경우 오너들이 주요 계열사 대표이사직에서 물러나는 사례도 적지 않았다. 박용만 두산 그룹회장은 두산인프라코어의 대표이사직을 사임했다. 박용곤 그룹 명예회장의 장남이자 오너 4세 중 맏형인 박정원 두산 지주 부문 회장은 두산건설 대표이사 임기로 만료돼 사임했다.

현대차 그룹은 정몽구 회장과 정의선 부회장이 다수 기업의 이사직을 맡고 있어 모든 계열사의 등기이사 업무 수행에 충실하기 어렵지 않겠냐는 지적의 목소리가 높다.

현재 G그룹 계열사의 사외이사를 맡고 있는 한 교수는 "예전에는 오너들이 기업을 실질적으로 지배하면서 이사를 맡지 않아 '권한만 있고 책임은 없다'는 지적을 받아왔다. 그렇다고 오너들이 줄줄이 이사회에 들어오는 것도 바람직하지는 않다. 이사회에 오너 일가가 너무 많으면 이사회의 독립성이 훼손된다.

> 좋은기업지배구조연구소 관계자는 "진정한 책임경영을 위해선 여러 계열사의 등기임원을 맡는 것보다 핵심 계열사에서 경영능력을 발휘해야 한다.
>
> 매경이코노미. 2013.4.10.~16.

책임경영을 수행하겠다고 등기를 한 최대주주들의 의사결정이 이사회의 독립성을 훼손한다는 차원에서 부정적이라고 판단하기도 어렵다. 지배구조에는 모범 답안이 있는 것이 아니다. 오히려 최대주주가 등기하여 이사회에 참여한다는 것이 이사회에 무게를 실리게 할 수 있다.

위의 기사는 최대주주가 이사회에 참여하면서 사내이사들이 과도하게 최대주주의 눈치를 본다는 식으로의 접근일 수도 있지만 이는 전근대적인 경영행태를 의미하며 이사회 중심 경영이라는 제도의 취지에 역행하는 접근이다. 또한 등기하는 것뿐만 아니라 최대주주가 실질적으로 이사회에 활발히 참석하여야 한다. 그래야만 이사회 중심 경영의 취지를 살릴 수 있다. 최대주주는 회사 내에서는 인의 장막에 가리워져서 해당 기업에 대한 진솔한 평가에 어두울수 있다. 사회적인 명망가들일 수 있는 사외이사들과의 기업과 관련된 대화에서도 최대주주가 해당 기업에 대한 객관적인 평가나 이슈에 대해서 접할 수 있을 것이다.

다음과 같이 대학교수가 사외이사를 맡을 경우도 이해관계에 따라서 이슈가 될 수 있다.

> ## 대학병원장이 제약회사 사외이사
>
> LG생명과학 등 시민단체, 도덕적 해이라고 비판
>
> 시사저널. 2013.4.16.

Chapter

58

재무정보
적시 제공

미국 등 선진국에서는 사후 처벌보다는 투자자 등에게 정확하고 신뢰성 있는 재무정보의 적시제공*에 역량을 집중

* 미국은 연말보고서 공시 후, SEC가 3년 주기로 공시된 내용을 심사하여 의문사항에 대한 질문, 회사의 응답결과 등을 외부에 공시

– 재무정보 심사과정에서 발견된 오류 사항에 대해 기업의 수정공시를 유도하여 투자자 등에게 적시성 있는 정보를 제공

* 영국, 호주, 독일 등에서도 기업의 자발적 수정공시를 유도하는 감독방식을 운영중이며 자발적 수정공시의 비율이 50%가 넘음(영국, 호주는 과거 6년간사례, 독일은 과거 3년간 사례)

금융당국과 기업의 심사내용 공개(외감규정 개정)

– 미국과 같이 감독기관의 질문 및 기업의 답변사항을 검증하고 이를 외부에 공시하여 투자자 등에게 정보 제공

미국 SEC 사례

① SEC는 3년 주기로 상장기업의 연말보고서 공시 후 재무심사

② 아래와 같은 재무심사 절차 내역을 외부에 공시

(1) 연말보고서 공시 → (2) SEC 심사 후 질문 → (3) 회사 확인 및 답변
    → (4) SEC 검증 종결

이러한 미국에서의 제도의 운영에 비해서 우리나라의 제도의 운영은 사전예방(pre-clearance)이라는 정책목표는 있지만 대부분은 사후 조치에 그치는 경우가 많다. 그도 그런 것이 사전예방이라는 정책방향이 설정되어 있음에도 이 정책의 실행이 미흡하다면 많은 범법이 발생할 것인데 이러한 것을 방치하고 사전예방 정책만을 고수할 수는 없다. 물론, 금융/회계가 선진화된 국가에서는 사전예방이 가장 이상적인 정책방향일 수 있다.

회계정책과 관련된 최상위 기관이라고 할 수 있는 증권선물위원회도 징계 관련된 안건을 처리하다보면 조금 더 macro하거나 정책적인 부분보다는 조치하는 안건으로 회의의 주된 시간을 사용하게 된다.

이는 어떻게 보면 회계법인에 대한 품질관리감리만 철저하게 수행되어도 이러한 회계법인이 수행하는 감사라는 상품(output)은 자동적으로 품질이 보장될 수 있다. 기업의 내부통제/내부회계관리 제도가 완비되어 있다고 하면 이러한 시스템으로부터 산출되는 회계정보는 자동적으로 품질이 확보될 수 있다고 하는 사전적인 점검이라는 차원에서는 모두 공통적인 접근일 것이다.

오류사항에 대한 수정공시 정책은 매우 조심스럽게 접근되어야 한다. 이론적으로는 누구나 오류를 범할 수 있으므로 수정할 수 있는 기회를 주어야 한다고 생각하면 아무런 문제가 없는 듯이 보이지만 이를 악용할 수도 있다. 따라서 오류수정에 대해서는 너무 관대해서는 안 된다는 반대 논리가 적용될 수 있다.

그러나 오류수정에 너무 강한 정책으로 대응한다면 기업은 오류를 공개하지 않고 은폐하려는 시도를 할 수도 있으므로 오류수정과 관련되어서는 강한 정책만이 능사가 아니며 당근과 채찍을 병행하는 정무적인 판단을 해야 한다.

이에 관련된 내용은 저자의 「금융감독, 제도 및 정책」 Chapter 7에서 자세히 기술하고 있다.

금융비리
직원 퇴직 후에도
징계 가능

금융비리 직원 퇴직 후에도 징계 가능

회사 직원이 비리를 저지른 경우 퇴사를 했어도 징계할 수 있다는 법원의 판결이 나왔습니다. 고객 돈을 가로챈 뒤 그만 둔 증권사 직원에게 회사 측이 한 '면직 처분'이 부당하지 않다는 판단입니다.

취재기자 연결합니다. 이종원 기자!

회사를 그만둔 뒤에도 징계할 수 있다는 판결입니다. 항소심 재판부 1심과는 달리 판단했는데, 이 판결이 갖는 다른 의미가 있을 것 같습니다. 무엇입니까?

[리포트]

이번 사건은 증권사 직원이던 35살 정모씨가 '사표를 수리한 뒤 내린 징계는 무효'라며 회사를 상대로 낸 소송이었습니다. 서울고등법원은 원심과는 판단을 달리해 정씨에게 패소 판결했습니다. 재판부는 정씨와 증권사 사이의 근로계약이 종료됐다는 이유만으로 징계 처분을 무효로 볼 수 없다고 설명했습니다. 또, 회사 측이 헌법상 직업선택의 자유를 침해했거나 근로기준법을 위반했다고 보기도 어렵다고 강조했습니다.

이 판결만 보면 회사를 그만 둔 직원의 경우 회사의 징계가 인정된다 해도 크게 문제될 것이 없어 보이지만, 금융 비리 경우에는 다릅니다. 정씨는 지난 2010년 고객 돈 6천여만원을 가로챈 사실이 드러나자, 사표를 쓰고 증권사를 그만뒀습니다. 정씨는 퇴직 두 달만인 지난해 3월 또 다른 증권사에 재취업하는 데 성공했는데요, 그만둔 회사는 지난해 4월 뒤늦게 정씨에게 '면직 처분'을 통보했습니다. 그런데 새로 들어가기로 했던 회사에서 이런 사실을 알게 되면서 입사가 취소됐습니다. 바로 이번 판결의 의미가 여기 있는데요, 금융투자협회는 '징계면직 처분 등을 받은 사람은 5년 동안 동종 업계의 채용을 금지한다'는 내용의 내부 규정을 두고 있습니다.

정씨가 그만둔 증권사와 재취업했던 증권사는 모두 금융투자협회 회원사입니다. 1심

재판부는 퇴직한 근로자를 징계할 수 없다며 정씨의 손을 들어줬지만, 2심은 금융투자협회의 내부규정을 받아들여 판결이 뒤집힌 것으로 분석됩니다.

YTN. 2012.10.22.

통상적으로는 직을 떠난 사람은 처벌하기 어렵기 때문에 퇴직자의 경우에는 '…'상당으로 조치를 하게 된다. 예를 들어 주총에 대한 '해임권고상당'이 그러한 경우이다. 단, 직을 떠난 자에 대해서 해임권고상당의 조치를 취한 경우라도 은행업법, 보험업법, 금융투자업법에 의해서 5년간 임원으로서의 채용을 제한하게 된다.

금융사고를 보면 '選手'들이 많이 등장하고 이들이 반복적으로 금융범죄를 범하는 경우가 많다. 퇴직한 근로자라고 하여도 전과가 있다고 하면 이들이 지속적으로 금융회사에 관여하는 것을 원천적으로 제한하여야 한다고도 생각할 수 있다.

법정에서도 이러한 금투협의 내부규정이 법적 구속력이 있는지에 대해 논란이 있다면, 이 규정을 상위 규정(예를 들어 금감원 규정 등)으로 한 단계 상승하여 수용할 필요성에 대해서도 검토하여야 한다.

단, 이러한 조치가 면직이 아니고 정직일 경우는 이직한 회사에서 이 조치를 강제할 수가 없어서 이러한 내용이 관련 단체에 정보사항으로 전달되기는 하지만 실효성을 가지기는 어렵다.

CEO/CFO certification

×××는 '(공시서류에 서명은 하였지만) 해당 거짓기재 내용이 공시서류에 기재된 줄 몰랐다'고 항변한 것이 아니라 '(공시서류에 자사주가 456만주라는 것이 기재된 줄은 알았지만) 해당 내용이 거짓인 줄을 몰랐다. 즉 공시된 내용의 허위성을 인식하지 못하였다'고 항변하였다.

만약 전자의 경우라면 자본시장조사심의위원회(자조심)에서도 그대로 ×××의 고의를 인정하였을 것으로 사료되나, 후자의 경우에도 그와 같이 보기는 무리라는 것이 자조심의 판단이었고, 그 논거로 아래와 같은 사정이 고려될 수 있다고 생각한다.

자본시장법상 공시서류에 서명한 자의 형사책임 조항

사업보고서 공시위반의 경우, 공시주체인 회사는 과징금 등 행정제재(제429조), 형사처벌(제444조, 양벌규정 제448조), 손해배상조항(제125조 제1항)에 따른 책임을 부담하게 된다.

해당 공시서류에 서명을 한 대표이사는 형사처벌(제444조 제13호), 손해배상조항(제125조 제1항)에 따른 책임을 부담하게 될 수 있다(증권신고서, 투자설명서의 경우 대표이사도 과징금 부과대상이나, 사업보고서는 그렇지 않다).

그런데, 형사처벌 조항은 아래와 같이 규정하고 있다.

13. 다음 각 목의 어느 하나에 해당하는 서류 중 중요사항에 관하여 거짓의 기재 또는 표시를 하거나 중요사항을 기재 또는 표시하지 아니한 자 및 그 중요사항에 관하여 거짓의 기재 또는 표시가 있거나 중요사항의 기재 또는 표시가 누락되어 있는 사실을 알고도 … 에 따른 서명을 한 자

제159조에 따른 사업보고서

이 사안에서 공시주체인 ×××는 '거짓의 기재 또는 표시를 한 자'에 해당한다.

해당 공시서류에 서명한 대표이사 ×××는 '중요사항에 관하여 거짓의 기재 또는 표시가 있는 사실을 알고도 서명을 한 자'에 각각 해당한다고 해석된다.

따라서 ×××에 대해 공시위반에 대한 형사책임을 물으려면 '거짓의 기재 사실을 알고도 서명을 한 자'에 해당해야 하고, 이를 위해서는 공시서류에 서명하였을 뿐만 아니라 자사주 456만주를 보유하고 있지 않다는 사실을 인식하였음이 입증되어야 한다고 판단한 것이다.

형사처벌에서의 고의 인정

만약 ×××를 '중요사항에 관하여 거짓의 기재를 한 자'라고 해석하더라도, 아래와 같은 사정이 고려될 수 있다고 생각한다.

형법 제13조는 '죄의 성립요소인 사실을 인식하지 못한 행위는 벌하지 아니한다. 단, 법률에 특별한 규정이 있는 경우는 예외로 한다'고 정하고 있다.

즉, 사실을 인지하지 못하였다고 하면 조치를 하기가 용이하지 않다. 또한 형법 제8조는 '본법 총칙은 타법령에 정한 죄에 적용한다. 단 그 법령에 특별한 규정이 있는 때에는 예외로 한다'고 정하고 있다.

따라서 형법총칙의 해석을 고려하더라도, ×××가 공시서류에 기재된 내용이 '거짓'임을, 즉 자사주 456만주가 처분되었음을 인식하지 못한 경우에는 '죄의 성립요소인 사실을 인식하지 못한 행위'로 처벌대상이 아니라고 해석함이 자조심 논의사항의 논거 중 하나로 작용할 수 있다고 생각한다.

다만 안건의 사실인정과 관련하여, 해당 사실만으로 ×××의 고의를 인정할 수 있는 것이 아니냐는 의문을 제기할 수 있다고 생각되는바, 이와 관련하여 자사주가 처분될 당시에는 ××× 등이 해당 사실을 인지하였다는 증거가 없어 자사주 처분에 관한 주요사항보고서 제출의무 위반에 대해서는 감독원에서 조치안을 상정하지 아니하였다.

입법취지 관련

공시의무 위반에 관하여는 주관적 요건의 유무를 묻지 않고 법적 책임을 지우는 것이 입법취지에 맞는다는 지적이 있다.

미국 입법례

미국은 securities act of 1933에 근거하여 공시위반에 대한 형사책임을 내부자거래제재법(securities enforcement remedies and penny stock reform act of 1990)에 근거하여 공시위반에 대한 민사제재금 등 행정적 책임을 정하고 있다.

그런데 SA of 1933에 의하면, 공시위반에 대한 형사책임 조항에는 '의도적으로(willfully) 의무를 위반한 경우 5년 이하의 징역 또는 1만 달러 이하의 벌금에 처한다'고 정하고 있다.

반면 행정적 책임을 정한 조항에서는 원칙적으로 고의, 과실 등 주관적 요건을 요구하지 않으나, 그러한 주관적 요건(고의, 주의의무 위반)이 개입된 경우 민사제재금의 액수가 가중되는 것으로 정하고 있다.

자본시장법에서는 과징금 조항(제430조 제1항)에서 고의, 중과실을 요구하고 있다.

이러한 점을 볼 때, 행정제재를 함에 있어 고의, 중과실 등 주관적 요건을 요구하는 것이 적절한지에 관해서는 의문이 있다.

다만 형사처벌과 관련하여서는 미국뿐만 아니라 여타 해외국 사례 등을 고려하여 신중하게 검토할 필요가 있을 것으로 생각된다. 현재 양벌규정이 있기 때문에 공시주체인 법인에 대해서는 주관적 요건 유무를 묻지 않고 원칙적으로 형사처벌이 가능하므로, 고의를 요하는 데에 따른 규제공백이 크게 나타나지 않을 수 있다는 점을 아울러 감안해야 한다.

금융위,
'두산 영구채
자본 아니다'

금융위, '두산 영구채 자본 아니다' 부채로 회계처리해야. 발행 추진 기업들 비상

금융위가 지난달 5일 국내기업(은행권 제외) 최초로 두산인프라코어가 발행한 신종 자본증권(영구채)에 대해 '자본이 아닌 부채로 회계처리해야 한다'는 방침을 정했다. 채무 변제 우선순위와 만기 영구성 등 세부 조건을 따져 봤을 때, 자본으로 분류하기에는 무리가 따른다는 판단을 내린 것이다. 이에 따라 현대상선, 한진해운 등 두산인프라코어와 비슷한 구조로 영구채 발행을 준비 중인 기업들에 비상이 걸렸다.

금융당국고위관계자는 1일 "두산인프라코어가 발행한 5억달러 규모의 영구채를 회계처리할 때 자본과 부채 중 어느 쪽으로 분류하는 게 적절한지 심의하라고 금융위원회가 지난달 31일 회계기준원에 지시했다"고 말했다. 당초 금융감독원은 두산인프라코어 측에 '자본으로 분류할지 여부는 기업 자율로 판단할 문제'라는 취지의 의견을 제시, 사실상 자본으로 분류하는 것을 용인했다.

금융위는 그러나 구체적인 회계처리 방식에 대한 해석 권한은 금감원이 아니라 회계기준원에 있기 때문에 금감원의 해석은 의미가 없다는 생각이다. 회계업계 고위 관계자는 "형식적으로는 두산 측이 회계기준원에 질의를 하고, 이에 대해 회계기준원이 답변을 하는 과정으로 전개되겠지만 금융위는 이미 두산인프라코어의 영구채를 자본으로 회계처리하면 안 된다는 확고한 방침을 정한 것으로 보인다"고 전했다.

영구채는 자본과 부채의 성격을 모두 가지고 있어 '하이브리드 채권'으로 불린다. 국제회계기준에서는 이를 자본으로 인정하고 있다.

그러나 두산인프라코어가 발행한 영구채는 자본으로 분류하기 위한 핵심 단어인 '후순위' 조건이 없는데다 발행 5년 후 회사 측이 조기상환하지 않으면 이자가 5% 올라가는 과도한 '금리상향 조정 조항'(스텝업)이 붙어 있어 사실상 5년 만기 회사채에 가깝다는 것이 금융위의 판단이다.

> 영구채(perpetual bond): 신종자본증권의 일종으로 특정 시점 후에 조기상환하거나 만기
> 를 계속 연장할 수 있는 채권. 만기에 연장할 경우에 투자자에게 이자만 주면 된다. 채권
> 과 주식의 중간 내용을 띠고 있어 하이브리드 채권으로 불린다.
>
> 한국경제신문. 2012.11.2.

과거의 미국 회계기준(US GAAP)에서는 전환사채의 경우는 일반 채권보다 이자율이 2/3 이상으로 낮을 경우, 이 낮은 이자율에는 사채를 전환할 수도 있다는 가능성이 내포되어 있다는 가정을 암묵적으로 하고 있다고 해석하여 이 전환사채가 전환된다는 가정하에 희석주당순이익을 구하였다. 따라서 금융상품과 관련된 이자율은 이자율의 크기가 암시하는 바에 따라 회계처리가 달리 진행될 수 있다. 즉, 과거에 적용되던 이 기준은 이자율의 결정이 시장 mechanism에 의해서 정해진 것이기 때문에 앞으로 발생할 경우의 수에 대한 가능성의 proxy로 사용됨에 무리가 없다는 것이다.

"유사시 먼저 갚아야 할 빚인데 어떻게 자본이냐" 브레이크

두산인프라코어는 지난달 5일 금융회사가 아닌 국내 일반기업 중 처음으로 영구채를 발행했다. 다른 기업들도 두산인프라코어의 영구채 발행에 주목했다. 장기 업황 부진으로 신규 자금조달이 필요한 기업들에 영구채는 여러 가지 장점이 있기 때문이다. 형식적으로는 채권을 발행해 자금을 조달하는 것이지만 자본으로 분류되기 때문에 부채비율이 낮아진다. 또 유상증자와 비교하면 대주주지분율도 그대로 유지된다.

그러나 금융위원회가 두산인프라코어의 영구채는 자본으로 인정할 수 없다는 방침을 정함에 따라 두산인프라코어는 물론 발행을 준비 중인 현대상선, 한진해운 등은 난감한 상황에 빠지게 됐다.

■ 금융위 "후순위 조건 없으면 부채"

일반적으로 영구채는 자본과 부채의 특성을 동시에 가지고 있다. 우선 보통주를 제외한 모든 채무에 비해 후순위의 지급 순위를 가지고 만기가 별도로 없고(만기의 영구성), 발행회사가 이자지급을 유예하거나 생략할 수 있다는 점(이자 지급의 임의성) 등의 특성을 보면 자본과 큰 차이가 없다. 반면 발행 후 일정 시점이 지났을 때 발행회사가 조기상환청구권(콜옵션)을 행사할 수 있고, 조기상환하지 않았을 경우 금리가 상향조정되는 조항(step up)이 붙어있다는 점에선 부채에 가깝다.

금융위는 영구채를 포함한 신종자본증권을 자본으로 분류한다는 국제회계기준의 원

칙은 존중하지만 두산인프라코어가 발행한 방식의 영구채를 신종자본증권으로 보는 것은 무리가 있다는 생각이다. 한계 기업들이 부실을 은폐하는 수단으로 이를 악용하면 추후에 큰 후폭풍이 몰아칠 수도 있다는 이유에서다.

금융위가 두산인프라코어의 영구채와 관련해 가장 문제 삼는 것은 '후순위'라는 조건이 빠져 있다는 점이다. 지금까지 국내 은행에서 발행한 영구채는 모두 은행예금이나 은행채에 비해 '후순위'라는 조건이 붙어 있었다.

금융위 관계자는 "자본의 가장 큰 특징은 기업의 부채를 모두 갚고 남은 재산에 분배를 청구하는 권리인데, 이런 점에서 보면 후순위 조건이 없는 영구채는 부채나 마찬가지"라고 말했다.

또한 만기가 30년인데다 두산인프라코어가 임의로 만기를 연장할 수 있긴 하지만 "만기가 사실상 없는 것(두산의 경우)과 만기가 아예 없는 것은 엄연한 차이가 있다"는 게 금융위의 판단이다. 또한 5년 후 조기상환을 안 할 경우 이자가 5% 상향 조정되는 조건이 붙어 있다는 건 사실상 두산인프라코어가 채권 원금을 상환할 생각으로 발행했다고 금융위는 보고 있다. 일부 신용평가사들이 두산인프라코어에 대한 신용평가를 할 때 이번에 발행한 신종자본증권을 부채로 분류하기로 한 점도 이런 점을 고려한 것이다.

■ IFRS 기준과 충돌, 문제는 변수

두산인프라코어의 영구채에 대해 금융위가 자본으로 인정할 수 없다는 방침을 확정했지만 변수는 여전히 남아 있다. 무엇보다 '국제적으로 단일한 회계기준을 적용한다'는 IFRS의 원칙과 금융위의 입장이 충돌할 수 있기 때문이다.

영구채 등 신종자본증권의 회계처리 문제는 국제회계기준해석위원회에서도 2006년에 핵심쟁점으로 떠올랐다. 당시 IFRIC은 "어떤 상황에서건 회사가 상환할 의무가 있으면 부채로, 상환 의무가 없으면 자본으로 분류한다"는 해석의견을 제시했다. 즉 원금상환과 이자지급에 대한 결정권을 발행회사가 쥐고 있으면 자본으로 본다는 것이다. 이런 기준에 비춰보면 두산인프라코어의 신종자본증권은 자본으로 분류하는 것이 맞다.

회계기준원 관계자는 "두산인프라코어가 정식으로 질의를 해 오면 외부전문가 8명과 금감원 기준원 각 1명 등 총 10명으로 구성된 '질의회신 연석회의'에서 신중한 토론을 거쳐 결정하겠다"고 말했다. 한 신용평가 회사 관계자는 "금융위는 회계기준원에 대해 '지시감독원'을 가지고 있기 때문에 결국 금융위 의지대로 결론이 날 가능성이 높다"고 말했다.

한국경제신문. 2012.11.2.

이 상품에 포함된 step up 내용은 이 상품에 첨부된 것이 아니라 앞으로 진행될 사안에 대한 판단의 근거가 된다는 가정이다.

공기업도 신종자본증권 탐내네

후순위 조건을 명시하고 스텝업 조항을 없애면 자본으로 인정받을 수 있다는 얘기다.

공기업들이 신종자본증권에 관심이 높은 것은 공기업 대표들의 평가와도 관계가 깊다. 한 공기업 관계자는 "공기업 대표의 주요 평가 기준이 수익성과 함께 부채비율"이라며 "부채비율을 높이지 않고 자본을 조달할 수 있다니 관심이 높을 수밖에 없다"고 말했다.

매일경제신문. 2012.11.3.

금융위 금감원 엇박자가 만든 '두산 영구채 논란' 8일 판가름
회계기준원, 연석회의 통해 결정

일정 기간 경과 후 금리를 크게 올리기로 한 특약, 풋옵션, 주식교부청구권 등이 될 전망이다. 금융위는 앞서 영구채가 '한계기업들의 부실 감추기 수단'으로 악용될 여지가 크다고 판단하고 회계기준원에 자본처리 인정 여부를 신중하게 검토할 것을 지시했다.

한국경제신문. 2012.11.3.

혹자는 2013년 1월의 정권교체기의 정부조직개편에 있어서 이와 같이 금융위와 금감원이 엇박자를 내고 있는 것을 보아서도 금융위, 금감원의 이중 감독기구의 형태가 바람직하지 않다는 의견을 피력하기도 하였다.

신종자본증권 논란, 어떻게 결론 날까. 회계기준으로 '자본' 인정 유력할 듯

시장관계자들은 '숫자에 불과한 부채비율이 하락한다고 해서 기업 재무구조나 신용도가 개선된다고 믿는 것은 발행 기업과 금융당국의 착각'이라며 '시장 공감을 얻어야 발행기업의 조달금리가 하락하고 신용등급이 개선되는 등 실질적 효과를 얻을 수 있을 것'이라고 입을 모았다.

매일경제신문. 2012.11.8.

'숫자에 불과한 부채비율'이라는 표현을 사용하였지만 회계학 문헌에서 functional fixation(기능적 고착화)라는 것이 sophisticated하지 않은 일반 투자자들은 보고되는 회계수치에 반응한다는 가설이다. 즉, 회계수치의 이면에 내재된 내용보다는 외관이 즉, 보고되는 금액이 중요하다는 주장이다.

위의 비판성 신문기사는 오해의 소지가 있다. 부채, 자본의 분류가 매우 주관적일 경우라도 부채로 신종자본증권이 분류된다면 부채비율 등의 계산에 있어서 부채로 당연히 포함된다. 재무제표 이용자가 부채비율 등을 구해서 사용할 때, 이러한 부채가 논란이 있었던 부채인지를 구분하지 않을 것이다. 신용평가사에서도 이를 구분하여서 신용등급에 반영할 것 같지 않다. 회계정보 이용자가 부채 또는 자본으로의 분류에 의해서 이를 해석하고 이용하지 않고 그 내용을 보고 난 이후 이를 판단하기 때문에 이의 구분이 그렇게까지 중요하지는 않다는 판단은 매우 naive한 접근이다.

영구채는 자본 회계기준원, 비공식 회의서 만장일치 합의

한국회계기준원이 두산인프라코어가 발행한 영구채권(신종자본증권, 하이브리드채권)을 사실상 '자본'으로 인정했다.

지난달 30일 관련업계에 따르면 회계기준원은 28일 비공식으로 일부 전문위원들과 회의를 열어 두산인프라코어 영구채에 대한 자본성 여부를 논의하고 이를 '자본'으로 잠정 결론내렸다. 회의에 참석한 전문위원들은 이날 만장일치로 이 같은 결론에 합의했으며 조만간 공식 연석회의를 열어 해당 내용을 확정짓고 발표할 예정이다. 합의 내용은 이미 관련 업계에 비공식적으로 전달된 것으로 알려졌다.

금융권 관계자는 "회계기준원이 이르면 다음주에 이에 대한 견해를 밝힐 것이며 가능한 완곡한 표현을 사용하기로 한 것으로 안다"고 말했다.

회계기준원은 국제회계기준위원회에 두산인프라코어 사례에 대한 의견을 구하는 질의를 보냈고 최근 답변을 받았다. IASB는 두산인프라코어 영구채를 자본으로 인정할 수 있다는 의견을 전달한 것으로 알려졌다.

두산인프라코어 영구채가 자본으로 인정되면 그동안 당국 눈치를 보느라 영구채 발행을 중단했던 일부 기업이 발행 작업을 재개할 것으로 보인다.

하지만 금융당국은 은행을 통해 간접적으로 이를 통제하겠다는 의지를 보이고 있다. 은행에서 신용보장을 받아야 하는 신용등급이 낮은 기업들은 발행할 수 없을 것이라는 전망이다. 한 투자은행 관계자는 "은행들이 여전히 신용제공에 부정적이어서 신용보장이 필요한 기업들은 발행이 쉽지 않을 것"이라며 "하지만 이번 결정으로 신용이 좋은 기업들은 적극적으로 영구채 발행을 검토해볼 수 있을 것"이라고 말했다.

매일경제신문. 2012.12.1.

가스공 5조 4천억 미수금 유동화 무산

불분명한 회계기준에 발목 잡혀 … 두산 영구채 논란, 결론은 내년으로 연기

매일경제신문. 2012.12.24.

신종자본증권의 내용을 정리하면 다음과 같다.

□ 신종자본증권은 1998년 국제결제은행(BIS)이 일정요건을 충족시키는 신종자본증권을 BIS비율 산정시 자기자본으로 인정
□ 2002년 11월 은행업 감독 규정 및 동시행세칙 개정으로 국내은행의 신종자본증권 발행개시
□ 2012년 4월 개정 상법 시행으로 일반 기업도 신종자본증권 발행이 가능해 짐(상법 제469조 개정)

자본적 성격

보통주 자본금을 제외한 모든 채무에 대해 후순위

부채적 성격

call option: 발행 5년 후부터 발행사 임의로 행사 가능
step-up: call option 미행사시 coupon 금리 상향 조정, 5년 5%, 7년 7%
put option: call option 미행사시 투자자는 put option 행사 통해 원금회수
　　　　　(주식교부청구권 행사)

1. 발행사는 영구채권발행
2. 투자자는 영구채권을 매입하고 발행대금을 발행사에 지급
3. 발행 5년 후 발행사는 call option을 행사하고 매입대금을 투자자에게 지급
4. 발행회사는 영구채권을 회수
5. 발행 5년 후 발행사가 call option을 미행사하면 투자자에게 지급하는 금리상향 조정(step up) 및 투자자 주식 교환 put option 행사 가능

가. 후순위성: 보통주(자본금)를 제외한 모든 채무에 대해 후순위 지급 순위

– 담보부채무＞'선순위채무＝신종자본증권'＞후순위채무＞보통주

나. 만기의 영구성

5년 후 call option 미행사시 과도한 금리 step up으로 상환을 강제

이 신종자본증권이 문제가 되었던 두산인프라코어는 주석 사항에 다음과 같이 공시하였다.

동 신종자본증권은 K–IFRS에 따라 자본으로 분류하여 외부감사인의 감사를 완료하였습니다.

자본으로 회계처리한 근거는 한국채택 국제회계기준 제1032호 금융상품: 표시. 문단 16에 따라, 발행자는 계약상 현금결제의무가 없으며 주식교환청구권은 신종자본증권을 발행시 확정된 수량의 자기지분상품으로 교환하는 계약이므로 한국채택 국제회계기준 제1032호에 따라 위 신종자본증권을 지분상품으로 분류하였고, 삼일회계법인은 자본 분류가 타당하다는 공식의견서를 회사에 제공하였습니다.

당사는 동 신종자본증권의 발행을 통해 부채비율의 감소 등 재무구조 개선의 효과를 얻을 수 있었습니다.

동 신종자본증권이 자본인정이 부정되어 부채로 분류되는 경우, 자본으로 표시된 발행금액 USD 5억에서 세후 발행비용(법인세 비용을 차감한 순액)을 차감한 금액이 부채로 재분류되어 부채비율이 상승하는 등 회사의 재무구조에 변동이 생길 수 있습니다.

동 신종자본증권에 대한 신용평가사의 자본 인정 비율은 사업보고서 제출일 현재 공식적으로 확정된 바 없습니다.

위에서 한 가지 특이한 것은 두산인프라코어의 감사인은 안진회계법인이지만 이 건에 대한 용역은 삼일이 수행하였다는 점이다. 대기업일 경우는 이와 같이 외부감사 회계법인 이외에도 회계 이슈에 대해서 자문을 해 주는 법인을 두고 있다.

감독원과 기준원간의 연석회의 관련 협약사항은 다음과 같다. 회계기준원장과 감독원 회계전문심의위원간의 2009년 12월 체결된 협약사항이다.

K-IFRS 질의회신연석회의 구성 및 운영에 대한 합의서

제1조(목적) 이 합의서는 K-IFRS하에서의 조사·감리와 관련된 질의 및 K-IFRS 내용과 관련된 질의에 대한 검토 및 회신방향 등을 심의하기 위하여 금융감독원(이하 "감독원"이라 한다) 및 한국회계기준원(이하 "기준원"이라 한다)의 공동자문기구를 「K-IFRS 질의회신연석회의」를 설치·운영하는 데 있어 필요한 사항을 정함을 목적으로 한다.

제2조(K-IFRS 질의회신연석회의 설치) 주식회사의 외부감사에 관한 법률과 동법 시행령에서 정하고 있는 회계처리기준 제정업무와 조사·감리업무를 전문적이고 효율적으로 지원·수행하기 위하여 금융감독원 및 한국회계기준원 내에 양기관이 공동운영하는 「K-IFRS 질의회신연석회의」를 둔다.

제3조(K-IFRS 질의회신연석회의 구성) ① K-IFRS 질의회신연석회의는 다음 각 호의 1에 해당하는 자로서 12인 이내의 위원으로 구성한다.

1. 감독원 회계제도실장 및 기준원 상임위원(공동 위원장)
2. 감독원 회계제도실 소속 안건담당 팀장 1인
3. 기준원 소속 안건담당 팀장급 이상 1인
4. 감독원이 추천한 IFRS 전문가 2인
5. 기준원이 추천한 IFRS 전문가 2인
6. 한국공인회계사회가 추천한 IFRS 전문가 2인
7. 상장회사 소속 임직원으로서 한국상장회사협의회가 추천한 IFRS 전문가 2인

② K-IFRS 질의회신연석회의의 공동위원장(이하 "공동위원장"이라 함)은 제1항제1호의 자로 한다.

③ 위원의 임기는 2년으로 하되 연임할 수 있다. 다만, 제1항제1호 내지 제3호 위원의 임기는 당해직에 재직하는 기간으로 한다.

제4조(심의사항) ① K-IFRS 질의회신연석회의는 K-IFRS의 실무적용과 관련하여 다음의 사항을 심의한다. 다만, 쟁점이 없거나 중요하지 않은 사항에 대하여는 심의를 생략할 수 있다.

1. K-IFRS 질의에 대한 회신안
2. K-IFRS 질의회신 내용의 공개여부

3. K-IFRS 질의회신 관련 IFRIC 통보 사항

4. 기타 위원장 또는 재적위원의 1/3 이상이 K-IFRS의 실무적용과 관련하여 심의가 필요하다고 요청하는 사항

제5조(공동위원장의 직무) ① 공동위원장은 K-IFRS 질의회신연석회의를 각자 대표하고 사무를 통할하며 회의를 주재한다.

② 제1항의 직무를 수행함에 있어 감독원 소관의 질의를 처리하는 경우에는 감독원 회계제도실장이, 기준원 소관의 질의를 처리하는 경우에는 기준원 상임위원이 회무를 통괄하며 각각 소관사항을 처리함에 있어 대표권을 보유하되 의결권을 행사하지 아니한다.

③ 제2항의 업무를 수행함에 있어 위원장이 유고시에는 위원장이 지명하는 자가 그 직무를 대행한다.

제6조(위원의 결격사유) 다음 각 호의 1에 해당하는 자는 K-IFRS 질의회신연석회의의 위원이 되지 못한다.

1. 대한민국 국민이 아닌 자

2. 금치산자 또는 한정치산자

3. 파산자로서 복권되지 아니한 자

4. 금고 이상의 형의 선고를 받고 그 집행이 종료되거나 집행을 받지 아니하기로 확정된 후 2년이 경과되지 아니한 자

제7조(회의소집) ① K-IFRS 질의회신연석회의의 회의는 매달 2회 정기회의를 개최하되 위원장이 필요하다고 인정하거나 재적위원 과반수의 요구가 있을 때에 위원장이 소집하거나 그 주기를 조정·연기할 수 있다.

② K-IFRS 질의회신연석회의의 회의장소는 감독원 소관의 질의 관련 회의는 감독원 회의실에서, 기준원 소관의 질의 관련 회의는 기준원 회의실에서 개최하되 위원장이 필요하다고 인정하는 경우에는 회의장소를 변경할 수 있다.

③ 회의를 소집할 때에는 회의의 일시·장소 및 목적사항 등을 기재한 서면과 안건을 회의개최 3일 전까지 각 위원에게 송부하여야 한다. 다만, 서면통지 또는 안건을 발송함이 심히 부적당한 사안이거나 긴급을 요하는 경우에는 그러하지 아니할 수 있다.

제8조(안건보고) K-IFRS 질의회신연석회의의 안건은 감독원 또는 기준원 소

속 위원이 보고한다. 다만 위원장이 필요하다고 판단하는 경우 담당자가 대리토록 할 수 있다.

제9조(의결방법) ① K－IFRS 질의회신연석회의는 재적위원의 과반수 이상의 출석과 출석위원의 3분의 2 이상의 찬성으로 의결한다.

② 특정 안건에 대해 논란이 있는 경우에는 1회에 한하여 의결을 연기할 수 있다.

③ 특정 안건에 대해 감독원 또는 기준원 소속 위원의 반대표시가 있는 경우에는 부결된 것으로 본다.

④ K－IFRS 질의회신연석회의 위원은 다음 각 호의 1에 해당하는 사항에 대한 심의·의결에서 제척된다.

1. 자기와 직접적인 이해관계가 있는 사항

2. 배우자, 4촌 이내의 혈족, 2촌 이내의 인척관계에 있는 자 또는 자기가 속한 법인과 직접적인 이해관계가 있는 사항

⑤ K－IFRS 질의회신연석회의 위원은 제4항 각 호의 1에 해당하는 사항에 대한 심의·의결을 회피하여야 한다.

⑥ 위원이 부득이한 사유가 있는 경우에는 당해 위원이 그 소속기관의 직원 중에서 지명하는 자로 하여금 대리출석하게 할 수 있다.

제10조(사후처리) ① K－IFRS 질의회신연석회의를 개최하여 심의한 결과, 이견이 있어 부결되거나 중요하다고 판단되는 질의 중 감독원 소관의 질의에 대해서는 감독원에 설치된 회계심의위원회에서 심의·처리하고 기준원 소관의 질의에 대해서는 기준원에 설치된 회계기준위원회에서 심의·처리한다.

② 제1항에 따라 감독원과 기준원이 각각 소관 질의를 처리함에 있어 회계심의위원회 및 회계기준위원회에서 심의하는 경우 사전적으로 회계제도심의위원회 위원에게 통보하여 의견수렴을 실시하여야 한다.

③ 제2항에 따라 감독원과 기준원이 회계기준위원회 및 회계심의위원회를 개최하여 각각 소관 질의를 처리한 결과를 회계제도심의위원회 위원에게 안내한다.

④ K－IFRS 질의회신사례의 공개여부와 국제회계기준해석위원회(IFRIC) 통보여부는 회계제도심의위원회의 심의를 거쳐 결정한다.

제10조(관계인 등의 참관 및 의견개진) 다음 각 호의 자는 K-IFRS 질의회신연석회의에 참관하여 의견을 개진할 수 있다.

1. 질의자, 그 변호인 또는 그 감사인
2. 당해 질의 관련 담당자
3. 감독원 회계제도실 소속 팀장 또는 팀원
4. 감독원 조사·감리업무 담당 팀장 또는 팀원
5. 기준원 소속 담당 연구원
6. 금융위 소속 담당 공무원
7. 기타 위원장이 참석이 필요하다고 인정하는 자

제11조(운영사무 및 의사록) ① K-IFRS 질의회신연석회의의 운영사무는 감독원 기업회계1팀장 및 기준원 조사연구실장이 각각 담당하며 회의준비와 의사록 작성·유지 등의 업무를 수행한다.

② 기업회계1팀장 및 조사연구실장은 각각 K-IFRS 질의회신연석회의의 의사에 관하여 의사경과의 요지와 그 결과를 기재한 의사록을 작성·유지하여야 한다.

제12조(의사록 기재사항) 의사록에는 다음 각 호의 사항을 기재한다.

1. 개회, 회의중지와 폐회일시
2. 회의장소
3. 출석위원, 결석위원 및 참여자의 성명
4. 회의사항(회의경과 요지)
5. 기타 필요하다고 인정되는 사항

제13조(회의의 비공개원칙 및 비밀엄수) ① K-IFRS 질의회신연석회의의 회의는 비공개로 함을 원칙으로 한다. 다만, 출석위원 전원이 공개가 필요하다고 인정하는 경우에는 K-IFRS 질의회신연석회의의 회의내용을 공개할 수 있다.

② K-IFRS 질의회신연석회의의 위원 및 그 직에 있었던 자는 그 직무에 관하여 지득한 비밀을 누설 또는 이용하여서는 아니 된다.

제14조(수당 등 지급) 감독원장 및 기준원장은 예산의 범위 내에서 K-IFRS 질의회신연석회의에 참석한 외부위원에 대하여 수당 및 기타 필요한 경비를 지급할 수 있다.

제15조(기타사항 합의) K-IFRS 질의회신연석회의 구성 및 운영함에 있어 기타

필요한 사항에 대해서는 감독원의 회계서비스본부장과 기준원의 원장이 합의하여 정할 수 있다.

부 칙

이 합의서는 2010년 1월 1일부터 시행한다.

2009년 12월 30일

금융감독원 본부장   한국회계기준원 원장

김호중   서정우

제9조 ③의 경우는 veto권으로 이해할 수 있다. 이 조항을 보면 반대하는 경우는 부결된 것으로 본다고 기술하고 있다.

즉, 감독원의 회계제도실장이나 기준원의 상임위원에게 이와 같은 veto 권한을 부여하고 있다. 이러한 연석회의의 장점은 동일 건에 대해서 기준원과 감독원의 해석이 상이할 경우는 기업 측에서 자기들에게 유리한 쪽의 의견을 기초로 회계처리를 정당화할 수 있다.

수정명령권

금융위원회는 기업회계기준을 제/개정하는 권한을 회계기준위원회에 위임하고 있으나 최종적으로 이를 승인하는 권한을 갖는다. 미국의 경우도 SEC가 회계기준을 제/개정하는 권한을 FASB에 위임하고 있지만 이를 최종적으로 승인하는 권한은 SEC가 갖는다.

이러한 기업회계기준 개정건은 증선위에는 보고안건으로 보고되지만 수정명령권에 의해서 증선위가 이를 거부할 수 있는 권한이 있으며 실질적으로 1999년 9월 회계기준위원회에 이러한 권한을 위임한 이후에 수정명령권을 행사하였던 경우도 있다.

1. 금융위 수정요구일자: 2010. 12. 29.
2. 내용: (1) 외화환산 회계처리 관련 기업회계기준 등 수정요구 (2) 장외 파생상품 관련 기업회계기준 수정요구
3. 관련 기준: (1) 기준서 제5호 유형자산: 재평가허용 (2) 기업회계기준 (신설): 기능통화회계제도 도입 (3) 기업회계기준등에 관한 해석 53−70 파생상품 등의 회계처리: 외화위험에 대한 위험회피수단을 금융상품까지 확대 (4) 기업회계기준 등에 관한 해석 53−70 파생상품등의 회계처리: 확정계약에 대한 위험회피회계 중단시 회계처리 개선 (5) 기준서 제14호 중소기업회계처리특례: 비상장중소기업의 외화환산 특례 (6) 기업회계기준: 파생상품의 처리에 대한 특례

"신종자본증권=자본" 가닥

15일 금융당국 등에 따르면 국제회계기준위원회(IASB)는 최근 두산인프라코어의 신종자본증권을 자본으로 인정하는 내용의 입장을 비공식적으로 한국회계기준원에 전달했다. IASB는 곧 공식 절차를 밟아 뜻을 정리할 예정이며 회계기준원도 회의를 열어 IASB 입장을 반영해 두산인프라코어 신종자본증권에 대한 입장을 최종 결론지을 계획이다.

신종자본증권은 주식과 채권 중간 성격을 띠는 증권이다. 만기가 따로 없고 상환 순위가 후순위이며 이자와 배당 지급 의무가 없어 회계상 자본으로 분류된다. 그러나 지난해 두산인프라코어가 발행한 신종자본증권은 5년 후 발행사가 콜옵션(만기 전 빚을 상환할 수 있는 권리)을 실행하지 않으면서 가산 금리가 5% 포인트 올라가고 7년째부터는 여기에 2% 포인트가 추가돼 실제 만기가 있는 채권과 유사하다는 주장이 제기됐다.

매일경제신문. 2013.5.16.

IFRS "두산 영구채는 자본"…부채비율 높은 기업, 자금줄 트이나

과거 은행들의 전유물로 여겨졌던 영구채는 통상 30년 만기로 발행하는데 임의로 연장이 가능하고, 이자 지급도 건너뛸 수 있어 회계상 자본으로 인정된다. 하지만 발행기업이 5년 뒤 중도상환(콜옵션 행사)하는 게 관행처럼 굳어져 있다.

두산인프라코어 역시 비슷한 구조로 영구채를 발행했다가 콜옵션 행사 강제성을 높이는 여러 계약 조건을 놓고 논란이 불거졌다. 계약에 따르면 콜옵션을 행사하지 않을 경우 투자자에게 이자를 훨씬 더 많이 지급하거나, 원리금 명목으로 사전에 정해 놓은 수(액

면금액 15달러 40센트당 보통주 1주)의 자기주식을 교부해야 한다. 투자자를 끌어 모으기 위해 이자비용가산(스텝업) 조건과 주식교부청구권 등을 제공했기 때문이다.

■ 스텝업 등은 논란거리 안 돼

회계기준원이 IFRS 재단에 보낸 질의서에는 앞서 시장에서 논란이 된 과도한 스텝업, 청산시 상환 순위가 선순위 채권과 동일한 문제, 투자자에게 조기상환 선택권(풋옵션부여), 지급보증(은행 세 곳 참여) 등에 대한 해석 요청은 포함되지 않은 것으로 나타난다.

■ 분위기 살피던 기업들 영구채 발행 잇따를 듯

두산인프라코어의 영구채가 자본으로 잠정 결론남에 따라 그동안 눈치를 보던 기업들이 발행에 뛰어들 것으로 예상된다. 이자비용이 일반 채권보다 높지만 운영자금을 확보하는 대신에 부채비율까지 낮출 수 있는 매력 때문이다.

두산인프라코어 영구채 발행을 주관한 산업은행 관계자는 "비우량기업의 경우 기술적인 이유로 두산인프라코어처럼 최소 세 곳의 은행에서 지급보증을 받아야 한다"며 "은행의 지급보증을 받기 어렵다면 영구채 발행도 포기해야 할 것"이라고 말했다.

한국경제신문. 2013.5.16.

SK텔레콤, 포스코 '영구채' 발행한다. 대한항공, 현대상선도 추진

두산인프라코어가 작년 말 발행한 신종자본증권이 국제회계기준위원회에서 사실상 '자본'으로 인정받게 되면서 시장에 잠재해 있던 신종자본증권 발행 수요가 수면 위로 급부상하고 있다.

특히 업황 악화로 부채비율이 치솟은 기업은 물론 SK텔레콤, 포스코 등 초우량기업들도 신종자본증권 발행을 추진하고 있는 것으로 밝혀져 관심이 집중되고 있다.

신종자본증권 발행 수요는 지금까지 알려진 것만 1조 5,000억원에 육박해 마땅한 투자처를 찾지 못해 자금을 묶어 두던 기관투자자들도 크게 호응할 것으로 예상된다.

신종자본증권은 발행 회사가 만기를 임의로 연장할 수 있고, 이자 지급을 연기하거나 취소할 수 있는 권리를 갖고 있어 회계상 자본으로 분류된다.

아울러 지난해 두산인프라코어 논란으로 신종자본증권 발행을 추진하다 보류했던 대한항공, 한진해운, 현대상선 등도 다시 발행에 나설 가능성이 높아졌다.

특히 이들 기업은 부채비율이 작년 말 기준 600~700%에 이를 정도로 높아진 상황이어서 자본 확충이 시급한 상황이다.

매일경제신문. 2013.5.17.

대한항공 '은행 보증 없는' 영구채 발행

대한항공이 내달 중순 2,000~3,000억원의 영구채(하이브리드 채권)를 발행한다. 두산인프라코어와는 달리 은행 보증을 받지 않고 순수한 영구채 발행을 시도한다. 17일 증권업계에 따르면 대한항공은 동양증권 KB투자증권을 주관사로 선정하고 영구채 발행 작업에 착수했다.

증권업계 관계자는 "대한항공은 당초 두산인프라코어처럼 은행들의 보증을 받아 영구채 발행을 추진하려고 했지만 최소 3개 은행의 보증을 받는 것도 힘든 상황이라 금리를 더 주고 순수한 영구채를 발행하는 쪽으로 선회했다"고 말했다.

대한항공의 일반 회사채 신용등급이 'A0 긍정적'인 점을 감안할 때 대한항공의 영구채는 A- 또는 BBB+급이 될 것으로 증권업계는 예상하고 있다.

한국경제신문. 2013.5.18.

경영평가단 제동에 공기업 영구채발행 '빨간불'

공기업들이 부채비율 개선 수단으로 추진해 온 신종자본증권(영구채) 신규 발행에 제동이 걸렸다. 26일 투자은행 업계에 따르면 공기업 경영평가단이 영구채 발행에 대한 부정적인 입장을 6월 말 발표 예정인 공기업 경영실적평가 보고서에 반영하는 방안을 검토 중인 것으로 알려졌다.

이에 따라 영구채 발행을 추진 중이거나 발행을 검토하는 공기업의 자금조달 계획에 작지 않은 영향을 미칠 전망이다. 영구채 발행시 공기업 경영평가에서 감점 요인이 될 수 있기 때문이다.

공기업 평가단은 최근 영구채를 발행한 일부 발전 공기업에 대한 현장실사를 마친 후 "공기업 영구채 발행이 이자비용 부담 증가 측면 등에서 권장할 만하지 않다"는 방향으로 입장을 정리한 것으로 전해졌다.

경영평가단 관계자는 "비교적 재무상황이 양호한 발전 공기업의 경우 상대적으로 낮은 금리의 채권 발행을 통해 자금조달이 가능한 만큼 높은 이자 비용을 지불하면서까지 영구채를 발행할 필요가 있겠느냐는 게 평가단의 대체적 분위기"라고 설명했다.

지난해 서부발전과 남동발전은 각각 1,000억원과 4,000억원 규모의 영구채를 발행했다.

매일경제신문. 2013.5.27.

자본조달에 있어 어떠한 방식을 선호할지에 관련된 다음의 내용도 있다.

BMW, 스타벅스의 '꼼수'

외국계 기업이 자금조달 시장에서 눈총을 받고 있다. 만기 2~5년의 장기 원화자금을 조달하면서 회사채 시장이 아니라 단기자금 조달처인 기업어음(CP) 시장을 활용하고 있어서다. 공시의무를 피하기 위한 '꼼수'란 지적을 받고 있다.

11일 증권업계에 따르면 BMW파이낸셜비스코리아는 지난 5일 5년만기로 1,200억원 규모의 CP를 발행했다. 만기가 5년에 이르는 장기자금을 단기자금 조달처인 CP시장에서 마련한 것이다.

BMW파이낸셜코리아는 BMW그룹의 국내 전속 자동차할부금융회사이다. 네덜란드 법인인 BMW홀딩스가 100%지분을 갖고 있다. BMW의 판매량이 증가하면서 BMW파이낸셜서비스코리아의 영업 규모도 빠르게 확대되고 있다. BMW는 2009년 이후 연평균 43%의 판매성장률을 기록했다. 이에 따라 BMW파이낸셜서비스코리아도 2009년 말 9,000억원이던 영업자산이 작년 9월 말 2조원을 넘어섰다.

스타벅스코리아는 지난달 28일 2년 만기 400억원어치 CP를 발행해 자금을 조달했다. 스타벅스코리아는 작년 8월에도 2년 만기 300억원어치 CP를 발행해 자금을 마련했다.

스타벅스코리아는 신규 점포 개점을 통한 공격적인 확장 정책으로 투자 부담이 자체적으로 창출하는 현금 규모를 웃돌고 있다. 이 때문에 실질적인 무차입 상태에서 작년 9월 말 기준 총차입금이 364억원으로 증가했다. 스타벅스코리아는 미국 스타벅스인터네셔널과 신세계그룹 계열 이마트가 각각 50%의 지분을 갖고 있다.

외국계 기업이 CP시장에서 장기자금을 조달한 것은 절차상 편한데다 공시의무를 회피할 수 있기 때문이란 분석이다. 회사채와 달리 CP발행은 증권사의 기업실사나 수요예측을 거치지 않아도 된다. 회사채 발행은 조달을 결정하고서도 한 달 가량 준비 기간이 걸리지만 CP는 당일 발행이 가능한 점도 매력이다.

한국경제신문. 2013.3.12.

보험사 신종자본 증권 비상

■ 금감원 '지분상품' 분류, 위험 자산 성격 강해 투자매력 낮아져

금융감독원이 인수자 입장에서 신종자본증권을 '지분증권'으로 분류하도록 결정했다. 이에 따라 신종자본증권 주 수요처이던 보험사들엔 위험자산이 늘어나는 효과 때문에 보험사들엔 비상이 걸렸다.

25일 금융감독원 회계제도실 관계자는 "신종자본증권 발행자가 자본으로 분류하는 만큼 인수자 측에서도 이를 지분 인수로 보고 '지분상품'으로 회계처리해야 한다고 결론을 내렸다"고 말했다.

이 같은 결정에 대해 보험사들은 당황한 기색이 역력하다. 지분상품은 위험 자산의 성격이 강해 위험기준 자기자본(RBC) 비율 산정에 불리하게 작용하기 때문이다. 위험자산이 증가하면 RBC 비율이 낮아지며 건전성에 악영향을 미치게 된다.

금융감독원 관계자는 "이번 기준은 소급적용이 되지 않는 만큼 과거 재무제표를 수정하거나 RBC 비율을 재계산할 필요는 없다"면서 "그러나 2분기 실적부터 변경된 기준에 따라 재무제표를 작성해야 할 것"이라고 말했다.

과거 재무제표와 RBC 비율을 재공시할 필요가 없어진 점은 보험사들에게 긍정적이지만 다음달 2분기 실적 발표 때까지 과거 회계처리 방식을 바꿔야 한다는 점에서는 부담이다.

향후 인수자 입장에서 '지분상품'으로 분류된 신종자본증권에 대한 투자 매력이 떨어질 것일까라는 우려도 나타나고 있다. 과거처럼 '채무상품'으로 분류하면 아직 이자수익이 현금화되지 않더라도 매 시점에서 '미수이익'을 손익에 반영할 수 있었다. 반면 '지분상품'으로 분류되면 실제 현금이 유입되어야만 당기수익으로 잡을 수 있어 손익계산에 부정적인 영향이 발생한다.

김지훈 KB투자증권 DCM팀 과장은 "지분상품으로 분류될 경우 투자자 입장에서 불리한 회계처리를 감수해야 하기 때문에 투자 매력이 떨어질 가능성이 있다"고 말했다.

매일경제신문. 2013.7.26.

금융권, 영구채 투자손실 날벼락

- 당국 '주식처럼 평가손실 반영해라'... 시장 위축 우려
- 영구채 지분증권 분류 후
- 첫 손상차손 사례될 듯
- "영구채에 적합한 기준 필요"

금융회사들이 포스코와 SK텔레콤 등이 발행한 영구채권에 투자했다가 분기이익을 일부 까먹을 처지에 놓였다. 채권 가격이 일정 기간 취득원가보다 낮은 수준을 나타낸 탓에 '지분증권 손상차손'을 인식해야 하기 때문이다. 손상차손이란 자산의 적정 평가가치가 장부가치 밑으로 떨어진 뒤 회복 가능성이 낮다고 판단될 때 그 차액만큼을 손실로 인식하는 회계처리다.

금융회사들은 원금손실 가능성이 희박한 영구채 속성을 무시하고 주식 손상차손 기준을 그대로 적용하는 것은 불합리하다고 주장하고 있다. 투자회사의 실적에 왜곡을 불러올 뿐만 아니라 발행예정 기업에도 적지 않은 부담으로 작용할 것이란 이유에서다.

- 영구채 손상차손 첫 사례

포스코는 지난 6월 13일 액면 1만원당 연 4%대 이자를 지급하는 영구채 1조원어치

를 발행했다. 그러나 이 채권의 평가가액은 6월 21일부터 약 6개월간 9,745원과 9,946원 사이에서 움직이며 한 번도 액면가를 넘어서지 못했다. 만기가 줄어들수록 채권가격은 상승하는 게 일반적이지만, 하필 채권값과 반대로 움직이는 시장 금리가 꾸준히 오른 탓이다. SK텔레콤 등 다른 연구채도 비슷한 상황이다.

보유 영구채 가격이 연말까지 1만원에 미치지 못할 경우 투자자들은 그 금액만큼을 손익계산서에 손상차손으로 처리해야 한다. 영구채 손상차손 인식은 지난 7월 회계기준원이 영구채를 지분증권으로 분류하기로 결정한 이후 아직 한 번도 없었다.

영구채 손상차손 인식 사례는 포스코를 시작으로 크게 늘어날 가능성이 높다. 금융당국이 올 3월 보험사들에 보낸 공문에서 '보유 지분 증권 가치가 6개월 이상 원가에 못 미칠 경우 손상차손 사건이 발생한 것으로 봐야 한다'며 기존 12개월이었던 기간 요건을 절반으로 줄였기 때문이다.

■ 이익 왜곡 투자 위축 우려

금융회사들은 원금 손실 가능성이 희박한 영구채의 손상차손 인식 잣대를 지분증권에 맞추는 것은 불합리하다고 주장하고 있다. 영구채는 무기 연장이 가능하지만 발행 5년이나 10년 뒤 발행회사가 조시상환 선택권(콜옵션)을 행사하는 게 관행처럼 굳어졌다.

한 증권사 관계자는 "손상차손을 매분기 인식하더라도 만기 때 원리금을 상환받으면 그동안의 손실을 모두 뒤집는 '손상차손환입'을 인식해야 한다"며 "실질과 무관하게 보험사 등의 당기손익만 왜곡시키는 문제가 생길 것"이라고 말했다.

금융당국이 혼란을 막기 위해 영구채에 적용할 수 있는 별도 손상차손기준을 제시해 줘야 한다는 주장도 나온다. 앞서 보험사 자산에 적용하는 신용위험계수를 정할 때도 별도로 영구채 관련 기준을 마련하는 등 재량을 발휘한 경험이 있기 때문이다.

한 금융회사 관계자는 "손상차손 인식 사례가 늘어나면 투자하겠다는 곳도 자취를 감춰 버릴 것"이라고 우려하면서 "콜옵션을 행사하지 않은 경우 손상차손을 인식하도록 하는 것도 한 방법이 될 수 있을 것"이라고 말했다.

금융당국은 그러나 아직까지 영구채 손상차손관련 별도 기준을 검토하고 있지 않다고 밝혔다. 금융감독원 보험감독국 관계자는 "회계기준원이 지분증권으로 분류하기 때문에 지분 증권에 맞는 회계처리 방침을 따르는 게 옳다고 판단하고 있다"고 말했다.

한국경제신문. 2013.12.12.

위원회 구성과
관련되어

어떠한 위원회가 되었건 독립성을 필요로 하는 위원회의 구성은 원칙적으로 상근위원으로 구성하는 것이 가장 바람직하다. 이는 경제적인 독립성 때문이다.

비상근위원일 경우 소속 직장이 있기 때문에 이들이 속한 기업/산업의 상황을 대변하지 않을 수 없다. 상황을 대변한다는 의미는 그 산업의 이익이 대변될 수도 있다. 회계기준원의 경우는 실무와 산업 관행 등을 회계기준에 반영하도록 위원회를 구성하였다. 실무의 회계전문가들은 다섯 명의 비상임위원 중 세 명으로, 한 명은 산업을 대표하며, 두 명은 회계업계를 대표하므로 이들이 소속된 회계법인의 이익을 대변할 수도 있다. 물론, 이러한 이슈를 해결하기 위해서 회계법인에서 참가하는 위원은 실제 회계감사를 수행하는 공인회계사가 아니라 품질관리 등에 관여하는 공인회계사이다.

금융위가 의욕을 가지고 진행하였던 회계선진화 TF는 그 결과물이 외감법 개정안으로 연결되는 상당한 수준의 의미 있는 위원회였는데 이 위원회 구성에 있어서도 위원회가 한국공인회계사회 회장, 회계법인 대표 2인, 학계 및 감독기관, 회계기준원장, 신용평가업계 대표 등으로 구성되었다. 회계 관련 법안을 개정함에 있어서 회계업계의 의견을 수용한다는 차원에서는 이러한 위원회의 구성은 합리적이라고 할 수도 있지만, 외감법의 내용이 기업과 감사인을 규제하는 법안이므로 이러한 법안의 피규제의 위치에 있는 회계업계에서 이 위원회에 참여한다는 것이 적법한 것인지에 대한 비판도 있었다. 물론, 회계업계의 의견을 받지 않은 상태에서 규제의 방향을 정한다면 현실을 도외시한 규제/감독 방향을 설정할 수 있는 문제는 있다.

법 개정에서뿐만 아니라 회계기준을 개정함에 있어서 어느 정도까지 실무의 의견이 반영되어야 하는지도 이슈가 될 수 있다. 특히나 회계기준의 개정이 연말에 진행되는 경우는 기업이나 회계법인이 이를 수용할 수 있는 시간적 여유가 있어야 한다. 예를 들어 기준을 11월에 개정하고 이를 학습하여 연말 결산에 이 기준을 적용하라고 하는 것은 무리일 수 있다.

반면에 공개초안 등으로 인해서 내용을 이미 기업과 감사인이 숙지하고 있는 경우에는 상황이 다르다. 이는 회계감사기준의 개정도 동일하다.

2012년 12월 시점의 국제감사기준(ISA)을 반영한 회계감사기준의 개정도 일부 기업에서는 너무 늦게 개정을 확정한다는 불만도 있었지만 이미 오랜 기간 이 내용이 공지된 상태였기 때문에 큰 문제가 없었다.

과거에 다음과 같은 내용이 기사화되기도 하였다.

에버랜드 금융지주사 탈출 '돌파구' 새 회계기준 공정성 논란

회계기준 개정과 제정, 해석 작업을 맡고 있는 곳은 회계전문가들이 참여하는 회계기준위원회다. 이 위원회에는 에버랜드 회계감사를 맡고 있는 하나안진회계법인의 S모 감사부문 대표와 삼성전자 C모 부사장도 참여하고 있다.

매일경제신문 2005.5.18.

미국(FASB)의 경우는 5인의 full time member로 구성되어 있다가 2011년부터 7인으로 확대되었으며 일본은 3인의 full time member와 6인의 비상근위원으로 구성된다. IASB는 16인의 위원이 모두 상근이다.

미국의 FASB 위원이 FASB 관련되어 발표를 하거나 강연을 하는 경우는 honorarium을 받지 못하도록 한다고 한다. 즉, 업계나 이해관계자로부터의 완전한 독립성을 보장하려는 노력을 하고 있다. 급여로서 경제적인 보상을 충분히 하기 때문에 금전적인 부분 때문에 독립성이 훼손될 수 있는 오해를 피하라는 의도일 것이다. 자본주의에서 가장 합리적으로, 즉, 금전적으로 이해상충을 피해가는 것이다.

위원회 활동을 수행하는 어느 누구도 lobby에 의해서 흔들릴 수 있다. 그러나 신분이 보장된 공무원일 경우, 민간위원에 비해서 이러한 가능성이 낮다.

그렇기 때문에 민간에 대한 조치를 하는 공정거래위원회나 금융위원회 위원들은 기본적으로 민간기업의 사외이사를 원천적으로 금하고 있다. 금융위원회일 경우는 법령이라기보다는 quality control의 차원에서 사외이사 겸직을 금하고 있다. 단, 이들 위원회에 대한 자문위원회에 대해서는 이러한 quality control을 강제하고 있지 않다. 2012년 말 국회의원과 대통령 인수위원회 위원이 모 금융회사의 사외이사를 겸직하여 이슈가 되었다.

현재 경제 관련되어 위원회 조직으로 의사결정을 수행하는 위원회는 금융위원회, 증권선물위원회, 공적자금관리위원회, 공정거래위원회, 방송통신위원회, 기재부의 국세심판원, 지식경제부의 무역위원회, 경제에 국한하지는 않지만 국무총리실의 규제개혁위원회, 감사원의 감사위원회, 국가인권위원회, 국민권익위원회, 국세청의 국세심사위원회 등이 있다.

위원회 조직	내용
국세심판원	▶ 6인의 상임심판관에 상임심판관과 동수 이상의 비상임 인원 ▶ 27명의 비상임심판관
공적자금관리위원회	▶ 2인의 공무원 위원과 6명의 비상근위원으로 구성 ▶ 금융위원장과 민간 위원장이 공동 위원장이며 또 한 명의 공무원 위원은 기재부 제1차관
금융위원회	▶ 금융위원장, 금융위부위원장, 2인의 상임위원, 기재부 차관, 금융감독원장, 예금보험공 사 사장, 한국은행부총재와 1인의 비상임위원으로 구성
공정거래위원회	▶ 위원장, 부위원장과 3인의 상임위원, 4인의 비상임위원으로 구성
방송통신위원회	▶ 위원장, 부위원장과 3인의 상임위원, 4인의 비상임위원으로 구성
무역위원회	▶ 1인의 민간위원장, 1인의 상임위원, 7인의 비상임위원으로 구성
규제개혁위원회	▶ 국무총리와 민간 위원장이 공동 위원장 ▶ 위원장을 포함한 7인의 경제분과위원과 8인의 행정사회분과 위원으로 구성 ▶ 기획재정부장관, 산업통상자원부장관, 안전행정부장관, 국무총리실장, 공정거래위원장, 법제처장이 당연직 위원
감사위원회(감사원)	▶ 감사원의 최고의사결정 기구 ▶ 원장을 포함한 7인의 차관급 감사위원으로 구성
국세심사위원회(국세청)	▶ 위원장은 국세청 차장 ▶ 위원 중 4명은 2급 또는 3급 공무원 중에서 임명하고 6명은 회계·법률에 관한 학식이 풍부한 공무원이 아닌 자 중에서 임명

이러한 차원에서 대형 법무법인 등에서 활동하는 법률 전문가들은 중요한 의사결정을 수행하는 정부의 위원회에서 활동하기 매우 어려운 구도에 있다. 대형회계법인일 경우, 많은 재벌기업/대기업과 직/간접적인 업무 관련성을 갖고 있기 때문에 상정되는 많은 안건의 이해상충에 있어서 자유롭기 어렵다. 그러나 이러한 관련성을 입증하기는 매우 어렵다. 예를 들어, 해당 대형법무법인이 삼성과 관련된 업무를 수행한다고 해서 이 법무법인에 속한 법률전문가 모두가 삼성의 이익을 대변하고 있다고 분류하면 이는 너무 포괄적으로 해석한 것이다.

다음은 겸직 제한과 관련된 한국공인회계사회의 내규이다.

감사인 등의 조직 및 운영 등에 관한 규정 제3조(전업의무 등)

① 감사인에 소속된 공인회계사는 제2항의 규정에 의하여 허용하는 직위나 업무에 종사하는 경우에도 감사인의 업무를 주로 수행하지 아니하는 다른 직에 상시 종사하거나 감사인의 업무 외에 다른 업무를 상시 수행하여서는 아니 되며 한 사무소에서 감사인의 업무를 행하여야 한다.

물론, 공인회계사회의 내규인 이 규정에 의하면 현업의 공인회계사가 '상시' 종사하거나 '상시' 수행하여서는 아니 된다고 규정하고 있으므로 사외이사 등의 비상근 업무를 수행하는 것에 대한 제한을 두고 있지는 않다.

그렇기 때문에 현업의 회계사들도 민간 기업의 사외이사를 맡고 있는 경우가 있는데 단, 소속 회계법인이 해당 기업에 대한 감사인으로 선임되려고 할 때는 이들 사외이사가 감사위원회의 위원일 수도 있으므로 이해가 상충된다. 그러므로 대부분의 big 4 회계법인에서는 파트너들에게 사외이사 겸직을 원칙적으로 금하고 있다. 특히나 감사인 선임과 관련된 역할을 수행하는 감사위원회를 가동하는 기업은 완전히 이해상충이 존재한다고 할 수 있다.

현대카드냐 캐피탈이냐. 정태영 사장의 선택은

카드업계 '스타 CEO'로 통하는 정태영 현대카드 사장이 복병을 만났다. 올 연말이면 대표이사를 맡고 있는 현대카드, 현대캐피탈, 현대커머셜 중에서 두 곳의 대표이사직을 내려 놓아야 할 상황이기 때문이다. 복병은 정부가 보냈다.

금융위원회가 2012년 발의한 금융회사 지배구조법에도 '금융회사의 상근 임원은 다른 회사의 상근직을 맡을 수 없다'는 조항이 들어 있다. 여야 모두 반대가 없어 4월 정기 국회에서 통과될 가능성이 높다.

■ 이사회 의장으로 지배

겸직 금지는 상근직에 해당된다. 따라서 정사장이 대표이사는 한 곳에서만 맡고 나머지 회사는 이사회 의장을 맡아 어느 정도 경영권을 행사할 수 있는 길이 열려 있다. 금융 당국 관계자는 "현실적으로 가능성이 큰 대안으로 보인다"고 말했다.

조선일보. 2013.2.5.

이와 같이 상근으로 두 개의 직을 겸직하는 것에 대해서는 상당히 부정적이다. 비상근은 몰라도 상근 직업이 두 개라는 것은 이해가 어렵다.

국회의 경우도 국회의원들이 변호사, 회계사 등의 겸직을 금하는 정책방향을 정하고 있으며 20대 국회부터는 교수의 겸직도 제한할 계획이다.

겸직의 경우, 이사회 의장과 CEO의 겸직 건도 이슈가 된다. 우리나라에서는 이사회 의장은 주총에서 선임하는 것이 아니라 이사회에서 선임하기 때문에 별도로 이사회 의장에 대해서 주총에서 의사결정을 하지는 않는다.

그러나 금융지주회사일 경우는 이사회 의장과 CEO가 분리된다. 겸직할 경우 과도하게 1인에게 권한이 집중되는 문제가 있으며 분리될 경우는 이사회 의장과 CEO가 불필요하게 서로 주도권을 두고 과도하게 경쟁할 위험도 존재한다. 사외이사가 이사회 의장을 맡을 경우, CEO만큼 업무파악을 하고 있는지에 대해서도 이슈가 될 수 있다. 이사회 의장을 맡는다는 것은 실질적으로 이사회를 lead하여야 하는 입장인데, CEO 정도는 아니더라도 상당할 정도로 업무파악을 하고 있어야 이사회에서 이사들간에 이견이 있더라도 이를 충분히 조정할 수 있다고 사료되며 또한 배석하여 이사회 업무를 보좌하는 직원들에 대한 조직 장악력에 있어서도 차이가 있을 수 있다.

2013년 7월 입법 예고된 상법의 개정 내용에는 자산 규모 2조원을 초과하는 기업은 대표이사와 이사회 의장을 겸직하지 못하는 것으로 되어 있다. 대기업은 이사회 의장에 의한 monitoring을 강제한다는 의미일 것인데 상당한 논란이 될 수 있는 소지가 있다.

> ### 월가 간판 CEO, 엇갈린 행보
>
> JP모건체이스의 다이먼의 이날 발언은 다음달 21일 열리는 주주총회를 의식한 것이다. 이번 주총에 CEO와 이사회 의장직을 분리하는 안건이 상정되기 때문이다. 작년 주총에서도 같은 안건이 상정돼 40%의 주주가 찬성표를 던진 바 있다.
>
> 한국경제신문. 2013.4.12.

이해상충과 관련되어 금융위원회 설치 등에 관한 법률에는 다음과 같이 규정하고 있다.

제2절 금융위원회의 운영 〈개정 2008.2.29〉

제11조(회의)

④ 위원은 다음 각 호의 1에 해당하는 사항에 대한 심의·의결에서 제척된다. 〈개정 2008.2.29〉

  1. 자기와 직접적인 이해관계가 있는 사항
  2. 배우자, 4촌 이내의 혈족, 2촌 이내의 인척의 관계에 있는 자 또는 자기가 속한 법인과 이해관계가 있는 사항
  3. 제4조제1항제2호 및 제3호의 위원인 경우에는 당해 기관의 예·결산 및 정관변경 등에 관한 사항

⑤ 당사자는 위원에게 심의·의결의 공정을 기대하기 어려운 사정이 있는 경우에는 기피신청을 할 수 있다. 위원장은 이 기피신청에 대하여 금융위원회의 의결을 거치지 아니하고 결정한다. 〈신설 2008.2.29〉

⑥ 위원 본인이 제4항 각 호의 어느 하나에 해당하거나, 제5항의 사유에 해당하는 경우에는 스스로 그 사항의 심의·의결을 회피할 수 있다. 〈신설 2008.2.29〉

위는 제척과 관련된 부분이다. 물론, 우리가 흔히 사회적인 network라고 얘기하는 혈연, 지연, 학연 중에는 혈연과 자기가 속한 법인과 직접적인 관련이 있는 경우에만 제척 사유에 포함되고 있다. 지연이나 학연은 공적인 관계가 아니라 사적인 관계이기 때문에 이러한 관계에까지 법으로 규제할 수는 없다.

때로는 너무 과하다고 할 수 있는 규제가 적용되기도 한다. 예를 들어 현재 회계법인 소속 파트너들은 회계법인이 수행하는 피감기업의 주식을 한 주도 소유하지 못하게 되어 있다. 소속 공인회계사뿐만 아니라 그 배우자에게도 이 규정이 적용된다.

국내 독립성 규정상 감사대상 고객에 대한 주식취득의 제한 대상은 회계법인의 모든 파트너(배우자 포함)와 해당 감사팀원(배우자 포함)이다.

따라서, 파트너와 해당 감사고객의 감사팀원을 제외한 회계법인 소속 공인회계사는 원칙적으로 피감기업 주식의 취득에 제한이 없다.

다만, 예를 들어 삼일회계법인 같은 경우는 manager 이상 공인회계사는 피감기업 주식취득시 회계법인에 해당 주식의 취득내역을 입력하여야 한다. 감사팀 교체제도 등에 의해서 주식을 소유한 기업의 감사팀으로 배정받을 수도 있으므로 이를 통제하기 위해서도 이러한 제도를 시행하는 듯하다.

주식의 취득은 자의적인 부분이라서 크게 문제될 것이 없지만 배우자가 사용인이거나 1년 이내에 사용인이었던 자로 규정한 부분에 대해서는 이 제도가 조금 과하다고도 판단된다. 대형 회계법인인 경우는 수백명의 파트너가 근무하고 있는데 이들 파트너의 배우자는 어느 직장에서도 근무할 수 있다. 어떻게 보면 이들 배우자들의 직업 선택의 자유가 어느 정도 훼손당했다고도 할 수 있다.

자세한 공인회계사법 규정은 다음과 같다.

〈공인회계사법〉 제21조(직무제한) ① 공인회계사는 다음 각 호의 1에 해당하는 자에 대한 재무제표(「주식회사의 외부감사에 관한 법률」 제1조의2의 규정에 의한 연결재무제표를 포함한다. 이하 같다)를 감사하거나 증명하는 직무를 행할 수 없다.<개정 2003.12.11, 2005.7.29>

1. 자기 또는 배우자가 임원이나 그에 준하는 직위(재무에 관한 사무의 책임 있는 담당자를 포함한다)에 있거나, 과거 1년 이내에 그러한 직위에 있었던 자(회사를 포함한다. 이하 이 조에서 같다)

2. 자기 또는 배우자가 그 사용인이거나 과거 1년 이내에 사용인이었던 자

3. 제1호 및 제2호 외에 자기 또는 배우자와 뚜렷한 이해관계가 있어서 그 직무를 공정하게 행하는 데 지장이 있다고 인정되어 대통령령으로 정하는 자

제33조(직무제한) ① 회계법인은 다음 각 호의 1에 해당하는 자에 대한 재무제표를 감사하거나 증명하는 직무를 행하지 못한다.<개정 2003.12.11, 2005 7.29>

1. 회계법인이 주식을 소유하거나 출자하고 있는 자(회사를 포함한다. 이하 이 조에서 같다)

2. 회계법인의 사원이 제21조제1항 각 호의 1에 해당하는 관계가 있는 자

3. 제1호 및 제2호 외에 회계법인이 뚜렷한 이해관계를 가지고 있거나 과거 1년 이내에 그러한 이해관계를 가지고 있었던 것으로 인정되는 자로서 대통령령이 정하는 자

② 제21조제2항 및 제3항의 규정은 회계법인에 관하여 이를 준용한다.<신설 2003.12.11>

〈공인회계사법 시행령〉 **제14조(직무제한)** ① 법 제21조제1항제3호에서 "대통령령으로 정하는 자"라 함은 공인회계사 또는 그 배우자와 다음 각 호의 어느 하나에 해당하는 관계에 있는 자를 말한다.<개정 2001.6.18, 2004.4.1, 2006.3.10, 2008.2.29>

1. 당해 공인회계사 또는 그 배우자가 주식 또는 출자지분을 소유하고 있는 자

2. 공인회계사 또는 그 배우자와 3천만원 이상의 채권 또는 채무관계에 있는 자. 다만, 다음 각 목의 어느 하나에 해당하는 채권 또는 채무를 제외한다.

가. 법 제2조의 규정에 따른 공인회계사의 직무와 직접 관련된 채권

나. 「예금자보호법」에 따라 보호되는 금액 한도 이내의 예금·적금 등 채권

다. 표준약관에 따라 구입하거나 정상적인 가액으로 구입한 회원권·시설물이용권 등 채권

라. 「근로자퇴직급여 보장법」에 따른 퇴직연금 등 채권

마. 「금융위원회의 설치 등에 관한 법률」 제38조의 규정에 따른 기관으로부터 받은 주택담보대출·예금담보대출 등 통상의 절차에 따라 담보를 제공하고 성립된 채무

바. 「여신전문금융업법」 제2조제3호의 규정에 따른 신용카드의 사용에 의한 지급기일이 2월 이내인 채무 중 연체되지 아니한 채무

　　사. 감사기간 중 합병·상속 또는 소송 등에 의하여 비자발적으로 발생된
　　　　채권 또는 채무

　3. 당해 공인회계사에게 무상으로 또는 통상의 거래가격보다 현저히 낮은
대가로 공인회계사 사무소를 제공하고 있는 자

　4. 당해 공인회계사에게 공인회계사 업무 외의 업무로 인하여 계속적인
보수를 지급하거나 기타 경제상의 특별한 이익을 제공하고 있는 자

　5. 당해 공인회계사에게 법 제2조의 규정에 의한 직무를 수행하는 대가로
자기 회사의 주식·신주인수권부사채·전환사채 또는 주식매수선택권을 제공
하였거나 제공하기로 한 자

② 법 제21조제2항제4호에서 "대통령령이 정하는 업무"라 함은 특정 회사의 자
　　산·자본·그 밖의 권리 등(재무제표에 표시되지 아니한 경우를 포함한다. 이하 "자
　　산등"이라 한다)의 일부 또는 전부를 매도하기 위한 자산등에 대한 실사·재무
　　보고·가치평가 및 그 매도거래 또는 계약의 타당성에 대하여 의견을 제시하
　　는 업무(이하 "실사등의 업무"라 한다)를 말한다. <신설 2004.4.1, 2006.3.10>

③ 부실채권의 회수를 목적으로 하는 채권자협의체가 구성된 경우에, 그 채권
　　자협의체의 구성원(이하 "구성원"이라 한다)이 출자전환 또는 대주주의 담보
　　제공 등을 원인으로 하여 취득한 자산 등을 공동으로 매도하기 위하여 행
　　하는 실사 등의 업무는 제2항의 규정에 불구하고 공인회계사가 행할 수 있
　　다. 다만, 다음 각 호의 어느 하나에 해당하는 공인회계사를 제외한다.<신
　　설 2006.3.10>

　1. 자산등을 공동으로 매도하는 업무를 주관하는 구성원을 감사하거나 증
　　　명하는 업무를 수행하는 공인회계사

　2. 공동으로 매도하고자 하는 자산등의 100분의 50 이상을 소유한 구성원
　　　을 감사하거나 증명하는 업무를 수행하는 공인회계사

　3. 공인회계사가 감사하거나 증명하는 업무를 수행 중인 구성원들이 보유
　　　하고 있는 자산등의 합계가 공동으로 매도하고자 하는 자산등의 100
　　　분의 50 이상에 해당하는 공인회계사

④ 법 제21조제3항에서 "대통령령이 정하는 절차"라 함은 공인회계사가 법 제
　　21조제2항 각 호의 1에 해당하는 업무 외의 업무를 수행하기 전에 그 회사
　　의 감사(「상법」 제415조의2의 규정에 의한 감사위원회를 포함한다. 이하 이 조에

서 "감사등"이라 한다)와 그 업무에 대하여 협의하고, 이해상충의 소지가 높은 업무에 대하여는 감사등의 동의를 얻는 절차를 말한다.<신설 2004.4.1, 2006.3.10>

⑤ 공인회계사는 제3항의 규정에 의한 절차에 따라 그 업무를 수행한 경우에는 감사등과의 협의사항 및 감사등의 동의와 관련한 사항을 문서화하여 8년간 보존한다.<신설 2004.4.1, 2006.3.10>

제15조의2(회계법인의 직무제한) ① 법 제33조제1항제3호에서 "대통령령이 정하는 자"라 함은 다음 각 호의 어느 하나에 해당하는 자를 말한다.<개정 2006.3.10>

1. 과거 1년 이내에 자기의 재무제표 등에 대하여 감사 또는 증명업무를 행한 회계법인의 담당사원 또는 그 배우자가 임원이나 그에 준하는 직위(재무에 관한 사무의 책임있는 담당자를 포함한다)에 있는 자

2. 회계법인과 1억원 이상의 채권 또는 채무관계에 있는 자. 이 경우 제14조제1항제2호 단서의 규정은 회계법인에 대하여 이를 준용한다.

3. 회계법인과 제14조제1항제3호 내지 제5호의 규정에 준하는 관계가 있는 자

② 제14조제2항 내지 제5항의 규정은 회계법인에 관하여 이를 준용한다. 이 경우 "공인회계사"는 "회계법인"으로 본다.<개정 2006.3.10>

Chapter 63

회계법인 상대 소송

<2012.11.16. 보도자료>

외부감사인의 부실감사 관련 제재 및 소송 현황

　　■ **(개요)** 금융감독원은 최근 약 4년간('09년~'12.10월) 회계법인 및 공인회계사(이하 '감사인등')에 대한 제재 및 소송 현황을 분석하여 발표

　　□ (감사인등 제재현황) 최근 4년간 감리*실시건수 대비 조치비율이 약 25%이며, 최근 급증하는 추세에 있음

　　* 감리란 회사의 재무제표 및 외부감사인의 감사보고서가 회계처리기준 및 회계감사기준에 타당한지 여부를 조사하여 위법사항이 있는 경우 조치하는 절차

　　□ (감사인등 피소현황) 저축은행 영업정지로 감사인 대상의 손해배상청구 소송건수가 급증하고 있으며, 감리조치로 인한 소송이 증가하는 추세

　　■ **(시사점)** 감사인등은 감사절차 소홀로 야기될 제재 및 소송 등 감사위험을 충분히 인식하고, 사소한 부분이라도 감사업무를 철저히 하는 등 감사업무에 대하여 보다 신중한 접근 필요

1. 감사인등에 대한 제재 현황

　　■ **(전체)** 최근 4년간 부실감사 등을 이유로 증권선물위원회의 감사인등에 대한 조치건수는 186건(감사인 204사, 공인회계사 362명)이며, 이는 감리실시건수(741건)의 25.1%를 차지

　　□ 특히, '12.1~10월중 감사인등에 대한 조치비율(47.3%)은 '09년(13.9%)에 비해 3배 이상 증가

　　□ 중조치*건수는 총 73건(감사인 84사, 공인회계사 176명)으로 전체 감리실

시건수의 9.9%이며, '12년에는 중조치비율(22%)이 대폭 상승

    * (감사인) 등록취소 또는 업무정지, 손해배상공동기금 추가적립 20% 이상, 과징금 부과, 2년 이상 당해회사 감사업무제한 중 1가지 이상의 조치

    (공인회계사) 등록취소 또는 직무정지, 주권상장법인·지정회사 감사업무제한 또는 2년 이상 당해회사 감사업무제한 중 1가지 이상의 조치

    ㅡ 이는 '11년 및 '12년의 경우 감리대상을 분식혐의·분식위험 기업에 집중하여 선정하고, 부실감사에 대하여 제재기준을 엄정히 적용하였기 때문임

감사인등에 대한 감리 및 제재 현황('09년~'12.10월)   (단위: 건, 사, 명)

구분		'09년	'10년	'11년	'12.10월	합계
감리실시건수(A)		245	268	137[*1]	91[1]	741
조치건수(B)		34	61	48	43	186
	비율(B/A)	13.9%	22.8%	35.0%	47.3%	25.1%
	감사인[2]	35	69	54	46	204
	공인회계사[2]	59	126	98	79	362
중조치건수(C)		11	24	18	20	73
	비율(C/A)	4.5%	9.0%	13.1%	22.0%	9.9%
	감사인[2]	12	30	21	21	84
	공인회계사[2]	24	64	47	41	176

1. 사업보고서 전수점검 등 K-IFRS 조기정착을 위하여 감리대상 축소
2. 감사인 및 공인회계사는 조치건당 다수가 동시에 조치될 수 있음

조치비율 및 중조치비율 추세

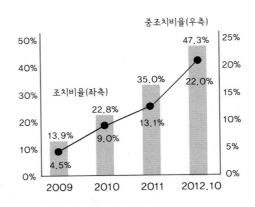

■ **(위반유형)** 최근 4년간 조치한 186건의 대부분(176건)이 감사절차 소홀과 관련되고, 독립성 등 기타위반은 10건에 불과하며, 금융상품 관련 감사절차 소홀(65건)이 가장 많았음

감사인등의 위반 유형 현황('09년~'12.10월) (단위: 건, %)

구분	'09년	'10년	'11년	'12.10월	합계
감사절차 소홀	31	57	47	41	176(94.6)[1]
금융상품	8	24	19	14	65(34.9)
매출·매출채권	2	9	7	7	25(13.4)
기타 자산부채	14	14	10	6	44(23.7)
재무제표 주석	7	10	11	14	42(22.6)
독립성 등 기타위반[2]	3	4	1	2	10(5.4)
합계	34	61	48	43	186(100.0)

1. ( ) 안은 합계건수 대비 해당건수 비중
2. 동일이사 연속감사 위반, 피감사회사 주식 보유 등

■ **(조치유형)** 감사인등에 대한 조치는 크게 직무관련 조치, 금전적 제재 및 기타 조치 등 3가지로 구분

※ 감사인 및 공인회계사는 회사기준 조치건당 다수가 동시에 조치될 수 있음

□ 직무관련 조치는 감사인 3건(업무정지 1건, 감사반* 등록취소 2건) 및 공인회계사 45건(직무정지 43건, 등록취소 2건)을 부과

* 3인 이상의 공인회계사로 구성하여야 하며, 회계법인과 달리 법인체가 아님

□ 금전적 제재조치(감사인 대상)는 총 137건(과징금 11건 924백만원, 과태료 5건 80백만원, 손해배상공동기금* 추가적립 121건)을 부과

* 부실감사 등에 대한 손해배상을 위하여 한국공인회계사회에 적립하는 기금

□ 기타 조치는 감사인 201건(특정회사 감사업무제한* 124건, 경고 40건, 주의 37건) 및 공인회계사 383건(특정회사 감사업무제한* 208건, 경고 74건, 주의 101건)을 부과

* 감사인에 대해서는 5년 이내 당해회사 감사업무제한, 공인회계사에 대해서는 1년 이내 주권상장법인·지정회사 감사업무제한 또는 5년 이내 당해회사 감사업무제한

〈참고〉 감사절차 소홀 사례

■ 금융상품(단기대여금) 관련 감사절차 소홀 사례

□ 甲회계법인은 A사(피감회사)로부터 받은 단기대여금 명세서에 기재된 B건설에 채권·채무조회서를 발송하였으나 동 조회서가 반송됨

甲회계법인은 B건설에 대한 채권이 C개발로 이전되었다는 A사의 구두진술만을 신뢰하여 실제 채권이전 여부, 채권의 회수가능성 등을 입증할 수 있는 객관적인 증거수집, 조회서 재발송 등 추가적인 확인절차를 취하지 않음

■ 매출·매출채권 관련 감사절차 소홀 사례

□ K회사(피감회사)는 우회상장을 위한 가공이익을 만들기 위하여 생산·연구시설이 없는 S해외자회사와 로열티계약을 체결하고, S자회사에 K회사 자금을 송금하고 다시 회수하는 자금거래를 실행한 후 이를 로열티매출로 처리

乙회계법인은 당해 가공매출이 우회상장에 중요한 영향을 미치고, K회사와 S자회사간 자금거래로 보아 매출의 실재성을 의심할 수 있는 상황이었음에도 당해 매출의 적정성 검토 및 증거서류 검토 등의 감사절차를 소홀히 함

2. 감사인등에 대한 소송 현황

▪ 진행중인 소송

■ (민사) 부실감사와 관련하여 감사인등을 대상으로 '12.9 말 현재 총 57건(18개 회계법인)의 민사소송이 진행 중이며, 소송가액은 총 2,545억원*(1건당 평균 소송가액 약 45억원)으로 집계

* 회계법인 제출자료를 근거로 작성한 것이므로 실제금액과 다소 차이가 있을 수 있음

소송제기연도별 진행중인 민사소송 현황('09년~'12.9월)   (단위: 건, 억원)

2010년		2011년		2012.9월		합계	
건수	소송가액	건수	소송가액	건수	소송가액	건수	소송가액
4	77	22	171.772	31	696	57	2,545

※ '09년에 제기된 소송은 '12.9.30. 현재 전부 종결된 것으로 파악

□ '11년 및 '12년에 민사소송이 급증한 것은 저축은행 영업정지가 주요 원인임

– 세부적으로는 저축은행 관련 소송이 25건(소송가액 1,480억원)이고, 저축은행 이외의 소송은 32건(소송가액 1,065억원)으로 상장법인 관련이

　　대부분(24건, 소송가액 1,026억원)을 차지

　　□ 소송제기 사유별로는 감리조치로 인한 소송이 24건(소송가액 724억원)
이며, 감리조치와 무관한 소송은 33건(소송가액 1,821억원)임

　　　－ 감리조치로 인한 소송은 '10년 3건, '11년 4건 및 '12년 17건으로 증가
　　　　추세

피감회사별 · 소송제기 사유별 진행중인 민사소송 현황('09년~'12. 9월) (단위: 건, 억원)

피감회사 제기사유	저축은행 관련		저축은행 이외		합계	
	건수	소송가액	건수	소송가액	건수	소송가액
감리 조치	5	61	19	663	24	724
기타	20	1,419	13	402	33	1,821
합계	25	1,480	32	1,065	57	2,545

　　■ (형사) '12.9 말 현재 감사인등을 대상으로 총 5건*의 형사소송이 진행
중이며, 감리조치로 인한 소송건수는 2건임

　　* 저축은행 관련 3건, 상장법인 관련 1건, 비상장법인 관련 1건

▌종결된 소송

　　■ (민사) '09년 이후 총 25건*의 민사소송이 종결되었고, 이 중 감리조치
로 인하여 제기된 소송은 15건이며, 감리조치와 무관한 소송은 10건임

　　□ 소송결과 감리조치 관련 소송 15건(소송가액 721억원) 중 8건에 대하여
배상(배상금액 26억원)이 이루어진 반면, 감리조치와 무관한 10건(소송가액 104
억원)은 3건에 대해서만 배상(배상금액 7억원)이 이루어짐

소송제기 사유 · 소송결과별 종결된 민사소송 현황('09년~'12. 9월) (단위: 건, 억원)

제기사유 소송결과	감리 조치			기타			합계		
	건수	소송가액	배상금액	건수	소송가액	배상금액	건수	소송가액	배상금액
원고 승소*	8	428	26	3	30	7	11	458	33
원고 패소	7	293	－	7	74	－	14	367	－
합계	15	721	26	10	104	7	25	825	33

* 일부 승소, 강제조정, 합의조정, 합의종결 · 소취하 포함

※ '09년 이후 종결된 형사소송은 없는 것으로 파악

3. 시사점

■ 최근 감사인등에 대한 감리건수 대비 조치비율이 증가하고 있으며, 중조치를 부과하는 비중도 급증

□ 부실감사의 원인은 상당부분 기본적이고 단순한 감사절차*를 소홀히 하는 데서 비롯됨

> * 예를 들어 피감회사의 일부 거래처에 대한 조회서 발송을 누락하거나 일부 채권에 대하여 감사인의 독자적인 입증절차 없이 회사 자료에만 의존

□ 이에 전문가적인 의구심을 가지고 기본적인 감사절차는 충실히 실시하며, 감사인력의 전문성을 제고하는 등 감사인등의 교육·연수를 강화할 필요

■ 한편, 분식회계 피해자들이 감리결과 조치를 근거*로 감사인등을 상대로 손해배상청구소송을 제기하는 등 감리결과가 피해자 구제수단으로 활용

> * 소송건수를 기준으로 진행중인 민사소송의 42%, 종결된 민사소송의 60%가 감리 조치를 근거로 제기됨

□ 현재까지 감사인등의 부실감사로 인한 실제손해배상 건수 및 금액은 미미하나, 소송가액이 큰 저축은행관련 소송이 진행중임을 감안할 때 손해배상규모가 크게 증가할 수 있음

■ 따라서 감사인등은 감사절차 소홀로 야기될 제재 및 소송 등 감사위험을 충분히 인식하고, 사소한 부분이라도 감사업무를 철저히 하는 등 감사업무에 대하여 보다 신중한 접근 필요

위의 보고 내용 중에 분식회계와 관련된 소송 건이 감리조치에 근거하지 않는다고 하면 이 경우는 사법부에서 분식 여부와 관련된 판단을 수행하여야 한다. 감리 과정에서도 여러 차례의 회의, 전문가의 검토 등을 거치는 건에 대해서 회계 전문가가 아닌 사법부의 판단은 결코 쉽지 않은 판단일 것이다.

회계법인 대상 '부실감사' 소송 는다

20일 각 회계법인이 금융감독원에 제출한 사업보고서에 따르면 이들 회계법인이 부실감사를 이유로 주주 등에게 피소돼 진행한 민사소송 건수는 2009년 사업연도와 2010년 사업연도 각각 5건에서 2011 사업연도에는 8건으로 증가했다.

■ 급증하는 신규소송

신규소송은 더욱 가파르게 증가하고 있다. 김광중 법무법인 한결 변호사는 "지난해는 회계법인을 상대로 총 4건의 소송을 진행했는데 올 들어서는 2배가 넘는 10건을 새로 맡았다"고 말했다.

과거에는 주로 일반 투자자들이 소송을 냈지만 최근에는 기관투자자들도 소송에 적극적으로 나서는 추세다. 국민연금과 공무원연금, 사학연금 등 3대 연금은 이달 초 코스닥 상장사 신텍의 분식회계와 관련해 회사와 삼일회계법인을 상대로 150억원대의 손해배상 소송을 제기했다. 국민연금 관계자는 "법무법인과 상의해 보니 충분히 승소 가능성이 있다고 해 소송에 나섰다"고 설명했다.

하지만 회계법인에 책임을 묻는 법원 판결이 나온 경우는 많지 않다. 2011 사업연도 종결 소송 8건 가운데 회계법인이 배상을 한 경우는 2건에 그쳤다. 나머지 6건은 소송 요건을 갖추지 못해 법원에서 각하 또는 기각되거나 투자자들이 소송을 취하했다. 지난달에는 분식회계를 벌인 국제건설에 투자했던 주주들이 삼일회계법인을 상대로 제기한 손해배상 소송을 기각한 판결이 나왔다.

■ '부실감사' vs '기획소송'

회계법인들은 투자자들이 일종의 '기획소송'을 하고 있다고 주장하고 있다. 한 대형 회계법인 부대표는 "변호사들이 불황을 겪자 승소 가능성이 별로 없는 소송을 만들어 내기도 한다"고 주장했다.

소송을 맡은 법무법인들은 회계법인이 자초한 문제라는 반응이다. 변황봉 법무법인 율 변호사는 "회계법인간 경쟁이 치열하다 보니 감사를 받는 업체의 요구에 따라 분식회계를 눈감아 주면서까지 수임하는 경우가 있다"고 말했다. 전영준 법무법인 한누리 변호사는 "투자자들은 회계감사를 믿고 투자하는 만큼 회계법인들이 응분의 배상책임을 지는 것은 당연하다"고 지적했다.

한국경제신문. 2012.9.20.

미국의 경우도 CALpers(캘리포니아 공무원 연금) 또는 TIAA-CREF 교원 연금 등이 큰 손으로서 시장에서 주도적 역할을 수행하고 있다.

외국사례를 감안하여 회계법인의 사업보고서 기재 내용에 성과보상 등에 대한 회계법인의 지배구조 내용을 추가하는 정책방향을 감독원이 구상하고 있다.

Chapter

64

한계기업

현재도 코스닥시장에는 투자주의 환기종목이 지정되고 있고 관리종목 제도도 진행하고 있으므로 한계기업이라는 것이 정확히 이러한 분류와는 어떻게 구분되는지에 대한 심층적인 고민을 수행해야 한다.

한계기업에 대해서는 분반기 재무제표에 대해서 검토가 아니라 감사가 진행되어야 한다는 일부에서의 주장도 있다.

또한 투자주의 환기종목 제도가 2011년 도입되었던 시점에도 많은 혼란이 있었다. 투자주의 환기종목을 상당수 지정하겠다고 하다가 많은 기업이 이를 피해갔으며 또한 시장에서 특정하게 분류되는 기업의 경우는 주관적인 판단이 개입될 수밖에 없어서 이러한 구분의 기준 자체가 이슈가 될 수 있다.

상장폐지제도가 적절한 제도인지에 대한 아래와 같은 근본적인 문제 제기도 있다. 즉, 시장의 평가는 가장 효율적인 시장 기능을 갖고 있는 기업의 가치평가에 의해서 수행될 것이고 이러한 것이 가장 fair한 평가일 수 있는데 거래소가 주관적인 판단을 수행하여 과도하게 개입한다는 반론이다.

코스닥사 상장폐지 이대로 좋은가

코스닥사에 횡령 또는 배임 사건이 발생하면 한국거래소는 상장폐지실질심사위원회를 열어 상장폐지 여부를 결정한다. 거래소는 법적으로 주식회사에 해당하지만 금융위원회를 배경으로 시장 감시 및 감리기관의 역할을 담당한다. 시장을 감시하는 것이 본래의 역할이지만 거래소는 처벌이라는 칼자루까지 쥐어든 권력기관이 되고 말았다.

대주주와 경영진이 저지른 배임이나 횡령으로 인해 시가총액이 수백억, 수천억원에 이르는 회사가 하루 아침에 상장폐지되는 게 현실이다. 위법한 행위는 대주주나 경영진이 저지르고 책임과 손실은 수천명에 이르는 일반주주들이 고스란히 떠안는 꼴이다. 거래소는 상장폐지 명분으로 클린 코스닥(투명성)과 잠재적 투자자(주주) 보호를 내세운다. 틀린 얘기는 아니다.

그렇다고 기존의 주주들이 피해를 보는 것이 정당화될 수는 없다. 대주주를 제외한 주주들 대부분은 경영진의 위법한 행위에 개입한 적도, 알 수도 없는 것이 현실이다. 그런데도 현행 제도하에서는 그 피해가 모두 일반주주들의 몫이 된다.

■ 대주주 위법책임 투자자 전가

올 상반기에만 50개가 넘는 코스닥사가 거래소의 상장폐지 결정에 의해 시장에서 퇴출됐다. 이런 속도라면 올 한 해만 100여 개의 회사가 시장에서 사라질 전망이다. 물론 그중에는 다른 이유로 퇴출되는 경우도 있지만 상당수가 배임이나 횡령과 연관돼 있는 것이 현실이다. 경영진의 배임이나 횡령을 이유로 코스닥사를 무조건 상장폐지시킬 거라면 더 많은 피해를 막기 위해서 차라리 코스닥시장 자체를 없애버리는 것이 낫지 않겠는가.

거래소는 1,000개가 넘는 코스닥사를 일일이 감독할 수 없다면서 경영진에 대한 감시의무를 주주들에게 떠넘기고 있다. 거래소가 하는 것은 사후 처벌뿐이다. 문제가 발생하기 전의 책임과 의무는 일반주주들에게 돌리고 문제가 확인되면 상장폐지라는 무소불위의 칼을 뽑아든다. 실로 책임은 없고 권리만 있다.

상장폐지 여부를 결정한다는 실질심사위원회라는 것도 어설퍼 보인다. 거래소 직원 몇몇이 내린 결정에 정당성을 부여해 주는 요식행위에 불과할 수밖에 없다. 회계법인이 회사 하나를 감사하기 위해서도 오랜 시간을 필요로 하는데 심사위원 몇 명이 며칠 만에 회사 사정을 파악하고 회사 존폐를 결정한다는 것 자체가 코믹한 일이다.

시장은 자율적 기능이 생명이다. 회사에 문제가 있으면 자연스럽게 기업가치(주가)는 하락한다. 횡령이나 배임이 발생한 회사라고 해서 가치가 바로 소멸되는 것은 아니다. 하지만 거래소의 상장폐지 제도는 배임이나 횡령사고가 발생하는 즉시 회사 가치를 '제로'로 만든다. 기업 존속이나 퇴출은 오로지 시장만이 결정할 수 있다. 관치에 의해 기업의 생사가 결정되는 것은 시장경제와 자본주의 정신에 어긋난다. 물론 횡령이나 배임에 연루된 대주주나 경영진, 감사를 제대로 하지 않은 회계법인에 대해서는 엄중한 처벌이 이뤄져야 한다. 사고가 난 회사 역시 피해액의 회수와 경영의 정상화에 최선을 다해야 한다.

■ 관리종목 지정 등 대안 필요

많은 대안 가운데 이런 방법도 생각해 볼 수 있다. 우선 배임이나 횡령 사고가 발생한 기업을 즉시 관리종목에 편입시키는 것이다. 이는 새로운 투자자(주주) 피해를 막는 일이기도 하다. 동시에 배임이나 횡령을 저지른 대주주의 지분으로 회사가 입은 손실액을 보전케 하고 경영권을 몰취한다.

적법한 절차를 통해 유능하고 도덕적인 경영진을 선출해 회사의 경영 정상화를 유도한다. 이어 회사가 안정을 찾는 즉시 재심사를 거쳐 관리종목에서 탈피시켜 준다. 위법행위를 저지른 대주주와 관리자, 회계법인 등은 민형사상 책임을 지게 하되 선량한 대다수 기존주주들의 재산권은 보호해 주자는 것이다. 회사 역시 새롭게 탄생하는 것이다.

국민일보. 2010.11.10.

위의 신문 column은 관치가 부정적인 것으로 적고 있다. 관치는 관이 국민의 부를 보호해 주는 차원에서 개입한 것이지 관이 무슨 이득을 취하려는 것이 아니다.

다음의 기사가 이러한 문제점을 지적하고 있다.

한국거래소 소속부제 개편 한 달, 불공정 공시 분식회계 횡령, 배임, 수백억 적자. 이런 기업이 우량기업?

지난 5월 2일 한국거래소는 허위공시와 주가조작 등으로 시장의 신뢰를 잃어버렸다는 비판을 받고 있는 코스닥시장을 정상화시키겠다며 '코스닥 소속부제'를 개편했다. 일반

기업부(약 700여 개)와 벤처기업부(약 300여 개 기업)로 구분돼 있던 코스닥시장을 우량기업부(발표시 197개사, 현재 196사), 벤처기업부(발표시 283사, 현재 284사), 중견기업부(436사), 신성장기업부(7개사) 등 4개의 부로 변경했다.

한국거래소는 여기에다 영업정지, 부도, 3년 이상의 자본잠식, 대주주의 횡령, 배임 등으로 상장요건을 갖추지 못해 기업 존속이 의심되거나 상장폐지가능성이 높은 기업을 묶은 '관리종목(36사), 상장폐지까진 아니지만 재무적, 법적, 도덕적으로 기업 건정성과 투명성에 문제가 있어 관리종목 지정 가능성이 높은 기업을 묶은 '투자주의 환기종목(33개사)' 등 별도의 관리종목도 만들었다.

심지어는 상장폐지 심사 대상으로 거론되며 시장 퇴출 문턱까지 갔던 부실 불량 기업을 우량 건전 기업이라며 버젓이 우량기업부, 벤처기업부, 중견기업부에 포함시켜 놓은 것이다.

시사저널. 2011.6.9.

투자환기 종목 지정과 관련되어서도 여러 가지 논란이 있다.

투자환기 종목 탈출할 기업은

한국거래소가 30일 코스닥 투자주의환기 종목을 새로 지정해 발표할 예정이어서 주목된다. 부실 가능성이 높아 투자주의환기 종목에 지정되는 종목은 주가가 급락하는 반면, 지정 해제되는 종목은 급등하는 경우가 많기 때문이다. 지난해 실적이 크게 개선된 코스닥 기업의 환기종목 해제 가능성이 점쳐지고 있다.

전문가들은 실적 개선이 반드시 환기종목 지정 해제로 이어지진 않는다고 지적했다. 거래소는 수익성과 재무제표뿐만 아니라 불성실공시 등 질적 변수까지 심사해 환기종목을 지정하기 때문이다.

한국경제신문. 2013.4.30.

투자주의 환기종목 지정은 1년에 한 번 정기적으로는 5월 2일 발표된다. 물론, 시장이 무척이나 가변적인데 이러한 종목의 지정은 연속적으로 진행되어야 하는 것은 아닌지에 대한 의문이 들기도 한다. 종목 지정으로 인한 효과가 1년을 간다는 것은 무척이나 긴 기간이라는 판단이다. 물론, 수시지정은 규정상 일정한 요건에 해당되면 그때마다 지정하기도 한다.

비 관리종목 경원산업, 제너시스템즈 투자주의환기 종목 지정 '수모'

투자주의환기 종목 중 이미 관리 종목으로 지정돼 있는 기업은 … 등이다. 비 관리종목 중에서는 경원산업이 잦은 대표이사 변경과 수익성 취약 등으로, 제너시스템즈가 사채 원리금 미지급 및 불성실공시 등의 사유로 투자주의환기 종목이 됐다.

올해 투자주의 환기 종목은 지난해 59개사에 비해 감소했다.

거래소는 또 코스닥 상장사와 공시 우수법인 97개를 공시내용 확인절차 면제 법인으로 첫 지정했다. 수시공시를 거래소의 사전 확인 없이 기업이 자율적으로 할 수 있도록 하는 제도로, 거래소는 점차 범위를 넓혀갈 예정이다.

한국경제신문. 2013.5.2.

위의 신문기사에도 보도되었듯이 거래소도 투자주의환기 종목의 지정 개수가 59개에서 16개로 축소되었다는 것은 2012년에 경제 상황으로 한계기업이 더 많았다고도 할 수 있지만 거래소도 이러한 지정에 적지 않은 부담을 느낄 것이다.

일부 기업은 관리 종목이면서 투자주의환기 종목이며 일부 종목은 관리 종목이 아니면서 투자주의환기 종목이어서 이 두 종목의 지정이 배타적이 아니라는 점도 흥미롭다. 물론, 두 종목을 분류하는 기준이 상이하지만 이 기업군 모두 '한계'성 기업이라는 점에서는 혼동된다.

코스닥상장 기업 1,000여 개 기업 중에서 투자주의환기 종목이 1.6%밖에 되지 않는다는 것은 이 제도의 적절성에 대해서 많은 의구심을 들게 한다. 물론, 투자주의환기 종목으로 분류되면서 불이익을 감수하여야 하는 기업의 입장은 충분히 이해할 수 있지만 2011년 거래소가 이러한 제도를 도입한 정책적인 의지를 생각한다면 이 제도의 정책 의지가 퇴색된 것은 아닌지에 대해서 생각해 볼 수 있다. 이 제도의 역기능에 대한 우려가 이 제도 도입의 순기능을 초과했다고 하면 이 제도를 도입하지 않았어야 한다.

투자주의환기 종목으로 분류된다는 것은 기업의 입장에서는 무척 당혹스러운 일일 것이지만 기업으로 하여금 여러 가지 기준에서 볼 때 상장기업으로서의 요건에 부족하니 더욱 분발하라는 의미이기도 하다.

Chapter

65

. . .

가스공사

'정부 미수금 6조' 돈 받을 권리 팔아 빚 갚으려 했는데

■ '정부가 공기업에 적자를 메워준다고 한 약속을 과연 외상 미수금으로
  볼 수 있을까.'

한국가스공사가 정부 미수금 회계처리를 두고 곤혹스러운 상황에 처했다. 가스공사
에는 현재 6조원에 가까운 정부 미수금이 누적해 있다. 정부가 그동안 물가 안정을 위해
가스요금 인상을 통제하는 대신 이에 따른 손실과 일정 수준 마진을 보전해 주기로 약속
해 왔다. 그러나 정부는 국회 예산안 심의 과정에 걸려 번번이 이 약속한 현금을 지급하지
않았고 이 때문에 지난 4년간 가스공사 미수금은 눈덩이처럼 불어났다.

현금이 부족하다 보니 외부 차입이 늘어났고 당연히 부채비율이 나빠졌다. 올해 3분
기 말 기준 가스공사 부채비율은 380%로 연말에는 400%를 넘어설 것으로 보인다.

부채비율이 400%를 넘어설 경우 도시가스사업법상 사업허가가 취소될 수 있다.

무디스, S&P 등 국제신용평가사들도 재무상태가 더 나빠질 경우 신용등급을 낮추겠
다고 예고한 상황이다. 국제신용평가사들이 한국 공기업 평가에 독자신용등급을 도입하겠
다고 발표한 이래 첫 등급 하향 케이스가 될 수 있다는 관측도 흘러나왔다.

신용등급하락시 해외 채권 일부에 대해 조기 상환 요구가 들어올 수 있으며 내년 차
환 발행에도 차질을 빚을 수 있다.

재무구조 악화로 여러 문제가 불거지자 가스공사는 고심 끝에 유동화카드를 꺼내들었
다. 유동화를 통해 정부로부터 현금을 받을 권리를 시장에 매각하고 매각 대금으로 차입금
을 갚아 부채비율을 떨어뜨리겠다는 얘기다. 그러나 이번에는 회계이슈가 발목을 잡았다.

한국가스공사가 부채비율 400% 아래로 떨어뜨리기 위해 미수금 유동화를 진행 중
인데 금융감독원과 회계기준원에서 정부미수금이 채권인지 여부가 불확실하다는 의견을
내놨기 때문이다.

정부 미수금은 현금이 들어오는 시기가 확정되지 않아 회계기준상 일괄적으로 채권으로 인정하기 어렵다는 것이다. 채권으로 인정되지 않으면 유동화는 본질적으로 불가능해진다.

회계기준원 관계자는 12일 "정부 미수금은 현금이 언제 얼마만큼 들어올지 확실하지 않기 때문에 일반적인 채권으로 보기 어렵다"며 "현재로선 만약 채권이 아니라는 결론이 난다면 유동화도 불가능할 것"이라고 말했다.

금융감독원 측은 정부 미수금이 확정된 채권인지, 회계장부상 어떻게 기재해야 하는지 결론을 내리기 어렵다며 회계기준원에 검토를 의뢰한 상태이다. 회계기준원은 이 건을 다루기 위해 연말 회계기준위원회를 예정하고 있다.

회계기준원 관계자는 "미수금은 정부가 공공요금을 통제하고 있는 시장 구조 때문에 발생한 것"이라며 "다른 나라에서 일반적이지 않은 구조라 회계처리에 대한 추가 검토가 필요하다"고 말했다.

그간 정부 미수금을 채권으로 인정할 수 있는지에 대한 논란은 계속 있었다. 회계 관행상 채권으로 인정됐지만 이번 대규모 유동화로 시장에 미치는 파급력이 커지자 재검토 필요성이 높아진 것이다. 문제는 정부 미수금이 채권이 아니라는 결론이 나오는 순간 가스공사의 재무구조는 급격히 나빠질 수밖에 없다는 점이다. 미수금이 자산이 아니라 영업손실로 잡히게 되면서 순식간에 부채비율이 1,000%를 넘어서게 된다.

유가증권 시장에 상장된 지역난방공사의 경우 가스공사와 유사한 요금 통제를 받고 있지만 열 공급에 따른 손실을 정부 미수금이 아닌 영업손실로 처리하고 있다.

회계기준원의 이번 결정은 정부가 가격을 통제하고 있는 다른 기업들에도 상당한 파급력을 미칠 전망이다. 한전의 재무제표에도 수조원의 정부 미수금이 계상돼 있다.

일각에서는 문제는 인위적 가격 통제로 기업들의 재무구조를 악화시키는 정부 규제에 있다는 비판도 제기됐다.

가스공사 관계자는 "정부 미수금은 10년 넘게 지속된 제도로 이를 채권으로 처리하는 원칙은 큰 변화 없이 유지돼야 한다"며 "이번 유동화 딜 성사로 연말까지 부채비율 400% 이하를 맞출 수 있을 것"이라고 낙관적인 전망을 내놓았다.

매일경제신문. 2012.12.13.

정부의 가격 규제에 의해서 이들 공공요금이 현실과 괴리가 있는 것은 주지의 사실인데 이러한 것에 대한 부담을 공공기업이 안게 되고 이러한 결과 공공기관이 재무적으로 부실하게 되는 점은 어느 모로 보거나 바람직하지 않다. 그러나 이러한 가격 규제가 정부의 물가 안정이라는 거시경제적인 정책 차원에서 진행되는 것이므로 가스공사의 재정적인 부담에 대한 책임이 누구에게 있는지를 논하기 매우 어렵다. 가스공사가 상장기업이므로 공사의 주주일 경우는 가스공사가 부담하는 부채가 정부의 강압에 의한 것이라고 하면, 특히나 이러한 이슈로 인한 부채 증가가 기업의 내재가치에 부정적인 영향을 미친다면 이러한 결과도 상당히 controvertial하다.

가스공 5조 4천억 미수금 유동화 무산

　단군 이래 최대 규모 자산 유동화로 불리며 관심을 끌었던 5조 4,000억원대 한국가스공사 미수금 유동화증권 발행이 무산됐다.

　이에 따라 가스공사 중장기 자금 조달에 적잖은 차질이 빚어질 것으로 전망된다. 연말에 대규모 투자를 계획하고 있던 기관들도 졸지에 투자처를 잃게 돼 난감해졌다. 23일 금융투자업계에 따르면 한국가스공사가 추진하던 5조 4,000억원에 달하는 정부 미수금 유동화 증권 발행이 무기한 연기됐다. 이는 정부 미수금과 관련된 회계이슈 때문이다.

　가스공사 관계자는 "발행 예정일 전에 미수금을 채권으로 인정받을 수 있을 것으로 기대했지만 최근 금융당국과 회계기준원이 유보적 의견을 표명해 발행이 연기됐다"고 전했다.

　회계기준원은 2차에 걸쳐 연석회의를 열었지만 결론을 내지 못하고 가스공사 미수금 처리건을 내년 회계기준위원회로 넘긴 것으로 알려졌다. 가스공사 정부 미수금은 지난 9월 현재 6조원대로 늘어난 상태다. 논란의 핵심은 가스공사 측 정부 미수금을 채권으로 볼 수 있느냐는 것이다. 미수금을 채권으로 인정할 수 없다면 유동화는 원천적으로 불가능하다. 한국가스공사의 원래 수익 구조는 가스요금 인상을 통해 원료비를 감당하고 마진을 확보하는 것이다.

　가스요금을 통제하면서 영업손실이 발생하자 정부에서 가스공사 적자분을 메워 주기로 약속했다. 가스공사는 정부 약속분을 미수금 채권으로 잡고 있다. 그러나 한국가스공사 미수금은 일반적인 채권과 달리 미래 현금 흐름이 확정돼 있지 않다. 정부가 미수금을 언제 얼마나 갚을지 알 수 없어서다. 현금 흐름이 불확실한 미수금을 채권으로 인정할 수 있을지 여부를 두고 오랜 기간 논란이 이어진 이유다.

　회계처리도 들쭉날쭉이다. 가스공사와 유사한 가격 통제를 받는 한국지역난방공사는 정부약속분을 미수금 채권이 아닌 영업손실로 인식한다. 한국전력도 정부약속분을 영업손실로 처리하다 최근 미수금 채권으로 계상하기 시작했다.

　정부 미수금이 채권이 아닌 것으로 판정되면 한국가스공사는 재정적 문제에 봉착한다. 자금 조달에 실패할 뿐만 아니라 자산 가운데 15%에 달하는 미수금을 손실로 회계처리하면 부채비율이 500% 포인트 넘게 올라 총부채비율이 1,000%에 육박하게 된다. 이 때문에 정부지원 가능성이 신용도를 보강한다고 해도 가스공사가 앞으로 국내의 자본시장에서 원활하게 자금을 조달하기 힘들 수도 있다는 지적이다.

매일경제신문. 2012.12.24.

가스공 1천억원 외화채발행 포기. 5조원대 미수금 손실처리로 자금 조달 '불뜽'

5조 4,000억원에 달하는 미수금을 손실 처리해야 하는 부담 때문에 한국가스공사가 외화채 발행 계획까지 접었다.

25일 금융투자업계에 따르면 가스공사는 전날 30억바트(약 1,070억원) 규모 외화채를 발행하려고 했지만 미수금 처리 논란이 확산되면서 태국 투자자들에게서 자금을 조달하기 어려울 것으로 보고 잠정 포기했다.

가스공사 관계자는 "국외 개발 자금을 확보하기 위해 작년 하반기부터 주간사를 선정해 태국 등 외국에서 외화채 발행을 추진했다"면서 "며칠 전 미수금 손실 처리 문제가 불거져 24일 예정됐던 바트화 외화채 발행을 보류했다"고 말했다.

금융투자협회에서는 미수금 자산 유동화가 불발된 데 이어 유상증자나 가스 가격 인상마저 불투명해진 가운데 가스공사 자금 조달 창구가 하나씩 막혀가는 것 아닌가 염려하고 있다.

가스공사는 이달 초 3억 스위스프랑(약 3,400억원) 규모 외화채 발행에 성공하면서 바트화 채권도 쉽게 발행할 수 있을 것으로 예상했다 그러나 지난 22일 회계기준원이 정부에서 받지 못한 미수금은 금융자산이 아니라고 판단하면서 가스공사는 5조원이 넘는 손실을 떠안아야 할 위험이 커졌다. 이에 따라 가스공사는 바트화 외화채를 발행해도 조달 금리를 크게 높이지 않으면 외면받을 것으로 판단해 계획을 접은 것으로 보인다.

외국계 투자운용사 관계자는 "미수금 손실이 확정되면 부채비율이 폭등해 가스공사는 사채조달이 막혀 재무구조 개선 여지가 거의 없어진다"면서 "외국시장에서 외화채를 발행하기도 어려워져 사방이 막힌 형국이 될 것"이라고 말했다.

업계에서는 추가적인 자금 조달이 안 되면 지난해 기준 당기순손실이 4조 2,000억원, 부채비율은 848%에 달할 것으로 보고 있다. 신용등급 하락에 따른 기존 조달 금리 상승도 불가피해진다.

매일경제신문. 2013.1.26.

가스공사 재무개선 시나리오

미수금 5조 4,000억원에 대한 유동화가 불발에 그치면서 궁지에 몰린 한국가스공사가 또 다른 재무개선 방안을 찾기 위해 고심하고 있다. 시장에서 유상증자와 투자자산 매각 가능성에 무게를 두고 있다.

가스공사 관계자는 14일 "부채비율 하락 등 재무건전성 확보가 올 한 해 최대 과제"라며 "아직 확정된 것은 없지만 유상증자, 자산 매각, 자산재평가, 회사채 발행 증 가능한 모든 대안을 열어 놓고 검토 중"이라고 말했다.

가스공사는 지난해 말 기준 400%에 육박하는 부채비율을 100% 안팎으로 끌어 내리기 위해 미수금 유동화를 추진했지만 한국 회계기준원에서 정부 미수금을 금융자산으로 분류하기 어렵다는 결론을 내리면서 불발에 그쳤다.

이후 가스공사 주가는 20% 넘게 하락했다. 일각에선 국제신용등급 하락과 채권금리 상승을 염려하는 목소리가 불거지고 있다.

자산재평가는 기업들이 재무비율을 개선하기 위해 일반적으로 사용하는 회계처리방식이다. 연초 주강수 가스공사 사장도 국외 자산재평가 가능성을 언급한 바 있다. 2010년 11월 가스공사는 저장설비와 배관설비에 대한 자산재평가를 실시했으며 그 결과 재평가차익 2조 5,000억원이 발생했다.

매일경제신문. 2013.2.14.

"가스公, 회계기준 변경으로 미수금 우려 해소"-키움證

키움증권은 8일 한국가스공사에 대해 "회계기준 변경으로 미수금 관련 우려를 해소했다"며 투자의견 '시장수익률 상회(outperform)'와 목표주가 8만 1,000원을 유지했다.

이 증권사 김상구 연구원은 "지난해 한국가스공사의 매출액은 35조 313억원, 영업이익은 1조 2,667억원을 기록했다"며 "회계기준 변경으로 미수금이 실적에 미치는 영향은 크지 않았다"고 진단했다.

그동안 금융자산으로 분류하던 미수금을 기타자산으로 분류해 매출액과 매출원가에서 제외됐다는 설명이다. 그는 "이를 바탕으로 4분기 매출액과 영업이익을 추정하면 각각 약 9억 8,000억원과 3,029억원으로 시장 기대치를 약간 밑돌 것"이라고 전망했다.

김 연구원은 "가스 요금 인상시 함께 포함됐던 연료비 연동제 복귀와 미수금 회수가 정상적으로 진행될 경우 부채 비율은 점차 하락할 것으로 예상된다"며 "미수금 관련 우려는 해소된 것으로 판단한다"고 했다.

그는 2012년 말 누적 미수금은 도시가스 부문과 발전 부문을 포함해 5조 8,000억원이며 도시가스 부문에서 약 2,000억원 감소한 것으로 추정했다.

한국경제신문. 2013.3.8.

작전주 혐의 공시
빨라진다

작전주 혐의 공시 빨라진다

거래소가 A종목을 작전주로 의심하고 금융감독원에 통보했다는 사실조차 몰랐다. 범죄가 확정되지 않은 상태에서 거래소는 의심가는 A종목을 작전주라고 공개할 수 없었기 때문이다.

한국거래소 관계자는 14일 "작전주 피해를 구제하기 위해 작전주에 대한 공시를 의무화하고, 소송 제기시 손해 감정액 산정과 소송 지원에 나설 계획"이라고 말했다.

지금은 피해가 발생해도 이것이 작전에 따른 것인지 여부가 불분명해 피해자는 손해배상 소송을 내기가 어렵다.

하지만 법원 판결 전 검찰 기소 단계에서 거래소 홈페이지에 작전주 정보가 공개된다면 피해자들은 소송을 통해 보다 신속하게 구제받을 수 있게 된다.

거래소 측은 "작전주에 대해서는 금감원에 통보한 뒤 검찰 고발이 진행되는데, 공시를 할 정도가 되려면 검찰이 범죄 혐의를 입증하는 기소 단계는 돼야 한다"면서 "공시방법과 절차 등에 대해서는 검찰과 추후협의를 할 예정"이라고 말했다. 다만 작전주 공시제도가 실효성을 갖기 위해선 공시시점이 최대한 앞당겨져야 하는 만큼 이에 대한 논란이 제기될 전망이다.

감정액 신청서류는 재무전공 교수나 금융회사 전문가 등 외부인이 추산한 것만을 인정하는데, 특히 소송 과정에서 변호사 선임료 부담을 낮추기 위해 거래소가 변호사를 알선해 주는 서비스도 강구 중이다. 현행 분쟁조정심의위원회에서 활동 중인 변호사나 법률구조공단에 속한 공익변호사들을 활용하는 방안 등이 논의되고 있다.

문제는 피해 구제 실효성이다. 검찰 기소 직후 거래소가 해당 작전주를 공시하더라도 작전 세력이 이미 재산을 빼돌려 피해 배상을 받기가 곤란해질 수 있다.

김도형 거래소 시장감시위원장은 "작전주로 부당이득을 챙긴 자에 대해서는 양도

차익을 과세하도록 기재부에 건의하는 등 작전세력에 대한 엄벌 의지가 강하다"고 말했다.

매일경제신문. 2012.12.15.

선의에서 변호사 알선을 고려했다고는 하지만 분쟁조정심의위원회에서 활동 중인 변호사를 알선한다면 오히려 괜한 오해를 가져올 수도 있다.

범법이라는 것이 어느 단계에서 공개되어야 하는지에 대해서는 여러 경우가 있다. 검찰에 정보사항으로 제공되는 경우, 통보되는 경우, 고발되는 경우 모두 기소될 수 있다. 또한 법의 확정은 사법부에 의한 판단에서 확정되므로 사법부의 판단이 있기까지는 이 내용이 공개되어서는 안 된다고도 할 수 있으며 범법에 대한 확정은 사법부의 판결에 의해서이다.

위에서 기술하였듯이 적어도 검찰에 의해서 기소는 되어야 한다고 생각할 수 있다.

기소가 되고 검찰이 형량을 구형하면 기업은 이때 이를 공시했다. 물론, 판결이 확정된 상황은 아니다. 따라서 일부 법조계에서는 이를 '무죄 추정의 원칙'에 어긋나는 처사라고 주장한다. 어쨌거나 기소가 되고 공소장을 받으면 기업은 이를 공시해야 하며 횡령, 배임이 있는 기업에 대해서는 즉시 매매거래정지의 조치로 이어진다.

2011년 4월 1일 관련 법이 개정됐다. 이전에는 횡령, 배임 혐의가 있을 경우 공시만 하면 됐다. 법 개정 이후로는 횡령, 배임 혐의가 있는 기업은 당장 매매거래정지를 시키고 상장폐지심사를 하는 식으로 시스템이 바뀌었다. 이는 투자자 보호가 무엇보다도 우선되어야 한다는 정신이다.

검찰에 고발, 통보, 정보사항으로 전달된다고 하여도 기소될 수 있는 확률이 낮기 때문에 이렇게 고발, 통보, 정보사항으로 전달된다는 사실이 마치 기소되었다는 식으로 잘못 전달될 수도 있다.

예를 들어 분식회계의 경우는 언론에 공표하도록 되어 있는데 이 경우에도 검찰에 고발, 통보되는 경우, 이러한 내용이 범법으로 이미 확정된 것으로 잘못 알려질 소지가 있다.

주가조작 검찰이 바로 조사한다

검찰이 한국거래소에서 적발한 주가조작 사건에 대해 금융감독원을 거치지 않고 곧바로 수사에 착수하는 '패스트트랙' 도입 방안을 추진하고 있다. 금융당국은 주가조작 전담 조직을 확대 개편해 주가조작 사건을 가능한 빠르게 처리한다는 방침이다.

24일 금융당국 등에 따르면 검찰은 한국거래소 시장감시위원회에서 포착한 주가 혐의 중 시급한 사안에 대해 곧바로 수사에 착수할 수 있는 '패스트트랙'을 도입하는 방안을 검토하고 있다.

현재 주가조작 조사는 '거래소 시장감시위 - 금감원 조사국 - 금융위 증권선물위원회 - 검찰수사' 순의 절차를 거친다. 선진국에 비해 조사 절차가 복잡해 주가조작 적발에서 처벌까지 2~3년이 소요된다. 이 사이 주가조작 세력은 해외로 도주하거나 재산을 숨기기도 해 처벌의 실효성이 낮다는 지적이 잇따른다.

검찰은 조사가 시급한 주가조작 사안에 '패스트트랙'을 적용하면 주가조작 처벌까지 시간을 대폭 단축할 수 있을 것으로 판단하고 있다. 금감원 조사국은 시감위에서 통보받은 혐의를 검토하는 데 적게는 3개월, 많게는 1년 넘게 소요되기 때문이다.

한 시장 감시 전문가는 "검찰이 거래소에 자문역으로 파견한 검사에게서 직접 통보받거나, 거래소와 금융위만 거쳐 수사에 나서는 '패스트트랙' 방안이 논의되고 있다"고 말했다.

금융당국은 주가조작 전담조직을 확대 개편하는 방안을 추진하고 있다. 금융위는 자본시장국에 편입된 공정시장과를 국으로 승격하는 방안을 논의하고 있다. 현재는 공정시장과 서기관 1명이 전담하고 있지만, 주가조작 과징금 부과 제도가 도입되면 주가조작 전담 인력이 대폭 늘어날 예정이다.

한국경제신문. 2013.3.25.

"합리적 경영판단 책임 묻지 말아야" 배임죄 완화 추진

■ 여 이명수 의원 법안 발의

기업인의 경영활동과 관련한 배임죄를 엄격하게 적용하는 법이 국회에서 발의됐다.

이명수 새누리당 의원은 최근 이 같은 취지의 상법 개정안을 국회에 제출했다. 특히 개정안은 이사의 합리적인 판단에 따른 경영상 손해에 대해선 책임을 묻지 않도록 했다. '이사가 충분한 정보를 바탕으로 이해관계를 갖지 않고 상당한 주의를 다해 회사에 최선의 이익이 된다고 선의로 믿고 경영상의 결정을 내리면 회사에 손해를 끼쳤다고 하더라도 의무 위반으로 보지 않는다'는 단서를 단 것이다.

이의원은 27일 기자와의 통화에서 "이런 '경영판단의 원칙'은 이미 미국, 독일 등에서 법으로 인정하고 있고 우리 대법원에서도 판례가 있다"며 "배임죄의 요건을 엄격하게 해 경영인들이 이윤창출을 극대화하는 데 전념할 수 있게 한다는 취지"라고 설명했다.

개정안은 또 주주대표 소송제(경영진이나 이사진의 부정행위로 피해를 입은 주주가 이들을 상대로 제기하는 손해배상소송)를 모자관계에 있는 회사까지 넓힌 이중대표소송제를 도입토록 했다. 이는 박근혜 대통령이 18대 대선 당시 단계적으로 도입하겠다고 약속한 제도다. 현오석 경제부총리는 지난 12일 인사청문회 서면 답변에서 "이중대표소송제를 도입해 공정거래질서를 확립하겠다"고 밝힌 바 있다.

"경제민주화도 좋지만 기업인의 경영 행위에 지나친 법적 제재를 가하는 것은 옳지 않기 때문에 이를 제도적으로 막기 위한 것"이라고 27일 말했다.

이의원은 이날 기자와의 통화에서 "정치의 영역에서 이 같은 문제를 해결하는 게 필요하다고 생각했다"며 법안을 발의한 이유를 설명했다.

그가 지난 25일 대표 발의한 '상법 일부 개정안'은 기업인에게 경영 판단 결과에 따른 책임을 물을 때의 요건을 명확하게 하는 내용을 담고 있다. 기업인이 합리적인 이유와 선의로 행한 경영활동에 대해선 손해가 있더라도 배임죄로 처벌하지 않도록 하는 것이다.

이의원은 "기업인이 A라는 흑자 회사와 B라는 적자 회사를 갖고 있을 때 A에서 B로 자금을 보낸다고 해서 바로 배임죄로 처벌하는 것은 가혹하다"며 "개인적으로 회사돈을 착복한다면 횡령이나 배임죄로 엄격하게 처벌해야 하지만 선의라면 전향적으로 고려할 필요가 있다"고 했다.

이 같은 '경영판단의 원칙'은 이미 외국에서 입법화됐다는 게 그의 설명이다. 독일 주식법 제93조에서 성문화됐고, 미국에선 판례로 인정하고 있다는 것이다. 이의원은 "우리나라에서도 학계에서 이를 도입해야 한다는 주장이 계속 나왔고 대법원 판례도 있다"고 설명했다.

다만 "어디까지나 일반적인 경영 활동을 했는데도 실패해서 손해가 난 경우"라고 선을 그었다. 이어 "개인적인 착복이나 횡령, 명백히 법을 위반한 경우에는 경제민주화 차원에서도 처벌해야 옳다"고 했다.

개정안은 이중대표소송제도를 도입하도록 했다. 이중대표소송제는 자회사나 종속회사가 소속 경영진과 이사진의 잘못을 제대로 추궁하지 않을 경우 모회사나 지배회사의 주주가 이들을 상대로 대표소송을 제기하는 제도다.

이의원은 "지주회사의 경우 이익이나 손해를 내는 요인이 자회사의 사업활동인데도 불구하고 현행법상 지주회사의 주주는 실질적인 사업주체인 자회사를 직접 관리 감독할 수 없다"며 "자회사의 손해는 모회사의 손해로 이어지기 때문에 지주회사 주주의 이익을 보호하기 위해서라도 이중대표소송제는 필요하다"고 강조했다.

그는 "이 같은 내용을 국회 법제사법위원회에서 시간을 갖고 충분히 논의하도록 할 것"이라고 말했다.

한국경제신문. 2013.3.28.

금감원에 '특별사법경찰권' 부여 추진

검찰이 주가조작 범죄 수사 능력을 강화하기 위해 금융감독원 조사 직원들에게 특별사법경찰권을 부여하는 방안을 추진한다.

27일 법무부에 따르면 최근 박근혜 대통령이 주가조작 엄단을 주문한 이후 청와대와 법무부, 금융위원회, 금융감독원, 증권거래소 등은 증권범죄 수사시스템 개선을 위한 논의를 시작했다. 관련 회의에서 조사기간을 줄이기 위한 방안으로 금감원 조사역들에게 특별사법경찰권을 부여해 사건 초기부터 투입하는 안이 제시된 것으로 알려졌다.

이 안이 도입되면 금감원 조사역들은 검찰의 수사 지휘를 받아 사건을 조사하게 된다. 현행 시스템에서는 금융위원회, 금감원, 거래소 등이 주가조작 범죄 혐의를 포착해 고발 수사의뢰하면 검찰이 수사해 왔다. 이에 따라 수사기간이 장기화되는 문제가 부작용으로 지적돼 왔다.

검찰 관계자는 "특별사법경찰권이 도입되면 금감원 자체적으로 강제수사를 할 수 있다"며 "혐의 입증이 어려운 주가조작 범죄 증거도 보다 쉽게 확보할 수 있을 것"이라고 말했다. 다만 거래 계좌를 조사할 때 검찰로부터 압수수색 영장을 받는 절차가 더해지는 것은 부담으로 작용할 것으로 보인다.

청와대 법무부 등은 앞으로 특별사법경찰권 자격 부여 주체와 규모, 방식 등을 구체화해 나갈 계획이다. 법무부 관계자는 "관련 법률을 전체 개정해야 하기 때문에 실현까지는 시간이 걸릴 것"이라며 "2010년에도 도입을 추진했으나 수사 지휘 받기를 원치 않는 금감원의 반대로 흐지부지된 바 있어 양측 의견을 조율하는 것도 과제"라고 말했다.

한편 최수현 금융감독원장은 "주가조작 사건의 조사에서 제재까지 걸리는 시간을 150일 이내로 단축할 방침"이라고 말했다.

- 금융감독원 불공정거래 사건 조치현황
  검찰고발 및 통보 180건
  무혐의 28건
  내부자 단기매매차익 발생 회사 통보건 18건
  경고 등 17건

한국경제신문. 2013.3.28.

민간인 신분 금감원 직원에 주가조작 수사권 추진

- 공무원 신분 되는지가 쟁점
금융감독원에 주가조작 사건에 대한 수사권을 부여하는 방안이 추진된다. 박근혜 대통령이 지난 11일 첫 국무회의에서 주가조작 세력 근절 방안을 마련하라고 지시한 데 따른 것이다. 정부 관계자는 27일 "청와대가 최근 법무부, 금융위원회, 금융감독원, 한국거래소 등과 회의를 갖고 금감원에 수사권을 부여하는 방안 등 주가조작 범죄 엄단을 위한 대책을 검토했다"고 말했다.

금감원에 수사권을 주는 방식은 조사 담당 직원들에게 특별사법경찰관의 지위를 부여하는 방안이 검토되고 있다. 금감원 직원들을 특별사법경찰관으로 지명할 경우, 이들의 신분을 공무원으로 변경해야 하는 의견과 민간인 상태에서도 가능하다는 의견이 엇갈려 관련 부처들이 협의를 진행 중이다. 금융위 관계자는 "금감원 직원들이 민간인 신분으로 수사권을 행사하는 것은 문제가 있다"고 말했다. 하지만 금감원 직원들이 공무원이 되면 연봉이 크게 낮아지는 점을 들어 민간인 신분을 유지하길 희망하고 있다.

조선일보. 2013.3.28.

주가조작 부당이득 100% 환수. 금감원에 특별사법경찰권 부여 추진

주가조작 등 부당한 방법으로 챙긴 이득이 철저하게 환수 조치되고 주가조작 사건의 조사에서 제재까지 걸리는 시간이 대폭 단축된다. 효과적인 조사를 위해 일부 금융감독원 직원에게 특별사법경찰권을 부여하는 방안도 추진된다.

27일 법무부와 금융위원회 등에 따르면 다음 달 초 민관 합동 불공정거래 협의체를 발족하고 주가조작 적발률과 부당이득 환수율을 높일 구체적인 방안을 마련하기로 했다.

협의체에서는 검찰과 경찰, 금감원, 증권거래소 등이 포함되면 효과적인 부당이득 환수를 위해 국세청까지 참여시키는 것을 논의 중이다.

금감원은 불공정거래가 적발되면 조사에서 제재까지 걸리는 시간을 대폭 단축하는 시스템 개편을 진행 중이다.

이와 별도로 청와대와 법무부, 금융위, 금감원, 증권거래소 등이 증권범죄 수사시스템 개선을 위한 논의를 시작하고 주가조작 사건 조사 절차를 간소화하는 방안의 하나로 금감원에 특별사법경찰권을 주는 안이 제시됐다.

다만 현행 규정상 민간인인 금감원 직원에게 특별사법경찰권을 부여할 수 없으므로 금감원 조사 인력을 금융위에 파견하고 이들을 대상으로 경찰권을 부여하는 방안이 논의되고 있다.

그러나 금융위가 검찰의 지휘를 받아야 하는 점 등이 맞물려 있어 논란이 예상된다.

매일경제신문. 2013.3.28.

주가조작 신고 포상금 최고 10억으로

최수현 금융감독원장이 주가조작 등 금융시장 불공정거래를 신고하면 포상금을 종전보다 10배 많은 10억원까지 확대하겠다고 밝혔다.

최원장은 "주가조작은 시장 신뢰를 위해 반드시 뿌리 뽑아야 할 대상"이라며 "불공정거래 포상금 한도를 현재의 10배 수준인 10억원으로 상향 조정하는 방안을 금융위원회와 협의하고 있다"고 말했다. 현행 자본시장법 시행령에는 포상금 한도가 1억원으로 규정돼 있다.

매일경제신문. 2013.3.29.

주가조작 사범 이득 본 만큼 뱉어낸다

앞으로 미공개정보 이용 시세조정 등으로 부당이익을 취하거나 손실을 회피한 주가조작사범은 금액에 관계없이 최소 이득을 본 만큼 벌금을 내야 한다.

국회 정무위원회는 10일 전체 회의를 열고 이런 내용을 담은 자본시장법 개정안을 통과시켰다. 개정안은 법사위, 국회 본 회의를 거쳐 이르면 오는 11월부터 시행된다.

이번 개정안은 주가조작 등 주식 불공정거래행위에 대한 처벌을 강화한 게 핵심이다. 부당이익이나 손실회피액 규모가 얼마가 되든 최소 해당금액 이상의 벌금을 물게 하는 일종의 벌금 하한선을 둔 것이다. 현행 규정선 주가조작 범죄에 대한 벌금 하한선이 없어 부당이익보다 훨씬 적은 금액을 벌금으로 내는 경우도 있었다.

개정안은 주가조작으로 인한 이익 또는 손실 피해액의 3배가 5억원을 넘지 않는 경우 '이익 또는 손실 피해액의 1배 이상 5억원 이하'의 벌금을 내도록 했다. 현행 규정은 하한선 없이 '5억원 이하'였다. 부당이익이 5억원을 초과하는 경우는 '이익 또는 손실회피액의 1배 이상 3배 이하'의 벌금을 물게 했다. 현재는 하한선 없이 '3배'로 규정돼 있다.

한국경제신문. 2013.4.11.

신설 '자본시장조사단 파견' 금감원선 사다리탔다는데

금융위원회는 당초 자본시장국 산하에 조사과를 신설할 예정이었지만 고승범 사무처장 직속 '조사단'을 신설하기로 최종 확정했다.

매일경제신문. 2013.9.5.

Chapter

67

회계주권이
흔들린다

회계주권이 흔들린다

회계는 기업 비즈니스의 '언어'다. 굳이 '바벨탑의 저주'를 들먹이지 않아도 언어의 차이는 '소통불가'라는 결론으로 귀착된다. 특히 한국 기업이 뉴욕, 홍콩에 상장하는 글로벌 시대에 진입했다면 회계라는 언어의 통일 필요성은 더욱 높아진다. 한국이 다른 나라보다 앞서 지난해 국제회계기준인 IFRS를 도입한 배경이기도 하다. IFRS라는 글로벌 공용언어를 통해 기업의 효율성을 높이겠다는 것이다.

그런데 아이러니하다. IFRS가 오히려 국내 기업의 발목을 잡기 때문이다. 효율성과 투명성을 높여 기업의 자금조달을 보다 원활하게 하겠다는 취지와는 반대로 가는 형국이다.

두산인프라코어의 영구채 발행이 대표적 예다. 두산은 지난 10월 국내 기업 중 최초로 영구채 발행에 성공했다. 당시만 해도 축제 분위기였다. 박용만 두산 회장은 "재무적 혁신 조치"라고 했고, 영구채 발행을 지원한 강만수 KDB 금융지주 회장도 손가락을 높이 치켜들었다.

문제는 그 다음부터. 영구채가 자본이냐 부채냐를 놓고 논란이 빚어진 것이다. 금융위원회와 금융감독원간 '신경전'은 일단 논외로 하자. 국내의 명확한 회계원칙을 수립해야 하는 회계기준원의 행보는 그야말로 갈지자다. 두 달여간 수차례 연속회의와 비공개 전문가 회의를 거쳐 내린 결론이 고작 '해외 기관인 IFRIC(국제회계기준해석위원회)에 문의해 보자'는 것이다. 연내에 결론을 내겠다는 회계기준원의 발언은 '허언'이 됐고 두산에 이어 영구채 발행을 준비했던 기업들은 '닭 쫓던 개'가 됐다.

IFRS가 세부적 기준이 없는 원칙주의를 채택하고 있는 만큼 이런 회계 논란은 앞으로도 되풀이 될 수 있다.

'회계주권이 흔들린다'는 이야기가 나오는 이유다. 회계기준원은 주권의 사전적 의미인 '자주적 독립성'이라는 단어를 다시 곱씹어봐야 한다.

매일경제신문. 2012.12.26.

이 신문 기사는 이 안건을 IFRIC에 보내는 부분에 대해서 무척이나 부정적으로 해석하고 있다. 그러나 이는 회계주권의 침해와는 조금 다른 시각에서 이해되어야 한다. 우리나라가 국제회계기준을 도입하였다는 것은 국내의 환경에서 매우 특이한 내용만을 제외하고는 big bang approach에 의해서 이를 완전히 수용한 것이고, 국내의 기업회계기준 제/개정기관이 IASB와 기준을 달리 해석할 수는 없는 것이다. 최악의 scenario는 국내의 기업회계기준 제정기관이 이 건과 관련된 유권해석을 내렸는데 사후적으로 IFRIC가 다른 결론을 도출하는 것이다. 현재의 한국 채택국제회계기준에도 한××라고 해서 국제회계기준은 아니지만 우리나라의 법적·제도적 차이 때문에 국제기준과 상이하게 기준을 채택한 내용이 있다면 이 부분은 별도로 표시하고 있다. 그러한 내용이 아니라고 하면 우리의 회계기준은 국제회계기준과 일치하여야 하며 현업의 회계 실무도 국제적인 정합성이 존재하여야 한다.

모든 의사결정도 동일하지만 의사결정은 가능하면 의사결정을 수행할 수 있는 적법한 기관에서 적시에 내려 주어야 한다. 그러나 너무 timing을 강조하다가 성급한 결론을 도출할 수도 있다.

기업은 당장 회계처리를 수행하여야 하는데 IFRIC에 안건을 접수하여 이 건에 대해 결론을 전달받을 때까지 기다리는 것이 좋은지 아니면 이 정도의 내용이라면 우리의 회계기준원과 감독원의 국제회계기준 해석 연석회의(Chapter 62에서 자세히 기술)에서 결론을 도출해 주어야 하는 것인지도 논란의 대상이다.

유권해석과 관련되어서는 전문가들의 의견이 당연히 나누어질 수 있다. 그렇기 때문에 어떤 위원회가 되었건 獨任制가 아니라면 다수의 의견에 의해서 의결할 수 있는 위원회 의사결정 과정을 정해 두고 있는데 국제회계기준의 해석과 관련되어서는 이미 2009년에 감독원/기준원 연석회의 원칙을 감독원과 기준원간에 협의해서 운영하고 있다. 이러한 위원회의 의결방식은 다수결로 결정함이 가장 바람직한 위원회의 운영방식일 것이다.

아마도 기준원이나 감독원의 stance는 국내에서 의사결정할 수 있는 건일 경우는 연석회의에서 의사결정을 수행하고 그렇지 않은 이슈에 대해서는 IFRIC에 안건을 접수하여 IFRIC가 결정하는 바에 따르는 구도일 것이다.

Chapter 68

거래소 – 아큐텍, 끈질긴 '상폐갈등'

거래소–아큐텍, 끈질긴 '상폐갈등'

- 최대주주 변경하자 상폐 대상에 아큐텍 소송 - 법원도 손들어줘
  거래소, 직접공시하며 반격 나서

한국거래소와 코스닥 상장사 아큐텍이 '상장폐지 실질심사의 적정성'을 놓고 소송도 불사하는 '벼랑끝 혈투'를 벌이고 있다.

거래소는 '투자자 보호를 위해 아큐텍의 상장폐지 실질심사를 진행해야 한다'는 입장이지만 아큐텍은 "거래소가 상장폐지 실질심사 대상으로 지정한 사유가 잘못됐다"며 소송을 제기하는 등 강력히 저항하고 있다. 법원은 일단 아큐텍의 손을 들어줬지만 거래소가 또 다른 반격 카드를 꺼내 들어 양측의 대립은 격화될 전망이다.

- 최대주주 변경 사실 여부가 핵심

거래소와 아큐텍의 다툼은 지난 10월로 거슬러 올라간다. '투자주의 환기종목'으로 지정돼 있던 아큐텍이 10월 16일 "최대주주가 엄학순 씨(10.81%)에서 노태욱 외 2인(13.95%)으로 변경됐다"고 공시하자 거래소는 같은 날 "상장폐지 실질심사 여부를 검토하기 위해 매매거래를 정지한다"고 발표했다. 코스닥시장 상장규정 제38조에 따르면 관리종목이나 투자주의 환기종목에 최대주주 변경이 발생하면 거래소는 상장폐지 실질심사 대상 여부를 심사하게 돼 있다.

이후 아큐텍은 11월 6일 "최대주주가 노태욱 외 2인(13.95%)이 아니라 기존 최대주주였던 엄학순 씨(10.81%)"라며 10월 16일의 '최대주주 변경 공시'를 뒤집었다. 노태욱 외 2인에 포함돼 있는 천산홀딩스(3.81%)가 알고 보니 특수관계인이 아니었기 때문에 천산홀딩스 지분을 제외하면 최대주주 변경이 아니라는 논리였다.

하지만 거래소는 이를 인정하지 않고 11월 27일 아큐텍을 불성실공시법인과 상장폐지실질심사 대상으로 지정했다.

상장폐지 위기에 처하자 아큐텍은 12월 3일 서울남부지법원에 "최대주주 변경이 아니다"라며 '주권매매거래정지 효력정지 등 가처분신청'을 냈다. 그리고 남부지원은 17일 아큐텍의 가처분신청을 인용해 거래소의 시장조치 진행을 정지시켰다. "노태욱 씨가 천산홀딩스 감사가 된 것은 자기 뜻이 아니었기 때문에 천산홀딩스가 노태욱 씨의 특수관계인이 아니다"라는 아큐텍의 주장을 받아들인 것이다.

■ 투자자 보호 차원 vs 무리한 대응

거래소는 황당하다는 눈치다. 2009년 상장폐지 실질심사 제도 시행 이후 법원이 상장사의 가처분신청을 받아들인 것은 이번 사례를 포함해 단 두 번에 불과하기 때문이다.

거래소는 즉각 반격에 나섰다. 거래소는 18일 아큐텍 주주 중 노태욱 씨의 조카인 정현주 씨를 찾아내 "아큐텍 최대주주가 노태욱, 노태욱 씨의 형 노태중 씨, 조카 정현주 씨 등 노태욱 외 2인(11.39%)이 맞다"고 직접 공시했다. 그리고 "불성실공시법인과 상장폐지 실질심사 대상에 해당하는지 재검토하기 위해 거래를 정지한다"고 발표했다.

아큐텍은 강력 대응한다는 계획이다. 아큐텍 관계자는 "최대주주 변경은 확실히 사실이 아니기 때문에 변호사와 협의해 법원과 거래소에 대응할 것"이라고 말했다.

한국경제신문. 2012.12.19.

2013년 2월 개정된 유가증권 상장 규정에서는 상장폐지 실질심사 제도의 명칭을 변경하였는데(안 §49) 현행에서는 용어에 '폐지'가 포함하되 사유 발생시 상장폐지되는 것으로 오해함에 따라 불필요한 시장 충격이 유발된다는 문제점이 지적되어 상장적격성 실질심사로 변경되었다.

자진 상장폐지

"미련 없이 떠난다" 자진 상폐 왜

코스닥 상장사였던 웨스테이트디벨롭먼트는 지난해 10월 자진해서 상장폐지했다. 상장을 계속 유지하는 것이 회사 차원에서 실익이 없다는 최대주주와 이사회 결정에 따른 결과다. 서울 팰리스 호텔을 운영하는 웨스테이트는 지난해 2분기 매출액 409억여 원에 영업 이익 35억원을 기록하는 등 실적이 나쁘지 않았지만 시장에서 이뤄지는 거래는 미미했다. 대주주인 신석우 대표 측은 소수주주들 주식 매집에 나섰고 결국 상장사 목록에서 회사 이름을 뺄 수 있었다.

상장을 통한 이득보다 비상장이 더 도움이 된다는 판단으로 자진해 상장폐지를 결정한 기업이 지난해 눈에 띄게 늘어났다. 지난해 말 연이어 상장 철회 소식이 날아든 기업공개(IPO) 시장과 비슷하게 기존 상장기업마저 상장폐지 고민에 빠질 정도로 주식시장이 얼어붙었다는 현실의 한 단면으로 풀이된다.

13일 한국거래소에 따르면 지난해 자진 상장폐지를 신청한 곳은 모두 5곳에 이른다. 2010년과 2011년 각각 2곳이 자진 상장폐지를 신청한 데 비해 2배 넘게 증가한 수치다. 부도, 잔액전액잠식 등 경영상 문제가 없음에도 상폐를 신청한 곳이 대부분이다.

지난해 8월 티브로드 계열 한빛방송도 코스닥시장에서 상장폐지를 신청했다. 기존 주식 거래 규모 등으로 볼 때 상장사로 남았을 때의 실익이 크지 않다는 웨스테이트와 같은 이유에서였다.

지난해 6월까지 영업이익이 255억원에 이르렀지만 주식시장에서 거래량과 주가 모두 지지부진해 제대로 평가받지 못한다는 말이 나왔다.

박경서 고려대 경영대학 교수는 "주식시장에서 거래가 잘 되지 않아 상장 유지를 위한 '비용'이 자금조달이라는 '유인'보다 커지면 기업도 상장폐지를 고민하게 된다"며 "1980년대 미국에서도 자금수요보다 공급이 줄어들어 상장을 선호하지 않는 모습이 나타났다"

고 진단했다.

실제 지난 한 해 한국주식시장 거래 상황은 몇 년 새 가장 악화된 것으로 기록됐다. 금융투자협회 등이 낸 자료를 보면 지난해 유가증권시장과 코스닥시장의 총 거래대금은 1,648조원으로 나타났다.

이는 글로벌 금융위기 때문에 전 세계 경제가 얼어붙은 2008년 이후 최저치다. 2년 전 2,260조원으로 고점을 찍은 뒤 600조원 가까이 내려앉은 것이다. 본격적인 저성장시대에 진입해 전반적인 거래 부진이 자금을 유치하고자 하는 기업의 당초 상장 목적을 상쇄하고 있다고 설명할 수 있다.

이런 상황에서 자진 상폐를 추진했지만 지분율 충족이 되지 않아 관리종목에 지정되기까지 시간만 기다리는 곳도 등장했다. 리스 관련 금융업을 하는 한국개발금융은 유가증권시장에서 지난해 자진 상폐를 시도했으나 실패했다.

대주주 화인파트너스(당시 78.6%)가 지난해 4월 자진 상폐를 위한 지분 95%를 취득하기 위해 나머지 주식 203만 1,068주를 사들이려 했지만 현재까지 87%를 모으는 데 그쳤다.

한국개발금융 관계자는 "대주주 지분율 조건을 충족시키지 못해 지분 분산 요건이 10% 이상 돼야 한다는 조건만으로 올 4월 거래소 관리종목 지정을 기다리는 중"이라며 "지금도 거래와 주가 모두 지지부진한 상황"이라고 설명했다.

올 한 해는 IPO 시장이 지난해와 다를 것이라는 게 거래소 측의 판단이지만 한 분기까지는 우선 관망해야 한다는 게 전반적 시장 분위기다. 이 때문에 금융당국도 상장심사 기준을 완화하고 시장 본연의 역할인 기업 자금 조달 기능을 강화하는 방안을 고민하고 있다.

거래소 관계자는 "자진 상폐 신청 업체가 늘기는 했지만 숫자가 유의미하다고 하기엔 아직 이르다"면서 "개별 기업의 특수한 사정이 있을 수 있는 만큼 아직 특별한 판단을 내리진 않고 있다"고 말했다.

박경서 교수는 "기업은 자기자본과 타인자본의 일정한 비율을 맞추기 위해 외부차입과 상장 증자라는 수단을 저울질하게 된다"며 "저성장시대가 현실화되면서 부채도 자본도 증가할 요인이 떨어지는 상황이 왔기 때문에 대책을 고민할 시점"이라고 지적했다.

매일경제신문. 2013.1.15.

상장기업은 상장과 관련된 비용을 지불한다. 상장과 관련된 비용으로는 여러 가지 규제의 대상이 된다는 점이다. 물론, 가장 큰 상장의 혜택은 자본시장에서의 자본 조달인데 위의 설명과 같이 자본시장이 경색되면 혜택보다는 비용이 더 커지면서 기업을 공개하고 상장한다는 것이 무슨 의미가 있는지를 고민하게 된다. 기업이 판단하기에 가장 큰 비용은 공시규정 준수 등 상장기업이 준수하여야 할 여러 가지 규정 및 제도이다. 또한 투자자들의 소송도 큰 부담을 안게 한다. 소송은 순기능이 있지만 소송의 대상이 되는 기업에게는 승패소 여부를 떠나 큰 피해를 줄 수 있다.

이러한 비용이 상장의 혜택을 초과할 때 상장기업은 언제든지 자발적으로 자진 상장의 가능성이 있다.

2013년 들어서 2012년 11월 이후 자본시장에 IPO가 한 건도 없자 다음의 기사가 경제신문에 게재되었다.

IPO 활성화 어떻게. 불필요한 의무공시부터 확 줄여야 숨통

매일경제신문. 2013.7.12.

즉, 기업이 기업공개를 회피하는 이유를 공시 부담에서 찾고 있다.

Chapter

70

수시공시 제도의 변화

'자본금 거짓 납입' 공시 의무화

지난 14일 디웍스글로벌은 한국거래소에서 '가장납입설'에 대한 조회공시 요구를 받았다.

디웍스글로벌은 "2019년 세 차례에 걸쳐 실시한 제3자 배정 유상증자의 가장납입 여부에 대해 관계기관에서 조사를 받은 적이 있다"면서 "현재까지 확정된 사실은 없다"고 답변했다.

지난달 상장폐지된 알에스넷도 '가장납입 여부'를 둘러싸고 한국거래소와 갈등을 빚기도 했다. 2008년과 2009년 유상증자과정에서 임헌진, 김진택 대표가 각각 225억원과 120억원을 가장납입한 혐의로 집행유예 선고를 받은 사실이 뒤늦게 알려졌기 때문이다.

당시 한국거래소는 상장폐지 사유인 '완전자본잠식'을 피하기 위해 자본을 늘렸기 때문에 실제 자본이 납입되기 않은 사실이 드러났다면 상장폐지 요건에 해당된다고 봤다.

'가장납입'이란 주식회사 설립이나 유상증자시 실제로 주금을 납입하지 않고 납입한 것처럼 꾸미는 행위를 말한다.

알에스넷 사례처럼 자본잠식을 피하기 위해 가장납입을 악용한다 하더라도 현행 제도상에서 '가장납입' 자체는 문제되지 않는다. 이 같은 현행 제도의 문제점과 관련해 한국거래소 관계자는 "가장납입을 공시 의무화해서 투자자에게 보다 투명한 회계정보를 제공할 수 있도록 하겠다"고 말했다. 일반적으로 가장납입 자체가 '눈속임'을 전제한 것이기 때문에 가장납입 사실을 먼저 공시하도록 하는 것은 사실상 불가능하다. 이 때문에 가장납입 문제로 검찰 등 수사기관의 조사를 받거나 기소되면 이 사실을 공시하도록 하는 방안이 추진되고 있다.

가장납입은 기업이 스스로 공시하기 어려운 측면이 있기 때문에 검찰 등 수사기관과 정보공유를 통해 실효성을 확보한다는 방침이다.

> 또 한국거래소는 2008년 이후 5년 만에 수시공시 체계를 대폭 개편하기로 했다. 올해 자산 규모 2조원 미만 기업까지 국제회계기준(IFRS) 연결 분기보고서 제출이 의무화하는 데다 종속기업이 수시공시 의무가 새롭게 부과되는 등 기업의 공시 부담이 커지기 때문이다.
>
> 한국거래소 관계자는 "올해 기업의 공시 부담이 크게 늘어나는 만큼 부담을 줄이는 방향으로 수시공시 체계를 개편할 것"이라고 말했다.
>
> 이에 따라 수시공시 항목을 통폐합해 항목 수를 줄이고 수시공시 필요성을 검토해 의무화할 필요가 없는 사항은 자율공시 사항으로 전환하기로 했다.
>
> 매일경제신문. 2013.1.21.

부정적인 실무에서의 행태로 우리가 모두 인정하는 가장납입이 제도적으로는 문제가 되지 않는다는 점을 이해하기는 어렵다. 정보 이용자들은 가장납입으로 인해서 자본이 확충된 것으로 즉, 해당 기업에 문제가 해소된 것으로 이해하는데 가장납입은 문제점으로 적시되어야 한다.

이러한 내용에 대해서 유가증권 공시규정이 2013년 2월 다음과 같이 개정되었다.

- 가장납입 사실공시 신설(안 제7조제1항제2호라목)
- 일정규모 이상*의 가장납입 사실에 대하여 공시의무를 신설하여 장래 발생 가능한 투자위험 요인을 사전에 공시
  * 현행 공시규정 중 유사공시사례인 횡령·배임 공시와 같이 자기자본의 5%(대규모법인 2.5%) 이상의 금액에 대해 당일 공시의무 부여

주요사항공시 항목 축소정책 방향에는 여러 가지 이슈가 있다.

수시공시에서 자율공시로 전환할 때 공시가 부실해질 수 있는 가능성이 있을 것이며, 종속기업에 대한 수시공시 의무는 이해할 수 있지만 자산규모 2조원이 넘는 기업의 분반기 재무제표의 연결재무제표 의무는 수시공시가 아니라 정기공시의 영역인데 규제기관이 이들 공시를 통합적으로 이해하여 정책을 진행한다는 점이다. 물론, 기업의 공시의무를 완화해 주기 위해서 의무화하기 어려운 부분을 자율공시로 전환한다 함은 이해할 수는 있다. 이는 기업이 자율공시에 적극적/전향적으로 임한다는 것을 가정하지만 과거의 관행에 의하면 의무공시로 묶어두지 않는 한 이를 기대하기는 어렵다.

다음의 두 신문기사에서 보는 case와 같이 공시에 있어서의 기업의 전향적인 공시 패턴을 기대하기는 어렵다.

자산재평가, 숨기는 기업 많다

올 들어 국내기업의 자산재평가가 줄을 잇고 있는 가운데 상당수 기업들이 제때 공시를 하지 않고 있다. 특히 수천억 또는 1조원대의 막대한 재평가 차익을 얻은 대기업조차 투자자들에게 알리지 않고 은근슬쩍 결산결과를 발표해 투자자들을 오도할 수 있다는 지적이 제기되고 있다.

23일 금융업계에 따르면 CJ제일제당(152,500원 2,000 -1.3%)은 최근 자산재평가를 통해 9,358억원의 차익을 올렸고, GS칼텍스도 토지와 구축물 등의 재평가를 통해 순자산을 1조 3,000억원 가량 늘렸다. 남광토건(10,900원 50 +0.5%)도 최근 자산재평가 결과를 반영해 가결산결과를 공시했다. 이들 기업 중 재평가결과를 공시한 곳은 없다. 지난해 말부터 허용된 자산재평가가 공시의무사항이 아니라는 이유에서다.

자본시장법 시행 후 금융위원회는 '20'개의 사항만 의무공시사항으로 관리하고 나머지는 한국거래소로 넘겼는데, 자산재평가 항목은 의무공시사항에서 제외됐다.

금융감독원은 "과거 IMF 때는 자산재평가법에 따라 이뤄졌기 때문에 의무공시사항이었지만 이번에는 새로운 회계기준에 따라 각 기업들이 자율적으로 하고 있기 때문에 공시도 자율공시"라는 입장이다. 그러나 자산재평가를 공시하지 않는 바람에 애꿎은 투자자만 피해를 볼 수 있다는 지적이 제기되고 있다.

증권업계 한 관계자는 "공시의 가장 큰 목적은 투자자 보호"라며 "투자자의 손익항목 변화와 중요한 관련이 있는 사항들은 의무적으로 공시하게 해야 한다"고 밝혔다.

이 관계자는 "개인들은 증권사 리포트나 공시 등 외부자료에 의존해 투자의사결정을 할 수밖에 없다"며 "자산재평가는 부채비율 등 기업의 외양을 크게 변화시키기 때문에 투자자에겐 매우 중요한 정보임에도 불구하고 공시를 하지 않는다면 정보의 비대칭이 너무 심해질 것"이라고 말했다.

다른 관계자는 "국제회계기준(IFRS) 적용 전에 나올 수 있는 과도기적인 문제점이지만 기업정보의 연속성이 깨져 투자자들의 판단이 흐려질 수 있다"며 "기업의 자산가치가 왜 바뀌었는지도 모르면서 투자해야 한다는 현실은 국내기업과 감독당국의 투자자보호에 대한 인식이 얼마나 낮은지 보여주는 것"이라고 말했다.

또 "동일한 업종이라도 재평가를 한 기업과 하지 않은 기업의 재무제표상 차이가 발생해 투자시 혼란이 가중된다"며 "투자자들을 보호할 수 있는 일시적인 장치를 마련하는 게 시급하다"고 강조했다.

머니투데이. 2009.2.24.

이와 같은 문제점의 제기에 의해서 다음의 유가증권공시규정이 추가되었다.

(7) 유형자산 분류별로 자산재평가 실시에 관한 최초 결정이 있은 때 및 자산재평가 결과 최근 사업연도 말 자산총액의 100분의 5(대규모법인의 경우 1,000분의 25) 이상의 자산재평가 증가금액 또는 감소금액이 발생한 사실이 확인된 때

16일부터 상장사 자산재평가 공시 의무화

상장사가 자산재평가를 하면 오는 16일부터 의무적으로 공시해야 한다. 10일 금융감독당국 등에 따르면 한국거래소는 '유가증권시장 및 코스닥시장 공시규정 개정안'을 마련, 금융위원회에 제출했다. 상장사가 유형자산에 대한 재평가를 할 경우 반드시 공시하도록 한 것을 골자로 향후 금융위 의결을 거쳐 16일부터 시행한다는 계획이다.

2008 회계연도부터 기업들에 허용된 유형자산에 대한 재평가는 2000년 말까지만 한시적으로 적용돼 지난 2001년 이후 허용되지 않아 왔던 회계기준이다.

하지만 자산·부채를 취득원가 외에 공정가치로 평가할 수 있도록 한 국제회계기준(IFRS)이 오는 2011년 모든 상장사에 의무적으로 도입되는 만큼 금융위기에 따른 기업 회계부담 완화차원에서 조기 도입했다.

거래소의 이번 조치는 상장사의 자산재평가 결과가 주가 파급력이 큰 재료이지만 정작 '공시 해도 그만, 안 해도 그만'인 자율공시인 탓에 투자자들이 혼란을 겪고 있기 때문이다.

종전 회계기준에서는 토지·건물·기계장치 등 영업을 하기 위해 취득한 유형자산에 대해 원가법(취득 장부가)만으로 평가하도록 하고 있다. 투자수익이나 임대목적으로 취득한 투자부동산에 대해서도 마찬가지다.

하지만 기업들은 2008년도 재무제표에 보유한 부동산, 항공기, 선박 등의 유형자산을 살 때 가격이 아니라 현재 시가로 재평가해 과거 10년간 자산가치 상승분을 반영할 수 있게 됐다.

유형자산 재평가는 그만큼 부채비율 감소 등 재무지표 개선 효과를 가져오게 된다.

이에 따라 최근 12월 결산 법인들의 결산시즌과 맞물려 토지, 건물 등 부동산을 보유한 상장사들이 잇단 자산재평가를 통해 막대한 평가차익을 내면서 주가에 큰 영향을 미치고 있다.

특히 은행의 국제결제은행(BIS) 비율이나 보험사의 지급여력비율 등 금융회사들의 건

전성 기준을 끌어올리는 효과가 있어 앞으로 자산재평가를 도입하는 금융회사들도 잇따를 것으로 예상되고 있다.

앞으로는 상장사들의 경우 이에 대한 공시가 의무화돼 투자자들은 공시를 통해 빠짐없이 제때 관련 정보를 얻을 수 있을 것으로 보인다.

금융당국 관계자는 "2000년까지 자산재평가제도가 존속해 있을 당시에는 의무공시 사항이었기 때문에 이번 조치는 이를 부활시킨 측면이 있다"고 말했다.

이데일리. 2009.4.10.

그러다가 위의 정책 변경에 의해서, 즉 기업에게 공시와 관련된 부담을 줄여준다는 의미에서 다음과 같이 2013년 2월 유가증권시장 공시 규정이 개정되었다.

자산재평가관련 공시의무사항 제외(제7조제1항제2호마목)
  ■ K-IFRS 도입으로 자산가치를 공정가치(시가)로 평가함에 따라 관련 공시를 공시의무에서 제외하여 상장법인의 공시부담 완화

이와 같이 거래소가 이 내용을 공시의무사항에서 제외한 이유 중에 하나는 이 내용이 호재성 공시 내용이므로 자율공시로 전환하여도 공시를 회피하지 않을 것이라는 논지였다.

자산재평가 결정 공시 현황

구분	'09년	'10년	'11년	'12년	소계
유가	88	151	17	6	262
코스닥	56	93	32	6	187
소계	144	244	49	12	449

그러나 처음 자산재평가 제도가 도입되었고 이 내용이 주요한 정보임에도 불구하고 위의 기사에도 인용되어 있듯이 한동안 기업들이 이 내용 공시를 수행하지 않아서 거래소가 이를 주요사항공시로 강제하게 되었던 것이다. 그 당시에도 위의 통계치와 같이 자산재평가가 공시되었는데 거의 대부분의 자산재평가가 호재성 정보였음에도 불구하고 이를 공시하지 않은 이유는 자산의 증가가

자산재평가로 인한 것임을 드러내고 싶지 않은 것에 기인했을 것이다.

그렇기 때문에 자산재평가가 호재성 정보이므로 기업이 이에 적극적으로 공시에 반영할 것이라는 논지는 과거의 이러한 경험에 의하면 설득력이 있지 않다.

기업의 입장에서는 재무제표에 긍정적인 영향을 미치는 자산재평가를 수행하고 이를 공시하지 않는 것이 the first best choice이다. 이렇게 할 경우, 재무제표가 좋아 보이게 되며 동시에 재무제표 이용자들이 이렇게 개선된 재무제표가 자산재평가가 아니라 다른 요인으로 인한 것일 수도 있다는 착시현상을 유발시킬 수도 있다.

제도의 변화는 빈번하게 수행할 수 없는 것이기 때문에 한 번 정책 방향을 정할 때는 여러 가지 대안에 대해서 장단점을 심층적으로 검토하여야 한다. 내용을 공시하는 데 있어서 어떠한 사유 때문에 이러한 결과가 초래되었는지를 시장이 혼란스러워 하는 항목에 대해서 자세한 설명을 강제하는 것이 올바른 정책이다. 이 규정이 유가증권공시 규정에 남아있다고 해도 한 항목으로 남아 있을 것이고, 이 항목이 추가될 때에는 논란의 결과로 추가된 것인데 거래소가 너무 안이하게 이 규정 항목을 삭제한 것이 아닌가에 대한 생각을 해 본다.

기업이 강제하지 않아도 공시에 전향적일 것이라는 판단하에 주요한 내용의 공시를 의무공시에서 삭제함은 매우 신중하게 결정하여야 한다.

어떠한 논리가 더 설득력을 갖는지에 따라서 공시 여부가 결정된다면 공시 관련된 정책은 빈번하게 번복될 수도 있는데 일단 정해진 정책이 일관성을 유지하는 것도 매우 중요하다.

거래소 자율공시 항목에 가족친화인증기업 추가

상장법인 자율공시 항목에 여성가족부가 선정한 가족친화인증기업 관련 정보가 포함된다.

금융위원회와 여가부는 기업에서 일·가정 양립 제도를 적극 시행하도록 유도하기 위해 가족친화인증기업 관련 정보를 한국거래소 자율공시 항목에 포함하기로 합의했다고 26일 발표했다.

이에 따라 금융위는 한국거래소와 함께 올 하반기부터 가족친화인증을 받은 상장기업이 가족친화인증 사실을 한국거래소를 통해 자발적으로 공시할 수 있도록 세부 실행 방안을 마련할 계획이다.

한국경제신문. 2013.5.27.

자율공시라는 것이 강제성이 없기 때문에 이러한 내용으로 인해 공시의 실무가 달라질 것은 많지 않으리라고 예상한다. 의무공시로 강제화하지 않는 한 즉, 자율공시로 공시가 남겨진다고 할 때에 공시 여부는 완전하게 기업의 자유 의지에 맡겨진다. 따라서 자율공시 항목에 포함된다고 해서 공시할 의무도 없지만 동시에 자율공시 항목에 포함되지 않는다고 해서 공시를 해서는 안 되는 것도 아니다. 이러한 내용이 자율공시의 장점이자 동시에 단점이다.

'가족친화인증' 상장사 주가 쭉쭉 오르네

지난 7월 29일부터 상장사들이 자율적으로 공시하는 항목이 하나가 추가됐다. 가족친화기업 인증 공시라는 것이다. 가족친화기업은 탄력적 근무제도, 자녀 출산 지원 등 좋은 가정을 꾸리는 데 필요한 제도를 모범적으로 운영하고 있다고 여성가족부가 인증해준 기업이다. 이와 관련된 공시를 한 기업의 주가는 대체적으로 강세였다.

증권 전문가들은 다만 가족친화기업 인증공시가 당장 실적과 기업 자체에 직접적인 영향을 미치지 않기 때문에 투자에 유의할 필요가 있다고 지적한다.

조선일보. 2013.9.11.

Chapter

71

...

감사반 관련

감사반의 경우, 분식회계가 발생할 경우 이제까지는 계정 담당자만 조치를 받게 되었다. 그러나 감사반도 감사보고서에 서명을 하는 경우는 세 명이 모두 서명을 하므로 세 명이 모두 책임을 져야 한다고도 생각할 수 있으며 또 회계법인과 같이 이상적이기는 cross check이 수행되어야 한다. 감사반이 회계법인과 같은 조직화된 법인체는 아니지만 그렇다고 개인 공인회계사도 아니므로 어느 정도의 minimum한 조직의 형태는 갖추어야 하며 이들 조직원간에 공동책임의 개념도 있어야 한다.

외감법에 따른 감사의 경우에는 외감법 시행규칙 제3조 제1항 및 제2항에 따라 감사반의 구성원 중 3인 이상이 기명·날인하여야 한다. 기명·날인뿐만 아니라 3인 이상이 참여하여야 한다고 되어 있어 단순한 서명의 이슈가 아니라 실질적인 참여를 의미하는 것이다. 물론, 참여하지 않고 내용을 인지하지 못하는 문건에 서명만을 할 수는 없는 것이다.

외감법 시행규칙 제3조 (감사반의 업무방법 등) ① 감사반이 법 제2조의 규정에 의한 외부감사를 행하는 경우에는 당해 감사반의 구성원 중 3인 이상이 참여하여야 한다. ② 감사반이 법 제8조의 규정에 의한 감사보고서를 작성한 때에는 제1항의 규정에 의하여 당해 회사의 외부감사에 참여한 구성원 전원이 기명·날인하여야 한다.

감사반의 구성원 모두가 감사보고서에 서명하게 하는 것은 법인일 경우 대표이사만이 서명을 하게 되는데 회계법인의 경우는 법인이 시스템으로 그 자체가 법적 실체로 존재하므로 대표이사가 법인을 대표하여 서명한다고 간주한 것이다. 반면에 감사반은 법인체가 아니라 개인의 연합체이기 때문에 서명의 구성원 중 대표자를 인정할 수도 없고 대표자도 없다. 따라서 감사반원 모두의 참여와 서명의 의무를 부과하는 것이다.

한 감사반원만이 감사를 수행하고 두 명 감사반원은 전혀 감사에 관여하지도 않고 감사과정을 같이 공유하지 않았을 경우를 가정한다. 감사를 수행한 감사반이 두 명 감사반에게 알리지 않고 날인을 했다면 이는 인감을 도용한 것이고, 나머지 두 명의 감사반원에게 날인을 한다고 알리고 감사보고서에 서명 직인을 날인하여 적정으로 공시하였고 이 재무제표에 허위 공시가 포함되었다면 나머지 두 명의 감사반원도 분식이 포함된 재무제표에 서명을 하였으므로 분식회계에 대한 책임을 져야 한다. 외감법 시행규칙에 감사반의 모든 회계사가 서명을 하게 한 것은 공동책임을 지라는 것이다.

이는 회계법인에서 이사가 책임을 지고 감사를 수행하지만 부실감사가 발생하면 이사(주 책임자), 계정담당자(보조 책임자)가 팀으로 모두 책임을 지는 것과 같은 정신으로 이해하면 된다.

또한 감사반일 경우에 감사를 수행한 건에 대해서는 세 명이 공동책임인 것은 분명한데 거의 관행은 한 명이 감사를 수행하며 서명만을 세 명이 수행하는 행태일 수도 있지만 시행규칙에 의하면 이는 인정될 수 없다. 실무행태가 규정을 준수하지 못할 상황이라면 규정을 변경하여야 하지만 그래도 준수할 수 있는 상황이라면 이 규칙대로 준수되어야 한다. 이러한 것이 정책의지라는 판단이다. 감사반 모두가 서명을 하므로 이들 3인간에 check and balance를 이루라는 것이다.

정정공시

정정공시, 더 구체적으로 기재해야

투자자들이 증권신고서의 정정이유를 명확히 알 수 있도록 정정사유를 항목별로 구체적으로 기재해야 한다. 또 정정요구로 효력이 상실된 증권신고서를 투자자가 팝업으로 띄워 주의를 환기시켜야 한다.

금융감독원은 15일 증권 모집 매출 때 발행인이 제출하는 신고서 내용 중 중요 사항의 거짓기재나 기재 누락 등이 있는 경우 어떤 내용이 정정됐는지를 투자자가 쉽게 확인할 수 있도록 하는 내용의 '정정신고서 이용 활성화 방안'을 마련해 내달부터 시행한다고 밝혔다.

금감원은 정정사유를 일괄해 간단하게 기재하는 현행 방식을 바꿔 정정사유를 항목별로 개별 기재하되 정정요구에 따른 정정인지, 새로운 내용 추가인지, 일정 변경인지 등을 구체적으로 기재하도록 했다. 또 정정내용이 많아 정정대비표의 내용을 각주나 첨부 형태로 기재할 때는 주요 내용을 잘 파악할 수 있도록 대비표에 정정내용 요약을 기재해야 한다. 정정신고서 본문 중 정정부분은 별도의 글자모양(크기, 색, 글꼴 등)을 사용해 투자자가 정정내용임을 쉽게 알 수 있도록 했다.

아울러 정정요구로 효력이 상실된 증권(정정)신고서를 투자자가 클릭하는 경우 정정요구 사실 및 정정신고서 제출시 증권신고서의 기재 내용이 달라진다는 사실을 명확하게 팝업창으로 띄우게 할 방침이다. 금감원은 정정요구로 인해 최초 증권신고서의 효력이 상실돼도 그 내용이 투자자들에게 잘 전달되지 않고 어떤 내용이 정정됐는지를 쉽게 확인하기 힘들다는 지적에 따라 활성화 방안을 마련했다고 설명했다.

정정신고서 열람 현황을 보면 증권발행에 관한 최종 보고가 기재된 정정신고서보다 효력이 상실된 최초 증권신고서의 평균 열람횟수가 40% 정도 높게 나타나고 있다.

한국경제신문. 2010.8.16.

기업이 공정공시 또는 자발적 공시의 형태로 이익을 예측하거나 또는 손익구조변경 공시의 형태로 잠정이익을 보고하였다가 이를 정정하는 경우에 대한 연구도 흥미로울 것이다. 통계치는 기업이 공정/자율공시에 대해서는 정정공시를 수행하지 않고 손익구조변경 공시에 대해서는 다수의 정정공시를 수행한다고 보고하고 있다.

공정/자발적 공시일 경우는 자발적 형태의 공시이지만 손익구조변경 공시는 의무공시이다. 물론, 손익구조변경 공시는 잠정이익이 과거의 이익에 비해서 유의한 차이를 보일 경우, 이를 조속히 시장에 알리라는 의미가 있다. 반면, 감사를 받지 않은 잠정이익이며 감사과정에서 또한 다른 요인에 의해서 이익이 확정될 때까지 많은 변화가 불가피하므로 잠정이익이 확정이익과 많은 차이가 있다면 조속히 시장에 정보를 전달하라는 순기능이 있다. 하지만 정확하지도 않은 정보를 전달하는 역기능도 존재한다.

따라서 이 통계 결과는 손익구조변경 공시 제도의 합리성 및 적합성에 대해서 고민을 하게 한다. 즉, 순기능이 역기능을 초과해서 이러한 형태의 공시가 계속적으로 존재할 이유가 있는지에 대해서 고민해야 한다. 그렇지 않다면 정정공시가 공시될 때까지 또는 실제 공시되는 이익정보가 공시될 때까지 기업 측의 의지에 의해서 투자자들이 오도될 가능성도 상당기간 지속된다. 이러한 기간이 단기간에 그치지 않는다면 왜곡된 시장으로 인한 피해가 발생할 수 있다.

툭하면 정정공시, 변덕 상장사 주의

수입 중고차 유통업체인 로엔케이는 2011년 7월 스마트그리드(지능형 전력망) 사업에 진출하기 위해 작년 말까지 전력선통신칩 전문업체 파워케이지분 51%를 86억원에 인수할 것이라고 공시했다. 하지만 작년 12월 27일 지분 33%만 취득할 계획이라고 정정했다. 지난해 3월 말에는 일본계 투자회사인 갈릴레오파트너즈 대상으로 100억원 규모의 신주인수권부사채를 발행할 것이라고 발표했지만 지난해 10월 돌연 취소했다.

지난해 로엔케이가 정정공시를 한 횟수는 총 28만건, 2011년 말 900원이었던 주가는 스마트그리스 사업 진출과 자금조달 기대감에 작년 6월 3,895원까지 올랐지만 현재는 2,310원으로 내려와 있다.

- 정정공시 '상습범' 한계기업 많아

로엔케이처럼 공시내용을 수시로 바꿔 투자자의 신뢰를 잃고 주가가 하락하는 '정정공시 상습' 상장사가 잇따르고 있다.

31일 한국경제신문이 거래소에 의뢰해 2012년 유가증권시장 상장사 747곳을 대상으로 '정정공시(결산 관련 공시 제외)' 실태를 분석한 결과, 전체 공시 건수 중 정정공시 비율이 50%를 넘는 업체는 로엔케이, 이엔쓰리, 알앤엘바이오 등 총 9곳으로 나타났다.

이 중 대부분은 재무구조가 부실한 '한계'기업이다. 대우송도개발, 솔로몬저축은행, 배명금속은 2012년 상장폐지됐다. 로엔케이, 이엔쓰리, 알앤엘바이오는 작년 9월 말 기준 자본잠식 상태다. 자본잠식률은 각각 27, 49, 13%다.

2012년 연간 사업보고서 기준 '50% 이상 자본잠식'이면 관리종목으로 지정되고 이 상태가 1년 더 지속되면 상장폐지된다. 금융투자업 관계자는 "정정공시를 많이 한 일부 상장기업의 경우 자본잠식 등 불확실성을 갖고 있는 경우가 있어 투자에 유의해야 한다"고 말했다.

상습적인 곳을 제외한 대부분 유가증권시장 상장사의 정정공시 비율은 낮은 것으로 조사됐다. 정정공시를 한 차례도 하지 않은 상장사는 220곳으로 전체 유가증권 상장사의 27%를 차지했다. 정정공시를 5회 미만으로 낸 상장사는 전체의 90% 이상이었다. 감독기관의 보완, 정정요청 등 때문에 불가피하게 정정공시를 한 비율은 55%에 달했다.

■ 상습 정정공시 사후 심사 강화

거래소는 '정정공시 상습범에 대한 관리를 강화할 계획이다. 대규모 공급 계약 등 주가에 긍정적인 영향을 주는 공시를 발표한 후 슬그머니 정정해 투자자들에게 피해를 주는 경우를 줄이기 위해서다.

서정욱 거래소 유가증권시장부장은 "정정공시를 수시로 제출하는 상장법인에 대해서는 사후심사를 추진할 예정"이라고 말했다.

블랙리스트를 만들고 정정공시가 의도적인지 등을 꼼꼼히 살펴 불성실공시 법인으로 지정하거나 과실이 클 경우 상장폐지 실질심사의 대상으로 삼겠다는 설명이다.

한국경제신문. 2013.2.1.

Chapter

73

공적 자금 투입
MOU

졸업 기준 없는 '우리금융 정상화 약정'

우리 금융이 지분 57%를 가진 대주주 예금보험공사와 신경전을 벌이고 있다. 13조원에 달하는 공적자금을 받는 대가로 맺는 '경영정상화 이행 각서(MOU)'의 달성 여부를 두고 이견이 심각하다. 이팔성 우리금융지주 회장은 MOU를 충족했다고 주장하는 반면 예보 측은 '약속 이행에 실패했다'는 입장이다.

이 같은 신경전은 우리금융이 2001년 첫 MOU를 맺은 이래 해마다 반복되고 있다. MOU는 국제결제은행(BIS), 자기자본 비율 총자산이익률(ROA), 판매관리비용률, 1인당 조정영업이익, 순고정 이하 여신 비율, 지주회사 경비율 등 6개 항목의 실적목표치로 구성돼 있다. 올해 문제는 판매관리비용률이 목표치에 미달한 점이다. 우리금융 고위관계자는 "기준 금리가 잇따라 인하되는 등 경영여건이 급변했기 때문"이라며 "이 같은 여건 변화를 감안해 달성 여부를 판단하는 조항이 이미 들어가 있다"고 주장한다.

결국 조문을 합리적으로 해석해 결론내면 갈등은 끝날 것이다. 하지만 신경전을 지켜보는 입장에선 좀 더 근본적인 의문이 든다. 바로 예보나 우리금융이나 단기 목표 달성에만 연연해 비용 통제에만 관심을 쏟고 있다는 점이다. MOU에 미달하면 당장 임직원의 성과급이 깎이는 우리금융은 인건비와 마케팅비를 짜내는 데 치중했다.

이런 상황에서 미래를 준비하는 청사진을 마련하고 실행하기 어렵다. 비슷한 미국 사례를 보면 좀 더 잘할 수 있을 텐데 하는 아쉬움이 든다. 미국은 초유의 글로벌 금융위기가 터진 2008년 씨티그룹, 웰스파고, Bank of America 등에만 총 1,150억달러의 공적자금을 투입했다. 하지만 세 곳 모두 2년이 안 돼 공적자금을 상환했다. 정부 은행이라는 지배구조로는 경쟁력 저하, 관료화 등의 폐해를 피해갈 수 없다는 판단에서 정부도 적극 지원했다.

그에 비해 우리의 MOU는 미래지향적이기보다 과거의 책임을 묻는 데 치중한다. 이는 졸업기준이 없는 데서 잘 드러난다. 정부 지분을 팔지 않는 한 MOU는 벗어날 길이 없다. 수차례 실패한 우리금융 민영화에 다시 목을 매야 하는 상황인 것이다. 공적자금이 들어간 기관의 "도덕적 해이" 방지는 당연한 의무다. 그렇다고 도덕적 해이 방지에만 매몰돼선 안 된다. '경쟁력 강화'라는 미래지향적인 목표도 동시에 추구해야 한다.

한국경제신문. 2013.2.5.

우리가 어떠한 목표 지표를 설정하면 이 목표를 달성하기 위해 매진한다. KPI도 동일하다. 그렇기 때문에 이 목표 지표는 정치하게 모든 변수를 고려하여 해당 조직이 목표 지표를 달성하기 위한 노력이 이 조직의 존재 가치와도 일치(align)하도록 지표가 작성되어야 한다.

저축은 재무건전성 기준, 더 깐깐해진다

저축은행의 자본건전성을 판단하는 기준이 한층 까다로워진다. 금융감독원이 후순위채 등 부채성 자기자본을 포함하는 국제결제은행(BIS) 기준 자기자본 비율 대신 순자기자본비율을 새로운 감독의 기준으로 활용하는 방안을 추진하고 있기 때문이다.

금감원 고위 관계자는 "BIS비율이 국제적으로 통용되는 자본건전성 기준이지만 국내에서만 영업하는 저축은행을 감독하는 잣대로 활용하는 게 바람직한지 의문"이라며 "자본금, 자본준비금, 이익잉여금 등 기본 자본만을 반영하는 순자기자본비율을 새로운 감독기준으로 대체하는 것을 검토하고 있다"고 13일 밝혔다.

이런 움직임은 지난해 1월 이후 영업정지된 20개 저축은행이 자체 공시한 BIS비율이 하나같이 '뻥튀기'돼 있다는 점을 감안한 것이다. 최근 영업정지된 솔로몬, 한국, 미래, 한주 등 4곳의 저축은행도 마찬가지였다.

BIS비율을 순자기자본비율로 대체해 감독기준으로 활용하려면 감독규정을 개정해야 한다. 현행 상호저축은행 감독규정에 따르면 금융감독당국은 저축은행의 BIS비율을 기준으로 적기시정조치(경영개선권고, 요구, 명령)를 취하고 있다. BIS비율이 3~5% 미만이면 경영개선 권고, 1% 이상~3% 미만 경영개선요구, 1% 미만 경영개선 명령 대상으로 분류한다.

이에 대해 금융위원회 관계자는 "감독규정은 금산법(금융산업의 구조개선에 관한 법률)의 위임을 받아 만들어진 만큼 개정하려면 상당한 연구와 검토가 필요하다"며 신중한 반응을 보였다. 순자기자본 비율은 보완자본을 인정하는 BIS비율보다 통상적으로 낮게 나타나기 때문에 새로운 감독기준으로 활용되면 저축은행 업계는 순자기자본 확충에 나서야 할 것으로 예상된다.

일각에선 금감원이 제도만 탓하고 있다는 비판도 나오고 있다. 금융권의 한 관계자는 "제도가 아니라 과거 금감원 검사역들이 업계와 유착돼 검사 및 감독을 하지 못한 게 더 문제였다"며 "철저한 검사와 감독이 전제돼야 순자기자본비율로 기준을 바꾸는 게 의미가 있을 것"이라고 말했다.

한국경제신문. 2012.5.14.

너무 경직되게 검사가 진행되는 것도 동시에 문제이다. 검사역이 현장에서 검사에 있어서 주관적인 판단을 수행하는 경우도 있어야 하는데 모두가 책임을 지지 않으려는 분위기에서는 원칙을 강제할 수밖에 없어서 너무 강한 규제를 강제하게 된다.

IFRS 도입 110조 법인자금 '꿈틀'

올해부터 국제회계기준이 도입됨에 따라 사모펀드로 운용돼온 110조원이 넘는 법인자금이 대형공모펀드나 랩상품으로 움직일 준비를 하고 있다. 5일 금융투자 업계에 따르면 올해부터 IFRS 시행에 따라 특수목적기업(펀드)으로 분류되는 펀드 연결재무제표 작성이 의무화됐다. 이에 따라 상장법인과 금융사가 펀드를 통해 자금을 운용할 때 지분이 50% 이상이면 종속법인으로 간주해 분기별로 주식이나 채권 보유 내용을 종목별로 공시해야 한다. 현재 상장법인과 금융사는 대부분 스스로를 단독 수익자로 한 사모펀드를 통해 자금을 운용하고 있다.

따라서 이들 법인은 보유 내용을 일일이 공시하는 것을 피하고자 사모펀드를 통해 운용하던 자금을 공모펀드로 옮기거나 일임형 랩어카운트로 대체할 것으로 전망된다.

자산운용업계 관계자는 '사모펀드 회계처리가 복잡해지기 때문에 은행이나 보험사가 자금을 회수해 공모펀드나 일임형으로 전환하려 한다'며 '고유자금으로 운용되는 사모펀드는 업체별로 1~3조원이 넘을 것'이라고 말했다.

매일경제신문. 2011.1.6.

또 위기에 처한 금호산업, 자본잠식률 88.6%

- 이번엔 상장폐지 넘길까
- 우리은행 MOU건 관련
- 부천 리첸시아 건설 손실과 아시아나항공 적자 반영 연말엔 완전 자본잠식 전망

- 채권단, 경영책임 내용 담은 정상화 방안 5일 결의 예정
- 금호산업 "워크아웃 졸업 희망적" "자본잠식률 상승, 회계상 손실 영업실적 개선 중 정상화 가능"

최근 금호산업의 자본잠식률이 올라간 가장 큰 원인은 지난해 1월 준공한 주상복합 '부처 중동 리첸시아' 건설 등 PF 사업에서 발생한 약 1조원 규모의 손실이 반영됐기 때문이다. 채권단이 출자 전환을 약속한 손실이지만, 금호산업 주가를 토대로 손실 규모를 계산하도록 돼 있다. 그런데 최근 금호산업 주가가 오르면서 회계상 손실이 작년 말보다 더 커졌다. 또 금호산업이 30.08%의 지분을 가진 아시아나항공의 올해 실적이 부진한 것도 영향을 미쳤다. 아시아나항공은 올해 상반기 화물 실적 악화 등의 이유로 510억원의 영업 손실을 기록했다.

금호산업은 "자본잠식률 상승은 영업 문제가 아닌 금융 회계상의 손실 때문"이라고 강조하고 있다.

조선일보. 2013.9.3.

Chapter

74

분식회계의 책임

회계부정이 한 사람 책임일 수 있나

　미국의 2001년은 악몽 그 자체였다. 9.11 테러로 세계무역센터 트윈타워가 폭격됐고 한 달 후에는 에너지그룹 엔론의 대규모 회계부정이 폭로됐다. 주로 역외펀드를 이용한 1조 5,000억원 분식회계로 엔론뿐만 아니라 회계감사를 맡았던 아더앤더슨도 동반 해체됐다. 미국을 필두로 세계 각국이 감독강화로 분주했던 2003년 한국에서도 1조 6,000억원 규모의 SK글로벌 분식회계가 적발됐다. 그러나 엔론 경우와는 달리 신속한 구조조정으로 조기 수습했고, 해외펀드 소버린이 주가하락을 틈타 (주)SK 주식을 매집하는 바람에 계열사 주식이 동반 폭등하는 이변을 낳았다.

　경영자 한 사람의 단독 플레이였던 엔론과는 달리 SK글로벌은 임직원이 합심해 분식회계를 장기간 실행했다. 엔론은 대주주인 케네스 레이 회장이 1985년에 설립해 경영을 주도하다 1997년부터 하버드 MBA 출신인 제프리 스킬링을 최고경영자(CEO)로 선임해 경영책임을 맡겼다. 스킬링은 역외펀드를 통한 교묘한 이익조작을 직접 실행하면서 분식회계를 이끌었다. 이런 정황을 나중에 감지한 레이 회장은 보유주식을 팔기 시작했고 급기야 임원의 내부고발로 전모가 드러났다. 엔론 분식회계 관련 형사 재판에서 스킬링이 주범으로 소추됐고 레이 회장은 미공개 정보 주식 내부자거래 위주로 추궁을 받다가 도중 병사했다.

　SK글로벌은 종합무역상사 선경이 상호를 바꾼 그룹 무역창구였다. 중동 수출이 붐을 이룬 시절 왕족을 비롯한 권력층이 장악한 수입상의 자금 빼돌리기 뒤처리는 골칫거리였다. 외상대금 95% 정도를 받으면 전액회수로 처리해 주는 관례 때문에 무역상사마다 거액의 미수채권이 누적됐다. 당시 금융회사와 세무당국은 미수채권 대손처리에 매우 인색했고 그 결과 분식회계가 만연했다.

　완납처리된 잔여 미수채권은 회계감사인이 채무자에 조회하더라도 응답이 없는 것이 당연하다. 무역상사 직원들은 이미 사라진 채권을 받을 수 있는 것처럼 꾸미기 위해 은행 거래뿐만 아니라 감사인 조회과정에 끼어들어 조회서 회신까지 조작했다.

부친의 별세로 경영책임을 떠안은 최태원 회장은 회계처리에 대한 이해가 부족한 상태였지만 문제될 채권금액이 적힌 메모가 검찰 압수수색에서 노출돼 분식회계를 모두 알고 지시한 것으로 몰아 세우는 법정에서 유죄선고를 받았다.

미국 등 선진국에서는 회계부정에 직접 가담한 임직원을 중심으로 처벌한다. 선진 기업환경에서는 회계부정 지시를 따를 부하도 없고 이를 인지하면 서슴 없이 내부고발에 나선다. 이런 법제도 때문에 엔론의 스킬링은 회계조작을 다른 임직원 몰래 주도적으로 처리했다. 최고책임자를 엄중 처벌하면 하수인은 그대로 둬도 부정이 척결될 것이라는 오판 때문에 한국 투명성 지수는 바닥을 기고 있다. 악덕 실무자는 자신이 직접 처리한 회계부정 꼬투리로 경영자를 협박해 돈을 뜯어내기도 했다.

전문적 지식이 요구되는 복잡한 회계처리에 대해 담당 임직원으로부터 문제 없다는 보고를 받고도 불법성을 가려내 금지시킬 만큼 전문성을 갖춘 경영자는 극소수다. 지난달 최회장을 법정구속시킨 파생상품 거래는 회계학에서 난이도가 가장 높아 고급회계 교과서 마지막에 등장한다. 미국발 금융위기로 2008년 세계 각국 주가는 동반 하락했고 매수옵션 파생상품 가치도 폭락, 잔액부족 계좌가 속출했다. 최회장 개인적 선물투자와 관련해 계열사가 출자한 펀드에서 자금을 일시 채용했다가 상환한 사건에 대해 차용시점을 기준으로 횡령죄를 적용한 것이다.

최회장도 자금 및 회계처리를 직접 실행한 것도 아니고 보고를 받았더라도 담당자가 문제 없음을 확인했을 것이 분명한 정황이다. 자산 규모 136조원의 국내 3위 그룹 경영자가 수많은 업무를 처리하면서 5분 정도 보고받았을지 모를 사건에 대해 5년이 지난 시점에서 당시에 알았는지 몰랐는지를 따지는 허망한 송사다. 회계부정 방지를 위해서는 직접 처리한 임직원 책임을 강화해야 한다. 최고경영자 한 사람을 지목해 과중한 형벌을 부과하는 것은 투명성 개선 효과도 없고 법집행 공정성에도 어긋난다.

한국경제신문. 이만우. 2013.2.25.

이 신문 기사는 많은 것을 시사한다. Chapter 56에 보면 업무집행 지시자가 책임을 지도록 정책이 변경된다고 한다. 최대주주가 지시를 한 것이므로 최대주주가 책임을 져야 한다는 논지와 현재 직을 맡고 있어서 책임이 있는 자가 책임을 져야 한다는 논지가 대립된다.

회계개혁 법안이 도입되면서 CEO/CFO certification이 강제되었다. 이 제도하에서는 CEO/CFO가 기업의 재무제표에 포함된 모든 자세한 내용에 대한 전문가인 것을 기대한 것이 아니라 단지 통제의 책임을 묻는 것이다. 즉, 본인이 모든 것을 모두 챙기지 못하더라도 누군가가 이를 책임질 수 있도록 지휘·감독하라는 의미이다.

기업의 경영과 관련되어서는 많은 다수의 중간관리자가 존재한다. 이러한 모든 중간관리자를 효과적으로 통제한다는 것이 어려우므로 규제의 차원에서는 오히려 CEO/CFO를 집중적으로 규제하는 것이 또한 이들로 하여금 집행임원을 통제하도록 하는 효과적인 수단일 수 있다.

이러한 차원에서는 이 논쟁은 Chapter 5의 집행임원제도의 강제 도입과도 연관된다.

이는 분식기업의 양정단계에서 조치를 취할 때, 2005년까지는 계정 담당자를 주책임자로 이해하고 더 강한 조치를 하며 담당이사는 보조책임자로서 이보다 낮은 조치를 취해 오다가 2005년부터 이에 대한 판단을 완전히 역전하여 담당이사를 주책임자로 계정담당자 등 하위 직급자를 보조책임자로 판단하여 한 단계 낮은 조치를 취하는 것과 같은 궤에서 이해할 수 있다. 실무자보다는 책임자에게 책임을 묻는다는 정책방향이다. 위의 신문 column은 책임자에게 책임을 묻는 것이 잘못되었다는 주장이다. 무엇이 맞고 무엇이 틀리다는 접근보다는 주관적인 판단의 영역이다.

물론, 모든 과오에는 현실적인 제약이 따르게 된다. 예를 들어 현재 상법에는 기업의 사내이사와 사외이사에 대한 선량한 관리자의 의무에 대해서 구분을 두고 있지 않다. 그러나 사법부에서 이를 판단할 때는 사외이사가 어느 정도 정보의 접근이라거나 비상근으로서의 제약을 감안하여 동일한 수준의 조치를 취하지는 않는 사례가 있다. Chapter 47에 기술된 개정된 상법에서의 이사의 책임 한계에서도 급여의 6배, 3배 등으로 사내/외이사의 업무상에 있어서의 한계를 인정하고 있다.

책임자도 책임을 질 수 없는 한계가 있을 것이다. 책임을 질 수 없는 영역에까지 책임을 지워놓고 네가 통제를 잘못하였으므로 네 책임이라고 몰아세우는 것이 가장 합당한 정책 방향인지 아니면 책임 영역하에서만 책임을 지라는 것이 맞는 것인지 앞으로도 정책 방향에 대해서 많은 고민을 해야 한다.

Chapter

75

조회공시

풍문·보도관련 조회공시 사후심사 강화(안 제3O조제2항)

공시번복 사후심사기간*이 경과하더라도 공시번복을 의도적으로 회피했다고 인정되는 경우에는 기간제한 없이 사후심사

*공시번복제한기간 1월(M & A: 3월) + 사후심사기간 15일

**L社는 유형자산 취득 관련 조회공시에 부인 답변을 한 후 50일 경과 시점에 유형자산 취득결정 공시를 하여 번복제한기간 및 사후심사를 회피(2012.3.14 부인 공시 후 2012.5.2 취득)

즉, 과거의 제도하에서는 풍문 보도 관련되어서는 번복제한기간 1월 또한 사후심사기간 15일 즉, 45일 이후에는 번복하여도 사후심사의 대상이 아니었으나 이러한 새로운 제도의 도입 이후에는 의도적으로 공시번복이 회피되었다고 판단될 경우는 사후심사기간인 15일에 국한하지 않고 사후심사를 진행하겠다는 의지의 표현이다.

즉, 거래소의 정책의지는 제도의 맹점을 피하는 경우에 대해서는 이를 지속적으로 follow up하겠다는 의지이다. 즉, 사후심사기간을 정한 이후에도 공시번복이 악용되는 것을 허용하지 않겠다는 정책 방향이다. 사후심사라는 15일의 기간도 도입된지 얼마되지 않는 제도라는 점에서도 조회공시에 대한 사후관리가 강화되고 있는 추세이다. 이는 주요경영사항 공시에는 거의 공시번복을 허용하지 않는 것과 조회공시에는 그럼에도 어느 정도까지는 공시번복을 허용하는 데 대한 제도의 개선이다.

주가 변동 조회공시 때 '중요사항 없음' 못 쓴다

한국거래소가 주가 변동과 관련된 조회공시 규정을 일부 개정해 오는 22일부터 시행한다. 지금까지는 기업 내부적으로 주가 급등락에 영향을 미칠 만한 사항이 없을 경우 '중요 사항 없음'이라고 답변했으나 앞으로는 '공시규정상 중요 공시 대상이 없음'이라고 답해야 한다. 조회공시 답변이 기업 내부 경영사항에 한정된 것임을 명확히 하는 것이다.

서정욱 거래소 공시부장은 '정치 테마주 등의 급등락이 기업 내적 요인과 무관한 것임을 암시해 투자자들의 주의를 불러일으키는 효과가 있을 것'이라고 말했다.

거래소가 2010~2011년 주가변동 관련 조회공시 706건을 분석한 결과 '중요사항 없음'이라는 답변이 70.8%로 대부분을 차지했다.

한국경제신문. 2012.10.19.

일부 주요경영사항 공시의 중요성은 수치적으로 정의되는 경우도 많은데 중요성에 대한 판단이 그렇지 않은 주관적인 판단의 영역으로 남는 경우도 있다.

'주가 급변동' 조회공시 기업 60% 투자경고 등 제재받아

주가변동 급등으로 조회공시를 요구받은 기업 10곳 중 6곳이 투자경고 종목으로 지정되는 등의 제재를 받은 것으로 나타났다.

19일 증권거래소에 따르면 올 상반기 유가증권시장과 코스닥시장에서 '현저한 시황 변동' 때문에 거래소가 조회공시를 요구한 경우는 177건이며, 여기에 답변한 기업의 60%가 투자주의 경고 위험 등의 종목으로 분류됐다.

상장사 주가가 상식을 벗어난 수준으로 급변동하면 한국거래소는 원인을 밝히라는 조회공시를 요구한다. 상장사는 하루 안에 이를 답해야 한다. 그래도 시세조정 의혹이 풀리지 않거나 내부자 거래가 의심되면 거래소는 순차적으로 '투자주의->경고->위험종목'으로 지정하게 된다.

한국거래소 관계자는 "2010~2012년 2년간 자료를 보면 시황 변동 조회공시 이후 거래소가 불공정거래 조사에 착수한 비율은 61%"라며 "시황 변동으로 조회공시 요구를 받은 기업은 일단 불공정거래를 의심해 볼 필요가 있다"고 말했다.

조회공시 답변 자체도 공허하고 불성실하기 이를 데 없다. 한국거래소에 따르면 2010~2011년 2년간 '현저한 시황 변동'에 대해 706건의 조회공시를 의뢰한 결과, '중요정보 없음'이란 답이 500건으로 70%를 차지했다.

한국경제신문. 2012.9.20.

위의 신문기사는 조회공시를 받는 기업은 투자자들의 불투명한 부분이 없는지에 대해서 유심히 관찰하여야 한다는 점을 암시한다.

Chapter

76

$\cdots$

주총 관련 이슈

주총 이사 선임 일괄상정 논란

오는 15일 상장사 주주총회가 몰려 있는 '주총데이'를 앞두고 일부 기업이 다수의 이사를 한꺼번에 통과시키는 방식을 취하려고 하면서 논란을 불러일으키고 있다.

다수의 이사를 선임할 때엔 이사 후보별로 안건을 분리해서 상정해야 한다는 주총원칙(권고)과 거리가 있기 때문이다. 이사 후보별 찬반을 물어 선임 여부를 결정하는 '주주의 결권' 침해 소지가 있다는 지적이다.

12일 금융감독원 전자공시 시스템에 따르면 LG화학, 신세계, 현대자동차, 현대모비스 등은 주총 소집 결의서에서 '이사선임의 건'을 하나의 안건으로 상정했다. 반면 삼성전자, KT, 대림산업, 제일모직 등 대다수 기업은 이사 개인별로 안건을 따로 나눴다.

LG화학은 박일진, 남기명, 오승모 등 사외이사 3명의 재선임 건을 제2호 이사선임의 건에 하나로 묶어 상정했다. 신세계도 법률 자문을 받고 있는 법무법인 인사를 사외이사로 선임하면서 개인별로 분리하지 않고 상정했다. 독립성이 침해될 가능성이 있다는 우려다. 현대자동차는 정의선, 김충호 사내이사 후보와 남성일, 이유재 사외이사 후보를 하나의 안건으로 상정했다. 현대모비스는 정몽구, 전호석 사내이사 후보와 박찬욱 사외이사 후보 선임건을 하나의 안건으로 묶어 올렸다.

상장회사협의회 관계자는 "논란 소지가 있는 인사의 경우 충분한 논의를 거쳐 안건을 하나로 묶어야 한다"며 "하나의 안건으로 묶어서 처리하면 개별 인사에 대해 반대표를 던질 수 없게 된다"고 지적했다.

매일경제신문. 2013.3.13.

Chapter 55에서 기술된 이사와 감사의 선임을 따로 진행하여야 한다는 정책 방향과 동일하다.

각각 개별 건에 대해서 안건이 상정되는 경우와 개별적으로 상정되는 경우에는 많은 차이가 있다. 주주총회 진행 중에 각 개별 안건에 대해서 가부의 의견을 표명할 수 있겠지만 안건이 개별적으로 상정되는지 또는 묶어서 상정되는지에 대한 의사진행과 관련된 의견을 표명하기는 결코 쉽지 않다. 의안을 진행하는 기업 측에서 이를 구분하여 상장할 경우만, 구분하여 안건의 의결이 가능하다.

또한 이러한 내용이 권고이기 때문에 법적 구속력을 띠지 않는다는 점도 이 제도를 강하게 강제할 수 없는 한계점이다. 기업의 경우는 권고이기는 하지만 제도권에서의 권고라는 의미는 거의 그렇게 하라는 의미이며 이를 인지하고도 기업이 준수하지 않는다면 의도적으로 제도를 지키지 않겠다는 것으로 해석할 수도 있다.

SK, 한화의 사외이사 '꼼수'

주주총회 시즌이 다가오면서 기업들이 주총 소집 공고를 잇달아 공시하고 있습니다.

소집 공고를 보면 주총의 주요한 안건 중 하나가 사외이사 선임 건입니다. 사외이사는 대주주의 전횡을 방지하고 회사의 경영 상태를 감독하고 조언하는 역할을 합니다. 그래서 법적으로 대주주나 경영진과 관련이 없는 전문가들을 영입하도록 자격 조건을 엄격하게 규정하고 있습니다.

그런데 최근 일부 대기업 계열사가 선임하겠다고 공시한 사외이사 중에는 그룹 총수를 변호하던 로펌(법무법인)의 관계자들이 있어 논란이 되고 있습니다. 상법에서는 회사에 법률 자문을 해 주거나 거래 관계가 있는 법무법인의 임원 등은 그 회사의 사외이사로 선임할 수 없다고 규정하고 있기 때문입니다.

22일 주총을 여는 SK텔레콤의 경우 오대식 법무법인 태평양 고문을 사외이사로 영입하겠다고 공시했습니다. 태평양은 최태원 SK 회장의 2심 공판 변호를 맡게 된 로펌입니다. 역시 22일 주총이 열리는 한화케미칼은 임안식 법무법인 바른 소속 변호사를 사외이사로 선임하고 싶다고 공시했습니다. 법무법인 바른은 김승연 한화 회장의 1심 공판에서 변호인단의 하나로 참여했었습니다.

그룹 총수 개인을 변호했던 법무법인의 고문이나 소속 변호사가 계열사의 사외이사로 선임되는 건 법적으로는 문제가 없다고 주장할 수 있습니다. 개인을 변호한 것이지 그 계열사에 법률 자문을 제공한 것은 아니기 때문입니다.

그렇지만 상법에서 법무법인 임원 등이 법률 자문을 하거나 거래를 하는 기업의 사외이사가 될 수 없다고 규정한 이유는 그런 관계가 있으면 객관적으로 기업을 감시하기에는 적절하지 못하기 때문일 겁니다.

　가뜩이나 대기업 사외이사들이 이사회에서 반대표를 던지지 않아 '거수기'에 불과하다는 비판이 많습니다. 또 대기업들이 전직 고위 공직자를 사외이사로 영입해 기업의 방패막이로 사용한다는 비판도 있습니다. 대기업들은 '오얏나무 아래에서는 갓끈을 고쳐 매지 마라'는 속담을 되새겨야 할 것입니다.

조선일보. 2013.3.13.

　사외이사는 영어식 표현은 independent director이다. 과거에는 outside director라는 표현이 더 광범위하게 사용되었는데 아마도 독립성을 더 강조하기 위함일 수 있다. 위의 신문 기사에서와 같이 개인을 변호한 것이지 그 계열사의 법률 자문을 수행했다고 하면 법은 피해갈 수 있다.

　평가보상위원회의 경우도 사외이사 각자가 개별적으로 평가하도록 되어 있으며 각 이사가 생각하는 바가 상이할 경우는 개별 평가하여 이를 평균하면 될 것인데, 일률적으로 평가하자고 주장하는 경우와 같이 평가보상위원회가 진행되는 경우도 있다.

　Chapter 62에서도 기술하였듯이 공인회계사법은 회계법인일 경우는 회계감사를 수행하는 피감기업에 대해서는 법인의 파트너는 주식 투자도 안 되며 배우자까지 고용을 제한하는 매우 tight한 정책을 적용하고 있다.

　물론, 개인의 client인지 법인의 client인지의 이슈일 수는 있지만 이는 법적인 요건이므로 위의 신문기사도 암시하듯이 이를 구분하기는 어렵다. 외부감사인이 외관적/실질적으로 독립적이듯이 사외이사에게도 어느 정도의 외관적/실질적 독립성을 기대할 수 있어야 한다.

　기업 내부에서 감사 역할을 수행하는 내부감사(internal auditor)의 경우도 이들의 미국의 내부감사인 협회인 Institute of Internal Auditor(IIA)의 규정에 보아도 내부감사도 외관적/실질적으로 독립적이어야 한다고 기술하고 있다. 물론, 기업의 직원에게 이러한 것을 기대하기는 외부감사인보다도 훨씬 더 어려운 조건이다. 직원은 단순히 계약관계를 떠나 회사와 고용관계이기 때문이다. 이렇게는 되기 어렵더라도 가능하면 이렇게 되어야 한다는 선언적 의미는 존재한다.

　정부의 인사에서도 이러한 이슈가 대두되며 기업 내의 감사 기능의 이슈와도 일맥상통한다. 아래의 기사에도 보듯이 감사원장의 청문회에서 항상 질의되는 내용이 감사원장이 대통령도 조사할 수 있겠는가이다. 물론, 이론적으로는 가능하지만 임명권자이므로 쉽지만은 않은 이슈이다. Chapter 55에서도 내부 감사인 포함, 이러한 논의가 심층적으로 기술되었다.

감사원장도 '국정철학' 공유해야 하나

감사원법에 감사원은 대통령에 소속하되, 직무에 관하여는 독립의 지위를 가진다. 미국은 아예 감사원을 행정부에서 떼어서 의회 소속으로 두고 있다.

조선일보. 2013.3.21.

기업의 내부 감사도 동일한 이슈가 있다. 즉, 임명권자에 대해서 감사를 수행하는 어려운 점이 존재한다. 정부의 입장에서도 감사원이라고 하는 중요한 기능을 입법부에 넘기는 것에 대해서는 큰 부담을 안을 수 있으며 계속되는 숙제로 안고 가야 한다. 감사원은 입법부와 사법부에 대해서는 업무감찰권한은 아니지만 회계감사권한을 갖는다. 단, 대부분의 피감기관은 행정부 기관이다.

비영리조직 회계

공익법인 결산서류 공시 의무화와 공익법인 외부회계감사 의무화는 상속 및 증여법(상증법)에서 규정하고 있다.

상속세 및 증여세법에서 자산가액 10억원 이상이거나 수입 금액과 출연받은 재산가액의 합계액이 5억원 이상인 공익법인(종교법인 제외)은 사업연도 종료일로부터 4개월 이내에 국세청의 인터넷 홈페이지에 결산서류 등을 공시한다.

2007년 공익법인 회계기준 제정을 국무총리실 차원에서 시도하였으나 실패하였다. 이러한 업무 추진을 국무총리실 중심으로 진행한 사유는 아래에도 설명되듯이 비영리조직과 관련되어 너무 여러 정부 부서가 관여하는데 이를 모두 모아서 한 회계기준을 제정하여 조정 업무를 수행할 수 있는 기관은 국무조정실만이 가능하다는 논지였을 것이다.

2013년 현재, 법제연구원에서 다시 이를 모두 아우르는 기준의 작성과 관련된 용역을 수행 중이며 실질적인 작업은 회계기준원이 수행 중이다. 여러 정부기관이 개입된 다음의 비영리조직이 있다.

비영리조직	정부기관
농협, 수협	농축수산식품부
신협	금융위
산림조합	산림청
새마을금고	안전행정부
공동주택, 재개발/재건축조합	국토해양부

우리 사회에도 기부와 관련된 많은 움직임이 있으며 동시에 이러한 사회활동을 수행하는 기관에서의 부정 문제가 간혹 언론에서 보도되어 사회 전체의 기부 의지를 꺾게 만든다. 즉, 이러한 비영리조직의 회계투명성의 이슈가 영리기관의 투명성의 이슈보다 결코 덜 중요하지 않은 이슈이다. 물론, 주식회사일 경우, 이해관계자가 주주와 같이 명확하게 구분되기 때문에 영리기관의 분식회계 이슈가 불거져 나오면 이에 대해서는 명확한 이해관계자가 존재하며, 분식회계로 인하여 손실을 입은 주주가 소송을 제기할 수도 있으므로 분식에 대한 사후적인 clearing mechanism이 확실하게 존재한다.

이러한 점이 이슈가 되자 가이드스타와 같이 사회봉사 기관의 회계와 투명성을 전문적으로 점검하는 기관이 활동을 하기도 하여서 매우 바람직하다. 내가 기부한 소중한 자원이 내 의지와 무관하게 사용된다면 기부를 할 이유가 원천적으로 봉쇄되게 된다.

2011년 말 현재 총 29,170 공익법인 중 약 8000개가 공시의무를 갖는다. 이를 성격별로 구분하면 종교 1,7750개, 사회복지 3,028개, 교육사업 1,681개, 학술장학 3,229개, 예술문화 658, 의료목적 700개로 분류된다.

사립대 회계감사 정부가 감리

올 하반기부터 모든 사립대의 외부 회계감사증명서를 정부가 직접 검증(감리)한다. 또 입학 정원 500명 이상인 학교법인은 내부감사 중 1명을 반드시 공인회계사로 선임해야 한다. 교육과학기술부는 사립대 회계 투명성을 강화하고자 외부 회계감사증명서를 정부가 감리하는 근거를 마련한 '사립학교법 시행령' 개정안을 20일 입법예고하고 오는 7월 24일부터 시행한다.

모든 사립대는 올해 초 개정된 '사립학교법'에 따라 입학 정원과 상관없이 의무적으로 외부 회계감사증명서를 제출해야 한다.

매일경제신문. 2013.3.20.

위의 신문기사에는 정부가 감리하도록 되어 있는데 감리의 주체가 누가 되어야 하는지도 이슈가 된다. 일부에서는 사학진흥재단이 이를 감리할 수도 있다는 의견도 개진하는데, 사학진흥재단이 회계 전문성이 있는 것이 아니라서 이도 좋은 대안이 아니다. 감독원과 같은 금융/회계와 관련된 전문기관이

개입하지 않는 한, 감리라는 것이 적절히 수행되기를 기대하기 어렵다. 또 추가적인 문제는 누군가가 감리를 해도 감사인이나 공인회계사에 대한 징계 권한은 금융위에 있는데 누가 징계 주문을 낼 수 있는지도 애매하다. 그렇다고 영리기관과 관련된 규제 및 감독을 담당하는 금융위가 다른 모든 정부 부서의 회계의 문제에 대한 조치를 전담한다는 것도 해답이 아닐 수 있다.

사립대 회계감독 상장사 수준 강화한다

감사증명서에 대한 감리도 처음으로 이뤄진다. 그동안 외부감사는 대학 감사증명서에 거의 100% '적정'의견을 표시하는 등 부실하게 작성했다는 판단에서다. 실제 감사원 감사나 교육부 감사 결과 일부 대학의 교비 횡령 등이 대거 적발됐지만 외부감사는 이를 발견하지 못했다. 이에 따라 감리 결과 회계감사 기준에 어긋난 감사증명서를 제출한 공인회계사 및 회계법인에 대해서는 명단과 위반 내용을 금융위원회에 통보하게 된다.

한국경제신문. 2013.7.17.

이 신문에도 감리의 주체가 누구인지에 대해서는 기술하지 않고 있다. 감리를 수행한 기관이 감리를 수행할 수 있는 역량이 부족하다고 하면 금융위가 감리 업무를 모두 재점검하여야 하는데 금융위 공정시장과에서 근무하는 회계담당 사무관 두 명이 이를 수행하기에는 자원이 턱없이 부족할 수 있다.

감독/규제는 선택 사항이 아닌 필요불가결한 내용이고 감사/피감사법인의 관계를 완전히 시장 기능에만 맡길 수도 없는 것인데 누군가가 감독을 하지 않는다면 감사시장의 건전성이 확보될 수 없다.

새마을금고(총 자산 300억원 이상) 외부감사 의무화

앞으로 총 자산이 300억원 이상인 새마을금고에 대해 정기적으로 외부 회계감사를 받도록 하는 방안이 추진된다. 작년 말 기준 새마을금고는 1,427개(회원 1,680만명)인데, 이 중 300억원 이상 자산을 보유한 금고는 1,100여 개이다.

25일 금융감독당국에 따르면 금융위원회 금융감독원과 행정안전부의 상호금융담당자들은 최근 회의를 열어 새마을금고에 대해 농수협 단위조합(상호금융) 및 신용협동조합과 같은 수준의 감사 규제를 도입하기로 하는 방안을 논의했다.

금융감독당국의 한 관계자는 "현재 농수산협의 외부감사 기준이 자산규모 300억원이기 때문에 새마을금고에도 동일한 기준을 도입하는 방안을 검토하고 있다"고 설명했다. 이 기준에 해당되는 신협은 1년에 한차례, 농수협은 기관장 임기 중 한차례 외부감사를 받아야 한다. 새마을금고의 외부감사 주기에 대해서는 아직 구체적으로 논의되지 않았다. 새마을금고의 예대율과 비회원대출 등을 농수협 수준으로 강화하는 방안도 회의에서 거론됐다.

새마을금고는 신협 등과 비슷한 방식으로 운영되는 회원제 기반 상호금융기관이지만 그간 행안부가 관할해 금융당국의 감독 체제에서 벗어나 있었다. 외부감사도 작년 상반기까지는 전혀 받지 않다가 작년 말 처음으로 자산규모 1,000억원 이상 금고 45곳에 대해 일회성 외부감사가 이뤄졌다.

제대로 감독이 이뤄지지 않고 있는 가운데 금고의 덩치는 급속히 커지고 있다. 새마을금고는 작년 1월부터 11월까지 수신액이 15.5% 늘었다. 같은 기간 신협(12.0%)이나 은행(3.4%)보다 증가 속도가 훨씬 빨랐다. 자금운용처가 마땅치 않은 상황에서 수신 증가 속도가 너무 빠르면 무리한 대출로 이어질 가능성이 높다는 것이 금융당국의 판단이다. 대출의 질도 나빠지고 있다. 새마을금고의 연체율은 작년 말 3.31%로 1년 사이 0.57% 높아졌다.

한 금융당국 관계자는 "최종적으로 행안부, 농림수산식품부 등으로 분산된 상호금융 감독 시스템을 일원화해야 한다"며 "감독 권한을 직접 가져오지 않더라도 영업방식이 비슷하면 같은 수준의 규제를 받아야 옳다"고 주장했다.

한국경제신문. 2013.1.26.

신용협동조합, 상호신용금고, 공제회 등에 대한 외부감사 의무화의 이슈가 있는데 신협은 금융위, 금고는 위의 기사에도 기술되었듯이 행정안전부, 공제회는 각 부처로 그 소속이 모두 상이하여 이를 강제화하기는 부처간 협의가 필요하며 이를 간과하면 행정공백이 발생할 수 있다.

비영리조직 단일 회계기준 만든다. 사립학교 병원 복지법인 등 통일된 양식 재무제표 작성

사립학교 병원 사회복지법인 등 비영리조직들이 공통적으로 적용할 수 있는 회계기준이 내년 초 만들어진다. 이에 따라 비영리조직들이 감독기관 제출용이나 내부관리 목적으로 제각각 작성하고 있는 재무제표는 일반기업 재무제표와 비슷한 형태로 바뀌어 그만큼 일반인도 쉽게 알아 볼 수 있게 된다.

한국회계기준원은 올 3월 시작한 비영리조직 회계기준 연구 결과를 종합해 '비영리조직 회계기준 기초안'을 만들어 이달 중 공개할 계획이라고 8일 밝혔다. 회계기준원은 기초안에 대해 이해관계자와 회계전문가 등의 의견을 수렴한 뒤 내년 2월까지 최종안을 확정할 계획이다.

국내 비영리조직은 교육사업, 사회복지, 의료, 학술장학, 예술문화, 종교, 보급 등 여러 분야에 걸쳐 2만 9,170개(2011년 말 기준)가 있는 것으로 파악된다.

현재 이들이 따르는 회계기준과 작성하는 재무제표는 한마디로 '제각각'이다. 사립학교(사립학교법), 사회복지법인(사회복지사업법), 의료기관(의료법) 등은 각각의 근거 법률과 감독기관이 제시하는 '회계규칙'에 따라 재무제표를 작성한다.

현행 비영리조직 재무제표는 감독기관의 감독이나 내부관리 목적에 초점이 맞춰지다 보니 일반인이 보기에는 너무 어렵고 비교 가능성도 낮다는 문제점을 갖고 있다.

하나의 조직임에도 여러 개의 '하위 회계단위'로 나눠 회계보고가 이뤄지는 것도 비영리 조직 재무제표를 더 복잡하게 만드는 요인이다. 사립학교나 의료기관은 기업 회계와 동일한 복식부기 발생주의 회계원칙을 따르지만 사회복지 법인은 대부분 단식부기 현금주의 원칙을 따르는 점도 비영리조직 재무제표의 비교 가능성을 떨어뜨리고 있다.

회계기준원은 기본적으로 기업회계기준과 유사하되 비영리조직들의 특수성을 반영할 수 있는 방향으로 비영리조직 회계기준을 만든다. 재무제표는 재무상태표, 운영성과표(손익계산서에 해당), 현금흐름표로 통일하고 각각의 작성 양식도 제시할 계획이다. 비용은 고유목적사업, 일반관리 등 활동별로 세분해 공개토록 한다.

다만 비영리조직들이 새 회계기준을 적극적으로 조속히 도입할지는 두고 봐야 한다는 관측이 많다. 비영리조직들은 각기 다른 법률과 감독기관의 규제를 받고 있어 새 회계기준 도입을 법적으로 강제하는 것은 현실적으로 불가능하기 때문이다.

한국경제신문. 2013.8.9.

사립학교, 병원, 복지법인 등 비영리조직 회계기준 밑그림 나왔다

비영리조직들이 지출하는 비용은 순수 고유목적사업을 수행하는 데 지출하는 비용, 이를 지원하는 활동(일반활동 관리 및 모금활동)에 지출하는 비용을 별도로 구분해 표시하도록 했다.

재무상태표상 순자산(기업회계 자기자본에 해당)은 사용 목적이나 기간 제한에 따라 1. 보통순자산 2. 일시 제약 순자산 3. 영구 제약 순자산으로 나눠 표시하도록 했다.

이에 따라 운영성과표 역시, 1. 보통 순자산의 변동 2. 일시 제약 순자산의 변동 3. 영구 제약 순자산의 변동으로 나눠 나타내도록 했다. 다만 일시 제약 및 영구 제약 순자산이 없는 비영리조직은 보통 순자산의 변동(당기순이익 또는 순손실)만을 표시할 수 있다.

비영리조직들이 받는 기부금은 현행 관행을 존중해 현금을 수령하는 시점에 수익을 인식하는 것을 원칙으로 하되, 기부약정은 비록 돈을 실제 받지 않았지만 수령될 것이 확실하다고 판단하는 시점에 수익을 인식(발생주의 관점)할 수 있도록 했다.

한국경제신문. 2013.8.30.

분식회계
조치 변경

금감원, 비상장사도 분식회계 처벌 강화

앞으로 자산 총액 5,000억원 이상인 대형 비상장사가 회계기준을 위반하면 상장사 수준으로 징계를 받게 된다. 또 상장 여부와 관계없이 분식회계 규모가 크면 가중처벌을 받는다.

금융감독원은 19일 이 같은 내용을 담은 '외부감사 및 회계 등에 관한 규정시행세칙' 중 감리결과조치 양정기준을 국제회계기준에 맞춰 개정했다고 발표했다. 이달 11일 이후 발행된 감사보고서 감리부터 변경된 양정기준을 적용한다고 밝혔다.

개정안에 따르면 자산총액 5,000억원 이상이거나 총자산의 50% 이상을 차입한 비상 장사가 분식회계를 저지르면 상장사와 같은 수준의 징계를 받는다. 지금까지 상장사는 회계기준을 위반했을 때 상장사보다 한 단계 낮은 징계를 받아왔다. 또 분식회계 규모가 최소조치기준(분식회계 금액이 매출액과 자산총액 평균의 1%)의 64배를 넘긴 대규모 분식회계 기업은 이전보다 한 단계 가중된 제재조치를 받는다.

지배회사의 연결재무제표와 개별재무제표가 모두 회계기준을 위반한 경우엔 재무제표별로 징계조치를 취하고 징계조치가 중복될 때는 더 중한 조치가 부과된다.

이 밖에 IFRS 시행과 관련한 기업부담을 완화하기 위해 IFRS 도입으로 달라진 회계기준을 위반한 경우엔 자진 수정시 2012 회계연도분까지 감경 조치키로 했다.

한국경제신문. 2013.3.20.

매출액과 자산총액으로 표준화하는 것은 예를 들어 매출액으로만 표준화한다면 매출액은 매 연도의 영업의 결과에 따라서 크게 변화할 수 있으므로 단독 표분화 변수로는 적합하지 않지만 분식의 대상이 이익금액일 경우는 동일한 손익계산서 항목으로 표준화하는 것이 더 적절하다고 할 수 있으므로 매출액과 자산총액이 표준화하는 분모라는 것이 타당성이 있다.

총자산의 50% 이상을 차입한 기업에게 높은 수준의 조치를 취한다는 정책 방향은 어떻게 보면 회계의 이슈 중에서 채권자의 권익을 인정해 주었다고도 할 수 있다.

자산규모가 높다고 비상장기업에 대해서 중한 조치를 취한다는 것은 일응 이해할 수도 있지만 이러한 내용이 무엇으로 정당화될 수 있을지라고 생각하면 그 답변이 궁색해질 수도 있다. 이해 관계자가 많기 때문에 규제가 강하다고 하면 오히려 이해할 수 있는 부분일 수도 있다.

현행 감리양정기준에 의하면 조치수준별로 담당임원해임권고, 대표이사 또는 담당임원해임권고(고의 2,중과실1단계), 대표이사 및 담당임원해임권고(고의 1단계)로 되어 있다.

이는 행위의 원인을 따져서 조치를 하는 것은 아니고 조치수준에 따라 부과를 하고 있다. 그리고 대표이사 또는 담당임원해임권고는 실무상 등기된 담당임원이 있으면 담당임원을 권고 조치하고, 등기된 담당임원이 없으면 대표이사를 조치하고 있다. 최근에는 등기임원의 수가 제한되어 있어 재무담당 임원이 미등기도 많다. 이는 자산규모 2조원이 넘는 기업의 이사회는 사외이사가 과반수로 강제되는데 사외이사를 많이 선임한다는 것이 재정적인 부분 및 적임의 사외이사를 찾는다는 것도 용이한 일이 아니므로 여러 가지로 부담되는 일이기 때문에 재무담당임원을 등기임원으로 선임할 여유가 없는 기업도 많은 듯하다.

담당 임원이 있을 경우는 담당 임원에 대한 해임권고로 조치하였는데, 대표이사에게까지 이러한 책임을 묻는 것이 적절한 것인지에 대한 의문이 있다. CEO/CFO가 certify한다는 것을 생각하면 이에 대한 책임을 지는 것은 당연하다고도 생각할 수 있지만 이는 상징적인 의미에서의 certification일 수 있다.

어떻게 보면 CEO에게 기업 경영과 관련되어 너무 많은 책임을 묻는다는 것은 오히려 CEO가 수행할 수 있는 중요한 업무의 영역을 희석시키는 결과를 초래할 수도 있어서 양면성이 존재한다.

일부 제도 중에는 유가증권시장의 경우와 코스닥시장의 경우, 제도를 달리 운영하기도 하는데, 이는 유가증권시장의 CEO에게 너무 많은 업무상의 부담을 주지 않으려 하는 의도이다. 그 예로서는 Chapter 7에서 기술된 유가증권시장은 공시책임자를 등기임원이 아닌 경우로 선임해도 문제가 없지만 코스닥시장의 경우는 변경된 제도에 의해서 반드시 등기임원이 맡아야 한다.

수시공시 영역에서의 CEO의 책임에 있어서도 양 시장간에는 책임의 차이가 존재한다. 다음의 내용도 이미 7장에서 기술한 내용이다.

■ (공통) 미확정공시 답변기한이 만료되었음에도 불구하고 확정공시를 하지 않는 경우 및 미확정공시 내용의 전부 또는 중요한 일부를 변경·중단·취소 등을 하는 경우 사후심사로 규제
　□ 사후심사 대상 [불성실공시유형 중 '공시번복'에 추가]
　－ 소명자료를 제출받아 원칙적으로 공시위반 여부를 심사한다.
　－ 코스닥시장은 이러한 소명자료를 CEO가 서명하여 제출하도록 하려 하나 유가증권시장은 이러한 자료까지 서명을 받는다는 것은 기업에 필요 이상의 부담을 준다는 판단하에 양 시장이 차이를 보인다.

CEO의 권한과 관련되어 다음의 Chapter 74에서 기술된 내용을 다음에 인용한다.

신용평가를 의뢰한 기업의 대표이사는 신평사가 요청한 자료를 직접 확인한 뒤 제출해야 한다

기업들은 신평사에 기업 경영과 관련된 자료를 제출할 때 기업 대표이사가 누락이나 거짓 기재가 없다는 점을 직접 확인해야 한다. 아울러 기업이 신평사가 요청하는 자료를 늦게 제출하면 신평사는 그 기간만큼 신용평가 기한을 연장할 수 있고, 자료 제출을 거부하면 계약을 해지할 수 있게 된다.

한국경제신문. 2012.11.28.

어떻게 보면 이 내용은 기 발행된 감사보고서를 기간이 경과한 이후에 회사가 다른 목적으로 사용할 경우는 감사인에게 다시 확인을 받고 사용하여야 한다는 식의 내용과도 맥을 같이 한다. 감사인이 확인해 주는 대신 기업의 대표이사가 이 내용을 confirm해 주는 것이다.

신용평가사의 계약해지권은 Chapter 30의 외부감사인의 계약해지권과 맥

을 같이 한다. 외부감사인이나 신용평가회사가 을의 입장이라고 하면 약자의 입장인 것도 같은데, 이들에게도 대등하게 갑에게 대할 수 있는 권한을 확보해 주어야 객관적이고 투명한 감사의견이나 평가의견을 기대할 수 있다.

이와 같이 CEO가 무엇인가를 책임진다는 것은 상당한 의미를 지닌다.

재판 한 달 앞두고 신동빈, 롯데쇼핑 대표이사에서 물러나

■ "형사 책임 회피 의도" 비판. 제과, 케미칼 이사직은 유지

정용진 신세계 그룹 부회장에 이어 신동빈 롯데그룹 회장도 롯데쇼핑 대표이사직에서 물러났다.

롯데쇼핑은 지난 22일 주주총회가 끝난 뒤 가진 이사회에서 신격호 총괄회장, 이인원 부회장, 신헌 사장으로 구성된 4명의 대표이사 가운데 신동빈 회장은 물러나기로 했다고 공시했다.

앞서 정용진 부회장도 지난 15일 신세계와 이마트의 사내이사직을 3년 만에 사임하면서 신세계와 이마트의 대표이사직에서도 자동으로 물러났다.

법조계 관계자는 "상법상으로는 대표이사와 등기이사가 경영책임에 별 차이가 없다"면서 "하지만 경영상 불법행위에 대한 형사 책임에서는 대표이사가 의사결정의 최종 책임을 져야 하는 경우가 생긴다"고 말했다.

재계 관계자는 "전문 경영인을 계열사 대표로 세워도 오너 일가가 사실상 경영을 좌지우지할 수 있기 때문에 굳이 책임지는 대표이사 자리를 맡을 필요가 없다고 판단한 것 같다"고 했다.

조선일보. 2013.3.25.

이와 같이 최대주주들이 대표이사라는 부담을 안고 가지 않으려는 경향이 있으며 대표이사 직함이 없이도 경영의사결정에 영향을 미칠 수 있는데 굳이 이러한 책임을 안을 필요가 없다.

또한 위와 같이 대표이사에게 분식회계의 책임을 물리는 제도는 더 높은 직위에까지 책임을 물리면 좀 더 이 직급자가 통제를 철저히 할 것이라는 판단하에 정책 방향을 설정해 나가는 것이지만 이러한 강한 제도 때문에 오히려 대표이사직을 맡는 것을 회피한다면 책임 경영이라는 취지가 오히려 희석될 가능성도 있으며, 1997년 경제위기 시점에 이사회 중심 책임 경영이라는 대의에서 정착한 기업지배구조에 상당한 악영향을 미칠 수도 있다. 제도가 의도한

취지를 달성하지 못하고 무력화될 수도 있다. 모든 제도는 피규제 경제주체가 제도에 순응할 것이라는 것을 가정하는데 오히려 제도를 회피한다면 이는 또 하나의 심각한 문제를 유발시킨다.

최대주주들은 다음과 같은 것에 고민이 있을 것이다. 등기를 할 것인지, 등기를 한다면 그 다음은 대표이사를 맡을 것인지의 이슈이다. 최대주주들의 책임경영이라는 차원에서는 등기를 하고 대표이사를 맡는 것이 해답이겠지만 소유와 경영의 분리라는 차원에서는 반드시 등기를 하고 대표이사를 맡아야 하는지에 대해서 조금 더 근본적으로 생각해 보아야 한다.

법이라는 것도 동일하다. 법은 일반적인 다수의 선량한 국민을 가정한다. 다수의 국민이 선량하지 않을 경우 법으로 질서를 잡아간다는 것은 무척이나 어려운 것이다. 이는 보험의 운용에서도 동일하다. 보험 사기범이 어느 사회나 존재하지만 이들의 수가 소수이기 때문에, 즉 대부분의 보험 가입자는 선량한 시민이므로 악의적인 보험 가입자가 수용되면서 건전한 보험 시장/산업이 존재할 수 있다.

이러한 내용은 수년 전 지분법 회계에 있어서 피지배기업의 이사진으로 선임될 경우, 지분법을 적용하여야 하는데 이러한 부분이 부담이 되는 경우는 이사진을 사퇴하는 결과를 초래하게 된다(손성규 저, 회계감사이론, 제도 및 적용 chapter 14 지분법의 판단).

지배구조와 관련된 제도를 개정할 때에 유념하여야 할 부분이다. 따라서 제도를 강화하되 기업이 이 제도를 회피하는 것이 아니라 순응할 정도의 제도가 가장 바람직한 제도일 수 있다.

제도가 현실을 반영하지 못하고 과도하게 의욕적일 경우는 부작용이 발생한다. 한 사례로 들 수 있는 것이 내부회계관리제도의 적용이다. 내부회계관리제도가 구조조정촉진법에서 외감법으로 이월되었던 시점에는 모든 외감법 대상 기업에 대해서 내부회계관리제도가 적용되었다. 당시의 외감법 적용 대상 기업은 자산 규모 70억원 이상의 기업이다. 자산 규모 70억원 이상의 기업이라는 기업 규모는 기업의 형태는 갖추고 있지만 시스템으로 움직이는 기업은 아닌데 이러한 기업에게까지 내부회계관리제도를 강제한다는 것에 대해서 규제를 위한 규제라는 비판이 한동안 제기되었고 그 결과, 내부회계관리제도의 적용은 자산규모 1,000억원 이상 기업으로 정책이 수정되었다.

감사위원회
요건 강화

상법 제542조의11(감사위원회)

① 자산 규모 등을 고려하여 대통령령으로 정하는 상장회사는 감사위원회를 설치하여야 한다.

② 제1항의 상장회사의 감사위원회는 제415조의2제2항의 요건 및 다음 각 호의 요건을 모두 갖추어야 한다.

　1. 위원 중 1명 이상은 대통령령으로 정하는 회계 또는 재무전문가일 것

　2. 감사위원회의 대표는 사외이사일 것

③ 제542조의10제2항 각 호의 어느 하나에 해당하는 자는 제1항의 상장회사의 사외이사가 아닌 감사위원회위원이 될 수 없고, 이에 해당하게 된 경우에는 그 직을 상실한다.

④ 상장회사는 감사위원회위원인 사외이사의 사임·사망 등의 사유로 인하여 사외이사의 수가 다음 각 호의 감사위원회의 구성요건에 미달하게 되면 그 사유가 발생한 후 처음으로 소집되는 주주총회에서 그 요건에 합치되도록 하여야 한다.

　1. 제1항에 따라 감사위원회를 설치한 상장회사는 제2항 각 호 및 제415조의2제2항의 요건

　2. 제415조의2제1항에 따라 감사위원회를 설치한 상장회사는 제415조의2제2항의 요건

　　위의 상법의 내용은 회계 또는 재무전문가라는 표현을 사용하고 있는데 회계전문가가 반드시 재무전문가가 아니며 재무전문가라고 또한 반드시 회계전문가는 아니다. 위의 상법의 내용과는 무관하게 감사위원회의 업무는 회계전

문가가 담당하여야 할 몫이라고 판단한다. 사회는 점점 전문화되어 가고 있는데 전문가의 영역을 분명히 할 필요가 있다. 대통령령의 내용은 다음과 같다.

> 법 제542조의11제2항제1호에서 "대통령령으로 정하는 회계 또는 재무전문가"란 다음 각 호의 어느 하나에 해당하는 사람을 말한다. [개정 2012.2.29 제23644호 (대학교원 자격기준 등에 관한 규정)] [시행일 2012.7.22]
> 1. 공인회계사의 자격을 가진 사람으로서 그 자격과 관련된 업무에 5년 이상 종사한 경력이 있는 사람
> 2. 회계 또는 재무 분야에서 석사학위 이상의 학위를 취득한 사람으로서 연구기관 또는 대학에서 회계 또는 재무 관련 분야의 연구원이나 조교수 이상으로 근무한 경력이 합산하여 5년 이상인 사람
> 3. 상장회사에서 회계 또는 재무 관련 업무에 합산하여 임원으로 근무한 경력이 5년 이상 또는 임직원으로 근무한 경력이 10년 이상인 사람
> 4. 「자본시장과 금융투자업에 관한 법률 시행령」 제29조제2항제4호 각 목의 기관에서 회계 또는 재무 관련 업무나 이에 대한 감독 업무에 근무한 경력이 합산하여 5년 이상인 사람

법은 위와 같이 개정되었지만 실질적으로 2012년 주주총회에서 회계나 재무전공자들이 대거 사외이사로 선임되었다는 내용을 접할 수 없는 것으로 보아서는 이러한 제도가 충실하게 지켜지지 않는다고 판단된다.

이렇게 정책적인 의지가 반영된 제도가 확립되었는데 chapter 7에서의 신문기사에서도 공개적으로 기업이 제도를 준수하지 않는다는 점이 언론에서까지 지적되었으며 감독기관이 이러한 부분에 대해서 어떠한 조치를 취하는지에 대해서는 의문이다(매일경제신문. 2013.3.11. 사외이사 요건 못 맞춰. 대우건설 등 '위법').

과거 SK글로벌이 분식회계로 조치를 받게 되었는데 모 신문 칼럼에서 당시 SK글로벌의 감사위원회 위원을 인문학 전공교수가 맡고 있는 점을 지적하였던 적이 있다. 사회에서는 교수의 능력과 역할을 과대평가하는 경우가 있다. 교수는 자기 전공영역에서의 전문가이지 경영학 교수라고 하여서 모두 회계에 대한 전문성이 있다고 판단할 수는 없다. 직에 대한 자격을 제한할 경우는 이를 명확하게 한정해 주어야 한다.

영국에서의 사외이사 구성과 관련된 감사위원회 규정은 다음과 같다.

Audit Committee all (non executive directors) at least one must have significant recent and relevant financial expertise.❖

이러한 recent 정보라는 점이 현실적인 것이 우리나라에서도 지속적으로 한국채택국제회계기준이 개정 발표되고 있다. 회계법인에는 농담으로 현행 회계기준을 이해하는 회계사가 있고 기준을 모르는 회계사가 있다고 한다. 감사위원회 위원 한 명은 재무/회계에 전문 지식이 있어야 한다고 규정하고 있는데, 이러한 재무/회계 전문가가 기업에 필요할 뿐만 아니라 이들 전문가는 영국에서의 경우와 같이 변경되는 기업회계기준을 이해하고 있어야 한다.

회계/재무 전공은 이들 영역에 대한 이해도에 기초해야 한다. 위의 상법이나 대통령령은 감사위원장의 역할에 대해서는 사외이사가 맡아야 된다는 수준에서 이를 정하고 있는데 어떻게 생각하면 회계/재무 전공자가 감사위원장을 맡아야 한다고도 판단된다.

올해 주총 대주주 잡는 '감사' 나올까

하지만 지난해 4월부터 새로운 상법 개정안이 발표되면서 상황이 달라졌다. 2조원 미만 상장기업이라도 상근 감사를 임명하지 않으려면 자산 총액 2조원 이상의 대기업처럼 감사위원회 대표를 사외이사로 하고, 감사위원 중에 회계전문가를 임명하는 등 엄격한 요건을 갖추도록 관련 규정이 바뀌었다.

매일경제신문. 2013.2.28.

이와 같이 전문직종이 이사회에 선임되어야 한다는 데 대해서 이견도 있다.

❖ Berenbeim, R. 2004. Ethics Programs: The Role of the Board. Conference Board. "How to Prevent Corporate Corruption". Hills Governance Center Conference at Yonsei. University.

> ## "사외이사, 경쟁사 사람도 과감히 발탁해야"
>
> 황영기 전 회장은 현재 논란이 되고 있는 금융지주회사 사외이사와 관련, 제도보다는 사외이사의 구성이 문제라고 지적했다. "사외이사들이 CEO의 경영전략을 상담하고 평가해 줄 수 있는 전문성을 갖춰야 한다. 그런 점에서는 상당수 사외이사가 역량이 부족하다고 본다. 회계전문가, 법률전문가 등으로 자리를 나눠났기 때문이다. 그러나 그런 전문지식, 전문가집단의 의견은 아웃소싱으로 충분히 해결할 수 있다. 상식과 회사에 대한 애정을 기준으로 사외이사를 선정해야 한다."
>
> 조선일보. 2013.4.3.

이 신문기사는 functional한 전문영역으로 사외이사의 자격을 구분하는 것이 큰 의미가 없다는 주장이다. 일반적으로 전문성과 독립성을 사외이사가 갖추어야 할 요건이라고 생각하는데 위의 신문기사는 이 이외에도 회사에 대한 충성도를 또 하나의 요건으로 선정하고 있다. 회사에 대한 충성도가 아무리 높아서 전문적인 지식이 부족하다면 사외이사로서의 역할을 수행할 수 있을까라는 판단이다. 통상적인 사외이사의 전문성, 독립성에 해당 기업에 대한 관심이라는 변수를 추가한 것이다. 단, 변호사, 회계사 등 전문지식에 근거한 전문가와 비교해서 기업에 대한 관심이라는 덕목은 다양한 해석이 가능하여 얼마나 실현 가능한 것인지 알 수 없다.

> ## 토요타, 사외이사에 마크호건 GM 전 부회장 선임
>
> 한국경제신문. 2013.3.7.

위의 기사는 전문성이 필요하다고 하면 경쟁사의 전직 임원이라고 해도 사외이사로 선임하는 경우가 있음을 보여준다.

Chapter
80

상장/비상장기업의
차이

2013년 3월부터 양정규정 시행세칙에 의해서 비상장기업에 대한 한 단계 감경제도가 폐지되었다. 감리과정에 있어서 비상장기업에 대해서는 조금 약한 가이드라인이 적용되어도 되는지에 대해서는 오랜 논란이 있었다.

상장기업에 더 강한 제도가 적용되어야 한다는 논지는 이러한 모든 제도는 투자자 보호의 목적을 지니고 있는데 비상장기업은 주식이 공개시장에서 유통되는 기업이 아니기 때문에 상장기업 수준의 강한 제도가 필요하지 않다는 주장도 일응 일리가 있다. 그러나 기업의 재무제표의 이용자가 투자자만 있는 것이 아니라 재무제표는 대출의사결정에도 광범위하게 사용되기 때문에 금융기관도 회계정보의 주된 이용자라는 차원에서는 상장이나 비상장을 굳이 구분할 필요가 있는지에 대해서 의문이 있다.

이러한 차이는 감사과정에서도 나타난다.

예를 들어 자기주식을 확인하는 과정에서 상장기업은 2000년대 초반부터 은행연합회의 데이터베이스를 확인하도록 되어 있으나 비상장기업의 경우는 2012년에 한공에서 이를 확인하도록 가이드라인을 전달했다고 한다. 회계법인이 감사를 수행하는 데 있어서 피감기업이 상장기업인지 또는 비상장기업인지에 따라서 감사절차가 달라질 수 있다. 미국의 경우도 public entity에 대해서는 상이한 회계감사 원칙을 적용할 수 있다.

감사가 적절히 수행되지 않았을 경우에는 비적정의견을 받아야 할 기업이 적정의견을 받는 type II error(귀무가설이 사실이 아닐 때 이 귀무가설을 지지하는 error)가 발생한다. 감사가 적절히 수행되지 않았을 경우 발생하는 error

에는 감사의견이 적정의견을 받아야 하는데 비적정의견이 표명되는 type I error(귀무가설이 사실일 때 기각하는 error)도 발생할 수 있지만 이 경우는 피감기업과 감사인간에 여러 단계에서의 의견 교환이 수행될 것이므로 이러한 오류가 발생할 가능성은 높지 않다.

감사가 적절하지 않으므로 발생하는 cost는 이러한 error가 나타날 확률에 오분류 비용을 곱하면 그 금액이 오분류로 발생하는 기대금액이 될 것이다. 즉, 통계학에서의 기대치의 개념이다. 전자의 오류(type II error)는 이 재무제표를 이용하여 기업이 금융기관으로부터 대출 등을 받았다고 하면 극단적으로는 금융기관의 부실로 이어질 확률도 있으며 이러한 cost는 공적 자금의 투입으로 인해 국가 전체가 떠안아야 할 수도 있다.

비적정의견이 표명되어야 하였는데 적정의견이 표명되었고 이러한 적정의견이 표명된 재무제표에 근거하여 투자자들이 투자의사 결정을 수행하고 투자손실을 입을 가능성이 가장 빈번한 분식회계/부실감사로 초래되는 전형적인 피해일 것이다. 따라서 이러한 경우의 수는 발생확률도 높고 이에 상응하는 비용도 높다.

Type I error는 오류로 비적정의견을 받은 기업이 대출을 못받게 되는 정도의 오류만이 존재하며 이 기업이 회계적으로 문제가 없는 기업임에도 문제가 있는 것으로 분류되는 것이므로 투자자들 입장에서도 더 주의해서 의사결정을 수행하게 되므로 해당 기업 및 그 주주 이외에는 큰 피해가 발생하지는 않는다. 즉, type I error일 경우는 경제 전체에서 오류가 발생할 확률과 그에 상응하는 기대비용이 모두 낮게 된다. 물론 이러한 기대비용은 경제 전체에서의 비용을 의미하지 해당 기업은 자체적으로 큰 비용을 지불하게 된다.

따라서 분식회계/부실감사 여부가 명확하지 않을 경우에는 어떠한 임계치에서 이를 cut off해야 하는지를 결정해야 할 수도 있다. 이러한 경우, 이론적으로는 오분류로 인한 기대 cost를 minimize하는 방식으로 의사결정하여야 한다.

Chapter

81

연봉 공개

　기업 임원들의 급여는 공개 대상인가? 상장기업이라도 어느 정도의 정보까지가 공개의 대상이어야 하는가? 경제 민주화의 과정에서 불거진 이슈이다. 공공기관 임원의 급여가 공개된다는 점은 국민의 세금으로 운영되는 기관이므로 이해할 수 있지만 영리 민간 기업의 운영은 개인 의지에 의한 기업 활동인데 자본주의에 반하는 제도가 아닌지에 대한 생각도 해보게 된다. 단, 가장 자본주의적인 사회라고 하는 미국에서도 'occupy wall street'라는 움직임이 있으며 미국 대통령까지도 일부 금융기관 CEO의 천문학적인 급여 수준에 대해 비판하는 등 개인의 과도한 탐욕스러움에 대해서는 사회적으로 이슈화가 되고 있다.

　반면에 임원이 되기 위해 열심히 일하는 봉급생활자의 입장에서는 임원이 된다고 큰 경제적인 보상이 없다고 하면 누가 30여 년을 직장에 몸 받쳐서 일할 것인지에 대한 의문도 있다. 복지/분배 등의 이슈와 맞물리는 어려운 이슈이며 정보공개/공시의 내용과 연관되므로 회계와도 무관하지 않다. 또한 이러한 내용을 공개하도록 하여 구하자는 것은 무엇인가라는 의문도 든다.

5억원 이상 임원 연봉 공개

　앞으로 연봉 5억원 이상을 받는 대기업 총수나 상장사 임원 개별 급여가 공개될 전망이다. 지금은 상장사 임원들 전체 연봉 지급 총액만 공시하고 있다. 국회는 법 개정으로 인한 연봉 공개 대상을 200여 개사 600여 명으로 추산했다.

매일경제신문. 2013.4.10.

5억 이상 받는 CEO 임원 개인별 연봉 공개 추진

국회는 이와 함께 공개 대상 연봉 금액 기준은 시행령 개정을 통해 '5억원 이상'보다 더 낮출 수 있도록 했다. 국회안인 600여 명보다 더 많은 임원의 연봉을 공개토록 할 수 있는 권한을 대통령에게 부여할 것이다.

미국 증권거래위원회는 상장회사의 최고경영자와 최고 재무책임자(CFO) 등 연봉 상위 5명의 보수 규모를 세부적인 설명과 함께 공시하도록 하고 있다. 일본은 2010년 2월 '기업 내용 등의 공개에 관한 내각부령'을 개정해 임원그룹의 보수를 항목별로 밝히고, 특히 1억엔(12억원) 이상 보수를 받는 개별 임원의 보수액과 세부 내역을 공개하도록 규정했다.

특히 연봉 5억원 이내의 범위에서 시행령에 기준을 기재토록 함으로써 대통령이 향후 5억원보다 낮은 연봉을 받는 임원도 국무회의 의결을 통해 연봉을 공개토록 할 수 있는 길을 열어뒀다.

조선일보. 2013.4.10.

금액적인 기준은 일본이 12억원이고 일본과 우리나라와의 경제적인 차이를 고려하여 이와 같이 정했다고 한다.

여러 가지 정치적인 또한 사회적인 이슈가 개입된 법안이다. 최근 이슈가 되는 경제 민주화 등의 차원에서는 충분히 이해할 수 있는 제도이기는 하지만 상당한 사회적인 파장을 유발할 수 있는 법안이다. 또한 국민들간의 위화감도 고려하여야 한다.

우리나라는 자본주의이지만 국민성 안에는 상당할 정도의 사회주의적인 요소가 많다고들 얘기한다. 예를 들어 미국의 경우에는 'Rich and Famous'라고 자기가 어떻게 잘 사는지 자신들의 집과 별장 등을 소개하는 TV 방송이 가능한 사회이고 한국에서는 이러한 것이 불가능한 사회이다. 즉, 나도 열심히 하면 부자가 될 수 있고 저들과 같이 살 수 있다는 이러한 경제적인 기회가 open된 사회라고 하면 이러한 방송이 가능할 것이고 이러한 기회가 거의 불가하고 부의 세습만이 가능한 사회라고 하면 이러한 방송은 원천적으로 불가능하다. 부가 희망의 대상이 되는 것이 아니라 질시의 대상이 될 수 있다.

단기 실적 매달리는 재벌 총수 문화 바뀌어야

미국의 100대 부자 가운데 자수성가한 사람이 70~80명 되고, 물려받은 사람은 10~30명인데 우리는 물려받은 사람이 70~80명이 넘는다. 불평등한 상황에 대한 불만이 더 많을 수밖에 없다.

시사저널. 2014.1.7.

이러한 사회적인 분위기를 고려하지 않고 많은 내용을 공개하는 것이 최상이라는 식의 접근 방법은 많은 문제를 초래할 수 있으며 상당히 위험한 발상이기도 하다. 장관 청문회 등에서 불법적인 상속, 증여, 전관예우 등에 대해서는 책임을 물어야 하지만 정당하게 소득세를 부담한 고소득까지 사회적인 지탄을 받는다면 이는 더 이상 건전한 자본주의가 아니다.

최근 모 금융지주 등기임원의 평균 급여가 30여 억원을 초과한다고 보도되었고, 이 금융지주의 최대주주가 대표이사와 등기임원에서 사퇴하겠다는 발표가 있었다. 언론에서는 과다한 급여의 공개가 부담으로 작용한 듯하다는 추측성 기사를 보도하였다.

이러한 공개 제도의 순기능은 이 정보가 공개되므로 과도한 급여를 책정하지 말라는 의미일 것이다.

자본시장법 개정, 내년부터 CEO 연봉 공개

하지만 관련 법률 기준이 되는 5억원의 근거가 명확하지 않은 데다 고연봉 논란의 핵심이 되는 성과급 등의 명확한 기준에 대한 언급이 없고, 비상장사는 제외해 일부 CEO들의 연봉은 공개되지 않을 가능성도 있다.

문화일보. 2013.9.30.

Chapter 82

CPA인 CEO/CFO에 대한 조치

. . .

　　미국에서 CPA자격증을 가진 공인회계사가 CEO, CFO로서 SEC 징계를 받을 경우, 자격증이 제한되는 사례를 아래에 인용한다.

　　On the basis of this Order and Respondent's Offer, the Commission finds that:

1. Skrypek, age 34, is and has been a certified public accountant licensed to practice in the State of Minnesota. From 1999 until his termination on March 14, 2005, he served as Controller of Buca, Inc. ("Buca"). From 2001 until 2005, Skrypek also acted as a vice president of Buca. In addition, Skrypek was Buca's interim CFO from February 15, 2005 until March 14, 2005.

2. Buca was, at all relevant times, a Minnesota corporation with its principal place of business in Minneapolis, Minnesota. Buca is the holding company for the Buca di Beppo restaurant chain. Buca conducted an initial public offering of its stock in 1999. Since Buca's initial public offering, its common stock has been registered pursuant to Section 12(g) of the Securities Exchange Act of 1934 ("Exchange Act") and traded on NASDAQ.

3. On June 7, 2006, the Commission filed a complaint against Skrypek in the civil action entitled Securities and Exchange Commission v. Greg A.

Gadel and Daniel J. Skrypek, Civil Action Number 06−cv−2320, in the United States District Court for the District of Minnesota. On December 21, 2007, the court entered a final judgment against Skrypek, permanently enjoining him from future violations of Section 17(a) of the Securities Act of 1933 ("Securities Act"), Sections 10(b), 13(b)(5), and 14(a) of the Exchange Act and Rules 10b−5, 13b2−1, 13b2−2, 14a−3, and 14a−9 thereunder, and from aiding and abetting violations of Sections 13(a), 13(b)(2)(A), and 13(b)(2)(B) of the Exchange Act and Rules 12b−20, 13a−1, and 13a−13 thereunder. The final judgment also prohibited Skrypek from acting as an officer or director of any issuer that has a class of securities registered pursuant to Section 12 of the Exchange Act, or that is required to file reports pursuant to Section 15(d) of the Exchange Act, for a period of five years after entry of the final judgment.

4. The Commission's complaint alleged, among other things, that Skrypek participated in a course of conduct which resulted in Buca filing materially false and misleading financial statements in the company's annual reports on Form 10−K for the fiscal years ended 2000, 2001, 2002, and 2003, and in the company's quarterly reports for all four quarters in fiscal years 2000 through 2003 and the first three quarters of fiscal year 2004. The complaint alleged that Skrypek facilitated Buca's engaging in improper accounting practices that materially increased its pre−tax income, which was a departure from Generally Accepted Accounting Principles ("GAAP"), including improperly capitalizing expenses. The complaint also alleged that Skrypek failed to ensure the disclosure of two related party transactions involving Buca's Chief Executive Officer and a series of related party transactions in which Buca's Chief Financial Officer was involved. The complaint further alleged that Skrypek signed management representation letters on behalf of Buca that provided false and misleading information to Buca's

auditors concerning the company's financial statements.

5. In addition, the complaint alleged that Skrypek was involved in drafting proxy statements that materially understated the compensation of Buca's Chief Executive Officer and Chief Financial Officer.

IV.

In view of the foregoing, the Commission deems it appropriate and in the public interest to impose the sanction agreed to in Skrypek's Offer.

Accordingly, it is hereby ORDERED, effective immediately, that:

A. Skrypek is suspended from appearing or practicing before the Commission as an accountant.

B. After five (5) years from the date of this Order, Skrypek may request that the Commission consider his reinstatement by submitting an application (attention: Office of the Chief Accountant) to resume appearing or practicing before the Commission as:

1. a preparer or reviewer, or a person responsible for the preparation or review, of any public company's financial statements that are filed with the Commission. Such an application must satisfy the Commission that Skrypek's work in his practice before the Commission will be reviewed either by the independent audit committee of the public company for which he works or in some other acceptable manner, as long as he practices before the Commission in this capacity; and/or an independent accountant.

위의 원문의 A에서 보는 바와 같이 CPA 업무를 금지하고 있다. 이는 매우 상징적이며 의미가 있는 벌칙의 적용이다. 이와 같이 분식행위에 관여하였던 CEO 또는 CFO가 CPA가 아니라면 이들이 수행하였던 업무에 대해서만 책임을 질 것인데 이들이 CPA였기 때문에 회계사로서의 조치를 별도로 받는 것이다. 이는 전문가로서의 책임을 추궁하는 흥미로운 내용이다. 흥미롭기는 해당 CFO가 기업의 임원으로서 수행된 범법에 대한 이슈이지 공인회계사로서의 업무를 수행하면서 범한 범법과는 무관함에도 이러한 징계를 받게 된 것이다. 이는 일반인으로서가 아니라 전문가로서의 책임을 묻는 것이다.

추가적인 사례는 다음과 같다.

Respondent Nye, age 52, has held a Texas CPA license since 1979. He served as Cornerstone Propane Partners, L.P.'s ("Cornerstone's") vice president of finance and administration from January 1998 until November 2002, and as acting CFO from July 2001 until June 2002.

Respondent was ordered to pay a $25,000 civil money penalty and was barred as an officer or director of a public company for three years.

A. Nye is suspended from appearing or practicing before the Commission as an accountant.

C. The Commission will consider an application by Nye to resume appearing or practicing before the Commission provided that his state CPA license is current and he has resolved all other disciplinary issues with the applicable state boards of accountancy.

달리 이를 해석하면 이는 매우 불균형적인 정책이며 자격증 소지자들에게만 불리한 정책일 수 있다. 이러한 조치를 받는 CEO 또는 CFO가 우연히도 자격증 소지자이기 때문에 조치를 받는 것이다. 그러나 공적인 자격증은 그에 해당하는 막중한 책임을 동반하여야 한다. 또한 이러한 조치는 CPA로서의 개인에 대한 조치이지 그가 맡고 있는 직무와 관련된 조치가 아니다.

회계법인과 관련된
법적 이슈들※

일부에서는 회계법인의 비례책임을 연좌제로 표현하기도 한다.

표현상의 차이는 있으나 결국 미국의 "시장에 대한 사기"와 같은 결과가 된다. 증권시장이 효율적이라면 부실표시는 바로 주가에 영향을 줄 것이므로, 주식을 매매한 투자자는 비록 그 부실표시를 직접 신뢰한 것은 아니더라도 부실표시로 형성된 가격을 신뢰하였다는 논지이다.

원심판결처럼 파악한다면 매수 당시의 가격만을 기준으로 하게 되어 나중에 부실감사 등의 사실이 밝혀진 이후에 주가가 하락하지 않더라도 손해가 발생하였다고 볼 여지가 있게 되고, 또한 투자자가 부실감사의 사실이 밝혀진 이후에 주식을 매도하여 손해가 현실적으로 발생하지 않아도 손해가 발생하였다고 볼 여지가 있게 된다. 투자자가 주식을 매수할 당시의 잠재적인 손해는 그 이후 분식결산이 밝혀져 주가가 하락하는 경우에만 비로소 현실적인 손해로 나타나는 것이고, 분식회계로 인하여 투자자에게 배상해야 하는 손해는 바로 이러한 현실적인 손해만을 의미한다.

손해의 공평 책임이라는 개념은 이사의 책임한도에서 가장 두드러지게 나타난다. 가장 최초로 판결에 등장한 것은 삼성전자 대표소송 제2심이었는데, 회사의 손해를 600억원이라고 한 다음 손해 분담의 공평에 근거하여 이사의 손해배상책임을 그 20%인 120억원으로 결정하였고 그 후 대법원에도 승인하였다.

※ 다음의 내용은 송옥렬 교수의 2013.4.25. 회계선진화 포럼의 '회계법인의 법적 책임' 발표 내용을 많이 참고 · 인용하여 작성되었다.

이는 1994년 12월에 삼성종합화학 주식을 염가에 매각하고 1,480억을 투자자산처분손실로 인식한 건에 대한 손해배상소송을 지칭한다. 단순히 책임을 감경하는 것에서 그치지 않고 손해발생에 대한 기여도에 따라 이사의 손해배상책임을 서로 다르게 정하기도 하는데, 회계법인의 책임과 관련하여 흔히 주장되는 비례적 책임과 실질적으로 비슷한 기능을 할 것으로 기대되는 내용이다.

자본시장법 제125조 제1항 제3호는 "허위기재된 증권신고서의 기재사항 또는 그 첨부서류가 진실 또는 정확하다고 증명하여 서명한 공인회계사 감정인 또는 신용평가를 전문으로 하는 자" 등(그 소속단체를 포함한다)을 공모 발행과 관련된 손해배상의 주체로 규정하고 있으며, 외감법 제17조 제2항은 "감사인이 중요한 사항에 관하여 감사보고서에 기재하지 아니하거나 거짓으로 기재를 함으로써 이를 믿고 이용한 제3자에게 손해를 발생하게 한 경우" 그 감사인에게 손해배상을 인정한다.

회계법인의 책임과 관련되어 항상 주장되는 것은 비례책임의 도입이다. 미국은 1995년 PALRA를 통해서 증권소송에서 비례책임을 도입하였으며, 다른 유럽 국가에서도 비례책임이 도입되어 있는 국가는 많다. 우리나라는 연대책임의 원칙을 고수하면서 아직 비례책임을 도입하고 있지 않으나, 실무에서는 손해 분담의 공평을 근거로 회계법인의 책임을 다른 관여자보다 더 낮게 제한하는 판례가 등장하고 있다.

2013년 9월 현재 비례책임과 관련된 내용이 법사위원회에 상정되어 있으므로 통과될 수 있는 가능성이 높다.

일단 회계법인의 책임을 추궁하는 소가 제기되면 함께 책임을 추궁당하는 다른 관여자, 예를 들어 인수인 또는 신용평가사 등이 감사보고서에 대한 신뢰를 항변사유로 제출하고 있으며 전문가 vs 비전문가로 주의의무의 수준을 준별하는 것이 분식회계를 둘러싼 미국 법원의 태도이며, 나아가 인과관계를 사실상 추정하는 등 입증책임에 있어서 투자자에게 유리한 입장을 취하는 등의 이유로, 사실상 회계법인이 책임을 면하는 것은 대단히 어렵다.

증권선물위원회에서도 분식회계 건이 회사의 책임인지 아니면 외부감사인의 책임인지에 대한 다툼이 있을 때가 있는데, 특히나 피감기업이 소규모의 기업일 경우에는 회계인프라가 빈약한데 전문가 집단인 회계법인이 비전문가 그룹인 피감기업에 대해서 이러한 점도 계도할 수 없는지의 논지로 의견이 모아지면 회계법인의 책임을 피하기 어렵게 된다.

주식취득 당시의 정상주가와 실제주가의 차액이 투자자의 손해이며, 여기서 정상주가는 자산가격결정에 관한 계량분석으로 추정 가능하다. 다만, 분식회계 공표 이전에 매각하였다면 손해가 현실화되지 않았다고 할 것이다(이 내용은 Chapter 38의 집단소송제도 내용과도 관련).

회계법인의 법적인 책임의 이슈가 문제가 될 때 항상 이슈가 되는 것 중의 하나가 우리가 금융기관에서 상품을 구입할 때 서명하게 되는 disclaimer이다. 무척이나 많은 양식에 서명을 하게 되는데 솔직히 무슨 양식에 서명을 하게 되는지를 알고 서명을 한다기보다는 금융기관에서 하는 설명을 대충 듣고 서명을 하게 된다. 가장 분명하게는 이러한 금융상품이 어느 정도 위험을 안고 있다는 점 정도만 우리가 이해하고 서명을 하게 된다. 예를 들어 위험을 내포하지 않은 금융상품은 거의 없다고 할 수 있다. 무위험투자라고 우리가 생각하는 은행의 정기예금도 예금자 보호법에 의해서 5,000만원까지만 보호된다. 아무리 우량 은행이라고 해도 이 이상에 대해서 원금을 보장할 수는 없으며, 또한 아무리 우량 은행이라고 하여도 bank run 등의 상황이 발생한다면 버틸 수 있는 은행은 없다고 보면 된다.

그렇기 때문에 금융소비자 보호 및 이를 담당할 금융기관의 설치에 대한 논의가 수년째 계속 진행 중이다.

위에서도 기술되었듯이 회계가 적절하게 수행되지 않았다는 것이 분식을 수행한 기업의 책임인지 아니면 감사를 수행한 감사인의 책임인지를 구분한다는 것은 매우 어렵다. 분식을 수행하였다고 하여도 감사가 완벽하게 진행되었다고 하면 분식은 발생하지 않았을 것이라고도 생각할 수 있으나 이는 감사의 한계를 인정하지 않는 것이다. 또한 대부분의 감사는 회사가 제공한 정보에 근거하여 진행된다. 회계정보의 주된 1차적인 책임이 기업에 있다는 점은 주지의 사실이다. 그러나 기업은 특히나 인프라가 약한 기업일 경우는 전문가인 감사인이 그 정도의 잘못된 회계도 발견할 수 없었는지라는 식으로 논리가 전개된다면 책임을 회피하기가 매우 어렵게 된다.

회계법인 부실감사로 업무정지 땐 최대 20억 과징금

■ 국무회의 심의 의결

앞으로 회계법인이 부실감사로 업무정지를 받게 되면 최대 20억원의 과징금을 내야 한다.

정부는 17일 오전 정부세종청사에서 정홍원 국무총리 주재로 영상 국무회의를 열어 이 같은 내용의 공인회계사법 개정안을 심의 의결했다.

현행 법률에 의하면 회계법인이 부실감사로 금융위원회로부터 업무 정지 처분을 받은 경우 과징금을 최대 5억원만 내면 업무정지를 피할 수 있어 과징금 부과의 실효성이 떨어진다는 지적이 제기돼 왔다.

이에 따라 정부는 부실감사 회계법인에 부과할 수 있는 과징금 상한선을 기존 5억원에서 20억원으로 올리기로 했다.

문화일보. 2013.12.17.

의결권 제한

　민주주의에서는 모든 것이 다수결의 원칙에 의해서 결정되는 것이 가장 합리적이다. 2013년 초에 이슈가 된 국회선진화법도 다수결의 원칙에 위배된다는 점이 비판의 대상이 되었다. 의견은 구성원간에 다를 수밖에 없는데 실효성도 없는 대화를 계속해 나간다는 것은 소모적이며 의결권 행사로 갈 수밖에 없는 것이 가장 민주적이라고 할 수 있다. 물론, 소수의 의견도 소중한 의견으로 고려와 협상의 대상이 되어야 함은 물론이고 경청하여야 하지만 대화만으로 의견의 조정이 가능하지 않을 경우는 매듭이 지어져야 하며 실효성이 없는 대화를 무한정으로 가져가는 것도 소모적이다.

　그럼에도 불구하고 경영의사결정에 있어서, 의결권이 제한되는 경우가 있다.

　감사 또는 감사위원의 선임과 관련된 건으로 감사는 그 취지가 경영진/최대주주를 감독하고 견제하는 목적이므로 최대주주를 monitoring하는 역할을 수행하는 감사를 최대주주가 영향력을 행사하여 선임한다는 것은 논리에 닿지 않는다. 외부 감사인이 비감사서비스를 수행하고 본인이 수행한 업무를 감사하는 audit your own work라는 위험을 범하는 것이나 동일한 논리이다.

　따라서 이러한 감사/감사위원의 안건일 경우는 의결권이 3%로 제한된다. 매우 특이한 기업지배구조와 관련된 제도이다.

　2013년 새 정부가 출범하면서 경제민주화, 사회복지 등의 여러 가지 점이 이슈화되었는데, 이러한 논의 중에 다음의 공정거래 관련된 부분에 대해서도 의결권을 제한하는 제도가 제안되었다. 최대주주가 의결권에 기초하여 의사결정을 수행할 때에 소수주주의 이해가 침해될 수 있는데 이를 보호하겠다는 취지이다.

금융계열사 의결권 한도 5%로 제한, 총수일가 사익 추구 행위 공시 신설

대기업집단 내 보험 증권 등 금융계열사가 비금융 계열사에 행사할 수 있는 의결권 한도가 5%로 제한된다. 또 대기업 집단의 의무공시 항목에 총수 일가의 사익 추구 행위 관련 공시를 신설하기로 했다.

공정위는 최우선 과제로 일감 몰아주기 등 총수 일가의 부당한 사익 추구 행위(사익편취) 근절을 꼽았다. 이를 위해 대기업집단의 부당 내부거래만을 규제하는 조항을 공정거래법에 신설하기로 했다.

금산분리(금융자본과 산업자본의 분리) 강화 방안도 내놨다. 대기업집단에 속한 금융 계열사가 비금융 계열사에 행사할 수 있는 의결권 상한선을 10%로 정한 뒤 5년에 걸쳐 단계적으로 5%까지 낮추기로 했다.

한국경제신문. 2013.4.25.

의결권 제한 제도는 의미가 있고 정책 의지가 있을 경우만 적절하게 사용되어야 한다. 이러한 정책이 남발되면 우리나라가 자본주의가 아니고 사회주의적 성격으로 움직이는 정치 및 사회 철학에도 영향을 미치는 사건으로 전개될 수도 있다.

예를 들어 증여세나 상속세가 너무 과도하게 높다면 자손에게 회사를 물려 주려는 최대주주들은 세금을 정당하게 납부하여 부를 세속하기보다는 편법을 동원할 가능성이 높아진다. 정부는 이 임계치가 어느 정도인지를 고려하여 정책을 결정하여야 한다. 또한 경기를 부양하여 세수를 높여야 하는데 기업을 너무 옥죄는 정책이 최상의 정책인지에 대해서도 고민하여야 한다.

연말정산시 신용카드 한도액이 최근 축소되고 있다. 신용카드를 많이 사용하는 경제활동 인구, 즉 고소득층에게 왜 소득세 혜택을 주어야 하는지에 대한 반론도 있을 수 있지만 이 혜택을 축소하면 현금 거래가 증대되면서 음성적 거래가 증가할 것이다. 경제/금융정책의 운용은 단기보다는 중장기적인 시야와 철학을 가지고 수행되어야 하며, 얻는 것 잃는 것에 대한 손익계산 후에 정책 방향을 설정하여야 한다.

2013년 감리대상
선정 기준

감리대상 기업의 선정 기준은 매우 중요한 감독원의 회계 정책 방향을 설정한다. 물론, 가장 중요한 판단 기준은 회계분식를 범하기 쉬운 기업을 선정하는 것이다.

감리대상 선정 기준은 매년 변경되었으며 어떻게 보면 분식을 수행하기 쉬운 기업을 선정한다는 차원에서는 외감법에서의 감사인 지정 기업 선정 기준과 유사하다고도 할 수 있다. 그러나 지정제 대상기업을 선정하는 것은 법에서 정하기 때문에 쉽게 개정하기 어렵지만 감리대상 기업의 선정은 감독기관의 정책적인 판단의 영역이기 때문에 오히려 이를 정책 수단으로 사용하기 더 쉬운 측면도 있다.

2002년 SOX가 도입될 당시, 국내에서도 비감사서비스 병행을 제한하여야 하는지와 관련된 상당한 논란과 실무에서의 저항이 있었다. 감독기관에서는 비감사서비스 병행을 법으로 제정하기 어렵더라도 감리대상 기업 선정을 통하여 비감사서비스 병행이 감사의 독립성에 영향을 미친다면 이를 규제할 수 있다는 입장을 보였다.

표본추출(random sampling)의 방식으로 기업을 선정하는 것이 더 좋은 방법인지 아니면 선정기준을 정하여 대상을 선정하는 것이 우월한 방법인지도 고민할 내용이다. 선정기준을 정하는 방법의 단점은 이 선정기준을 오랜 기간 고착화하여 사용한다면 이 기준에 해당되는 기업은 감리대상으로 선정된다는 것을 인지하고 분식을 범하지 않을 것이지만 이 기준에 해당하지 않는 기업의 경우는 감리대상으로 선정될 가능성이 낮아지면서 이러한 기업에는 분식의 확률이 오히려 높아질 수도 있다는 개연성이 있다.

이러한 차원에서 과거 수년째 감리대상 선정 기준으로 사용된 변수는 다음과 같다.

- 부채비율
- 수년째 수시감리를 받지 않은 기업
- 회계방법 변경 기업
- 매출액에 대한 당기순이익 비중이 +/− 1% 이내
- 재고자산비율
- 현금흐름비율
- 대여금비율
- 감독원에서 자체적으로 개발하여 사용하는 회계검토모형
- 이자보상비율
- 흑자전환여부

감리과정이 회계정보와 감사과정에 대한 점검인 것에 비해서 위의 모든 기준들은 분식의 가능성이 높은 기업을 추출하기 위한 대안이었지 부실감사 기업과 그 감사인을 추출하기 위한 대안은 아니었다. 회계와 회계감사가 떼려야 뗄 수 없는 관계가 있다고 할 때, 부실감사보다는 분식회계와 관련 깊은 항목이 주된 감리 선정 기준이었다.

이러한 기존의 기준과 차이가 있지만 2000년대 초반에는 사업보고서에 감사시간과 감사수임료가 포함되고 있다. 이는 부실감사를 추출하기 위해 사용된 기준이다. 감사시간과 감사수임료가 감사품질에 대한 대용치인지에 대해서는 여러 가지 논란이 있고 수임료를 감사인이 어느 정도 수임하는지에 대해서 감독기관이 정책적으로 왈가왈부할 수 있는 내용이 아니므로 수임료를 정책수단으로 사용할 수는 없다. 단, 감사시간이 어느 정도 감사품질의 대용치일 수 있다는 데는 이견이 있을 수 없으므로 과거에 감사시간이 타 기업에 비해서 상대적으로 낮았던 기업에 대해서 감리대상으로 선정하기도 하였다. 2013년 감리대상 기업의 선정은 다음과 같이 진행되었다.

물론, 2014년에는 이러한 감리대상 선정 기준이 반복되지 않을 것이다.

2013년 표본감리 선정시 위험요소

① 2012년도 사업보고서에 대한 내부회계관리제도 검토의견 비적정

② 2012.1.1. 이후 횡령·배임 혐의 발생 공시

③ 2012.1.1. 이후 2회 이상 최대주주 변경

④ 2012.1.1. 이후 2012.12.31.까지 우회상장

⑤ 2012 회계연도에 대한 감사의견변경(의견거절→적정 등)으로 인한 감사보고서 재발행

⑥ 2012.1.1. 이후 증권신고서 심사시 3회 이상 정정신고서 제출요구를 받음

⑦ 내부회계관리제도 운영보고서 2년 연속 미제출

⑧ 2012.1.1. 이후 중요한 벌금·과태료 등이 부과된 사실을 공시

⑨ (추가예정) 2012.1.1. 이후 금융감독원 인터넷 홈페이지를 통해 2인 이상의 제보자가 각각 회계부정행위를 신고

⑩ (추가예정) 2012.1.1. 이후 소액공모, 최대주주 등에 대한 자금대여·채무보증·담보제공, 자산양수도 빈발

⑪ (추가예정) 2012.1.1. 이후 한국거래소의 상장적격성 실질심사를 받음

⑫ ①~⑪에 의해 선정한 결과 목표회사 부족시 회계검토모형에 의해 선정

최대주주 변경은 먹튀 논란 등 문제가 있던 많은 기업에서 발생한 공통된 현상이다. 내부회계관리보고서에서의 문제는 내부회계관리제도는 회계와 무관할 수 없다는 논리에 근거한다. 과거에 내부회계관리제도가 구촉법이라는 한시법에서 외감법으로 도입될 때의 감독기관에 대한 비판은 내부회계관리제도가 감사의 한 과정에 불과한 것인데, 왜 별개의 제도를 도입하는지에 대한 비판이 있었다. 내부회계관리제도가 도입되었던 초기에는 내부회계관리제도와 감사의견에 대한 인과관계가 존재하지 않았는데, 이 제도 도입 이후 수년이 경과되면서 내부회계관리제도와 감사의견이 무관하지 않다는 실증결과를 감독원이 보이면서 이 제도의 도입이 잘못된 정책 방향이 아니었다는 판단이 든다. 즉, 내부회계관리제도는 시스템의 장착인데 시스템이 잘 정비되어 있다면 이 시스템으로부터 산출되는 회계정보는 당연히 적절한 output을 산출할 것이라는 논리이다.

제보가 있는 경우도 포함되었는데, 제보에 근거하여 감리대상 기업을 선정함은 제보의 신뢰성과도 관련이 있지만 제보에 과도하게 의존하면 감독기관

이 독립적으로 감리대상 기업을 선정한다는 점에서는 부정적일 수도 있다.

표본감리 선정 제외회사

① 금융감독원 검사대상 금융회사(다만, 대부업체 등 부분검사대상 제외)

② 선정일 현재 상장폐지된 회사, 감사의견이 부적정 또는 의견거절인 회사 및 감사보고서 미제출 회사

③ 기업구조조정 진행 회사 및 회생절차 진행중인 회사

④ 3년 내 감리* 사실이 있거나 예정인 회사(다만, 무작위 표본추출방식으로 표본감리대상 선정시에는 5년)

   * 2009.1.1. 이후 결산기가 도래한 사업연도의 재무제표·감사보고서에 대한 금융감독원 및 한국공인회계사회의 감리

⑤ (추가예정) 감사원 감사대상 시장형 공기업(3사)

시장형 공기업은 한국전력, 가스공사, 지역난방공사로 기재부 경영평가, 산업통상자원부 감독, 감사원 감사, 국회 국감 등 여러 차례에 걸쳐서 다양한 형태의 점검이 수행되므로 추가적인 감리가 수행될 필요성이 없다는 판단이다.

부적정의견, 의견 거절 등이 표명된 경우는 이미 상장폐지 실질심사 등으로 시장에서 충분히 주목을 받는 경우이며 어느 정도 철저한 감사의 과정 결과 이러한 의견이 표명된 것이므로 추가적인 감리에 대한 필요성은 존재하지 않는다고도 할 수 있다.

Chapter 93과 연관되는 내용이지만 개별 감사보고서 감리보다는 품질관리감리가 본격적으로 도입되면서 감독기관의 역량이 개별 감리보다는 품질관리감리로 집중되어야 한다.

Chapter

86

현대차/모비스,
SK/SK C&C

현대차/모비스, SK/SK C&C

또 지배회사와 종속회사 사이의 내부거래로 발생한 매출은 연결재무제표상 매출에 포함되지 않는다. 두 회사를 하나로 인식하기 때문에 내부적으로 상품과 돈의 위치만 바뀌었을 뿐 실제 매출이 일어났다고 보지 않기 때문이다.

강화된 K-IFRS가 새삼 주목받는 것은 최근 급부상한 셀트리온 실적 논란과 같은 소모적인 쟁점 사안을 종식시킬 수 있기 때문이다. 지난해 셀트리온은 생산한 의약품을 관계회사인 셀트리온 헬스케어 등에 판매해 3,490억원 매출을 올렸다.

하지만 셀트리온 헬스케어는 셀트리온으로부터 구매한 제품 중 상당 물량을 재고로 쌓아 놓고 있어 이런 경우 셀트리온이 정말 매출을 올린 것으로 봐야 하느냐는 문제가 제기된다. 이들 회사가 연결재무제표 작성 대상이라면 이런 거래를 매출로 인식하지 않는다. 다만 셀트리온에 이렇게 강화된 K-IFRS를 적용할지를 놓고선 금융당국에서도 아직 의견이 분분하다. 두 회사 사이의 지분 관계가 거의 없어 사실상 지배력 기준을 적용하기 어려운 측면이 있기 때문이다.

우선 현대차 그룹에선 현대자동차와 내부거래가 많은 현대모비스의 실적변화가 주목된다. 자동차 부품 생산업체인 모비스는 현대기아차에 대한 납품 물량이 상당하다. 기업분석업체인 CEO스코어에 따르면 현대모비스 전체 매출에서 내부거래가 차지하는 비중은 48%(2011년)로 집계됐다.

현재 현대모비스는 현대자동차 지분 20.78%를 보유하고 있어 연결 관계가 아니지만 사실상 지배력을 행사한다고 볼 경우 강화된 K-IFRS에 따라 현대차가 현대모비스의 연결 대상 기업이 될 가능성이 있다. 이 경우 현대모비스 실적에는 현대차 실적이 합산되고 양사간 내부거래 실적은 빠지면서 실적 규모가 보다 정확하게 된다.

SK그룹에선 SI 업체인 SK C&C가 내부거래가 많은 업체인데 SK텔레콤, SK네트웍스,

SK이노베이션 등 핵심 계열사들은 연결 대상이 아닌 상황이다. 하지만 이번 기준 강화로 이들 핵심 계열사를 거느린 SK가 SK C&C의 종속회사가 될 경우 이들 계열사 실적도 간접적으로 SK C&C 실적에 반영되고 내부거래 매출은 제외된다. SK C&C는 SK(주) 지분 31.82%를 보유하고 있다.

매일경제신문. 2013.5.2.

지분법 회계기준서에서는 피투자회사의 중요한 거래가 주로 투자회사와 이루어지는 경우에는 실질 지배력에 의해서 지분법을 적용할 수 있도록 되어 있다. 과거의 기준에 의하면 투자자와 피투자회사간의 중요한 내부거래가 지분법을 적용할 수 있는 요건이었다.

셀트리온 헬스케어는 별개사

그는 "셀트리온 회계를 둘러싼 시장의 논란은 셀트리온과 셀트리온 헬스케어가 사실상 같은 회사가 아니냐는 인식에서 비롯된 것"이라며 "셀트리온과 셀트리온 헬스케어는 관계사이지만 지분 관계가 거의 없는 만큼 양사간 거래는 회계상 매출로 봐야 한다"고 설명했다. 분식회계 논란과 관련해 셀트리온 회계감사를 맡은 삼일회계법인이 공식 입장을 밝히기는 이번이 처음이다.

지난해 셀트리온은 생산한 의약품 대부분을 관계회사인 셀트리온 헬스케어에 판매해 3,490억원 매출을 올렸다. 하지만 헬스케어는 사들인 의약품 상당량을 재고로 쌓아두고 있어 셀트리온이 정말 매출을 올린 것으로 봐야 하느냐는 지적을 받아 왔다.

서정진 셀트리온 회장이 두 회사에 지배력을 행사하고 있어 셀트리온과 헬스케어는 사실상 한 회사이고 이들 업체간 거래는 허위매출 아니냐는 것이다.

이 전무는 이에 대해 "셀트리온과 헬스케어가 사실상 한 회사라면 이들 회사는 연결재무제표 작성 관계가 돼야 할 텐데 실제로는 그렇지 않다"며 "두 회사 사이에 지분 관계가 없는데 서 회장의 지배력이 미친다는 이유로 연결대상으로 잡을 순 없는 일"이라고 지적했다.

이 전무는 "사실상 지배력은 회사와 회사 사이에서 성립되는 것"이라며 "헬스케어에 대한 서정진 회장의 지배력과 헬스케어에 대한 셀트리온의 지배력은 회계적으로 다른 문제"라고 설명했다.

매일경제신문. 2013.5.6.

Chapter

87

모범규준

금융지주 회장 뽑을 때 공익대표 참여, 사외이사 경영진 동시 견제

금융위는 한때 사외이사에 주주대표와 공익대표 또는 정부대표를 반드시 포함시키는 방안을 검토했으나 자칫 시장의 독자적인 경영권을 침해하거나 '관치'로 흐를 우려가 있어 회추위에 독립적인 인사를 포함시키는 수준이 바람직하다는 결론을 내린 것으로 알려졌다.

매일경제신문. 2013.5.3.

공익대표란 한국거래소 등의 공적인 기관에서 공적인 영역을 대표할 수 있는 인사들을 등기이사로 위촉하는 제도이다. 한국거래소의 경우는 사외이사 중 공익대표 5인, 회원사인 업계 대표 3인으로 구성되어 있다.

국민연금의 경영권 참여 이슈가 제기될 때마다 문제점으로 대두되는 것이 국민연금이 보건복지부 산하의 기관으로서 정부의 영향력 아래에 놓일 수밖에 없으므로 시장에 의한 의사결정이 아니라 정부에 의한 의사결정이 되기 쉽다는 점이다.

금융지주 지배구조법 법률 대신 자체규정으로

금융지주 회장 권한을 명시하고 사외이사 독립성을 강화하는 내용의 금융지주회사 지배구조 개선 방안이 법률이 아닌 모범규준 형태로 마련된다.

금융위원회 관계자는 20일 "다음 달 발표될 지배구조 개선안은 법률로 할 것이 아니라 일부 큰 틀만 시행령에 반영하고 대부분 모범규준으로 만들 방침"이라고 밝혔다.

각 금융지주회사가 모범규준 가이드 범위 내에서 자체 규정을 만들도록 함으로써 강제성을 최소화하고 회사가 처한 상황과 문화에 적합한 관행을 정착시킬 수 있도록 자율권을 주겠다는 취지다.

모범규준은 이사회의 책임과 독립성을 강화하기 위해 사외이사 보수를 개별적으로 공개하도록 할 방침이다. 각 금융지주회사는 이를 근거로 사외이사 보수와 경비 내역 등을 어디까지 공개할지 결정해 자체 규정을 만들어 적용한다.

매일경제신문. 2013.6.1.

법령일 경우는 강제성이 있지만 모범규준이라는 것은 법적 구속력이 없는 것이라서 이러한 규준의 실효성이 문제가 된다. 모범규준이라 함은 특히나 상장회사협의회에서 사외이사 모범규준, 감사위원회 모범규준, 이사회 모범규준 등으로 제정하는 내용으로 가능하면 준수하라는 내용이지 강제성이 있기는 어렵다. 단, 상장회사협의회에서 제정하는 모범규준 중, 내부회계관리 제도 모범규준일 경우는, 내부회계관리제도에 대한 인증시 이 규준을 준거로 각 회사의 내부회계관리 제도가 적절한지에 대한 내용을 감사인이 인증하게 된다. 따라서 다른 모범규준과는 달리 이 규준은 단지 규범으로서의 위치가 아니라 상당한 의미가 있는 규준이라고 할 수 있다.

기업들의 실무적용을 돕기 위한 모범규준 적용해설서는 일반기업과 중소기업용으로 나누어진다.

즉, 중소기업의 경우 별도의 '중소기업 모범규준 해설서'가 존재하며, 중소기업은 중소기업기본법의 적용대상을 의미한다.

62. 중소기업(중소기업기본법의 적용대상 회사를 말함. 이하 같다.) 역시 본 내부회계관리제도 모범규준의 내용을 모두 적용함이 바람직하다. 단, 중소기업의 경우 경영여건을 감안하여 본 모범규준을 세부적으로 적용하는 과정에서 대기업보다는 완화된 방식으로 내부회계관리제도를 설계·운영 및 평가할 수 있다.

부칙에는 다음과 같이 적용을 상세히 정의하고 있다.

구분	적용대상
(일반) 모범규준해설서	상장대기업
(중소기업용) 모범규준해설서	중소기업법 적용받는 중소기업 (상장 중소기업 or 비상장 중소기업)
	비상장대기업

또 규준이라는 것이 구속력이 없기는 하여도, 손해보험회사 모범규준 등은 손보사가 경영활동을 수행하는 데 있어서 가이드라인으로 인용하고 있으므로 상당한 의미가 있다고 보여진다. 물론, 이 규준도 법적 구속력 정도로 binding하지는 않다. 이 규준은 손해보험협회가 작성하기는 하였지만 금융위와 협의하에 작성된 것이므로 강제성은 없어도 행정지도의 성격이므로 거의 강제된다고 보면 된다.

상장기업 IR 가이드라인 만든다

■ 내년 3월께 최종안 공개 준수의무는 당장 부여 안 해
선진 증시에선 가이드라인을 이행하지 못하면 그 이유를 공시토록 하는 '준수 또는 설명(comply or explain)'제도를 운영 중이다.

한국경제신문. 2012.12.20.

IR이란 자발적인 형태의 공시였는데 이와 같은 가이드라인을 강제한다면 이는 거의 강제성을 띠게 되는데 이 또한 자발적인 기업활동에 필요 이상의 부담을 주는 것이다. 예를 들면, 수시공시의 형태에 자율공시와 공정공시가 존재하는데 어떠한 항목이 공시되어야 하는지에 대해서는 일부 항목을 제외한 공정공시와 자율공시에 대해서는 기업이 어느 정도 선택하여 결정한다고 할 수 있다. 이러한 자율공시와 강제공시의 구분이 없어진다면 굳이 주요경영사항 공시 항목을 지정하는 일이 무의미해 진다고도 할 수 있다.

금융감독원은 '09.6.25. 비상장법인 자산의 과대평가 등 부실평가를 방지하기 위하여 공인회계사회, 감정평가협회, 변리사회 등이 공동 참여한 TF팀 협의를 거쳐 「외부평가업무 가이드라인」을 제정하였다.

이 가이드라인 중, 몇 가지 중요한 내용을 다음에 기술한다.

- 평가자는 평가업무를 수행함에 있어 공정하고 불편·부당한 자세를 유지하여야 하고 평가업무를 수행하는 과정에서 객관성을 유지해야 한다(제2편§5).
- 평가자는 대상자산의 평가를 위해 수집한 기초자료의 합리성·타당성에 대하여 검토한 후 적정한 경우에만 수집한 기초자료를 평가에 이용하여야 한다(제3편§10).
- 감사받지 않은 재무제표의 경우 평가자가 당해 재무제표에 대한 신뢰성을 확보할 수 있는 정도의 필요한 절차를 수행하여야 한다(제3편§22).
- 평가자는 회사 등이 제시한 평가를 위한 기초자료에 대하여 객관성·적정성 여부를 확인하기 위하여 상당한 주의를 기울여야 하며 이러한 적정성에 대한 검토과정 없이 동 자료를 평가에 사용해서는 안 된다(제3편§24).
- 평가자는 평가접근법을 선택할 때 대상자산의 특성을 분석하여 반영하여야 한다. 예를 들어, 설립된 지 5년 미만인 기업이 발행한 지분증권을 자산접근법 이외의 평가접근법을 적용하여 평가하고자 하는 경우 거래처 목록, 고객 또는 공급자와의 관계, 고객충성도 등을 고려하여 자산접근법을 적용하는 경우와의 차이금액에 대한 합리적 근거를 확보하고 이를 문서화하고 평가의견서에 기재하여야 한다(제3편§27).

회계법인이 이러한 외부평가업무 가이드라인을 준수하지 않은 부분에 대해서 이 가이드라인이 구속력이 없는 가이드라인이라는 변명을 하기도 한다. 다만 감독기관의 가이드라인은 법적으로는 구속력이 없다고 하더라도 의미 없이 존재하는 것은 아니다.

저축은행 부실감사,
회계사에 첫 징역형
선고

저축은(부산, 부산2저축은행) '분식' 부실감사. 회계사에 첫 징역형 선고

부산저축은행의 분식회계를 눈감아준 혐의로 기소된 공인회계사들이 무더기로 징역형을 선고받았다. 저축은행 부실감사를 이유로 회계사가 형사 처벌을 받은 것은 이번이 처음으로, 법원이 대가성 없는 '미필적 고의'에 의한 부실감사에 이례적으로 유죄를 선고함에 따라 관련 업계에 파장이 커질 전망이다.

서울중앙지방법원 제21형사부(부장판사 이범근)는 최근 부산상호저축은행의 외부감사를 소홀히 하는 등 분식회계를 방관한 혐의(외감법 위반) 등으로 다인회계법인 소모씨와 김모씨에게 징역 2년에 집행유예 3년을 선고했다. 부산2저축은행 외부감사를 담당한 성도회계법인의 김모씨와 이모씨도 같은 혐의로 징역 1년에 집행유예 2년을 판결했다.

재판부는 "피고인들은 부산저축은행의 분식회계 사실을 알고 있었거나 적어도 미필적으로는 인식했으면서도 막연히 적정의견을 기재해 분식회계가 지속될 수 있는 여건을 조성했다"며 "고도의 전문성과 주의의무가 필요한 공인회계사로서 직분을 성실히 수행하지 않아 엄중한 처벌이 불가피하다"고 판결했다. 고의로 분식회계를 눈감아줬다는 직접적인 증거가 없지만 간접적인 정황 증거만으로 허위 기재가 충분히 인정된다고 판단한 것이다.

검찰은 2008~2010년 부산저축은행에 대한 외부감사 과정에서 부실을 묵인하고 감사보고서에 '적정의견'을 기재한 혐의로 2011년 김씨 등 4명을 구속 기소했다. 이들은 "지난 수년간 금융감독원 감사 과정에서도 문제가 없었고 분식회계 혐의를 알지 못했다"며 무죄를 주장해 왔다.

대가성이 입증되지 않은 부실감사 혐의에 징역형을 선고한 것은 전례가 드물다. 2007년 대법원은 외환위기 직후인 1998년 고합의 재무제표에 대한 감사보고서에 허위 내용을 기재한 혐의로 기소된 공인회계사 홍모씨에게 '미필적 고의성'을 인정해 벌금 200만원을 선고한 바 있다. 법조계 관계자는 "그동안 회계부정에 대한 형사 처벌이 거의 없었던 만큼 파장이 클 것"이라고 말했다.

부산저축은행 경영진은 2000년대 초반부터 2010년까지 실체가 없는 '금융자문수수료'를 수익으로 계상하는 등의 수법으로 재무제표를 분식 결산하고 수천억원의 부당이득을 챙긴 혐의를 받았다. 김모씨 등 회계사 네 명은 각각 2006~2007년부터 2010년까지 부산저축은행 외부감사를 하면서 보고서에 '적정의견'을 제출해 부실을 묵인한 혐의로 2011년 기소됐다.

김씨 등은 "금융자문수수료 계약서가 구비돼 있어 용역에 대한 정당한 대가로 알았다"며 "허위로 기재할 고의가 없었다"고 주장했다. 또 삼일회계법인 등 다른 법인도 앞서 적정의견을 제시한 점, 금융감독원 검사에서도 수수료가 문제되지 않았던 점 등을 들어 회계 부정 사실을 몰랐다고 설명했다. 또 허위 기재를 대가로 금품 등을 주고받지 않았다는 사실도 강조했다.

그러나 법원은 2007년 대법원 판례(고합)를 들어 "분식회계의 내용이 있다는 점을 구체적으로 알지 못했더라도 재무제표에 영향을 미칠 중요한 부정이나 오류의 가능성을 보여주는 여러 표지를 인식했는데도 감사범위를 확대하지 않고 '적정의견'을 기재한 이상 허위 기재에 적어도 미필적 고의는 있었던 것으로 봐야 한다"고 설명했다. 이들이 수익의 인식, 채권의 실재 여부, 장기간 미회수된 상황 등을 지적하는 등 매년 금융자문수수료의 수익인식과 관련된 문제점을 인식했음에도 별다른 조치를 취하지 않는 것만으로 유죄가 인정된다고 재판부는 덧붙였다.

■ 회계법인들 전전긍긍

이번 판결은 회계법인에 상당한 영향을 미칠 것으로 보인다. 그동안 부실감사를 묵인한 공인회계사나 회계법인을 형사 처벌한 전례가 드물기 때문이다. 지난해 보해저축은행을 부실감사한 혐의로 기소된 양모 회계사는 최근 1심에서 무죄를 선고받은 것으로 알려졌다. 2000년대 초 40조원대 대우 분식회계 사태 때 외부감사를 맡았던 회계사들도 징역 6개월에 집행유예를 선고받는 데 그쳤다. 행정처벌도 '솜방망이'에 그치는 경우가 많았다.

미필적 고의: 어느 범죄 결과가 발생할 가능성이 있다고 인식한 상태에서 행위를 하는 것을 말한다. 예컨대 건물 위층에서 밖으로 돌을 던지면 길 가던 사람이 맞을 수 있다고 예견하면서도 '그래도 할 수 없다'며 돌을 던지는 것을 말한다.

한국경제신문. 2013.5.14.

회계법인 '충격', "외부감사 부담 더 커졌다"

지금까지 분식회계를 묵인했다는 혐의로 회계사가 실형을 선고받은 사례는 2001년 대우통신 이후 두 건에 불과하다. 부실감사에 대한 회계법인의 책임을 규명하기가 그만큼 쉽지 않음을 방증하는 대목이다. 특정 기업이 고의로 분식회계를 저질렀더라도 회계법인과 회계사가 이를 묵인한 정황을 찾아내지 못하면 처벌이 어렵다.

이는 회계감사 업무의 특성상 제공받는 자료가 한정돼 있다는 점을 감안한 것이기도 하다.

S회계법인 감사파트의 한 회계사는 "검찰처럼 회계사가 모든 자료를 볼 수 있는 것이 아니어서 기업이 작정하고 분식을 저지르면 적발이 쉽지 않다"고 토로했다.

국내 대형 회계법인 관계자는 "회계법인간 경쟁이 치열해져 기업들은 회계법인의 감시의 대상이자 고객인 상황이 됐다"고 말했다.

한국경제신문. 2013.5.14.

회계법인
비례책임

회계법인 부실감사 처벌 '예외 없다'

- ■ "법원 고의성 없어도 책임 피해 투자자들에 배상" 회계사 형사 처벌 판결도

지난 2010년 서울에 사는 이모씨는 코스닥 상장업체인 A기업에 약 1억원을 투자했다. 당시 이씨는 A기업의 외부감사를 맡았던 S회계법인이 A기업의 재무제표에 대해 2년 연속 '적정의견'을 낸 것을 중요한 투자 근거로 삼았지만, 불과 8개월 후 A기업이 상장폐지 실질심사 대상으로 결정되면서 투자금 전액을 날릴 위기에 처했다. 알고 보니 S회계법인의 적정의견과 달리 A기업의 재무제표에는 심각한 문제가 있었던 것으로 드러났다.

증권선물위원회는 2010년 12월 S회계법인에 대해 부실감사의 책임을 물어 7,600만원의 과징금을 부과했다. 결국 A기업이 이듬해 1월 상장폐지되자 이씨 등 투자자 6명은 "회계법인의 부실감사로 2억 2,000여 만원의 피해를 봤다"며 법원에 손해 배상 소송을 제기했고, 이에 대해 법원은 회계법인의 책임을 20%로 인정하며 일부 승소 판결을 내렸다.

18일 법원에 따르면 5월 서울중앙지법은 주식투자자 강모씨 등 124명이 "부실감사로 손해를 봤다"며 또 다른 S회계법인 등을 상대로 낸 25억원대 청구소송에서 회계법인 측의 20% 책임을 인정하며 5억 1,000여 만원의 배상판결을 내렸고, 2월에도 황모씨 등 33명이 같은 이유로 D회계법인을 상대로 낸 소송에서 회계법인 측의 20% 책임을 인정하며 원고 일부 승소 판결을 내렸다.

비록 고의성이 없었다 하더라도 회계법인이 성실하게 감사를 하지 않아 투자자들이 손해를 봤다면 회계법인이 그에 관한 책임을 져야 한다는 취지다. 회계법인의 부실감사에 대한 이 같은 사법부의 경고는 민사사건뿐만 아니라 형사사건에서도 잇따르고 있다. 5월에는 부산저축은행의 감사를 담당한 회계사들에 대해 분식회계 등의 부실감사를 회계사가 알고 있었음에도 모른 척했다는 '미필적 고의'를 적용해 유죄를 선고하기도 했다.

문화일보. 2013.6.18.

법원이 회계법인의 부분적인 책임에 대한 내용을 객관적으로 측정하여 20%의 책임을 물리는 것이겠지만 관련된 자의 책임에 대한 판단은 상당히 주관적일 수밖에 없다.

최근 국내에 지부를 개설한 국제중개재판소(international commercial arbi-tration)가 국제적으로 발생한 분규에 개입하는 경우가 있는데 이 경우, 세 명의 재판관 중 원고와 피고가 각 한 명의 재판관을 추천하여 선임하게 된다. 또한 이들에게 지급되는 수임료도 원고와 피고가 반씩 부담하면서 공정성을 기하게 된다.

한 법률 전문가는 만일 20% 전후로 부과한 판결이 많이 나온다면 일종의 기준으로 정립될 가능성도 있을 수 있다고 의견을 밝혔다.

사법부의 판사들은 모든 영역에 전문가일 수 없다. 따라서 과도하게 외부의 전문가 의견에 의존한다는 비판도 있다. 이러한 법정에서의 외부 전문가를 외국에서는 expert witness❖라고 부른다.

변호사 "판사들, 외부 감정결과에 너무 의존"

대형 로펌 소속 변호사는 "판사가 감정서를 읽어봐도 모르는 경우가 많다"며 "감정 결과에 이르게 된 과정은 생략한 채 결과만 가지고 판결주문을 정하는 경우가 없지 않다"고 꼬집었다.

감정인 선임과정의 로비의혹도 제기됐다. 한 변호사는 "감정평가인이 특정협회를 감정인으로 추천해 달라고 요청해 재판부가 해당 협회에 공문을 보내면 감정신청인이 해당 협회에 로비를 벌여 자기 쪽 관계자가 감정인으로 선정되도록 한다"며 "가장 많이 사용되는 수법"이라고 소개했다.

한국경제신문. 2013.4.15.

법관이라고 모든 영역에 전문성을 가질 수가 없다. 따라서 어느 분야일 경우는 전문가의 도움을 받을 수밖에 없다. 이러한 전문가 집단이 학회, 교육기관, 또는 협회 등이 가능할 것인데 학문을 연구하는 기관인 학회가 이러한

❖ 금융감독, 제도 및 정책. 박영사. 2012. chapter 38. expert witness를 참조한다.
한국경제신문. 2012.3.19. 금융 공정거래 소송 급증, 경제학 교수 몸값 '상승'이라는 기사에서도 expert witness에 대한 내용이 기술된다.

업무에 개입한다는 것이 적절한지에 대해서도 이견이 있을 수 있다.

결국 독립성이 이슈가 될 때 개입할 수 있는 독립적인 기관은 학회밖에 남지 않는다고 할 수 있다.

event study에 의해서 또는 분식회계가 관련된 주식 거래 건에서 분식회계가 없었다면 주가는 얼마였겠는지 등의 접근에서 정상주가를 구해야 하는데, 이러한 정상 주가의 산정은 많은 가정하에 구할 수밖에 없으며 당연히 가정이 상이하면 가격도 상이할 수밖에 없다. 따라서 상이한 가정하에서의 다른 가격은 틀린 가격이 아니라 다른 가격일 수밖에 없다.

수년 전 또한 최근에도 회계 관련 정책 결정을 위해서 많이 인용된 연구들 중에 대표적인 것이, 감사인 강제 교체가 바람직한지 또는 외부 감사인이 비감사서비스를 수행함이 이상적인지 아니면 어떠한 업무는 독립성에 부정적인 영향을 미치는지 등의 논란이었다. 그러나 이러한 연구의 결과가 일치하지 않는다. 따라서 한 쪽 실증분석 결과에만 근거하여 정책당국이 의사결정을 수행한다면 잘못된 판단을 수행할 수도 있다. 2002년 SOX를 제정할 때, 감사인 강제교체가 회계감사 품질 제고에 도움이 된다는 연구와, 아니라는 연구가 동시에 존재하였고 일관된 결과를 보이지 않기 때문에 실증분석 결과에 기초하여 정책 방향을 설정하는 것이 불가하였으며 미국에서는 SOX 제정 당시에는 이와 관련된 정책을 채택하지 아니하였다.

그렇다고 사법부가 어느 가정이 더 적합한지를 비교하는 학문을 연구하는 기관도 아니므로 사법부의 판단은 적절한 감정인을 선임한 이후에는 이들의 의견서에 기초하여 의사결정을 수행할 수밖에 없다. 최선의 대안은 아닐 수 있어도 그 이외의 대안이 있을 수 없다. 그렇기 때문에 가장 적합한 전문가를 선임하는 것이 재판의 결과에 중대한 영향을 미칠 수 있다.

회계감사 9년마다 무조건 교체?

■ 4년 전 폐지 외감법 '의무교체 조항' 부활 추진

4년 전 폐지된 '외부 감사인 의무교체 제도'를 부활시키는 방안이 의원 입법으로 추진된다. 상장기업에 대해 9년마다 의무적으로 감사인을 교체하도록 법으로 강제하자는 게 골자다. 상장기업과 회계법인은 '과도한 규제'라며 반대 목소리를 내고 있어 제도 도입을 놓고 논란이 일 것으로 예상된다.

4일 국회와 회계법인 업계에 따르면 이종걸 민주당 의원은 다음주께 감사인 의무교체 제도 도입 방안 등이 담긴 외부감사에 대한 법률 개정안을 대표 발의할 계획이다. 개정안에는 특정 회계법인이 특정 상장법인 기업에 대해 9년을 초과해 감사업무를 담당할 수 없도록 하는 조항이 담겨있다. 또 감사 계약이 종료되면 상장기업은 해당 회계법인을 2년 이내에 외부 감사인으로 재선임하지 못하도록 했다.

이 의원 측은 "기업과 회계법인의 유착 가능성을 줄이기 위한 것"이라며 "유럽연합 (EU)도 기업의 회계 투명성을 끌어 올리기 위해 감사인 교체 제도 도입을 추진하고 있다"고 말했다. 삼일, 삼정, 안진, 한영 등 '빅4' 회계법인이 기업 감사시장을 싹쓸이 하는 것을 막기 위한 목적도 있다고 이 의원 측은 설명했다.

기획재정부는 2003년 SK네크웍스(옛 SK글로벌) 분식회계 사태가 발생한 원인 중 하나로 영화회계법인(EY한영의 전신)의 허술한 감사를 꼽고, 6년마다 감사인을 의무교체하는 제도를 2006년 도입했다. 그러나 제도 도입 후 극심한 감사수임료 경쟁이 벌어지고, 저가 수주에 따른 부실감사 우려가 제기되면서 2009년 폐지됐다.

정치권의 외부감사 의무교체 제도 재도입 움직임에 대해 회계법인들은 크게 반발하고 있다. 한 회계법인 관계자는 "부작용이 많다는 게 드러나 폐지된 제도를 굳이 재도입해야 할 근거가 뭐냐"며 "감사인을 교체해야 회계 투명성이 높아진다는 입증자료는 없다"고 말했다. 기업들도 반기지 않는 눈치다.

재계 관계자는 "해외 법인과 자회사가 많은 대기업의 경우 감사인을 바꾸면 불편한 점이 많을 뿐 아니라 회사 기밀사항이 여러 곳에 노출될 우려가 있다"고 했다.

한국경제신문. 2013.9.5.

회계법인의 연대책임과 관련된 내용은 최근에 다음과 같이 기사화되었다.

저축은 부실, 회계법인도 연대책임

법원이 분식회계 등 경영진 비리를 제대로 밝혀내지 못한 회계법인도 연대책임을 지고 손해배상해야 한다는 판결을 내렸다.

서울고등법원 민사 12부는 3일 상장폐지된 제일저축은행의 주주였던 정모씨와 김모씨가 유동천 전 회장과 이모 전 대표, 신한회계법인을 대상으로 낸 손해배상 소송 항소심에서 원심 판단을 그대로 인용해 원고 일부 승소 판결했다고 밝혔다.

회계법인 측은 경영진 비리 사실은 자신들의 회계감사만으로 밝혀낼 수 없었다고 주장했다.

신한회계법인은 "제일저축은행이 조직적이면서도 은밀하게 분식회계를 저질렀고, 금융감독원에서도 제일저축은행의 불법 대출과 허위 재무제표 작성 사실을 발견하지 못했다"며 "피고 3인은 각자 자신의 책임에 따른 의무를 부담할 뿐이지 연대책임을 져야 한다고 볼 수 없다"고 했다.

하지만 재판부는 이를 받아들이지 않았다. 회계법인이 감사보고서에 적정의견을 내 투자자들에게 믿을 만한 근거를 제공했기 때문에 제일저축은행 상장폐지에 따른 연대책임이 있다고 판단했다.

매일경제신문. 2013.10.4

비례책임과 관련된
입법 내용

이종구 의원은 17대 국회에서 다음을 제안하였다.

외감법 개정안 통과

은행과 보험 등 기관투자자들은 이번 외감법 개정으로 부실회계에 대한 입증책임을 지게 되자 권한과 책임의 조화 측면에서 앞뒤가 맞지 않는다고 반발하고 있다.

회계법인과 달리 회계자료 제출 요구권이나 재산 상태에 대한 조사권은 물론 기업의 감사과정에서 취득할 수 있는 각종 정보, 이른바 감사조서에 대한 접근권이 전혀 없는데도 앞으로 부실 피해가 생길 경우 입증책임을 묻도록 하는 것은 비합리적이라고 주장하고 있다.

이에 대해 공인회계사 업계는 기관투자자는 일반 개인투자자와 달리 고도의 전문성을 갖고 있어 감사보고서의 해독 능력이 있는 만큼 감사인에게 입증책임을 물리는 것은 과잉규제라고 맞서고 있다. 또한 민법이나 상법상으로도 손해배상소송에서 인과관계에 대한 입증책임은 원고가 지는 것이 원칙이라고 덧붙였다(저자 추가: 여기서 원고라 함은 투자손실을 입은 금융기관이 소송을 제기했을 경우).

하지만 기관투자자들은 감사권한이 없는데 입증책임을 부담하는 것은 형평성에 맞지 않는다고 반박했다. 이들은 '최근 의료사고에 대한 대법원 판례에서도 의료행위 등 전문직 행위의 부실책임은 환자가 아닌 의사가 져야 한다고 판결하고 있다'며 '특별한 전문가만이 권한과 정보능력을 갖고 있다면 민법의 원고 입증책임 부담은 부당하다'고 주장하고 있다.

특히 기관투자자는 회계법인의 부실 입증에 필요한 감사조서에 대한 접근권이 없기 때문에 소송을 하지 않고서는 알 길이 없고 소송을 한다 하더라도 입증책임이 있어 승소 가능성도 낮다고 지적했다.

기관투자자 중에서도 입증책임 부담에서 자산운용사, 증권 등은 빠져 있고 은행, 보험 등만이 들어가 있는 것도 이해하기 힘들다는 지적이다. 입법발의를 한 이종구 의원 측은 '은행, 보험 등은 대출 금융기관이기 때문에 대출시 거래 기업의 정보 취득이 용이하고 이에 따라 입증책임을 지게 했다'고 설명하고 있다.

서울경제신문. 2008.2.22.

회계감사인은 거의 대부분의 경우, 회사가 제공한 정보에 근거하여 감사를 수행한다. 의도적으로 감사인을 속이려 하는 경우, 이를 감사인이 적발한다는 것은 매우 어렵다. 회계법인은 정보 이용자이지 정보의 생성자가 아니다.

유아이에너지 상장폐지는 무효. 거래소 상대 1심 승소, 재상장 가능성 높아

지난해 9월 상장폐지된 유아이에너지가 한국거래소를 상대로 '상장폐지 결정은 무효'라며 낸 소송 1심에서 21일 승소했다. 이번 판결이 확정되면 유아이에너지는 재상장할 가능성이 높아진다. 정리매매까지 마친 상장폐지 법인이 소송을 통해 재상장되는 첫 사례가 될지 주목된다.

서울남부지법 민사합의11부(부장판사 김성수)는 유아이에너지가 제기한 상장폐지 결정 무효확인 소송에서 이날 원고 승소 판결했다.

유아이에너지는 계열사 유아이이앤씨가 이라크 쿠르드자치정부와 맺은 8,900만달러 규모의 병원공사 계약을 2007년 10월 500만달러에 인수했다. 그러나 선수금이 유아이이앤씨로 들어가면서 문제가 생겼다.

증권선물위원회는 "유아이에너지가 선수금을 입금 및 회계처리하지 않고 과소계상했다"고 지적, 유아이에너지의 손실로 처리토록 했다. 이에 따라 유아이에너지는 전액 자본잠식으로 지난해 9월 상장폐지되고 주식은 정리매매됐다.

그러나 재판부는 "증선위 처분을 취소할 경우 유아이에너지는 자본전액잠식 상태가 아니다"며 "그럼에도 상장폐지 결정으로 유아이에너지가 코스닥 상장법인으로 누릴 수 있는 이익을 박탈당한 점이 인정된다"고 판결했다.

한국경제신문. 2013.6.22.

19대 국회에서 발의된 세 건의 법안을 아래에 인용한다.

비례책임과 관련된 내용은 2013년 8월 말 현재 법사위원회에 상정되어 통과될 가능성이 높다.

주식회사의 외부감사에 관한 법률 일부개정법률안
(김관영 의원 대표발의)

의 안 번 호	3671

발의연월일: 2013. 2. 8.

발 의 자: 김관영·배기운·신기남·김춘진·
한정애·박수현·박남춘·김장실·이강후·이
노근·노철래·이언주·윤호중·김종훈·신학
용·김동철·임수경·심윤조·유일호·최규성·
박상은·유승우·우상호·강길부 의원(24인)

▪ 제안이유 및 주요내용

현행법은 감사인이 회사 또는 제3자에 대하여 손해배상책임이 있는 경우
해당 회사의 이사 또는 감사도 책임이 있는 때에는 그들과 연대하여 손해를
배상할 책임이 있다고 규정하고 있음.

그러나 회사 재무제표 작성의 직접 당사자인 해당 회사의 이사와 전수조
사가 아닌 일정한 감사절차에 따라 감사하는 외부감사인은 그 책임의 정도가
다른 경우가 있음에도 불구하고, 법상 모든 경우에 연대책임을 지도록 하는
것은 형평의 원칙에 부합하지 않는다는 문제점이 제기되고 있음.

또한, 현행 연대책임제도하에서는 손해배상청구소송 제기 시점에서 피고
의 과실정도를 불문하고 회계법인 등 변제력이 있는 특정피고를 대상으로 소
송을 제기하는 사례가 증가하는 등 각종 부작용에 대한 우려가 커지고 있는
실정임.

이에 따라, 미국의 입법례를 참고하여 고의의 경우와 원고가 소액투자자
인 경우에는 현행과 같이 연대하여 배상책임을 지도록 하되, 원고가 소액투자
자가 아니고, 배상책임자가 고의가 아닌 경우에는 귀책사유에 따라 법원이 정
하는 비율에 따라 배상책임을 지도록 규정하면서 아울러 손해액의 일부를 배
상받지 못하는 경우 변제력이 있는 피고가 일부를 추가 부담하도록 하려는 것
임(안 제17조제4항 단서, 제5항 및 제6항 신설).

주식회사의 외부감사에 관한 법률 일부개정법률안
(정호준 의원 대표발의)

의 안 번 호	3287

발의연월일: 2013. 1. 10.

발 의 자: 정호준·배기운·이종걸·김영주·
안규백·김영환·김용익·조정식·강기정·양
승조·배재정·오영식·진선미·한명숙·이언
주·이용섭 의원(16인)

¶ 제안이유 및 주요내용

　기업의 회계부정은 주주, 투자자, 금융기관 등 채권자에게 직접 손해를 가할 뿐 아니라 국가 경제에도 큰 피해와 부담을 초래하기 때문에 「상법」과 이 법은 주식회사의 회계처리에 관하여 2중, 3중으로 그 감사체계를 규정함으로써 적법한 회계처리를 담보하고 있음.

　그러나 이러한 규제강화에도 불구하고 지난해 금융감독원이 감사를 실시한 기업의 절반 이상이 자산을 부풀리는 등 재무제표를 조작한 사실이 적발되었으며 이러한 회계부정으로 인해 수많은 선의의 피해자가 발생하였음에도 회계부정을 저지른 자에 대한 형사처벌 수준이 경미하다는 비판이 제기되고 있음.

　따라서 회계부정을 저지른 자의 처벌수준을 상향하는 등 규제를 강화하여 투자자 등 회계정보의 이용자를 보호하려는 것임(안 제19조 및 제20조).

주식회사의 외부감사에 관한 법률 일부개정법률안
(김종훈 의원 대표발의)

의 안 번 호	4069

발의연월일: 2013. 3. 14.

발 의 자: 김종훈·김영환·이만우·김태원·정
희수·정문헌·김한표·김형태·김종태·이이재
의원(10인)

▪ 제안이유 및 주요내용

기업의 분식회계는 주주·투자자·채권자 등 기업과 이해관계가 있는 자
에게 잘못된 회계정보를 제공하여 이들에게 막대한 손해를 끼치며, 자본시장
을 왜곡하여 정상적인 작동을 방해하는 등 국가 전체의 경제에 많은 부담을
초래함.

이렇듯 국민경제에 막대한 지장을 초래하는 분식회계를 미연에 방지하기
위해서는 회사의 등기된 임원이 아니더라도 사실상 분식회계를 지시하거나 주
도한 자를 증권선물위원회의 조치 및 형사처벌 대상에 포함시킬 필요가 있고
이와 아울러 분식회계에 대한 제재 수준을 강화할 필요가 있음.

이에 분식회계에 대한 증권선물위원회의 조치 및 형사처벌 대상자의 범
위에 회사 경영에 영향력을 줄 수 있는 최대주주 등의 「상법」상 업무집행지시
자를 추가하고 거짓으로 재무제표 등을 작성한 경우 등 분식회계에 대한 벌칙
을 강화함으로써 분식회계를 근절하려는 것임(안 제16조제2항, 제19조제1항 및
제20조).

Chapter 54에도 김종훈 의원의 법률안과 관련된 일부 내용이 기술된다.

위의 법안들이 통합되어 외감법 개정안이 국회 본회의를 2013년 12월 19
일 통과하였다.

상장사, 재무제표 회계법인-거래소에 동시 제출해야

- 외감법 개정안 국회 법사위 의결
- "회계법인에 재무제표 작성 떠넘기기 근절"
- 분식회계땐 '회장님'도 형사처벌

앞으로 상장사는 회계법인에 제출하는 재무제표를 금융당국에도 동시에 내야 한다. 회사가 결산업무 일부를 회계법인에 떠넘기는 관행을 없애기 위한 차원에서다.

국회 법제사법위원회는 이 같은 내용의 주식회사의 외부감사에 대한 법률(외감법) 개정안을 18일 처리했다. 김관영(민주당)·김종훈(새누리당)·송광호(새누리당)·정호준(민주당) 의원이 대표 발의한 4개 법안을 통합한 정무위원회 대안으로 조만간 국회 본회의에 상정돼 의결을 거칠 예정이다.

이 법안은 재무제표의 1차 작성자인 회사의 책임을 강화한 게 핵심이다. 법안에 따르면 상장법인은 주총 6주 전 감사인인 회계법인에 재무제표를 제출할 때 한국거래소에도 동시에 내야 한다. 회사가 현금흐름표 등과 같은 재무제표 작성의 일부를 회계법인에 떠넘기는 행태를 근절하기 위한 차원이라는 게 금융당국의 설명이다. 금융당국 관계자는 "회계법인이 만든 재무제표를 자기가 감사하는 식의 관행이 부실감사로 이어질 수 있다"며 "회사가 1차 작성한 재무제표를 거래소에도 내게 하면 이런 관행을 막을 수 있을 것"이라고 설명했다.

분식회계 및 부실감사에 대한 형사처벌도 강화된다. 명예회장이나 회장 등이 분식회계 관련 업무를 지시했을 때는 등기임원에 준해 형사처벌을 할 수 있게 된다. 회계처리기준 위반시에는 현행 5년 이하 징역 또는 5,000만원 이하 벌금에서 7년 이하 징역 또는 7,000만원 이하 벌금형으로 상향조정된다. 감사보고서 부실기재는 현행 3년 이하 징역 또는 3,000만원 이하 벌금형이 5년 이하 징역 또는 5,000만원 이하 벌금형으로 각각 강화된다.

아울러 외부감사인의 연대책임 제도도 개선된다. 회계법인은 고의적인 부실감사인 경우에는 기존 연대책임을 유지하지만 고의성이 없을 때는 귀책비율에 따른 손해배상책임(비례책임)을 부담하게 된다. 법안을 발의한 김관영 민주당 의원은 "재무제표 1차 작성자인 회사의 책임을 강화하면서 외부감사인에 대해서는 과실에 상응하는 손해배상책임을 물도록 해 제도를 합리적으로 개선하려는 목적"이라고 말했다.

한국경제신문. 2013.12.19.

Chapter

91

불가피한 사유로 감사의견 등을
수정·공시한 감사인에 대한
감경실시

1. 불가피한 사유로 감사의견 등을 수정·공시한 감사인에 대한 감경실시(신규)

　※ 적용대상: 감사인·공인회계사

　가. 현황 및 문제점

　■ 감사인이 회사의 회계오류 수정·공시라는 행위에 적극 조력한 사실이 객관적으로 인정되는 경우 감경 가능

　　－ 하지만, 수정·공시 권고에 대한 회사의 거부, 감사인 변경 등으로 회사의 재무제표 수정·공시에 감사인이 조력할 수 없는 상황에서 감사인의 독자적인 노력에 대한 감경기준 없음

　　－ 이에 따라 감사보고서를 자진수정할 인센티브가 없어 회사의 회계오류를 알면서도 이를 방치할 가능성이 있음

　나. 개선방안

　■ 감사인의 수정·공시권고 거부, 감사인 변경 등 불가피한 사유로 회사의 재무제표가 수정·공시되지 않았다면,

　　－ 회계오류를 감사의견 등에 반영하여 감경시한*까지 감사보고서를 재발행한 경우 감경할 수 있도록 명시

　　＊ 2단계: 심사감리 착수 前, 1단계: 혐의·정밀감리착수일(자료제출요구일) 후 1개월

2. 금융회사 및 그 감사인에 대한 일부 감경요건 적용 배제 명시(일부 旣시행)

※ 일부사항 旣적용(비상장금융회사), 적용대상: 회사·감사인·공인회계사

가. 현황 및 문제점

■ 일반회사와 달리 이해관계자 또는 국민생활 경제에 대한 파급력이 매우 큰 금융회사(감사인 포함)에 대하여 실무적으로 감경을 배제하고 있는 사항 등에 대하여 명시

나. 개선방안

− 금융회사 및 해당 감사인에 대하여 다음의 감경사유에 적용 배제를 명시화

ⅰ. 비상장법인(금융회사)*

* 상장회사와 동일한 규모조정계수를 적용하는 방법으로 감경배제

ⅱ. 계속감사가 아니면 발견하기 어려운 사항(감사인만 해당)

공정공시제도의
적용

삼성 SDI, 미 캐피털에 비공개 IR

■ 지분 5% 대주주, 고위 경영진 방한

박상진 삼성SDI 사장이 추석 연휴 직전 미국계 금융회사 더캐피털그룹의 고위 경영진과 장시간 회동했다.

더캐피털그룹 계열의 캐피털리서치 앤 매니지먼트는 지난 8월 삼성 SDI 지분 5%를 취득해 삼성전자, 국민연구, 한국투자신탁에 이은 4대 주주로 부상했다.

26일 전자업계에 따르면 박사장은 삼성전자 서초사옥에서 더캐피털 고위 경영진들과 열흘 전 기업 설명회를 겸한 비공개 회의를 가졌다.

박사장 등 회사 경영진은 삼성 SDI 지분을 대량 매입한 캐피털 측에 삼성 SDI의 경영 현황과 향후 계획을 설명했다.

전자업계 고위 관계자는 "삼성전자의 주요 주주이기도 한 캐피털 측이 삼성 SDI의 미래 비전에 상당한 관심을 표명해 온 것으로 안다"며 "이에 따라 별도의 비공개 IR 기회를 마련했을 것"이라고 말했다.

글로벌 고객사 확충과 전자업계 신성장 동력 강화에 주력해온 삼성 SDI는 기업 주가를 안정적으로 뒷받침하기 위해 해외 투자자 확보가 더욱 필요하다고 판단한 것으로 알려졌다.

이에 따라 올해 들어 해외 기관투자자들을 상대로 회사 경영 현황과 미래 방향을 설명하는 IR에도 주력했으며 캐피털사의 지분 투자로 이러한 노력의 결과로 풀이된다.

매일경제신문. 2013.9.27.

공정공시의 적용과 관련되어 위와 같은 내용이 기사화되었다. 거의 같은 내용이 9년 전에도 기사화되었는데 그 당시에는 이러한 배타적인 IR이 공정공시의 위배가 아닌지에 대한 의문이 제기되었다. 미국의 금융회사도 동일한 회사이며 공정공시의 근간도 변경된 것이 아니므로 9년 전에 문제가 되었다면 지금도 문제일 수 있다.

캐피탈그룹엔 달려가 IR 개인투자자엔 꼭꼭 숨겨. 공시위반 아닌가?

"공정공시 위반 아니냐" 개인투자자들이 미국계 자산운용사로 세계 증권계에서 최고 큰손으로 꼽히는 캐피탈그룹에 쏟아내는 불만사항이다. 이 같은 불만은 지난 14일부터 서울신라호텔에서 투자전략회의를 겸해 삼성전자 등 국내 대기업 최고경영자를 차례로 면담하고 경영현황에 대한 설명을 들었던 캐피탈그룹이 면담내용을 개인투자자에게 전혀 공개하지 않았다는 점에서 비롯됐다. 이 때문에 15일 국내증시는 캐피탈그룹 공정공시위반 논란으로 뜨거웠다.

캐피탈그룹이 대주주라는 우월적인 지위를 이용해 비공개간담회에서 독점적으로 경영계획 등에 대한 정보를 취득했다면 공정공시 위반 가능성을 배제할 수 없다는 지적이다.

여기에 기업설명회 때마다 개인소액주주 목소리에 귀를 기울이지 않았던 대기업 CEO들이 대규모 지분을 보유하고 있는 외국계 펀드라는 점에서 직접 방문해 회사에 대한 깊은 사정까지 설명했다는 것 때문에 대기업을 비난하는 개인투자자 목소리가 커지고 있다.

거래소 관계자는 "삼성전자, 현대차, SK, 신한지주 경영진과 캐피탈그룹이 면담하는 과정에서 오간 내용들을 현재까지 파악한 결과 공정공시 위반사항은 없었던 것으로 확인됐다"고 설명했다.

다만 거래소는 앞으로 캐피탈그룹 외에도 외국 기관투자자들이 상장사 경영진을 면담하는 사례가 잇따를 가능성을 고려해 상장법인에 공정공시준수에 대한 주의를 당부하는 협조공문을 발송하는 방안 등을 검토하고 있다.

매일경제신문. 2004.9.16.

결언

    지난 1년 반 작업하던 저술을 마감하게 되니 매우 기쁘다. 교수로서 성취할 수 있는 것이 여러 가지라고 생각한다. 가장 기본적인 임무는 강의이며 그 다음이 연구일 것이다. 저자는 교수의 역할은 연배에 따라 달라져야 한다고 생각하며 젊은 교수는 조금 더 학술적인 논문에, 연배가 있는 교수들은 정책적인 부분의 저술도 의미 있는 일이라고 생각한다.

    저자가 교수생활을 하고 있는 동안 무엇인가 의미 있는 일을 계속 하고 싶다. 그리고 내가 받은 것을 사회에 되돌려 주어야 하는데 이는 계속된 숙제로 안고 간다.

    좋은 직장에서 좋은 분들과 같이 일하고 있으니 항상 모든 것에 감사한다. 학생, 직원, 동료 교수, 특히 가족을 포함한 주변의 모든 분들에게 감사한다.

2014. 1

참고문헌

경향신문. 2012.9.26. 공기업 부채 회계처리 국책 자체 사업 구분을

국민일보. 2010.11. 코스닥 상장폐지 이대로 좋은가

금융감독원. 2012.7.26. 보도자료: 최근 상장 폐지기업의 주요 특징 및 유의사항

금융감독원. 2013.9.17. 자본시장조사업무 규정

김교태 삼정 KPMG 대표 2013.4.1.

기획재정부. 국가회계기준센터. 국가회계제도 개혁 백서. 2012.

뉴스토마토. 2013.3.15. 분식회계 처벌강화 법률 개정안 발의

뉴시스. 2010.11.16. 현대그룹, '배수의 진' 통했다. 현대건설 우선협상자로 선정

동아일보. 2010.8.28. 기업공시분석, 상장사 경영진 횡령/배임

동아일보. 2012.10.26. 회계분식 기업 10곳 중 7곳은 상장폐지된 것으로 조사됐다

매경이코노미. 2012.10.31.~11.6. 외국기업은 왜 유한회사를 좋아할까?

매경이코노미. 2013.4.10.~16. 재계 오너가 등기임원 엇갈린 행보

매일경제신문. 2004.9.16. 캐피탈그룹엔 달려가 IR 개인투자자엔 꼭꼭 숨겨. 공시위반
　　　　　　아닌가?

매일경제신문. 2005.4.20. 법원 "경영참여 안 했을 땐 책임 없다"

매일경제신문. 2005.5.18. 에버랜드 금융지주사 탈출 '돌파구' 새 회계기준 공정성 논란

매일경제신문. 2005.10.18. 최고가치낙찰제 도입 추진

매일경제신문. 2006.9.27. 미공개정보 이용 금지 대상자 확대. 회계 법무법인도
　　　　　　적용대상 포함

매일경제신문. 2007.4.3. 미 골리앗 회계법인 로펌과 힘겨운 싸움

매일경제신문. 2008.7.4. 금감원 휴대폰 보조금 자산처리도 가능. KTF, SKT 주가에 큰
　　　　　　영향 없어

매일경제신문. 2009.11.26. IFRS도입 수협 출자금 신경전

매일경제신문. 2010.4.21. 회계법인 감사보고서 못 믿겠네. '적정의견' 반년새
　　　　　　　　'의견거절'로 뒤집기도

매일경제신문. 2010.4.22. 부실회계 망령 또 월가 엄습

매일경제신문. 2010.7.27. 애널리스트 이력 보고 투자를

매일경제신문. 2010.9.20. SEC, 금융회사 윈도드레싱 차단

매일경제신문. 2010.12.20. 기업 수사 단골 배임

매일경제신문. 2011.1.6. IFRS 도입 110조 법인자금 '꿈틀'

매일경제신문. 2011.5.5. IFRS 대혼란. 금융사 뻥튀기 실적. 신한금융 회계변경에
　　　　　　　　올 순익 3천억

매일경제신문. 2011.5.6. 검－금융위, 금융범죄 조사권 힘겨루기?

매일경제신문. 2011.8.2. 상장사 30% IFRS에 우발채무 기재 안 해. 금감원 1분기
　　　　　　　　보고서 점검

매일경제신문. 2011.10.18. 미공개정보 이용, 처벌 범위 넓힌다. 자본시장법 개정안 탄력

매일경제신문. 2011.12.2. CT&T 결국 법정 관리. '분식 회계 의혹 있다' 감사 신청

매일경제신문. 2012.4.27. 회계법인의 "깜짝" 외자유치

매일경제신문. 2012.5.20. 법무부 '불공정거래행위' 구성 제안

매일경제신문. 2012.5.22. 상장폐지 약식실질심사 생긴다

매일경제신문. 2012.6.4. 회계법인 헤지펀드 서비스시장 속속 진출

매일경제신문. 2012.6.13. 불공정거래 피해자 소송 지원을

매일경제신문. 2012.6.22. 주가조작 땐 형사처벌에 과징금까지

매일경제신문. 2012.7.3. 강성원 한국공인회계사회 신임 회장

매일경제신문. 2012.7.19. 상장사 횡령, 배임 방지 대책 나온다

매일경제신문. 2012.8.3. 부실기업 징후 10가지. 대주주 자주 바뀌고 갑자기 흑자 전환

매일경제신문. 2012.8.16. 종속회사 연결 공시 오리무중

매일경제신문. 2012.8.22. '증시 심장부' 공시 시스템 구멍

매일경제신문. 2012.8.22. 거래소 '즉각 공시' 추진한다지만

매일경제신문. 2012.8.30. 국민연금, 손해배상 소송 나선다

매일경제신문. 2012.9.12. 기업 신용등급 국내외 따로 왜?

매일경제신문. 2012.9.18. 신텍 "분식회계 손배소송 적극 대응"

매일경제신문. 2012.9.19. SSCP 부도설 9시 1초 거래정지 의혹커지는 1초

매일경제신문. 2012.9.20. LIG 본사, 회장 자택 10곳 압수수색

매일경제신문, 2012.9.20. 상폐심사 5사 중 4사 결국 퇴출 "요행 심리 투자 금물"

매일경제신문. 2012.9.28. 웅진홀딩스 법정관리 직전까지 A－

매일경제신문. 2012.10.13. 상장사 ESG 공시 의무화 추진

매일경제신문. 2012.10.19. 법원 "명목상 대표에 과세 처분 부당"

매일경제신문. 2012.11.3. 공기업도 신종자본증권 탐내네

매일경제신문. 2012.11.8. 신종자본증권 논란. 어떻게 결론날까. 회계기준으로 '자본' 인정 유력할 듯

매일경제신문. 2012.12.1. 영구채는 자본 회계기준원, 비공식 회의서 만장일치 합의

매일경제신문. 2012.12.5. 미, 중회계부정에 칼 빼

매일경제신문. 2012.12.7. 외국 기업 상장 문턱 낮추기로

매일경제신문. 2012.12.11. A 등급 맞아? 회사채 등급 시비

매일경제신문. 2012.12.13. '정부 미수금 6조' 돈 받을 권리 팔아 빚 갚으려 했는데

매일경제신문. 2012.12.15. 작전주 혐의 공시 빨라진다

매일경제신문. 2012.12.17. "주총 따른 경영행위는 배임죄 아니다"

매일경제신문. 2012.12.20. "대주주 연봉 너무 많아도 결격"

매일경제신문. 2012.12.22 상장폐지 요건에 매출기준 없애

매일경제신문. 2012.12.24. 가스공 5조 4천억 미수금 유동화 무산

매일경제신문. 2012.12.25. 나라빚 48조 늘어난 468조원 국제기준 맞춰 예보채 등 포함, 재정관리 '비상'

매일경제신문. 2012.12.26. 회계주권이 흔들린다

매일경제신문. 2012.12.27. '관리' 벗어나도 안심은 금물

매일경제신문. 2013.1.15. 금감원, 日 상장 회계법인 감리 면제 추진

매일경제신문. 2013.1.15. "미련 없이 EJ난다" 자진 상폐 왜

매일경제신문. 2013.1.17. 미 주총자문기관 ISS 동아제약 기업 분할 찬성

매일경제신문. 2013.1.21. '자본금 거짓 납입'공시 의무화

매일경제신문. 2013.1.26. 가스공 1천억원 외화채발행 포기. 5조원대 미수금 손실 처리로 자금 조달 '불똥'

매일경제신문. 2013.1.30. LIG 그룹 상대 CP투자자 집단소송

매일경제신문. 2013.2.14. 가스공사 재무개선 시나리오

매일경제신문. 2013.2.28. 올해 주총 대주주 잡는 '감사' 나올까

매일경제신문. 2013.3.4. LIG CP 손실 증권사도 책임

매일경제신문. 2013.3.11. 사외이사 요건 못 맞춰. 대우건설 등 '위법'

매일경제신문. 2013.3.13. 주총 이사 선임 일괄상정 논란

매일경제신문. 2013.3.13. 작전세력에 과징금 부과

매일경제신문. 2013.3.16. 주총 주요 내용

매일경제신문. 2013.3.16. 견제는 없고 거수기로 전락한 사외이사

매일경제신문. 2013.3.20. 사립대 회계 감사 정부가 감리

매일경제신문. 2013.3.28. 주가조작 부당이득 100% 환수. 금감원에 특별사법경찰권 부여 추진

매일경제신문. 2013.3.29. 주가조작 신고 포상금 최고 10억으로

매일경제신문. 2013.3.29. 기업 신용 '민낯' 드러났다

매일경제신문. 2013.4.1. CEO&CEO 김교태 KPMG 대표

매일경제신문. 2013.4.3. 사외이사 지나친 보수 못 받는다

매일경제신문. 2013.4.9. 회계법인 개별 감리 감독 품질관리 위주로 바꿔야

매일경제신문. 2013.4.10. 5억원 이상 임원 연봉 공개

매일경제신문. 2013.4.11. KPMG 내부거래 들통

매일경제신문. 2013.5.2. 현대차/모비스, SK/SK C&C

매일경제신문. 2013.5.3. 금융지주 회장 뽑을 때 공익대표 참여. 사외이사 경영진 동시 견제

매일경제신문. 2013.5.6. 셀트리온 헬스케어는 별개사

매일경제신문. 2013.5.16. "신종자본증권＝자본" 가닥

매일경제신문. 2013.5.17. SK텔레콤, 포스코 '영구채' 발행한다. 대한항공, 현대상선도 추진

매일경제신문, 2013.5.27. 경영평가단 제동에 공기업 영구채발행 '빨간불'

매일경제신문. 2013.6.1. 금융지주 지배구조법 법률대신 자체규정으로

매일경제신문. 2013.6.26. 상장폐지 2심 제도 필요한 이유

매일경제신문. 2013.7.12. IPO 활성화 어떻게. 불필요한 의무공시부터 확 줄여야 숨통

매일경제신문. 2013.7.18. 국민연금, 한전 주 보유 10%까지 늘릴 수 있다

매일경제신문. 2013.7.22. 채권자 이익 침해한 기업대표 법정관리서 경영권 박탈

매일경제신문. 2013.7.26. 보험사 신종자본 증권 비상

매일경제신문. 2013.9.5. 신설 '자본시장조사단 파견' 금감원선 사다리탔다는데

매일경제신문. 2013.9.11. 이견 못 좁힌 상법 개정안 공청회 "감사 의결권 제한은 위헌적 발상"

매일경제신문. 2013.9.27. 삼성 SDI, 미 캐피털에 비공개 IR

매일경제신문. 2013.10.4. 저축은 부실, 회계법인도 연대책임

매일경제신문. 2013.10.8. 거래소 '해명공시' 도입한다. 허위 소문에 발빠른 대처

매일경제신문. 2013.11.19 '퇴출 저축은' 회계법인 제재 어이할꼬

머니투데이. 2009.2.24. 자산재평가, 숨기는 기업 많다.

문화일보. 2012.4.2. 공공부문(정부＋공기업) 부채 사상 첫 800조 돌파

문화일보. 2012.7.13. "기업 존속 힘들다" 감사 결과 나온 기업 92%가 1년 내 상장폐지

문화일보. 2013.4.8. '기업가치평가시스템' 국내 첫 도입

문화일보. 2013.4.29. 與, '국민연금 국가 지급보증' 철회, 여야 합의한 포퓰리즘 법안, 첫 제동

문화일보. 2013.6.18. 회계법인 부실감사 처벌 '예외 없다'

문화일보. 2013.7.24. 대법 징벌적 손배 도입 검토

문화일보. 2013.9.30. 자본시장법 개정, 내년부터 CEO 연봉 공개

문화일보. 2013.10.2. 개방형 감사관제 결국 '제 식구 채우기'

문화일보. 2013.12.17. 회계법인 부실감사로 업무정지 땐 최대 20억 과징금

상장회사감사회 회보. 심영. 2012.9. 개정상법에 따른 회계제도의 변화와 감사의 책임

손성규. 회계감사이론, 제도 및 적용. 박영사. 2006

손성규. 수시공시이론, 제도 및 정책. 박영사. 2009

손성규. 금융감독, 제도 및 정책. 박영사. 2012

손성규. 한국경제신문. 2013.6.5. 분식회계와 책임소재

서울경제신문. 2001.2.13. 금감원 눈 뜬 장님

서울경제신문. 2004.6.29. 손회장 노역대가 하루 1억?

서울경제신문. 2007.7.2. 에이디칩스 인수안 부결, SKT 사외이사 반란

서울경제신문. 2008.6.11. 이통사, 휴대폰 보조금 회계방식 신경전

서울경제신문. 2008.2.22. 외감법 개정안 통과

시사저널. 2011.6.9. 한국거래소 소속부제 개편 한 달, 불공정 공시 분식회계 횡령, 배임 수백억 적자. 이런 기업이 우량기업?

시사저널. 2013.4.16. 대학병원장이 제약회사 사외이사

시사저널. 2013.5.21. 국민의 머슴이 혈세로 잔치 벌인다

시사저널, 2013.8.28. 재벌총수 봐주기 재판 이제야 종지부 찍나

시사저널. 2013.9.10. 'LIG 오너 일가' 발등에 떨어진 불

연합뉴스. 2007.6.20. SK텔레콤, 에이디칩스 유상증자 참여 지분 25% 확보 … 최대주주

YTN. 2012.7.2. 솔로몬, 회계기준 바꿔 퇴출 모면

YTN. 2012.10.22. 금융비리 직원 퇴직 후에도 징계 가능

월간 상장. 조용만. 2009. 지주회사의 자회사 공시

월간 상장. 한국상장회사협의회. 2013.7. 자본시장소식

이데일리. 2009.4.10. 16일부터 상장사 자산재평가 공시 의무화

이코노미스트. 2012.9.3. 경기침체에 회계법인도 울상

전국경제인연합세미나. 송종준. 2006.11.20. 경영판단원칙과 그 수용성의 과제

정운찬. 시사저널. 2014.1.7 단기 실적 매달리는 재벌 총수 문화 바꿔어야

제4회 국제회계포럼. 신용인. 2012.11.28. 비외감대상 조직의 회계투명성

조선일보. 2011.9.29. 금융당국, 저축은 구조조정 적당히 하려다 허 찔렸나

조선일보. 2012.3.16. 가동 중단 두산엔진, 공시위반 거짓말 의혹

조선일보. 2012.3.28. 고대 의대생 성추행 피해 여학생 가해자 변호사를 명예훼손 고소

조선일보. 2012.6.21. "대출 담보물 평가는 우리가" 은행 감정평가협회 정면 충돌

조선일보. 2012.7.3. '매수' 추천으로 안 통하니 '확신 매수' 추천까지

조선일보. 2012.7.26. 기업 불공정 행위 피해, 집단소송으로 한 명만 이겨도 최대 10배 배상

조선일보. 2012.9.20. LIG 수백억 분식회계 협의, 압수수색

조선일보. 2012.12.25. 저축은 부실 메우느라 국가채무 16조원 늘어

조선일보. 2013.2.5. 현대카드냐 캐피탈이냐. 정태영 사장의 선택은

조선일보. 2013.3.13. SK, 한화의 사외이사 '꼼수'

조선일보. 2013.3.14. 외국 보고서 하나에 허둥대는 거대 금융지주 KB

조선일보. 2013.3.18. KB 경영진, 이사회, 'ISS보고서 갈등' 2라운드

조선일보. 2013.3.21. 감사원장도 '국정철학' 공유해야 하나

조선일보. 2013.3.25. 재판 한 달 앞두고 신동빈, 롯데쇼핑 대표이사에서 물러나

조선일보. 2013.3.28. 민간인 신분 금감원 직원에 주가조작 수사권 추진

조선일보. 2013.4.3. "사외이사, 경쟁사 사람도 과감히 발탁해야"

조선일보. 2013.4.10. 5억 이상 받는 CEO 임원 개인별 연봉 공개 추진

조선일보. 2013.4.15. 징벌적 손해배상제 도입

조선일보. 2013.4.17. 분식회계 적발되면 오너까지 처벌

조선일보. 2013.5.20. 해외연기금 '의결권 자문 회사' 이용 주총 안건에 어떤 표 던질지 자문받아

조선일보. 2013.5.20. '판치는 갑의 횡포' 국민연금, 주주권을 꺼내라

조선일보. 2013.6.26. 누설자인가 내부고발자인가? Leaker or Whistleblower?

조선일보. 2013.7.17. 기업 감사위원 독립성도 강화, 이사가 겸임 못하게 해

조선일보. 2013.8.19. 사외이사 선임관철, 기관투자자 제 목소리 내기 시작하나

조선일보. 2013.8.24. 집중투표제는 유보, 전자투표제는 2015년 시행하기로

조선일보. 2013.8.24. 재계 수정안도 기업 지배구조 흔들어, 전면 백지화가 최선

조선일보. 2013.9.3. 또 위기에 처한 금호산업, 자본잠식률 88.6%

조선일보. 2013.9.6. 상장사 감사 선출 때 대주주 의결권 제한 완화

조선일보. 2013.9.11. '가족친화인증' 상장사 주가 쭉쭉 오르네

조선일보. 2013.9.14. 오너범죄 엄벌 수위 더 높아져, 재계 'LIG 쇼크'

조선일보. 2013.9.16. 외감법 정면개정 추진, 유한회사도 외부감사 받도록

조선일보. 2013.11.18. '부실감사' 삼일회계법인 법원 "140억 배상금 내라"

조선일보. 2013.12.12. 기업활동으로 생긴 손실로 배임죄, 새 가슴된 기업인들

조세일보. 2011.6.10. 회계사회, '손해배상 비례책임제' 도입 추진

조세일보. 2012.7.17. 김교태 대표 면담

조세일보. 2013.7.23. 회계법인 품질관리 결과 일반에 공개된다

파이낸셜뉴스. 2012.10.14. '회계감사 사각' 유한회사 급증

파이낸셜뉴스. 2013.9.3. "기업 자산재평가 누구 업무냐" 법원 일단 '감정평가사' 손들어줘

한겨레신문. 2007.7.9. 신용 팔아 투자했다가 '깡통 계좌' 찬 개미들 늘었다

한겨레신문. 2007.7.3. SKT, 인수계약취소, 내부자 거래 의혹

한겨레신문. 2013.8.15. 한국 임원보수 '수수께끼 같은' 공시

한계레신문. 2013.11.4. '위임입법' 견제장치 유명무실

한국경제신문. 2006.2.2. 외부감사 받는 중기 금리우대

한국경제신문. 2007.5.14. 공시 안 하고 분기보고서로 '슬쩍' 얌체 실적 발표 꼼꼼히 챙기세요

한국경제신문. 2008.4.2. 한국타이어 '굴욕' 직장 폐쇄로 '한정'감사의견

한국경제신문. 2008.12.27. 코스닥기업 주총 전 '현금배당결정'공시 못한다

한국경제신문. 2010.3.30. 정유업계, IFRS발 어닝 서프라이즈 온다

한국경제신문. 2010.5.19. 부실증권신고서 수리거부할 것

한국경제신문. 2010.6.10 애널리스트 공시 아닌 空시

한국경제신문. 2010.7.1 '법인세법 어떻게 바뀌나' 업계반응, "고심했지만 형평성 부족"

한국경제신문. 2010.7.1. IFRS 충격 없게 법인세법 고친다

한국경제신문. 2010.8.16. 정정공시, 더 구체적으로 기재해야

한국경제신문. 2011.1.11. 공적연금충당금, 정부부채제외논란. 재정부 2011 회계부터 적용

한국경제신문. 2011.3.4. 5월부터 'IFRS 대혼란' PER 다시 계산해야

한국경제신문. 2011.7.23. 현금 800억원 쌓아둔 회사가 '관리종목위기'라니

한국경제신문. 2011.9.26. 회계법인이 찾아낸 불법대출 금감원은 저축은 검사 때 몰랐다

한국경제신문. 2011.9.30. 저축은 구조조정 '회계감사 변수'

한국경제신문. 2011.10.7. 정부부처 살림살이 회계법인이 감사. 감사원 결산 감사에 참여

한국경제신문. 2012.1.30. 법무부, 증선위원 자리 요구에 주가 조작 과징금 무산

한국경제신문. 2012.3.19. 금융 공정거래 소송 급증, 경제학교수 몸값 '상승'

한국경제신문. 2012.3.29 회계기준 '허점', 코스닥 41社 살았다

한국경제신문. 2013.4.11. 주가 조작 사범 이득 본 만큼 뱉어낸다

한국경제신문. 2012.5.14. 저축은 재무건전성 기준 더 깐깐해진다

한국경제신문. 2012.5.22. 우량기업 상장폐지 '약식' 심사한다

한국경제신문. 2012.6.6. 금융회사 재무 임원 임면 때 이사회 의결 반드시 지켜야

한국경제신문. 2012.6.12. 회계법인 싸고 도는 금감원

한국경제신문. 2012.6.13. "사외이사 과반 의무 '자산 1조'로 확대", 재계 "자율성 침해"

한국경제신문. 2012.6.16. 중국고섬, 감사의견 또 거절. 상장폐지는 보류

한국경제신문. 2012.6.22. 주가조작 '사장님 전력' 공시

한국경제신문. 2012.6.22. 미·중, 이번엔 '기업회계 자존심' 대결

한국경제신문. 2012.7.4. 하이증, 골프회원권 회계 위반?

한국경제신문. 2012.7.17. 조회공시 뜨기 전에 상장사가 먼저 답변

한국경제신문. 2012.8.2. 합병 연기 공시만 17번, 증권신고서 제출도

한국경제신문. 2012.8.6. 신용평가수수료 개인 대신 은행이 낸다

한국경제신문. 2012.8.10. 유가증권시장엔 없고 코스닥시장엔 있고, 따로 노는
　　　　　　　　　M&A 공시 의무

한국경제신문. 2012.8.10. 유가증권시장엔 없고, 코스닥엔 있고 따로 노는 M&A 공시
　　　　　　　　　의무

한국경제신문. 2012.8.20. 들쭉날쭉한 '업무상 배임' 판결, 죄형법정주의 위배
　　　　　　　　　"경영판단 처벌 기준 형법에 명문화해야"

한국경제신문. 2012.8.31. 연합과기 중 기업 첫 퇴출

한국경제신문. 2012.9.5. 상장사, 영업이익 '꼼수' 못부린다

한국경제신문. 2012.9.7. '신텍 부실감사' 삼일, 유사소송서 승소

한국경제신문. 2012.9.8. 에르메스 탐내는 루이비통 야금야금 지분 매입 들켰다

한국경제신문. 2012.9.15 독자신용등급 도입, 사실상 무산

한국경제신문. 2012.9.18. 요원해진 신용평가시장 선진화

한국경제신문. 2012.9.19. 대한해운 증자 뒤 법정관리 주가하락으로 주주손실 주관
　　　　　　　　　현대 대우증 배상해야

한국경제신문. 2012.9.20. 재무제표 작성 외부감사인 의존 못한다

한국경제신문. 2012.9.20. '주가 급변동' 조회공시 기업 60% 투자경고 등 제재받아

한국경제신문. 2012.9.20. 회계법인 대상 '부실감사' 소송 는다

한국경제신문. 2012.9.28. 웅진 CP 개인채 투자한 개인들 '패닉'

한국경제신문. 2012.10.17. 작전세력 내부고발 땐 제재 낮춘다.
　　　　　　　　　금융위, 불공정거래 근절 위해 '리니언시' 제도 도입

한국경제신문. 2012.10.19. 주가 변동 조회공시 때 '중요사항 없음' 못 쓴다

한국경제신문. 2012.11.2. 금융위, '두산 영구채 자본 아니다' 부채로 회계처리해야,
　　　　　　　　　발행 추진 기업들 비상

한국경제신문. 2012.11.2. "유사시 먼저 갚아야 할 빚인데 어떻게 자본이냐" 브레이크

한국경제신문. 2012.11.3. 금융위 금감원 엇박자가 만든 '두산 영구채 논란' 8일 판가름.
　　　　　　회계기준원, 연석회의 통해 판가름

한국경제신문. 2012.11.12. 경영상 판단, 배임죄 처벌 말아야

한국경제신문. 2012.11.17. 기업 신평사 중개할 공적 기관 필요

한국경제신문. 2012.11.28. 신용평가를 의뢰한 기업의 대표이사는 신평사가 요청한
　　　　　　자료를 직접 확인한 뒤 제출해야

한국경제신문. 2012.12.5. 중국기업정보, 미선해야 하고 중선 안 되고,
　　　　　　미·중 대결에 등터지는 글로벌 회계법인

한국경제신문. 2012.12.12. 한계 상장기업 미리 찾아내 거래소, 자구방안 요구키로

한국경제신문. 2012.12.17. 이사회 결의 따른 경영행위, 업무상 배임죄 물을 수 없다

한국경제신문, 2012.12.19. 거래소－아큐텍, 끈질긴 '상폐갈등'

한국경제신문. 2012.12.20. 상장기업 IR 가이드라인 만든다

한국경제신문. 2013.1.8. 고교생 10명 중 4명 "10억 생긴다면 1년 감옥가도 좋다"

한국경제신문. 2013.1.16. 웅진홀딩스 회계처리 논란, 회생안 진통 예고

한국경제신문. 2013.1.26. 새마을금고(총 자산 300억원 이상) 외부감사 의무화

한국경제신문. 2013.2.1. 툭하면 정정공시, 변덕 상장사 주의

한국경제신문. 2013.2.5. 졸업 기준 없는 '우리금융 정상화 약정'

한국경제신문. 2013.2.25. 회계부정이 한 사람 책임일 수 있나

한국경제신문. 2013.3.6. 기업 맘대로 신평사 못 정한다

한국경제신문. 2013.3.7. 토요타, 사외이사에 마크호건 GM 전 부회장 선임

한국경제신문. 2013.3.8. 시총 500억 넘으면 수시공시 5,000억 넘으면 수시공시
　　　　　　'마음대로'

한국경제신문. 2013.3.8. "가스公, 회계기준 변경으로 미수금 우려 해소"－키움證

한국경제신문. 2013.3.12. BMW, 스타벅스의 '꼼수'

한국경제신문. 2013.3.13. '주가조작 과징금' 재추진, 부당이득 전액 환수한다

한국경제신문. 2013.3.13. 주가조작 부당이득 전액 환수

한국경제신문. 2013.3.14. '새총' 갖고 전쟁 나가는 금감원

한국경제신문. 2013.3.16. 부광약품, 오너 2세 김상훈 체제로

한국경제신문. 2013.3.20. 금감원, 비상장사도 분식회계 처벌 강화

한국경제신문. 2013.3.25. 주가조작 검찰이 바로 조사한다

한국경제신문. 2013.3.28. "합리적 경영판단 책임 묻지 말아야" 배임죄 완화 추진

한국경제신문. 2013.3.28. 금감원에 '특별사법경찰권' 부여 추진

한국경제신문. 2013.4.1. '회계상 영업권' 세금 폭탄. 합병 기업 초비상

한국경제신문. 2013.4.1. 배당액 산정 때 미실현이익 포함 못해

한국경제신문. 2013.4.2. 한전, 자회사 순익 절반 챙긴다

한국경제신문. 2013.4.10. 재무평가 받는 '대기업집단' 늘어난다

한국경제신문. 2013.4.11. 주가조작 사범 이득 본 만큼 뱉어낸다

한국경제신문. 2013.4.12. 월가 간판 CEO, 엇갈린 행보

한국경제신문. 2013.4.18. LIG건설 CP판매한 증권사 항소심 "손해배상 의무 없다"

한국경제신문. 2013.4.15. 변호사 "판사들, 외부 감정결과에 너무 의존"

한국경제신문. 2013.4.25. 금융계열사 의결권 한도 5%로 제한, 총수일가 사익 추구
행위 공시 신설

한국경제신문. 2013.4.30. 투자환기 종목 탈출할 기업은

한국경제신문. 2013.5.2. 비 관리종목 경원산업, 제너시스템즈 투자주의환기 종목 지정
'수모'

한국경제신문. 2013.5.3. '바지사장'기업, 보증대출 못 받는다

한국경제신문. 2013.5.14. 저축은(부산, 부산2저축은행) '분식' 부실감사.
회계사에 첫 징역형 선고

한국경제신문. 2013.5.14. 회계법인 '충격', "외부감사 부담 더 커졌다"

한국경제신문. 2013.5.16. IFRS "두산 영구채는 자본" … 부채비율 높은 기업, 자금줄
트이나

한국경제신문. 2013.5.18. 대한항공 '은행 보증 없는' 영구채 발행

한국경제신문. 2013.5.27. 거래소 자율공시 항목에 가족친화인증기업 추가

한국경제신문. 2013.6.11. 법 집행 과욕, 10조 소송에 휘말린 정부

한국경제신문. 2013.6.22. 유아이에너지 상장폐지는 무효. 거래소 상대 1심 승소,
재상장 가능성 높아

한국경제신문. 2013.7.14. 'CP 편법 발행' 구자원 LIG회장 징역 3년, 구본상 부회장 8년

한국경제신문. 2013.7.17. 대기업, 감사위원－이사 따로 뽑아야

한국경제신문. 2013.7.17. 사립대 회계감독 상장사 수준 강화한다

한국경제신문. 2013.7.18. 집행임원 집중투표 경영권 흔든다. 상법개정안 논란 확신

한국경제신문. 2013.7.18. 소니는 위기, 도요타는 건재, 지배구조가 기업 운명 갈랐다

한국경제신문. 2013.8.22. 공공공사 최저가낙찰제 → 종합심사제로 개선.
공사능력, 사회적 책임 등 반영

한국경제신문. 2013.8.9. 비영리조직 단일 회계기준 만든다.
사립학교, 병원, 복지법인 등 통일된 양식 재무제표 작성

한국경제신문. 2013.8.30. 사립학교 병원 복지법인 등 비영리조직 회계기준 밑그림
나왔다.

한국경제신문. 2013.9.2. 위기의 '빅 브러더' 감사원 입법 사법 행정부에서 완전 독립 운영, 독일 벤치마킹 바람직

한국경제신문. 2013.9.5. 회계감사 9년마다 무조건 교체?

한국경제신문. 2013.9.11. 집행임원제 놓고 "과잉 입법", "국제 기준 공방전

한국경제신문. 2013.9.13. 한국 회계투명성 91위로 추락, 곤혹스런 금융당국

한국경제신문. 2013.9.14. 법원 '기업 투명성 저해, 소액주주 피해'

한국경제신문. 2013.10.29. 삼성에버랜드, 호텔롯데 등 자산 1조 넘는 비상장사 반드시 회계법인서 감사받아야

한국경제신문. 2013.10.31. '상장법인 감사인 등록제' 무산되나

한국경제신문. 2013.11.27. 감사보수 '헐값' 책정 기업에 회계법인 강제 지정한다

한국경제신문. 2013.12.12. 금융권, 영구채 투자손실 날벼락

한국경제신문. 2013.12.19. 상장사, 재무제표 회계법인－거래소에 동시 제출해야

한국경제신문. 2013.12.25. 횡령, 배임 땐 당일 공시한다

한국일보. 2013.12.26. 공인회계사도 기업자산 감정평가할 수 있다

한국기업지배구조원. 2012.11.30. 주주총회내실화를 위한 과제와 발전방안

한국상장회사협의회. 2010. 12. 기업현장애로 규제개혁

화우뉴스레터. 2013.12.4. 저축은행 분식회계 관련 외부감사인 등의 손해배상책임에 관한 판결

회계선진화포럼. 2013.4.25. 송옥렬. 회계법인의 법적 책임

Acconting Today. 2013.7.25. AASB Proposes Fundamental Overhaul of Audit Reports

Berenbeim, R. 2004. Ethics Programs: The Role of the Board. Conference Board.

"How to Prevent Corporate Corruption." Hills Governance Center Conference at Yonsei. University.

Kieso, Weygandt, Warfield, 2001. Intermediate Accounting, 10th edition. John Wiley & Sons, Inc

http://business.highbeam.com/5175/article－1G1－55082493/beyond－capitalism

찾아보기
─국문

찾아보기
—영문

◆ 저자소개 ◆

손성규 sksohn@yonsei.ac.kr

경력

연세대학교 경영학과 졸업
University of California – Berkeley, MBA
Northwestern University, 회계학박사
뉴욕시립대학교 조교수
미국공인회계사
한국회계학회 상임간사
한국경영학회 상임이사
기획예산처 정부투자/산하기관 경영평가위원
한국전력 출자회사/발전자회사 평가위원
금융감독원 감리위원회 위원
한국회계학회 회계학연구 편집위원장
KT재무회계자문단위원
연세대학교 기획실 정책부실장
연세대학교 재무처장
연세대학교 감사실장
YBM시사닷컴감사
롯데쇼핑 사외이사/감사위원
회계기준위원회 비상임위원
STX엔진 사외이사
한국거래소 유가증권시장 공시위원회 위원장
한국CFO협회 운영위원
한국회계학회 부회장
기획재정부 공공기관 국제회계기준 도입
　자문단
금융위원회 증권선물위원회 비상임위원
국제중재재판소 expert witness
국가회계기준센터 자문위원

현

연세대학교 경영대학 교수
연세대학교 상남경영원장
서울의과학연구소(SCL)재단이사회 감사
한국연구재단 전문위원
한국회계학회 삼일저명교수
유니온스틸 사외이사/감사위원
서울보증보험 사외이사/감사위원

보고서/용역

기획재정부, 금융감독원, 한국공인회계사회,
코스닥증권시장, 상장회사협의회,
한국거래소, 한국회계기준원, 삼정회계법인,
아이에이취큐, 리인터내셔널법률사무소 등

저서

회계감사이론, 제도 및 적용/박영사/2006
수시공시이론, 제도 및 정책/박영사/2009
회계정보의 유용성/권수영, 김문철, 최관,
　한봉희와 공저/신영사, 2판/2010
회계원리/주인기, 이호영과 공저/법문사,
　11판/2012
금융감독, 제도 및 정책
　－회계 규제를 중심으로/박영사/2012

논문

Journal of Accounting and Economics,
회계학연구, 회계저널, 경영학연구,
증권학회지, 회계 세무와 감사연구 등 다수

수상
상경대학 우수업적 교수상
한국공인회계사회 최우수논문상
한국공인회계사회 우수논문상
한국경영학회 우수논문상
2008년 학술원 사회과학부문 우수도서 선정
2010년 학술원 사회과학부문 우수도서 선정
2013년 회계정보학회 최우수논문상

회계환경, 제도 및 전략

초판인쇄   2014년 1월 15일
초판발행   2014년 1월 25일

지은이   손성규
펴낸이   안종만

편 집   우석진·전채린
기획/마케팅   명재희
표지디자인   최은정
제 작   우인도·고철민

펴낸곳   (주)박영사
          서울특별시 종로구 평동 13-31번지
          등록 1959. 3. 11. 제300-1959-1호(倫)
전 화   02)733-6771
f a x   02)736-4818
e-mail   pys@pybook.co.kr
homepage   www.pybook.co.kr
ISBN   979-11-303-0054-2   93320

정 가   36,000원